P9-EMP-352

Prego!

Prego!

Fifth Edition

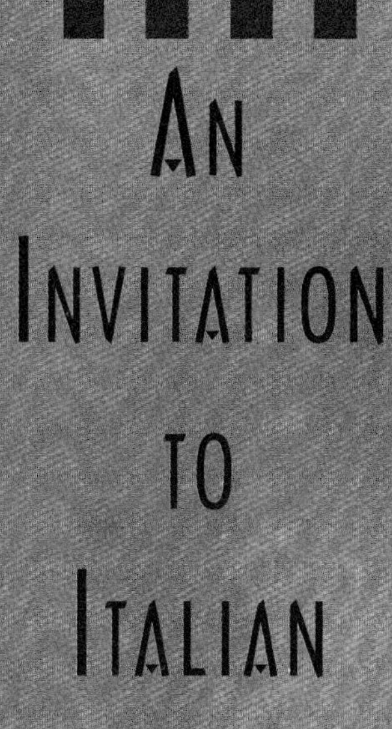

An Invitation to Italian

Graziana Lazzarino
University of Colorado, Boulder

Janice M. Aski
The Ohio State University

Andrea Dini
Hofstra University

Maria Cristina Peccianti
Università per Stranieri, Siena, Italy

With contributions by:

Loredana Anderson-Tirro
New York University

Giuseppe Faustini
Skidmore College

Maria Mann
Nassau Community College

Boston Burr Ridge, IL Dubuque, IA Madison, WI New York San Francisco St. Louis
Bangkok Bogotá Caracas Lisbon London Madrid
Mexico City Milan New Delhi Seoul Singapore Sydney Taipei Toronto

McGraw-Hill Higher Education
A Division of The **McGraw-Hill** Companies

This is an EBI book.

Prego!
An Invitation to Italian

Published by The McGraw-Hill Companies, Inc., 1221 Avenue of the Americas, New York, NY 10020.

This book is printed on acid-free paper.

1 2 3 4 5 6 7 8 9 0 VNH VNH 9 0 9 8 7 6 5 4 3 2 1 0 9

ISBN 0-07-365513-9 (Student Edition)

ISBN 0-07-231037-5 (Instructor's Edition)

Vice president/Editor-in-chief: *Thalia Dorwick*
Sponsoring editor: *Leslie Hines*
Developmental editor: *Ann Goodsell*
Marketing manager: *Karen W. Black*
Project manager: *Terri Edwards; Christine Osborne*
Production supervisor: *Pam Augspurger*
Designer: *Sabrina Dupont*
Cover designer: *Sabrina Dupont*
Photo research coordinator: *Nora Agbayani*
Art editor: *Nora Agbayani; Sabrina Dupont*
Editorial assistant: *Lindsay Eufusia*
Compositor: *York Graphic Services, Inc.*
Typeface: *Palatino*
Printer: *Von Hoffmann Press*

Cover art: *Maschere italiene* by Virgilio Simonetti, from Istituto della Enciclopedia Italiana

Library of Congress Cataloging-in-Publication Data

Prego : an invitation to Italian / Graziana Lazzarino ... [et al.].
p. cm.
Rev. ed. of : Prego! / Graziana Lazzarino. 4th ed. 1995.
Includes index.
ISBN 0-07-365513-9 (alk. paper)
1. Italian language—Textbooks for foreign speakers—English. I. Lazzarino, Graziana. II. Lazzarino, Graziana. Prego!

PC1128. L35 2000
458.2'412—dc21 00-023140

www.mhhe.com

Contents

Capitolo preliminare

Cominciamo!

Appendix 1

Appendix 2

Vocabularies

Preface

Welcome to the exciting fifth edition of *Prego! An Invitation to Italian.* Since its first appearance in 1980, *Prego!* has been the leading introductory Italian program in North America. Now three new coauthors and a number of contributing writers join Graziana Lazzarino to create the most significant revision ever of this text.

Features of the New Edition

We are grateful for the positive response to the text's approach and goals, which have remained constant since the first edition. Instructors will find in the fifth edition those features that they have come to know and trust over the years:

- grammar, vocabulary, and culture that work together as interactive units
- an abundance of practice materials, ranging from form-focused to communicative
- stimulating and contemporary themes to introduce language and Italian culture
- numerous supplementary materials that are carefully integrated with the core text

At the same time, we are very excited about this new edition of *Prego!* We listened to our many adopters and we revised the text based on your significant feedback. As a result, the text and its ancillary package are even stronger. Here are several key highlights of the fifth edition:

- a reduction in the number of chapters and grammar points, to make the text even more manageable than previous editions
- grammar presentations that have been made more logical and pedagogically sound
- more communicative exercises and activities, with each set of exercises progressing systematically from recognition to mechanical response to open-ended discussion
- revised chapter vocabularies, with new families of words, more closely correlated with the chapter themes
- revised chapter-opening dialogues (*Dialogo-lampo*) that introduce the chapter theme and new vocabulary
- all new readings, written in authentic and contemporary Italian, that focus on the chapter themes to provide a vivid portrayal of Italy today
- new cultural notes that offer information on everyday Italian life
- new sections in the student text, plus a new video, that help you integrate video into the classroom and into your instruction
- a new state-of-the-art ancillary program that includes an exciting new CD-ROM and a text-specific web site

Please turn the page for a fully illustrated Guided Tour of the fifth edition of *Prego!*

A Guided Tour through Prego!

As in previous editions, the fifth edition of *Prego!* features a clear, user-friendly organization. The new edition consists of a preliminary chapter and eighteen regular chapters. The revised preliminary chapter offers students a stimulating introduction to the study of Italian and to the basic tools they need to express themselves on a variety of daily topics.

Chapters 1 through 18 are organized as follows:

Chapter opener

A photo and caption introduce the cultural theme of the chapter. *In breve*, a brief outline, summarizes the chapter's grammar and reading selections.

Capitolo 4

IN BREVE

GRAMMATICA
A. Presente dei verbi in **-ere** e **-ire**
B. **Dire**, **uscire** e **venire**; **dovere**, **potere** e **volere**
C. Pronomi di oggetto diretto
D. L'ora

INVITO ALLA LETTURA
- Gli sport più amati dagli italiani
- In giro per le regioni: L'Abruzzo

Il Milan ha vinto il campionato!

Forza, Azzu

Vocabolario preliminare

This section introduces and practices the thematic vocabulary that students will use for self-expression and activities throughout the chapter. The *Dialogo-Lampo* that begins this section is a brief and often humorous dialogue, accompanied by a visual, that sets the context for the vocabulary and exercises that follow.

Vocabolario preliminare

Dialogo-Lampo

I programmi della giornata

LORENZO: Ciao, Rita! Ciao, Alessandro! Cosa fate oggi?
ALESSANDRO: Vado a giocare a tennis con Marcello, e poi a casa: c'è un bel film alla TV.
RITA: Io invece vado a fare l'aerobica con Valeria, e poi abbiamo un appuntamento con Vittoria per studiare. C'è un esame di matematica domani!
ALESSANDRO: E tu, Lorenzo, che programmi hai?
LORENZO: Mah, oggi non ho voglia di fare niente*...
RITA: Che novità[†], è il tuo passatempo preferito!

1. Che programmi ha Alessandro?
2. Cosa fanno Rita e Valeria?
3. Chi ha un esame domani?
4. Che programmi ha Lorenzo?

I PASSATEMPI E IL TEMPO

LO SPORT E ALTRI PASSATEMPI

la gara competition, match
il giocatore, la giocatrice player
il nuoto swimming
la palla ball
la partita game, match
il programma plan
la squadra team
andare al cinema (al ristorante, a teatro, a un concerto) to go to a movie (to a restaurant, to the theater, to a concert)
andare in palestra to go to the gym
ascoltare dischi (cassette, Cd) to listen to records (cassettes, CDs)
correre to run
cucinare to cook
dipingere to paint
disegnare to draw
dormire to sleep
fare l'aerobica to do aerobics
fare sollevamento pesi to lift weights
fare un giro in bici (in macchina, a piedi) to go for a bike ride (a car ride, a walk)
fare un programma to plan, make plans
fare/praticare uno sport to play a sport
giocare a calcio (a tennis, a pallacanestro) to play soccer (tennis, basketball)
giocare con il computer to play on the computer
guardare la televisione to watch TV
leggere il giornale (un libro, una rivista) to read the newspaper (a book, a magazine)

*non... *I don't want to do anything*
[†]Che... *What a novelty*

90 CAPITOLO 4 Forza, Azzurri!

In ascolto

An integrated listening-comprehension program is coordinated with an audio cassette or audio CD that accompanies the student edition.

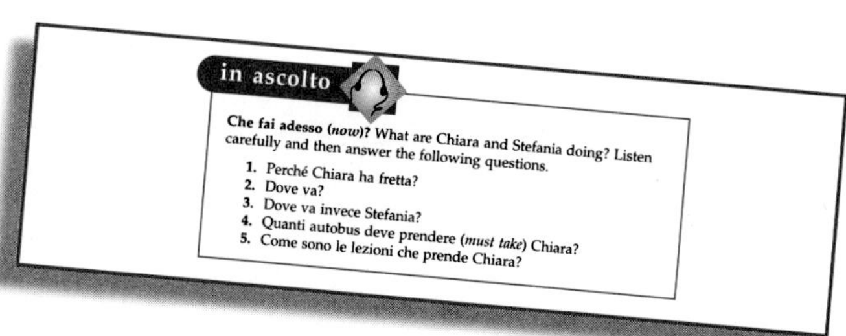

in ascolto

Che fai adesso (*now*)? What are Chiara and Stefania doing? Listen carefully and then answer the following questions.

1. Perché Chiara ha fretta?
2. Dove va?
3. Dove va invece Stefania?
4. Quanti autobus deve prendere (*must take*) Chiara?
5. Come sono le lezioni che prende Chiara?

Grammatica

Three to five grammar points are presented in this section, each introduced in context by a brief dialogue or cartoon and accompanied by both focused exercises and more communicative activities.

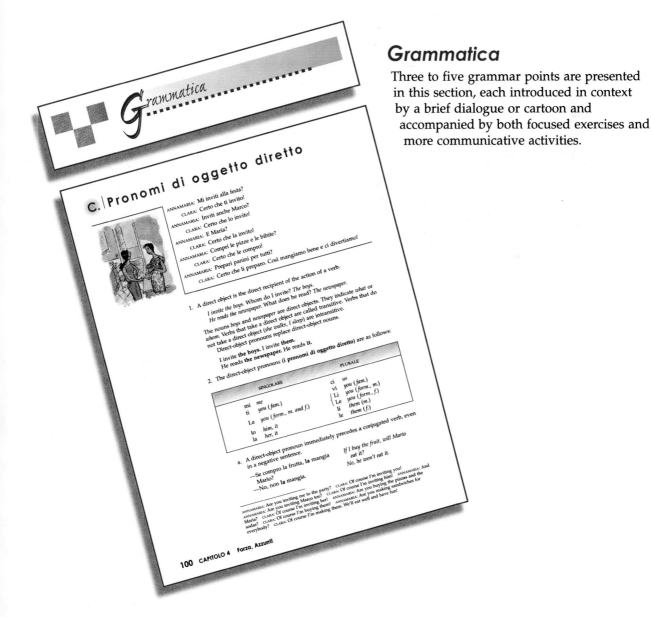

Grammatica

C. Pronomi di oggetto diretto

ANNAMARIA: Mi inviti alla festa?
CLARA: Certo che ti invito!
ANNAMARIA: Inviti anche Marco?
CLARA: Certo che lo invito!
ANNAMARIA: E Maria?
CLARA: Certo che la invito!
ANNAMARIA: Compri le pizze e le bibite?
CLARA: Certo che le compro!
ANNAMARIA: Prepari panini per tutti?
CLARA: Certo che li preparo. Così mangiamo bene e ci divertiamo!

1. A direct object is the direct recipient of the action of a verb.

   I invite the boys. Whom do I invite? *The boys.*
   He reads the newspaper. What does he read? *The newspaper.*

   The nouns *boys* and *newspaper* are direct objects. They indicate *what* or *whom*. Verbs that take a direct object are called transitive. Verbs that do not take a direct object (*she walks, I sleep*) are intransitive.
   Direct-object pronouns replace direct-object nouns.

   I invite **the boys.** I invite **them.**
   He reads **the newspaper.** He reads **it.**

2. The direct-object pronouns (**i pronomi di oggetto diretto**) are as follows:

SINGOLARE		PLURALE	
mi	*me*	ci	*us*
ti	*you (fam.)*	vi	*you (fam.)*
La	*you (form., m. and f.)*	Li	*you (form., m.)*
		Le	*you (form., f.)*
lo	*him, it*	li	*them (m.)*
la	*her, it*	le	*them (f.)*

a. A direct-object pronoun immediately precedes a conjugated verb, even in a negative sentence.

   —Se compro la frutta, **la** mangia Mario? — *If I buy the fruit, will Mario eat it?*
   —No, non **la** mangia. — *No, he won't eat it.*

ANNAMARIA: Are you inviting me to the party? CLARA: Of course I'm inviting you! ANNAMARIA: Are you inviting Marco too? CLARA: Of course I'm inviting him! ANNAMARIA: And Maria? CLARA: Of course I'm inviting her! ANNAMARIA: Are you buying the pizzas and the sodas? CLARA: Of course I'm buying them! ANNAMARIA: Are you making sandwiches for everybody? CLARA: Of course I'm making them. We'll eat well and have fun!

100 CAPITOLO 4 Forza, Azzurri!

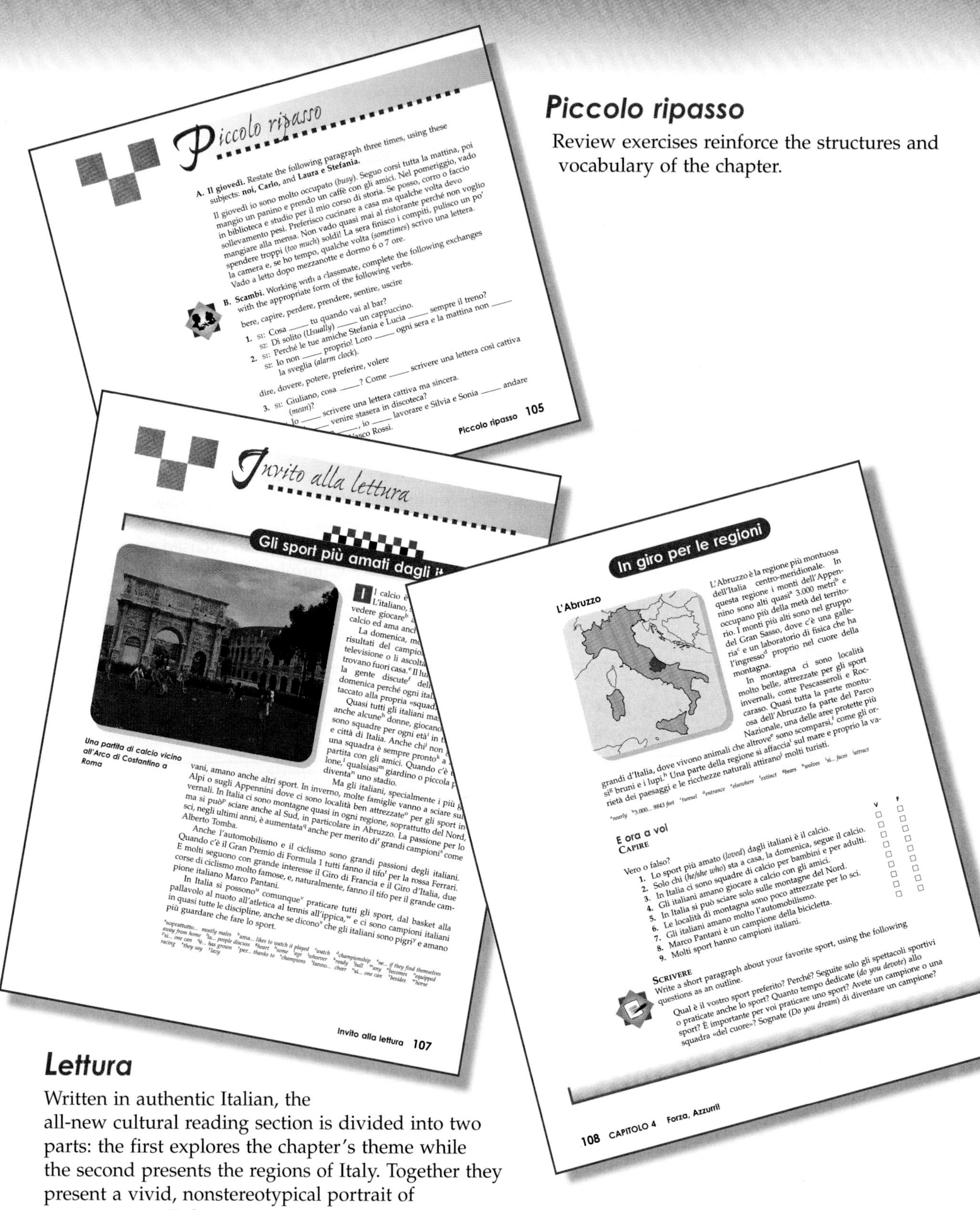

Piccolo ripasso

Review exercises reinforce the structures and vocabulary of the chapter.

Lettura

Written in authentic Italian, the all-new cultural reading section is divided into two parts: the first explores the chapter's theme while the second presents the regions of Italy. Together they present a vivid, nonstereotypical portrait of contemporary Italy.

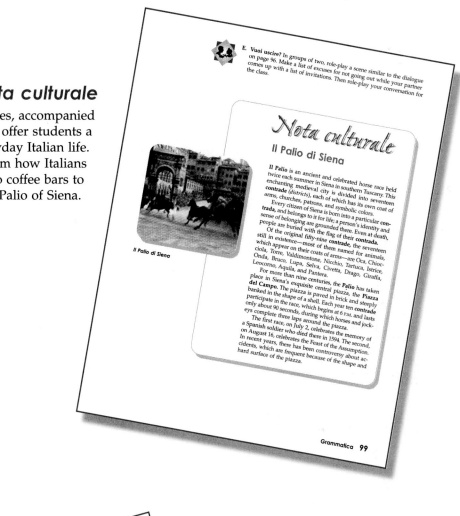

E. **Vuoi uscire?** In groups of two, role-play a scene similar to the dialogue on page 96. Make a list of excuses for not going out while your partner comes up with a list of invitations. Then role-play your conversation for the class.

Nota culturale

Il Palio di Siena

Il Palio is an ancient and celebrated horse race held twice each summer in Siena in southern Tuscany. This enchanting medieval city is divided into seventeen **contrade** (*districts*), each of which has its own coat of arms, churches, patrons, and symbolic colors.

Every citizen of Siena is born into a particular **contrada,** and belongs to it for life; a person's identity and sense of belonging are grounded there. Even at death, people are buried with the flag of their **contrada.**

Of the original fifty-nine **contrade,** the seventeen still in existence—most of them named for animals, which appear on their coats of arms—are Oca, Chiocciola, Torre, Valdimontone, Nicchio, Tartuca, Istrice, Onda, Bruco, Lupa, Selva, Civetta, Drago, Giraffa, Leocorno, Aquila, and Pantera.

For more than nine centuries, the **Palio** has taken place in Siena's exquisite central piazza, the **Piazza del Campo.** The piazza is paved in brick and steeply banked in the shape of a shell. Each year ten **contrade** participate in the race, which begins at 6 P.M. and lasts only about 90 seconds, during which horses and jockeys complete three laps around the piazza.

The first race, on July 2, celebrates the memory of a Spanish soldier who died there in 1594. The second, on August 16, celebrates the Feast of the Assumption. In recent years, there has been controversy about accidents, which are frequent because of the shape and hard surface of the piazza.

Il Palio di Siena

Nota culturale

Brief cultural notes, accompanied by a photograph, offer students a glimpse of everyday Italian life. Topics range from how Italians greet each other to coffee bars to the Palio of Siena.

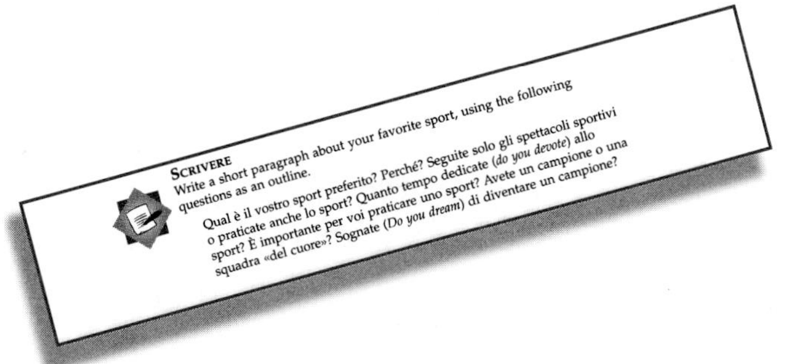
SCRIVERE
Write a short paragraph about your favorite sport, using the following questions as an outline.

Qual è il vostro sport preferito? Perché? Seguite solo gli spettacoli sportivi o praticate anche lo sport? Quanto tempo dedicate (*do you devote*) allo sport? È importante per voi praticare uno sport? Avete un campione o una squadra «del cuore»? Sognate (*Do you dream*) di diventare un campione?

Scrivere

New writing sections allow students to develop their skills by completing tasks that progress from writing simple sentences to extended narrations.

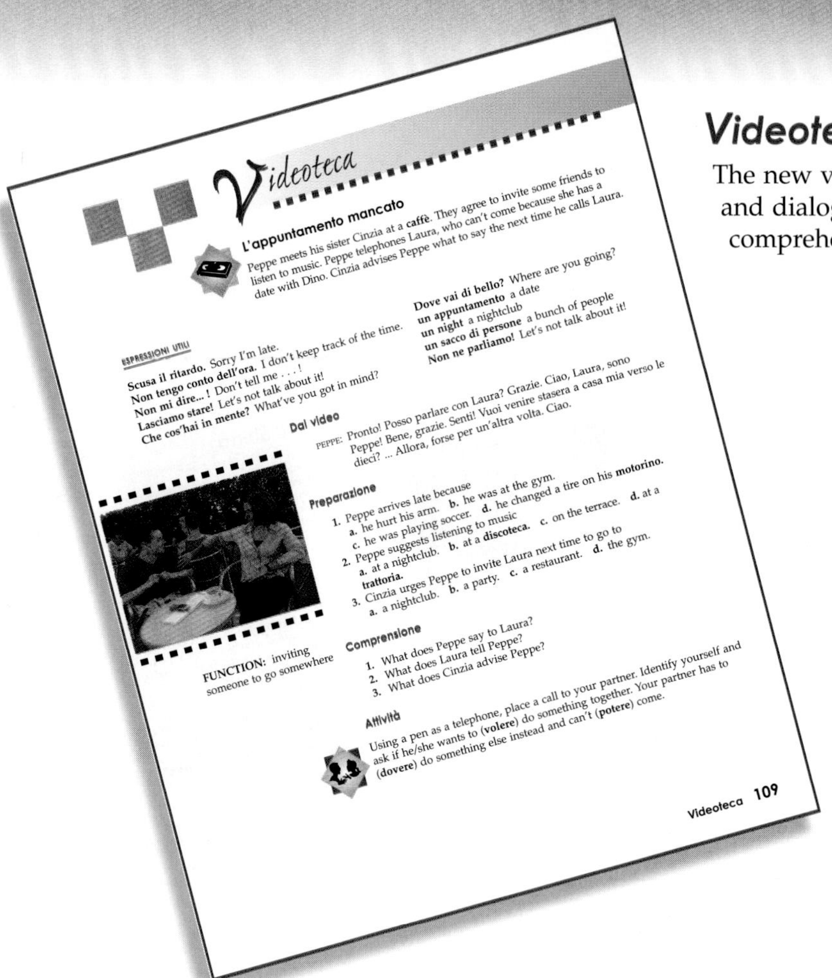

Videoteca

L'appuntamento mancato

Peppe meets his sister Cinzia at a **caffè**. They agree to invite some friends to listen to music. Peppe telephones Laura, who can't come because she has a date with Dino. Cinzia advises Peppe what to say the next time he calls Laura.

ESPRESSIONI UTILI

Scusa il ritardo. Sorry I'm late.
Non tengo conto dell'ora. I don't keep track of the time.
Non mi dire...! Don't tell me . . . !
Lasciamo stare! Let's not talk about it!
Che cos'hai in mente? What've you got in mind?
Dove vai di bello? Where are you going?
un appuntamento a date
un night a nightclub
un sacco di persone a bunch of people
Non ne parliamo! Let's not talk about it!

Dal video

PEPPE: Pronto! Posso parlare con Laura? Grazie. Ciao, Laura, sono Peppe! Bene, grazie. Senti! Vuoi venire stasera a casa mia verso le dieci? ... Allora, forse per un'altra volta. Ciao.

Preparazione

1. Peppe arrives late because
   a. he hurt his arm. b. he was at the gym. c. he was playing soccer. d. he changed a tire on his **motorino.**
2. Peppe suggests listening to music
   a. at a nightclub. b. at a **discoteca.** c. on the terrace. d. at a **trattoria.**
3. Cinzia urges Peppe to invite Laura next time to go to
   a. a nightclub. b. a party. c. a restaurant. d. the gym.

FUNCTION: inviting someone to go somewhere

Comprensione

1. What does Peppe say to Laura?
2. What does Laura tell Peppe?
3. What does Cinzia advise Peppe?

Attività

Using a pen as a telephone, place a call to your partner. Identify yourself and ask if he/she wants to (**volere**) do something together. Your partner has to (**dovere**) do something else instead and can't (**potere**) come.

Videoteca 109

Videoteca

The new video section incorporates images and dialogues from the video, followed by comprehension and discussion questions.

Additional Features

Parole-extra

Lists of related expressions that supplement the *Vocabolario preliminare.*

Parole-extra

il pattinaggio skating
il vincitore winner
andare in barca a vela to go sailing
fare lo sci di fondo to go cross-country skiing
pattinare to skate
sciare to ski

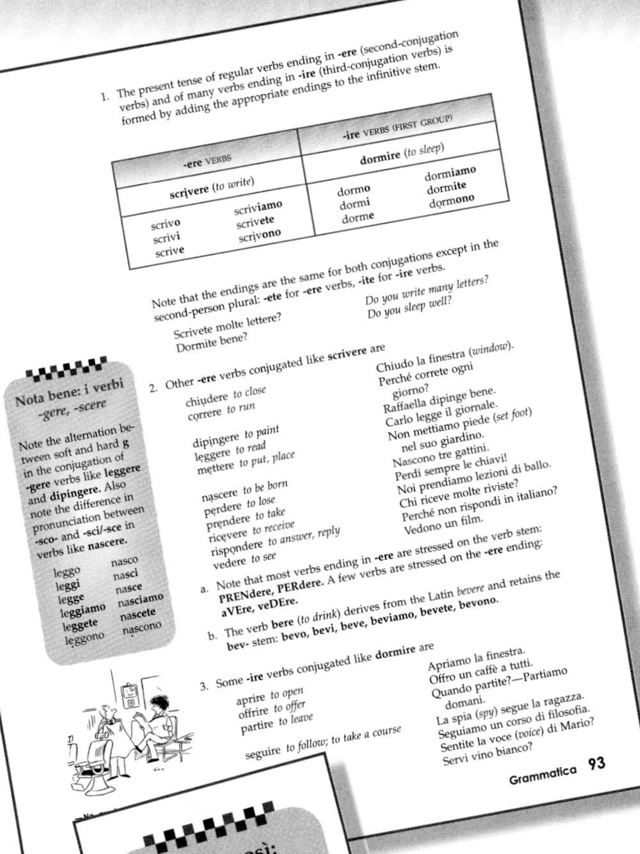

1. The present tense of regular verbs ending in **-ere** (second-conjugation verbs) and of many verbs ending in **-ire** (third-conjugation verbs) is formed by adding the appropriate endings to the infinitive stem.

-ere VERBS		**-ire** VERBS (FIRST GROUP)	
scrivere (*to write*)		**dormire** (*to sleep*)	
scrivo	scriviamo	dormo	dormiamo
scrivi	scrivete	dormi	dormite
scrive	scrivono	dorme	dormono

Note that the endings are the same for both conjugations except in the second-person plural: **-ete** for **-ere** verbs, **-ite** for **-ire** verbs.

Scrivete molte lettere? — *Do you write many letters?*
Dormite bene? — *Do you sleep well?*

2. Other **-ere** verbs conjugated like **scrivere** are

chiudere *to close* — Chiudo la finestra (*window*).
correre *to run* — Perché correte ogni giorno?
dipingere *to paint* — Raffaella dipinge bene.
leggere *to read* — Carlo legge il giornale.
mettere *to put, place* — Non mettiamo piede (*set foot*) nel suo giardino.
nascere *to be born* — Nascono tre gattini.
perdere *to lose* — Perdi sempre le chiavi!
prendere *to take* — Noi prendiamo lezioni di ballo.
ricevere *to receive* — Chi riceve molte riviste?
rispondere *to answer, reply* — Perché non rispondi in italiano?
vedere *to see* — Vedono un film.

a. Note that most verbs ending in **-ere** are stressed on the verb stem: **PRENdere, PERdere.** A few verbs are stressed on the **-ere** ending: **aVEre, veDEre.**

b. The verb **bere** (*to drink*) derives from the Latin *bevere* and retains the **bev-** stem: **bevo, bevi, beve, beviamo, bevete, bevono.**

3. Some **-ire** verbs conjugated like **dormire** are

aprire *to open* — Apriamo la finestra.
offrire *to offer* — Offro un caffè a tutti.
partire *to leave* — Quando partite?—Partiamo domani.
seguire *to follow; to take a course* — La spia (*spy*) segue la ragazza. Seguiamo un corso di filosofia.
sentire — Sentite la voce (*voice*) di Mario?
servire — Servi vino bianco?

Nota bene: i verbi -gere, -scere

Note the alternation between soft and hard **g** in the conjugation of **-gere** verbs like **leggere** and **dipingere.** Also note the difference in pronunciation between **-sco-** and **-sci/-sce** in verbs like **nascere.**

leggo	nasco
leggi	nasci
legge	nasce
leggiamo	nasciamo
leggete	nascete
leggono	nascono

Grammatica 93

Nota bene

Grammar boxes that expand on important points in the grammar sections.

Nota bene: i verbi -gere, -scere

Note the alternation between soft and hard **g** in the conjugation of **-gere** verbs like **leggere** and **dipingere.** Also note the difference in pronunciation between **-sco-** and **-sci/-sce** in verbs like **nascere.**

leggo — nasco
leggi — nasci
legge — nasce
leggiamo — nasciamo
leggete — nascete
leggono — nascono

—No, grazie; leggo solo il giornale.

Si dice così: *partire, lasciare, andare (via), uscire*

These four verbs have slightly different meanings related to going and leaving. Compare:

partire *to leave, go away*
lasciare *to leave (something, somebody) behind*
andare via *to get going, get out*
uscire (di, con) *to exit, go out with*

Parto per le vacanze lunedì. *We leave on vacation Monday.*

Maria lascia sempre le penne a casa. *Maria always leaves her pens at home.*

Dai, ragazzi, andiamo via. *Come on, guys, let's get going.*

Esco di casa alle otto. *I leave the house at eight.*

Esco con gli amici. *I go out with friends.*

Si dice così

Idioms and colloquial expressions to help students understand nuances in Italian.

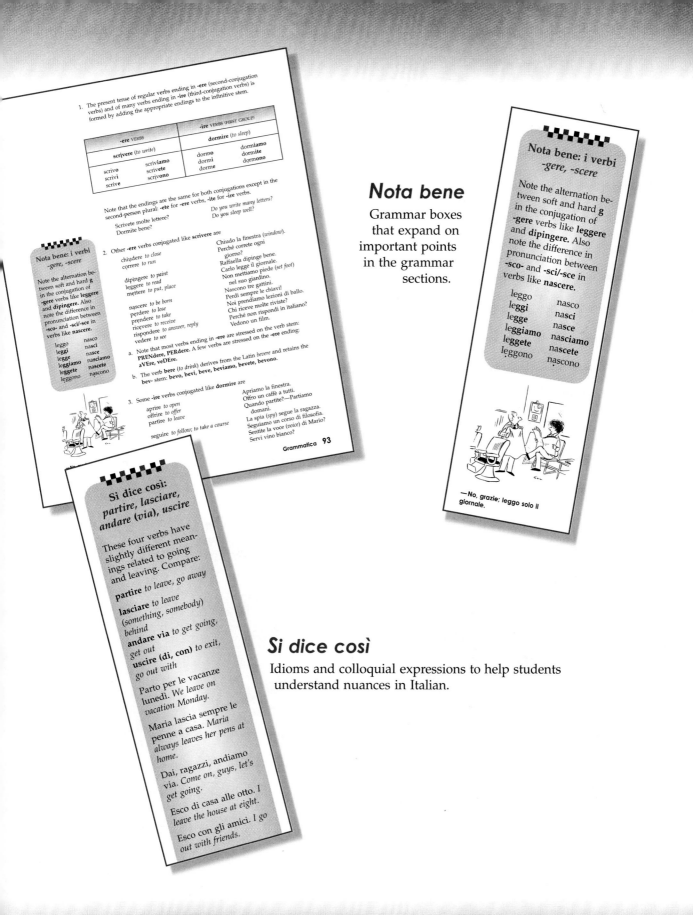

Video and Interactive Multimedia

The Video

New to the fifth edition of *Prego!* is a two-part integrated video program filmed on location in Italy. Coordinated with Chapters 1–9, the first part of the video, *Italiano in diretta,* shows the grammar and vocabulary of those chapters in action in real-life situations. Here, students follow events in the lives of Peppe, a university student, and his sister Cinzia. To accommodate the needs of beginning students, the authentic language of the video segments is slightly simplified, and the speech of the actors has been somewhat slowed down. The second part of the video, *Prossima fermata, a casa!,* is coordinated with Chapters 10–18. Here, students follow the adventures of Silvana, an Italian student, as she travels from Rome to Vietri for a family gathering. Both videos expose students to many engaging people, sights, and sounds of modern Italy.

Both videos are accompanied by pre- and post-viewing activities in the student text. Additional information on using the video in the classroom and a complete videoscript are included in the *Instructor's Multimedia Guide.*

The *Prego!* CD-ROM

New to this edition, the *Prego!* CD-ROM is available in both IBM and Macintosh formats. Throughout the CD-ROM's innovative and visually appealing activities, students must understand what they are reading or hearing and exercise critical-thinking skills. Many of the activities focus on the vocabulary and grammar of a given chapter. Recording and printing capabilities make the CD-ROM a true four-skills ancillary. The CD-ROM also contains a link to the *Prego!* page on the World Wide Web, a "talking" dictionary, helpful verb charts, and the McGraw-Hill Electronic Language Tutor (MHELT), providing focused practice with the grammar and vocabulary of each chapter in the textbook.

Prego! and the World Wide Web

The *Prego!* text-specific web site brings the Italian regions closer than ever to students and instructors alike. Here are just a few of the features you will find on the site.

For Students:

- links to culturally authentic sites, corresponding to the themes of the *Nota culturale* sections of the text
- additional grammar activities for each chapter of the text
- study hints and on-line quizzing
- a list of chapter-by-chapter objectives
- a student chat room to share ideas with other learners of Italian

For Instructors:

- additional teaching resources from the Instructor's Manual
- electronic overheads featuring thematic chapter art and beautiful maps of Italy
- information about PageOut, an exclusive McGraw-Hill web-based learning device
- electronic bulletin boards to post and share messages about *Prego!* with colleagues around the country
- professional links to a wide variety of professional resources, organizations, and national language resource centers

Visit the site at www.mhhe.com/prego.

Supplementary Materials for the Fifth Edition

The supplements listed here may accompany the fifth edition of *Prego!* Please contact your local McGraw-Hill Higher Education representative about policies, prices, and availability, as some restrictions may apply.

For the Instructor:

- The *Instructor's Edition* of the text, with annotations by Maria Mann of Nassau Community College, contains a wide variety of on-page annotations, including suggestions for presenting the grammar material, ideas for recycling vocabulary and grammar, variations and expansion exercises, and follow-up questions for the minidialogues that introduce many grammar points.
- The *Audio Program* for the laboratory manual is now available on both cassette and audio CD formats. These are provided to all adopting institutions and are also available for student purchase.
- An *Audioscript* containing all of the material on the *Audio Program* is available to instructors only.
- The *Instructor's Manual and Testing Program* contains suggestions for planning a course syllabus, chapter-by-chapter teaching notes, expanded information on testing, sample oral interviews devised in accordance with ACTFL proficiency guidelines, answers to exercises in the student text, and discussions about interaction in the classroom, the use of authentic materials, and using *Prego!* in the proficiency-oriented classroom. The complete *Testing Program* has been revised to correspond to changes in the main text.
- Available in both Windows and Macintosh formats, the *Computerized Testing Program* contains the tests found in the printed *Testing Program,* but offers the flexibility of electronically modifying or adapting the tests to suit the needs of your students.
- A two-part video is integrated with the student text (see page xxiv of the Preface).
- A set of full-color *Overhead Transparencies* is useful for presenting and practicing vocabulary.
- The *Instructor's Multimedia Guide* contains guidelines for incorporating all of the multimedia components in the *Prego!* program into the classroom. Included are helpful hints and teaching strategies as well as additional activities coordinated with the *Video, CD-ROM,* and *web site.* A complete script for both video programs is also included.
- A *Training/Orientation Manual* for use with teaching assistants, by James F. Lee (University of Indiana at Bloomington), offers practical advice for beginning language instructors and language coordinators.

For the Student:

- The *Workbook,* by Andrea Dini of Hofstra University, provides additional practice with vocabulary and structures through a variety of written exercises. Many of the *Workbook* exercises have been revised or completely rewritten to add context and to correspond to changes made in the main text. New to the fifth edition are self tests that appear after every third chapter to help students prepare for exams. Answers to many *Workbook* exercises appear in the *Instructor's Manual.*
- The *Laboratory Manual,* completely revised by Andrea Dini of Hofstra University, provides listening and speaking practice outside the classroom. Material includes pronunciation practice, vocabulary and grammar exercises, dictations, and listening-comprehension sections that simulate authentic interaction.
- A *Student Audio Program,* available on either audiocassettes or audio CDs, coordinates with the Laboratory Manual.
- The *Listening Comprehension Program,* coordinated with the *In ascolto* activities in the main text, is provided on audiocassette or audio CD and packaged with the student text. Answers to the *In ascolto* activities appear in the *Instructor's Manual.*

- The *Rand-McNally New Millennium World Atlas on CD-ROM.* This robust CD-ROM, available for student purchase, contains numerous detailed maps along with visuals and textual information (in English) about key events in history, famous figures, important cities, and the like. The detail and information provided significantly enhance the foreign-language experience from the cultural, historical, and geographical perspectives.
- *A Practical Guide to Language Learning,* by H. Douglas Brown (San Francisco State University), provides beginning foreign-language students with a general introduction to the language-learning process.

Acknowledgments

The authors and publishers would again like to thank the instructors who participated in the various surveys and reviews that proved invaluable in the development of the first four editions of *Prego!* In addition, the publishers would like to acknowledge the many valuable suggestions of the following instructors, whose input was enormously useful in the development of the fifth edition. (Inclusion of their names here does not necessarily constitute an endorsement of the *Prego!* program or its methodology.)

Fabian Alfie, University of Wisconsin-Milwaukee
Susan Amatangelo, Harvard University
Loredana Anderson-Tirro, New York University
Clavio Ascari, Mary Washington College
Tracy Barrett, Vanderbilt University
David. P. Bénéteau, Seton Hall University
Arthur D. Brady, Mercy College
Emma O. Brombin, Daytona Beach Community College
Anna B. Caflisch, Rice University
Naham Camilla, Loyola Marymount University
Veena Kumar Carlson, Rosary College
Linda L. Carroll, Tulane University
Denise M. Caterinacci, Case Western Reserve University
Daniela Cavallero, University of Chicago
Alva V. Cellini, St. Bonaventure University
Bettye Chambers, Georgetown University
Pamela Chew, Tulsa Community College
Patricia De Bellis, Muhlenberg College
Marina R. De Fazio, University of Kansas
Adriana De Marchi Cherini, University of California, San Diego
Lidia Del Piccolo-Morris, Western Carolina University
David Del Principe, Montclair University
Armando Di Carlo, University of California, Berkeley
Giuseppe Faustini, Skidmore College
Giuliana Fazzion, James Madison University
Eugenio Frongia, Chico State University
Angelo Glaviano, Middlesex Community Technical College
Franco Guidone, Diablo Valley College
Romana Habekovic, University of Michigan, Ann Arbor
Margherita Harwell, University of Illinois at Chicago
Dave Henderson, Santa Rosa Junior College
Richard B. Hilary, Florida State University
Olivia Holmes, Yale University
Maria G. Keyes, State University of New York at Albany
Kathryn Klingebiel, University of Hawaii
Giuseppe LePorace, University of Washington
Michelle E. Lewis, Columbus State Community College
Domenico Maceri, Allan Hancock College
Franco Manca, University of Nevada, Reno
Maria Mann, Nassau Community College
Americo Marano, Mt. San Antonio College
Cristina Mazzoni, University of Vermont
Irwin Meme, Johns Hopkins University
Rebecca Messbarger, Washington University
Marina Caruso Natale, Duke University
Clara Orban, DePaul University
Michael Paden, University of Florida
Dina Palma, Hofstra University
Lorella Paltrinieri, Colorado State University
Nicholas Patruno, Bryn Mawr College
Virginia Picchietti, University of Scranton
Pia Rossi Raffaele, Immaculata College
Mary Beth Ricci, Johnson County Community College
Bruno Rosa, Pasadena City College
Ascari Rosalia, Sweet Briar College
Camilla Presti Russell, University of Maryland
Gerard A. Russo, Dartmouth College
Victor A. Santi, University of New Orleans
Judy Serafini-Sauli, Sarah Lawrence College

Marina C. Simmons, University of Dallas
Thomas Simpson, Northwestern University
Ute Striker, Haverford College
AnneMarie Tamis-Nasello, Florida Atlantic University
Anthony R. Terrizzi, University of Massachusetts, Amherst
Patricia Vilches, University of Evansville
Simona Wright, The College of New Jersey

Many people at McGraw-Hill deserve thanks and recognition for their excellent contributions to the fifth edition of *Prego!* Thanks in particular to Ann Goodsell, who worked tirelessly on developing and carefully editing several drafts of manuscript. Thank you also to the wonderful production and manufacturing staff, especially Terri Edwards, Christine Osborne, Pam Augspurger, Florence Fong, and Louis Swaim for guiding the final manuscript of the text and all supplementary materials through the entire production and manufacturing process. We are very excited about the elegant new interior design, and we want to thank both Sabrina Dupont and Francis Owens for creating such a beautiful design for the fifth edition. The authors would like to thank Leslie Hines, our sponsoring editor, for her valuable contributions to the revision of the fifth edition and her support of the many people involved in this edition. Thanks to Thalia Dorwick, Editorial Director, for her strong leadership of the *Prego!* program throughout all of its editions. Finally, we express our gratitude to Karen W. Black, our marketing manager, and the McGraw-Hill sales staff for their unwavering support of *Prego!*

Le regioni d'Italia

Le città d'Italia

FINLANDIA
NORVEGIA
Mare del Nord
ESTONIA
SVEZIA
LATVIA
DANIMARCA
LITUANIA
Mare Baltico
IRLANDA
PAESI BASSI
GRAN
BRETAGNA
BIELORUSSIA
POLONIA
BELGIO
GERMANIA
Oceano Atlantico
UCRAINA
CECOSLOVACCHIA
FRANCIA
AUSTRIA
SVIZZERA
UNGHERIA
ROMANIA
SLOVENIA
CROAZIA
ITALIA
BOSNIA-ERZEGOVINA
SERBIA
Mare Ligure
MONTENEGRO
BULGARIA
CORSICA
(FRANCIA)
Mare
Adriatico
SPAGNA
MACEDONIA
ALBANIA
SARDEGNA
Mare Tirreno
GRECIA
Mare Mediterraneo
SICILIA
Mare Ionio
MAROCCO
ALGERIA
TUNISIA

Capitolo preliminare

IN BREVE

A. Saluti e espressioni di cortesia
B. In classe
C. Alfabeto e suoni
D. Numeri da uno a cento
E. Calendario
F. Parole simili

"Ciao, come va?"

Cominciamo!°

°Let's begin!

Perché l'italiano?°

°Perché… *Why Italian?*

Want to know what Luciano Pavarotti is singing about? Interested in watching a Roberto Benigni film without having to read the subtitles? Like to impress a dinner date by correctly pronouncing **gnocchi** or **bruschetta?** Maybe you have Italian-speaking family or friends. Perhaps you plan to study or travel in Italy. Could be you just need to satisfy your school's foreign-language requirement. **Chissà?** (*Who knows?*) Whatever your reasons, you'll find the study of Italian fun and rewarding.

An art student restoring a seventeenth-century painting in Venice

The Galleria Vittorio Emanuele in Milan

Italian, with over 60 million native speakers worldwide, is a language of vital cultural, commercial, and political importance. While Italian has a history as rich and varied as that of any language on earth, it is—like Italy itself—alive, dynamic, and modern. And Italy, while justifiably celebrated for its history, is very much a part of the modern world. A member of both the European Union and the Group of Seven (the world's richest industrialized nations), Italy has since World War II become one of the world's biggest consumer markets and industrial producers. Economic success, a national flair for design and style, and careful stewardship of some of the West's most precious cultural treasures make Italy at once unique and universally appealing.

A vineyard in the Chianti region of Tuscany

Ma, ancora una volta, perché l'italiano? (*But, once again, why Italian?*) Well, you may prefer sweats and Nikes to Armani suits and Ferragamo shoes. A trusty pickup may be more your style than a sporty Alfa Romeo. You may never make it through all three parts of Dante's great medieval epic *La Divina Commedia* (*The Divine Comedy*). You may never even develop a taste for **caffè espresso.** But whatever your preferences in fashion, art, food, design, business, or history, by learning Italian you are giving yourself the opportunity to get to know and appreciate a culture of unmatched complexity and beauty. **Auguri!** (*Good luck!*)

Saluti… *Greetings and expressions of politeness*

Presentazioni°

Introductions

Listen to two professors introduce themselves to their classes.

Buon giorno.
Mi chiamo Marco Villoresi.
Sono professore d'italiano.
Sono di Firenze.

Buon giorno.
Mi chiamo Alessandra Stefanin.
Sono professoressa d'italiano.
Sono di Venezia.

Saluti°

Greetings

buon giorno	*good morning, hello (form., used until midday)*
buona sera	*good afternoon, good evening*
buona notte	*good night (when parting in the evening)*
ciao	*hi, hello, good-bye (fam.)*
salve	*hi, hello (less familiar than* ciao)
arrivederci	*good-bye*
arrivederLa	*good-bye (form.)*
a presto	*see you soon*

—Ciao e buona fortuna!

ESERCIZI

A. E tu, chi sei? (*And who are you?*) Introduce yourself to the class and to your instructor, using the greetings you consider appropriate.

ESEMPIO: S1: Buon giorno. Mi chiamo David Warren. Sono studente d'italiano. Sono di Milwaukee.
S2: Salve. Mi chiamo Suzanna Ward. Sono studentessa d'italiano. Sono di Portland.

B. Come ti chiami? (*What's your name?*) Read the following dialogue between two students.

S1: Ciao. Come ti chiami?
S2: (Mi chiamo) David Warren. E tu?
S1: (Mi chiamo) Suzanna Ward.
S2: Piacere! (*They shake hands.*) Sono di Portland. E tu?
S1: Sono di Milwaukee.

Now introduce yourself to at least two classmates, using the above dialogue as a model.

Espressioni di cortesia

piacere	*pleased to meet you*
grazie	*thank you, thanks*
prego	*you're welcome*
Prego?	*I beg your pardon?*
scusi	*excuse me (form.)*
Scusi?	*I beg your pardon?*
scusa	*excuse me (fam.)*
Scusa?	*I beg your pardon?*
per favore, per piacere	*please*

The Italian language expresses the differing degrees of familiarity that exist between people. Italians tend to behave more formally than Americans in social exchanges, and they typically use formal address for everyone except family, close friends, classmates, and young children.

Compare the three dialogues that follow.

Professor Villoresi and Professor Stefanin meet for the first time at a professional meeting.

PROF. STEFANIN: Buon giorno. Mi chiamo Alessandra Stefanin.
PROF. VILLORESI: Scusi? Come si chiama?
PROF. STEFANIN: Alessandra Stefanin.
PROF. VILLORESI: Ah, piacere. Marco Villoresi. (*They shake hands.*) Sono di Firenze. E Lei?
PROF. STEFANIN: Sono di Venezia. Piacere.

Come ti chiami? is used in informal situations (such as among students or with children). **Come si chiama?** is used in formal situations. When you are not sure what degree of familiarity or formality is appropriate, it is best to address people formally.

A student runs into his professor.

STUDENTE: Buona sera, professor Villoresi. Come va?
PROF. VILLORESI: Abbastanza bene, grazie. E Lei?
STUDENTE: Non c'è male.
PROF. VILLORESI: Arrivederci.
STUDENTE: Arrivederci.

In Italy, students and professors use the **Lei** form with each other. Professors are never called by their first names.

Come va? (*How's it going?*) is a useful and polite expression. Responses can vary from **bene** (*well*) to **abbastanza bene** (*rather well*) to **così così** (*so-so*) to **non c'è male** (*not bad*) and, of course, **male** (*badly*).

Laura meets her friend Roberto.

LAURA: Ciao, Roberto, come va?
ROBERTO: Non c'è male, e tu?
LAURA: Bene, grazie!
ROBERTO: Ciao!
LAURA: Ciao!

A. Tanti saluti! (*So many greetings!*) Decide if it is appropriate for you to greet your friend Salvatore and your Italian instructor Professor Bianchi in the following ways.

1. Come stai, professor Bianchi?
2. Ciao, Salvatore, come va?
3. Buon giorno, Salvatore, come sta?
4. Salve, professor Bianchi.
5. Arrivederci, Salvatore.

B. Per strada. (*On the street.*) As Marco walks around town, he meets several people. Play the role of Marco, greeting people formally or informally, as appropriate.

ESEMPI: Marisa, a classmate → Ciao, Marisa!

Carlo Barsanti, a professor, late afternoon →
Buona sera, professore!

1. Paolo, one of Marco's closest friends **2.** Miss **(signorina)** Bennett, Marco's English teacher **3.** Professor Musatti, Marco's psychology instructor **4.** Mrs. **(signora)** Bianchi, a friend of the family, 4 P.M.

C. Situazioni. What would you say in the following situations?

ESEMPIO: It is morning. You meet one of your instructors. How do you greet her? →
Buon giorno, professoressa.

1. You meet Gina, an Italian classmate. How do you greet her?
2. A man drops a ticket. You pick it up and give it to him. He thanks you. How do you respond?
3. You want to get a stranger's attention. What do you say?
4. You're going to bed. What do you say to your roommate?
5. You walk into a **pasticceria** (*pastry shop*). What do you say to the baker?

D. Dialoghi. (*Dialogues.*) The following people meet in the street and stop to chat. Working with a partner, create short dialogues for each encounter.

ESEMPIO: Alberto, a student, meets his cousin Silvia. They've both had the flu. →

ALBERTO: Ciao, Silvia, come va?
SILVIA: Così così. E tu?
ALBERTO: Abbastanza bene oggi (*today*)!

1. Mr. **(signor)** Tozzi meets Ms. Andreotti; they are barely acquainted. **2.** Clara meets Antonella; they went to high school together. **3.** A student passes his/her professor on campus.

in ascolto

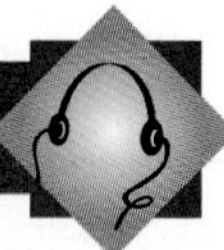

Conversazioni. Take a moment to read over the options listed below. Then listen to the four brief conversations and select the relationship between the speakers you consider most plausible.

1. _____ professoressa e studente
_____ due (*two*) studenti
_____ madre e figlio (*mother and son*)
2. _____ colleghi di lavoro (*co-workers*)
_____ madre e figlio
_____ due studenti
3. _____ professoressa e studente
_____ colleghi di lavoro
_____ madre e figlio
4. _____ professoressa e studente
_____ due studenti
_____ madre e figlio

B. In classe

In italiano! There are several useful expressions you should memorize right away to get accustomed to asking questions in Italian.

Per lo studente / la studentessa

Come?	*What?*
Come si dice... ?	*How do you say . . . ?*
Come si scrive... ?	*How do you spell . . . ?*
Come si pronuncia... ?	*How do you pronounce . . . ?*
Cosa vuol dire?	*What does it mean?*
Ripeta, per favore!	*Repeat, please!*
Capisco. (Sì, capisco.)	*I understand.* (*Yes, I understand.*)
Non capisco. (No, non capisco.)	*I don't understand.* (*No, I don't understand.*)

Alla classe

Aprite il libro.	*Open the book.*	Ascoltate.	*Listen.*
Chiudete il libro.	*Close the book.*	Ripetete.	*Repeat.*
Alla lavagna.	*Go to the board.*	Rispondete.	*Answer.*
A posto.	*Go back to your seat.*	Scrivete.	*Write.*
Ecco...	*Here is/are . . . , There is/are . . .*	Capite?	*Do you understand?*

ESERCIZI

A. Come si dice... ? What would you say in the following situations? (Sometimes more than one answer is possible.)

1. You do not know what your instructor has said.
2. You did not hear clearly what your instructor said.
3. You want to know what something means.
4. You do not know how to spell a word.
5. You want to know how to pronounce a word.
6. You want to ask how to say *book* in Italian.

B. Capite? Your instructor is asking you to perform some actions. What would you do in the following situations?

1. Ripetete **buon giorno,** per favore!
2. Scrivete **buona notte,** per favore!
3. Alla lavagna!
4. A posto!
5. Capite? Rispondete **sì** o **no...**
6. Aprite il libro.

Ecco una classe*

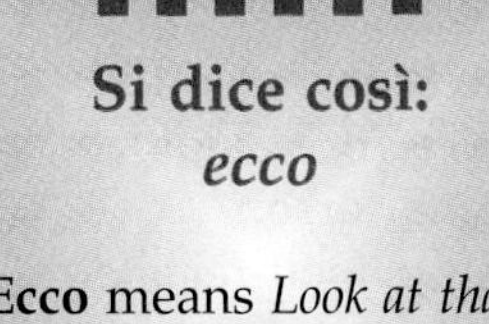

Si dice così:
ecco

Ecco means *Look at that!* or *Here it is!/Here they are!*

*Italian has three ways of expressing *a/an*: **un, uno,** and **una. Un** is used with masculine nouns, **una** with feminine nouns. **Uno** is used with masculine nouns beginning with **z** or **s** followed by a consonant. You will learn more about gender in **Capitolo 1.**

ESERCIZI

A. **Che cos'è?** (*What is it?*) Ask your instructor to name various classroom objects shown in the illustration. He or she may answer correctly or incorrectly. Correct the wrong answers.

ESEMPIO: S1: Che cos'è?
INSTRUCTOR: Una sedia?
S1: No, una penna. / Sì, una sedia.

B. **Dov'è?** (*Where is it?*) **Ecco!** Your partner will ask you to find in the classroom at least five items shown in the illustration. Then exchange roles.

ESEMPIO: S1: Dov'è una penna?
S2: Ecco una penna!

C. **Tocca a te!** (*It's your turn!*) Take turns circulating around the room naming at least five objects apiece.

ESEMPIO: Ecco una penna, ecco una matita,...

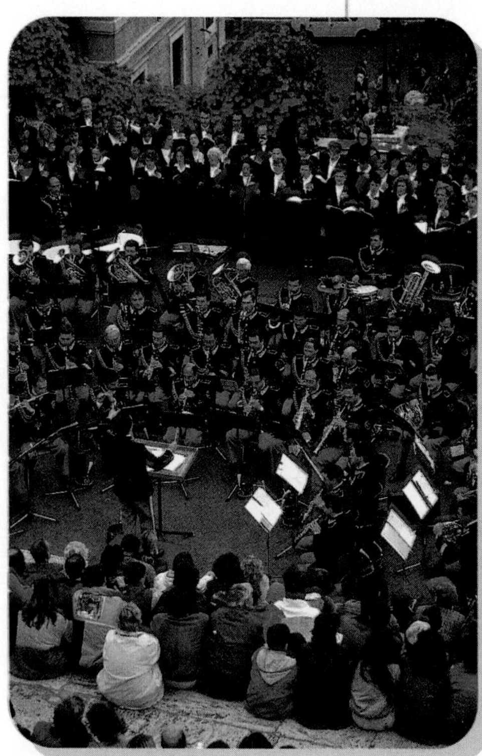

Maestro e orchestra in Piazza di Spagna a Roma

Nota culturale

Parole italiane in inglese°

Many Italian words are used in everyday English. Most musical terms, for instance, are of Italian derivation. Some examples are **adagio** (*slowly*), **allegro, concerto, crescendo, maestro, orchestra, piano, presto** (*fast*), **prima donna,** and **staccato.**

The vocabulary of art and architecture is also full of Italian words, including **basịlica, cornice, cụpola, graffiti, pọrtico, stụdio, terra cotta,** and **torso.**

You probably already know dozens of food-related Italian words, such as **brọccoli, fettuccine, lasagne, minestrone, mozzarella, pizza, ravioli, ricotta, spaghetti, tortellini,** and **zucchini.**

The Italian origin of less specialized English words, such as **fiasco** and **stanza,** may be less obvious. Also very common are words of Latin origin that have identical spellings and meanings in English and Italian. Some examples are **antenna, casino, cịnema, circa, data, diploma, fọrmula, gala,** and **inferno.**

Can you think of other Italian words used in English?

Parole... *Italian words used in English*

C. Alfabeto e suoni°

Alfabeto... *Alphabet and sounds*

Una canzoncina per bambini. (*A song for children.*) Here is the Italian equivalent of "Old MacDonald Had a Farm." Old MacDonald's Italian counterpart is uncle Tobias (**zio Tobia**), and it's his farm (**fattoria**) that's old, not him! Try to guess the animals named in the song from the sounds they make (in parentheses).

Nella vecchia fattoria, ia-ia-o
quante bestie ha zio Tobia, ia-ia-o
c'è il cane (bau!) cane (bau!) ca-ca-cane
e il gatto (miao!) gatto (miao!) gatto, ga-ga-gatto
e la mucca (muu!) mucca (muu!) mu-mu-mucca
nella vecchia fattoria, ia-ia-o

Like other Romance languages (French, Spanish, Portuguese, and Rumanian), Italian derives from Latin. The language of the ancient Romans was spoken throughout the Roman Empire.

Today Italian is spoken in Italy by 60 million Italians, in southern Switzerland, and in parts of the world (particularly the United States, South America, and Australia) where many Italians have immigrated.

Italian is a phonetic language, which means that it is pronounced as it is written. Italian and English share the Latin alphabet, but the sounds represented by the letters often differ considerably in the two languages.

The Italian alphabet has 21 letters, but it uses 5 additional letters in words of foreign origin. Here is the complete alphabet, with a key to Italian pronunciation.

Alfabeto

LETTERA	PRONUNCIA	NOMI MASCHILI	NOMI FEMMINILI	LUOGHI (CITTÀ, REGIONI)°
a	a	Alessandro	Antonella	Abruzzi
b	bi	Bernardo	Beatrice	Basilicata
c	ci	Claudio	Chiara	Calabria
d	di	Daniele	Daniela	Domodossola
e	e	Enrico	Enrica	Emilia-Romagna
f	effe	Francesco	Francesca	Firenze
g	gi	Giovanni	Gina	Genova
h	acca	—	—	—
i	i	Italo	Irene	Imperia
l	elle	Luigi	Laura	Lazio
m	emme	Massimo	Marina	Molise
n	enne	Nicola	Nora	Napoli
o	o	Osvaldo	Ottavia	Ostia
p	pi	Pietro	Paola	Palermo
q	cu	—	—	Quarto
r	erre	Roberto	Roberta	Roma
s	esse	Simone	Simona	Sicilia

Luoghi... *Places* (*cities, regions*)

LETTERA	PRONUNCIA	NOMI MASCHILI	NOMI FEMMINILI	LUOGHI (CITTÀ, REGIONI)
t	ti	Tommaso	Tosca	Toscana
u	u	Umberto	Umbertina	Umbria
v	vu	Vittorio	Vittoria	Veneto
z	zeta	Zeno	Zita	—

j (i lunga)
k (cappa)
w (doppia vu)
x (ics)
y (ipsilon)

Every letter is pronounced in Italian except **h.**

You will learn the sounds of Italian and acquire good pronunciation by listening closely to and imitating your instructor and the native speakers on the laboratory and Listening Comprehension tapes.

A. Come ti chiami? Come si scrive? You are introducing yourself to an Italian friend, who asks you to spell your **nome** (*first name*) and **cognome** (*last name*). Spell your name for your partner, who will write it down and spell it back to you. Then exchange roles.

ESEMPIO: S1: Mi chiamo Kevin Sheier.
S2: Come si scrive?
S1: Cappa, e, vu, i, enne, Kevin. Esse, acca, e, i, e, erre, Sheier.

B. Come si pronuncia? Choose a word at random from the vocabulary list at the end of the book. Spell it aloud for your classmates. They will write it down and then pronounce it. Your instructor will confirm the correct pronunciation.

ESEMPIO: S1: Come si pronuncia «a-doppia erre-e-di-a-emme-e-enne-ti-o»?
CLASSE: Arredamento!

C. Città e regioni d'Italia. Italians often use names of cities and regions to stand for letters of the alphabet, in order to avoid misunderstanding (such as over the telephone). Using the maps at the front of the book and the list on pages 9 and 10, spell your own name the Italian way.

ESEMPIO: Nora Stoppino... Napoli, Ostia, Roma, Abruzzi. Sicilia, Toscana, Ostia, Palermo, Palermo, Imperia, Napoli, Ostia.

Vowels

Italian vowels are represented by the five letters **a, e, i, o,** and **u.** Vowels are always articulated sharply and clearly in Italian. They are never pronounced weakly (as in the English word *other*), and there is no vowel glide (like the rise from *a* to *i* in the English word *crazy*).

a	(*father*)	patata	banana	sala	casa
e	(*late*)	sete	e	sera	verde (*closed* **e**)
	(*quest*)	setta	è	bello	testa (*open* **e**)
i	(*marine*)	pizza	Africa	vino	birra
o	(*cozy*)	nome	dove	volere	ora (*closed* **o**)
	(*cost*)	posta	corda	porta	cosa (*open* **o**)
u	(*rude*)	rude	luna	uno	cubo

Listen as your instructor pronounces the following words in English and Italian, and notice the differences in pronunciation.

marina	Riviera	piano
gusto	trombone	opera
saliva	malaria	gala
camera	Coca-Cola	Elvira
formula	aroma	alibi
replica	propaganda	coma

Consonanti°

Consonants

Most Italian consonants do not differ greatly from their counterparts in English, but there are some exceptions and a few special combinations.

1. Before **a, o,** or **u,** the consonants **c** and **g** have a hard sound. **C** is pronounced as in *cat,* and **g** is pronounced as in *go.*

   casa colore curioso
   gatto gonna gusto

2. Before **e** or **i,** the consonants **c** and **g** have a soft sound. **C** is pronounced as in *church,* and **g** is pronounced as in *gem.*

   piacere cinema
   gelato giorno

3. The combinations **ch** and **gh** have a hard sound, again as in *cat* and *go.*

   Michele Chianti
   lunghe laghi

4. Before a final **i** and before **i** + *vowel,* the combination **gl** is pronounced like **ll** in *million.*

   gli glielo figli foglio

5. The combination **gn** is pronounced like the *ny* in *canyon.*

   signore ignorante sogno

Consonanti doppie°

Consonanti... *Double consonants*

All Italian consonants except **q** have a corresponding double consonant, whose pronunciation is distinct from that of the single consonant. Ignoring this distinction will result in miscommunication.

Contrast the pronunciation of the following words.

sete / sette	moto / motto
pala / palla	dona / donna
papa / pappa	fato / fatto

Listen as your instructor compares the English and Italian pronunciation of these words.

ballerina	confetti
antenna	Anna
mamma	motto
spaghetti	villa
zucchini	Amaretto
piccolo	

Accento tonico°

Accento... *Stress*

Most Italian words are pronounced with the stress on the next-to-last syllable.

minestrone (mi ne STRO ne)
Maria (ma RI a)
cominciamo (co min CHA mo)

Some words are stressed on the last syllable; these words are always written with an accent on the final vowel of that syllable.

virtù (vir TU)
però (pe RO)
così (co SI)

Some words are stressed on a different syllable. As an aid to the student, this text indicates irregular stress with a dot below the stressed vowel in vocabulary lists and verb charts.

cạmera (CA me ra)
crẹdere (CRE de re)
Mạrio (MA ri o)

A few one-syllable words carry a written accent, often to distinguish them from words that are spelled and pronounced identically but have different meanings. Compare **si** (*oneself*) with **sì** (*yes*), and **la** (*the*) with **là** (*there*).

There are two written accents, ` and ´, in Italian. The latter indicates a closed pronunciation of **e,** as in **perché** (*why, because*).

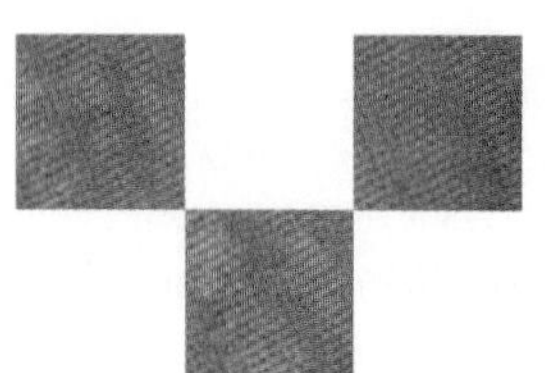

D. Numeri da uno a cento°

Numeri... *Numbers from one to one hundred*

Numbers are a useful tool to learn right away. With just the numbers from one to ten, you can tell classmates your phone number and street address.

0	zero	6	sei
1	uno	7	sette
2	due	8	otto
3	tre	9	nove
4	quattro	10	dieci
5	cinque		

Your instructor will show you how Italians write the figures 1, 4, and 7.

11	undici	21	ventuno	31	trentuno
12	dodici	22	ventidue	32	trentadue
13	tredici	23	ventitré	33	trentatré
14	quattordici	24	ventiquattro	40	quaranta
15	quindici	25	venticinque	50	cinquanta
16	sedici	26	ventisei	60	sessanta
17	diciassette	27	ventisette	70	settanta
18	diciotto	28	ventotto	80	ottanta
19	diciannove	29	ventinove	90	novanta
20	venti	30	trenta	100	cento

—Uno, due, tre... uno, due, tre, ... pronto, pronto... prova microfono...

When **-tre** is the final digit of a larger number, it takes an accent: **ventitré, trentatré,** and so on. The numbers **venti, trenta,** and so on drop the final vowel before adding **-uno** or **-otto: ventuno, ventotto,** etc.

ESERCIZI

A. Numeri di telefono. (*Telephone numbers.*) Italian phone numbers and area codes (**prefissi**) vary in length. For example, Rome's **prefisso** is 06 and Reggio di Calabria's is 0965. Italians usually phrase the **prefisso** in single digits and the local number in sets of two digits. Practice reading aloud the following numbers.

ESEMPIO: (0574) 46-07-87 →
Prefisso: zero-cinque-sette-quattro. Numero di telefono: quarantasei, zero sette, ottantasette *or* quattro-sei-zero-sette-otto-sette.

1. (02) 48-31-56
2. (010) 66-43-27
3. (06) 36-25-81-48
4. (0571) 61-11-50
5. (055) 23-97-08
6. (0573) 62-91-78

Now ask the two students sitting nearest you to give you their phone numbers in Italian. Ask for **nome, cognome,** and **prefisso** too! Write down what they tell you and show them what you've written for confirmation.

ESEMPIO: —Nome?
—Enne-i-ci-o-elle-e.
—Cognome?
—Esse-a-enne-di-cu-u-i-esse-ti.
—Nicole Sandquist. Prefisso?
—Cinque-quattro-uno.
—Numero di telefono?
—Tre-tre-otto-nove-otto-cinque-nove.
—(541) 338-9859.

B. **Indirizzi.** (*Addresses.*) Italian building numbers are seldom longer than three digits. The number always follows the name of the street. For example: **Via di Galceti 56 (cinquantasei).** Read these street addresses aloud.

1. Via San Martino 17
2. Via Verdi 89
3. Via Vittorio Emanuele 100
4. Via della Repubblica 65
5. Via Giulio Cesare 33
6. Via Calzaiuoli 41

Foreign addresses are not translated. Give your street name in English but express the number in Italian. A four-digit address is expressed in sets of two digits.

ESEMPIO: Il mio indirizzo è 3420 (trentaquattro-venti) McKenna Drive.

If you live in an apartment, give your apartment number. For example, **appartamento numero 4.** A zip code (**codice postale**) is usually expressed in sets of two digits: **codice postale** 97210 (**novantasette-ventuno-zero**).

Now tell two classmates your complete address and your telephone number with area code. Check to see whether they wrote it down correctly.

ESEMPIO: Il mio indirizzo è 1405 (quattordici-zero-cinque) Broadway, appartamento numero 208 (due-zero-otto), Boulder, Colorado, codice postale 80302 (ottanta-trenta-due). Numero di telefono: prefisso 303 (tre-zero-tre), 259-1194 (due-cinque-nove-uno-uno-nove-quattro).

C. **Quanto costa?** (*How much is it?*) Italy and several other European countries are gradually adopting a new shared currency, the **euro,** which will replace the **lira.** Working in pairs and assuming a 1:1 exchange rate with the dollar, show your classmate a few items and let him/her guess their prices in **euro.** Give hints by responding **No, di più** (*more*) or **No, di meno** (*less*).

ESEMPIO: S1: (*holding a backpack*) Quanto costa?
S2: 40 euro?
S1: No, di più.
S2: 45?
S1: Appunto! (*Exactly!*)

in ascolto

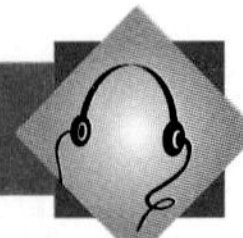

A. Numeri di telefono. Take a moment to look over the telephone numbers listed. Then listen carefully, and indicate the number you hear for each person or business.

1. Elisabetta. Numero di telefono: _____.
   a. 77.31.32 **b.** 67.21.32 **c.** 66.48.35
2. Pasticceria Vanini. Numero di telefono: _____.
   a. 94.19.35 **b.** 35.78.22 **c.** 44.78.16
3. Signora Cecchettini. Numero di telefono: _____.
   a. 21.51.83 **b.** 91.15.53 **c.** 98.12.35
4. Ristorante Bianchi. Numero di telefono: _____.
   a. 12.18.26 **b.** 12.38.37 **c.** 13.18.21

E. Calendario°

°*Calendar*

Mesi°

°*Months*

Look at the list of months and find the month you were born.

gennaio	maggio	settembre
febbraio	giugno	ottobre
marzo	luglio	novembre
aprile	agosto	dicembre

To find out when a classmate was born, ask **Quando sei nato?** when addressing a man, and **Quando sei nata?** when addressing a woman. Their answers will be **Sono nato...** (**il 21 agosto**) or **Sono nata...** (**il 3 luglio**). Note that the day precedes the month, and that the names of months are not capitalized in Italian.

Now ask at least four classmates (two men and two women) when they were born. Report their birthdays to the class.

ESEMPIO: Renata è nata il 2 marzo.

Anni°

°*Years*

To indicate a year in the twentieth century, say **millenovecento** (*one thousand nine hundred*), then add the numbers of the specific year: **Sono nato/a il 30 aprile 1982** (**millenovecento-ottantadue**). (Italians do not express dates in sets of two digits as in English; that is, they never say the equivalent of nineteen-eighty-two.) The year 2000 is **l'anno duemila.**

You will learn to use numbers above 100 in **Capitolo 7.**

Find three classmates who were *not* born the same year you were. Begin by saying when you were born.

ESEMPIO: Sono nato/a il 26 novembre 1983. Quando sei nato/a?

To ask someone's age, say **Quanti anni hai?** (*fam.*) or **Quanti anni ha?** (*form.*). The answer may be expressed as **Ho... anni** or simply with the number.

ESPRESSIONI UTILI (*USEFUL EXPRESSIONS*) PER IL CALENDARIO

—Che mese è (In che mese siamo)?
—È settembre (Siamo in settembre).
—In che mese sei nato/a? Sono nato/a in settembre.

Giorni della settimana°

°Giorni... *Days of the week*

lunedì
martedì
mercoledì
giovedì
venerdì
sabato
domenica

Che giorno è... ?	*What day is . . . ?*
oggi	*today*
domani	*tomorrow*
Che giorno è oggi?	*What day is it today?*
Oggi è giovedì.	*Today is Thursday.*
Domani è venerdì.	*Tomorrow is Friday.*

The days of the week are not capitalized in Italian. The week begins with Monday.

SETTEMBRE
L M M G V S D
1 2 3
4 5 6 7 8 9 10
11 12 13 14 15 16 17
18 19 20 21 22 23 24
25 26 27 28 29 30

Stagioni°

Seasons

primavera

estate

autunno

inverno

—Che stagione è (In che stagione siamo)?
—È autunno (Siamo in autunno).

The names of the seasons are not capitalized in Italian.

ESERCIZI

A. Oggi e domani. Put your knowledge of the calendar to the test.

1. Che giorno è oggi?
2. Che giorno è domani?
3. Che mese è?
4. Che stagione è?

B. Stagioni. Select the date that falls within each season.

1. primavera: il 25 dicembre/il 16 giugno/il 4 marzo
2. autunno: il 31 ottobre/il 14 luglio/il 2 aprile
3. inverno: il 12 febbraio/il 5 maggio/il 25 novembre
4. estate: il 10 settembre/il 6 agosto/il 22 gennaio

F. Parole simili°

Parole... *Cognates*

Many Italian words resemble English words and have identical or similar meanings. These words are called *cognates* or **parole simili.** There are only minor differences in spelling between English and Italian cognates.

stazione *station*
intelligente *intelligent*
possibile *possible*
museo *museum*
geloso *jealous*
professore *professor*

Once you learn a few patterns, you will be able to recognize new words. For example:

-zione → *-tion*	inflazione *inflation*
-tà → *-ty*	università *university*
-oso → *-ous*	famoso *famous*
-za → *-ce*	apparenza *appearance*

ATTENZIONE! Words that look alike in the two languages sometimes have different meanings. These are called *false cognates* or **falsi amici.**

parente = *relative* (not *parent*)
libreria = *bookstore* (not *library*)

The following adjectives—all cognates of English adjectives—can be used to describe either a male or a female. They do not change form in the singular. (You will learn more about adjectives in **Capitolo 2.**)

difficile	indifferente	popolare
eccellente	intellettuale	progressista
egoista	intelligente	realista
elegante	interessante	responsabile
entusiasta	materialista	sensibile
femminista	naturale	sentimentale
idealista	orribile	terribile
impressionabile	ottimista	

The following adjectives, also cognates of English adjectives, change form when used in the singular. Use the **-o** ending when describing a male, the **-a** ending when describing a female.

aggressivo/a	impulsivo/a	serio/a
famoso/a	nervoso/a	sincero/a
geloso/a	onesto/a	timido/a
generoso/a	romantico/a	

Mi chiamo Mark. Sono serio, timido, sincero...
Mi chiamo Cathy. Sono aggressiva, impulsiva, romantica...

Esercizi

A. **Equivalenti inglesi.** Identify the following cognates by giving their English equivalents.

condizione	città	desideroso
conversazione	identità	geloso
descrizione	pubblicità	nervoso

B. **Formazione di parole simili.** What patterns of cognate formation can you discover in these groups of Italian words? Can you supply their English equivalents?

continente	digressione	incredibile
frequente	discussione	possibile
intelligente	espressione	probabile
differenza	comunismo	colore
essenza	fascismo	dottore
pazienza	ottimismo	favore

C. **Come si dice in italiano?** Can you figure out the Italian equivalents of the following words?

sensation	religious	urgent
depression	celebration	actor (*ct* = **tt**)
pessimism	nervous	eloquent
invention	curiosity	indifference
numerous	experience (*x* = **s**)	prosperity
impossible		

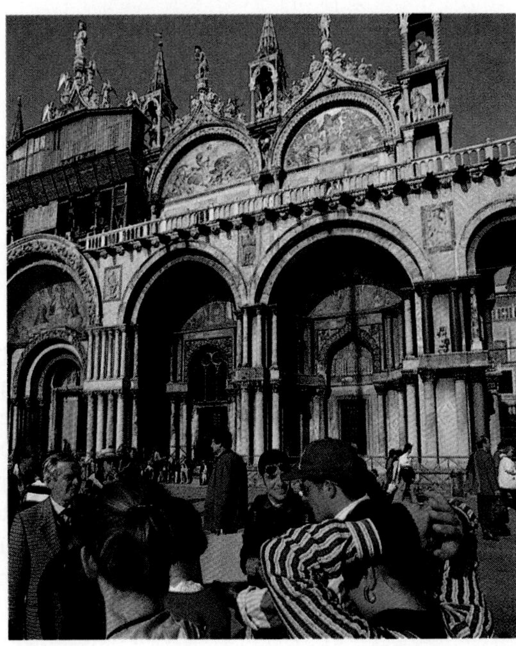

Turisti in Piazza San Marco a Venezia.

Piccolo ripasso°

°Piccolo... *Little review*

A. Mi chiamo. Now you're ready to begin the adventure of learning Italian. You already know the basics. Review what you know how to say.

Mi chiamo...
Sono di...
Il mio indirizzo è...
Il mio numero di telefono è...
Sono studente / studentessa d'italiano.
Ho... anni
Sono nato/a il...
Sono... + *adjectives*

B. Presentazioni. Choose a partner you haven't yet met. Tell your partner the following in Italian.

your name
your age
where you're from
your address
your phone number
that you're a student of Italian
when you were born (including the year)
what you are like (using adjectives)

Now listen to your partner's introduction.

Benvenuti in Italia!

Parole da ricordare°

°Parole... *Words to remember*

ESPRESSIONI (*EXPRESSIONS*)

sono I am
sei you are (*fam.*)
è is
mi chiamo... my name is . . .
Come si chiama? What's your name? (*form.*)
Come ti chiami? What's your name? (*fam.*)
sono di... I'm from . . .
ho... anni I'm . . . years old

TITOLI (*TITLES*)

professore professor (*m.*)
professoressa professor (*f.*)
signora Mrs.
signore Mr.
signorina Miss

CALENDARIO

anni years
giorni days
lunedì Monday
martedì Tuesday
mercoledì Wednesday
giovedì Thursday
venerdì Friday
sabato Saturday
domenica Sunday
settimana week
mesi months
gennaio January
febbraio February
marzo March

aprile April
maggio May
giugno June
luglio July
agosto August
settembre September
ottobre October
novembre November
dicembre December
oggi today
domani tomorrow
sono nato/a... I was born . . .

STAGIONI (*SEASONS*)

primavera spring
estate summer
autunno fall
inverno winter

PRONOMI (*PRONOUNS*)

tu you (*fam.*)
Lei you (*form.*)

ALTRE PAROLE E ESPRESSIONI

buon giorno good morning, hello
buona sera good afternoon, good evening
buona notte good night
ciao hi, hello, good-bye (*fam.*)
salve hi, hello
arrivederci good-bye (*fam./form.*)
arrivederLa good-bye (*form.*)
a presto see you soon
Come stai? How are you? (*fam.*)
Come sta? How are you? (*form.*)
Come va? How's it going?
non c'è male not bad
male badly
abbastanza bene pretty good
così così so-so
bene well

grazie thank you, thanks
per favore, per piacere please
piacere pleased to meet you
prego you're welcome
Prego? I beg your pardon?
scusa excuse me (*fam.*)
Scusa? I beg your pardon? (*fam.*)
scusi excuse me (*form.*)
Scusi? I beg your pardon? (*form.*)

sì yes
no no

Come si dice... ? How do you say . . . ?
Cosa vuol dire... ? What does . . . mean?

ecco here it is . . . , here they are . . .

IN CLASSE

un banco a desk
un compito a homework assignment
un dizionario a dictionary
un foglio di carta a sheet of paper
un gesso a piece of chalk
una lavagna a chalkboard
un libro a book
una mappa a map
una matita a pencil
una penna a pen
una porta a door
un quaderno a notebook
una sedia a chair
uno studente a male student
una studentessa a female student
un voto a grade

Capitolo 1

La stazione di Milano

IN BREVE

GRAMMATICA

A. Nomi: genere e numero

B. Articolo indeterminativo e **buono**

C. Presente di **avere** e pronomi soggetto

D. Espressioni idiomatiche con **avere**

INVITO ALLA LETTURA

- *Vi presentiamo l'Italia*
- *In giro per le regioni: La Sardegna*

Benvenuti a tutti!°

°Benvenuti... *Welcome to everybody!*

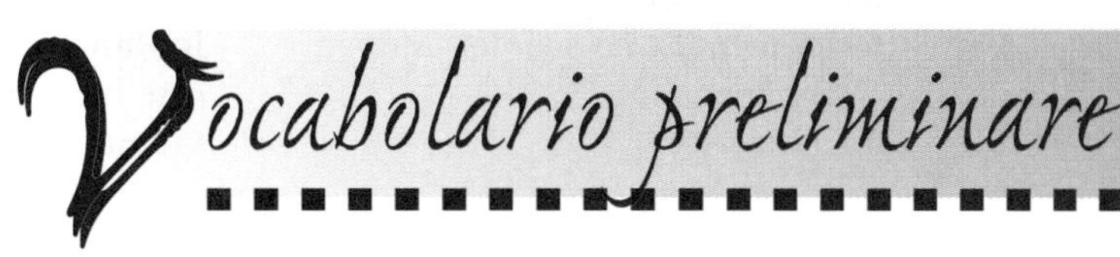

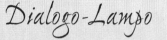

Dialogo-Lampo

In una stazione italiana

CLIENTE: Buon giorno. Un biglietto per Venezia, per favore.
IMPIEGATO*: Ecco. Sono ventitremila[†] lire.
CLIENTE: Ah, scusi, un'informazione. C'è un ufficio cambi qui in stazione?
IMPIEGATO: No, ma[‡] c'è una banca qui vicino, in Piazza Verdi.
CLIENTE: Grazie e arrivederci.
IMPIEGATO: Prego! Buona giornata![§]

1. Destinazione?
2. C'è un ufficio cambi in stazione?
3. Dov'è[‖] una banca?

UNA CITTÀ ITALIANA (*AN ITALIAN CITY*)

LUOGHI (*PLACES*)

un aeroporto airport
un albergo hotel
una banca bank
un bar (un caffè) bar (café)
una chiesa church
un cinema movie theater
una farmacia pharmacy
un museo museum
un negozio shop
un ospedale hospital
una piazza town square
un ristorante restaurant
una scuola school
uno stadio stadium
una stazione train station
un supermercato supermarket
un teatro theater
un ufficio postale (cambi, informazioni, prenotazioni) post office (currency exchange, tourist information office, reservation bureau)
un'università university
una via street
un viale avenue
uno zoo zoo

MEZZI DI TRASPORTO (*MEANS OF TRANSPORTATION*)

un aereo, un aeroplano plane, airplane
un autobus bus
un'automobile, una macchina car
una bicicletta, una bici bicycle, bike

---

* *clerk*
† *23,000*
‡ *but*
§ **Buona giornata!** is a variant of **Buon giorno!** It corresponds to the expression *Have a good day!*
‖ *Where is*

Parole-extra

In viaggio (*On a trip*): documenti e bagagli

un bagaglio, una valigia suitcase
bagagli (*pl.*) baggage, luggage
un biglietto ticket
una borsa bag
un'informazione piece of information
un passaporto passport
una prenotazione reservation
un viaggio trip
uno zaino backpack

un motorino, uno scooter moped, motorscooter
un treno train

INDICAZIONI (*DIRECTIONS*)

a destra to the right
a sinistra to the left
diritto, sempre diritto straight, straight ahead

lontano far, distant
qui here
vicino, qui vicino near, nearby

ALTRE (*OTHER*) ESPRESSIONI

c'è... , c'è... ? there is . . . , is there . . . ?
dov'è... ? where is . . . ?

Esercizi

A. Luoghi, cose e persone. (*Places, things, and people.*) Which things and people in list B would you associate with the places in list A?

A	B
1. _____ un ristorante	a. un viaggio
2. _____ un ospedale	b. un animale
3. _____ una scuola	c. un cappuccino
4. _____ una stazione	d. un dottore
5. _____ un aeroporto	e. una studentessa
6. _____ un bar	f. un aereo
7. _____ un ufficio prenotazioni	g. una pizza
8. _____ un supermercato	h. una banana
9. _____ una via	i. un motorino
10. _____ uno zoo	j. un treno

B. Associazioni. What place do you associate with each of the following? More than one answer may be possible. You can refer to places listed in the **Vocabolario preliminare.**

ESEMPIO: *Macbeth* → teatro

1. professori e studenti
2. dollari, lire e eurodollari
3. sport
4. film
5. Hyatt, Marriott, Holiday Inn
6. Boeing 747
7. Il *David* di Michelangelo
8. biglietti
9. Orient Express
10. vitamine e antibiotici

C. Dov'è? You are new in the area. Ask a local if a particular building is on a given street. Work with a partner and use the map in the book.

ESEMPIO: un museo / Via Mazzini →
S1: Scusi, c'è un museo in Via Mazzini?
S2: Sì, c'è un museo in Via Mazzini.

1. un albergo / Viale Dante
2. un ufficio postale / Via Canova
3. una scuola elementare / Via Gramsci
4. un cinema / Via Botticelli
5. una banca / Piazza Verdi
6. uno zoo / Via Giulio Cesare

D. C'è un caffè qui vicino? Now, working with a partner, ask each other the locations of certain places in the town where you live. Choose places listed in the **Vocabolario preliminare.**

ESEMPIO: un caffè →
S1: C'è un caffè qui vicino? Dov'è?
S2: Sì, è in State Street.
(No, è lontano! È in Colorado Boulevard.)

E. Sempre diritto, a destra, a sinistra... You're at the train station and need to ask for directions. Use the map and work in pairs. Your directions will start from the train station. Don't forget to be polite and to thank your partner for the information.

ESEMPIO: una banca →
S1: Scusi, un'informazione... C'è una banca qui vicino?
S2: Sì, è in piazza Verdi. Sempre diritto per (*through*) via Giulio Cesare, poi (*then*) a destra.
S1: Grazie!
S2: Prego!

1. un ospedale
2. un'università
3. una chiesa
4. un ristorante
5. una farmacia
6. uno stadio

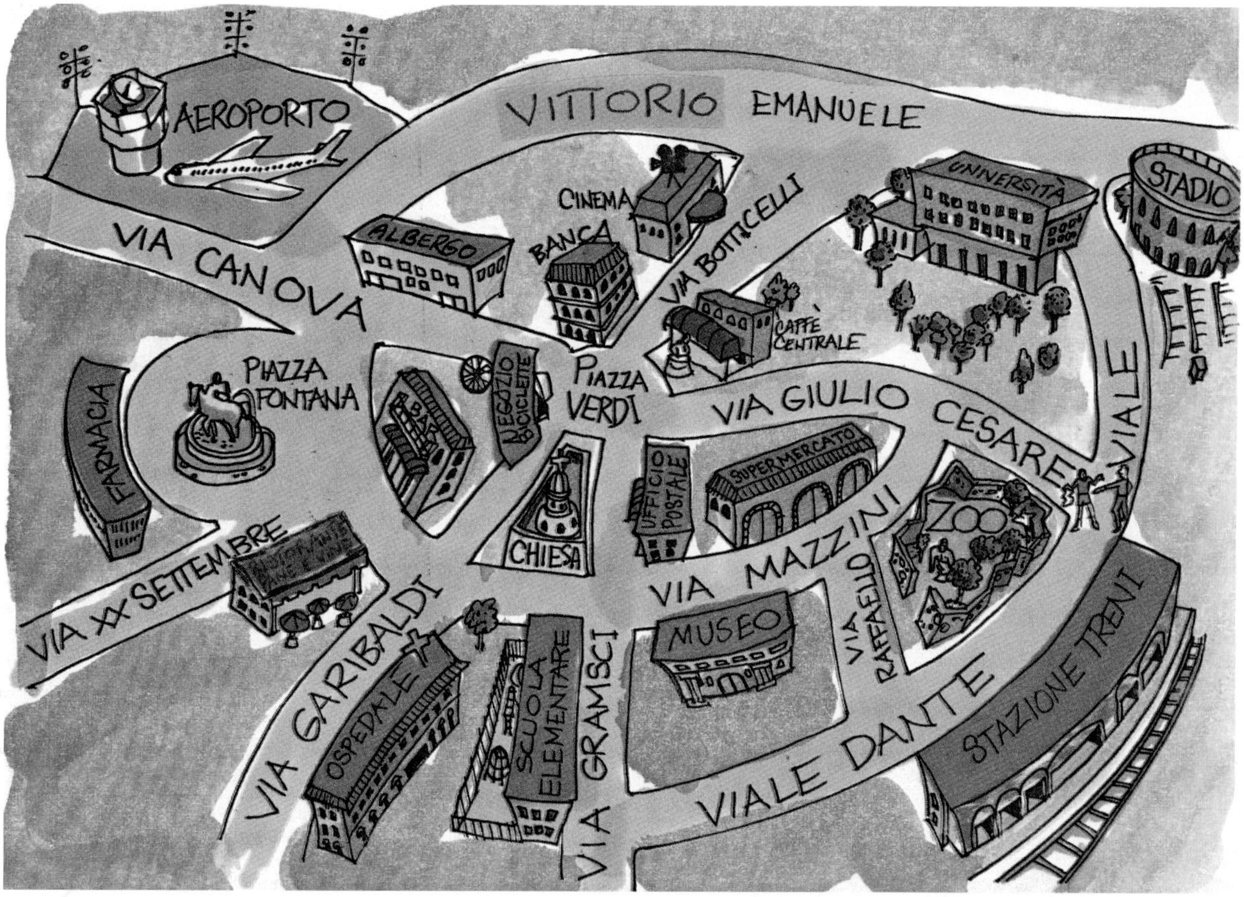

in ascolto

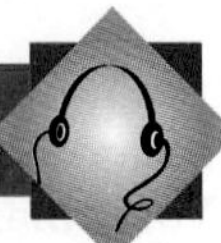

In centro. (*Downtown.*) Listen carefully and look at the map of the city on page 25. Decide whether the statements you hear are true (**vero**) or false (**falso**).

	VERO	FALSO
1.	☐	☐
2.	☐	☐
3.	☐	☐

You will hear three questions about the locations of three buildings in the city. Listen carefully, look at the map, and write down the answers.

4. _____ **5.** _____ **6.** _____

A. Nomi: genere e numero

In una stazione italiana

VENDITORE: Panini, banane, gelati, vino, caffè, aranciata, birra...
TURISTA AMERICANA: Due panini e una birra, per favore!
VENDITORE: Ecco, signorina! Diecimila lire.
TURISTA AMERICANA: Ecco dieci dollari. Va bene?

1. Most Italian nouns (**i nomi**) end in a vowel. Nouns that end in a consonant are of foreign origin. All nouns in Italian have a gender (**il genere**); that is, they are either masculine or feminine, even those that refer to things, qualities, or ideas.

   a. Usually, nouns ending in **-o** are masculine. Nouns ending in **-a** are usually feminine.

In an Italian railroad station VENDOR: Sandwiches, bananas, ice cream, wine, coffee, orange soda, beer . . . AMERICAN TOURIST: Two sandwiches and a beer, please! VENDOR: Here you are, miss. Ten thousand lire. AMERICAN TOURIST: Here's ten dollars. Is that OK?

Si dice così: *ecco* vs. *c'è / ci sono*

Ecco is used when pointing out something or someone. It means *Look at that!, Here it is!,* or *Here they are!*

C'è (*there is*) and **ci sono** (*there are*) are used to indicate the existence of something or someone: **C'è un supermercato qui vicino.** *There is a supermarket near here.* **Ci sono 15 studenti in classe.** *There are 15 students in class.*

MASCULINE: amico (*friend*), treno, dollaro, panino
FEMININE: amica (*friend*), bicicletta, lira, studentessa

b. Nouns ending in **-e** may be masculine or feminine. The gender of most of these nouns must be memorized, but nouns ending in **-zione** are always feminine.

MASCULINE: studente, ristorante, caffè
FEMININE: automobile, notte, lezione (*class, lesson*), stazione, situazione

c. Nouns ending in a consonant are usually masculine.

bar, autobus, film, sport

d. Abbreviated nouns retain the gender of the words from which they derive.

foto *f.* (*from* fotografia)
cinema *m.* (*from* cinematografo)
moto *f.* (*from* motocicletta)
auto *f.* (*from* automobile)
bici *f.* (*from* bicicletta)

2. Italian nouns change their endings to indicate a change in number.

SINGOLARE	PLURALE	
-o (*m.*)	**-i**	treno *train* → treni *trains*
-e (*m.* or *f.*)	**-i**	ospedale (*m.*) *hospital* → ospedali *hospitals* stazione (*f.*) *station* → stazioni *stations*
-a (*f.*)	**-e**	piazza *square* → piazze *squares*

a. Nouns ending in **-ca** or **-ga** and most nouns ending in **-go** maintain the hard sound of the **c** or **g** in the plural. This sound is represented in writing by adding an **h.** (Nouns ending in **-co** will be presented in **Capitolo 2.**)

SINGOLARE	PLURALE	
-ca	**-che**	amica *friend* → amiche *friends*
-ga	**-ghe**	targa *license plate* → targhe *license plates*
-go	**-ghi**	albergo *hotel* → alberghi *hotels*

b. Nouns ending with an accented vowel or a consonant do not change in the plural, nor do abbreviated words.

un caffè → due caffè
un film → due film
una foto → due foto
una città → due città

Nota bene: words ending in *-io*

Words that end in **-io** or **-ia** retain the **i** in the plural if the **i** is stressed. If not, the **i** is dropped. (Stress is emphasis placed on a particular syllable when a word is spoken. For example, in English we say OFfice, not ofFICE.)

-i STRESSED

ZIo *uncle* → zii *uncles*
inVIo *mailing* → invii *mailings*
farmaCIa *pharmacy* → farmacie *pharmacies*

-i UNSTRESSED

neGOzio *store* → negozi *stores*
ufFIcio *office* → uffici *offices*
vaLIgia *suitcase* → valige *suitcases*

One exception is **caMIcia → camicie** *shirt*

A. Maschile o femminile? Singolare o plurale? Decide whether the following nouns are singular or plural, masculine or feminine.

ESEMPIO: bar → singolare o plurale, maschile

1. automobile **2.** bici **3.** foto **4.** ristorante **5.** valige **6.** caffè **7.** stazione **8.** notte **9.** alberghi **10.** banane **11.** vini **12.** lire **13.** autobus **14.** informazioni **15.** birre

B. Plurali. Give the plural of the following nouns.

1. treno	**5.** lira	**9.** cognome (*last name*)
2. lezione	**6.** professore	**10.** zio
3. tè (*tea*)	**7.** bar	**11.** autobus
4. piazza	**8.** nome (*first name*)	**12.** negozio

C. Due, per favore! Working with a partner, imagine that you are in a coffee shop (**caffè**). The waiter underestimates your appetite and offers you one of each of the following items, but you want two! Be polite and add **per piacere** or **per favore** to your request.

ESEMPIO: un espresso →
S1: Un espresso, signore/signora?
S2: No, due espressi, per favore!

1. un gelato
2. un'aranciata
3. un caffè
4. una pizza
5. un panino
6. un cappuccino
7. uno spumone
8. una birra
9. un bicchiere di (*glass of*) vino
10. un bicchiere di latte (*milk*)

D. Una città immaginaria. Your partner will ask you if the imaginary city of Trentezia has one of each of the following places. Respond that it has more than one. Remember that **ci sono** (*there are*) is used to indicate more than one of something. Compare **Ci sono due chiese** (*There are two churches*) with **C'è una chiesa** (*There is one church*).

ESEMPIO: un supermercato →
S1: C'è un supermercato?
S2: No, ci sono quattro supermercati.

1. una scuola	**5.** un ufficio postale	**9.** un museo
2. un ospedale	**6.** un'università	**10.** un cinema
3. una banca	**7.** un albergo	**11.** una farmacia
4. un bar	**8.** uno stadio	**12.** una stazione

B. Articolo indeterminativo e *buono*

Che *(What)* differenze ci sono tra il disegno (*drawing*) e questa (*this*) descrizione?

In questo disegno, ci sono tre professori. Un professore ha (*has*) due valige e un biglietto e l'altro (*the other*) professore ha uno zaino, una borsa e una valigia. La professoressa ha una borsa e due valige.

1. The Italian indefinite article (**l'articolo indeterminativo**) corresponds to English *a/an* and is used with singular nouns. It also corresponds to the number *one*. The form of the article changes depending on the word that follows it. **Uno** is used with masculine words beginning with **z** or **s** + *consonant;* **un** is used with all other masculine nouns. **Una** is used with feminine nouns beginning with any consonant, and **un'** is used before feminine nouns beginning with a vowel.

MASCHILE	FEMMINILE
uno zio *an uncle, one uncle*	una zia *an aunt, one aunt*
uno stadio	una scuola
un treno	una farmacia
un aeroplano	un'amica

2. The adjective **buono** (*good*) follows the same pattern as the indefinite article. It too has four forms in the singular: **buono, buon, buona,** and **buon'.** The form used depends on the word that follows it. (You will learn the plural forms of **buono** and more about how adjectives function in Italian in **Capitolo 2.**)

MASCHILE	FEMMINILE
un buo**no** zio *a / one good uncle*	una buo**na** zia
un buo**no** stadio	una buo**na** scuola
un buo**n** treno	una buo**na** farmacia
un buo**n** aeroplano	una buo**n'**amica

A. In un caffè. You are at an Italian **caffè.** Catch the attention of the server (**cameriere,** *m.*) and order each of the following items.

ESEMPIO: tè → Cameriere! Un tè, per favore!

1. Coca-Cola
2. caffè (*m.*)
3. un bicchiere di vino
4. birra
5. aranciata
6. bicchiere di latte
7. cappuccino
8. cioccolata (*hot chocolate*)

Che genio!

Il genio è per l'uno per cento ispirazione e per il novantanove per cento traspirazione.*
Thomas Alva Edison *(1847-1931), inventore statunitense.*

*perspiration

B. Che buon caffè! You are invited to dinner by an Italian friend. Express your appreciation for everything served by completing the following compliments with the correct form of **buono.** *Note:* **Che buon... !** = *What [a] good . . . !*

ESEMPIO: Che (buona / buon / buone) caffè → Che buon caffè!

1. Che (buono / buona / buon) pasta!
2. Che (buon / buono / buona) panino!
3. Che (buon / buon' / buona) aranciata!
4. Che (buona / buono / buon) pizza!
5. Che (buon / buona / buono) cioccolata!
6. Che (buono / buon' / buon) gelato!
7. Che (buona / buon / buon') espresso!
8. Che (buono / buona / buon) tè!

C. Tutto buono. Supply the correct form of an appropriate noun or the correct form of **buono.**

ESEMPIO: un *buon* viaggio
una buona *macchina*

1. un _____ zaino
2. un _____ dottore
3. una _____ farmacia
4. una _____ amica
5. una buon' _____
6. un buon _____
7. una buona _____
8. un buono _____

D. La mia città. Describe your hometown to your partner.

ESEMPIO: Nella mia (*In my*) città c'è un buon museo, ci sono 10 supermercati...

Nota culturale

Saluti e titoli: Buon giorno, dottore!

Buon giorno, dottore!

To greet each other, Italians use **buon giorno** until early afternoon and **buona sera** from then until late evening. **Buona notte** is used as a final farewell at the end of the evening. Friends and family who have not seen each other for a while typically hug and kiss each other on both cheeks or at least shake hands.

It is customary to address someone by his or her academic title. You will often hear **Buon giorno, professore! Benvenuta, dottoressa! ArrivederLa, signor avvocato** (*lawyer*)**! Auguri** (*Best wishes*), **dottore!**

The title **dottore** is used for anyone who has earned a university degree (**la laurea**), whether in medicine or the humanities.

C. Presente di *avere* e pronomi soggetto

Angelo e Silvia in una stazione in estate. Aspettano un treno.

ANGELO: Oh, che caldo. Ho proprio sete adesso. Hai voglia di una birra?

SILVIA: No, ma ho fame. Ho voglia di un buon panino e di un gelato...

ANGELO: Chissà se c'è un bar in questa stazione.

SILVIA: Sì, c'è, ma non abbiamo tempo, solo cinque minuti.

ANGELO: Hai ragione, non è una buon' idea. Oh, ma c'è un venditore... Qui, per favore!

Angelo and Silvia at a train station during the summer. They are waiting for a train. ANGELO: Oh, it's so hot. I'm really thirsty now. Do you feel like having a beer? SILVIA: No, but I'm hungry. I feel like having a good sandwich and an ice cream . . . ANGELO: Who knows if there is a café in this station. SILVIA: Yes, there is, but we don't have time, only five minutes. ANGELO: You're right, it's not a good idea. Oh, but here comes a vendor . . . Here, please!

1. **Avere** (*to have*) is an irregular verb (**un verbo irregolare**); it does not follow a predictable pattern of conjugation. The present tense (**il presente**) of **avere** is as follows:

SINGOLARE			PLURALE		
(io)	ho	*I have*	(noi)	abbiamo	*we have*
(tu)	hai	*you have (fam.)*	(voi)	avete	*you have (fam.)*
(Lei)	ha	*you have (form.)*	(Loro)	hanno	*you have (form.)*
(lui)	ha	*he has*	(loro)	hanno	*they have*
(lei)	ha	*she has*			

The following rules apply to **avere** and to all Italian verbs.

a. To make a verb negative (*I have* → *I don't have*), place the word **non** (*not*) directly before it.

Mario non ha soldi. — *Mario doesn't have money.*
Qui non hanno birra, hanno solo vino. — *They don't have beer here, they only have wine.*

b. To make a verb interrogative (*I have* → *do I have?*) in writing, simply add a question mark to the end of the sentence. In speaking, the pitch of the voice rises at the end of the sentence.

Avete un buon lavoro. — *You have a good job.*

Avete un buon lavoro? — *Do you have a good job?*

—Non avete altro?

In an interrogative sentence, the subject (noun or pronoun) can appear

- at the beginning of the sentence, before the verb
- at the end of the sentence
- less frequently, immediately after the verb

Mario ha una bicicletta?
Ha una bicicletta Mario?
Ha Mario una bicicletta?
— *Does Mario have a bicycle?*

2. The subject pronouns (**i pronomi soggetto**) are as follows:

SINGOLARE		PLURALE	
io	*I*	noi	*we*
tu	*you (familiar)*	voi	*you (familiar)*
Lei	*you (formal)*	Loro	*you (formal)*
lui	*he*	loro	*they, m. or f.*
lei	*she*		

a. In English, subject pronouns are always used with verb forms: *I have, you go, he is,* and so on. In Italian, the verb form itself identifies the subject. For this reason, subject pronouns are usually not expressed.

Ho una FIAT; ha quattro porte. — *I have a FIAT; it has four doors.*
Hai buon gusto! — *You have good taste!*
Abbiamo parenti in Italia. — *We have relatives in Italy.*

Subject pronouns *are* used, however, to emphasize the subject (***I** have a job;* that is, ***I'm** the one who has a job*) or to contrast one subject with another (***I** have this, **you** have that*).

Io ho un lavoro. — *I **do** have a job.*
Lui ha un gatto; lei ha un cane. — ***He** has a cat; **she** has a dog.*

b. **Io** (*I*) is not capitalized unless it begins a sentence.

c. There are four ways of saying *you* in Italian: **tu, voi, Lei,** and **Loro. Tu** (for one person) and **voi** (for two or more people) are the familiar forms, used only with family members, children, and close friends.

Tu, mamma. — Voi, ragazzi (*boys*).

Lei (for one person, male or female) and its plural **Loro** are used in formal situations to address strangers, acquaintances, older people, and people in authority. **Lei** and **Loro** are often capitalized to distinguish them from **lei** (*she*) and **loro** (*they*).

Lei, professore, ha una valigia? — *You, professor, do you have a suitcase?*
Lei, professoressa, ha uno zaino? — *You, professor, do you have a backpack?*
Loro, signore e signori, hanno bagagli? — *You, ladies and gentlemen, do you have luggage?*

Lei takes the third-person singular verb form; **Loro** takes the third-person plural form.

Lei, signora, ha un buon cane! — *You have a good dog, ma'am!*
Loro, signori, hanno amici qui? — *Do you have friends here, gentlemen?*

Loro is very formal. It is often replaced by the more casual **voi.**

d. There are rarely corresponding forms for *it* and *they* to refer to animals or things; the verb form alone is used.

ESERCIZI

A. Bene, grazie! The following people have asked you how you are: **Come sta?** or **Come stai?** Answer, then ask how they are, using the appropriate equivalent for *you*.

ESEMPIO: your Aunt Teresa → Bene, grazie, e tu?

1. your cousin Anna
2. your friends
3. the server
4. your instructor, Mrs. Rossini
5. Mr. and Mrs. Cicero
6. your father

B. Quale (*Which*) **pronome?** Which subject pronouns would you use to speak about the following?

ESEMPIO: lo zio → lui

1. Cecilia, un'amica
2. Marco, un amico
3. un cameriere
4. un impiegato
5. zia Laura
6. Marco e Cecilia
7. tu, Marco e Luisa
8. io, uno studente e una studentessa
9. Maria e Gina
10. tu e una professoressa

C. Domande e risposte. Choose the correct response to each question.

1. Hai un passaporto tu?
   a. Sì, ha un passaporto. **b.** Sì, ho un passaporto. **c.** Sì, abbiamo un passaporto.
2. Hanno due biglietti Carlo e Tina?
   a. No, non hanno due biglietti. **b.** No, non abbiamo due biglietti. **c.** No, non avete due biglietti.
3. Avete tre valige tu e Maria?
   a. No, abbiamo due valige. **b.** No, avete due valige. **c.** No, ho due valige.
4. Ha una macchina Silvio?
   a. Sì, lei ha una macchina. **b.** Sì, lui ha una macchina. **c.** Sì, noi abbiamo una macchina.

D. Paragoni. (*Comparisons.*) Petty jealousies and insecurities are getting you down today. Tell what's bothering you, filling in the blanks with the correct subject pronoun.

_____ [1] non ho nemmeno (*even*) una buona bicicletta, _____ [2] avete un motorino Guzzi. _____ [3] non abbiamo una lira (*a cent*), _____ [4] hanno due alberghi. _____ [5] non ho parenti (*relatives*), _____ [6] ha trenta cugini. _____ [7] non abbiamo nemmeno un cane, _____ [8] hai tre gatti.

E. Avere o non avere... Complete with the correct form of **avere.**

1. Voi _____ [1] un appartamento, ma io _____ [2] solo una stanza (*room*). Loro _____ [3] due macchine, ma io _____ [4] una bici. Tu e Paolo non _____ [5] lezioni domani, ma io _____ [6] cinque lezioni! Lui _____ [7] una valigia ed* io _____ [8] solo uno zaino. Che sfortuna (*What bad luck*)!
2. Tu _____ [1] un cane intelligente, ma noi _____ [2] un cane stupido! Tu _____ [3] una buona macchina, ma Carla _____ [4] solo una bicicletta. Tu _____ [5] molti soldi (*lots of money*); Cinzia e Daniele non _____ [6] nemmeno un lavoro! Come sei fortunato (*How lucky you are*)!

---

*When used before a word beginning with a vowel, **e** often becomes **ed.**

D. Espressioni idiomatiche* con *avere*

—Mamma, ho sete!

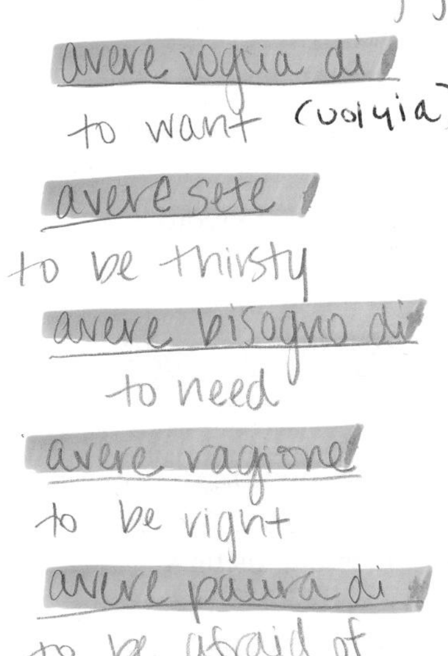

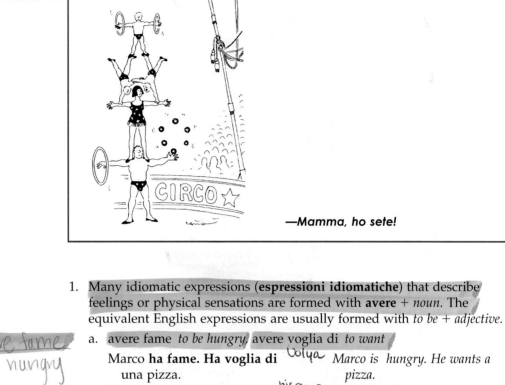

1. Many idiomatic expressions (**espressioni idiomatiche**) that describe feelings or physical sensations are formed with **avere** + *noun.* The equivalent English expressions are usually formed with *to be* + *adjective.*

   a. avere fame *to be hungry,* avere voglia di *to want*

Marco **ha fame. Ha voglia di** una pizza.	*Marco is hungry. He wants a pizza.*

   b. avere sete *to be thirsty,* avere bisogno di *to need*

Maria **ha sete. Ha bisogno di** acqua.	*Maria is thirsty. She needs water.*

   c. avere ragione *to be right,* avere paura di *to be afraid of*

Hai ragione. Luigi **ha paura di** volare.	*You're right. Luigi is afraid of flying.*

a.

b.

c.

---

*An idiom is an expression peculiar to a particular language. Idioms often appear to make no sense when interpreted literally by speakers of another language. Some commonplace English idioms are *to fall asleep, to take charge, to go easy,* and *to make time.*

d. avere sonno *to be sleepy*
Gino **ha sonno.** — *Gino is sleepy.*

e. avere freddo *to feel cold*
È inverno. Simona **ha freddo.** — *It's winter. Simona is cold.*

f. avere caldo *to feel hot*
È estate. Luca **ha caldo.** — *It's summer. Luca is hot.*

g. avere fretta *to be in a hurry*
È tardi. Serena **ha fretta**! — *It's late. Serena is in a hurry!*

d.

e.

f.

g.

2. The verb **avere** is also used to indicate age.

avere + *number* + **anni**	*to be . . . years old*
—Quanti anni hai?	*How old are you? (How many years do you have?)*
—Ho diciotto anni.	*I'm eighteen.*
—E Daniela, quanti anni ha?	*And Daniela, how old is she?*
—Lei ha vent'anni.	*She's twenty.*

ATTENZIONE: **vent'anni** *twenty years;* **ventun anni** *twenty-one years*

ESERCIZI

A. Ho... Complete the following sentences with the appropriate word.

1. Brrr! Non avete ______?
2. Non hanno tempo (*time*), hanno ______!
3. Due aranciate, per favore! Abbiamo ______.
4. Maurizio ha ______: ecco una pizza!
5. Chi (*Who*) ha ______ di Virginia Woolf?
6. Hai diciotto o diciannove ______?
7. Avete ______ di un gelato?

B. Quanti anni hanno? Give the age of each family member, using a complete sentence.

Giuseppe: 50 Isabella: 46 Carol: 25 Marta: 21 Maurizio: 17

Now ask several classmates how old they are.

C. Trova una persona che... (*Find a person who . . .*) Circulate around the room asking classmates if they are hungry, thirsty, sleepy, etc. Refer to the idiomatic expressions on page 35 and above.

ESEMPIO: S1: Hai fame?
S2: Sì, ho fame. (No, non ho fame.)

Piccolo ripasso

A. Avere, non avere. Ask a classmate whether he/she has one of the following items. The classmate will answer that he/she has one, two or more, or none.

ESEMPIO: bicicletta →
S1: Tu hai una bicicletta?
S2: Sì, ho una bicicletta. (Ho due, tre biciclette.) *o* No, non ho biciclette.

1. borsa
2. biglietto
3. lezione
4. gatto
5. foto
6. zio
7. amico
8. dollaro

B. Solo uno! Working with a partner, answer each question by stating that you have only one of the things mentioned, but that it is a good one!

ESEMPIO: amici →
S1: Hai amici?
S2: Ho solo un amico, ma è un buon amico!

1. amiche
2. zii
3. gatti
4. lavori
5. bici
6. valige
7. zaini
8. macchine

C. Qual è la domanda? (*What is the question?*) Ask the questions that produced the following answers. Follow the models.

ESEMPI: Sì, ho un negozio. → Hai un negozio?
Sì, abbiamo sonno. → Avete sonno?

1. Sì, ho sete.
2. Sì, ha vent'anni.
3. Sì, abbiamo una professoressa.
4. Sì, abbiamo un buon dottore.
5. Sì, ho molti bicchieri.
6. Sì, abbiamo fretta.
7. Sì, ho bisogno di soldi.
8. Sì, hanno voglia di un cappuccino.

D. Intervista. Interview a classmate. Find out the following information and report what you learn to another pair of students or to the class. Invent three additional questions to ask.

name and age
if he/she has a bike
if he/she needs a car
if he/she wants coffee at breakfast (*a colazione*)
if he/she is thirsty, hungry or sleepy
if he/she has a dog or cat
the age of the dog or cat

Invito alla lettura

The readings in *Prego!* have several purposes: they are designed to strengthen your Italian reading skills, give you an understanding of Italian culture, and dispel some common stereotypes about Italy and Italians. You should approach these readings in several stages.

- First, go through the reading quickly once or twice, just to grasp the general meaning. (You don't need to understand every word or expression right away!)
- Once you've gotten the gist, do a more thorough reading. This time, work through the more difficult sentences, making use of marginal glosses and relying on cognates and on the context to help you understand.
- When you're comfortable with the details of the text, do a quick final reading, focusing on the meaning and progression of the whole (and not on particulars).

In the **Capitolo preliminare,** you learned about frequently occurring patterns in Italian that can help you recognize cognates. The cultural readings in *Prego!* contain a fair number of new words, but many of them are cognates.

Can you guess the meaning of these cognates, taken from the first reading in this chapter? It is about the geography of Italy. Knowing the context should make some of these words easier to guess.

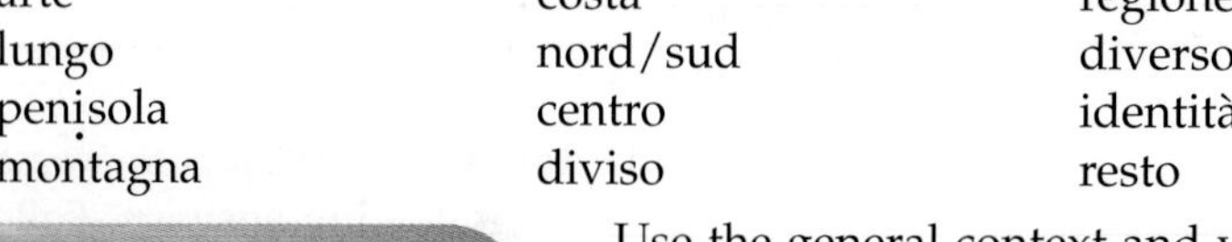

arte	costa	regione
lungo	nord/sud	diverso
penisola	centro	identità
montagna	diviso	resto

Golfo degli Aranci, sulla costa della Sardegna

Use the general context and your knowledge of a subject to figure out the meaning of new words. Can you guess the meaning of the highlighted word in these sentences, based on the context?

> Gli Appennini **attraversano** l'Italia da nord a sud.
>
> Due persone **attraversano** la piazza in bicicletta.

Using these strategies will make your reading in Italian easier and more productive. Try using them now with the readings that follow. **Buon lavoro!**

Note: These readings are written in simple but authentic Italian. They use some structures that you have not yet encountered, in particular the definite articles and some contractions that may look complex, though they are easy to understand once you know them. Your instructor will help you work through the readings so that you grasp the essential points. After you have studied a few more chapters of *Prego!*, you may want to return to this reading. You will be surprised how much easier it will be to read.

Vi presentiamo l'Italia°

Vi... We present Italy to you

Conoscete[a] l'Italia? È un paese molto bello,[b] ricco[c] di arte e di bellezze[d] naturali. L'Italia è una lunga penisola nel mare[e] Mediterraneo e ha paesaggi[f] molto diversi.[g] Ha montagne alte, laghi e valli verdi[h] al Nord, dolci colline e boschi[i] al Centro, coste bellissime al Sud.

Le montagne più[j] importanti sono le Alpi e gli Appennini. Le Alpi sono al Nord, gli Appennini attraversano[k] l'Italia da nord a sud. Le montagne più belle sono le Alpi dolomitiche o Dolomiti.

L'Italia ha molti chilometri di coste e molti posti dove potete avere sole e mare azzurro.[l] Il mare più bello è quello delle isole.[m] Le isole più grandi d'Italia sono la Sicilia e la Sardegna, ma ci sono anche[n] molte isole più piccole[o] ma bellissime come Capri o Ischia.

L'Italia è divisa in venti regioni (Lombardia, Toscana, Campania, Puglia ecc.): le regioni del Nord e del Centro, per diversi motivi storici,[p] sono più sviluppate di quelle[q] del Sud. Le regioni hanno una forte[r] identità culturale, e anche linguistica, e gli italiani sono molto attaccati[s] alla propria[t] regione e alla propria città. Per questo[u] si dice che in Italia c'è un grande «campanilismo»*!

[a]*Do you know* [b]*beautiful* [c]*rich* [d]*beauties* [e]*sea* [f]*landscapes* [g]*varied* [h]*green* [i]dolci... *gentle hills and forests* [j]*most* [k]*cross* [l]posti... *places you can have sun and blue sea* [m]quello... *that of the islands* [n]*also* [o]più... *smaller* [p]motivi... *historical reasons* [q]più... *more developed than those* [r]*strong* [s]*attached* [t]*their own* [u]Per.. *Thus*

In giro per le regioni°

In... On tour through the regions

La Sardegna

La Sardegna è una regione molto particolare.[a] È un'isola con tante[b] montagne, lontana[c] dalle coste della penisola, e ha avuto[d] una storia[e] diversa dal resto d'Italia. Per questo anche la sua lingua assomiglia poco[f] a quella italiana.

I sardi,[g] con tanto mare, non sono mai stati marinai e neppure pescatori, ma pastori di pecore.[h] E il carattere dei sardi deriva dalla cultura dei pastori, abituati a vivere soli, a lottare da soli contro[i] la natura.

Negli ultimi anni, però,[j] il mare ha dato[k] ricchezza alla regione. Lungo[l] le coste della Sardegna, che[m] è bagnata[n] da uno dei mari più belli del mondo,[o] sono strutture turistiche di ogni tipo. La Costa Smeralda è famosa per le ville dei vip,[p] ma ci sono anche zone con villaggi turistici e alberghi per tutte le tasche.[q]

[a]*unusual* [b]*so many* [c]*distant* [d]ha... *it has had* [e]*history* [f]anche... *its language too barely resembles* [g]*Sardinians* [h]non... *were never sailors or fishermen but shepherds* [i]abituati... *accustomed to living alone, battling alone against* [j]*however* [k]ha... *has given* [l]*Along* [m]*which* [n]è... *is bathed* [o]*world* [p]ville... *villas of VIPs* [q]tutte... *all pocketbooks*

***Campanilismo,** from **il campanile** (*bell tower*), means love for one's hometown, or the area within hearing of the bells of one's own parish church.

E ora a voi
Capire

Vero o falso?

		V	F
1.	L'Italia è un'isola.	□	□
2.	Il Sud ha molti laghi.	□	□
3.	Il Centro ha molte colline.	□	□
4.	Le Alpi e gli Appennini sono le montagne più importanti.	□	□
5.	Gli Appennini sono solo al Nord.	□	□
6.	L'Italia ha molte coste.	□	□
7.	Il mare più bello è quello della Campania.	□	□
8.	Le regioni italiane sono venti.	☑	□
9.	Il Nord d'Italia è più sviluppato del Sud.	☑	□
10.	Gli italiani sono attaccati solo alla propria città.	□	□

Scrivere

Spend a couple of minutes studying the maps of Italy in the front of the book. Then turn back to this page, make a tracing or sketch of this map, and fill in the names of the regions, islands, and mountain ranges mentioned in the reading.

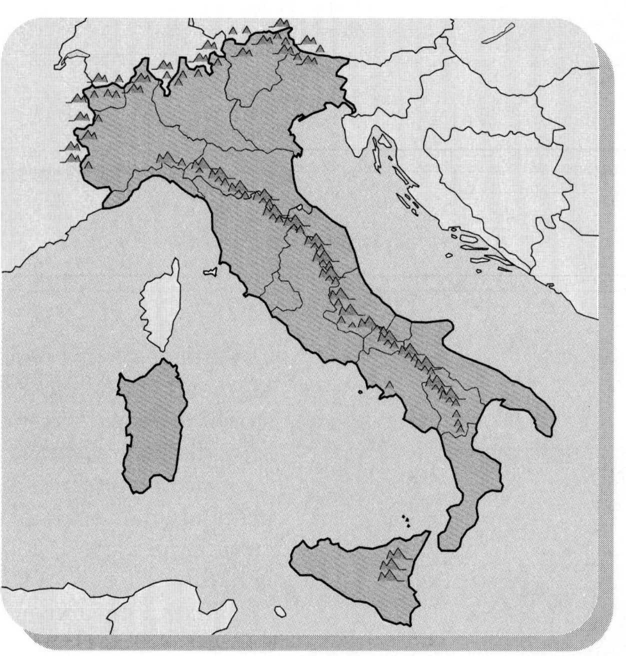

Videoteca

Mi chiamo Peppe

In the opening segment of the video, a young man named Peppe has just arrived in Florence to attend the university. He visits a tourist office for help finding a hotel room.

ESPRESSIONI UTILI

accidenti! wow!
ce n'è uno there is one
molti soldi a lot of money
una camera singola senza bagno a single room without bath
grazie, molto gentile thank you, (you are) very kind
uno spettacolo intitolato... a show entitled . . .
subito immediately, right away
cara expensive
poi... a sinistra ancora then . . . again to your left
fino a until (you reach)

Dal video

IMPIEGATA: Sì, ce n'è uno qui a destra, poi sempre diritto, fino in fondo a via Fiesolana.
PEPPE: E costa molto? Non ho molti soldi.
IMPIEGATA: No, signore. Costa poco. Ha bisogno di una prenotazione?
PEPPE: Sì, grazie! Una camera singola, e senza bagno per piacere. Mi chiamo Cuccetti, Peppe.

Preparazione

Vero o falso?

1. Peppe and the tourist-office clerk call each other **tu.**
2. Peppe asks for a hotel near the university.
3. There are no inexpensive **trattorie** near the tourist office.

FUNZIONE: Giving directions

Comprensione

1. Does Peppe tell the clerk why he has come to Florence?
2. Does Peppe have a car?
3. Why does Peppe ask about a nearby **trattoria**?

Attività

With a partner, find a place to stand that allows you some room to move. You are a robot from Milan; you only respond to Italian commands. Your partner is your master. Your partner will give you a suitable Italian name, like Robo-Alberto, and then direct you to the door of the classroom, using only the commands **a sinistra, a destra,** and **sempre diritto!** If you run into other robots, be sure to say **Scusi!**

Parole da ricordare

VERBI

avere to have
avere... anni to be . . . years old
avere bisogno di to need
avere caldo to be warm, hot
avere fame to be hungry
avere freddo to be cold
avere fretta to be in a hurry
avere paura di to be afraid of
avere ragione to be right
avere sete to be thirsty
avere sonno to be sleepy
avere voglia di to want, to feel like

NOMI

un aẹreo, un aeroplano airplane
un aeroporto airport
un albergo (*pl.* **alberghi**) hotel
un'amica (*pl.* **amiche**) friend
un amico (*pl.* **amici**) friend
un'aranciata orange soda
un ạutobus bus
un'automọbile (*f.*), **un'auto** car
un bagaglio suitcase; **bagagli** (*pl.*) baggage
una banca bank
un bar bar; café, coffee shop
un bicchiere drinking glass
una bicicletta, una bici bicycle, bike
un biglietto ticket
una birra beer
una borsa bag
un caffè coffee; café
un cameriere server, waiter
un cane dog
una chiesa church
un cịnema (*inv.*) movie theater
una cioccolata (hot) chocolate
una città city
un cognome last name
un cugino, una cugina cousin
un documento document
una farmacịa pharmacy
una fotografịa, foto photograph
un gatto cat
un gelato ice cream
un impiegato clerk
un'informazione (*f.*) piece of information
un latte milk
un lavoro job; work
una lezione lesson; class
una lira lira (*Italian currency*)
un luogo (*pl.* **luoghi**) place
una mạcchina car
un motorino moped
un museo museum
un negọzio shop, store
un nome first name; noun
un ospedale hospital
un panino sandwich; hard roll
una parola word
un passaporto passport
una piazza square
una prenotazione reservation
un ristorante restaurant
uno scooter scooter
una scuola school
uno stạdio stadium
una stazione station
un supermercato supermarket
un tè tea
un teatro theater
un treno train
un ufficio cambi currency exchange
un ufficio informazioni tourist information office
un ufficio postale post office
un ufficio prenotazioni reservation bureau
un'università university
una valịgia suitcase
una via street
un viaggio trip
un viale avenue
un vino wine
uno zạino backpack
una zia aunt
uno zio (*pl.* **zii**) uncle
uno zoo zoo

PRONOMI SOGGETTO

io I
tu you (*fam.*)
lui he
lei she
Lei you (*form.*)
noi we
voi you (*pl. fam.*)
loro they
Loro you (*pl. form.*)

AGGETTIVI

buono good

ALTRE ESPRESSIONI

a at; in; to
a destra to the right
a sinistra to the left
c'è... , c'è... ? there is . . . , is there . . . ?

ci sono... , ci sono... ? there are . . . , are there . . . ?
che... what . . . , what a . . .
di of
diritto, sempre diritto straight ahead
dove where
dov'è... ? where is . . . ?
dove sono... ? where are . . . ?
e, ed (*before vowels*) and
in in
lontano far, distant
ma but
non not
per for; through
poi then
prọprio really, just
qui here
solo only
va bene? is that OK?
vicino, qui vicino near, nearby; near here

Capitolo 2

Studenti di storia dell'arte alla Galleria degli Uffizi a Firenze

IN BREVE

GRAMMATICA

A. Aggettivi
B. Presente di **essere**
C. Articolo determinativo e **bello**
D. Ancora i plurali

INVITO ALLA LETTURA

- *Giovani italiani*
- *In giro per le regioni: La Puglia*

La classe e i compagni°

°companions

Dialogo-Lampo

Andrea ha una foto di un'amica...

ANDREA: Ecco una foto di una mia amica, Pamela. Lei è di Boulder, una città del Colorado.

VALERIA: È davvero[*] bella...

ANDREA: Oh sì, Pamela è straordinaria: è simpatica, divertente, sensibile ed è anche molto gentile...

VALERIA: Hai ragione, sono sicura che[†] Pamela ha una grande pazienza, perchè[‡] tu sei sempre[§] stressato e nervoso!

1. Com'è[‖] Pamela, secondo[#] Andrea?
2. Com'è Andrea, secondo Valeria?
3. Di dov'è[**] Pamela?

UN AGGETTIVO PER TUTTI (*AN ADJECTIVE FOR EVERYONE*)

PER DESCRIVERE CARATTERISTICHE FISICHE

alto tall
basso short (*in height*)
corto short (*in length*)
lungo (*m. pl.* **lunghi**) long
bello beautiful, handsome (*person*); nice (*thing or experience*)
brutto ugly; unpleasant
biondo blond
bruno dark, brunette
giovane young
vecchio (*m. pl.* **vecchi**) old
grande big
piccolo small
grasso fat
magro thin
liscio (*m. pl.* **lisci**) straight
riccio (*m. pl.* **ricci**) curly

AGGETTIVI DI NAZIONALITÀ[††]

americano American
canadese Canadian
cinese Chinese
francese French
giapponese Japanese
inglese English
italiano Italian
messicano Mexican
russo Russian
spagnolo Spanish
tedesco German

COLORI

azzurro sky blue
bianco (*m. pl.* **bianchi**) white
castano brown (*hair, eyes*)

---

[*] *truly, really*
[†] sicura... *sure that*
[‡] ha... *is very patient, because*
[§] *always*
[‖] *What is . . . like?*
[#] *according to*
[**] Di... *Where is . . . from?*
[††] Note that adjectives of nationality are not capitalized in Italian.

bored = annoiato
to be bored = noia

Parole-extra

Per descrivere caratteristiche psicologiche

allegro cheerful
antipatico unlikeable, unfriendly
arrabbiato angry
bravo good; able, capable
bugiardo lying, deceitful
cattivo bad, naughty
divertente* entertaining, funny
energico energetic
gentile kind
intelligente intelligent
(ir)responsabile (ir)responsible
nervoso nervous
noioso boring; annoying
onesto honest
pigro lazy
sensibile sensitive
simpatico nice, likeable
sportivo athletic
stanco tired
stressato stressed
tranquillo calm
triste sad

*__Divertente__ is an adjective meaning *fun-loving:* **Giovanni è un ragazzo divertente.** *Giovanni is a fun guy.* **Il divertimento** is the noun that expresses *fun:* **Il divertimento è importante.** *(Having) Fun is important.*

---

giallo yellow
grigio (*pl.* **grigi**) gray
marrone brown
nero black
rosso red
verde green

NELL'AULA: RIPASSO°

°*In the classroom: Review*

l'aula classroom
il banco desk (*of a student*)
il foglio di carta piece of paper
il gesso chalk
la lavagna chalkboard
il libro book
la matita pencil
l'orologio clock, watch
la penna pen
il quaderno notebook
la sedia chair
i soldi (*m. pl.*) money

ESERCIZI

A. Ideali. What qualities do you seek in your **amico ideale?** Choose at least four adjectives from the **Vocabolario preliminare** and the **Parole-extra.** Start your statement with **Il mio** (*My*) **amico ideale è... / La mia amica ideale è...** . (When an adjective that ends in **-o** is used to describe a female, its ending changes to **-a.** Adjectives that end in **-e** are either masculine or feminine.) Then complete the following statements.

ESEMPIO: La mia amica ideale è simpatica, gentile, tranquilla e divertente.

1. Il mio compagno di stanza (*roommate*) ideale / La mia compagna di stanza ideale è...
2. Il mio professore ideale / La mia professoressa ideale è...
3. Lo zio ideale è...

B. Un identikit (*ID sketch*) **fisico...** You have a blind date (**un appuntamento al buio**), and need to describe your appearance. Choose appropriate expressions from the **Vocabolario preliminare** and the following list, and create three or four short sentences, beginning with **Sono... / Ho... / Ho gli occhi** (*eyes*)**... / Ho i capelli** (*m. pl., hair*)**...**

Frasi utili: Sono di statura media (*average height*). Ho la barba (*beard*) / i baffi (*moustache*) / gli occhiali (*glasses*) / le lenti a contatto (*contact lenses*). Ho gli occhi azzurri/verdi/neri/castani. Ho i capelli biondi/castani/rossi/neri/grigi/bianchi/lunghi/corti/ricci/lisci.

C. Autoritratto. (*Self-portrait.*) Now describe yourself in more detail, elaborating on the **identikit** in Exercise B. Use expressions from the **Parole-extra** box or any of the following adjectives to describe your character. Write a short paragraph using some of the following suggestions.

Io sono... / Ho i capelli... e gli occhi... / Sono molto (*very*)... / Non sono abbastanza (*enough*)... */ Secondo gli amici, sono... / Secondo me, sono troppo (*too*)...

*Note that **abbastanza** precedes the adjective, in contrast to *enough* in English: **Lui è abbastanza magro.** *He is thin enough.*

Aggettivi: aggressivo, ambizioso, curioso, disordinato (*messy*), (in)sicuro, orgoglioso (*proud*), sincero, timido

—Io non sono vegetariano, e tu?

Your instructor will shuffle the **autoritratti** and pass them out at random to the class. Read aloud the description you receive, and the class will try to guess whose it is.

D. Come sono? (*What are they like?*) Describe each cartoon character using at least three expressions from the **Vocabolario preliminare** and the **Parole-extra.** Include a physical description if you like.

Parole utili: un bambino (*child, m.*), una bambina (*child, f.*), un papero (*duck*), un topo (*mouse*), un coniglio (*rabbit*)

1. Garfield
2. Dilbert
3. Zippy
4. il gatto Silvestro (*Sylvester the cat*)
5. Paperino (*Donald Duck*)
6. Topolino (*Mickey Mouse*)
7. Daria
8. l'uomo ragno (*Spiderman*)

E. Come sono i compagni di classe? In Italian, interview a classmate to find out where he/she is from. Report what you learn to the class. Include a brief description of your classmate, using expressions from the **Vocabolario preliminare** and the **Parole-extra.**

ESEMPIO: Ecco Giovanni. È canadese; è di Montreal. Giovanni è biondo, gentile e molto intelligente.

Now introduce yourself, telling where you are from and what you are like.

ESEMPIO: Io sono Jim; sono di Detroit. Sono nervoso e stressato ma simpatico.

in ascolto

Nuovi (*New*) **compagni di classe.** Sara attended her biology class for the first time today. Here are her notes, not about biology but about her male classmates! Listen as she reads her notes to her best friend, and fill in on a separate sheet of paper the missing information about the three guys (**tre ragazzi**) she met.

Parole utili: peccato! (*too bad!*)

NOME	ANNI	STATURA	CAPELLI	OCCHI	OPINIONE DI SARA
a. Massimo		media			antipatico!
b. Pietro	23		biondi		
c. Alessandro	21			verdi	

Grammatica

A. Aggettivi

CARLO: Come si chiama tua sorella?
MARIA: Si chiama Tina.
CARLO: Com'è?
MARIA: È simpatica, intelligente e sportiva. E tuo fratello? Com'è?
CARLO: Si chiama Lorenzo. Lui è molto carino, ma è un po'* timido.

1. In English, adjectives (**gli aggettivi**) have only one form: *tall boy, tall girls.* In Italian, an adjective agrees with the number (singular or plural) and gender (masculine or feminine) of the noun it modifies. Adjectives whose masculine singular ends in **-o** have four endings; those whose masculine singular ends in **-e** have two endings.

SINGOLARE	PLURALE	
-o (*m.*) alto	**-i** alti	un ragazz**o** alt**o** / due ragazz**i** alt**i**
-a (*f.*) alta	**-e** alte	una donn**a**† alt**a** / due donn**e** alt**e**
-e (*m.* or *f.*) triste	**-i** tristi	un ragazz**o** trist**e** / due ragazz**i** trist**i**
		una donn**a** trist**e** / due donn**e** trist**i**

An adjective that agrees with two singular nouns of different genders, or with a plural noun referring to a male and a female, is masculine plural:

Marco e Giovanna sono **bravi** e **divertenti.**
I cugini sono **simpatici.** (I cugini e le cugine sono **simpatici.**)

CARLO: What's your sister's name? MARIA: Her name's Tina. CARLO: What's she like? MARIA: She's nice, intelligent, and athletic. And your brother? What's he like? CARLO: His name's Lorenzo. He's very cute, but he's a bit shy.

***Un po'** is a contraction of **un poco** (*a little bit*).
†*woman*

a. Adjectives ending in **-ca, -ga,** and **-go** maintain the hard **c** or **g** sound in the plural, just as nouns do. This sound is represented in writing by adding an **h.** (Masculine nouns and adjectives ending in **-co** will be presented in Section D, on page 59.)

SINGOLARE	PLURALE	
-ca	**-che**	bianca → bianche
-ga	**-ghe**	larga (*wide*) → larghe
-go	**-ghi**	largo → larghi

b. Most adjectives ending in **-io** have only one **i** in the masculine plural: **vecchio → vecchi, grigio → grigi.**

c. Notice that the endings of nouns and the adjectives that agree with them are not always identical.

una ragazz**a** frances**e** → due ragazz**e** frances**i**	*two French girls*
un'universit**à** piccol**a** → due universit**à** piccol**e**	*two small universities*
una bic**i** ross**a** → due bic**i** ross**e**	*two red bikes*
un'automobil**e** italian**a** → due automobil**i** italian**e**	*two Italian cars*

2. To ask what someone is like, use the expression **Com'è?** (= **come è**) (*What is he/she like?*) or **Come sono?** (*What are they like?*).

PAOLA: **Com'è** Martino?	*What's Martino like?*
SILVIA: Lui è intelligente e estroverso.	*He's intelligent and extroverted.*
PAOLA: **Come sono** Lidia e Maddalena?	*What are Lidia and Maddalena like?*
SILVIA: Loro sono attive e sportive.	*They are active and athletic.*

3. Most Italian adjectives follow the noun they modify. However, several adjectives always precede the noun, including **altro** (*other / another*), **stesso** (*same*), and **molto** (*many, a lot of*). Notice that the adjective **molto** is not preceded by an article. English is similar: we don't say *the many sandwiches.*

Avete un'**altra** macchina.	*You have another car.*
Abbiamo lo **stesso** biglietto.	*We have the same ticket.*
Ho **molti** panini e **molte** aranciate.	*I have many sandwiches and orange sodas.*

The common adjectives **bello, buono, bravo,** and **brutto** usually precede the noun. You have already used the forms of **buono.** The forms of **bello** are presented later in this chapter.

Silvia ha una **buona** macchina.	*Silvia has a good car.*
Cristiano è un **bravo** bambino.	*Cristiano is a great kid.*
Mirella è una **bella** ragazza.	*Mirella is a pretty girl.*

—È un vino molto, molto vecchio...

The adjectives **caro, vecchio,** and **povero** have different meanings before and after the noun.

Mario ha uno scooter **caro.**	*Mario has an expensive scooter.*
Silvia è una **cara** ragazza.	*Silvia is a dear girl.*
Michele è un **vecchio** amico.	*Michele is an old friend.*
Noi abbiamo un cane **vecchio.**	*We have an old dog.*
Che **povero** ragazzo!	*What a poor boy!*
Non hanno molti soldi. È una famiglia **povera.**	*They don't have much money. They are a poor family.*

4. When **molto** precedes a noun, it means *many / a lot of* and agrees in gender and number with the noun. **Molto** can also precede an adjective; in this position, it is an adverb meaning *very* and its ending does not change. Note that when **molto** precedes an adjective, both follow the noun.

molto (*many, a lot of*)

Ho **molti** amici.	*I have many friends.*
Hanno **molte** biciclette.	*They have many bikes.*
Ho bisogno di **molta** acqua.	*I need a lot of water.*
Ecco **molto** prosciutto.	*Here is a lot of ham.*

molto (*very*)

Maria è una ragazza **molto** bella.	*Maria is a very pretty girl.*
Gino e Filippo sono studenti **molto** intelligenti.	*Gino and Filippo are very intelligent students.*
Luigi è **molto** triste.	*Luigi is very sad.*
Tina e Enrica sono due studentesse **molto** brave.	*Tina and Enrica are two very capable students.*

Si dice così: aggettivi in -issimo

You may already be familiar with the **-issimo** suffix for adjectives, which adds emphasis and means *very,* as in **Bellissimo!** (*Very beautiful!*) Such adjectives are formed by adding **-ssimo, -ssimi, -ssima,** or **-ssime** to the masculine plural form of the adjective, depending on the noun. They usually follow the noun.

Gli spaghetti sono **buonissimi!** *The spaghetti is very good!*

Milena è una ragazza **bellissima!** *Milena is a beautiful girl!*

È un museo **famosissimo!** *It is a very famous museum!*

ESERCIZI

A. Descrizioni. Complete the sentences in a logical manner.

1. Gina ha 99 anni. Lei è _____
   a. molto energica. **b.** molto sportiva. **c.** molto vecchia.
2. Simone ha un ristorante. Lui ha _____
   a. molti cani. **b.** molte macchine. **c.** molti spaghetti.
3. Marta è depressa. Lei è _____
   a. molto allegra. **b.** molto soddisfatta. **c.** molto triste.
4. Silvia ha un'A in matematica. Lei è _____
   a. molto stupida. **b.** molto intelligente. **c.** molto sensibile.
5. Salvatore è professore. Lui ha _____
   a. molte case. **b.** molte macchine. **c.** molti libri.
6. I ragazzi sono nervosi. Loro sono _____
   a. molto calmi. **b.** molto generosi. **c.** molto stressati.

B. Due amici. Describe Patrizia and Giorgio to the class. Complete the following passages by supplying the correct endings to the incomplete words.

1. Patrizia è una ragazza molt_____[1] simpatic_____.[2] È generos_____[3] e divertent_____[4] ed è sempre allegr_____.[5] Ha molt_____[6] amiche: amiche italian_____,[7] american_____,[8] frances_____,[9] ingles_____[10] e tedesc_____.[11]
2. Giorgio ha un lavoro molt_____[1] buon_____[2] in un negozio di motociclette molt_____[3] grand_____.[4] Ha un appartamento molt_____[5] bell_____[6] e una moto molt_____[7] bell_____,[8] ma è molt_____[9] stressat_____[10]!

C. Il contrario. You and your friend Carlo do not see eye to eye today. Give the opposite of everything Carlo says.

ESEMPIO: Che brutta stazione! → Che bella stazione!

1. Che cane nervoso!
2. Che bella bicicletta!
3. Che capelli lunghi!
4. Che ragazzi allegri!
5. Che lezione divertente!
6. Che chiese grandi!
7. Che ragazzo sensibile!
8. Che bambini buoni!

D. Una bella coppia (*couple*). Complete the following description of Carlos and Marie with the correct endings of the nouns and adjectives.

Carlos è un ragazz_____[1] spagnol_____.[2] Lui è meccanic_____[3] a Madrid. Carlos è alt_____[4] e bell_____.[5] Ha un appartament_____[6] grand_____[7] e una macchin_____[8] sportiv_____.[9] Carlos ha una ragazz_____[10] frances_____.[11] Lei si chiama Marie. Marie è bass_____,[12] biond_____[13] e intelligent_____.[14] È sempre allegr_____[15] e ha molt_____[16] amic_____[17]: amic_____[18] frances_____,[19] italian_____,[20] american_____,[21] ingles_____[22] e tedesc_____.[23]

E. Jeopardy! Describe the following people to a classmate. Your partner should respond with the appropriate question.

ESEMPIO: S1: È alta, bionda e intelligente.
S2: Com'è Hillary Clinton?
S1: Sono alti, sportivi e bravi.
S2: Come sono Michael Jordan e Shaquille O'Neal?

Persone:

Gerard Depardieu
Oprah Winfrey
Naomi Campbell
la professoressa / il professore di italiano
Penn e Teller
Yo-Yo Ma
George Clooney
Madonna
Jerry Springer
uno studente o una studentessa della classe
Robin Williams
i tre tenori (Luciano Pavarotti, José Carreras e Placido Domingo)
i principi Harry e William

B. Presente di essere

Mi chiamo Roberto. Sono italiano. Sono di Milano. Ho vent'anni e sono studente all'università. Ho due compagni di casa; uno si chiama Luigi e l'altro si chiama Marco. Luigi ha diciannove anni ed è molto sportivo ed energico. Marco è il più giovane e ha diciotto anni. Lui è molto simpatico e divertente. Noi abbiamo due animali domestici, un gatto e un cane. Il gatto si chiama Rodolfo. Lui è un po' pazzo, ma è carino. Il cane si chiama Macchia. Ha quindici anni—è molto vecchio. Marco, Luigi ed io siamo contenti della casa e degli amici, Rodolfo e Macchia.

Voi avete compagni di casa? Come si chiamano? Siete contenti della casa? Avete animali domestici? Come sono?

1. Like the verb **avere, essere** is irregular in the present tense.

SINGOLARE			PLURALE		
(io)	sono	*I am*	(noi)	siamo	*we are*
(tu)	sei	*you are (fam.)*	(voi)	siete	*you are (fam.)*
(Lei)	è	*you are (form.)*	(Loro)	sono	*you are (form.)*
(lui)*	è	*he is*	(loro)*	sono	*they are*
(lei)*	è	*she is*	(—)	sono	*they are*
(—)	è	*it is*			

Note that the form **sono** is used with both **io** and **loro.**

Sono un ragazzo italiano.	*I am an Italian boy.*
Non sono canadesi.	*They are not Canadian.*
È un esercizio facile.	*It's an easy exercise.*
Noi siamo stanchi; voi siete stanchi?	*We are tired; are you tired?*

2. **Essere** + **di** + *proper name* is used to indicate possession.

La chitarra è di Francesco.	*The guitar is Francesco's.*
I libri sono di Anna.	*The books are Anna's.*

To find out who owns something, ask: **Di chi è** + *singular* or **Di chi sono** + *plural.* Whose

Di chi è il cane? Di chi sono i cani?	*Whose dog is it? Whose dogs are they?*

My name is Roberto. I'm Italian. I'm from Milan. I'm twenty years old and I'm a student at the university. I have two roommates: one's called Luigi and the other is called Marco. Luigi is nineteen and he's very athletic and energetic. Marco is the youngest, eighteen. He's very nice and fun. We have two pets, a cat and a dog. The cat is called Rodolfo. He's a bit crazy but he's cute. The dog is called Macchia (Spot). He's fifteen—he's very old. Marco, Luigi, and I are happy with the house and with our friends Rodolfo and Macchia.

Do you have roommates? What are their names? Are you happy with the house? Do you have pets? What are they like?

*The pronouns **lui, lei,** and **loro** are used only for people, not for things.

3. **Essere** is used with **di** + *name of a city* to indicate city of origin (hometown). To indicate country of origin, an adjective of nationality is generally used: *He is from France = He is French* = **È francese.**

Io sono di Chicago; tu di dove sei?	*I'm from Chicago; where are you from?*

4. You already know that **c'è** (from **ci è**) and **ci sono** correspond to the English *there is* and *there are.* They state the existence or presence of something or someone.

C'è tempo; non c'è fretta.	*There's time; there is no hurry.*
Ci sono molti italiani a New York.	*There are many Italians in New York.*

C'è and **ci sono** also express the idea of *being in* or *being here/there.*

DOVE C'È Tupperware c'è FANTASIA

—Scusi, c'è Maria?	*Excuse me, is Maria in?*
—No, non c'è.	*No, she isn't.*
—Ci sei sabato?	*Are you here Saturday?*
—Sì, ci sono.	*Yes, I am.*

5. You also know that **come** is used with **essere** in questions to inquire what people or things are like.

Come sei?	*What are you like?*
Com'è il museo d'arte moderna?	*What is the museum of modern art like?*

6. *Yes/no* questions are those that can be answered with a simple *yes* or *no* (*Are you a student?* → *Yes* [*I am*].). Word order in this type of question is identical to that of affirmative sentences except that the subject, if expressed, can be placed at the end of the sentence. There is a difference in intonation, however: the pitch of the voice rises at the end of a question.

Sono francesi.	*They are French.*
Sono francesi Jacques e Marie?	*Are Jacques and Marie French?*
Sono francesi?	*Are they French?*

ESERCIZI

A. Vero o falso? Read about Roberto and his roommates in Section B on p. 52 and decide if the following statements are **vero** (V) or **falso** (F).

	V	F
1. Roberto ha tre compagni di stanza.	☐	☐
2. Roberto è di Napoli.	☐	☐
3. Luigi è più vecchio di Roberto.	☐	☐
4. Marco è più giovane di Luigi e Roberto.	☐	☐
5. Luigi è molto calmo e tranquillo.	☐	☐
6. Ci sono due gatti e un cane in casa.	☐	☐
7. Macchia e Rodolfo sono antipatici.	☐	☐

B. Trasformazioni. Replace the subject with each subject in parentheses and change the verb form accordingly.

1. Rosaria e Alberto sono in Italia. (noi / io / voi / tu / Massimo)
2. Mark non è di Firenze. (loro / Annamaria e io / tu e Stefano / Lei / Loro)

C. Dopo una festa. You're straightening up your apartment after a party. Alternating with a partner, ask who owns the following items.

ESEMPI: la radio (Antonio) →
S1: Di chi è la radio?
S2: È di Antonio.

le foto (Luisa) →
S2: Di chi sono le foto?
S1: Sono di Luisa.

1. il Cd (Patrizia)
2. il gelato (Luciano)
3. i bicchieri (Anna)
4. i panini (Luigi)
5. l'orologio (Giulia)
6. la bicicletta (Marco)

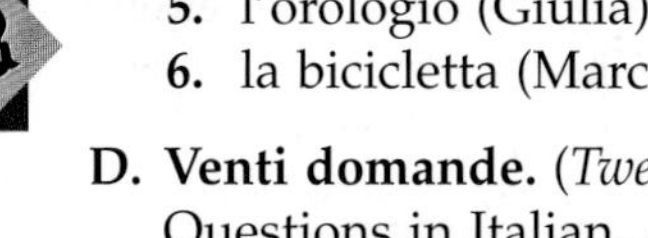

D. Venti domande. (*Twenty Questions.*) With a partner, play Twenty Questions in Italian. Adopt the identity of a famous singer (**cantante**), actor (**attore/attrice**), or athlete (**atleta**). Your partner will ask you yes/no questions to try to figure out who you are.

ESEMPIO: S2: Tu sei un ragazzo?
S1: Sì.
S2: Tu sei attore?
S1: No.

...

S2: Tu sei Brad Pitt?
S1: No!

Nota culturale

La scuola italiana

«La scuola è aperta a tutti. L'istruzione inferiore, impartita per almeno otto anni, è obbligatoria e gratuita. I capaci e meritevoli, anche se privi di mezzi, hanno diritto di raggiungere i gradi più alti degli studi.»

*Costituzione della Repubblica Italiana**

Italian students are required to attend school for eight years: five years of **scuola elementare** and three years of **scuola media.** Before elementary school, most children three to five years old attend a **scuola materna.**

At age fourteen, after graduating from middle school, Italian students must decide what type of specialized high school they will attend. This choice will largely determine their future profession. After completing the **scuola superiore,** a student must pass a written and oral examination (**l'esame di maturità**) to receive a **diploma** and be admitted to a university.

Most types of **scuola superiore** last five years. Students who intend to go on to a university choose a **liceo classico** for humanities, **liceo scientifico** for science, or a **liceo linguistico** or **artistico.** There are also several types of **istituti tecnici, istituti professionali, istituti commerciali** (trade schools), and specialized schools such as the **istituto agrario** (farming) and **istituto nautico.** The four-year **istituto magistrale** trains future elementary-school teachers. Other specialized professional institutes include **scuole d'arte** and **conservatori di musica.**

Studenti liceali aspettano l'autobus. Merano (Bolzano)

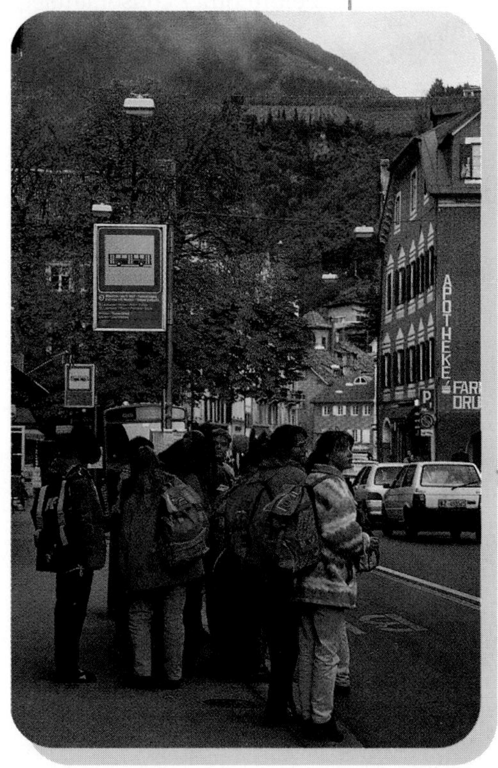

*"School is open to all. Elementary education, offered for at least eight years, is obligatory and free. Those who are capable and deserving, even if lacking in means, have the right to advance to the higher levels of study." Constitution of the Italian Republic

C. Articolo determinativo e *bello*

Donatella mostra a Giovanna una vecchia fotografia di famiglia.

DONATELLA: Ecco la nonna e il nonno, la zia Luisa e lo zio Massimo, papà e la mamma molti anni fa... Carini, no?

GIOVANNA: E i due in prima fila chi sono?

DONATELLA: Sono gli zii di Chicago.

In English the definite article has only one form: *the.* In Italian **l'articolo determinativo** has different forms depending on the gender, number, and first letter of the noun or adjective that follows it.

	SINGOLARE	PLURALE	
Maschile	**lo** studente **lo** zio **il** bambino **l'**amico	**gli** studenti **gli** zii **i** bambini **gli** amici	before **s** + *consonant* or **z** before other consonants before vowels
Femminile	**la** studentessa **la** zia **la** bambina **l'**amica	**le** studentesse **le** zie **le** bambine **le** amiche	before all consonants before vowels

1. Here are some rules for using definite articles.
   - **Lo** (*pl.* **gli**) is used before masculine nouns beginning with **s** + *consonant* or **z.**
   - **Il** (*pl.* **i**) is used before masculine nouns beginning with all other consonants.
   - **L'** (*pl.* **gli**) is used before masculine nouns beginning with a vowel.
   - **La** (*pl.* **le**) is used before feminine nouns beginning with any consonant.
   - **L'** (*pl.* **le**) is used before feminine nouns beginning with a vowel.
2. The article agrees in gender and number with the noun it modifies and is repeated before each noun.

la Coca-Cola e **l'**aranciata	*the Coke and orange soda*
gli italiani e **i** giapponesi	*the Italians and Japanese*
le zie e **gli** zii	*the aunts and uncles*

Donatella is showing Giovanna an old family photograph. DONATELLA: Here are Grandma and Grandpa, Aunt Luisa and Uncle Massimo, Dad and Mom many years ago . . . Cute, aren't they? GIOVANNA: And who are the two in the front row? DONATELLA: They are my aunt and uncle from Chicago.

3. The first letter of the word immediately after the article determines the article's form. Compare the following.

il giorno / **l'**altro giorno	*the day / the other day*
lo zio / **il** vecchio zio	*the uncle / the old uncle*
l'amica / **la** nuova amica	*the girlfriend / the new girlfriend*

4. In contrast to English, the definite article is required in Italian in the following situations:

   a. before nouns used to express a concept or a category of thing in its entirety

La generosità è una virtù.	*Generosity is a virtue.*
Le matite non sono care.	*Pencils are not expensive.*

   b. before names of languages, unless directly preceded by a form of **parlare** or **studiare**

Lo spagnolo è bello.	*Spanish is beautiful.*
La signora Javier parla spagnolo e tedesco.	*Mrs. Javier speaks Spanish and German.*

   c. before titles when talking *about* people, but omitted when talking *to* people. Observe the following.

La signora Piazza ha fame?	*Is Mrs. Piazza hungry?*
Signora Piazza, ha fame?	*Mrs. Piazza, are you hungry?*

   d. before the days of the week to indicate a repeated, habitual activity. Compare the following.

Marco non studia mai **la** domenica.	*Marco never studies on Sundays.*
Domenica studio.	*I'm studying on Sunday.*

   e. before names of countries, states, regions, large islands, mountains, and rivers:

Visito **l'**Italia e **la** Francia.	*I visit Italy and France.*
Il Colorado e **l'**Arizona sono belli.	*Colorado and Arizona are beautiful.*
La Sardegna è un'isola.	*Sardinia is an island.*

5. In Chapter 1, you saw that **buono,** before a noun, has the same endings as the indefinite article. Similarly, the adjective **bello** ((*beautiful, handsome, nice, fine*) before a noun has the same endings as the definite article (**il**).

	SINGOLARE	PLURALE	
Maschile	bello studente bello zio bel bambino bell'amico	begli studenti begli zii bei bambini begli amici	before **s** + *consonant* or **z** before other consonants before vowels
Femminile	bella studentessa bella zia bella bambina bell'amica	belle studentesse belle zie belle bambine belle amiche	before all consonants before vowels

Nota bene: ancora *buono e bello*

Before a noun, the adjectives **buono** and **bello** resemble the indefinite and definite articles respectively (**il buon amico, un bel ragazzo**). Before a plural noun, **buono** takes the full forms **buoni** and **buone.**

Gino e Maria sono due **buoni** ragazzi. *Gino and Maria are two nice kids.*

Laura e Maria sono due **buone** studentesse. *Laura and Maria are two good students.*

After a noun or the verb **essere,** however, both maintain their full forms: **buono, buona, buoni, buone / bello, bella, belli, belle.**

Un ristorante **bello** non è sempre **buono.** *An attractive restaurant is not always good.*

I dolci sono **belli** ma non sono **buoni.** *The desserts are pretty but they are not good.*

Maria ha **bei** capelli e **begli** occhi.	*Maria has pretty hair and pretty eyes.*
Salvatore è un **bel** ragazzo.	*Salvatore is a handsome guy.*
Che **bella** macchina!	*What a pretty car!*

ESERCIZI

A. L'aula: ci sono... Identify the items you might find in each of the following locations.

ESEMPIO: l'aula → Ci sono gli studenti, la lavagna e il gesso.

LOCATION		ITEMS
1. l'aula	la fontana	i libri
2. il cinema	la lavagna	il latte
3. la biblioteca (*library*)	gli studenti	i film
4. il bar	i dottori	i bagagli
5. il ristorante	il vino	il gesso
6. l'ufficio postale	la medicina	l'ufficio prenotazioni
7. la piazza	gli aeroplani	il farmacista
8. l'ospedale	le lettere	la brioche (*croissant*)
9. la farmacia	i treni	lo zaino
10. l'aeroporto	il caffè	i banchi
11. la stazione	le lasagne	i camerieri

B. All'università. Mirella is telling a friend about the instructors in the **facoltà** (*department*) **di lingue moderne.** Complete her sentences with the appropriate forms of the definite article.

ESEMPIO: La professoressa Shen insegna (*teaches*) il cinese. È simpatica e molto seria.

1. ____ professor Martin insegna ____ spagnolo. È un po' noioso.
2. ____ professoresse Moeller e Schmidt insegnano ____ tedesco; hanno scritto (*they wrote*) ____ libro utilizzato (*used*) qui.
3. ____ dottor Reynolds insegna ____ inglese; è antipatico.
4. ____ signorina Rochester è assistente; prepara ____ esami (*m., exams*) e riceve (*sees*) ____ studenti.
5. ____ professori Brunetti e Vignozzi insegnano ____ italiano. Sono simpatici!
6. ____ signor Collard e ____ signorina Laurent sono assistenti; insegnano ____ francese. Sono molto divertenti.

C. La famiglia di Piero. Complete the exercise, using the correct form of the definite article.

Ecco ____[1] famiglia di Piero. ____[2] uomini (*men*) sono alti e bruni, ma ____[3] donne (*women*) sono bionde e basse. ____[4] zii e ____[5] zie di Piero sono molti e anche ____[6] cugini. ____[7] bambini di Piero hanno sette e nove anni. ____[8] bambina è molto divertente. Anche ____[9] animali domestici—____[10] cane Fido e ____[11] gatto Miscia—sono simpatici!

D. Persone gentili. Pay compliments to a classmate, using the appropriate form of **bello.** Here are some words you may need to use.

Parole utili: capelli, felpa (*sweatsuit*), giacca (*jacket*), golf (*m., sweater*), gonna (*skirt*), maglietta (*t-shirt*), occhi, orologio, pantaloni (*m. pl., pants*) scarpe (*f. pl., shoes*), stivali (*m. pl., boots*), vestito (*dress*)

ESEMPIO: Laura, che bella maglietta e che bei pantaloni!

E. Com'è / Come sono? At a party, you meet a student who has just moved to town. The new student asks you what various people and places in town are like. Work with a partner.

ESEMPIO: il professore / la professoressa di italiano →
S1: Com'è il professore / la professoressa di italiano?
S2: Il professore / la professoressa di italiano è...

1. studenti della classe di italiano
2. professore / professoressa di italiano
3. mensa (*dining hall*) universitaria
4. università
5. negozi
6. biblioteca
7. stadio
8. squadra di football (*football team*)
9. ristoranti
10. corsi universitari

D. Ancora i plurali

LUCIANO: Questi quadri sono stupendi! Sono magnifici! Sono antichi?

VALERIO: No, non sono nemmeno vecchi! Per fortuna ho molti amici e amiche che sono artisti bravissimi. Lo stile è classico ma i pittori sono contemporanei.

1. You already know that nouns ending in **-io** and **-ia** retain the **i** in the plural if it is stressed. If unstressed, the **i** is dropped:

STRESSED **i**	UNSTRESSED **i**
ZIo → z**ii**	viAGgio → viagg**i**
naTIo (*native*) → nat**ii**	GRIgio → grig**i**
buGIa (*lie*) → bug**ie**	MANcia (*tip*) → manc**e**
allerGIa → allerg**ie**	GRIgia → grig**e**

2. You also know that feminine nouns and adjectives ending in **-ca** and **-ga** form their plural with **-che** (**amica** → **amiche**) and **-ghe** (**lunga** *long* → **lunghe**), and that masculine nouns and adjectives ending in **-go** usually end in **-ghi** in the plural (**dialogo** → **dialoghi, lungo** → **lunghi**).

3. Masculine nouns and adjectives ending in **-co** vary depending on stress: the plural is **-chi** if the stress is on the syllable preceding **-co**, and **-ci** if the stress is two syllables before **-co.**

LUCIANO: These paintings are marvelous! They're magnificent! Are they old masters? VALERIO: No, they're not even old! Luckily I have lots of friends who are very talented artists. The style is classic but the painters are contemporary.

STRESS PRECEDING -CO	STRESS TWO SYLLABLES BEFORE -CO
PAC-co → pac**chi** (*packages*)	ME-di-co → medi**ci**
DI-sco → dis**chi** (*records*)	sim-PA-ti-co → simpati**ci**
an-TI-co → anti**chi** (*ancient*)	ma-GNI-fi-co → magnifi**ci**

There are only three exceptions to this rule.

stressed

amico → amici
nemico → nemici (*enemies*)
greco → greci (*Greeks*)
porco → porci (pigs)

ESERCIZI

A. Risposte negative. Provide an appropriate question for the following negative answers, using the singular forms of the nouns.

ESEMPIO: No, ho due zii e tre zie. → Hai uno zio e una zia?

1. No, abbiamo quattro valige e tre zaini. **2.** No, hanno molti amici simpatici. **3.** No, due studentesse irlandesi sono assenti (*absent*). **4.** No, ci sono molti bei ragazzi in questa classe. **5.** No, ci sono cinque libri nuovi. **6.** No, ho due quadri antichi. **7.** No, il museo ha molte statue greche.

B. Plurali. Give the plural of each phrase.

ESEMPIO: mancia generosa → mance generose

1. vecchio banco **2.** marca (*brand*) francese **3.** sedia verde **4.** amico simpatico **5.** amica simpatica **6.** medico giapponese **7.** foglio bianco **8.** vecchia pelliccia (*fur coat*) **9.** giacca (*jacket*) lunga **10.** dialogo lungo **11.** occhio grigio **12** città natia **13.** greco antico **14.** valigia grigia **15.** teatro magnifico

Piccolo ripasso

A. Ecco! You are pointing out people and things to a new classmate. Give the correct indefinite article in the first blank and the correct definite article in the second blank.

ESEMPIO: Ecco una bicicletta; è la bicicletta di Roberto.

1. Ecco _____ signorina simpatica e intelligente; è _____ amica di Vincenzo.
2. Ecco _____ automobile nuova; è _____ automobile di Laura.
3. Ecco _____ studente bravo; è _____ studente canadese.

4. Ecco ______ signore gentile; è ______ zio di Adriano.
5. Ecco ______ ragazza allegra; è ______ altra cugina di Giulia.
6. Ecco ______ bicchiere grande; è ______ stesso tipo che (*that*) abbiamo noi.
7. Ecco ______ scooter nero; è ______ scooter di Susanna.
8. Ecco ______ studentessa intelligente; è ______ ragazza di Claudio.

B. L'aula. Take turns with a partner describing the classroom.

ESEMPIO: S1: C'è una lavagna.
S2: Ci sono trenta banchi...

C. Avere o essere? Alternating with a partner, ask questions using either **avere** or **essere,** according to the example.

ESEMPIO: voi / un cane (un gatto) →
S1: Voi avete un cane?
S2: No, non abbiamo un cane; abbiamo un gatto.

1. lui / caffè (tè)
2. voi / di Milano (di Bologna)
3. Lei / vent'anni (ventun anni)
4. tu / fame (sete)
5. Paola / bionda (bruna)
6. i bambini / un insegnante (*teacher*) spagnolo (un insegnante tedesco)

D. Opinioni diverse. You and your partner have opposing opinions about the following people, places, and things. One partner uses one of the following adjectives to praise each one, and the other disagrees by using an adjective with a contrasting meaning.

Parole utili: bello, bravo, buono, divertente, energico, intelligente, interessante, onesto, simpatico, sportivo, tranquillo

ESEMPIO: la Coca-Cola →
S1: La Coca-Cola è buona!
S2: No, la Coca-Cola è cattiva!

1. i politici (*politicians*) americani
2. il presidente degli Stati Uniti
3. la mensa universitaria
4. le Spice Girls
5. la squadra di football
6. Mel Gibson
7. Lauryn Hill
8. *Star Trek*

E. Una festa (*party*). Complete the dialogue between Sandro and Luca with the correct forms of **avere** or **essere.**

LUCA: Sandro, c'______[1] una festa stasera (*tonight*) a casa mia.
SANDRO: Ah sì, chi (*who*) c'______[2]?
LUCA: Conosci (*Do you know*) Marta, Maria, Luigi e Marco?
SANDRO: No, non bene. Solo di vista. (*Only by sight.*) Come ______[3]?
LUCA: ______[4] ragazzi simpatici. Marta e Maria ______[5] sorelle gemelle (*twin sisters*). ______[6] diciannove anni. ______[7] un appartamento in via Trastevere. Luigi e Marco ______[8] molto divertenti. Loro ______[9] molti amici.
SANDRO: Va bene, vengo. (*Ok, I'll come.*) Grazie per l'invito (*invitation*)!

F. Come siamo? With a classmate, create an imaginary description of yourselves. Share it with another pair or with the class.

ESEMPIO: Noi siamo ricchissimi/e. Abbiamo una bella casa grande con molti oggetti d'arte...

Invito alla lettura

The reading that follows uses a number of verbs that you have not yet encountered. Most are in the third-person plural (*they*) form, ending in **-ano** or **-ono.** Several are cognates of English words, and will thus be easy for you to recognize. Try guessing the meanings of others using what you understand of the context in which they appear.

Giovani° italiani

°*Young people*

Nella popolazione italiana i giovani oggi sono pochi,[a] perché[b] negli ultimi trenta anni sono nati[c] pochi bambini.

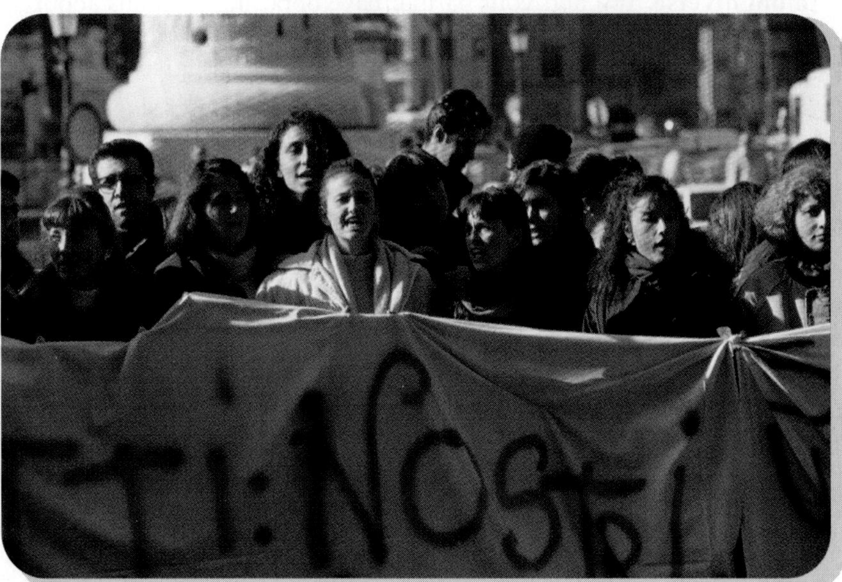

Studenti, a Roma, fanno una manifestazione di protesta.

In Italia l'80 per cento dei giovani dai 15 ai 29 anni vive in famiglia: sono dei veri[d] «mammoni»*! Stanno[e] con mamma e papà sempre più a lungo,[f] perché la famiglia risolve molti problemi pratici, e i genitori[g] sono in genere[h] comprensivi[i] con i figli e concedono loro[j] molta libertà.

Se possono,[k] studiano nella propria città e desiderano di solito[l] un lavoro[m] sicuro e tranquillo almeno[n] nella propria regione, perché sono molto legati[o] alla loro[p] città e al gruppo degli amici locali. Bevono[q] poco vino, usano poche droghe, vanno[r] poco al cinema e leggono pochi giornali.[s] In discoteca vanno soprattutto[t] i giovani lavoratori,[u] perché l'ingresso[v] delle discoteche è costoso, per andarci occorre[w] la macchina, e gli studenti hanno di solito pochi soldi.

Allora[x] sono chiusi ed egoisti?[y] No, non è vero.

[a]oggi... *today are few in number* [b]*because* [c]sono... *were born* [d]*true* [e]*They stay* [f]sempre... *ever longer* [g]*parents* [h]in... *in general* [i]*understanding* [j]concedono... *allow them* [k]Se... *If they can* [l]di... *usually* [m]*work* [n]*at least* [o]*tied* [p]*their* [q]*They drink* [r]*they go* [s]leggono... *they read few newspapers* [t]*particularly* [u]*workers* [v]*entrance fee* [w]per... *to go there requires* [x]*Then* [y]chiusi... *aloof and self-absorbed*

*A teasing characterization of young people still attached to their mothers.

Infatti questi giovani studiano le lingue, viaggiano,[z] si preparano[aa] ad essere cittadini[bb] dell'Europa e lavorano spesso[cc] nei centri di aiuto[dd] per gli immigrati, gli anziani, gli handicappati. Proprio in questi ultimi tempi[ee] numerosi giovani fanno servizio volontario in Puglia, dove ogni giorno[ff] arrivano centinaia[gg] di albanesi e altri immigrati clandestini.[hh] Quando verrete[ii] in Italia starete benissimo con[jj] i giovani: sono simpatici, aperti, allegri, ospitali; sanno tutto sulla[kk] musica moderna e sullo sport.

[z]*they travel* [aa]si... *they get ready* [bb]*citizens* [cc]*often* [dd]centri... *social-service centers* [ee]Proprio... *These days* [ff]ogni... *every day* [gg]*hundreds* [hh]*illegal* [ii]Quando... *When you go* [jj]starete... *you'll get along well with* [kk]sanno... *they know all about*

In giro per le regioni

La Puglia

La Puglia è il tacco dello «stivale»[a] della penisola italiana. È una lunga pianura affacciata sul[b] mare Adriatico e sul mar Ionio. Il mare della Puglia è molto bello e pulito.[c] Il paesaggio pugliese è dolce e in alcune[d] zone assai caratteristico.[e] Ad Alberobello, per esempio, ci sono i famosi «trulli,» costruzioni bianche con il tetto[f] a forma di cono. L'origine dei trulli è ignota,[g] ma essi erano già[h] presenti in Puglia più di 3000 anni fa.[i]

La Puglia, fra[j] le regioni del Sud, è una delle più sviluppate,[k] economicamente e socialmente. In questi ultimi anni i pugliesi hanno dimostrato[l] di essere un popolo abbastanza[m] tollerante. Cercano di convivere[n] civilmente, senza grosse reazioni di tipo razzista,[o] con i vari[p] problemi che creano[q] gli arrivi giornalieri[r] di tanti immigrati sulle loro[s] coste.

[a]tacco... *heel of the «boot»* [b]pianura... *plain facing the* [c]*clean* [d]*some* [e]assai... *rather unusual* [f]*roof* [g]*unknown* [h]essi... *they were already* [i]3000 (tre mila)... *3000 years ago* [j]*among* [k]*developed* [l]hanno... *have shown* [m]*quite* [n]Cercano... *They try to live together* [o]*racist* [p]*various* [q]*create* [r]arrivi... *daily arrivals* [s]*their*

E ora a voi

Capire

Vero o falso?

		V	F
1.	I giovani italiani si chiamano «mammoni» perché stanno in famiglia per molti anni.	☑	☐
2.	I giovani italiani desiderano cambiare spesso lavoro.	☐	☑
3.	Tutti i giovani italiani vanno spesso in discoteca.	☐	☑
4.	I giovani italiani studiano le lingue.	☐	☑
5.	I giovani italiani sono simpatici ma egoisti (*selfish*).	☐	☑

Scrivere

I giovani. Use the description of young Italians in the reading to compare them to their American and Canadian counterparts.

	I GIOVANI ITALIANI	I GIOVANI AMERICANI E CANADESI
Carattere		
Desideri		
Interessi		
Rapporti con la famiglia		

Le bianche case di Peschici sullo sfondo del mare Adriatico.

Videoteca

L'affascinante Laura

At the university in Florence, Peppe and his sister Cinzia talk about his studies and about a certain Laura, whom Peppe describes fondly. Cinzia offers some sisterly advice.

ESPRESSIONI UTILI

Hai portato tutti i tuoi libri... ? Did you bring all your books . . . ?
piuttosto instead
quest'anno devo studiare I must study this year
Ti piace? Do you like her?
cieca blind
certo certain, such
cerca di essere... try to be . . .
tirchio cheap, tightfisted

Dal video

FUNZIONE: Describing appearance and personality

PEPPE: Scusa, Cinzia, ma sei cieca? Ha certi occhi marroni e certi capelli neri. E poi è gentile, intelligente e anche piena di allegria.
CINZIA: Piena di allegria? Che cosa vuoi dire?
PEPPE: Solo che mi piacciono molto le ragazze interessanti. Scusa, vado a chiedere se ha voglia di mangiare alla mensa con me oggi!

Preparazione

1. What color are Laura's eyes?
   a. green **b.** black **c.** brown **d.** gray
2. What is Dino like?
   a. lazy **b.** thin **c.** short **d.** athletic

Comprensione

1. Is Peppe ready for classes to start?
2. Where does Peppe want to invite Laura?
3. Does Cinzia think that Laura likes Peppe?

Attività

Using this chapter's **Parole da ricordare,** compile two lists of words describing Cinzia and Peppe. Compare your descriptions with your partner's. For instance, **Cinzia è onesta. Non è antipatica.**

Parole da ricordare

VERBI

essere to be

NOMI

l'aula classroom
il bambino, la bambina child; little boy, little girl
la biblioteca library
la bugia lie, untruth
i capelli (*m. pl.*) hair
il compagno / la compagna di stanza roommate
la donna woman
il gesso chalk
la lavagna chalkboard
il libro book
la matita pencil
la mensa dining hall, cafeteria
l'occhio eye
l'orologio clock, watch
la penna pen
il quaderno notebook
il ragazzo, la ragazza boy, girl; young man, young woman
i soldi (*m. pl.*) money
la statura height
l'uomo (*m. pl.* **uomini**) man

AGGETTIVI

allegro cheerful
alto tall
altro other, another
antico (*m. pl.* **antichi**) very old
antipatico (*m. pl.* **antipatici**) unlikeable, unfriendly
arrabbiato angry
azzurro blue
basso short (*in height*)
bello beautiful, handsome (*person*); nice (*thing*)
bianco (*m. pl.* **bianchi**) white
biondo blond
bravo good; able, capable
bruno dark, brunette
brutto ugly
bugiardo lying, untruthful
carino pretty, cute
caro expensive; dear
castano brown (*hair, eyes*)
cattivo bad; naughty
cinese Chinese
corto short (*in length*)
disordinato messy
divertente fun, funny
energico (*m. pl.* **energici**) energetic
francese French
gentile kind
giallo yellow
giapponese Japanese
giovane young
grande big; great
grasso fat
greco (*m. pl.* **greci**) Greek
grigio (*m. pl.* **grigi**) gray
inglese English
(in)sicuro (in)secure
(ir)responsabile (ir)responsible
largo (*m. pl.* **larghi**) wide
liscio (*m. pl.* **lisci**) straight
lungo (*m. pl.* **lunghi;** *f. pl.* **lunghe**) long
magro thin
marrone brown
messicano Mexican
molto much, many, a lot of
natio native
nero black
noioso boring, annoying
nuovo new
onesto honest
orgoglioso proud
piccolo small, little
pigro lazy
povero unfortunate; poor
riccio (*m. pl.* **ricci**) curly
rosso red
russo Russian
sensibile sensitive
simpatico (*m. pl.* **simpatici**) nice, likeable
spagnolo Spanish
sportivo athletic
stanco (*m. pl.* **stanchi**) tired
stesso same
stressato stressed
tedesco (*m. pl.* **tedeschi**) German
tranquillo calm
triste sad
vecchio (*m. pl.* **vecchi**) old
verde green

ALTRE PAROLE ED ESPRESSIONI

abbastanza enough
anche also, too
chi? who?
com'è, come sono? what's he/she/it like? what are they like?
di chi è... , di chi sono... whose is . . . ? whose are . . . ?
di dove sei? di dov'è? where are you from? where is he/she from?
è di... it belongs to; he/she is from
molto (*adv., inv.*) very, a lot
perché because
più more
secondo according to
sempre always
un po' (di) a little bit (of)

Capitolo 3

IN BREVE

GRAMMATICA

A. Presente dei verbi in **-are**
B. **Dare, stare, andare** e **fare**
C. Aggettivi possessivi
D. Possessivi con termini di parentela
E. **Questo** e **quello**

INVITO ALLA LETTURA

- *Identikit della famiglia italiana*
- *In giro per le regioni: Il Molise*

Un giovane famiglia a Roma, nel giardino di Villa Borghese

Mia sorella studia all'università

Vocabolario preliminare

Dialogo-Lampo

Il primo giorno dell'anno accademico

STEFANO: Ciao, mi chiamo Stefano, e tu?
PRISCILLA: Priscilla, sono americana.
STEFANO: Sei in Italia per studiare?
PRISCILLA: Sì, la lingua e la letteratura italiana...
STEFANO: Oh, parli bene l'italiano!
PRISCILLA: Studio anche la storia dell'arte. E tu, cosa* studi?
STEFANO: Studio storia e filosofia, ma l'arte è la mia passione!

1. Perché† Priscilla è in Italia?
2. Che cosa studia Priscilla?
3. Che cosa studia Stefano?
4. Stefano e Priscilla hanno una cosa‡ in comune. Che cosa?

LA FAMIGLIA E L'UNIVERSITÀ

LA FAMIGLIA

il cugino / la cugina cousin
il genitore parent
il / la parente relative
il padre (**il papà, il babbo**) father (dad)
la madre (**la mamma**) mother (mom)
il marito husband
la moglie wife
il fratello brother
la sorella sister
il nonno grandfather
la nonna grandmother
il figlio son
la figlia daughter
il / la nipote nephew, grandson / niece, granddaughter
la zia aunt
lo zio uncle

L'UNIVERSITÀ

l'anno accademico academic year
il compagno / la compagna di classe classmate
il compito assignment, homework
il corso course (of study)
la facoltà department, school (within a university)
la materia subject matter
gli orali oral exams
il professore / la professoressa professor
gli scritti written exams
la specializzazione (**in**) major (in)

* *what*
† *Why*
‡ una... *something*

Parole-extra

la biologia biology
la chimica chemistry
il giornalismo journalism
la psicologia psychology
la sociologia sociology
la storia e la filosofia history and philosophy

LE MATERIE DI STUDIO

l'architettura architecture
l'economia e commercio business administration
la fisica physics
la giurisprudenza, la legge law
l'informatica computer science
l'ingegneria engineering
le lettere literature, liberal arts
le lingue e le letterature straniere foreign languages and literatures
la matematica mathematics
la medicina medicine
le scienze politiche political science, international affairs
la storia dell'arte art history

ESERCIZI

A. Per quale corso? (*For which course?*) Identify the courses in which these topics might be discussed. More than one answer may be possible.

ESEMPIO: atmosfera e spazio → in un corso di astronomia

1. l'esistenzialismo in Europa
2. la Comunità Europea e l'Unione monetaria
3. il *Davide* di Michelangelo
4. l'evoluzione della specie
5. il latino
6. le dinamiche della famiglia
7. le funzioni digestive
8. le teorie di Einstein e Heisenberg
9. Freud e Jung
10. Internet e HTML

B. In una libreria. Now imagine you work in the campus bookstore. Match the books with the appropriate departments.

A	B
1. _____ *Il codice criminale*	a. l'informatica
2. _____ *La struttura cellulare*	b. la biologia
3. _____ *La trigonometria*	c. la sociologia
4. _____ *L'intelligenza artificiale*	d. la chimica
5. _____ *I gas nobili*	e. la matematica
6. _____ *La società post-industriale*	f. la giurisprudenza
7. _____ *I media d'oggi*	g. il giornalismo
8. _____ *Prego!*	h. le lingue straniere

C. Io studio... (*I'm studying . . .*) Tell your classmates about your academic interests by completing these sentences.

1. Io studio _____, ma non studio _____
2. Devo studiare (*I must study*) _____
3. Sono bravo/a in (*good at*) _____ ma non sono bravo/a in _____
4. La mia materia preferita è _____
5. Una materia noiosa è _____

D. La mia famiglia. (*My family.*) Complete these sentences with the appropriate family terms.

1. Il padre di mio padre è mio _____
2. La sorella di mia madre è mia _____.
3. Mio _____ è il figlio di mio zio e mia zia.
4. La figlia di mio nonno è mia _____.
5. La mia mamma e il mio papà sono i miei _____.

in ascolto

La vita degli studenti. Fabio and Laura have a tough week ahead of them. Listen carefully to their conversation and complete the following sentences.

1. Oggi Fabio è _____ perché ha gli scritti di _____ domani.
2. I due amici vanno (*are going*) _____ stasera (*this evening*) per _____ insieme (*together*).
3. Fabio ha anche un esame di _____ mercoledì.
4. Fabio ha paura di _____ le date importanti.
5. Laura ha un esame di _____.

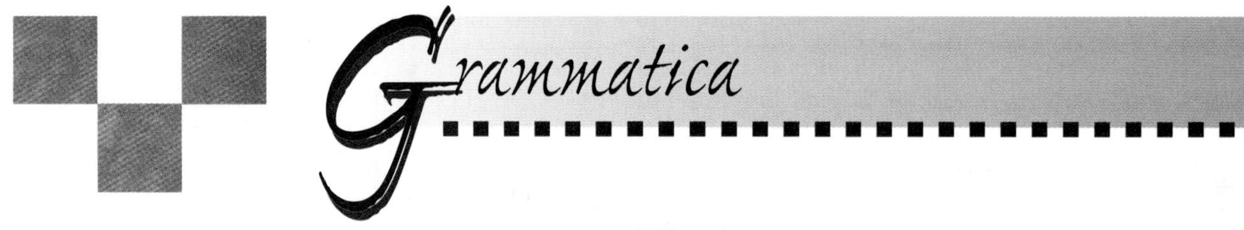

A. Presente dei verbi in *-are*

LUCIANO: Noi siamo una famiglia d'insegnanti e di studenti: la mamma insegna matematica in una scuola media, papà è professore di francese, Gigi e Daniela frequentano le elementari ed io frequento l'università (studio medicina). Tutti studiamo e lavoriamo molto. Soltanto il gatto non studia e non lavora. Beato lui!

1. The infinitives of all regular verbs in Italian end in **-are, -ere,** or **-ire.** (In English the infinitive (**l'infinito**) consists of *to* + *verb.*)

   lavor**are** (*to work*) ved**ere** (*to see*) dorm**ire** (*to sleep*)

2. Verbs with infinitives ending in **-are** are called first-conjugation, or **-are,** verbs. The present tense of a regular **-are** verb is formed by dropping the infinitive ending **-are** and adding the appropriate endings to the remaining stem. The ending is different for each person.

LUCIANO: We are a family of teachers and students: Mother teaches math in a junior high school, Dad is a French instructor, Gigi and Daniela go to elementary school, and I go to the university (I study medicine). We all study and work a lot. Only the cat doesn't study or work. Lucky him!

lavorare (*to work*) INFINITIVE STEM: **lavor-**	
Singolare	*Plurale*
lavor**o** *I work, am working*	lavor**iamo** *we work, are working*
lavor**i** *you (fam.) work, are working*	lavor**ate** *you (fam.) work, are working*
lavor**a** *you (form.) work, are working*	lavọr**ano** *you (form.) work, are working*
lavor**a** *he / she / it* *works, is working*	lavọr**ano** *they work, are working*

Si dice così: *parlare* e *raccontare*

Be careful not to confuse these two verbs. **Parlare** means *to talk,* and **raccontare** means *to tell* or *to narrate.*

Maria **parla** con Alfonso al telefono. *Maria is talking to Alfonso on the telephone.*

Il nonno **racconta** belle favole. *Grandpa tells good fairy tales.*

Note that in the third-person plural the stress falls on the same syllable as in the third-person singular.

3. The present tense in Italian corresponds to three English present-tense forms.

   Studio la lezione. — *I study the lesson.* / *I am studying the lesson.* / *I do study the lesson.*

4. Other **-are** verbs conjugated like **lavorare** are

abitare *to live (in a place)*	imparare *to learn*
amare *to love*	incontrare *to meet*
arrivare *to arrive*	insegnare *to teach*
ascoltare* *to listen to*	nuotare *to swim*
aspettare* *to wait, wait for*	parlare *to talk, speak*
ballare *to dance*	portare *to carry, bring; to lead*
cambiare *to change*	praticare *to practice*
cantare *to sing*	raccontare *to tell, narrate*
cercare* *to look for*	ricordare *to remember*
comprare *to buy*	sciare *to ski*
frequentare *to attend*	suonare *to play (an instrument)*
giocare (a) *to play (a sport, a game)*	telefonare (a) *to telephone, call*
guadagnare *to earn*	tornare *to return (to a place)*
guidare *to drive*	trovare *to find*

—Ma allora è vero che tutte le strade portano a Roma!

*Ascoltare (*to listen to*), **aspettare** (*to wait for*), and **cercare** (*to look for*) are never followed by a preposition: **Ascolto la radio.** (*I listen to the radio.*) **Aspetto l'autobus.** (*I wait for the bus.*) **Cerco le chiavi.** (*I look for the keys.*)

5. Verbs whose stem ends in **i-**, such as **cominciare, mangiare,** and **studiare,** drop the **i** of the stem before adding the **-i** ending of the second-person singular and the **-iamo** ending of the first-person plural.

cominciare (*to begin*)	**mangiare** (*to eat*)	**studiare** (*to study*)
comincio	mangio	studio
cominc**i**	mang**i**	stud**i**
comincia	mangia	studia
cominc**iamo**	mang**iamo**	stud**iamo**
cominciate	mangiate	studiate
comịnciano	mạngiano	stụdiano

6. Verbs whose stem ends in **c-** or **g-**, such as **dimenticare** and **spiegare,** insert an **h** between the stem and the endings **-i** and **-iamo** to preserve the hard **c** and **g** sounds of the stem.

dimenticare (*to forget*)	**spiegare** (*to explain*)
dimẹntico	spiego
dimẹnti**chi**	spie**ghi**
dimẹntica	spiega
dimenti**chiamo**	spie**ghiamo**
dimenticate	spiegate
dimẹnticano	spiẹgano

7. Common adverbs of time, such as **spesso** (*often*) and **sempre** (*always, all the time*), usually follow immediately after the verb.

Parliamo sempre l'italiano in classe.	*We always speak Italian in class.*

Never is expressed by placing **non** before the verb and **mai** after it.

Luigi **non** guida **mai** di notte.*	*Luigi never drives at night.*

A. Sei d'accordo? Decide whether you agree **(sono d'accordo)** or disagree **(non sono d'accordo)** with the following statements about a typical college student. If you disagree, correct the statement.

Lo studente tipico / la studentessa tipica...

***di mattina, di/nel pomeriggio, di sera, di notte:** *in the morning, in the afternoon, in the evening, at night*

1. studia sei ore al giorno. **2.** lavora nel pomeriggio per guadagnare soldi. **3.** frequenta quattro classi. **4.** comincia a studiare alle (*at*) 10.00 di sera. **5.** parla cinese. **6.** suona uno strumento. **7.** pratica uno sport. **8.** compra molti vestiti (*clothes*) nuovi. **9.** arriva puntuale (*on time*) in classe. **10.** ascolta la musica mentre (*while*) studia. **11.** cambia spesso specializzazione **12.** telefona spesso ai genitori

B. Trasformazioni. Replace the subject with each subject in parentheses and change the verb form accordingly.

1. Marco insegna all'Università di Roma. (io / la cugina di Roberto / voi / tu)
2. Io studio medicina. (noi / loro / Lisa / tu)
3. Tu ami sciare? (loro / voi / Lei, signora)
4. Aspettiamo l'insegnante. (io / gli studenti / Paola / voi due)
5. Cominciamo gli studi in agosto. (tu / Marco / voi due / io)
6. Dimentico sempre i verbi! (noi / tu / Gino / gli altri)
7. Paola guadagna bene (*earns a lot*). (io / loro / tu)

C. Preparativi per una festa. (*Preparations for a party.*) Fill in the blanks with the correct verb endings.

1. Io compr ______[1] i dolci (*desserts*). Cinzia e Francesca port ______[2] il vino e la birra. Franco suon ______[3] la chitarra (*guitar*) e tu, Carlo, cant ______.[4] E noi incontr ______[5] gli amici e ball ______[6]!
2. Franco, ricord ______[1] Maria, la cugina di Francesca? È una ragazza molto intelligente: studi ______[2] informatica e matematica. Lei e un'amica arriv ______[3] alle (*at*) otto. Chi guid ______[4] stasera? Tu e Francesca lavor ______[5] domani?

D. Trova le persone che... Interview your classmates and make a list of those who do the following activities. Present your answers to the class.

ESEMPIO: S1: Parli russo?
S2: Sì, parlo russo.
(No, non parlo russo.)

Trova le persone che...

1. mangiano la pizza a colazione (*breakfast*) **2.** parlano spagnolo **3.** ascoltano la musica classica **4.** suonano la chitarra **5.** suonano il piano **6.** ballano in discoteca **7.** giocano a tennis **8.** abitano nella casa dello studente (*dormitory*) **9.** cantano bene **10.** comprano molti vestiti **11.** dimenticano sempre i compiti **12.** non studiano mai in biblioteca **13.** tornano spesso a casa a trovare i genitori **14.** cercano un nuovo appartamento **15.** raccontano spesso barzellette (*jokes*)

E. Intervista. Form groups of three and interview the two other students in your group. Ask your companions' names, ages, hometowns, what they study, what they do on weekends (**il week-end**), during the summer (**d'estate**), and so on. Take notes and report your findings to another group or to the class.

ESEMPI: S1: Come vi chiamate?
S2: Mi chiamo Sara.
S3: Mi chiamo Massimo.

S1: Che fate d'estate?
S2: Nuoto in piscina (*in a pool*).
S3: Gioco a tennis.

B. Dare, stare, andare e fare

SERGIO: Che fai per il ponte di Pasqua?
GIACOMO: Cristina e io andiamo a casa mia a Napoli.
SERGIO: Andate in macchina, in aereo o in treno?
GIACOMO: Andiamo in treno perché abbiamo pochi soldi. E tu, che fai?
SERGIO: Non vado da nessuna parte. Sto a casa e studio. Mercoledì do gli scritti di chimica.

Many important Italian verbs are irregular: they do not follow the regular pattern of conjugation (infinitive stem + endings). They may have a different stem or different endings. You have already learned two irregular Italian verbs: **avere** and **essere.** There are only four irregular verbs in the first conjugation:

andare (*to go*), **dare** (*to give*), **fare** (*to do; to make*), **stare** (*to stay*)

1. **Dare** and **stare** are conjugated as follows. Notice the resemblance to the conjugation of the verb **avere.**

avere (*to have*)	**dare** (*to give*)	**stare** (*to stay*)
ho	do	sto
hai	dai	stai
ha	dà	sta
abbiamo	diamo	stiamo
avete	date	state
hanno	danno	stanno

a. The verb **stare** is used in many idiomatic expressions. Its English equivalents vary.

stare attento/a/i/e *to pay attention*
stare bene/male *to be well/unwell*
stare zitto/a/i/e *to keep quiet*

—Ciao, zio, come stai?	*Hi, uncle, how are you?*
—Sto bene, grazie.	*I'm fine, thanks.*
Molti studenti non stanno attenti.	*Many students don't pay attention.*

b. Here is one important idiom with **dare.**

dare un esame (gli orali, gli scritti)	*to take an exam* (*one's orals, one's written exams*)

SERGIO: What are you doing for the long Easter weekend? GIACOMO: Cristina and I are going to my house in Naples. SERGIO: Are you going by car, by plane, or by train? GIACOMO: We're going by train because we don't have a lot of money. And you, what are you doing? SERGIO: I'm not going anywhere. I'll stay home and study. Wednesday I have written exams in chemistry.

Do gli orali a giugno. E tu?	*I'm taking my orals in June. And you?*

2. **Andare** and **fare** are conjugated as follows.

andare (*to go*)	**fare** (*to do; to make*)
vado	faccio
vai	fai
va	fa
andiamo	facciamo
andate	fate
vanno	fanno

—Ecco, adesso fai come faccio io...

a. If **andare** is followed by another verb (*to go dancing, to go eat*), the sequence **andare** + **a** + *infinitive* is used.* **Andare** is conjugated, but the second verb is used in the infinitive. Note that it is necessary to use **a** even if the infinitive is separated from the form of **andare.**

Quando andiamo a ballare?	*When are we going dancing?*
Chi va in Italia a studiare?	*Who's going to Italy to study?*

b. A means of transportation used with **andare** is preceded by **in.**

andare in aereo	*to fly*
andare in autobus	*to go by bus*
andare in macchina	*to drive, to go by car*
andare in bicicletta	*to ride a bicycle*
andare in treno	*to go by train*

but

andare a piedi	*to walk*

c. As a general rule, when **andare** is followed by the name of a country, the preposition **in** is used; when it is followed by the name of a city, **a** is used.

Vado in Italia, a Roma.	*I'm going to Italy, to Rome.*

d. **Fare** expresses the actions of doing or making, as in **fare gli esercizi** and **fare il letto** (*to make the bed*), but it is also used in many idioms and weather expressions.

fare colazione	*to have breakfast*
fare una domanda	*to ask a question*
fare una fotografia	*to take a picture*
Che tempo fa?	*How's the weather?*
Fa bello (brutto).	*It's nice (bad) weather.*
Fa caldo (freddo).	*It's hot (cold).*
Fa fresco.	*It's cool.*

---

*The **andare** + **a** + *infinitive* construction is *not* equivalent to the English *going to,* used to express an intention to do something in the future; instead, it conveys the idea of *going somewhere* to do something.

A. Match the sentences about Sandra in a logical manner.

A	B
Sandra...	Lei...
1. non ha la macchina. _____	a. ha un album molto grande.
2. va in palestra (*gym*) tre volte (*times*) la settimana. _____	b. fa sempre i compiti.
3. fa molte foto. _____	c. fa l'aerobica.
4. studia molto. _____	d. va in Europa in vacanza (*vacation*).
5. va a Roma. _____	e. sta male.
6. va a letto presto (*early*). _____	f. va all'università a piedi.

B. **Trasformazioni.** Replace the subject with each subject in parentheses and change the verb form accordingly.

1. Marcella dà gli scritti domani. (loro / tu / voi / io)
2. Stiamo a casa stasera. (il dottor Brighenti / voi / tu / Laura e Roberto)
3. Vanno a letto presto. (Lei, professore / io / noi / voi)
4. Il bambino fa molti errori. (tu / voi / noi / questi studenti)

C. **Buon viaggio!** A classmate tells you what city he/she is going to visit. Express your enthusiasm about the choice of country, following the example.

I paesi: Canada, Francia, Germania, India, Inghilterra (*England*), Irlanda, Italia, Spagna (*Spain*)

ESEMPIO: Roma →
S1: Vado a Roma.
S2: Oh, vai in Italia! Fortunato/a!

1. Toronto
2. Madrid
3. Calcutta
4. Berlino
5. Parigi
6. Dublino
7. Londra
8. Firenze

D. **Curioso/a!** You are curious to know where your classmates go to do certain things. Ask questions using **andare** + **a** + *infinitive.*

ESEMPIO: mangiare la pizza →
S1: Dove vai a mangiare la pizza?
S2: Vado da Pinocchio a mangiare la pizza. E tu?
S1: Non vado mai da Pinocchio; vado da Sal: fa una pizza buonissima!

Possibilità: a casa di un amico / un'amica, in biblioteca, in centro (*downtown*), in discoteca, in una libreria (*bookstore*)...

1. ballare
2. comprare i nuovi libri
3. studiare
4. dare un esame
5. lavorare

E. **Conversazione.**

1. Che tempo fa oggi? 2. Stai a casa quando fa bello? Guidi volentieri (*gladly*) quando fa brutto? 3. Stai a letto volentieri quando fa freddo?

Mangi meno (*less*) quando fa caldo? **4.** Fai molte domande in classe? Stai sempre attento/a quando il professore / la professoressa spiega? **5.** Come vai a casa la sera? **6.** Hai una macchina fotografica (*camera*)? Fai molte foto? **7.** Vai a ballare il sabato?

Nota culturale

L'università italiana

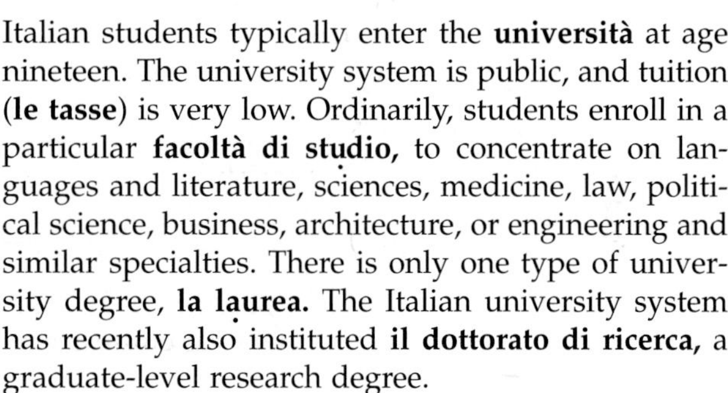

Italian students typically enter the **università** at age nineteen. The university system is public, and tuition (**le tasse**) is very low. Ordinarily, students enroll in a particular **facoltà di studio,** to concentrate on languages and literature, sciences, medicine, law, political science, business, architecture, or engineering and similar specialties. There is only one type of university degree, **la laurea.** The Italian university system has recently also instituted **il dottorato di ricerca,** a graduate-level research degree.

Studenti all'Università di Bologna

C. Aggettivi possessivi

GIANNI: Chi è il tuo professore preferito?

ROBERTO: Be', veramente ho due professori preferiti: il professore di biologia e la professoressa d'italiano.

GIANNI: Perché?

ROBERTO: Il professore di biologia è molto famoso: i suoi libri sono usati nelle università americane. La professoressa d'italiano è molto brava; apprezzo la sua pazienza e il suo senso dell'umorismo.

GIANNI: Who is your favorite professor? ROBERTO: Well, I really have two favorite professors: the biology professor and the Italian professor. GIANNI: Why? ROBERTO: The biology professor is very famous: his books are used in American colleges. The Italian professor is very good; I appreciate her patience and sense of humor.

1. As you already know, one way to indicate possession in Italian is to use the preposition **di: il professore di Marco è simpatico.** Another way to express possession is to use possessive adjectives (**gli aggettivi possessivi**), which correspond to English *my, your, his/her/its, our*, and *their*. The Italian possessive adjectives are

mio *my*	nostro *our*
tuo *your*	vostro *your (pl.)*
suo *his/her/its*	loro *their*
Suo *your (formal)*	Loro* *your (pl. formal)*

In Italian, possessive adjectives precede the noun and agree in gender and number with the noun possessed (not with the possessor). **Loro** is invariable: *il loro albergo, le loro amiche.*

a. Unlike in English, the possessive adjective is almost always preceded by the definite article: **il mio amico** (*literally, the my friend*).

Il mi**o** amic**o** è carino.	*My friend (a boy) is cute.*
La tu**a** amic**a** è simpatica.	*Your friend (a girl) is nice.*
Le su**e** zi**e** sono vecchie.	*His/her aunts are old.*
La nostr**a** professoress**a** è intelligente.	*Our professor is intelligent.*
I vostr**i** libr**i** sono interessanti.	*Your books are interesting.*
La **loro** macchina è rossa.	*Their car is red.*

b. The masculine plural forms of *my, your,* and *his/her* are irregular.

I **miei** amici sono carini.	*My friends are cute.*
I **tuoi** amici sono simpatici.	*Your friends are nice.*
I **suoi** zii sono vecchi.	*His/Her uncles are old.*

c. Like other adjectives, possessive adjectives may not have the same endings as the nouns they modify.

il tuo esame	*your exam*
la nostra automobile	*our car*
la sua moto	*his/her motorbike*

d. **Suo/sua/suoi/sue** can mean either *his* or *her.* When a distinction is necessary, the **di** construction is used: **le zie di lui, le zie di lei.**

2. The English phrase *of mine* and *of yours* (*a friend of mine, two friends of yours*) are expressed in Italian by using the possessive adjective without the definite article. There is no Italian equivalent for *of* in these constructions.

un mio amico	*a friend of mine*
questo mio amico	*this friend of mine*
due tuoi amici	*two friends of yours*

---

* **Vostro** is often substituted for **Loro,** which is extremely formal.

A. I miei amici sono simpatici. Decide whether these statements are true for you and correct those that are not.

1. I miei corsi sono difficili.
2. I miei amici sono simpatici.
3. La mia bicicletta è vecchia.
4. I miei capelli sono biondi.
5. La mia macchina è blu.
6. Il mio amico si chiama Rudolf.
7. Le mie amiche sono generose.
8. La mia casa è grande.

B. Trasformazioni. Create new sentences using the words in parentheses.

1. Ecco il nostro *amico*! (professore / professoressa / amici / amiche)
2. Ricorda il suo *cognome*? (parole / albergo / domanda / materie)
3. Parlano con i loro *amici*. (bambini / bambine / dottore / dottoressa)
4. Dov'è la vostra *università*? (esame / aeroporto / stazione / corso)

C. Dove sono? You're having trouble remembering where the following things are. Ask your partner, who will respond using the information given.

ESEMPIO: io / moto (in garage) →
S1: Dov'è la mia moto?
S2: La tua moto è in garage.

1. voi / ristorante (in via del Sole)
2. tu / foto (*pl.*) (in un album)
3. loro / macchina (qui vicino)
4. tu / libro (in biblioteca)
5. lui / banca (in via Perugia)
6. noi / cugini (in Italia)

D. Informazioni personali. Ask your partner what the following people and things are like. Report your findings to another pair or to the class.

ESEMPIO: la macchina →
S1: Com'è la tua macchina?
S2: La mia macchina è verde, bella e veloce.
S1: La sua macchina è verde, bella e veloce.

Parole utili: veloce (*fast*), lento (*slow*), disordinato, rotto (*broken*), carino

1. la macchina
2. gli amici
3. la casa
4. i corsi
5. le amiche
6. la bicicletta
7. la camera
8. il compagno / la compagna di casa

D. Possessivi con termini di parentela

Mi chiamo Carla. Ecco la mia famiglia. Io sono la ragazza bionda, bassa e un po' cicciotta. Mio padre è medico. Lavora all'ospedale in centro. Mia madre è infermiera e lavora con mio padre. Il mio fratellino si chiama Tonino. Lui è cattivo e antipatico. Mi fa sempre arrabbiare! Noi abbiamo un cane. Il nostro cane si chiama Macchia perché è bianco e nero.

My name is Carla. Here's my family. I'm the blonde girl, short and a bit plump. My father is a doctor. He works at the hospital downtown. My mother is a nurse and she works with my father. My little brother is called Tonino. He's badly behaved and unpleasant. He always makes me mad! We have a dog. Our dog is called Spot because he's white and black.

1. The possessive adjective is used *without* the article when referring to family members in the singular. **Loro,** however, always retains the article, as do possessive adjectives that refer to relatives in the plural.

mio zio	*but*	**i miei** zii
tuo cugino		**i tuoi** cugini
sua sorella		**le sue** sorelle
nostra cugina		**le nostre** cugine
vostra madre		**le vostre** madri
il loro fratello		**i loro** fratelli

a. If the noun referring to a family member is modified by an adjective or a suffix, the article is retained.

mia sorella *but* **la mia** cara sorella; **la mia** sorellina (*little sister*)*

b. **Papà, mamma,** and **babbo** retain the article because they are considered terms of endearment.

È italiano il tuo papà? E la tua mamma?

The expression **Mamma mia!** has nothing to do with one's mother. It is an exclamation corresponding to English *Good heavens!*

ESERCIZI

A. **La famiglia di Carla.** Read the description of Carla's family on page 79 and decide whether the following statements are **vero** (V) or **falso** (F).

	V	F
1. Carla è alta e bruna.	☐	☐
2. Carla è più grande di suo fratello.	☐	☐
3. I suoi genitori lavorano in ufficio.	☐	☐
4. Suo padre è un manager.	☐	☐
5. Sua madre è ingegnere.	☐	☐
6. Il suo fratellino è molto simpatico.	☐	☐
7. Il loro cane si chiama Macchia perché è nero.	☐	☐

B. **Trasformazioni.** Create new sentences by substituting the words in parentheses for the italicized words. Make any necessary changes.

1. Oggi arriva mia *moglie.* (padre / zii / zie / sorella)
2. Ecco i tuoi *genitori!* (fratello / sorellina / bravo nipote / figlie)
3. Dove abita Sua *zia?* (nonni / cugina / figlio / nipoti italiane)

C. **Com'è la tua famiglia?** Bring to class a photo of your real family or an imaginary family (using a magazine photo). Describe your real or imaginary family to your partner. Report what you learn about your partner's family to another pair or to the class.

ESEMPIO: Ho una famiglia numerosa (*a big family*). Mio padre si chiama Bruce ed è ingegnere. Lavora a Chicago. Lui è alto, magro...

---

*Suffixes are presented in **Capitolo 8.**

E. Questo e quello

MIRELLA: Quale compri, questo golf rosso o quel golf giallo e verde?
SARA: Compro quel golf giallo e verde. E tu, cosa compri? Questa maglietta blu è molto bella, ma è bella anche quella maglietta grigia.
MIRELLA: Non lo so. Tutt'e due sono belle.

1. **Questo** (*this*) and **quello** (*that*) are demonstrative adjectives (**aggettivi dimostrativi**). As in English, they precede the noun.
   a. **Questo** indicates things that are near the speaker. It has four forms: **questo, questa, questi, queste.** The contraction **quest'** is common before singular nouns beginning with a vowel.

Questi pantaloni sono molto belli.	*These pants are very pretty.*
Questa domanda è difficile.	*This question is difficult.*
Quest'orologio non funziona.	*This watch doesn't work.*

   b. **Quello** indicates things that are far from the speaker. Like the adjective **bello, quello** resembles the definite article **il.**

	SINGOLARE	PLURALE	
Maschile	quello zaino	quegli zaini	before **s** + *consonant* or **z**
	quel ragazzo	quei ragazzi	before other consonants
	quell'albergo	quegli alberghi	before vowels
Femminile	quella giornata	quelle giornate	before all consonants
	quell'università	quelle università	before vowels

Chi è **quell'**uomo?	*Who is that man?*
Quel ragazzo scia bene.	*That guy skis well.*
Quei libri sono cari.	*Those books are expensive.*

Nota bene: *questo* e *quello* come pronomi

Questo and **quello** can function as pronouns, taking the place of the noun to mean *this one* and *that one.* As pronouns, they match the gender and number of the noun they replace. Both have four forms: **questo/a/i/e, quello/a/i/e.**

Compri questa macchina? *Are you buying this car?*

No, compro **quella.** *No, I'm buying that one.*

Preferisci quei pantaloni? *Do you prefer those pants?*

No, invece preferisco **questi.** *No, I prefer these instead.*

A. La forma giusta. (*The correct form.*) Choose the correct forms of **questo** and **quello** to complete the sentences.

1. (Questa/Quest'/Questo) chiesa è del periodo barocco.
2. (Quelle/Quei/Quegli) bicchieri sono fragili.
3. (Questo/Questi/Questa) mia foto è vecchia.
4. Insegna latino in (quella/quel/quell') aula.
5. (Quel/Quella/Quell') amica non è simpatica.

MIRELLA: Which one are you buying, this red sweater or that yellow and green sweater? SARA: I'll buy that yellow and green sweater. And you, what are you getting? This blue t-shirt is very pretty, but so is that gray t-shirt. MIRELLA: I don't know. Both of them are nice.

6. Compriamo tutti i vestiti in (quello/quel/quei) negozio.
7. Parlate con (quel/quegli/quei) ragazzi tutti i giorni.
8. Raccontate sempre (quelle/quei/quegli) barzellette.
9. Nuotiamo in (quel/quella/quello) piscina d'estate.

B. Proprio quelli. Give the correct form of **quello.**

ESEMPIO: Quei ragazzi sono tedeschi.

1. _____ foto è vecchia.
2. _____ automobile verde è una Volvo.
3. Sono molto giovani _____ madri!
4. È irlandese _____ studente?
5. È buono _____ corso?
6. _____ bambini hanno i capelli rossi.
7. _____ ospedale è grande.
8. Com'è bello _____ negozio!

C. I gusti sono gusti. (*Matters of taste.*) You are shopping at an open-air market (**un mercato**). Your partner points out items in the stalls (**le bancarelle**), some nearby and others at a distance. Tell your partner which you will buy.

ESEMPIO: S1: Compri questi occhiali neri o quegli occhiali azzurri?
S2: Compro quelli azzurri.

GLI OGGETTI VICINI	GLI OGGETTI DISTANTI
la chitarra nera	la chitarra bianca
i pantaloni azzurri	i pantaloni verdi
le scarpe (*shoes*) bianche	le scarpe rosse
il quaderno verde	il quaderno giallo
la giacca lunga	la giacca corta
gli occhiali (*glasses*) neri	gli occhiali azzurri

A. Mini-dialoghi. Fill in the blanks with the correct verb forms.

1. S1: Com' _____ (essere) brava la professoressa Vanoli! _____ (spiegare) tutto molto bene e _____ (dare) molti esempi. E i tuoi professori, come _____ (essere)?
   S2: Non bravi come lei! Loro _____ (dare) molti compiti e non _____ (essere) mai a scuola quando noi _____ (avere) bisogno di aiuto (*help*).
2. S1: Ciao, Paola! Come _____ (stare)?
   S2: Ciao, Daniele! Oggi _____ (stare) poco bene.
   S1: Allora, perché non _____ (tornare) a casa e _____ (andare) a letto?
   S2: Ora _____ (comprare) un po' di succo d'arancia (*orange juice*) e poi _____ (andare) a casa.

3. S1: Giorgio, cosa _____ (fare) tu e Michele alla festa di Giulia stasera?
   S2: Noi _____ (cantare) e _____ (suonare) la chitarra. E tu _____ (andare) alla festa?
   S1: Purtroppo (*Unfortunately*), stasera _____ (stare) a casa e _____ (fare) gli esercizi d'informatica.
   S2: Come _____ (andare) il corso?
   S1: Abbastanza bene. Noi _____ (imparare) l'UNIX e _____ (avere) un sacco di (*tons of*) compiti, ma non _____ (essere) molto difficili.

B. Manuela ed io. Manuela has only one of everything (friends, courses, etc.); you have several. Respond to her statements as in the example, making all necessary changes.

ESEMPIO: Il mio insegnante è bravo. (noioso) →
I miei insegnanti sono noiosi.

1. Mio fratello arriva oggi. (domani)
2. Il mio corso è difficile. (facile)
3. Mia sorella va in Francia. (Italia)
4. Il mio amico compra sempre libri usati (*used*). (nuovo)
5. Mia cugina frequenta l'università a Pisa. (Napoli)
6. Il mio professore è canadese. (spagnolo)

C. Che fai e quando? (*What do you do and when?*) Ask when your partner performs the following activities.

ESEMPIO: nuotare →
S1: Quando nuoti?
S2: Non nuoto mai. / Nuoto il venerdì. / Nuoto ogni (*every*) pomeriggio.

Espressioni: stamattina (*this morning*), **stasera** (*this evening*), **ogni mattina** (*every morning*)

1. andare a ballare
2. fare i compiti
3. incontrare gli amici
4. parlare al telefono con gli amici
5. telefonare ai genitori
6. giocare a football
7. guardare (*watch*) la televisione
8. ascoltare la musica
9. fare colazione
10. dare l'esame d'italiano

D. Intervista. Ask another student the following questions or questions of your own; then present your findings to the class.

ESEMPIO: Roberto studia informatica, lavora in una banca e quando ha tempo va a ballare.

1. Quante materie studi questo trimestre/semestre? Che facoltà frequenti?
2. Hai un lavoro? Dove lavori?
3. Parli inglese a casa o un'altra lingua?
4. I tuoi genitori abitano in questa città?
5. Vai a molte feste?
6. Quando vai a una festa, balli?
7. Hai molti parenti?
8. Vai a piedi volentieri?

Invito alla lettura

Identikit* della famiglia italiana

Napoli. Marito e moglie con il loro bambino

La famiglia tipo[a] italiana, secondo le statistiche, è uguale a quella[b] di tutti i paesi occidentali, composta da padre, madre e un figlio o due. Ci sono però[c] grandi differenze economiche e sociali tra il Nord, il Centro e il Sud d'Italia. Al Nord e al Centro ci sono molte industrie e buoni livelli di sviluppo.[d] Al Sud c'è più agricoltura che industria, meno ricchezza e meno sviluppo. Queste differenze influiscono anche sulla[e] famiglia. Nel Nord e nel Centro il numero di bambini nati[f] è oggi il più basso di tutti gli altri paesi d'Europa.[g] Al Sud invece i bambini sono più numerosi.

Nelle regioni del Nord e del Centro, quasi[h] sempre, i genitori lavorano tutti e due fuori casa,[i] e i bambini vanno agli asili nido e alle scuole materne.[j] Nelle regioni del Sud molte donne stanno a casa oppure[k] fanno lavori stagionali,[l] come la raccolta[m] della frutta, e quindi[n] sono spesso le madri che si occupano[o] dei bambini.

Tutti gli italiani, comunque,[p] danno molta importanza alla famiglia. Dedicano il tempo libero ai figli, cercano di mangiare a tavola con loro, e fanno insieme a loro[q] molte attività di svago[r] come viaggiare, praticare uno sport o andare al cinema. I figli rimangono a lungo[s] a vivere in famiglia, anche perché oggi uomini e donne si sposano sempre più tardi.

Le leggi[t] italiane che regolano i rapporti familiari[u] sono molto evolute[v] e importanti per la difesa dei diritti[w] delle donne. Le leggi italiane prevedono la parità[x] tra coniugi[y] nel rapporto di coppia[z] e nell'educazione dei figli. Permettono, ad esempio, indifferentemente[aa] alla madre o al padre che lavorano di poter[bb] stare a casa per occuparsi dei figli piccoli.

[a]*type* [b]uguale... *comparable to that* [c]*however* [d]livelli... *levels of development* [e]influiscono... *also influence* [f]*born* [g]il... *the lowest in Europe* [h]*nearly* [i]fuori... *outside the home* [j]asili... *day-care centers and nursery schools* [k]*or* [l]*seasonal* [m]*harvest* [n]*thus* [o]si... *care for* [p]*however* [q]insieme... *together with them* [r]*recreation* [s]rimangono... *stay a long time* [t]*laws* [u]i... *family relationships* [v]*advanced* [w]la... *defense of the rights* [x]prevedono... *provide equality* [y]*spouses* [z]nel... *in the marital relationship* [aa]*identically* [bb]di... *to be able*

---

*An **identikit** is a police artist's sketch of a suspect. The term is often applied to a general description of an entire group.

In giro per le regioni

Il Molise

Il Molise è una delle più piccole regioni d'Italia ed anche una delle più povere. L'attività più importante è l'agricoltura, ma i terreni[a] non sono molto adatti[b] alle coltivazioni e la produzione non è buona. Per questo il Molise è una regione di emigranti: all'inizio del '900[c] circa metà[d] della popolazione è partita[e] per l'America. Una canzone popolare di quei tempi definiva l'America «allegra e bella», ma per la maggior parte[f] degli emigranti non era in realtà tanto allegra. Quando arrivavano non conoscevano la lingua, non sapevano orientarsi[g] nelle città, non sapevano né leggere né scrivere[h] e raramente c'era qualcuno che li aiutava.[i] Per i loro figli, e soprattutto per i figli dei loro figli, è stato tutto più facile e alcuni di loro hanno una buona posizione nella società americana.

Il turismo è oggi abbastanza sviluppato, perché le coste molisane dell'Adriatico sono belle e attorno[j] alle piccole Isole Tremiti si trova uno splendido mare.

[a]*terrain* [b]*suitable* [c]del... *of the 1900s* (novecento) [d]*half* [e]è... *left* [f]la... *most* [g]*find their way around*
[h]non... *they didn't know how to read or write* [i]qualcuno... *someone to help them* [j]*around*

E ora a voi

CAPIRE

Link each statement to the appropriate region.

1. Nel Nord e Centro
2. Nel Sud
3. In tutta l'Italia

a. I bambini sono ancora numerosi.
b. I giovani rimangono a lungo in famiglia.
c. La legge prevede la parità fra marito e moglie.
d. Molte donne fanno lavori stagionali.
e. La gente sta molto tempo insieme alla famiglia.
f. Il padre può stare a casa con i figli piccoli.
g. I bambini piccoli vanno agli asili nido.
h. La legge difende i diritti delle donne.
i. Molte donne non lavorano fuori casa.
j. I parenti si occupano dei bambini.
k. Molte donne lavorano fuori casa.
l. Nascono pochissimi bambini.

SCRIVERE

Write a brief description of a typical family in your area by completing the following sentences.

1. Nella mia zona nascono _____ bambini. Molte madri _____.
2. I bambini piccoli vanno _____.
3. Al mio paese la gente _____ alla famiglia.
4. Genitori e figli stanno _____ insieme.
5. Le leggi sulla famiglia sono _____.
6. In famiglia marito e moglie _____.

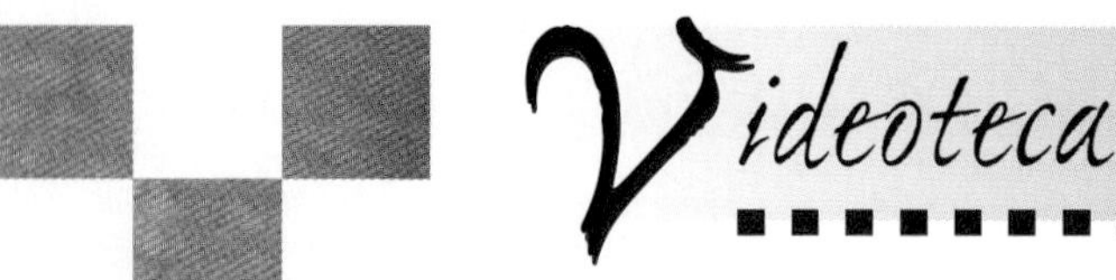

Videoteca

Proprio a me!

Peppe runs into his professor while leaving the university. He did not do well in her class the previous year and must retake the written exam. She warns him to improve his study habits and asks how his parents are.

ESPRESSIONI UTILI

arrugginito rusty
lavorare sodo to work hard
dare l'esame to take the exam
Faccio del mio meglio. I'll do my best.
gli scritti written exams
i suoi your parents
rimanda... molti studenti holds back many students
Si vede che Lei non ha colto l'esempio. It's clear that you haven't followed (his) example.
Mi raccomando! I mean it!
gli orali oral exams

FUNZIONE: Talking about school

Dal video

PEPPE: Infatti, la mia intenzione è di lavorare sodo, professoressa. Quando è l'esame?
PROFESSORESSA: C'è da dare l'esame tra un mese.
PEPPE: Un mese? Come faccio? Che cosa studio esattamente?
PROFESSORESSA: Come cosa studia? Cerca di frequentare il corso questa volta, invece di cantare o giocare sempre a calcio.

Preparazione

Match each person with the appropriate profession.

1. _____ Professoressa Velli	**a.** musician
2. _____ Cuccetti	**b.** art professor
3. _____ Peppe's father	**c.** math professor
4. _____ Peppe's mother	**d.** student

Comprensione

1. What did Peppe do every evening last year, according to Professoressa Velli?
2. What exam must Peppe pass before taking advanced math?

Attività

You are a student at the University of Florence. Tell your partner your schedule of exams and what new courses you plan to take.
ESEMPIO: Devo dare gli scritti di matematica il 23 settembre, poi gli orali a novembre. Quest'anno studio...

Parole da ricordare

VERBI

abitare to live (*in a place*)
andare to go
andare a + *inf.* to go (*to do something*)
andare a piedi to walk
andare in aereo to fly
andare in autobus to go by bus
andare in bicicletta to ride a bicycle
andare in macchina to drive, go by car
andare in treno to go by train
arrivare to arrive
ascoltare to listen
aspettare to wait, wait for
ballare to dance
cantare to sing
cercare to look for
cominciare to begin, start
comprare to buy
dare to give
dare un esame to take a test
dimenticare to forget
essere d'accordo to agree
fare to do; to make
Che tempo fa? What's the weather like?
Fa bello (brutto). It's nice (bad) weather.
Fa caldo/freddo/fresco. It's hot/cold/cool out.
fare colazione to have breakfast
fare una domanda to ask a question
fare una fotografia to take a picture
frequentare to attend (*a school, a class*); to go to (*a place*) often
giocare (a) to play (*a sport, a game*)
guadagnare to earn
guidare to drive
imparare to learn
incontrare to meet
insegnare to teach
lavorare to work
mangiare to eat
nuotare to swim
parlare to speak, talk
portare to carry, bring; to lead
raccontare to tell, narrate
ricordare to remember
ripassare to review
sciare to ski
spiegare to explain
stare to stay
stare attento to pay attention
stare bene/male to be well/ill
stare zitto to keep quiet
studiare to study
suonare to play (*a musical instrument*)
telefonare (a) to telephone, call
tornare to return (*to a place*)
trovare to find

NOMI

l'anno accademico academic year
l'architettura architecture
la casa house, home
la casa dello studente dormitory
il compagno / la compagna di classe classmate
il corso course (*of study*)
il cugino / la cugina cousin
l'economia e commercio business administration
l'esame (*m.*) examination
la facoltà department, school (*within a university*)
la famiglia family
la festa party
il figlio / la figlia son/daughter
la fisica physics
il fratello brother
i genitori parents
la giurisprudenza law
l'informatica computer science
l'ingegneria engineering
l'insegnante (*m./f.*) teacher
la legge law
la letteratura literature
le lettere literature, liberal arts
il letto bed
la libreria bookstore
la lingua language
le lingue e le letterature straniere foreign languages and literature
la madre (la mamma) mother (mom)
il marito husband
la matematica mathematics
la materia (di studio) subject matter
la medicina medicine
la moglie wife
il/la nipote nephew, grandson / niece, granddaughter
il nonno / la nonna grandfather / grandmother
gli orali oral exams
il padre (il papà, il babbo) father (dad)
il/la parente relative
la piscina swimming pool
la scienza science
le scienze politiche political science
gli scritti written exams
la sorella sister
la specializzazione major, specialization
la storia dell'arte art history
i vestiti clothes

AGGETTIVI

bravo in good at (*a subject of study*)
difficile difficult, hard

facile easy
ogni every, each
poco (*m. pl.* **pochi**) little, few
preferito preferred, favorite
quello that
questo this
straniero foreign
tipico typical

mio my
tuo your
suo his/her/its
Suo your (*formal*)
nostro our
vostro your (*pl.*)
loro their
Loro your (*pl. formal*)

ALTRE PAROLE ED ESPRESSIONI

(che) cosa? what?
di mattina in the morning
di notte at night
di/nel pomeriggio in the afternoon
di sera in the evening
meno less
non... mai never
perchè why
presto soon; early
spesso often
stasera tonight, this evening
volentieri gladly, willingly

Capitolo 4

IN BREVE

GRAMMATICA

A. Presente dei verbi in **-ere** e **-ire**

B. Dire, uscire e **venire; dovere, potere** e **volere**

C. Pronomi di oggetto diretto

D. L'ora

INVITO ALLA LETTURA

- *Gli sport più amati dagli italiani*
- *In giro per le regioni: L'Abruzzo*

Il Milan ha vinto il campionato!

Forza, Azzurri!

Forza means *Come on!* The Italian national soccer team is often called **gli azzurri** because their uniforms are light blue (**azzurro**).

Vocabolario preliminare

Dialogo-Lampo

I programmi della giornata

LORENZO: Ciao, Rita! Ciao, Alessandro! Cosa fate oggi?

ALESSANDRO: Vado a giocare a tennis con Marcello, e poi a casa: c'è un bel film alla TV.

RITA: Io invece vado a fare l'aerobica con Valeria, e poi abbiamo un appuntamento con Vittoria per studiare. C'è un esame di matematica domani!

ALESSANDRO: E tu, Lorenzo, che programmi hai?

LORENZO: Mah, oggi non ho voglia di fare niente*...

RITA: Che novità†, è il tuo passatempo preferito!

1. Che programmi ha Alessandro?
2. Cosa fanno Rita e Valeria?
3. Chi ha un esame domani?
4. Che programmi ha Lorenzo?

I PASSATEMPI E IL TEMPO

LO SPORT E ALTRI PASSATEMPI

la gara competition, match
il giocatore, la giocatrice player
il nuoto swimming
la palla ball
la partita game, match
il programma plan
la squadra team
andare al cinema (**al ristorante, a teatro, a un concerto**) to go to a movie (to a restaurant, to the theater, to a concert)
andare in palestra to go to the gym
ascoltare dischi (**cassette, Cd**) to listen to records (cassettes, CDs)
correre to run
cucinare to cook
dipingere to paint
disegnare to draw
dormire to sleep
fare l'aerobica to do aerobics
fare sollevamento pesi to lift weights
fare un giro in bici (**in macchina, a piedi**) to go for a bike ride (a car ride, a walk)
fare un programma to plan, make plans
fare/praticare uno sport to play a sport
giocare a calcio (**a tennis, a pallacanestro**) to play soccer (tennis, basketball)
giocare con il computer to play on the computer
guardare la televisione to watch TV
leggere il giornale (**un libro, una rivista**) to read the newspaper (a book, a magazine)

*non... *I don't want to do anything*
†Che... *What a novelty*

Parole-extra

il pattinaggio skating
il vincitore winner

andare in barca a vela to go sailing
fare lo sci di fondo to go cross-country skiing
pattinare to skate
sciare to ski

perdere to lose
prendere lezioni di ballo (**di musica, di fotografia, di arti marziali**) to take dancing lessons (music lessons, photography lessons, martial arts lessons)
pulire la casa to clean the house
scrivere una lettera (**racconti, poesie**) to write a letter (stories, poems)
suonare uno strumento (**la chitarra, il piano, il sassofono**) to play an instrument (the guitar, the piano, the saxophone)
uscire con gli amici to go out with friends
viaggiare to travel
vincere to win

IL TEMPO (*WEATHER*)

la nebbia fog
la neve snow
la pioggia rain
il vento wind

essere nebbioso to be foggy
essere sereno to be clear weather
nevicare to snow
piovere to rain
tirare vento to be windy

A. Di che sport parliamo? Read the following descriptions and guess what sport each refers to. More than one answer may be possible.

1. I giocatori fanno questo sport in acqua (*water*).
2. Per questo sport è necessaria la musica.
3. La squadra è composta da 11 giocatori e una palla.
4. La squadra è composta da 6 giocatori.
5. Questo è uno sport tipico dell'inverno.
6. Per questo sport è necessario andare in palestra.

B. Preferisco... (*I prefer . . .*) Create complete sentences using one element from each column. Begin each sentence with **Preferisco...**

leggere	gli spaghetti	da solo/a (*alone*)
ascoltare	fotografia	con gli amici
andare	a piedi	con la famiglia
prendere lezioni di	in Italia	
scrivere	i dischi	
cucinare	il giornale	
viaggiare	al cinema	
fare un giro	una lettera	

C. Preferenze. Are there certain things you prefer to do on particular days of the week? Using the **Vocabolario preliminare,** indicate your weekday and weekend preferences.

ESEMPIO: Il venerdì sera preferisco andare in palestra e il sabato sera invece preferisco andare a teatro.

Then interview a classmate about what he/she prefers to do in the circumstances listed below. Use the expressions **preferisco, preferisci** (*you prefer*), **anch'io** (*I also*) and **Io invece**.

1. il venerdì sera
2. la domenica pomeriggio
3. in una giornata di pioggia
4. in una bella giornata di giugno
5. durante (*during*) l'inverno, quando (*when*) nevica
6. il lunedì mattina, in una brutta giornata di gennaio

D. Gusti personali. Secondo voi, come sono questi sport?

Parole utili: aggressivo, costoso, difficile, divertente, di squadra, elegante, intenso, noioso, pericoloso (*dangerous*), rilassante, solitario

1. il basket (la pallacanestro)
2. lo sci
3. il calcio
4. il football americano
5. il baseball
6. le arti marziali

in ascolto

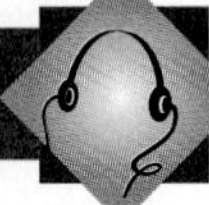

Che fai adesso (*now*)? What are Chiara and Stefania doing? Listen carefully and then answer the following questions.

1. Perché Chiara ha fretta?
2. Dove va?
3. Dove va invece Stefania?
4. Quanti autobus deve prendere (*must take*) Chiara?
5. Come sono le lezioni che prende Chiara?

A. Presente dei verbi in *-ere* e *-ire*

È una serata come tutte le altre in casa Bianchi: Franca e Sergio guardano la televisione, la mamma preferisce leggere una rivista e il padre legge il giornale. La nonna scrive una lettera ai parenti in America.

It's an evening like all others at the Bianchis': Franca and Sergio are watching TV, Mother prefers to read a magazine and Father is reading the newspaper. Grandma is writing a letter to relatives in America.

1. The present tense of regular verbs ending in **-ere** (second-conjugation verbs) and of many verbs ending in **-ire** (third-conjugation verbs) is formed by adding the appropriate endings to the infinitive stem.

-ere VERBS		**-ire** VERBS (FIRST GROUP)	
scrịvere (*to write*)		**dormire** (*to sleep*)	
scriv**o** scriv**i** scriv**e**	scriv**iamo** scriv**ete** scrịv**ono**	dorm**o** dorm**i** dorm**e**	dorm**iamo** dorm**ite** dọrm**ono**

Note that the endings are the same for both conjugations except in the second-person plural: **-ete** for **-ere** verbs, **-ite** for **-ire** verbs.

Scrivete molte lettere?	*Do you write many letters?*
Dormite bene?	*Do you sleep well?*

Nota bene: i verbi *-gere, -scere*

Note the alternation between soft and hard **g** in the conjugation of **-gere** verbs like **leggere** and **dipingere.** Also note the difference in pronunciation between **-sco-** and **-sci/-sce** in verbs like **nascere.**

legg**o**	nasc**o**
legg**i**	nasc**i**
legg**e**	nasc**e**
legg**iamo**	nasc**iamo**
legg**ete**	nasc**ete**
lẹgg**ono**	nạsc**ono**

—No, grazie; leggo solo il giornale.

2. Other **-ere** verbs conjugated like **scrivere** are

chiụdere *to close*	Chiudo la finestra (*window*).
cọrrere *to run*	Perché correte ogni giorno?
dipịngere *to paint*	Raffaella dipinge bene.
lẹggere *to read*	Carlo legge il giornale.
mẹttere *to put, place*	Non mettiamo piede (*set foot*) nel suo giardino.
nạscere *to be born*	Nascono tre gattini.
pẹrdere *to lose*	Perdi sempre le chiavi!
prẹndere *to take*	Noi prendiamo lezioni di ballo.
ricẹvere *to receive*	Chi riceve molte riviste?
rispọndere *to answer, reply*	Perché non rispondi in italiano?
vedere *to see*	Vedono un film.

a. Note that most verbs ending in **-ere** are stressed on the verb stem: **PRENdere, PERdere.** A few verbs are stressed on the **-ere** ending: **aVEre, veDEre.**

b. The verb **bere** (*to drink*) derives from the Latin *bevere* and retains the **bev-** stem: **bevo, bevi, beve, beviamo, bevete, bevono.**

3. Some **-ire** verbs conjugated like **dormire** are

aprire *to open*	Apriamo la finestra.
offrire *to offer*	Offro un caffè a tutti.
partire *to leave*	Quando partite?—Partiamo domani.
seguire *to follow; to take a course*	La spia (*spy*) segue la ragazza. Seguiamo un corso di filosofia.
sentire *to hear*	Sentite la voce (*voice*) di Mario?
servire *to serve*	Servi vino bianco?

4. Not all verbs ending in **-ire** are conjugated like **dormire** in the present. Many **-ire** verbs follow this pattern:

-ire VERBS (SECOND GROUP)	
capire (*to understand*)	
cap**isco**	capiamo
cap**isci**	capite
cap**isce**	cap**iscono**

The endings are the same as for **dormire,** but **-isc-** is inserted between the stem and the ending in all forms but the first- and second-person plural. Pronunciation of **-sc-** changes with the vowel that follows it: before **o** it is pronounced like *sk* in *sky;* before **e** and **i** it is pronounced like *sh* in *shy.*

The following **-ire** verbs are conjugated like **capire*.**

finire *to finish, end*	I ragazzi finiscono gli esercizi.
preferire *to prefer*	Preferite leggere o scrivere?
pulire *to clean*	Quando pulisci la casa?

5. Remember: When two verbs appear together in a series (*you prefer to read*), the first is conjugated and the second is in the infinitive form.

Voi preferite leggere.	*You prefer to read.*

A. Va bene o no? Decide whether the following sentences make sense. Correct the nonsense sentences.

1. Mario corre in palestra. **2.** Noi capiamo lo stadio. **3.** Sandro e Maria ricevono il giornale. **4.** Mia madre risponde al libro. **5.** Tuo zio è un buon dottore, quindi (*therefore*) dipinge bene. **6.** Gli studenti leggono molti Cd. **7.** Maria fa l'aerobica in bicicletta. **8.** Sandro pulisce la partita. **9.** Prendo lezioni di ballo per imparare il calcio. **10.** Salvatore perde l'autobus ogni mattina.

B. Trasformazioni. Replace the subject with each subject in parentheses, and change the verb form accordingly.

1. Tu leggi il giornale. (la nonna / io e Carlo / voi / gli italiani)
2. Noi apriamo la porta (*door*). (voi / il cugino di Marco / loro / io)
3. Marco pulisce il frigo (*refrigerator*). (noi / i ragazzi / io / voi)
4. I bambini non rispondono. (io / il professore / voi / tu)
5. Laura beve solo (*only*) acqua minerale. (i miei amici / voi due / noi / tu)

C. Il week-end di Laura. Complete Laura's story by adding the appropriate verb endings.

---

*The infinitives of verbs conjugated like **capire** are followed by (**isc**) in vocabulary lists and in the end vocabulary.

Laura è una ragazza indaffarata (*busy*)! Il venerdì sera segu_____[1] un corso di recitazione (*acting*). Il sabato mattina corr_____[2] e pul_____[3] la camera (*bedroom*); nel pomeriggio diping_____[4] e fin_____[5] i compiti. Il sabato sera prefer_____[6] andare in discoteca con gli amici. E cosa fa la domenica? Dorm_____ [7]!

Now change the first sentence of the paragraph to **Laura e Maria sono due ragazze indaffarate** and complete the story.

D. Cosa preferiscono? Explain why the following people don't do certain things: they prefer to do something else.

ESEMPIO: Marco non legge: preferisce scrivere.

1. Daniela non gioca a tennis: _____.
2. Le bambine non dormono: _____.
3. Mio padre non nuota: _____.
4. Lo zio di Gino non prende l'aereo: _____.
5. Questi studenti non vanno in barca a vela: _____.
6. Luciano non suona la chitarra: _____.

Now name three things you don't do, and what you prefer to do instead.

E. Trovate le persone che... Circulate around the room in pairs asking questions to identify people who do the following things.

ESEMPIO: seguire un corso di matematica →
PAIO 1: Seguite un corso di matematica?
PAIO 2: Sì, io seguo un corso di matematica ma Maria non segue matematica. / Sì, seguiamo un corso di matematica.

Trovate le persone che:

1. dipingono
2. dormono fino a tardi (*late*)
3. ricevono la posta elettronica (*e-mail*) tutti i giorni
4. capiscono la matematica
5. puliscono la casa ogni settimana
6. rispondono subito (*right away*) alla posta elettronica
7. scrivono poesie

F. Conversazione.

1. Corri volentieri? Vai in bicicletta? Quale mezzo (*means*) di trasporto preferisci?
2. Preferisci guardare la televisione o leggere? Perché?
3. Pulisci la casa ogni giorno? È pulita (*clean*) e ordinata (*tidy*) la tua camera?
4. Quante volte (*How many times*) la settimana mangi a casa? Quante volte vai al ristorante o alla mensa? Perché?
5. Preferisci stare zitto/a o parlare quando ci sono molte persone?
6. Quando ricevi una lettera, rispondi subito? Scrivi molte lettere o preferisci telefonare? Perché?

G. Che fai? Interview a classmate to find out what he/she does at certain times.

ESEMPIO: il lunedì →
S1: Che fai il lunedì?
S2: Il lunedì faccio colazione, vado alle lezioni, studio in biblioteca...

Quando: lunedì sera, martedì pomeriggio, mercoledì mattina, sabato mattina, venerdì sera, domenica mattina...

Possibilità: studiare per tre ore, leggere un libro, pulire la casa, praticare uno sport, dormire fino a tardi, correre nel parco, andare in chiesa / alla sinagoga

B. Dire, uscire e venire; dovere, potere e volere

ANTONINO E GINO: Volete andare al cinema stasera?
MARCELLA E TINA: No, grazie, non possiamo. Dobbiamo pulire il frigo.
ANTONINO E GINO: Be', volete uscire domani sera?
MARCELLA E TINA: No, non possiamo. Dobbiamo lavarci i capelli.
ANTONINO E GINO: Allora, volete fare qualcosa questo week-end?
MARCELLA E TINA: No, non possiamo. Dobbiamo fare un viaggio molto lungo.
ANTONINO E GINO: Quando tornate?
MARCELLA E TINA: Mai!

1. Some commonly used **-ere** and **-ire** verbs are irregular in the present tense.

uscire* (*to go out [with someone], to exit*)	**dovere** (*to have to, must*)	**potere** (*to be able to, can, may*)	**volere** (*to want*)	**venire** (*to come*)	**dire** (*to say*)
esco	devo	posso	voglio	vengo	dico
esci	devi	puọi	vuọi	vieni	dici
esce	deve	può	vuole	viene	dice
usciamo	dobbiamo	possiamo	vogliamo	veniamo	diciamo
uscite	dovete	potete	volete	venite	dite
ẹscono	dẹvono	pọssono	vọgliono	vẹngono	dịcono

ANTONINO E GINO: Do you want to go to a movie this evening? MARCELLA E TINA: No, thanks, we can't. We have to clean the refrigerator. ANTONINO E GINO: Well, do you want to go out tomorrow night? MARCELLA E TINA: No, we can't. We have to wash our hair. ANTONINO E GINO: Then do you want to do something this weekend? MARCELLA E TINA: No, we can't. We have to take a very long trip. ANTONINO E GINO: When are you coming back? MARCELLA E TINA: Never!

*When used with the *place* from which one goes out, **uscire** is followed by **da;** an exception is the idiom **uscire di casa.**

Esco **dall'**ufficio alle sette.	*I leave the office at seven.*
Sara esce **di** casa presto.	*Sara leaves the house early.*

You'll learn about prepositions combined with articles in **Capitolo 5.**

Si dice così: *partire, lasciare, andare (via), uscire*

These four verbs have slightly different meanings related to going and leaving. Compare:

partire *to leave, go away*

lasciare *to leave (something, somebody) behind*

andare via *to get going, get out*

uscire (di, con) *to exit, go out with*

Parto per le vacanze lunedì. *We leave on vacation Monday.*

Maria lascia sempre le penne a casa. *Maria always leaves her pens at home.*

Dai, ragazzi, andiamo via. *Come on, guys, let's get going.*

Esco di casa alle otto. *I leave the house at eight.*

Esco con gli amici. *I go out with friends.*

To go out to a place is expressed with **andare,** not **uscire: esco al bar** would mean *I exit to the bar,* which makes no sense.

Diciamo «Buon giorno!»	*We say, "Good morning!"*
Perché non esci con Sergio?	*Why don't you go out with Sergio?*
Vengo domani.	*I'm coming tomorrow.*
Dovete partire subito.	*You must leave right away.*
—Possono venire al ristorante?	*Can they come to the restaurant?*
—No, non possono.	*No, they can't.*
Chi vuole sentire il Cd?	*Who wants to hear the CD?*

2. a. As with **preferire,** if a verb follows **dovere, potere,** or **volere,** it is always in the infinitive form.

Dovete pulire la casa sabato.	*You have to clean the house Saturday.*
No, non possiamo venire alla partita.	*No, we can't come to the game.*
Vuoi guardare la TV?	*Do you want to watch TV?*

b. Other verbs whose conjugation is similar to that of **venire** are **rimanere** (*to remain*), **salire** (*to get on, climb up*), and **tenere** (*to keep, hold*).

rimango, rimani, rimane, rimaniamo, rimanete, **rimangono**
salgo, sali, sale, saliamo, salite, **salgono**
tengo, tieni, tiene, teniamo, tenete, **tengono**

Giorgio rimane a casa stasera.	*Giorgio stays home tonight.*
Maria sale in macchina. Io salgo sull'autobus.	*Maria gets in the car. I get on the bus.*
Enrica tiene il suo gatto in casa.	*Enrica keeps her cat in the house.*

c. **Dire** means *to say.* It is often followed by **che,** a conjunction meaning *that.*

Diciamo «Buon giorno!»	*We say "Good morning!"*
Mamma dice di sì ma papà dice di no.	*Mom says yes but Dad says no.*
Mario dice **che** vuole venire alla festa.	*Mario says that he wants to come to the party.*

È festa, usciamo! Ma dove andiamo?

ESERCIZI

A. La studentessa tipica. Decide whether the following statements are true for a typical college student. Correct those that you consider untrue.

Lo studente tipico / La studentessa tipica...

1. deve studiare molto per l'esame di chimica.
2. vuole uscire sabato sera.
3. deve fare tutti i compiti ogni sera.

4. può leggere un libro in una settimana.
5. vuole rimanere a casa il venerdì sera.
6. può trovare tanti amici all'università.
7. può parlare liberamente (*freely*) con tutti i professori.
8. non dice mai bugie ai professori.
9. esce di casa alle sei di mattina per andare in biblioteca a studiare.
10. viene a tutte le lezioni tutti i giorni.

B. Trasformazioni. Replace the subject with each subject in parentheses, and change the verb form accordingly.

1. Potete venire stasera? (tu / Lei / loro / il professore)
2. La signora vuole le chiavi. (io / noi / loro / voi)
3. Devi prendere il treno. (noi / Carlo / voi / loro)
4. Esco di casa presto. (voi / Lei / la nonna / gli zii)
5. Vengo in motocicletta. (Paola / voi / anche tu / le mie amiche)
6. Dici sempre la verità (*truth*)? (loro / Mirella / noi / voi)

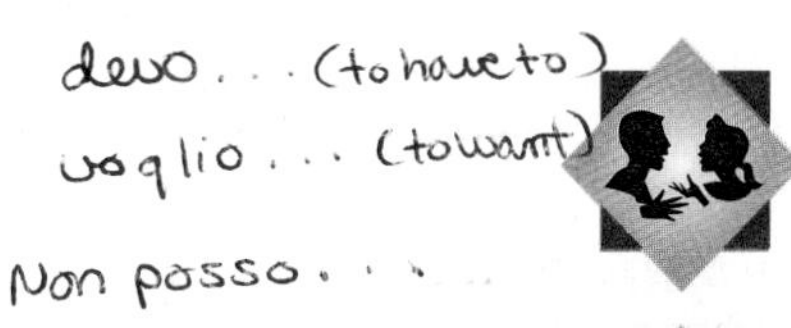

C. La mia giornata. Tell your partner three things you have to do today, three things you want to do today, and three things you cannot do today. Your partner will take notes and report the answers to another pair or to the class.

D. Marcella e Tina. With a partner, reread the dialogue between Marcella and Tina and the two boys on page 96. Then respond to the following questions. Describe a situation suggested by the last question to your partner or to the class.

1. Perché Marcella e Tina non vogliono uscire stasera? **2.** Perché Marcella e Tina non vogliono uscire domani sera? **3.** Cosa fanno le ragazze questo week-end? **4.** Secondo te, le ragazze dicono la verità o dicono bugie? **5.** Tu sei mai stata/o (*Have you ever been*) in una situazione simile?

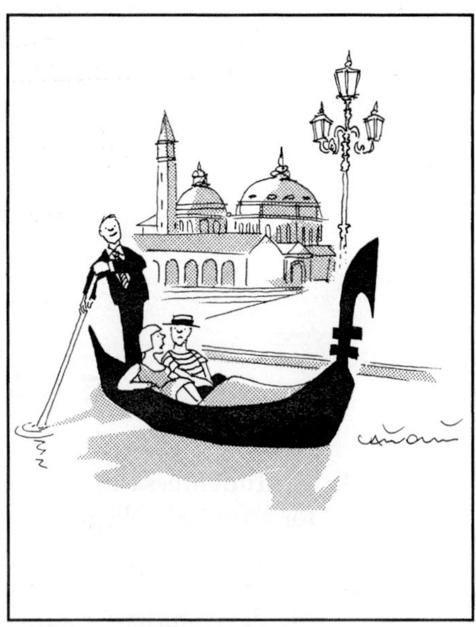

—Anche in auto è lo stesso: vuole sempre guidare lui!

E. **Vuoi uscire?** In groups of two, role-play a scene similar to the dialogue on page 96. Make a list of excuses for not going out while your partner comes up with a list of invitations. Then role-play your conversation for the class.

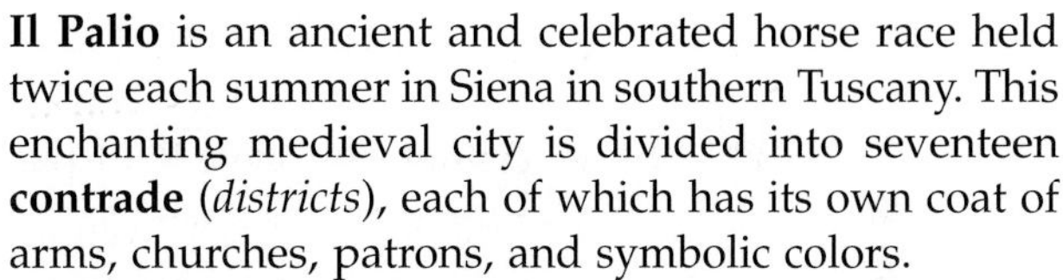

Il Palio di Siena

Il Palio di Siena

Il Palio is an ancient and celebrated horse race held twice each summer in Siena in southern Tuscany. This enchanting medieval city is divided into seventeen **contrade** (*districts*), each of which has its own coat of arms, churches, patrons, and symbolic colors.

Every citizen of Siena is born into a particular **contrada,** and belongs to it for life; a person's identity and sense of belonging are grounded there. Even at death, people are buried with the flag of their **contrada.**

Of the original fifty-nine **contrade,** the seventeen still in existence—most of them named for animals, which appear on their coats of arms—are Oca, Chiocciola, Torre, Valdimontone, Nicchio, Tartuca, Istrice, Onda, Bruco, Lupa, Selva, Civetta, Drago, Giraffa, Leocorno, Aquila, and Pantera.

For more than nine centuries, the **Palio** has taken place in Siena's exquisite central piazza, the **Piazza del Campo.** The piazza is paved in brick and steeply banked in the shape of a shell. Each year ten **contrade** participate in the race, which begins at 6 P.M. and lasts only about 90 seconds, during which horses and jockeys complete three laps around the piazza.

The first race, on July 2, celebrates the memory of a Spanish soldier who died there in 1594. The second, on August 16, celebrates the Feast of the Assumption. In recent years, there has been controversy about accidents, which are frequent because of the shape and hard surface of the piazza.

C. Pronomi di oggetto diretto

ANNAMARIA: Mi inviti alla festa?
CLARA: Certo che ti invito!
ANNAMARIA: Inviti anche Marco?
CLARA: Certo che lo invito!
ANNAMARIA: E Maria?
CLARA: Certo che la invito!
ANNAMARIA: Compri le pizze e le bibite?
CLARA: Certo che le compro!
ANNAMARIA: Prepari panini per tutti?
CLARA: Certo che li preparo. Così mangiamo bene e ci divertiamo!

1. A direct object is the direct recipient of the action of a verb.

   I invite the boys. Whom do I invite? *The boys.*
   He reads the newspaper. What does he read? *The newspaper.*

   The nouns *boys* and *newspaper* are direct objects. They indicate *what* or *whom.* Verbs that take a direct object are called transitive. Verbs that do not take a direct object (*she walks, I sleep*) are intransitive.
   Direct-object pronouns replace direct-object nouns.

   I invite **the boys.** I invite **them.**
   He reads **the newspaper.** He reads **it.**

2. The direct-object pronouns (**i pronomi di oggetto diretto**) are as follows:

SINGOLARE		PLURALE	
mi	*me*	ci	*us*
ti	*you (fam.)*	vi	*you (fam.)*
La	*you (form., m. and f.)*	Li	*you (form., m.)*
		Le	*you (form., f.)*
lo	*him, it*	li	*them (m.)*
la	*her, it*	le	*them (f.)*

   a. A direct-object pronoun immediately precedes a conjugated verb, even in a negative sentence.

—Se compro la frutta, **la** mangia Mario?	*If I buy the fruit, will Mario eat it?*
—No, non **la** mangia.	*No, he won't eat it.*

ANNAMARIA: Are you inviting me to the party? CLARA: Of course I'm inviting you! ANNAMARIA: Are you inviting Marco too? CLARA: Of course I'm inviting him! ANNAMARIA: And Maria? CLARA: Of course I'm inviting her! ANNAMARIA: Are you buying the pizzas and the sodas? CLARA: Of course I'm buying them! ANNAMARIA: Are you making sandwiches for everybody? CLARA: Of course I'm making them. We'll eat well and have fun!

—Se vedi i ragazzi, **li** inviti? — *If you see the boys, will you invite them?*
—No, non **li** invito. — *No, I won't invite them.*

b. An object pronoun attaches to the end of an infinitive. Note that the final **-e** of the infinitive is dropped.

È importante mangiar**la** ogni giorno. — *It is important to eat it every day.*
È una buon'idea invitar**li.** — *It's a good idea to invite them.*

If the infinitive is preceded by a form of **dovere, potere,** or **volere,** the object pronoun may either attach to the infinitive or precede the conjugated verb.

Voglio mangiar**la.** — *I want to eat it.*
La voglio mangiare.

Quando posso invitar**li**? — *When can I invite them?*
Quando **li** posso invitare?

—L'ho comprato solo per nascondere[a] una brutta macchia[b] di umidità sul muro.

[a]*hide* [b]*spot*

c. Singular direct-object pronouns may elide before verbs that begin with a vowel, and before forms of **avere** that begin with an **h.** The plural forms **li** and **le** are never elided.

M'ama, non **m'**ama. (**Mi** ama, non **mi** ama.) — *He loves me, he loves me not.*
Il tuo passaporto? Non l'ho. — *Your passport? I don't have it.*
—Inviti Tina e Gloria? — *Are you inviting Tina and Gloria?*
—No, non le invito. — *No, I'm not inviting them.*

3. A few Italian verbs that take a direct object (**ascoltare, aspettare, cercare, guardare**) correspond to English verbs that are used with prepositions (*to listen to, to wait for, to look for, to look at*).

—Cerchi il tuo ragazzo? — *Are you looking for your boyfriend?*
—Sì, lo cerco. — *Yes, I'm looking for him.*

ESERCIZI

A. La risposta giusta. Select the best answer for each question.

1. Mangi la pizza?
   a. Sì, lo mangio. **b.** No, non le mangio. **c.** No, non la mangio.
2. Cercate le riviste?
   a. Sì, le cerchiamo. **b.** No, non li cerchiamo. **C.** Sì, vi cerchiamo.
3. Mamma, mi vedi?
   a. No, non vi vedo. **b.** No, non ci vedo. **c.** Sì, ti vedo.
4. Signor Maller, mi chiama stasera?
   a. Sì, lo chiamo senz'altro (*definitely*). **b.** No, non la chiamo. **c.** Sì, La chiamo alle 8.00.
5. Fai il letto tutti i giorni?
   a. No, non li faccio. **b.** No, lo non faccio. **c.** No, non lo faccio.
6. Professor Cerchi, posso vederLa oggi pomeriggio?
   a. Sì, ti posso vedere. **b.** Sì, mi potete vedere. **c.** Sì, mi puoi vedere.

B. Come sei miope (*nearsighted*)! Mauro can't believe how nearsighted his roommate Vincenzo is, so he decides to test his vision. With a classmate, play the two roles as in the model. Use the following words and any others you can think of.

ESEMPIO: la casa →
MAURO: Vedi la casa?
VINCENZO: No, non la vedo!

1. la frutta
2. il disco
3. gli autobus
4. le automobili
5. i treni
6. il cinema

C. Le domande giuste. Provide appropriate questions for the following answers.

ESEMPIO: Sì, li ho. → Hai i libri?

1. No, non la compro. **2.** Sì, vi scrivo. **3.** No, non li mangio. **4.** Sì, posso incontrarLa oggi. **5.** No, non voglio vederlo. **6.** Ti aspetto in classe. **7.** Non la pulisco perché non ho tempo oggi. **8.** Certo che vi invito alla festa.

D. Domande personali. Ask your partner questions, adding questions of your own using the verbs provided. Your partner should answer using a pronoun.

ESEMPIO: scrivere lettere
S1: Scrivi lettere?
S2: Sì, le scrivo. (No, non le scrivo.)

1. leggere il giornale tutti i giorni
2. fare esercizi d'aerobica
3. cucinare spesso la pasta
4. guardare molto la televisione
5. scrivere racconti o poesie
6. ascoltare...
7. pulire...
8. mangiare...
9. suonare...
10. fare...

D. L'ora

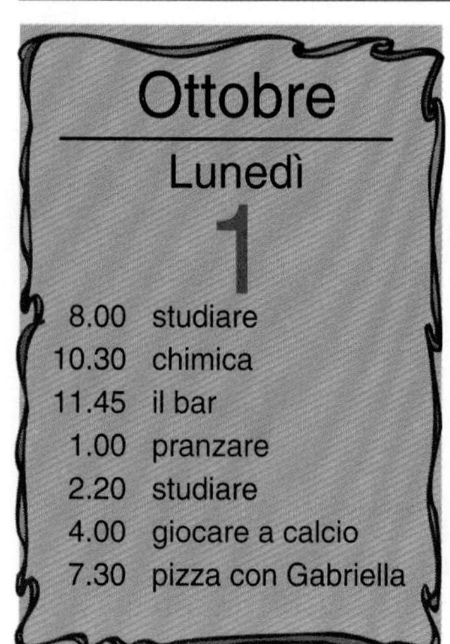

Ottobre
Lunedì
1
8.00 studiare
10.30 chimica
11.45 il bar
1.00 pranzare
2.20 studiare
4.00 giocare a calcio
7.30 pizza con Gabriella

Oggi Luca ha una giornata piena. Alle otto di mattina deve studiare per gli orali di fisica prima di andare al corso di chimica alle dieci e mezzo. Poi, a mezzogiorno meno un quarto, va al bar a prendere un caffè e a chiacchierare con gli amici. All'una tutti vanno a pranzare insieme alla mensa. Dopo pranzo, circa alle due e venti, Luca va in biblioteca a studiare fino alle quattro, quando va a giocare a calcio. Alle sette e mezzo, va a mangiare la pizza con la sua ragazza Gabriella. Che bella giornata!

Today Luca has a full day. At eight A.M. he has to study for his orals in physics before going to his chemistry class at 10:30. Then at 11:45 he'll go to the café to have coffee and chat with his friends. At 1 P.M. all of them will go to lunch together at the cafeteria. After lunch, around 2:20, Luca will go to the library to study until 4 P.M., when he'll go to play soccer. At 7:30, he'll go eat a pizza with his girlfriend Gabriella. What a nice day!

Sono le sette e un quarto (e quindici). Susanna fa colazione.

Sono le otto meno cinque. Arriva all'università.

Sono le nove. È a lezione di chimica.

È mezzogiorno. (Sono le dodici.) Mangia un panino con gli amici.

È l'una. Studia in biblioteca.

Sono le quattro e tre quarti (e quarantacinque). (Sono le cinque meno un quarto [meno quindici].) Va a nuotare in piscina.

Sono le sette e mezzo (e trenta). Guarda la TV.

È mezzanotte. Studia di nuovo (*again*).

È l'una. Va a letto.

1. The question *What time is it?* can be expressed in two interchangeable ways. **Che ora è?** or **Che ore sono?** (literally, *What hour is it?* or *What hours are they?*)

   a. In most responses to this question, a definite article precedes the hour: **È l'una.** (*It's one o'clock*). Hours after one are expressed in the plural: **Sono le cinque** (*It's five o'clock*). Only **È mezzogiorno** (*It's noon*) and **È mezzanotte** (*It's midnight*) do not have an article.

   b. Fractions of an hour can be expressed with **e** + minutes elapsed: **È l'una e quindici** (*It's one fifteen*). **Sono le cinque e quarantacinque** (*It's* *five forty-five*). For times after the half-hour, it is common to use the next hour + **meno** (*minus*) + *minutes remaining before the next hour:* **È mezzanotte meno dieci** (*It's ten minutes to midnight*). **Un quarto** (*a quarter*) and **mezzo** (or **mezza**) (*a half*) often replace **quindici** and **trenta.**

Sono le due e un quarto.	*It's two-fifteen.*
È mezzogiorno e mezzo.	*It's twelve-thirty.*
Sono le cinque meno un quarto.	*It's quarter to five.*

2. To indicate A.M., add **di mattina** to the hour; to indicate P.M., add **del pomeriggio** (12 P.M. to 5 P.M.), **di sera** (5 p.m. to midnight), or **di notte** (midnight to early morning) to the hour.

3. *At what time?* is expressed as **A che ora?** The response uses **alle** + *the hour*, except for **all'una, a mezzogiorno,** and **a mezzanotte.**

A che ora mangi?	*What time do you eat?*
Faccio colazione **alle** otto di mattina.	*I eat breakfast at eight in the morning.*
Pranzo **all'**una.	*I have lunch at one.*
Ceno **alle** otto.	*I eat dinner at eight.*
Prendo un caffè **a** mezzogiorno.	*I have a coffee at noon.*

ESERCIZI

A. La giornata di Luca. Read about Luca's day on page 102 and then decide whether the following statements are true. Correct the untrue statements.

1. Luca studia per gli orali di fisica alle due del pomeriggio. **2.** Va al corso di chimica alle otto di mattina. **3.** Pranza con gli amici all'una. **4.** Va al bar ad incontrare gli amici alle nove di sera. **5.** Gioca a calcio alle quattro. **6.** Studia in biblioteca alle tre meno un quarto. **7.** Va in pizzeria con la sua ragazza alle sette e mezzo di sera.

B. Dov'è Michele? You have to find your friend Michele. He's not in his room, but you find his schedule. Can you figure out where he is at the following times? (Note that Italian uses a period instead of a colon to separate hours from minutes.)

	LUNEDÌ	MARTEDÌ	MERCOLEDÌ	GIOVEDÌ	VENERDÌ
9.00	Chimica		Chimica		Chimica
10.00		Storia moderna		Storia moderna	
11.00	Italiano	Italiano	Italiano	Italiano	Italiano
1.00	Letteratura americana		Letteratura americana		Letteratura americana
2.00		Psicologia		Psicologia	

ESEMPIO: lunedì / 9.00 →
È lunedì, sono le nove. Michele è a lezione di chimica.

1. venerdì / 1.30
2. mercoledì / 9.15
3. lunedì / 1.20
4. martedì / 10.45
5. giovedì / 11.05
6. martedì / 2.50

C. Che fai? Ask a classmate what he/she does at the following times.

ESEMPIO: 8.00 A.M. →
S1: Che fai alle otto di mattina?
S2: Alle otto di mattina vado in palestra.

1. 3.00 A.M.
2. 7.00 P.M.
3. 1.15 P.M.
4. 10.00 P.M.
5. 12.00 A.M.
6. 12.00 P.M.
7. 2.30 P.M.
8. 9.45 A.M.
9. 5.00 P.M.

A. Il giovedì. Restate the following paragraph three times, using these subjects: **noi, Carlo,** and **Laura e Stefania.**

Il giovedì io sono molto occupato (*busy*). Seguo corsi tutta la mattina, poi mangio un panino e prendo un caffè con gli amici. Nel pomeriggio, vado in biblioteca e studio per il mio corso di storia. Se posso, corro o faccio sollevamento pesi. Preferisco cucinare a casa ma qualche volta devo mangiare alla mensa. Non vado quasi mai al ristorante perché non voglio spendere troppi (*too much*) soldi! La sera finisco i compiti, pulisco un po' la camera e, se ho tempo, qualche volta (*sometimes*) scrivo una lettera. Vado a letto dopo mezzanotte e dormo 6 o 7 ore.

B. Scambi. Working with a classmate, complete the following exchanges with the appropriate form of the following verbs.

bere, capire, perdere, prendere, sentire, uscire

1. S1: Cosa _____ tu quando vai al bar?
   S2: Di solito (*Usually*) _____ un cappuccino.
2. S1: Perché le tue amiche Stefania e Lucia _____ sempre il treno?
   S2: Io non _____ proprio! Loro _____ ogni sera e la mattina non _____ la sveglia (*alarm clock*).

dire, dovere, potere, preferire, volere

3. S1: Giuliano, cosa _____? Come _____ scrivere una lettera così cattiva (*mean*)?
   S2: Io _____ scrivere una lettera cattiva ma sincera.
4. S1: Chi _____ venire stasera in discoteca?
   S2: Marco non _____, io _____ lavorare e Silvia e Sonia _____ andare al concerto di Vasco Rossi.

C. La settimana di Claudio. Read the following passage carefully.

Claudio è uno studente di architettura con molti interessi. Lui dice che ha troppe cose da fare e poco tempo a disposizione. In effetti (*Actually*), ha ragione! Il lunedì pomeriggio va in barca a vela con suo padre. Il martedì insegna musica ai bambini. Il mercoledì nuota per due ore e la sera prende lezioni di ballo. Il giovedì dipinge tutto il giorno. Il venerdì va sempre a teatro o al cinema con la sua ragazza. Il sabato mattina fa un giro con la sua nuova moto Guzzi e alla sera va in discoteca con i suoi amici. La domenica finalmente riposa (*he rests*): legge e fa un giro a piedi. Non perde mai tempo a guardare la televisione e trova anche il tempo per cucinare e studiare! Che energia!

List Claudio's activities on each day of the week. Then tell a classmate whether your week resembles Claudio's. Use expressions from this passage and from the **Vocabolario preliminare.**

ESEMPIO: Il lunedì pomeriggio gioco a pallacanestro. Il martedì...

D. I preparativi. Complete the conversation between Marco's friends using the correct direct-object pronouns.

GEMMA: Dobbiamo fare i preparativi per la festa di compleanno (*birthday*) di Marco.
SERGIO: Va bene. Che devo fare?
GEMMA: Puoi comprare i regali (*presents*)?
SERGIO: Sì, _____ compro volentieri.
GEMMA: Sandra, vuoi preparare le lasagne?
SANDRA: Certo, _____ preparo domani.
GEMMA: Loretta, dobbiamo invitare Domenico, il cugino di Marco. _____ inviti tu?
LORETTA: Va bene, _____ chiamo stasera.
GEMMA: Milena, puoi fare una torta (*cake*)? Sei brava in cucina.
MILENA: Sì, _____ faccio al cioccolato. È quella preferita da Marco.
SERGIO: E tu, Gemma, che fai?
GEMMA: Vi guardo (*I'll supervise*)!

E. A che ora? Form groups of three and ask your partners what time they perform the following activities.

ESEMPIO: andare a letto →
S1: A che ora andate a letto?
S2: Vado a letto a mezzanotte.
S3: Vado a letto alle due di mattina.

1. fare colazione
2. andare all'università
3. frequentare il corso d'italiano
4. pranzare
5. cenare
6. telefonare a casa
7. guardare la TV
8. fare uno sport
9. leggere un libro
10. studiare

Invito alla lettura

Gli sport più amati dagli italiani

Una partita di calcio vicino all'Arco di Costantino a Roma

Il calcio è la passione degli italiani. L'italiano, soprattutto maschio,[a] ama vedere giocare[b] al calcio, ama parlare di calcio ed ama anche giocare al calcio.

La domenica, molti italiani seguono[c] i risultati del campionato[d] di calcio alla televisione o li ascoltano alla radio, se si trovano fuori casa.[e] Il lunedì, in tutta Italia, la gente discute[f] delle partite della domenica perché ogni italiano è molto attaccato alla propria «squadra del cuore.[g]»

Quasi tutti gli italiani maschi, ma oggi anche alcune[h] donne, giocano al calcio: ci sono squadre per ogni età[i] in tutti i paesi e città di Italia. Anche chi[j] non gioca con una squadra è sempre pronto[k] a fare una partita con gli amici. Quando c'è un pallone,[l] qualsiasi[m] giardino o piccola piazza diventa[n] uno stadio.

Ma gli italiani, specialmente i più giovani, amano anche altri sport. In inverno, molte famiglie vanno a sciare sulle Alpi o sugli Appennini dove ci sono località ben attrezzate[o] per gli sport invernali. In Italia ci sono montagne quasi in ogni regione, soprattutto del Nord, ma si può[p] sciare anche al Sud, in particolare in Abruzzo. La passione per lo sci, negli ultimi anni, è aumentata[q] anche per merito di[r] grandi campioni[s] come Alberto Tomba.

Anche l'automobilismo e il ciclismo sono grandi passioni degli italiani. Quando c'è il Gran Premio di Formula 1 tutti fanno il tifo[t] per la rossa Ferrari. E molti seguono con grande interesse il Giro di Francia e il Giro d'Italia, due corse di ciclismo molto famose, e, naturalmente, fanno il tifo per il grande campione italiano Marco Pantani.

In Italia si possono[u] comunque[v] praticare tutti gli sport, dal basket alla pallavolo al nuoto all'atletica al tennis all'ippica,[w] e ci sono campioni italiani in quasi tutte le discipline, anche se dicono[x] che gli italiani sono pigri[y] e amano più guardare che fare lo sport.

[a]soprattutto... *mostly males* [b]ama... *likes to watch it played* [c]*watch* [d]*championship* [e]se... *if they find themselves away from home* [f]la... *people discuss* [g]*heart* [h]*some* [i]*age* [j]*whoever* [k]*ready* [l]*ball* [m]*any* [n]*becomes* [o]*equipped* [p]si... *one can* [q]è... *has grown* [r]per... *thanks to* [s]*champions* [t]fanno... *cheer* [u]si... *one can* [v]*besides* [w]*horse racing* [x]*they say* [y]*lazy*

In giro per le regioni

L'Abruzzo

L'Abruzzo è la regione più montuosa dell'Italia centro-meridionale. In questa regione i monti dell'Appennino sono alti quasi[a] 3.000 metri[b] e occupano più della metà del territorio. I monti più alti sono nel gruppo del Gran Sasso, dove c'è una galleria[c] e un laboratorio di fisica che ha l'ingresso[d] proprio nel cuore della montagna.

In montagna ci sono località molto belle, attrezzate per gli sport invernali, come Pescasseroli e Roccaraso. Quasi tutta la parte montuosa dell'Abruzzo fa parte del Parco Nazionale, una delle aree protette più grandi d'Italia, dove vivono animali che altrove[e] sono scomparsi,[f] come gli orsi[g] bruni e i lupi.[h] Una parte della regione si affaccia[i] sul mare e proprio la varietà dei paesaggi e le ricchezze naturali attirano[j] molti turisti.

[a]*nearly* [b]3.000... *9843 feet* [c]*tunnel* [d]*entrance* [e]*elsewhere* [f]*extinct* [g]*bears* [h]*wolves* [i]si... *faces* [j]*attract*

E ora a voi

Capire

Vero o falso?

		V	F
1.	Lo sport più amato (*loved*) dagli italiani è il calcio.	☐	☐
2.	Solo chi (*he/she who*) sta a casa, la domenica, segue il calcio.	☐	☐
3.	In Italia ci sono squadre di calcio per bambini e per adulti.	☐	☐
4.	Gli italiani amano giocare a calcio con gli amici.	☐	☐
5.	In Italia si può sciare solo sulle montagne del Nord.	☐	☐
6.	Le località di montagna sono poco attrezzate per lo sci.	☐	☐
7.	Gli italiani amano molto l'automobilismo.	☐	☐
8.	Marco Pantani è un campione della bicicletta.	☐	☐
9.	Molti sport hanno campioni italiani.	☐	☐

Scrivere

Write a short paragraph about your favorite sport, using the following questions as an outline.

Qual è il vostro sport preferito? Perché? Seguite solo gli spettacoli sportivi o praticate anche lo sport? Quanto tempo dedicate (*do you devote*) allo sport? È importante per voi praticare uno sport? Avete un campione o una squadra «del cuore»? Sognate (*Do you dream*) di diventare un campione?

Videoteca

L'appuntamento mancato

Peppe meets his sister Cinzia at a **caffè.** They agree to invite some friends to listen to music. Peppe telephones Laura, who can't come because she has a date with Dino. Cinzia advises Peppe what to say the next time he calls Laura.

ESPRESSIONI UTILI

Scusa il ritardo. Sorry I'm late.
Non tengo conto dell'ora. I don't keep track of the time.
Non mi dire... ! Don't tell me . . . !
Lasciamo stare! Let's not talk about it!
Che cos'hai in mente? What've you got in mind?
Dove vai di bello? Where are you going?
un appuntamento a date
un night a nightclub
un sacco di persone a bunch of people
Non ne parliamo! Let's not talk about it!

Dal video

PEPPE: Pronto! Posso parlare con Laura? Grazie. Ciao, Laura, sono Peppe! Bene, grazie. Senti! Vuoi venire stasera a casa mia verso le dieci?... Allora, forse per un'altra volta. Ciao.

FUNZIONE: Inviting someone to go somewhere

Preparazione

1. Peppe arrives late because
   a. he hurt his arm. **b.** he was at the gym.
   c. he was playing soccer. **d.** he changed a tire on his **motorino.**
2. Peppe suggests listening to music
   a. at a nightclub. **b.** at a **discoteca.** **c.** on the terrace. **d.** at a **trattoria.**
3. Cinzia urges Peppe to invite Laura next time to go to
   a. a nightclub. **b.** a party. **c.** a restaurant. **d.** the gym.

Comprensione

1. What does Peppe say to Laura?
2. What does Laura tell Peppe?
3. What does Cinzia advise Peppe?

Attività

Using a pen as a telephone, place a call to your partner. Identify yourself and ask if he/she wants to (**volere**) do something together. Your partner has to (**dovere**) do something else instead and can't (**potere**) come.

Parole da ricordare

VERBI

andare in palestra to go to the gym
andare via to go away
aprire to open
bere to drink
capire (isc) to understand
cenare to eat dinner
chiudere to close
correre to run
cucinare to cook
dipingere to paint
dire to say, tell
disegnare to draw
dormire to sleep
dovere (+ *inf.*) to have to, must (*do something*)
essere nebbioso/sereno to be foggy/clear weather
finire (isc) to finish
guardare to watch, look at
invitare to invite
lasciare to leave (something, someone)
leggere to read
mettere to put, place
nascere to be born
nevicare to snow
offrire to offer
partire to leave, depart
perdere to lose; to waste; to miss
piovere to rain
potere (+ *inf.*) to be able to (can, may) (*do something*)
pranzare to eat lunch
preferire (isc) (+ *inf.*) to prefer (*to do something*)
prendere to take
pulire (isc) to clean
ricevere to receive
rimanere to remain
rispondere to answer, reply
salire to get on, climb up
scrivere to write
seguire to follow; to take a course
sentire to hear
servire to serve
tenere to keep, hold
tirare vento to be windy
uscire to go out, exit
vedere to see
venire to come
viaggiare to travel
vincere to win
volere (+ *inf.*) to want (*to do something*)

ESPRESSIONI CON *FARE*

fare l'aerobica to do aerobics
fare sollevamento pesi to lift weights
fare un giro in bici (in macchina, a piedi) to go for a bike ride (car ride, walk)
fare un programma to plan, make plans
fare/praticare uno sport to play a sport

NOMI

l'appuntamento appointment, date
le arti marziali martial arts
il ballo dancing
il calcio soccer
la camera bedroom
la cassetta cassette
il Cd (*pl.* **i Cd**) compact disc
la chiave key
la chitarra guitar
il computer computer
il concerto concert
il disco (*pl.* **i dischi**) record, disk
il frigo (*from* **frigorifero**) refrigerator
la gara competition, match
il giocatore, la giocatrice player
il giornale newspaper
la lettera letter
la musica music
la nebbia fog
la neve snow
la novità novelty, something new
il nuoto swimming
la palla ball
la pallacanestro basketball
la partita game, match
il passatempo pastime, amusement
il piano piano
la pioggia rain
la poesia poetry, poem
la posta elettronica e-mail
il programma plan
il racconto short story
la rivista magazine
il sassofono saxophone
la squadra team
lo strumento instrument
il teatro theater
la televisione (la TV) television
il tempo time; weather
il tennis tennis
il vento wind
la verità truth
la volta time (occasion, incidence)

AGGETTIVI

lento slow
pieno full
rotto broken
solito usual
solo single, only
troppo too much, too many
veloce fast

L'ORA

a che ora? at what time?
che ora è? / che ore sono? what time is it?
è mezzogiorno it's noon
è mezzanotte it's midnight
mezzo, mezza half
un quarto a quarter

PRONOMI DI OGGETTO DIRETTO

mi me
ti you (*fam.*)
La you (*form., m.* and *f.*)
lo him, it
la her, it
ci us
vi you (*fam.*)
Li you (*form., m.*)
Le you (*form, f.*)
li them (*m.*)
le them (*f.*)

ALTRE PAROLE ED ESPRESSIONI

adesso now, right now
anch'io I also, me too
circa approximately, about, around
da solo/a alone
di solito usually
insieme together
invece instead, on the other hand
qualche volta sometimes
quante volte? how many times?
solo only
subito soon, immediately
tutti everybody, everyone

Capitolo 5

Un caffè all'aperto, a Lucca

IN BREVE

GRAMMATICA

A. Preposizioni articolate

B. Passato prossimo con **avere**

C. Passato prossimo con **essere**

D. **Conoscere** e **sapere**

INVITO ALLA LETTURA

- *Caffè ristretto*
- *In giro per le regioni: La Sicilia*

Prendiamo un caffè?

Vocabolario preliminare

Dialogo-Lampo

Al bar

ANDREA: Silvia... cosa prendi?
SILVIA: Un cappuccino.
ANDREA: Non mangi? Non fare complimenti.* Io mangio sempre!
SILVIA: No, di solito non faccio colazione la mattina.
ANDREA: (*alla cassiera*) Allora†... un cappuccino, un caffè e... tre paste.
SILVIA: Tre paste?! Hai proprio fame!

Al banco

IL BARISTA: Desiderano?
ANDREA: Un cappuccino, un caffè e tre paste. Ecco lo scontrino.‡

1. Che cosa mangia Silvia? Perché?
2. Che cosa bevono?
3. Cosa mangia Andrea?
4. Di che cosa hanno bisogno Andrea e Silvia per ordinare la colazione al banco?
5. Secondo voi, che momento del giorno è questo?

QUALCOSA DA MANGIARE, QUALCOSA DA BERE

LE BEVANDE (*BEVERAGES*)

l'acqua (minerale/gassata/naturale) water (mineral/carbonated/noncarbonated)
la bibita soda, soft drink
il caffè macchiato espresso with cream
il cappuccino espresso infused with steamed milk
la cioccolata hot chocolate
l'espresso strong Italian coffee
la lattina aluminum can
la spremuta freshly squeezed juice
il succo d'arancia orange juice
il tè freddo iced tea

NELLE BEVANDE

il ghiaccio ice
il latte milk
il limone lemon
lo zucchero sugar

A COLAZIONE E PER UNO SPUNTINO (*SNACK*)

il biscotto cookie
la brioche, il cornetto sweet roll

---

*Non... *No need to be polite.*
†*Well, then*
‡*receipt*

Parole-extra

PANINI ALL'ITALIANA
(ITALIAN SANDWICHES)

il panino sandwich
- **al formaggio** cheese sandwich
- **al prosciutto** ham sandwich
- **al salame** salami sandwich

il tramezzino multi-layer sandwich on thin bread

COLAZIONE ALL'AMERICANA
(AMERICAN BREAKFAST)

i cereali cereal
la pancetta bacon
la salsiccia sausage
il toast
l'uovo (*pl.* **le uova)** egg
le uova strapazzate scrambled eggs
lo yogurt

il burro butter
la colazione breakfast
la fetta di pane slice of bread
la marmellata marmalade, jam
la merenda mid-afternoon snack
il pane bread
una pasta piece of pastry
la pasticceria pastry shop
i salatini snacks, crackers, munchies

essere a dieta to be on a diet

al banco at the counter
al tavolino at a table

CHI PAGARE, COME PAGARE
(WHO TO PAY, HOW TO PAY)

il/la barista bar attendant
il cameriere/la cameriera waiter/waitress
la cassa cashier's desk
il cassiere/la cassiera cashier
il conto bill, check
lo scontrino receipt

fare lo scontrino to get a receipt
offrire to offer (to pay), to "treat"
pagare (in contanti/con un assegno/con la carta di credito) to pay (in cash/by check/with a credit card)

ESERCIZI

A. **Che cosa ordiniamo?** What drink do you order in the following situations?

1. Nevica e fa freddo.
2. Sono le otto di mattina.
3. in palestra
4. durante (*during*) una dieta
5. Hai un raffreddore (*a cold*).
6. in una calda giornata di agosto
7. a Londra, alle 5 del pomeriggio
8. a Roma, per pranzo (*for lunch*)

B. **Cosa bevi e mangi a colazione e a merenda?** Interview three classmates to find out what they eat and drink for breakfast and as a snack. Report your findings to the class.

Parole utili: le patatine (*potato chips*), i popcorn, le noccioline (*peanuts*), i salatini, robaccia (*junk food*)

C. **Cosa prendi?** First read the dialogue, then fill in the blanks with logical completions. Use the **Dialogo-lampo** as a model.

SILVIA: _____?
ANDREA: _____ e una pasta.
SILVIA: Io preferisco il cappuccino. L'espresso è troppo amaro (*bitter*) per me!
ANDREA: _____?
SILVIA: Non mangio mai dolci (*sweets*) la mattina. Piuttosto (*Instead*) prendo _____.
ANDREA: Non prendi qualcosa da bere (*something to drink*)?
SILVIA: Sì, ma non un caffè, _____.
ANDREA: Vado a fare _____ alla cassa.
SILVIA: Oh no, offro io!

D. Al caffè. Working in groups of three or four, pretend that you are in a **caffè** ordering drinks and snacks. Using the **Vocabolario preliminare** as a resource, act out the scene with one student playing the waiter/waitress.

Spunti (*Cues*)**:** Chi ha fame? Chi ha sete? Chi ha voglia di... ? Chi paga? Cosa c'è da bere? da mangiare? Che cosa ordiniamo? Cameriere!/Cameriera! Per favore... Mi può portare... ? Quanto costa? (*How much does it cost?*)

in ascolto

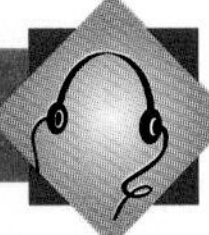

Al tavolino o no? Valentina and Giacomo can't seem to agree. Listen carefully and then correct the false statements.

1. Valentina è stanca e ha sete.
2. Giacomo non vuole andare al caffè Gilli perché è lontano.
3. Valentina vuole leggere il giornale al tavolino.
4. Secondo Valentina, possono passare (*spend*) due ore al caffè.
5. Giacomo preferisce prendere un tè freddo al banco.

Grammatica

A. Preposizioni articolate

Due studentesse romane studiano all'aperto

Tutte le mattine vado al bar alle otto di mattina. Faccio colazione di fretta, prendo un espresso al banco, e poi prendo l'autobus delle otto e un quarto per l'università. Frequento i corsi e all'una del pomeriggio mangio alla mensa universitaria con i miei amici. Dopo pranzo, andiamo al bar a prendere un caffè e poi andiamo a studiare in biblioteca. Verso le quattro ho voglia di uno spuntino. Vado al bar e di solito prendo un tè caldo. Metto del miele nel tè e mangio un tramezzino. Verso le cinque prendo l'autobus e torno a casa.

Every morning I go to the bar at eight A.M. I eat breakfast in a hurry, I have an espresso at the counter, and then I take the 8:15 bus to the university. I go to my classes and at 1 P.M. I eat at the university cafeteria with my friends. After lunch we go to the bar to have coffee and then we go study in the library. Around four I get a craving for a snack. I go to the bar and usually I have a hot tea. I put honey in the tea and I eat a sandwich. Around five I catch the bus and go home.

1. You have already encountered the simple Italian prepositions **(le preposizioni semplici)**.

a	*at, to*	Vado **a** Milano.
da	*from*	Parto **da** New York.
di	*of*	Questa è la macchina **di** Gina.
in	*in, to, into*	Vado a Milano **in** aereo.
su	*on, over*	Metto il libro **su** questo tavolo.
con	*with*	Vado a Milano **con** mio fratello.
per	*for*	Parto **per** Milano domani. Compro un regalo **per** la nonna.

2. When the prepositions **a, di, da, in,** and **su** are followed by a definite article, they contract to form one word, called an articulated preposition **(preposizione articolata).** Each contraction has the same ending as the article. When the definite article begins with an **l,** the contraction has two **ll**s.

SINGOLARE	PLURALE
a + il ragazzo = **al** ragazzo	a + i ragazzi = **ai** ragazzi
a + lo zio = **allo** zio	a + gli zii = **agli** zii
a + l'aeroporto = **all'**aeroporto	a + gli aeroporti = **agli** aeroporti
a + la ragazza = **alla** ragazza	a + le ragazze = **alle** ragazze
a + l'amica = **all'**amica	a + le amiche = **alle** amiche

Ricordate:

andare + **a** + una città → Vado a Parigi.
andare + **in** + un paese → Vado in Francia.
andare + **in** + bicicletta (macchina, treno, aereo, barca) → Vado a casa in bicicletta.

3. In contractions, **di** and **in** change form, becoming **de-** and **ne-.**

di + la: Quali sono i giorni **della** settimana?	*What are the days of the week?*
di + il: Quali sono i libri **del** ragazzo?	*Which are the boy's books?*
in + i: Il ghiaccio è **nei** bicchieri.	*The ice is in the glasses.*
in + il: Il latte è **nel** frigo.	*The milk is in the refrigerator.*

4. The forms of **di** + *article* can also express an unspecified or undetermined quantity. The English equivalent is *some* or *any* or simply an unaccompanied noun.

Prendo **dei** salatini.	*I'm having some snacks.*
Gino mette **dello** zucchero nel caffè.	*Gino puts sugar in coffee.*
Beviamo **della** birra.	*We are drinking some beer.*

The use of **di** meaning *some* or *any* is optional. It is almost always omitted from questions and negative sentences.

Avete salatini?	*Do you have snacks?*
No, non abbiamo salatini.	*No, we don't have snacks.*

5. Remember: to indicate at what time an action occurs, use **a** + *article.*

Esco **alle** undici stasera.	*I go out at eleven tonight.*
Vanno alla partita di calcio **all**'una.	*They go to the soccer game at one.*

Except: Mangio **a mezzogiorno,** vado a dormire **a mezzanotte.**

6. **Con** has two contracted forms—**col (con + il)** and **coi (con + i)**—but they are rarely used.

C'è un uomo **con il (col)** cane in giardino.	*There's a man with a dog in the garden.*
Chi sta a casa **con i (coi)** bambini?	*Who is at home with the kids?*

7. The preposition **per** is never contracted.

Compro il regalo **per la** mia amica.	*I buy the gift for my friend.*
Silvia parte **per l'**Europa domani.	*Silvia leaves for Europe tomorrow.*

8. **Usi speciali:** Ordinarily, no article is used with the preposition **in** before words designating rooms in a house, certain buildings, or areas of the city.

Paola va **in** centro **in** macchina.

Paola va **in** biblioteca a cercare dei libri.

Paola va **in** banca a prendere dei soldi.

Paola va **in** ufficio a lavorare.

Paola incontra degli amici **in** piazza.

Paola guarda la televisione **in** salotto.

La domenica Paola va **in** chiesa.

ESERCIZI

A. La giornata di Silvia Tarrone. With a partner, read the description of a typical student's day on page 115 and find all the simple and articulated prepositions. Interpret the meaning of every articulated preposition, and identify the preposition and article it combines. (A hint: there are 11 articulated prepositions.)

ESEMPIO:	**la preposizione**	**il significato**	**la combinazione**
	Vado **al** bar	*to the*	**a + il**

B. Trasformazioni. Create new sentences by substituting the words in parentheses for the italicized words.

1. Carlo va alla *stazione.* (supermercato / stadio / festa / concerti)
2. Ricordi (*Do you remember*) il nome del *professore?* (professoressa / zio di Marco / profumo / bambine / acqua minerale)
3. L'aeroplano vola (*flies*) sull'*aeroporto.* (case / città / ospedale / stadio)
4. Vengono dall'*università.* (ufficio / ospedale / biblioteca / stazione / aeroporto)

C. Un tè (*tea party*). Lisa is in a panic before her tea party. Complete the paragraph with the appropriate **preposizioni articolate.**

Lisa, prima di (*before*) un tè importante: Vediamo, il latte è (**in** + **il**)[1] frigo. Devo mettere lo zucchero (**su** + **il**)[2] carrello (*cart*). I signori Cardini prendono il tè (**con** + **il**)[3] miele? (**A** + **i**)[4] loro bambini offro una cioccolata. E che cosa offro (**a** + **la**)[5] dottoressa Marconi? Vediamo se (*if*) ricordo... lei preferisce le paste (**a** + **i**)[6] salatini e il caffè (**a** + **la**)[7] spremuta. E (**a** + **gli**)[8] zii che cosa offro? E (**a** + **il**)[9] professor Morelli? Santo cielo (*Heavens!*), che confusione!

D. Scambi. With a partner, complete the dialogue using simple or articulated prepositions.

1. S1: Vai a mangiare _____ mensa _____ gli amici?
   S2: No, non posso. Prima (*First*) devo andare _____ banca e poi vado _____ biblioteca a studiare _____ un esame.
2. S1: Ricordi il nome _____ profumo che mi piace (*I like*) tanto (*so much*)?
   S2: No, ma possiamo andare _____ profumeria qui vicino a cercarlo.
3. S1: Di chi è quella giacca _____ letto?
   S2: È la giacca _____ studentessa straniera, quella _____ Parigi.
4. S1: Come passi le tue giornate?
   S2: Di solito esco di casa _____ otto di mattina e vado _____ ufficio. Pranzo _____ una del pomeriggio _____ i miei colleghi. Dopo pranzo andiamo _____ bar a prendere un caffè. Torniamo _____ ufficio e lavoriamo. Usciamo _____ ufficio _____ sei di sera e andiamo tutti a casa.
5. S1: C'è _____ burro nel frigo?
   S2: No, ma c'è _____ margarina e _____ panna (*cream*).
6. S1: Dove mangiate? _____ cucina (*kitchen*)?
   S2: Di solito _____ salotto, davanti alla (*in front of*) TV.
7. S1: Quella è la macchina _____ Signor Marchi?
   S2: La Porsche? No! È _____ Professoressa Bianchi.

E. **La routine.** Describe your daily routine to a partner, using the description of a typical Italian student's routine on page 115 as a model. Discuss where you go, what you do, and when. To relate a series of events, use words such as **prima**, **poi**, and **dopo**.

B. Passato prossimo con *avere*

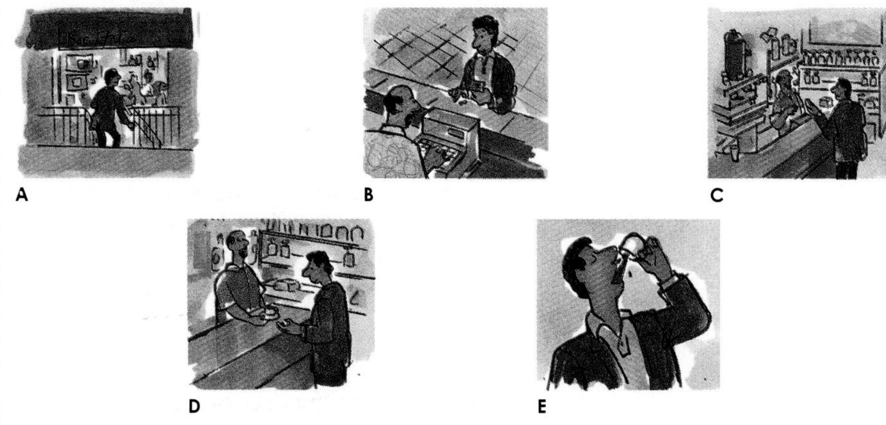

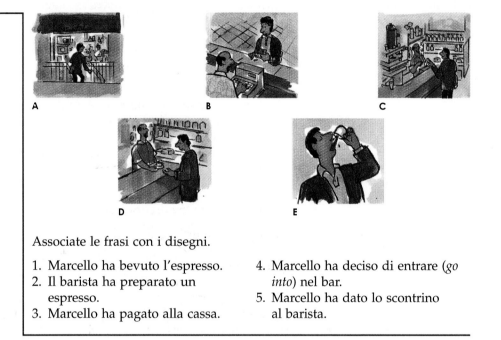

Associate le frasi con i disegni.

1. Marcello ha bevuto l'espresso.
2. Il barista ha preparato un espresso.
3. Marcello ha pagato alla cassa.
4. Marcello ha deciso di entrare (*go into*) nel bar.
5. Marcello ha dato lo scontrino al barista.

1. The **passato prossimo** is a past tense that reports an action or event that was completed in the past. It consists of two words: the present tense of **avere** or **essere** (called the *auxiliary* or *helping verbs*) and the past participle of the verb.

> *passato prossimo = presente di* **avere/ẹssere** + *participio passato*

In this section you will learn how to form the past participle and the **passato prossimo** with **avere.**

2. The past participle of regular verbs is formed by adding **-ato, -uto,** and **-ito** to the infinitive stems of **-are, -ere,** and **-ire** verbs respectively.

INFINITO	PARTICIPIO PASSATO	
-are	**-ato**	lavor**are** → lavor**ato**
-ere	**-uto**	ricẹv**ere** → ricev**uto**
-ire	**-ito**	cap**ire** → cap**ito**

IL PASSATO PROSSIMO					
lavorare		**ricevere**		**capire**	
ho lavorato	*I worked*	ho ricevuto	*I received*	ho capito	*I understood*
hai lavorato	*you worked*	hai ricevuto	*you received*	hai capito	*you understood*
ha lavorato	*you worked* / *he/she worked*	ha ricevuto	*you received* / *he/she received*	ha capito	*you understood* / *he/she understood*
abbiamo lavorato	*we worked*	abbiamo ricevuto	*we received*	abbiamo capito	*we understood*
avete lavorato	*you worked*	avete ricevuto	*you received*	avete capito	*you understood*
hanno lavorato	*you worked* / *they worked*	hanno ricevuto	*you received* / *they received*	hanno capito	*you understood* / *they understood*

3. The **passato prossimo** has several English equivalents.

Ho mangiato.	*I ate.* (*simple past*) *I did eat.* (*emphastic past*) *I have eaten.* (*present perfect*)

4. When **avere** is the auxiliary, the past participle always ends in **-o** regardless of the subject of the verb.

Oggi Anna non lavora perché ha lavorat**o** ieri.	*Today Anna isn't working because she worked yesterday.*
Anche gli altri hanno lavorat**o**.	*The others worked, too.*

5. In negative sentences, **non** precedes the auxiliary verb.

—Ha ordinato un tè?	*Did you order a tea?*
—No, non ho ordinato un tè.	*No, I didn't order a tea.*

6. Some verbs have irregular past participles. Most are **-ere** verbs stressed on the stem, such as **LEGgere.**

   a. Irregular **-are** and **-ire** verbs:

fare	Abbiamo **fatto** un corso di biologia l'anno scorso (*last*).
dire	Ho **detto** la verità a mia madre.

   b. Irregular **-ere** verbs:

chiedere (*to ask for*)	Marco ha **chiesto** il conto.
correre	Ho **corso** per 2 chilometri.
decidere	Marzia ha **deciso** di partire.
dipingere	Tina ha **dipinto** un bel quadro.
leggere	Tu e Massimo avete **letto** un bel libro.
mettere	Maria ha **messo** il bicchiere sul tavolo.
perdere	Purtroppo (*Unfortunately*), abbiamo **perso** i biglietti.
prendere	Ieri (*Yesterday*) abbiamo **preso** il treno per andare a Firenze.
rispondere	Non hai **risposto** alla domanda.

scrivere	Salvatore ha **scritto** una lettera a sua madre.
vedere	Ho **visto** il film. *or* Ho **veduto** il film.

The past participle of **bere** (from the Latin *bevere*) is based on the Latin form:

Ho **bevuto** un bicchiere d'acqua.

7. The **passato prossimo** is often accompanied by these and similar time expressions.

ieri, ieri sera	*yesterday, last night*
due giorni / una settimana / un mese / un anno } fa	*two days / a week / a month / a year* } *ago*
lunedì / il mese / l'anno } scorso	*last* { *Monday / month / year*
domenica / la settimana } scorsa/passata	*last* { *Sunday / week*
Hai parlato con Rita alla festa ieri sera?	*Did you talk to Rita at the party last night?*
Hanno avuto l'influenza la settimana scorsa.	*They had the flu last week.*

8. Common adverbs of time, such as **già** (*already*), **sempre,** and **mai** (*ever*), are placed between **avere** and the past participle.

Ho sempre avuto paura dei cani.	*I've always been afraid of dogs.*
Hai mai mangiato paste italiane?	*Have you ever eaten Italian pastries?*

Si dice così: *prendere* vs. *portare*

Prendere means *to take.*

Ho preso l'autobus. *I took the bus.*

Mario ha preso i soldi. *Mario took the money.*

It also has idiomatic usages, such as:

Le ragazze hanno preso il sole al mare. *The girls sunbathed at the beach.*

Abbiamo preso un caffè al bar. *We had a coffee at the bar.*

Prendere is not used to mean *to take someone/something somewhere.* **Portare** (*to bring*) is used instead.

Sandra ha portato Enrica all'università in macchina. *Sandra took Enrica to the university in her car.*

Gli amici hanno portato le bibite alla festa. *Friends brought the drinks to the party.*

ESERCIZI

A. Che hanno fatto ieri? What did each of these people do yesterday?

1. il postino (*mail carrier*)	ha pulito la casa.
2. la segretaria	ha portato la pizza ai clienti.
3. il professore	ha risposto al telefono e ha scritto due lettere.
4. lo studente	ha dato la medicina al bambino.
5. il bambino	ha letto un libro e ha preparato la lezione di oggi.
6. il cameriere	ha messo le lettere sotto la porta.
7. il dottore	ha fatto i compiti.
8. la donna di servizio (*maid*)	ha mangiato un biscotto e ha bevuto un bicchiere di latte.

B. Trasformazioni. Replace the subject with each subject in parentheses, and change the verb form accordingly.

1. Roberto ha mangiato troppe patatine. (loro / io / tu / voi)
2. Non abbiamo dormito bene. (io / la signora / i bambini / tu)
3. Hai ricevuto una lettera? (chi / voi / loro / Lei)
4. Hanno chiesto un cappuccino. (il dottore / io / io e Roberto / tu e Silvana)
5. Ho messo il ghiaccio nei bicchieri. (Lei / noi / le ragazze / voi)

C. Pierino è un bambino terribile... Continue the description of Pierino's bad habits, beginning with **Anche ieri...** Use the **passato prossimo** as in the example.

ESEMPIO: Non dice «Grazie!» → Anche ieri non ha detto «Grazie!»

1. Non studia.
2. Non fa gli esercizi.
3. Non risponde alle domande.
4. Non finisce il compito.
5. Non mangia la verdura (*vegetables*).
6. Non prende la medicina.

D. Fatto e non fatto. Ask your partner what he/she did at the times indicated.

ESEMPIO: ieri →
A: Che hai fatto ieri?
B: Ieri ho letto il giornale, ma non ho guardato la TV.

Attività: guardare la TV, prendere un cappuccino, dare un esame, fare il letto, pulire il frigo, leggere il giornale...

1. oggi
2. l'anno scorso
3. ieri sera
4. stamattina (*this morning*)
5. la settimana scorsa
6. due giorni fa
7. sabato scorso
8. un mese fa

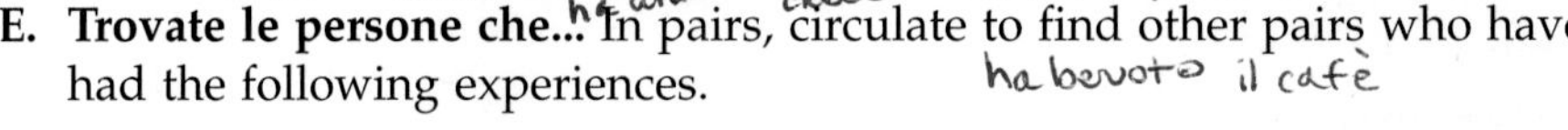

E. Trovate le persone che... In pairs, circulate to find other pairs who have had the following experiences.

ESEMPIO: vedere un film italiano →
A: Avete mai visto un film italiano?
B: Sì, abbiamo visto *Cinema Paradiso.* / No, non abbiamo mai visto un film italiano.

1. viaggiare in Europa/Asia/Alaska/Wisconsin
2. leggere *Moby Dick*
3. perdere i biglietti
4. avere un incidente (*accident*) di macchina
5. bere un caffè espresso
6. vedere una persona famosa
7. studiare un'altra lingua straniera
8. fare un giro in bici

Nota culturale

Il bar italiano

Interno di un bar romano

An Italian **bar** is very different from an American bar. Italians of all ages frequent bars for coffee or light drinks and snacks, including **dolci, panini, pizzette,** and regional specialties. The most common drink is coffee (**espresso** or **cappuccino**).

There are two ways to order at an Italian bar. First you decide whether you want to stand at the counter (**al banco**) or sit at a table (**al tavolo**). You will pay more at a table because a **cameriere** serves you. Ordinarily, Italians prefer to stand at the counter. If you decide to stand **al banco,** it is customary to pay in advance **alla cassa.** You will receive a small receipt called **lo scontrino.** You then go to the counter and place your order with **il/la barista.** When you receive your order, you give **lo scontrino** to the **barista.** It is customary to give a small tip (**la mancia**) for good service.

C. Passato prossimo con essere

MARIANNA: Sei andata al cinema ieri sera, Carla?

CARLA: No, Marianna. Gli altri sono andati al cinema; io sono stata a casa e ho studiato tutta la santa sera!

1. Most verbs use **avere** to form the **passato prossimo,** but many common verbs use **essere.*** The past participle of a verb that forms the **passato prossimo** with **essere** always agrees in gender and number with the subject of the verb. It can therefore have four endings: **-o, -a, -i, -e.**

MARIANNA: Did you go to the movies last night Carla? CARLA: No, Marianna. The others went to the movies; I stayed home and studied the whole blessed evening!

*In vocabulary lists beginning with this chapter, an asterisk (*) will indicate verbs conjugated with **essere.**

PASSATO PROSSIMO OF **andare**			
sono andato/a	*I went / have gone*	siamo andati/e	*we went / have gone*
sei andato/a	*you went / have gone*	siete andati/e	*you went / have gone*
è andato/a	*you went / have gone* *he, she, it went / has gone*	sono andati/e	*you went / have gone* *they went / have gone*

Anna è andata a teatro. — *Anna went to the theater.*
Gli altri non sono andati a teatro. — *The others didn't go to the theater.*

2. Most verbs that form the **passato prossimo** with **essere** are verbs of locomotion and inactivity, such as **andare, venire, partire, arrivare, entrare, rimanere,** and **stare,** and verbs indicating changes in state of being, such as **nascere** (*to be born*) and **morire** (*to die*). As illustrated above, verbs that take **essere** also describe actions and states associated with home. Notice that **venire, morire, rimanere,** and **nascere** have irregular past participles.

Sono venuta a casa alle sette.	*I came home at seven.*
Il cane è morto ieri.	*The dog died yesterday.*
Marco e Luca sono rimasti in casa tutta la sera.	*Marco and Luca stayed home all evening.*
Il bambino di Giulia è nato il mese scorso.	*Giulia's baby was born last month.*
Quando è partita la signora?	*When did the woman leave?*

3. Note that the verbs **essere** and **stare** have identical forms in the **passato prossimo. Sono stato/a** can mean either *I was* or *I stayed,* depending on the context.

Mario è stato ammalato tre volte questo mese.	*Mario has been sick three times this month.*
Mario è stato a casa una settimana.	*Mario stayed home for a week.*

—Sei stato fortunato!

BEN ARRIVATI! BEN ARRIVATI!
Andrea
è nato a Milano il 19 dicembre 1996. Figlio di Claudia e Piero Caslini, saluta i nonni e tutti gli zii e le zie.
Sofia
è nata a Forlì il 1° luglio 1997. Ha portato una grande gioia a mamma Marina e papà Renato Cappelli, ai nonni e allo zio Roberto.

ESERCIZI

A. Domande personali. Choose the best answers to these personal questions.

1. Ieri sono ritornato/a a casa...
   a. prima delle otto di sera. **b.** dopo le otto di sera.
2. Oggi sono arrivato/a in classe...
   a. puntuale. **b.** in ritardo (*late*).
3. Ieri sono uscito/a da scuola...
   a. prima del professore/della professoressa **b.** dopo il professore/la professoressa
4. Due giorni fa, sono andato/a a letto...
   a. prima delle dieci. **b.** dopo le dieci.
5. La settimana scorsa, sono rimasto/a a casa...
   a. lunedì sera. **b.** venerdì sera. **c.** tutte le sere.
6. La settimana scorsa, sono andato/a in vacanza...
   a. con amici. **b.** con la famiglia. **c.** da solo/a.

B. Trasformazioni. Replace the subject with each subject in parentheses, and make all necessary changes.

1. Noi siamo andati a un concerto. (Carlo / Silvia / le tue amiche / tu, mamma)
2. Mario è stato ammalato. (la zia di Mario / i bambini / le ragazze / tu, zio)
3. Laura è venuta alle otto. (il professore / gli studenti / anche noi / tu, papà)

C. Scambi. Working with a partner, complete the conversations.

1. S1: Grazie, professore, è stat_____ molto gentile!
   S2: Anche Lei, signorina, è stat_____ molto gentile!
2. S1: Hai vist_____ Luisa quando è entrat_____ ?
   S2: Sì; è andat_____ subito dal (*to the*) direttore.
3. S1: Vittorio e Daniela sono tornat_____ dalle vacanze in Umbria?
   S2: Sì, ieri. Sono arrivat_____ a casa stanchi. Quante chiese hanno visitat_____! Hanno dett_____ che hanno fatt_____ molte foto.
4. S1: Io sono andat_____ a Venezia in treno, ma le ragazze sono andat_____ in aereo. E la nonna?
   S2: È andat_____ in macchina con la zia Silvia.
5. S1: Chi ha fatt_____ da mangiare (*cooked*) quando la mamma è stat_____ ammalata?
   S2: Papà.
   S1: Come avete mangiat_____?
   S2: Abbiamo mangiat_____ bene!

D. Abitudinari. (*Creatures of habit.*) You, Sandra, and Riccardo have similar routines. Restate the following paragraph four times in the **passato prossimo:** once with the subject **io**, once with **Sandra**, once with **Riccardo**, and once with **Riccardo e Sandra.**

Esce di casa, prende l'autobus, arriva all'università; va a lezione d'italiano, poi a lezione di fisica; incontra gli amici e mangia alla mensa. Dopo va a lezione di scienze naturali, ritorna a casa e guarda la televisione.

E. La settimana scorsa. Make a list of your activities from Monday to Friday of last week. Then tell your partner what you did. Your partner will take notes and describe your activities to another pair or to the class.

D. Conoscere e sapere

LUIGI: Conosci Marco?

ANTONIO: No, non lo conosco, ma so che suona il piano e che sa dipingere—è artista e musicista.

LUIGI: Conosci Maria?

ANTONIO: No, non la conosco, ma so che gioca bene a calcio e che sa giocare anche a football.

LUIGI: Tu non conosci molta gente, vero?

ANTONIO: No, questo è vero, ma so molte cose di molte persone*!

LUIGI: Do you know Marco? ANTONIO: No, I don't know him, but I know that he plays the piano and that he knows how to paint—he's an artist and musician. LUIGI: Do you know Maria? ANTONIO: No, I don't know her, but I know that she plays soccer well and that she knows how to play American football too. LUIGI: You don't know many people, right? ANTONIO: No, this is true, but I know a lot of things about a lot of people!

*Two Italian words correspond to the English *people:* **la gente** and **le persone. Gente** is a feminine singular noun. **Persone** is feminine plural.

C'è molta gente.
Ci sono molte persone. } *There are many people.*

Nota bene: la coniugazione di *sapere*

Note the similarity of **sapere** to the conjugations of **dare, stare,** and **avere.**

sapere	**dare**
so	do
sai	dai
sa	dà
sappiamo	diamo
sapete	date
sanno	danno

stare	**avere**
sto	ho
stai	hai
sta	ha
stiamo	abbiamo
state	avete
stanno	hanno

Conoscere and **sapere** both correspond to the English verb *to know,* but they have different meanings.

Conoscere is regular; **sapere** is irregular.

conọscere	
PRESENTE	
conosco	conosciamo
conosci	conoscete
conosce	conọscono
PASSATO PROSSIMO	
ho conosciuto	

sapere	
PRESENTE	
so	sappiamo
sai	sapete
sa	sanno
PASSATO PROSSIMO	
ho saputo	

1. **Conoscere** means *to know* in the sense of *to be acquainted with someone or something.* It can also mean *to make the acquaintance of, to meet.*

Conosci l'amico di Giovanna?	*Do you know Giovanna's friend?*
Non **conosciamo** la città.	*We don't know the city.*
Voglio **conoscere** quella ragazza.	*I want to meet that girl.*

2. **Sapere** means *to know* a fact, *to have knowledge of* something. When followed by an infinitive, it means *to know how to* do something.

Scusi, **sa** dov'è il ristorante Stella?	*Excuse me, do you know where the Ristorante Stella is?*
Non **so** perchè i bambini non mangiano.	*I don't know why the kids aren't eating.*
Sanno tutti i nomi degli studenti.	*They know all the names of the students.*
Sapete ballare voi?	*Do you know how to dance?*

3. The pronoun **lo** must be used with **sapere** to express the object of the verb. This object is understood (but not expressed) in English.

—Sapete dov'è Monza?	*Do you know where Monza is?*
—Non **lo** sappiamo.	*We don't know.*

4. In the **passato prossimo,** these verbs have more precise meanings: **conoscere** means *to meet,* and **sapere** means *to find out* (*to hear*).

Abbiamo conosciuto una signora molto simpatica dai Guidotti.	*We met a very nice woman at the Guidottis'.*
Ieri ho saputo che i Mincuzzi sono partiti.	*Yesterday I found out* (*heard*) *that the Mincuzzis left.*

A. I fatti. Do you know the answers to the following questions? Working with a partner, respond by saying you do (**Sì, lo so**) or do not (**No, non lo so**). If you do know, give the answer.

ESEMPIO: S1: Sai dov'è la Statua della Libertà?
S2: No, non lo so. (Sì, lo so; è a New York.)

1. Sai chi ha inventato la radio?
2. Sai quanti anni ha Robert Redford?
3. Sai dov'è il Teatro alla Scala?
4. Sai quanti sono i segni dello zodiaco?
5. Sai quante sono le regioni italiane?
6. Sai quanti partiti (*political parties*) ci sono in Italia?
7. Sai quali sono gli ingredienti della pizza?

B. Scambi. Complete the conversations with the appropriate verb.

1. S1: (Sa/Conosce) Roma, signorina?
   S2: Sì, ma non (so/conosco) dove trovare un ristorante giapponese.
2. S1: Paolo, non (sai/conosci) cucinare?
   S2: No, ma (so/conosco) molti buoni ristoranti!
3. S1: (Sapete/Conoscete) il ragazzo di Antonella?
   S2: Sì: è simpatico, è intelligente e (sa/conosce) anche suonare la chitarra.
4. S1: Ragazzi, (sapete/conoscete) chi è il presidente della Repubblica Italiana?
   S2: Sì, ma non (sappiamo/conosciamo) bene il sistema politico italiano.
5. S1: Signora, Lei (sa/conosce) perché i musicisti non sono arrivati?
   S2: No, non lo (so/conosco).

C. Interviste. Interview two or three classmates to find out more about them. Then tell the class one new thing you know about each of them.

ESEMPIO: Conosco Marcello. So che suona il piano.

D. Conversazione.

1. Sai preparare un piatto italiano?
2. Conosci un buon ristorante italiano?
3. Sai dove trovare buoni dolci italiani?
4. Sai il nome di un formaggio italiano?
5. Conosci la cucina cinese/messicana/francese?
6. Sai dov'è Bologna? Per quale salume (*cured meat*) è famosa questa città?
7. Conosci le città italiane?

Piccolo ripasso

A. A letto; al bar. Restate the following paragraphs using the subjects indicated in parentheses at the end of each passage.

1. Giorgio non è venuto a lezione perché è stato ammalato. Ha avuto l'influenza ed è stato a letto tre giorni. Oggi è uscito per la prima volta (*the first time*) ed è andato un po' in bicicletta. Poi è tornato a casa, ha letto per un paio (*a couple*) d'ore ed è andato a letto presto. (Marisa / io / Gino e Laura)
2. Ieri sera siamo andati al bar e abbiamo preso un gelato. Siamo stati in piedi, non al tavolo, così abbiamo pagato solo 2.000 lire a testa (*each*). Quando siamo usciti, abbiamo visto i signori Freni. Siamo andati a casa loro a fare due chiacchiere (*to chat*). Siamo tornati a casa dopo mezzanotte stanchi ma contenti della bella serata. (voi / tu / Carlo)

B. L'avvocato (*lawyer*) **Togni.** Complete the following conversation using the appropriate forms of **conoscere** or **sapere.**

S1: _____[1] l'avvocato Togni?
S2: No, non lo _____[2] personalmente ma _____[3] chi è; _____[4] dove abita e che cosa fa, e _____[5] sua moglie Sandra. La _____[6] da due anni.
S1: Com'è?
S2: È una donna in gamba (*capable, "with it"*): _____[7] cucinare molto bene, _____[8] ballare, _____[9] cantare e _____[10] la storia e la letteratura di molti paesi (*countries*).
S1: _____[11] da quanto tempo sono sposati (*married*)?
S2: No, non lo _____.[12]

C. La giornata degli zii. Complete with the appropriate **preposizioni** and **preposizioni articolate.**

La zia Claudia fa colazione _____[1] sei di mattina ed esce _____[2] casa subito dopo perché deve prendere l'autobus per andare _____[3] centro. La sveglia (*alarm clock*) _____[4] zio, invece, suona _____[5] otto. Lui può andare _____[6] ufficio tardi, se vuole, perché è un architetto molto famoso. È molto simpatico e porta spesso _____[7] paste _____[8] persone con cui (*whom*) lavora. La zia torna _____[9] casa presto, _____[10] quattro. Aspetta lo zio e, quando lui torna vanno _____[11] bicicletta per mezz'ora e poi mangiano insieme. Dopo cena leggono il giornale o telefonano _____[12] amici e vanno _____[13] letto presto.

D. Intervista. Interview a classmate to find out the following.

1. whether he/she drinks water with ice or without (**senza**) ice
2. whether he/she drinks milk for breakfast
3. whether he/she has ever put lemon in his/her tea
4. whether he/she has ever eaten Italian snacks
5. whether he/she is on a diet

Invito alla lettura

Caffè ristretto°

°Caffè... *Strong coffee*

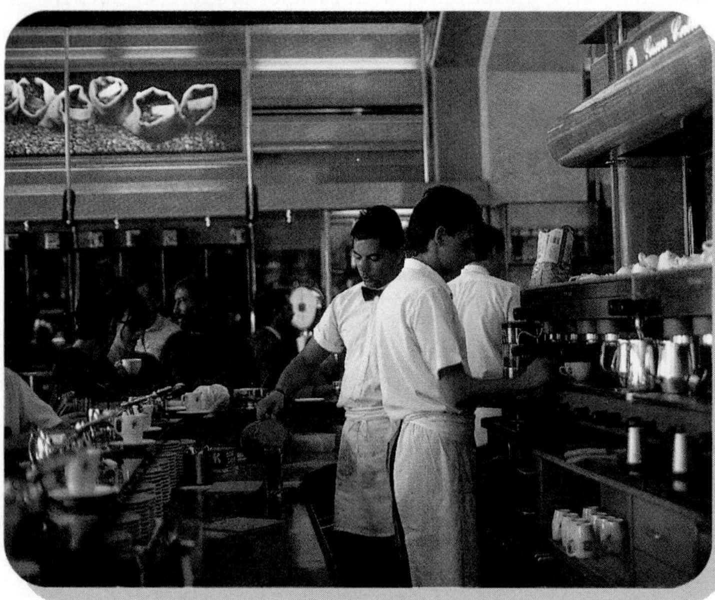

Baristi in un grande bar di Milano

Il caffè segna[a] la giornata degli italiani. Gli italiani si svegliano[b] con un caffè, fanno pause di lavoro con un caffè, discutono di argomenti importanti o parlano con gli amici davanti ad un caffè e, con un caffè, prolungano[c] il piacere[d] di stare a tavola. L'italiano prende un caffè se è di cattivo umore,[e] se è stanco, se ha bisogno di energia, se è depresso, se ha male di testa,[f] se ha mangiato troppo per aiutare la digestione... insomma[g] c'è un caffè per ogni occasione, e ogni scusa è buona per bere un caffè!

I bar italiani servono caffè ad ogni ora del giorno, dall'alba[h] fino alle ultime ore della notte, e quasi sempre la gente beve il caffè velocemente ed in piedi.[i]

L'italiano che si reca all'estero[j] può trovare dappertutto[k] piatti italiani, come la pasta e la pizza, ma si dispera[l] sempre per la mancanza[m] del «suo» caffè, quello che in Italia prende più volte al giorno: ristretto, nero, bollente e poco zuccherato.[n] Il vero caffè italiano si chiama «ristretto» o «basso» perché è forte e di una quantità assai[o] modesta, raccolta[p] nel fondo della tipica tazzina.[q]

Ma agli stranieri «l'espresso» (altro nome famoso del caffè italiano) sembra troppo forte e per questo preferiscono, di solito, il cappuccino. Nel cappuccino si aggiunge[r] all'espresso del latte, e il latte attenua[s] il sapore forte del caffè.

Non in tutta l'Italia comunque[t] il caffè è ristretto allo stesso modo. Nelle varie regioni cambia il clima e cambia anche il caffè. Al Nord, in genere, il caffè è meno ristretto, più «alto» che al Sud. Talvolta si «corregge»[u] con il brandy o altro liquore, oppure si «macchia»[v] con pochissimo latte. A Napoli il caffè è quasi un mito[w] ed è ristrettissimo. In casa i napoletani preparano il caffè con un tipo di caffettiera[x] particolare che si chiama, appunto,[y] napoletana.

Anche in Sicilia c'è una grande cultura del caffè. In tutte le città possiamo bere buonissimi caffè, forti, neri e bollenti, ma possiamo assaggiare[z] anche una specialità freschissima: la granita[aa] di caffè. Se poi la granita di caffè si accompagna con la panna montata,[bb] il gusto è veramente indimenticabile[cc]!

[a]*punctuates* [b]si... *wake up* [c]*prolong* [d]*pleasure* [e]di... *in a bad mood* [f]male... *headache* [g]*quite simply* [h]*from dawn* [i]in... *standing up* [j]si... *goes abroad* [k]*everywhere* [l]si... *despairs* [m]*lack* [n]bollente... *boiling and with little sugar* [o]*quite* [p]*"collected"* [q]*tiny cup* [r]si... *is added* [s]*dilutes* [t]*however* [u]Talvolta... *Sometimes it is "corrected"* [v]oppure... *or it is "spotted"* [w]*myth* [x]*coffeemaker* [y]*appropriately* [z]*taste* [aa]*milkshake* [bb]panna... *whipped cream* [cc]*unforgettable*

In giro per le regioni

La Sicilia

La Sicilia è la più grande regione italiana ed anche la più grande isola del Mediterraneo.

Poche regioni italiane offrono tante bellezze artistiche e naturali come la Sicilia. Le coste sono bellissime e molte sono le isole minori con mare azzurro e pulito come Lampedusa, Vulcano e Stromboli. All'interno ci sono campagne quasi desertiche[a] e dolci colline[b] profumate di agrumi.[c] Il clima caldo favorisce,[d] nelle zone costiere,[e] la crescita[f] di bellissime piante, anche tropicali. Ma sul monte Etna cadono abbondanti nevicate,[g] e d'inverno si può sciare. L'Etna è un vulcano ancora attivo; spesso lascia uscire colate[h] di lava incandescente, ed offre uno spettacolo naturale magnifico ma pauroso[i] per i paesi e le città, come Catania, che si trovano[j] ai suoi piedi.

La Sicilia è anche una regione ricchissima di arte. Ci sono aree[k] archeologiche interessantissime, fra le quali[l] c'è la valle dei Templi di Agrigento, e celebri monumenti dove si può leggere la storia di quest'isola. La Sicilia, in passato, è stata infatti dominata da popoli diversi (greci, romani, arabi, normanni eccetera) che hanno lasciato tracce[m] dei loro diversi stili in palazzi e chiese come il bellissimo Duomo di Monreale.

[a]campagne... *nearly desertlike country* [b]*hills* [c]*citrus* [d]*fosters* [e]*coastal* [f]*growth* [g]cadono... *lots of snow falls* [h]*flows* [i]*frightening* [j]si... *are situated* [k]*areas* [l]fra... *among them* [m]*traces*

E ora a voi

Capire

Rispondete.

1. Come è un vero caffè italiano?
   - **a.** Forte, bollente e abbondante.
   - **b.** Scarso di quantità, forte e bollente.
   - **c.** Ristretto, abbondante e bollente.
2. Quando prendono il caffè gli italiani?
   - **a.** La mattina.
   - **b.** A tutte le ore.
   - **c.** Dopo pranzo.
3. Perché gli stranieri di solito preferiscono il cappuccino al caffè?
   - **a.** Perché il cappuccino contiene più calcio e vitamine.
   - **b.** Perché il cappuccino è più abbondante e più dolce.
   - **c.** Perché nel cappuccino si sente meno il sapore forte del caffè.
4. Che cosa è il caffè macchiato?
   - **a.** Un espresso con poche gocce (*drops*) di liquore.
   - **b.** Un espresso con poche gocce di latte.
   - **c.** Un caffè meno ristretto dell'espresso.

5. Dove si può bere il caffè più ristretto?
   a. Nelle regioni del Sud.
   b. Nelle grandi città.
   c. Nelle regioni del Nord.

Scrivere

Completate il seguente schema. Scrivete che cosa bevete nei vari momenti della giornata o nelle diverse situazioni di vita. Se scrivete «caffè» più di tre volte, potete sentirvi (*feel*) un po' italiani!

Che cosa bevo...

1. la mattina al risveglio (*when I wake up*): _____
2. la mattina, durante la pausa: _____
3. dopo pranzo: _____
4. a metà pomeriggio (*in mid-afternoon*): _____
5. dopo cena: _____
6. quando sono stanco/a: _____
7. quando ho male di testa: _____
8. quando sono depresso/a: _____
9. quando mi incontro con gli amici: _____

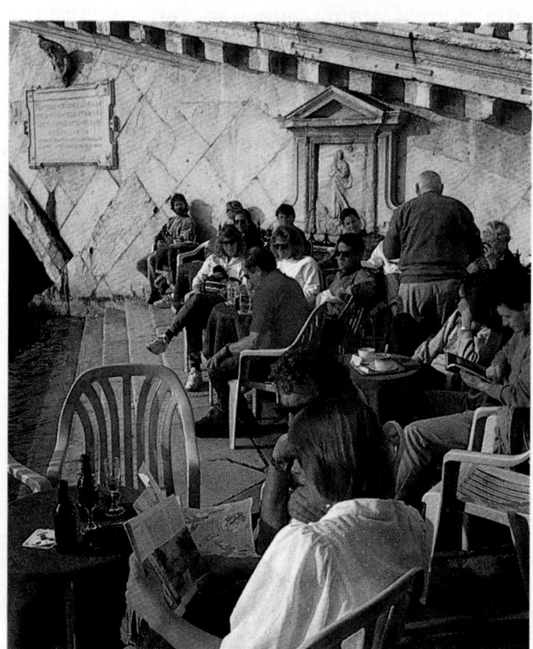

Ponte del Rialto a Venezia: una pausa al tavolino di un caffè

Videoteca

Vita di un privilegiato

Peppe has just returned from vacation. While having breakfast at his neighborhood **bar**, he tells Sandro, the **barista**, about his trip.

ESPRESSIONI UTILI

mica not at all
Mi è quasi successo un disastro. A disaster almost happened to me.
una grossa macchina mi ha tagliato la strada a huge car cut me off
dici sul serio? are you serious?
Ti sei fatto male? Did you hurt yourself?
stordito stunned
mi hanno subito caricato in macchina they loaded me into the car right away
di corsa running, in a hurry
al pronto soccorso to the emergency room
mi hanno controllato da capo a piedi they checked me out from head to foot
mi hanno dimesso they released me

Dal video

FUNZIONE: Talking about past events

SANDRO: Hai conosciuto almeno qualche ragazza?
PEPPE: Tante! In più, mi è quasi successo un disastro.
SANDRO: Davvero?
PEPPE: Sì, una sera sono uscito in motorino e al primo angolo una grossa macchina mi ha tagliato la strada.

Preparazione

1. Number the following foods in the sequence in which Peppe orders them.
   _____ orange juice _____ coffee _____ sweet roll _____ sandwich
2. Number the following events in the order in which they occurred.
   _____ A car cut Peppe off. _____ Peppe went to the emergency room.
   _____ Peppe went to Elba. _____ Peppe went out one evening on his scooter.

Comprensione

1. Did Peppe meet any girls on Elba?
2. What did the emergency-room doctors do to Peppe?
3. When was he released from the hospital?

Attività

You and two other students will jointly play the role of an Italian with a big appetite. Take turns naming something that you ate (**Ho mangiato...**) or drank (**Ho bevuto...**) at each of your four daily meals: at breakfast (**a colazione**), at lunch (**a pranzo**), at snacktime (**a merenda**), and at dinner (**a cena**).

Parole da ricordare

VERBI

chiedere (*p.p.* **chiesto**) to ask for
conoscere to know, be acquainted with; to meet
***entrare** to enter, go in
***essere a dieta** to be on a diet
fare due chiacchiere to chat
fare lo scontrino to get a receipt
mettere (*p.p.* **messo**) to put
***morire** (*p.p.* **morto**) to die
***nascere** (*p.p.* **nato**) to be born
offrire (*p.p.* **offerto**) to offer (to pay), to "treat"
ordinare to order
pagare (in contanti, con un assegno, con la carta di credito) to pay (in cash, by check, with a credit card), to pay for
ricordare to remember
sapere to know; have knowledge of; to know how to

NOMI

l'acqua (minerale/gassata/naturale) water (mineral/carbonated/noncarbonated)
il banco counter
il/la barista bar attendant
la bibita soda, soft drink
il bicchiere (drinking) glass
il biscotto cookie
la brioche sweet roll
il burro butter
il caffè macchiato espresso with cream
il cameriere / la cameriera waiter/waitress
il cappuccino espresso infused with steamed milk
la cassa cashier's desk
il cassiere / la cassiera cashier
il centro center
  in centro downtown
la cioccolata hot chocolate
il conto bill, check
il cornetto sweet roll
la cucina kitchen; cuisine
la dieta diet
l'espresso strong Italian coffee
la fetta di pane slice of bread
la gente people
il ghiaccio ice
il latte milk
la lattina aluminum can
il limone lemon
la marmellata marmalade, jam
la merenda mid-afternoon snack
il miele honey
la nocciolina peanut
il paese country; small town
il paio (*pl.* **le paia**) pair; couple
il pane bread
una pasta piece of pastry
la pasticceria pastry shop
la patatina potato chip
il postino mail carrier
il pranzo lunch
la robaccia junk food
i salatini snacks, crackers, munchies
il salotto living room
lo scontrino receipt
la spremuta freshly squeezed juice
lo spuntino snack
il succo d'arancia orange juice
la sveglia alarm clock
il tavolo table
  il tavolino café table, small table
il tè freddo iced tea
il tramezzino sandwich
lo zucchero sugar

AGGETTIVI

ammalato sick
passato last (*with time expressions*)
scorso last (*with time expressions*)

ALTRE PAROLE ED ESPRESSIONI

al banco at the counter
al tavolino at a table
davanti a in front of
di fretta in a hurry, hurriedly
dopo after, afterward
fa ago
fino a until
già already
ieri yesterday
  ieri sera last night
in gamba capable, "with it"
mai ever
piuttosto rather, instead
prima first
  prima di before
  la prima volta the first time
purtroppo unfortunately
qualcosa da bere / da mangiare something to drink / to eat
stamattina this morning
su on, upon, above
tardi late

---

*Words identified with an asterisk (*) are conjugated with **essere**.

Capitolo 6

IN BREVE

GRAMMATICA

A. Pronomi di oggetto indiretto
B. Accordo del participio passato nel passato prossimo
C. Piacere
D. Interrogativi

INVITO ALLA LETTURA

- *La pasta, regina della cucina italiana*
- *In giro per le regioni: L'Emilia-Romagna*

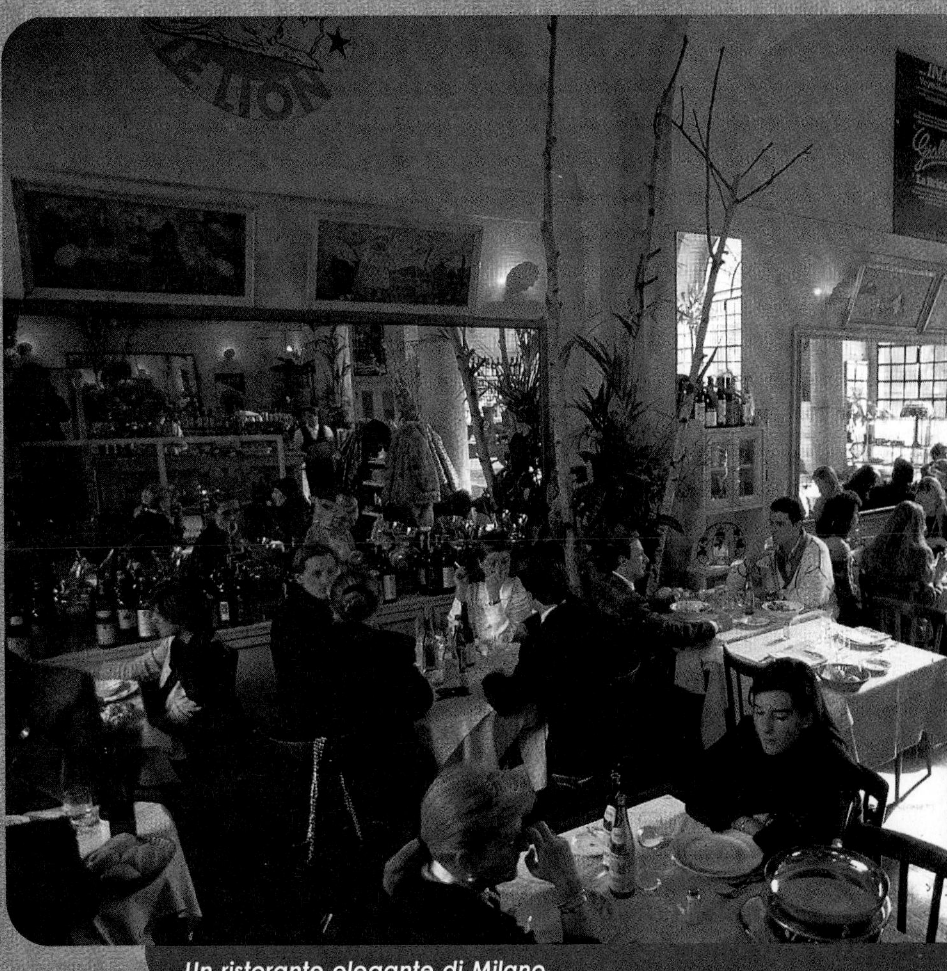

Un ristorante elegante di Milano

Pronto in tavola!

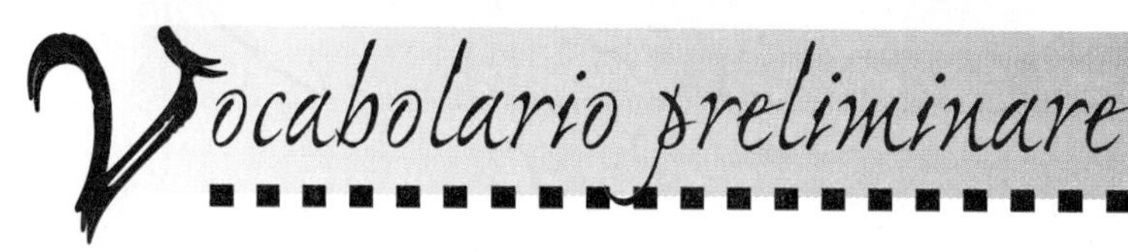

Vocabolario preliminare

Dialogo-Lampo

Che facciamo per cena?

IRENE: Che fame, Fabio! Sono già le sette e mezzo. Cosa facciamo per cena?

FABIO: Non lo so... E poi il frigo è quasi vuoto*! Perché non andiamo fuori† a mangiare?

IRENE: Buona idea! Ti va una pizzeria? Ho proprio voglia di una pizza...

FABIO: Anch'io... o di un bel piatto di spaghetti! Invitiamo anche Marco e Alessandra?

IRENE: Se non hanno già cenato! Possiamo anche ordinare delle pizze a casa, fare solo un primo e invitare Marco e Alessandra qui!

1. Che ore sono?
2. Cosa vuole mangiare Irene?
3. Perché Fabio e Irene non vogliono stare a casa stasera?
4. Qual è l'idea di Irene per la cena?

*empty
†out

CUCINARE E CENARE

AL RISTORANTE

il conto bill, check
la prenotazione reservation
il servizio, il coperto cover charge

cenare to eat dinner
pagare il conto to pay the bill
portare il conto to bring the bill
pranzare to eat lunch
prenotare, fare una prenotazione to make a reservation
preparare, apparecchiare la tavola to set the table

IL MENU ITALIANO

l'antipasto appetizer
- **l'antipasto misto** mixed appetizers (olives, marinated and roasted vegetables, cold cuts)
- **i crostini** canapés
- **il prosciutto e melone** cured ham and melon (canteloupe)
- **i salumi (prosciutto, salame)** cold cuts (ham, salami)

il primo (piatto) first course
- **gli gnocchi** dumplings
- **il minestrone** hearty vegetable soup
- **la pasta (le fettuccine, le lasagne, le penne, i ravioli, gli spaghetti, i tortellini)**
  - **in brodo** in broth
  - **alla carbonara** with a sauce of eggs, bacon, and grated cheese
  - **al forno** baked
  - **al pesto** with a sauce of basil, garlic, grated parmesan, and pinenuts

Parole-extra

le posate e i piatti silverware and dishes
- **il coltello** knife
- **il cucchiaio** spoon
- **la forchetta** fork
- **il piatto piano** plate
- **la scodella** bowl
- **la tazza** cup

al ragù, alla bolognese with meat sauce
al sugo di pomodoro with tomato sauce
il riso rice
il risotto a creamy rice dish
il secondo (piatto) main course
l'arrosto roast
di maiale pork
di manzo beef
di pollo chicken
di vitello veal
la bistecca alla griglia grilled steak
il pesce fish
il contorno side dish
l'insalata mista mixed salad
le patate (fritte) (fried) potatoes
i pomodori tomatoes
la verdura vegetables
il formaggio cheese
la mozzarella mozzarella
il parmigiano parmesan cheese
il dolce dessert
la crostata pie
la frutta fresca fresh fruit
il tiramisù ladyfingers soaked in espresso and layered with cream cheese, whipped cream, and chocolate
la torta cake

ESERCIZI

A. Al ristorante. Marco e Alessandra non hanno accettato l'invito di Irene e Fabio perché erano già al ristorante. Completate la loro conversazione con il cameriere. (*Marco and Alessandra didn't accept Irene and Fabio's invitation because they were already at a restaurant. Complete their conversation with the waiter.*)

MARCO: Alessandra, che cosa _____?
ALESSANDRA: Non so, ho molta _____. Probabilmente un_____, un primo e un _____.
MARCO: Mmmm, non so se posso mangiare tanto. Per me solo un antipasto e un_____.
CAMERIERE: I signori desiderano?
ALESSANDRA: Per me, prosciutto e melone, _____ e _____ alla griglia.
CAMERIERE: Con _____?
ALESSANDRA: Sì, grazie, un'insalata.
CAMERIERE: (*a Marco*) E lei?
MARCO: Per me _____ e spaghetti alla carbonara.

B. Ordiniamo! Cosa ordinate al ristorante in queste situazioni? Usate la lista del Vocabolario preliminare. (*What do you order at a restaurant in these situations? Use the list in the* **Vocabolario preliminare.**)

1. Preferisco la carne (*meat*) bianca. Cosa ordino?
2. Non mangio mai carne. Quali (*Which*) piatti non ordino?
3. Adoro la pasta ma non mangio carne. Quale primo ordino?
4. Sono stanco/a di mangiare pasta. Cosa ordino come (*as*) primo?

Ristorante
ACQUA®
AL 2
VIA DELLA VIGNA VECCHIA 40/r
(ANGOLO VIA DELL'ACQUA)
50122 FIRENZE
Tel.: 055/284170
Chiuso il lunedì

5. Sono a dieta. Quali piatti posso mangiare?
6. Sono vegetariano/a. Cosa ordino come secondo?
7. Sono allergico/a ai latticini (*dairy products*). Cosa non posso ordinare?
8. Ho voglia del dolce. Cosa ordino?

C. Indovinelli. Ecco alcuni indovinelli da risolvere. (*Here are some riddles for you to solve.*)

1. È rosso con la carne e bianco con il pesce.
2. È una frutta che mangiamo con un tipo di carne di maiale, ma non alla fine del pranzo.
3. È un tipo di formaggio fresco, uno degli ingredienti principali della pizza.
4. Beviamo questa bevanda (*drink*) molto fredda, ma mai con il ghiaccio.
5. Accompagnano spesso la bistecca, e vengono da una pianta (*plant*) portata in Italia da Cristoforo Colombo.
6. Si dice che Marco Polo ha portato questa pasta in Italia.
7. Il suo nome significa (*means*) *pick-me-up.*

D. La cucina (*cuisine*) **americana per gli italiani...** I tuoi amici italiani ti hanno chiesto di preparargli un piatto tipico americano. Siccome non sai cucinare, decidi di fare *i popcorn.* Non hai il forno a microonde; devi usare il fornello. Prima, fa' un elenco degli ingredienti. Poi spiega come devi fare. (*Your Italian friends asked you to make a typical American dish for them. Since you don't know how to cook, you decide to make popcorn. You don't have a microwave; you have to use the stove. First, make a list of the ingredients. Then explain what to do.*)

Parole utili: aggiungere (*to add*), agitare (*to shake*), bruciare (*to burn*), cuocere (*to cook*), misurare (*to measure*), pentola (*pot*), sale (*salt*), pepe (*pepper*), olio (*oil*)

ESEMPIO: Prima metto dell'olio nella pentola e accendo il fornello...

in ascolto

In cucina. Lucia, Marco e Francesco, tre compagni di stanza, discutono della cena. Completate il menu della serata e notate chi prepara ogni piatto. (*Lucia, Marco and Francesco, three roommates, discuss dinner. Complete the menu for the evening and note who will prepare each dish.*)

	ANTIPASTO	PRIMO	SECONDO	DOLCE
Lucia				
Marco				
Francesco				

Grammatica

A. Pronomi di oggetto indiretto

ALBERTO: Siamo quasi a Natale: cosa regaliamo quest'anno alla nonna?
ELISABETTA: Semplice: le regaliamo il dolce tradizionale, il panettone.
ALBERTO: Benissimo! E allo zio Augusto?
ELISABETTA: Perché non gli compriamo un libro di cucina? Cucinare è il suo hobby preferito.
ALBERTO: Buona idea! E tu, cosa vuoi?
ELISABETTA: Puoi comprarmi una macchina per fare la pasta: così ci facciamo delle belle tagliatelle!

1. As you saw in Chapter 4, direct-object nouns and pronouns answer the question *what?* or *whom?* Indirect-object nouns and pronouns answer the question *to whom?* or *for whom?* In English the word *to* is often omitted: *We gave a cookbook to Uncle Giovanni.* → *We gave Uncle Giovanni a cookbook.* In Italian, the preposition **a** (or **per**) is always used before an indirect-object noun.

Abbiamo regalato un libro di cucina **allo** zio Giovanni.	*We gave a cookbook to Uncle Giovanni.*
Ho comprato il regalo **per** Maria.	*I bought the gift for Maria.*
Puoi spiegare questa ricetta **a** Paolo?	*Can you explain the recipe to Paolo?*

2. Indirect-object pronouns (**i pronomi di oggetto diretto**) replace the indirect-object nouns. They are identical in form to direct-object pronouns except for the third-person forms **gli, le,** and **loro.**

SINGOLARE			PLURALE		
mi	(*to/for*)	*me*	ci	*to/for*)	*us*
ti	(*to/for*)	*you*	vi	(*to/for*)	*you*
Le	(*to/for*)	*you* (*form., m. and f.*)	Gli (Loro)	(*to/for*)	*you* (*form., m. and f.*)
gli	(*to/for*)	*him*	gli (loro)	(*to/for*)	*them*
le	(*to/for*)	*her*			

ALBERTO: It's almost Christmas. What shall we give Grandma this year? ELISABETTA: (That's) Easy. We'll give her the traditional cake, panettone. ALBERTO: Fine! And for Uncle Augusto? ELISABETTA: Why don't we buy him a cookbook? Cooking is his favorite hobby. ALBERTO: Good idea! And you, what would you like? ELISABETTA: You can buy me a pasta machine; that way we can make ourselves some nice tagliatelle!

a. In contemporary usage, **Loro/loro** has been replaced by **Gli/gli,** which precedes the verb. **Loro/loro** always follows the verb.

Gli parliamo domani. *or* (*rarely*) Parliamo **loro** domani.	*We'll talk to them tomorrow.*

b. Indirect-object pronouns (except **Loro/loro**) precede the verb even in negative sentences.

—**Le** hai dato le ricette?	*Did you give her the recipes?*
—No, non **le** ho dato le ricette.	*No, I didn't give her the recipes.*

c. Indirect-object pronouns attach to the infinitive, and the **-e** of the infinitive is dropped.

Non ho più tempo di parlar**gli.**	*I no longer have time to talk to him.*

If the infinitive is preceded by a form of **dovere, potere,** or **volere,** the indirect-object pronoun can either attach to the infinitive (after the **-e** is dropped) or precede the conjugated verb.

Voglio parlar**gli** da solo. **Gli** voglio parlare da solo.	*I want to talk to him alone.*

d. **Le** and **gli** *never* elide before a verb.

Le offro un caffè.	*I offer her a cup of coffee.*
Gli hanno detto «Ciao!»	*They said "Ciao!" to him.*

3. The following common Italian verbs are used with indirect-object nouns or pronouns. You already know many of them.

consigliare (*to recommend*)	portare
dare	preparare (*to prepare*)
dire (*p.p.* detto)	regalare *to give* (*as a gift*)
domandare	rendere (*p.p.* reso) *to return, give back*
(im)prestare *to lend*	riportare *to bring back*
insegnare	rispondere (*p.p.* risposto)
mandare *to send*	scrivere (*p.p.* scritto)
mostrare *to show*	telefonare
offrire (*p.p.* offerto)	

—Non gli telefona mai nessuno[a]! [a]*no one*

A. Alberto e Elisabetta. Leggi di nuovo la conversazione tra Alberto e Elizabetta a pagina 139. Trova i quattro pronomi di oggetto indiretto e i nomi a cui si riferiscono. (*Read the conversation between Alberto and Elisabetta on page 139 again. Find the four indirect-object pronouns and the nouns to which they refer.*)

B. Scambi. Con un compagno / una compagna, completate le seguenti conversazioni con un pronome di oggetto indiretto. (*Working with a partner, complete the following conversations with indirect-object pronouns.*)

1. S1: Professore, posso far_____ una domanda?
   S2: Certo, signorina. Cosa _____ vuole chiedere?
2. S1: Come parlate bene! Chi _____ ha insegnato il francese?
   S2: _____ ha insegnato il francese una signora parigina (*Parisian*) molto brava.
3. S1: Io non sono mai a casa: non puoi telefonar_____.
   S2: E allora, _____ devo scrivere una lettera?
4. S1: Quando (*When*) i bambini hanno fame, _____ preparo gli spaghetti. E tu, cosa prepari per tua moglie?
   S2: Di solito _____ preparo un'insalata o della verdura cotta (*cooked*). Tutto cibo (*food*) genuino!
5. S1: Signore, posso consigliar_____ una di questa paste?
   S2: Per carità! (*Spare me!*) Sono a dieta. Non può portar_____ della frutta fresca?

C. Domande e risposte. Crea frasi plausibili usando elementi dalle colonne A, B e C. Il tuo compagno / La tua compagna deve rispondere usando pronomi di oggetto indiretto. (*Create plausible questions using elements from columns A, B, and C. Your partner must respond using indirect-object pronouns.*)

ESEMPIO: S1: Salvatore telefona spesso a Maria?
S2: No, non le telefona spesso.

La professoressa	compri un regalo	a noi oggi?
Silvia	telefona spesso	a quella ragazza?
Tu	prepara la cena	a Chiara
Tu e un altro studente	scrivi una lettera	per tua madre?
Tua madre	rispondete	a tuo zio?
Gino e Luigi	dà molti compiti	agli amici?
Claudio	offrono un'aranciata	alle mie amiche?

D. L'insegnante. Stai parlando ad un amico del tuo professore. Scegli il pronome di oggetto diretto o indiretto appropriato, **lo/la** o **gli/le.** (*You are talking to a friend about your instructor. Choose the appropriate direct- or indirect-object pronoun,* **lo/la** *or* **gli/le.**)

1. _____ vedo ogni giorno.
2. _____ domando «Come sta?»
3. _____ ascolto con attenzione.
4. _____ capisco quasi sempre.
5. _____ faccio molte domande.
6. _____ trovo intelligente.
7. _____ rispondo gentilmente.
8. _____ offro un caffè ogni giorno.

E. La storia di Maria. Leggi il seguente brano. Poi, scrivi o ripeti il brano e sostituisci a **Maria** i pronomi appropriati. (*Read the following story, then rewrite or repeat it, replacing* **Maria** *with the appropriate pronouns.*)

Voi non conoscete Maria, ma io conosco Maria da molti anni. È veramente (*truly*) una buon'amica. Ogni giorno vedo Maria al supermercato e parlo a Maria. Quando abbiamo tempo, offro un caffè a Maria. Maria non sa cucinare, così io do molte ricette a Maria e spiego a Maria cosa deve fare. Spesso telefono a Maria e invito Maria a pranzo. Anche Maria mi invita molto spesso, non a pranzo ma al cinema. Trovo Maria divertente e generosa. Per Natale voglio regalare un profumo a Maria. Ieri ho domandato a Maria quale profumo preferisce e Maria ha detto: «Obsession. Perché?» Io ho risposto a Maria: «Ho bisogno di un'idea per un regalo... »

Ora ripeti il brano e sostituisci a **Maria** il nome **Enrico.** Poi sostituisci a **Enrico** i pronomi appropriati. (*Now retell the story, substituting* **Enrico** *for* **Maria.** *Then replace* **Enrico** *with the appropriate pronouns.*)

B. Accordo del participio passato nel passato prossimo

SARA: Hai apparecchiato la tavola?
GINO: Sì, l'ho apparecchiata.
SARA: Hai incartato i regali per Massimo?
GINO: Sì, li ho incartati.
SARA: Hai preparato gli antipasti?
GINO: Sì, li ho preparati.
SARA: Hai comprato tutto? Hai ricordato il primo e il secondo e la frutta?
GINO: Sì, ho comprato tutto. Ho ricordato tutto. Tutto è pronto. È già pronto da due giorni! Tutti gli amici sanno che devono arrivare alle sette in punto. Rilassati—tutto andrà benissimo e per Massimo sarà una bella sorpresa.
SARA: Un'ultima domanda. Hai invitato Massimo?
GINO: Oh, no!

SARA: Did you set the table? GINO: Yes, I set it. SARA: Did you wrap the presents for Massimo? GINO: Yes, I wrapped them. SARA: Did you make the appetizers? GINO: Yes, I made them. SARA: Did you buy everything? Did you remember the first course and second course and the fruit? GINO: Yes, I bought everything. I remembered everything. Everything's ready. It's been ready for two days! All our friends know that they should get here at seven on the dot. Relax—everything will go smoothly and it'll be a wonderful surprise for Massimo. SARA: One last question. Did you invite Massimo? GINO: Oh, no!

As you know, the **passato prossimo** of most verbs is formed with t
tense of **avere** plus a past participle.

1. When a direct-object pronoun is used with the **passato prossim**
directly precedes **avere.** The past participle must agree in gend
number with the preceding direct-object pronoun (**lo, la, li,** or **le**).

   Hai visto Massimo? → Sì, **l'**ho (**lo** ho) vist**o.**
   Hai visto Giovanna? → Sì, **l'**ho (**la** ho) vist**a.**
   Hai visto i bambini? → Sì, **li** ho vist**i.**
   Hai visto le bambine? → Sì, **le** ho vist**e.**

   Remember that singular object pronouns (**lo** and **la**) can elide with the forms of **avere** that follow, but the plural forms (**li** and **le**) *never* elide.

   The agreement (**l'accordo**) of the past participle with the other direct-object pronouns (**mi, ti, ci,** or **vi**) is optional.

Mamma, chi ti ha visto (vist**a**)?	*Mother, who saw you?*
Ragazze, chi vi ha visto (vist**e**)?	*Girls, who saw you?*

2. When an indirect-object pronoun is used with the **passato prossimo,** it also precedes **avere.** However, the past participle *never* agrees with it.

—Hai visto Laura?	*Did you see Laura?*
—**L'**ho vist**a** [*agreement*] ma non **le** ho parlat**o** [*no agreement*].	*I saw her, but I didn't speak to her.*

3. As you already know, the past participle of a verb conjugated with **essere** always agrees with the *subject* in gender and number.

Elena è andat**a** al parco.	*Elena went to the park.*
I **ragazzi** sono rientrat**i** tardi.	*The kids came home late.*

ESERCIZI

A. La festa a sorpresa. (*Surprise party.*) Leggi la conversazione tra Gino e Sara a pagina 142. Trova tutti i pronomi di oggetto diretto e i nomi a cui si riferiscono. (*Read the conversation between Gino and Sara on page 142. Find all the direct-object pronouns and the nouns to which they refer.*)

ESEMPIO: l' (la) = la tavola

B. Accordi. Con un compagno / una compagna, completate le conversazioni. Fornite la vocale finale del participio passato. (*Working with a partner, complete the conversations. Provide the appropriate ending for the past participle.*)

1. S1: Chi ha ordinat_____ i fiori (*flowers*)?
   S2: Non so. Non li hai ordinat_____ tu?
2. S1: Dove hai mess_____ le riviste?
   S2: Le ho mess_____ sul tavolo.
3. S1: Hai dat_____ la mancia alla cameriera?
   S2: Sì, le ho dat_____ cinque dollari.
4. S1: Hai comprat_____ le paste?
   S2: No, ho dimenticat_____ di comprarle!
5. S1: Hai vist_____ la professoressa d'italiano ieri?
   S2: Sì, l'ho vist_____ in biblioteca ma non le ho parlat_____.

6. S1: Hai telefonat____ ai nonni?
   S2: Sì, gli ho già telefonat____.
7. S1: Avete finit____ il libro?
   S2: Abbiamo finit____ la prima parte.
8. S1: Siamo andat____ al ristorante Da Luigi ieri sera.
   S2: Avete mangiat____ bene?

C. Dov'è? Dove sono? Susanna non riesce a trovare certe cose e chiede alla sua compagna di stanza, Alessandra, dove sono. Alessandra spiega perché non ci sono. A turni, con un compagno / una compagna, fate domande e risposte. (*Susanna can't find certain things and asks her roommate Alessandra where they are. Alessandra explains why they aren't there. Taking turns with a partner, ask and answer questions.*)

ESEMPIO: il libro di informatica (prestare a Giancarlo) →
S1: Dov'è il libro di informatica?
S2: L'ho prestato a Giancarlo.

1. le foto (mandare ai miei genitori)
2. la tua vecchia bicicletta (vendere, *to sell*)
3. il tavolino (mettere in cucina)
4. i giornali (buttare via, *to throw away*)
5. le vitamine (finire)

D. Una cena. Usando le frasi fornite, chiedi al compagno / alla compagna se ha preparato tutto per la cena di stasera. Il compagno / la compagna deve rispondere usando pronomi di oggetto diretto e indiretto in modo appropriato. (*Ask your partner if he/she has completed certain preparations for your dinner party tonight, using the phrases supplied below. Your partner must respond using direct- or indirect-object pronouns as appropriate.*)

ESEMPIO: telefonare a Marco →
S1: Hai telefonato a Marco?
S2: Sì, gli ho telefonato.
S1: Hai preparato i crostini?
S2: Sì li ho preparati.

apparecchiare la tavola
riempire (*to fill*) i bicchieri d'acqua
domandare a tua madre come fare il sugo per la pasta
mettere il pollo nel forno
parlare a Maria
comprare i regali
preparare gli antipasti
telefonare agli amici

E. Una brutta settimana. Marilena ha passato una brutta settimana. Completa le frasi usando il passato prossimo del verbo appropriato. (*Marilena has had a bad week. Complete each sentence using the* **passato prossimo** *of the appropriate verb.*)

I verbi: andare, essere, leggere, telefonare, uscire, vedere

Che settimana tremenda (*terrible*)! Ho portato a casa dei libri dalla bibioteca ma non li ____.[1] Non ____[2] venerdì e sabato sera perché ho dovuto studiare. So che c'è una mostra (*exhibit*) molto bella all'università ma non l' ____ ancora ____.[3] Mercoledì ____[4] a casa tutto il giorno con l'influenza. Giovedì ho litigato (*argued*) con Gina: le ____[5] e abbiamo preso appuntamento (*made a date*) per andare in centro, ma lei, invece, ____[6] a giocare a tennis con Paolo. Accidenti!

Nota culturale

I pasti italiani

Pizza per tutti sul lago di Garda

La mattina gli italiani sono abituati[a] a prendere solamente un caffè, un cappuccino o un caffellatte insieme ad una brioche. La prima colazione degli italiani è quindi molto leggera[b] e si fa[c] a casa o al bar; per questo alcuni[d] fanno poi uno spuntino, fra le dieci e le undici.

Verso l'una molti italiani tornano a casa per il pranzo, che tradizionalmente consiste in un primo piatto di pasta (spaghetti, lasagne, ecc.) e in un secondo piatto di carne o pesce con contorno di verdure cotte o insalata. Dopo il secondo, si mangia in genere[e] una frutta e si prende[f] un caffè, mentre il dolce arriva sulla tavola nei giorni di festa o in particolari occasioni. Il pasto è sempre accompagnato da vino e acqua minerale.

Negli ultimi anni,[g] a causa dei cambiamenti degli orari[h] di lavoro e delle distanze fra le abitazioni e gli uffici, molti italiani, all'ora di pranzo, mangiano qualcosa alle tavole calde o prendono un panino al bar.

La cena, che si fa verso le otto e mezzo d'estate e verso le otto d'inverno, è di solito leggera. Si può mangiare una minestra calda, delle uova con verdure, oppure formaggio e affettati[i] (prosciutto, salame, ecc.), a seconda delle[j] stagioni e delle preferenze individuali.

Le persone che il giorno mangiano solo un panino, la sera fanno però un pasto completo, con un bel piatto di pasta e un secondo con contorno.

[a]*accustomed* [b]quindi... *thus very light* [c]*it is eaten* [d]per... *therefore some people* [e]si... *one eats in general* [f]*one has* [g]Negli... *In recent years* [h]cambiamenti... *changes in the hours* [i]*cold cuts* [j]a... *depending on the*

C. Piacere

Gianni è avvocato. Lavora tutto il giorno e mangia spesso nei buoni ristoranti con i clienti. Gli piace il vino italiano, come antipasto gli piacciono i crostini, ma non gli piacciono i salumi. Dopo cena, gli piace fumare una sigaretta. Nel week-end, quando non deve lavorare, gli piace stare a casa, leggere dei libri e ascoltare musica.

Gianna è artista e musicista. Ha gusti semplici. La mattina le piace bere un caffellatte e mangiare una brioche. Le piacciono molto i panini al prosciutto. Quando va in un ristorante, le piace ordinare solamente un primo e un bicchiere di vino. La sera le piace dipingere e suonare il piano, ma nel week-end è molto attiva. Le piace giocare a tennis, scalare montagne e pattinare.

1. The Italian verb that expresses *to like* is similar in structure to the English phrase *to be pleasing to.*

   Gianni likes meat. → *Meat is pleasing to Gianni.*
   Gianni doesn't like potatoes. → *Potatoes are not pleasing to Gianni.*

2. The thing or person liked (*meat, potatoes*) is the subject of the sentence; the person who likes it (*Gianni*) is the indirect object.

   a. The verb **piacere** agrees with its subject; consequently, it is often in the third-person singular or plural: **piace, piacciono.** (Note that when the indirect object is a noun, it must be preceded by the preposition **a.**)

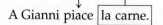

   A Gianni piace la carne. — *Gianni likes meat. (Meat is pleasing to Gianni.)*

   A Gianni piacciono le patate. — *Gianni likes potatoes. (Potatoes are pleasing to Gianni.)*

   b. The person to whom someone/something is pleasing is the indirect object, often replaced by a pronoun.

   A noi piace l'insalata. — *We like salad. (Salad is pleasing to us.)*

   Ci piace l'insalata.

Gianni is a lawyer. He works all day and often eats at good restaurants with his clients. He likes Italian wine, he likes **crostini** as an appetizer, but he doesn't like cold cuts. After dinner he likes to smoke a cigarette. On weekends, when he doesn't have to work, he likes to stay home, read books, and listen to music.

Gianna is an artist and musician. She has simple tastes. In the morning she likes to drink a **caffellatte** and eat a sweet roll. She likes ham sandwiches a lot. When she goes to a restaurant, she likes to order just a first course and a glass of wine. In the evening she likes to paint and play the piano, but on the weekend she's very active. She likes to play tennis, climb mountains, and skate.

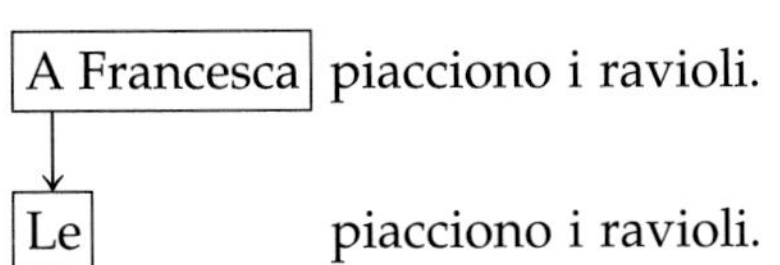
A Francesca piacciono i ravioli.
Le piacciono i ravioli.

Francesca likes ravioli. (Ravioli are pleasing to Francesca.)

c. In the **passato prossimo, piacere** is conjugated with **essere.** Its past participle thus agrees in gender and number with the subject.

I ragazzi hanno mangiato le verdure, ma non gli sono piaciut**e**.	*The boys ate the vegetables, but they didn't like them.*
Maria ha ordinato un dolce e le è piaciut**o** molto.	*Maria ordered dessert and she liked it a lot.*

3. When the subject is expressed as an infinitive (*I like to eat.* → *Eating is pleasing to me.*), **piacere** is used in the third-person singular.

A Sergio piace mangiare bene, ma non gli piace cucinare tutte le sere.	*Sergio likes to eat well, but he doesn't like to cook every night.*

4. Notice that in expressions such as **Ti piace?** (*Do you like it?*) or **Ti piacciono?** (*Do you like them?*), Italian has no equivalent for the English *it* and *them,* which are expressed by the singular and plural verb endings.

5. *To dislike* is expressed with the negative of **piacere.**

Non mi piace il caffè.	*I dislike coffee. (Coffee is not pleasing to me.)*

Dispiacere means *to be sorry* and is used in the same way as **piacere.**

Non possiamo venire; ci dispiace.	*We can't come; we're sorry.*

6. Notice the use of the Italian article to express general likes and dislikes. The corresponding English article is not used.

Non mi piace **il** vitello.	*I don't like veal.*
Gli piacciono **i** ravioli?	*Does he like ravioli?*

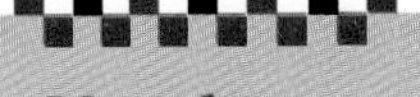

Nota bene: *mancare*

Several other verbs are conjugated like **piacere,** including **mancare** (*to miss*). The Italian equivalent of *I miss you* is *You are missing to me.* (**Manchi a me.** → **Mi manchi.**) Here are some more examples:

Gianni mi manca. *I miss Gianni. (Gianni is missing to me.)*

I bambini ti mancano. *You miss the kids. (The kids are missing to you.)*

Gli manca la sua ragazza. *His misses his girlfriend. (His girlfriend is missing to him.)*

How do you think *I like you* (or *you are pleasing to me*) is phrased in Italian?

ESERCIZI

A. Gianni e Gianna. Leggi le descrizioni di Gianna e Gianni a pagina 146 e decidi quali delle seguenti attività piacciono a ciascuno. (*Read the descriptions of Gianna and Gianni on page 146 and decide which of the following activities each one likes.*)

A Gianna piace... A Gianni piace...

1. mangiare una bella bistecca con contorno.
2. prendere un bicchiere di vino.
3. gettarsi (*jump*) da un aereo con il paracadute.
4. mangiare fuori tutte le sere.
5. prendere il sole in cima (*at the top*) a una montagna nelle Alpi.
6. leggere *Guerra e Pace.*

B. Piace o no? Crea delle frasi con **piacere** o **non piacere.** (*Create sentences with* **piacere** *or* **non piacere.**)

ESEMPI: i bambini / la frutta →
Ai bambini piace la frutta.
i bambini / i crostini →
Ai bambini non piacciono i crostini.

1. gli studenti di questa classe / gli esami
2. i miei genitori / pagare le tasse
3. il mio compagno / la mia compagna di camera / fare baccano (*noise*) tutta la notte
4. l'insegnante d'italiano / dare bei voti (*grades*) agli studenti
5. i miei amici / gli gnocchi al sugo
6. tutti / le vacanze

C. Perché no? Dopo una cena ad un ristorante molto elegante, tuo cugino ha tante domande. Con un compagno / una compagna, fate le domande e rispondete secondo il modello. (*After a family outing to an elegant restaurant, your cousin is full of questions. Working with a partner, ask and answer each question as in the example.*)

ESEMPIO: non mangiare l'antipasto / i nonni →
S1: Perché non hanno mangiato l'antipasto i nonni?
S2: Perché non gli piace mangiare l'antipasto.

1. non mangiare la verdura / i bambini
2. non fare il risotto / lo chef
3. non essere a dieta / lo zio Marco
4. non ordinare il secondo / la mamma
5. non prendere il caffè / Mariangela

D. Ti è piaciuto? Il tuo amico è appena tornato dall'Europa. Chiedi se gli sono piaciute le seguenti cose. (*Your friend has just returned from Europe. Find out whether he/she liked the following things.*)

ESEMPI: l'Italia → Ti è piaciuta l'Italia?
gli italiani → Ti sono piaciuti gli italiani?

1. la cucina italiana
2. i musei di Firenze
3. il Teatro di Taormina
4. le fontane (*fountains*) di Roma
5. la pizza napoletana
6. i gelati siciliani
7. le fettuccine al pesto
8. viaggiare in treno

—Non mi è piaciuta: posso cambiarla[a]?
[a]exchange it

E. Al ristorante. Ieri sera Gianni e Gianna hanno cenato insieme ad un ristorante elegante. Con un compagno / una compagna, leggete il menu e decidete quali cose sono piaciute e non sono piaciute a ciascuno. Paragonate le vostre risposte alle risposte di un altro gruppo. (Un aiuto: Usate il passato prossimo). (*Gianni e Gianna ate together at an elegant restaurant yesterday evening. With a partner, read the menu and decide what each liked and didn't like. Compare your answers with those of another group. Hint: use the* **passato prossimo.**)

MENU

antipasto misto	linguine al pesto	arrosto di maiale	tiramisù
crostini	risotto ai funghi	frutti di mare	gelato
salumi	pasta al forno	bistecca alla griglia	torta al cioccolato

F. **Mi piace, non mi piace.** Parla delle tue preferenze. Usa la lista seguente. (*Tell about your preferences, taking your cues from the following list.*)

ESEMPIO: Mi piace il caffè italiano, ma non mi piacciono le sigarette!

Possibilità: il caffè italiano, viaggiare, le lezioni di grammatica, la birra americana, i salumi, i bambini, i film di Coppola, pagare in contanti, i piatti piccanti (*spicy*), le sigarette, il baseball...

Ora domanda ad un compagno / una compagna, e poi al professore / alla professoressa, se hanno preferenze tra queste cose. (*Now ask a classmate, and then your instructor, whether they have preferences among these items.*)

D. Interrogativi

LIDIA: Chi è?
LORENZO: Sono Lorenzo.
LIDIA: Che vuoi?
LORENZO: Ti voglio parlare.
LIDIA: Perché?
LORENZO: Perché voglio parlare dell'altra sera.
LIDIA: Non voglio parlare con te ora.
LORENZO: Quando possiamo vederci?
LIDIA: Torna fra mezz'ora.

INVARIABLE INTERROGATIVES		
chi?	who? whom?	Chi è?
che cosa? (che?) (cosa?)	what?	Che dici?
che?	what kind of?	Che macchina hai?
quanto?	how much?	Quanto costano?
come?	how?	Come prepari la torta?
dove?	where?	Dov'è la biblioteca? Dove sono i libri?
perché?	why?	Perché dormi?
quando?	when?	Quando vengono?
VARIABLE INTERROGATIVES		
quale/quali?	which?	Quali piatti preferisci?
quanto/a/i/e?	how much/many?	Quanti primi ci sono?

Si dice così: *dov'è... ?, com'è... ?*

The interrogatives **dove** and **come** are elided before the verb **è**. So **dove è = dov'è** and **come è = com'è.**

LIDIA: Who is it? LORENZO: It's Lorenzo. LIDIA: What do you want? LORENZO: I want to talk to you. LIDIA: Why? LORENZO: Because I want to talk about the other night. LIDIA: I don't want to talk to you now. LORENZO: When can we see each other? LIDIA: Come back in half an hour.

1. In questions beginning with an interrogative word, the subject is usually placed at the end of the sentence.

Quando guarda la TV Mike?	*When does Mike watch TV?*

2. Prepositions such as **a, di, con,** and **per** always precede the interrogative **chi.** In Italian, a question never ends with a preposition.

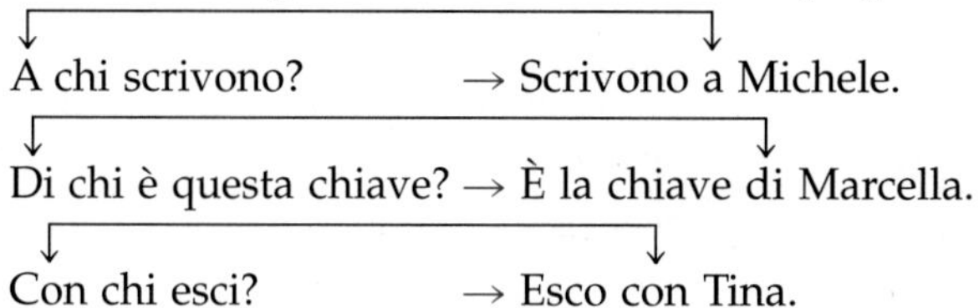

A chi scrivono? → Scrivono a Michele.

Di chi è questa chiave? → È la chiave di Marcella.

Con chi esci? → Esco con Tina.

3. **Che?** and **cosa?** are abbreviated forms of **che cosa?** (*what?*) The three forms are interchangeable except when the meaning is *what type of?*, in which case only **che** is appropriate.

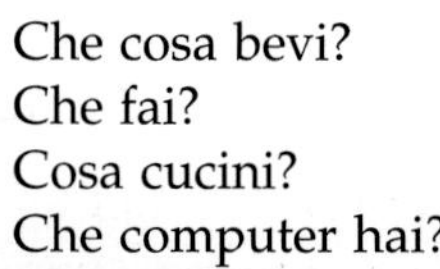

Che cosa bevi?	*What are you drinking?*
Che fai?	*What are you doing?*
Cosa cucini?	*What are you cooking?*
Che computer hai?	*What type of computer do you have?*

—Mamma, papà, che cosa è il *blackout*?

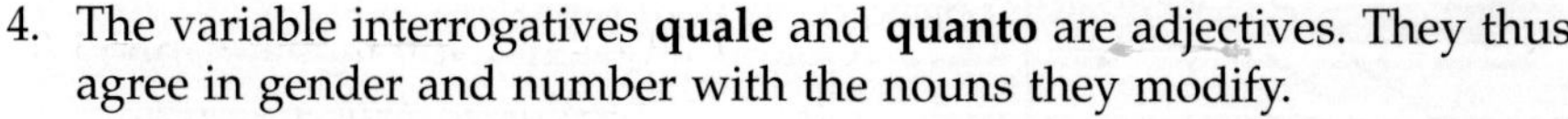

4. The variable interrogatives **quale** and **quanto** are adjectives. They thus agree in gender and number with the nouns they modify.

Quali parole ricordi?	*Which words do you remember?*
Quante ragazze vengono?	*How many girls are coming?*

5. **Che cos'è... (Che cosa è... , Cos'è...)?** expresses the English *What is . . . ?* in a request for a definition or an explanation.

Che cos'è la semiotica?	*What is semiotics?*

Qual è... ? expresses *What is . . . ?* when the answer calls for a choice, or when one requests information such as a name, telephone number, or address.*

Qual è la tua materia preferita?	*What's your favorite subject?*
Qual è il numero di Roberto?	*What is Roberto's number?*

ESERCIZI

A. Lorenzo e Lidia. Leggi la conversazione tra Lorenzo e Lidia a pagina 149 e scegli la risposta migliore alle seguenti domande. (*Read the conversation between Lorenzo and Lidia on page 149 and select the best answer to each of the following questions.*)

1. Che cosa porta Lorenzo?
a. una lettera **b.** i fiori **c.** un pacco

*__Quale__ is frequently shortened to **qual** before forms of **essere** that begin with **e.**

2. Perché porta i fiori Lorenzo?
   a. I fiori sono per sua madre: dopo la visita con Lidia andrà (*he will go*) da lei. **b.** I fiori sono per Lidia perché lei è arrabbiata (*mad*) con lui. **c.** La sua segretaria ha dato i fiori a Lorenzo per il suo compleanno.
3. Perché Lidia non vuole aprire la porta?
   a. Non è vestita (*dressed*). **b.** Non vuole vedere Lorenzo. **c.** È stanca e vuole dormire.
4. Com'è il vestito di Lorenzo?
   a. È elegante. **b.** È informale. **c.** È brutto.
5. Perché Lorenzo porta la giacca e la cravatta (*necktie*)?
   a. Andrà ad una festa stasera. **b.** Era (*He was*) in ufficio prima di venire da Lidia. **c.** Vuole fare bella figura con (*impress*) Lidia.
6. Con chi arriva alla casa di Lidia?
   a. Arriva da solo. **b.** Arriva con un amico.
7. Quando ritornerà (*will he come back*) a parlare con Lidia?
   a. Ritornerà domani pomeriggio. **b.** Ritornerà tra un mese. **c.** Ritornerà dopo trenta minuti.

B. Ho bisogno di informazioni... Completa le domande con l'espressione interrogativa appropriata. (*Complete each question with the appropriate interrogative expression.*)

1. (Quanti / Quante) automobili hanno i Rossi?
2. (Come / Cosa) parla inglese Lorenzo?
3. (Cos'è / Qual è) la differenza tra **arrivederci** e **arrivederLa?**
4. (Quale / Quali) università sono famose?
5. (Quali / Quanti) dischi compri, uno o due?
6. (Quando / Quanto) latte bevi?
7. (Che / Chi) facciamo stasera?
8. (Che / Chi) poesie leggete?

C. Qual è? Che cosa è? Completa con l'equivalente italiano di *what.* (*Complete the questions with the appropriate Italian equivalent of* what is?)

1. _____ il nome di quel bel ragazzo?
2. _____ la data (*date*) di oggi?
3. _____ questo?
4. _____ la chiave giusta?
5. _____ l'astrologia?
6. _____ *Il Corriere della Sera?*

D. La domanda? Fornisci una domanda per ogni risposta. (*Ask the question that each sentence answers.*)

ESEMPIO: Giocano a tennis *con Paolo.* → Con chi giocano a tennis?

1. Vengono *in treno.*
2. Perugia è *in Umbria.*
3. *Vittoria* deve studiare.
4. Abbiamo *cinque* chitarre.
5. Escono con *gli amici.*
6. Nuotano da *molto* tempo.
7. Gli zii arrivano *domani.*
8. Puliscono *il frigo.*
9. Carlo paga per *tutti.*
10. Non ricordiamo le parole *difficili.*

E. **Conosciamoci meglio.** (*Let's get better acquainted.*) Con un compagno / una compagna, componete una lista di domande da fare ad un altro paio di compagni. (*With a partner, compile a list of questions to ask another pair of students.*)

ESEMPIO: Quanti anni avete? Quando studiate?

F. **Conversazione.**

1. Qual è il tuo racconto preferito? **2.** Quanti libri leggi in un mese? E quali? **3.** Chi è il tuo scrittore (*writer*) preferito / la tua scrittrice preferita? **4.** Quali sono i tuoi passatempi? Dipingi? Cucini? Corri? Da quanto tempo? **5.** Con chi esci di solito?

G. **Ancora Lorenzo e Lidia.** Leggendo tra le righe della conversazione a pagina 149, qualcosa è successo l'altra sera e Lorenzo vuole chiedere scusa. Con un compagno / una compagna, ricreate la scena dell'altra sera tra Lorenzo e Lidia. (*The conversation on page 149 suggests that Lorenzo wants to apologize for something that happened earlier. With a partner, recreate the earlier scene between Lorenzo and Lidia.*)

—Pronto, chi parla?

Piccolo ripasso

A. **Gli amici di Giulia.** Giulia ha molti amici che le fanno molti favori. Completa le seguenti frasi con **Giulia** o **a Giulia.** (*Giulia has lots of friends who do many things for her. Complete the following sentences with* **Giulia** *or* **a Giulia.**)

ESEMPIO: Fabrizio invita ____ al cinema →
Fabrizio invita Giulia al cinema.

1. Anna telefona ____ ogni sera.
2. Claudio aiuta (*helps*) ____ a fare il pesto.
3. Enrica insegna ____ lo yoga.
4. Marco porta sempre ____ i suoi appunti (*notes*).
5. Giancarlo scrive spesso lunghe lettere ____.
6. Luca aspetta ____ alla fine (*end*) della lezione.

7. Luigina accompagna _____ a casa in macchina.
8. Mirella presta _____ le sue cassette.

Now do the exercise again, completing the sentences with **la** or **le.**

B. Un regalo per la mamma. Mario ha molta difficoltà a trovare un regalo di compleanno per sua madre. Leggi il seguente brano, trova tutti i pronomi di oggetto diretto e indiretto, e poi trova i nomi a cui riferiscono. (*Mario is having trouble finding his mother a birthday present. Read the following paragraph, find all the direct- and indirect-object pronouns, and find the noun that each refers to.*)

Ieri era il compleanno della madre di Mario, e così lui ha deciso di andare in centro a trovarle un regalo. Mario è andato ad un negozio di abbigliamento (*clothing*) e ha comprato una bella camicia (*shirt*) rossa. Quando è tornato a casa, Mario le ha dato la camicia, ma purtroppo non le è piaciuta. La madre gli ha chiesto di riportarla al negozio e comprare una camicia azzurra. Mario è tornato subito al negozio e l'ha comprata.

C. Un ristorante chic. Ieri, un tuo amico è andato ad un ristorante italiano molto elegante e ha provato dei piatti nuovi. Tu sei curioso/a di sapere quali piatti ha provato e se gli sono piaciuti. Con un compagno / una compagna, create tre domande e risposte ciascuno/a. (*A friend went to an elegant Italian restaurant yesterday and ate dishes he never tried before. You are curious to know what your friend ate and if he liked it. Working with another student, ask and answer three questions each.*)

ESEMPI: S1: Hai provato il prosciutto col melone?
S2: Sì, l'ho provato e (non) mi è piaciuto.
S2: Hai provato le melanzane (*eggplant*) alla parmigiana?
S1: Sì, le ho provate e (non) mi sono piaciute.

Parole utili: l'aragosta (*lobster*), i calamari (*squid*), il salmone, gli scampi (*prawns*), il cervello (*brains*), i carciofi (*artichokes*) ripieni, i funghi (*mushrooms*), le melanzane alla parmigiana, i tortellini in brodo, il prosciutto col melone

D. Quando? Sandra chiede a Monica se ha fatto certe attività; Monica dice che non le ha ancora fatte e quando intende farle. Con un compagno / una compagna, create le loro conversazioni. (*Sandra asks Monica whether she has done certain things; Monica says that she hasn't and tells Sandra when she intends to do them. With a partner, create their conversations as in the example.*)

ESEMPIO: parlare con la professoressa (domani pomeriggio)
SANDRA: Hai parlato con la professoressa?
MONICA: No, non le ho ancora parlato. Le parlo domani pomeriggio.

1. telefonare al dottore (domani)
2. scrivere agli zii (questo week-end)
3. invitare la signora Palazzese (sabato prossimo)
4. riportare i libri in biblioteca (dopo la lezione)
5. finire la tesi (*thesis*) (fra [*in*] due mesi)
6. prendere le vitamine (alla fine del pasto)
7. parlare all'avvocato (la settimana prossima)
8. rispondere alla nonna (domani mattina)

E. Cercasi... (*In search of . . .*) Leggi l'inserzione e scrivi una risposta. Non dimenticare di includere le cose e le attività che ti piacciono e quelli che non ti piacciono. (*Read the personal ad and write a response. Be sure to mention likes and dislikes.*)

●«Cercasi[a] ragazzo dei Gemelli, fiorentino, per avviare[b] amicizia e conoscenza tramite[c] lettera. Sono una ragazza di Firenze in cerca di affinità profonde con te che sei intelligente, divertente, chiacchierone,[d] curioso e un po' bambino. A me piace andare al cinema, girare a piedi per la campagna toscana, cercare tramonti rosso fuoco,[e] ballare in discoteca, nuotare, fare...»

[a]*in search of* [b]*to start up* [c]*via* [d]*talkative* [e]tramonti... *fiery red sunsets*

Invito alla lettura

La pasta, regina° della cucina italiana

°queen

La pasta è la regina della cucina italiana. Anche se[a] è vero che gli spaghetti li hanno inventati i cinesi e che la pasta la si può mangiare ormai[b] in tutto il mondo, l'Italia è senz'altro la patria[c] di questo alimento.

La fantasia[d] degli italiani ha creato centinaia[e] di tipi di pasta: corta, lunga, grande, piccola. Ci sono le forme più semplici e più conosciute, come spaghetti, penne e tagliatelle, che variano solo nella misura,[f] e ci sono forme più strane[g] con nomi altrettanto[h] strani come gli strozzapreti, i fusilli, le zite o i fischiotti. Nello stesso tipo di pasta, oltre alla[i] grandezza, può variare il colore, dovuto agli[j] ingredienti dell'impasto:[k] pasta verde (con gli spinaci), rossa (con il peperoncino[l]), nera (con nero di seppia[m]) e, in alcune zone di montagna, marrone (con farina di castagne[n]).

La pasta migliore è sicuramente quella fatta a mano,[o] preparata in famiglia, ma è ottima[p] anche quella dei piccoli pastifici artigianali[q] o quella dei più di 200 pastifici industriali che ci sono in

Un bel piatto di ravioli

[a]Anche... *Even if* [b]*by now* [c]*homeland* [d]*imagination* [e]*hundreds* [f]*size* [g]*strange* [h]*just as* [i]oltre... *besides* [j]dovuto... *owing to the* [k]*of the dough* [l]*red pepper* [m]*squid* [n]farina... *chestnut flour* [o]fatta... *made by hand* [p]*excellent* [q]pastifici... *small family-owned pasta factories*

Italia. I pastifici italiani producono ogni anno migliaia di tonnellate[r] di pasta per il grande consumo interno e per l'esportazione. Tutti gli italiani mangiano, almeno una volta al giorno, un piatto di pasta, che è il «primo» del tipico pasto italiano.

I piatti a base di pasta della cucina italiana sono molto gustosi[s] anche per la varietà di condimenti,[t] che è davvero infinita ed è legata[u] alle tradizioni delle diverse regioni. In ogni regione condiscono[v] la pasta con i propri[w] prodotti tipici. Al Sud usano condimenti piuttosto semplici a base di olio d'oliva, pomodoro, verdure o pesce, mentre al Centro-Nord è più facile trovare pasta condita[x] con salse di carne, funghi, burro o panna.

Tra i tanti buonissimi piatti di pasta, ricordiamo anche le paste ripiene (di carne, di verdure e formaggi): sono i ravioli, i cappelletti e i famosissimi tortellini, tipici della cucina dell'Emilia-Romagna.

[r]migliaia... *thousands of tons* [s]*tasty* [t]*sauces* [u]*linked* [v]*they season* [w]i... *their own* [x]*seasoned*

In giro per le regioni

L'Emilia-Romagna

L'Emilia-Romagna è una delle regioni più ricche d'Italia, con servizi sociali e amministrativi che funzionano molto bene. Gli asili nido (per i bambini da 0 a 3 anni) e le scuole materne (per i bambini da 3 a 6 anni) sono ottimi: insegnanti e studiosi[a] di tutto il mondo li considerano un vero modello educativo.

Alcune città sono ricche di storia e di monumenti, come Bologna con le sue torri e la sua famosa Università, che è nata nel XII (*dodicesimo*) secolo ed è una delle più antiche d'Europa.

L'arte di mangiare bene è in Emilia-Romagna una regola[b] di vita ed anche una fiorente[c] industria. Molti dei prodotti alimentari tipici dell'Emilia sono famosi in tutto il mondo: il prosciutto, la mortadella, i tortellini o il pregiato[d] formaggio parmigiano.

La Romagna offre ai turisti 150 km di coste attrezzate,[e] con città famose come Rimini, dove si può passare una vacanza al mare, ricca di occasioni di divertimento per ogni età e per ogni ora del giorno e della notte.

[a]*scholars* [b]*rule* [c]*flourishing* [d]*esteemed* [e]*well-equipped*

E ora a voi

Capire

Vi diamo una serie di informazioni sulla pasta. Non tutte queste informazioni sono nel testo che avete letto. Quali informazioni *non* sono nel testo?

_____ 1. L'Italia è la vera patria della pasta.
_____ 2. Ci sono moltissimi tipi di pasta.
_____ 3. La pasta si prepara con farina di grano duro.
_____ 4. La pasta verde si prepara con gli spinaci.
_____ 5. In Italia ci sono numerosi pastifici industriali.
_____ 6. La pasta è un alimento che fa parte della dieta mediterranea.
_____ 7. Ogni italiano consuma ogni anno circa 30 chili (*kilograms*) di pasta.
_____ 8. Ci sono tanti modi diversi di condire la pasta.
_____ 9. Molti condimenti sono tipici delle diverse regioni.
_____ 10. La pasta al pesto è un piatto tipico della Liguria.
_____ 11. Il modo di condire la pasta è più semplice al Sud che al Nord.
_____ 12. Dentro ai ravioli si mettono ricotta e spinaci.

Scrivere

La pasta è un piatto tipico italiano, però anche negli Stati Uniti e nel Canada si mangia pasta, e certamente voi sapete cucinare un piatto di spaghetti al pomodoro. Scrivete gli ingredienti e il procedimento che seguite per preparare gli spaghetti. Confrontate poi la vostra ricetta con quella dei vostri compagni. Per aiutarvi, vi diamo alcuni verbi che indicano azioni che si fanno abitualmente quando si cucina e il nome di alcuni oggetti (utensili) che si usano per cucinare.

Verbi: aggiungere, bollire (*boil*), cuocere, girare (*stir*), mescolare (*mix*), mettere, sbattere (*beat*), spezzare (*slice, chop*), tagliare (*cut*)

Oggetti: coltello, cucchiaio, forchetta, forchettone, mestolo (*ladle*), padella (*pan*), pentola, tegame (*saucepan*)

Spaghetti al pomodoro
Ingredienti per 5 persone:
mezzo chilo di spaghetti, ...
Procedimento:
Metto sul fuoco (*burner*) una pentola con abbondante acqua salata, ...

Videoteca

Pronto in tavola!

Peppe e Cinzia pranzano in un ristorante fiorentino. Peppe, molto esigente per quanto riguarda il mangiare, vuole sapere come sono fatti tutti i piatti da lui ordinati!

ESPRESSIONI UTILI

mi riempie abbastanza fills me up enough
vorrei per antipasto... I would like as antipasto . . .
una bistecca al sangue a rare steak
le uova sbattute beaten eggs
la panna cream
non l'abbiamo mai messa we've never put it in
Che cosa ci mettete? What do you put in it?
il coperto cover charge
Mi metti in imbarazzo. You will embarass me.

Dal video

CAMERIERE: E per secondo?
CINZIA: Un'insalata mista, per favore. Che cosa ci mettete?
CAMERIERE: Il solito—lattuga, radicchio, basilico e pomodoro.
PEPPE: Veramente, mi piace l'insalata senza pomodoro.

Preparazione

Vero o falso?

1. Come primo, Peppe ordina gli spaghetti al pomodoro.
2. Cinzia non ordina un primo piatto.
3. Peppe chiede il conto.

Comprensione

FUNZIONE: Fare ordinazioni al ristorante

1. Perché Peppe vuole prendere gli spaghetti alla carbonara?
2. Che cosa prende Cinzia per pranzo?
3. Come piace l'insalata a Peppe?

Attività

Da fare in coppia.

Immagina di invitare il tuo compagno / la tua compagna e la sua famiglia a cena a casa tua. Sai che sono molto esigente per quanto riguarda il mangiare e allora devi chiedere se gli piacciono certe cose. Potrai fare al tuo compagno / alla tua compagna queste ed altre domande. Piace a tutti il risotto agli asparagi? A tuo figlio piacciono le uova? Gli piace l'insalata? Alla fine, decidi un menu che piace a tutti.

Parole da ricordare

VERBI

apparecchiare la tavola to set the table
consigliare to recommend
discutere to discuss
dispiacere to be sorry
fumare to smoke
litigare to argue
mancare to miss
mandare to send
mostrare to show
pagare il conto to pay the bill
***piacere** to please, be pleasing to
portare il conto to bring the bill
prenotare, fare una prenotazione to make a reservation
preparare to prepare
prestare to lend
regalare to give (as a gift)
rendere (*p.p.* **reso**) to return, give back
riempire to fill
riportare to bring back

NOMI

l'antipasto appetizer
l'arrosto roast
la bistecca steak
la carne meat
il cibo food
il compleanno birthday
il contorno side dish
la crostata pie
il crostino canapé
la cucina cooking
il dolce dessert
la fine end
il fiore flower
il formaggio cheese
la frutta fruit
gli gnocchi dumplings
l'insalata salad
il libro di cucina cookbook
il maiale pork
il manzo beef
il melone melon, cantaloupe
il minestrone hearty vegetable soup
la mostra show, exhibit
la mozzarella mozzarella
il parmigiano parmesan cheese
la pasta pasta
la patata potato
il pesce fish
il piatto plate, dish
il pollo chicken
il pomodoro tomato
la prenotazione reservation
il primo (piatto) first course
il prosciutto cured ham
il regalo gift
la ricetta recipe
il riso rice
il risotto a creamy rice dish
i salumi cold cuts
il secondo (piatto) main course
il servizio, il coperto cover charge
la sigaretta cigarette
il tiramisù ladyfingers soaked in espresso and layered with whipped cream, cream cheese, and chocolate
la torta cake
la verdura vegetables
il vitello veal

AGGETTIVI

fresco fresh
fritto fried
misto mixed
semplice simple, easy
vuoto empty

ALTRE PAROLE ED ESPRESSIONI

alla carbonara with a sauce of eggs, bacon, and grated cheese
alla griglia grilled
al forno baked
al pesto with a sauce of basil, garlic, grated parmesan, and pinenuts
al ragù, alla bolognese with meat sauce
al sugo di pomodoro with tomato sauce
in brodo in broth

che? what? what kind of?
chi? who? whom?
come? how
di solito usually
dove? where
fuori outside, out
perché? why?
quale? (*pl.* **quali?**) which, which one? (which ones?)
qual è... ? What is . . . ?
quando? when?
quanto? (*pl.* **quanti?**) how much, how many?
quasi almost
solamente only

---

*Words identified with an asterisk (*) are conjugated with **essere**.

Capitolo 7

IN BREVE

GRAMMATICA
- **A.** Verbi riflessivi
- **B.** Costruzione reciproca
- **C.** Presente + **da** + espressioni di tempo
- **D.** Avverbi
- **E.** Numeri superiori a 100

INVITO ALLA LETTURA
- *Dalle 8.00 alle 20.00*
- *In giro per le regioni: Le Marche*

Fare spese a Porto Ercole

Fare bella figura°

°Fare... *To look good*

Vocabolario preliminare

Dialogo-Lampo

Mai un minuto

NICOLA: Finalmente domenica! La vita di tutti i giorni* è così† stressante! Uscire di casa, andare al lavoro, andare qua e là,‡ essere attivi, mai un minuto per stare a casa e rilassarsi...

SIMONE: Ma la domenica che fai a casa? Dormi?

NICOLA: Dalle otto alle dieci curo§ il giardino, poi lavo la macchina, a mezzogiorno cucino e poi pranzo, per due ore pulisco la casa, poi guardo lo sport in televisione, poi ascolto la musica mentre faccio l'aerobica, poi...

SIMONE: Questa non è una giornata di lavoro, secondo te?!

1. Perché la vita di tutti i giorni è stressante, secondo Nicola?
2. Cosa fa Nicola la domenica?
3. Secondo Simone, com'è la domenica di Nicola?

Fare bella figura

«Fare bella figura»—un'espressione molto utile in Italia, un paese molto formale. Gli italiani, infatti, vogliono sempre «fare bella figura»: vestirsi bene, fare una buona impressione, lasciare un buon ricordo, mostrare di essere «all'altezza» di (*on top of*) una situazione. La «bella figura» non significa solo essere eleganti, cioè (*in other words*) avere il vestito giusto, essere alla moda, essere ammirati, ma fare le cose come si deve (*as they should be done*).

LA VITA DI TUTTI I GIORNI

LE ATTIVITÀ

addormentarsi to fall asleep
alzarsi to stand up, get up
annoiarsi to get bored
arrabbiarsi to get angry
chiamarsi to call oneself, be named
diplomarsi to graduate (*high school*)
divertirsi to enjoy oneself, have a good time
fermarsi to stop
lamentarsi (di) to complain (*about*)
laurearsi to graduate (*college*)
lavarsi to wash (*oneself*)
mettersi to put on (*clothes*)
portare to wear
sbagliarsi to make a mistake
sentirsi (bene, male, stanco, contento) to feel (good, bad, tired, happy)
specializzarsi in to major in; to specialize in
sposarsi to get married
svegliarsi to wake up
vestirsi to get dressed; to dress

L'ABBIGLIAMENTO (*CLOTHING*)

l'abito, il vestito dress (*women*); suit
il bottone button
i calzini socks
la camicia shirt
il cappotto coat
la cintura belt
la cravatta tie
la felpa sweatshirt; sweatsuit
la giacca jacket
il giubbotto jacket
l'impermeabile raincoat
la maglia sweater
la maglietta, la t-shirt t-shirt
le scarpe shoes

*La... *Everyday life*
†*so*
‡qua... *here and there*
§*I take care of*

Parole-extra

ALTRE AZIONI QUOTIDIANE (*OTHER DAILY ACTIVITIES*)

abbottonare, abbottonarsi to button up
allacciarsi to buckle (*clothing, seatbelt*)
asciugarsi to dry oneself
fare il bagno to take a bath
fare il bucato to do laundry
fare la doccia to take a shower
farsi la barba to shave
guardarsi allo specchio to look in the mirror
lavarsi la faccia / i denti / i capelli to wash one's face / to brush one's teeth / hair
mettersi il rossetto / le lenti a contatto to put on lipstick / contact lenses
stirare to iron
truccarsi to put on makeup

Esercizi

A. Mi diverto, mi annoio, mi arrabbio... Completate il seguente elenco secondo le vostre preferenze. Provate anche a spiegare, in poche parole, perché.

1. Quando sono ammalato/a...
2. Quando faccio la spesa (*go grocery shopping*)...
3. Quando faccio un errore stupido...
4. In classe...
5. Quando leggo le ultime notizie (*news*)...
6. Quando cucino...
7. In viaggio...
8. Al computer...

B. Fare bella/brutta figura. È importante anche da noi fare bella figura? Tra i tuoi amici, quali di questi comportamenti significano fare bella figura? brutta figura?

ESEMPIO: Tra i miei amici, ballare bene significa fare bella figura.

1. addormentarsi in classe
2. andare a letto molto tardi
3. ascoltare la musica classica
4. bere troppo
5. dimenticarsi del compleanno del compagno / della compagna di stanza
6. non farsi la barba
7. guidare velocemente (*fast*)
8. lamentarsi dei compiti
9. laurearsi in tre anni
10. laurearsi dopo sei anni di studi
11. portare i jeans
12. prendere voti (*grades*) alti
13. non pulire mai la camera
14. sposarsi subito dopo la laurea

C. Un piacere o una scocciatura (*nuisance*)**?** Completa le seguenti frasi con elementi dalle liste A e B, o esprimi le tue proprie (*your own*) opinioni.

Per me...
Per i professori...
Per gli studenti...

A

avere studenti intelligenti
ricordare i verbi irregolari
stare zitto
svegliarsi presto
scrivere bene
fare la spesa
pulire la casa
correggere gli esercizi
dare un esame
pagare le tasse (*taxes*)
mettersi la cintura di sicurezza (*seatbelt*)
andare dal dentista

B

è una scocciatura
è una fatica (*effort*)
è un piacere
è un'arte
è un dovere (*duty*)

D. Chi porta i calzini gialli? Descrivi come è vestito/a oggi un compagno / una compagna di classe. Gli altri studenti indovineranno chi è.

ESEMPIO: Questa persona porta una maglietta nera con i jeans e scarpe da tennis...

in ascolto

Che mi metto stasera? Luisa è una persona incontentabile (*never satisfied*). Si lamenta sempre dei suoi vestiti. Ascoltate con attenzione e poi rispondete alle domande seguenti.

1. Perché Luisa non vuole uscire stasera?
2. Che cosa ha comprato due giorni fa?
3. Che cosa ha comprato ieri?
4. Secondo lei, di che cosa ha bisogno?

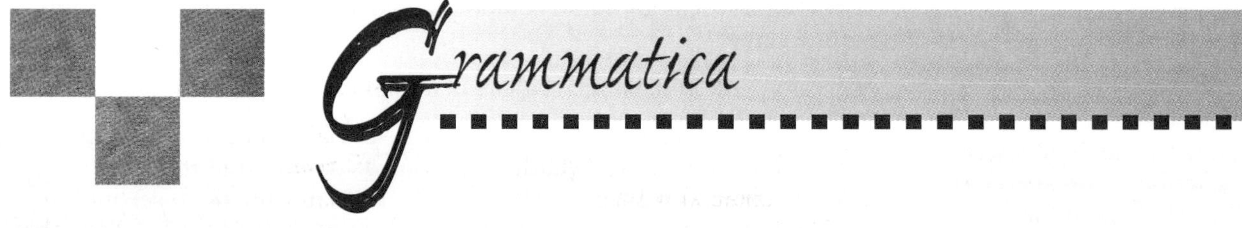

A. Verbi riflessivi

SIGNORA ROSSI: Nino è un ragazzo pigro: ogni mattina si sveglia tardi e non ha tempo di lavarsi e fare colazione. Si alza presto solo la domenica per andare in palestra a giocare a pallone.

SIGNORA VERDI: Ho capito: a scuola si annoia e in palestra si diverte.

1. A reflexive verb (**verbo riflessivo**) is a transitive verb whose action is directed back to its subject. The subject and object are the same: ***I*** *consider* ***myself*** *intelligent;* ***we*** *enjoy* ***ourselves*** *playing cards;* ***he*** *hurt* ***himself.*** In both English and Italian, the object is expressed with reflexive pronouns.
   Reflexive pronouns are identical to direct-object pronouns, except for **si** (the third-person singular and plural form): **mi, ti, si; ci, vi, si.**

Passato prossimo w/ Reflexive verbs — essere

Mi sono lavata.

alzarsi (*to get up, stand up*)			
mi alzo	*I get up*	**ci** alziamo	*we get up*
ti alzi	*you get up*	**vi** alzate	*you get up*
si alza	*you (form.) get up* / *he gets up* / *she gets up*	**si** ạlzano	*you (form.) get up* / *they get up*

MRS. ROSSI: Nino is a lazy boy. Every morning he wakes up late and doesn't have time to wash and eat breakfast. He gets up early only on Sundays to go to the gym to play ball. MRS. VERDI: I get it: at school he's bored and at the gym he has a good time.

2. Like direct-object pronouns, reflexive pronouns precede a conjugated verb or attach to the infinitive.

   If the infinitive is preceded by a form of **dovere, potere,** or **volere,** the reflexive pronoun either attaches to the infinitive (which drops its final **-e**) or precedes the conjugated verb. Note that the reflexive pronoun agrees with the subject even when attached to the infinitive.

Mi alzo.	*I'm getting up.*
Voglio alzar**mi.** **Mi** voglio alzare.	*I want to get up.*

3. Most reflexive verbs can also be used as nonreflexive verbs if the action performed by the subject affects someone or something else.

chiamarsi *to be called* chiamare *to call (someone)*	fermarsi *to stop (oneself)* fermare *to stop (someone or something)*
lavarsi *to wash (oneself)* lavare *to wash (someone or something)*	svegliarsi *to wake up* svegliare *to wake (someone else)*

Si chiama Antonio, ma tutti lo **chiamano** Toni.	*His name is Antonio, but everybody calls him Toni.*
Vuole **lavare** la macchina e poi **lavarsi.**	*He wants to wash the car and then wash up.*
Dovete **fermarvi** allo stop: se no, vi **ferma** un vigile!	*You must stop at the stop sign; otherwise a cop will stop you!*
Ci svegliamo alle sette ma **svegliamo** i bambini alle otto.	*We wake up at seven but wake the children at eight.*

4. The **passato prossimo** of reflexive verbs is formed with the present tense of **essere** and the past participle. As always with **essere,** the past participle must agree with the subject in gender and number.

alzarsi			
mi sono alzato/a	*I got up*	ci siamo alzati/e	*we got up*
ti sei alzato/a	*you got up*	vi siete alzati/e	*you got up*
si è alzato	*you got up* *he got up*	si sono alzati	*you got up* *they got up*
si è alzata	*you got up* *she got up*	si sono alzate	*you got up* *they got up*

Paolo si è divertit**o** alla festa, ma Laura non si è divertit**a** per niente!	*Paolo had a good time at the party, but Laura didn't enjoy herself at all!*
—Quando vi siete alzat**i**?	*When did you get up?*
—Ci siamo alzat**i** tardi.	*We got up late.*

ESERCIZI

Si dice così: *fermarsi* vs. *smettere*

Fermarsi is a reflexive verb meaning *to stop oneself* (*from moving*). The nonreflexive form **fermare** means *to stop someone or something.*

Mi fermo a guardare i vestiti in vetrina. *I stop* (*myself*) *to look at the clothes in the shop window.*

Fermo la macchina all'incrocio. *I stop the car at the intersection.*

Smettere (**di**) is a nonreflexive verb meaning *to stop doing something.* In Italian, unlike English, the action stopped is expressed with the infinitive.

Smettiamo di lavorare alle sei. *We stop working at six.*

Bambini, smettete di urlare! *Kids, stop yelling!*

A. Nino. Decidi se Nino fa le seguenti attività in modo logico. Se non è logico, cambia l'ordine delle azioni.

ESEMPIO: Prima stira le camicie e poi fa il bucato. →
No, non è logico. Prima fa il bucato e poi stira le camicie.

1. Prima si lava la faccia e poi si fa la barba.
2. Prima si mette le scarpe e poi si mette i calzini.
3. Prima si laurea e poi si diploma.
4. Prima si alza e poi si addormenta.
5. Prima si arrabbia e poi i bambini fanno capricci (*pranks*).
6. Prima va dal dottore e poi si sente male.
7. Prima va in vacanza e poi si prenota la camera in albergo.
8. Prima si mette la cravatta e poi si mette la camicia.

B. Trasformazioni. Sostituisci il soggetto della frase con gli elementi tra parentesi e cambia la forma del verbo.

1. Mi lavo le mani (*hands*) prima di mangiare. (Luigi / i bambini / noi due / anche voi)
2. A che ora vi addormentate voi? (tu / loro / Marcella / io)
3. Che cosa si mette Lei? (loro / voi / tu / io)
4. Mi sono sbagliato. (i bambini / la signora / voi / noi)
5. Peggy Sue si è sposata molto giovane. (la nonna / Roberto / gli zii / le cugine della mamma)
6. Perché si è fermato il treno? (la macchina / voi / tu / gli autobus)

C. Conversazioni. Con un compagno / una compagna, completate i mini-dialoghi con la forma corretta di un verbo della lista. Fate attenzione al contesto per capire quale tempo del verbo usare.

VERBI: alzarsi, annoiarsi, laurearsi, mettersi

1. S1: Lorenzo _____ alle sei ogni giorno. E tu?
   S2: Anch'io _____ alle sei.
2. S1: Loro _____ spesso la cravatta. E tu?
   S2: Io non _____ mai la cravatta!
3. S1: Loro _____ alla festa ieri sera. E voi?
   S2: Noi non _____!
4. S1: Marco _____ in francese molti anni fa. E Luisa?
   S2: Luisa _____ in ingegneria.

VERBI: arrabbiarsi, chiamarsi, lavarsi, sentirsi

5. S1: Lei _____ spesso con gli impiegati?
   S2: Io non _____ mai!
6. S1: Voi, come _____ oggi?
   S2: _____ bene, grazie!
7. S1: Ciao, sono Daniela. Tu come _____?
   S2: _____ Massimo. Piacere!
8. S1: Lia, _____? Dobbiamo partire subito.
   S2: Non ancora (*Not yet*). Vado a _____ adesso.

Arriva l'inverno.
Come mi vesto?

D. Traduzioni. Traduci in italiano.

1. Luigino isn't feeling well; we must call the doctor. **2.** When I go to the university, I stop at a coffee shop and have a cappuccino. **3.** Why didn't you wake me up? I slept until 8:30 and missed the (my) train! **4.** We need help (**aiuto**)! We can call the police (**la polizia**) or stop a car. **5.** You can't stop every five minutes when you run! **6.** What's your name? —My name is Garibaldi, but they call me Dino.

E. La mia giornata. Prendi appunti mentre il tuo compagno / la tua compagna descrive la sua giornata di ieri. Poi, racconta le sue esperienze ad un altro gruppo di studenti o alla classe.

ESEMPIO: S1: Che hai fatto ieri dalla mattina alla sera?
S2: Mi sono alzato/a alle sette. Poi...

B. Costruzione reciproca

Giulio e Anna si conoscono da tanti anni—sono amici di infanzia. Si vedono tutti i giorni a scuola e tutte le sere si parlano al telefono. Discutono sempre i loro problemi l'uno con l'altra perché si capiscono benissimo. Secondo te, un giorno si sposeranno? Perché sì/no?

1. Most verbs can express reciprocal actions (*we see each other, you know each other, they speak to one another*) by means of the plural reflexive pronouns **ci, vi,** and **si,** used with first-, second-, and third-person plural verbs respectively. This is called the **costruzione reciproca.**

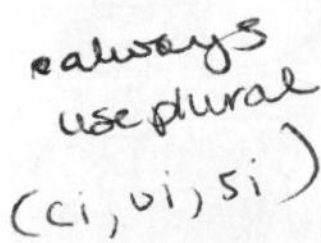

Ci vediamo ogni giorno.	*We see each other every day.*
Da quanto tempo **vi conoscete?**	*How long have you known each other?*
Si parlano al telefono.	*They talk to each other on the phone.*

2. The auxiliary **essere** is used to form the compound tenses of verbs expressing reciprocal actions. The past participle agrees with the subject in gender and number.

Non ci **siamo** capiti.	*We didn't understand each other.*
Le ragazze si **sono** telefonate.	*The girls phoned each other.*

3. For clarification or emphasis, the phrases **l'un l'altro (l'un l'altra), tra (di) noi, tra (di) voi,** or **tra (di) loro** may be added.

Giulio and Anna have known each other for many years—they are childhood friends. They see each other every day at school and every evening they talk to each other on the phone. They always discuss their problems with each other because they understand each other very well. In your opinion, will they get married one day? Why / why not?

Si guardano **l'un l'altro** in silenzio.	*They look at each other in silence.*
Si sono aiutati **tra di loro.**	*They helped each other.*

4. The following commonly used verbs express reciprocal actions.

abbracciarsi	*to embrace (each other)*
aiutarsi	*to help each other*
baciarsi	*to kiss (each other)*
capirsi	*to understand each other*
conoscersi	*to meet*
farsi regali	*to exchange gifts*
guardarsi	*to look at each other*
incontrarsi	*to run into each other*
innamorarsi	*to fall in love with each other*
salutarsi	*to greet each other*
scriversi	*to write to each other*
telefonarsi	*to phone each other*
vedersi	*to see each other*

ESERCIZI

A. Dalla festa alla chiesa. Completa la storia del rapporto tra Luigina e Salvatore secondo i disegni.

A

B

C

D

E

F

G

Luigina e Salvatore si sono conosciuti ad una _____.[1] Il giorno dopo, si sono telefonati e hanno parlato per _____[2] ore. Il giorno dopo sono andati al _____[3] insieme. Dopo qualche mese, Luigina ha dovuto fare un _____[4] molto lungo per motivi di lavoro. Tutti i _____[5] si sono scritti lettere di amore. Finalmente Luigina è ritornata e si sono baciati appena (*as soon as*) si sono visti all' _____.[6] Due settimane dopo si sono sposati in _____.[7]

B. Trasformazioni. Sostituisci il soggetto della frase con gli elementi tra parentesi e fa' tutti i cambiamenti necessari.

1. Quando ci vediamo, ci abbracciamo. (le ragazze / voi / gli zii)
2. Roberto e Carla si conoscono da molto tempo. (io e Alvaro / tu e Luigi / le due famiglie)
3. Perché non vi siete salutati? (le due signore / i bambini / noi)
4. Ci siamo incontrati al bar della stazione. (gli amici / le amiche / voi due)
5. Non si telefonano, si scrivono! (Daniela ed io / voi / le professoresse)
6. Mia sorella ed io ci siamo sempre aiutate. (i fratelli / tu e Massimo / quelle ragazze)

C. Un colpo di fulmine. (*A bolt of lightning / Love at first sight.*) Completa il dialogo con le forme appropriate dei verbi tra parentesi.

S1: In che anno _____[1] (sposarsi) i tuoi genitori?
S2: Nel 1975 (millenovecentosettantacinque).
S1: Come _____[2] (conoscersi) e dove?
S2: _____[3] (vedersi) per la prima volta al supermercato: _____[4] (parlarsi), poi _____[5] (telefonarsi), _____[6] (vedersi) spesso e dopo solo due mesi _____[7] (sposarsi)!

D. Il nostro rapporto. Formate delle coppie (*Pair off*), e immaginate di essere sposati da dieci anni. Inventate la storia del vostro rapporto cominciando (*beginning*) con il primo incontro. Usate come modello la storia di Luigina e Salvatore nell'esercizio A. Poi, preparate una lista di domande per un altro gruppo sul loro rapporto. Per esempio: **Quando vi siete conosciuti?,** eccetera.

Nota culturale

La moda° italiana

fashion

La moda italiana è tra la più ricercata[a] del mondo, soprattutto[b] nell'abbigliamento femminile. Vestire alla moda è importante per quasi tutti gli italiani, e in Italia si spende in[c] vestiti, scarpe ecc., più che negli altri paesi. Sono soprattutto gli adulti che seguono la moda italiana, mentre ai giovani piace anche vestire all'americana, con jeans, magliette e giubbotti.

Le marche[d] italiane di abbigliamento sono conosciute e vendute in tutto il mondo e i dati[e] economici confermano che l'Italia è al primo posto in questo settore. Ci sono molti stilisti[f] italiani assai[g] famosi come Armani, Valentino, Dolce e Gabbana, Ferragamo, Ferré, Prada, Gucci, Trussardi, Versace.

Il centro della moda italiana è Milano, dove a marzo e ottobre si tengono[h] numerose sfilate[i] che presentano le nuove collezioni degli stilisti più importanti. C'è poi Firenze, che ha un'Università Internazionale della Moda e offre, nella splendida cornice[j] di Palazzo Pitti, sfilate e mostre, dedicate soprattutto alla moda maschile. A Roma è infine famosa la "sfilata sotto le stelle," che si tiene ogni anno in luglio, verso le dieci di sera, sulla scalinata[k] di Trinità dei Monti. In quest'occasione tutti gli stilisti più famosi presentano le loro collezioni autunno-inverno, e si possono ammirare le bellissime modelle che, anche se fa caldo, scendono le scale vestite di eleganti cappotti e pellicce.

[a]*sought after* [b]*especially* [c]si... *people spend for* [d]*labels, brands* [e]*data* [f]*designers* [g]*quite* [h]si... *are held* [i]*fashion shows* [j]*setting* [k]*staircase*

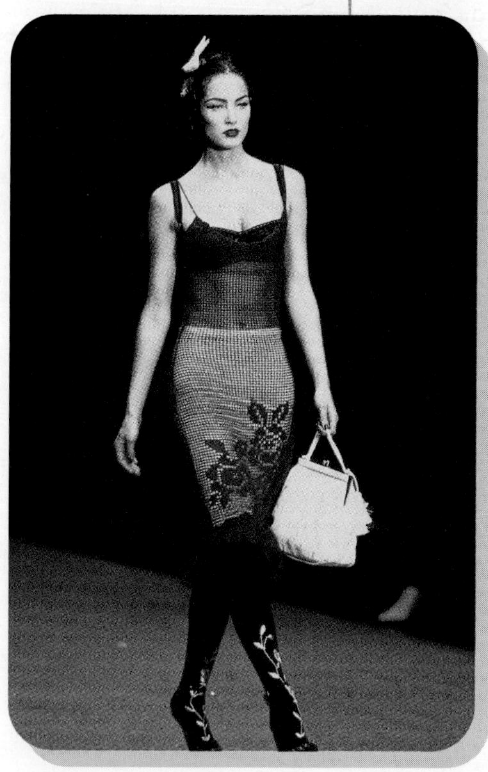

Una sfilata degli stilisti Dolce e Gabbana

C. Presente + *da* + espressioni di tempo

RICCARDO: Ho un appuntamento con Paolo a mezzogiorno in piazza. Vogliamo andare a mangiare insieme. Io arrivo puntuale ma lui non c'è. Aspetto e aspetto, ma lui non viene. Finalmente, dopo un'ora, Paolo arriva e domanda: «Aspetti da molto tempo?» E io rispondo: «No, aspetto solo da un'ora!»

1. Italian uses *present tense* + **da** + *time expressions* to indicate an action that began in the past and is still going on in the present. English, by contrast, uses the present perfect tense (*I have spoken, I have been working*) + *for* + *time expressions.*

> *verb in the present tense* + **da** + *length of time*

Scio da un anno.	*I've been skiing for a year.*
Prendi lezioni di karatè da molti mesi?	*Have you been taking karate lessons for many months?*

2. To find out how long something has been going on, use **da quanto tempo** + *verb in the present tense.*

—Da quanto tempo leggi questa rivista?	*How long have you been reading this magazine?*
—Leggo questa rivista da molto tempo.	*I've been reading this magazine for a long time.*

3. If an action both began and ended in the past, and is not continuing in the present, the following construction is used.

> *verb in the past tense* + **per** + *length of time*

Ho lavorato in quel negozio di abbigliamento per dieci anni. Ora lavoro in un grande magazzino.	*I worked in that clothing store for ten years. Now I work in a department store.*

RICCARDO: I have an appointment with Paolo at noon in the square. We want to go eat together. I arrive on time, but he isn't there. I wait and wait, but he doesn't come. Finally, after an hour, Paolo arrives and asks, "Have you been waiting long?" And I reply, "No, I've only been waiting for an hour!"

ATTENZIONE! Note the difference in form and meaning between the following.

Sara **ha studiato** l'italiano **per** due anni.	*Sara studied Italian for two years. (action is completed)*
Sara **studia** l'italiano **da** due anni.	*Sara has been studying Italian for two years. (action is still going on)*

A. È probabile? Leggi le descrizioni di Paolo, Marina e il signor Binetti e poi decidi se le seguenti frasi sono probabili o improbabili. Correggi le frasi improbabili.

Descrizioni: Paolo è un bambino di 5 anni.
Marina è una studentessa dell'università di Bologna. Studia medicina e ha 25 anni.
Il Sig. Binetti ha 85 anni.

1. Paolo cammina da tre anni.
2. Marina studia la chimica da un anno.
3. Il Sig. Binetti scia da due mesi.
4. Paolo gioca a tennis da un anno.
5. Marina abita a Napoli da tre anni.
6. Il Sig. Binetti scrive poesie da dieci anni.

B. Da quanto tempo? Crea frasi secondo l'esempio.

ESEMPIO: (io) studiare l'italiano / quattro settimane →
Io studio l'italiano da quattro settimane.

1. (lei) correre / molti anni
2. (noi) aspettare l'autobus / venti minuti
3. (i bambini) prendere lezioni di piano / un anno
4. (tu) suonare la chitarra / molti mesi
5. (il bambino) disegnare / un quarto d'ora
6. (io) uscire con Giorgio / sei mesi

C. Tutto sull'insegnante. Vuoi trovare informazioni sul tuo insegnante per il giornale universitario. Fa' domande appropriate per scoprire (*discover*) da quanto tempo l'insegnante fa le seguenti attività.

ESEMPIO: leggere romanzi (*novels*) italiani →
Da quanto tempo legge romanzi italiani?

1. insegnare in quest'università
2. abitare in questa città
3. bere vini italiani
4. parlare italiano
5. giocare a tennis
6. scrivere racconti

D. Lo fa ancora? Leggi le seguenti frasi e decidi se le persone fanno ancora queste cose o se non le fanno più (non... più = *no longer*).

ESEMPIO: Maria studia l'italiano da due anni. →
Sì, Maria studia ancora l'italiano.

1. Roberto gioca a tennis da tre anni.
2. Sandra ha giocato a tennis per due anni.
3. Gino porta la cravatta da due mesi.
4. La Sig.ra Carletti beve caffè da due settimane.
5. Marco ha smesso di fumare per cinque mesi.
6. Il Sig. Marchi è nel negozio di abbigliamento da tre ore.
7. I ragazzi hanno lavorato al giornale per cinque anni.

E. La gioventù. (*Childhood.*) Racconta al tuo compagno / alla tua compagna quattro o cinque cose che facevi una volta (*used to do*) ma che non fai più. Il compagno / la compagna prende appunti e poi racconta tutto ad un altro gruppo o alla classe.

ESEMPIO: S1: Io ho giocato a calcio per cinque anni, ma ora non gioco più.
S2: Laura ha giocato a calcio per cinque anni, ma ora non gioca più.

D. Avverbi

Sandro gioca molto bene a tennis. È un buon giocatore che ha molte racchette e tante scarpe da tennis.

Felice gioca male a golf. È un cattivo giocatore che non ha le proprie mazze* e scarpe da golf.

1. You already know that adjectives modify nouns, and that they agree in gender and number with the noun they modify. Adverbs, by contrast, are invariable (their endings don't change) and they can modify verbs, adjectives, or other adverbs. Adverbs indicate *how* an action is performed. Some common adverbs are **bene, male,** and **molto.**

Maddalena parla **bene** l'italiano.	*Maddalena speaks Italian well.*
Giacomo legge **male.**	*Giacomo reads badly.*
I ragazzi corrono **molto.**	*The boys run a lot.*

Do not confuse these adverbs with the adjectives **buono** and **cattivo** or the variable forms of **molto.**

Maddalena ha una **buona** macchina.	*Maddalena has a good car.*
Giacomo ha **cattivo** gusto.	*Giacomo has bad taste.*
I ragazzi corrono in **molte** gare.	*The boys run in many races.*

*clubs

Nota bene: *molto, poco, troppo*

Like **molto** (*many / a lot*), **poco** (*few / little*) and **troppo** (*too many / too much*) can be both adjectives and adverbs. When modifying a noun, they precede it and agree with it in number and gender. As adverbs, they follow a simple verb and precede an adjective.

AGGETTIVO
Sara ha molti libri.
Riccardo ha pochi amici.
Nina ha troppi regali.

AVVERBIO
Tina e Sara parlano molto al telefono.
Carlo suona poco il pianoforte.
Maria parla troppo.
Rita guida molto velocemente.

2. Many adverbs are formed by attaching **-mente** to the feminine form of the adjective. They correspond to English adverbs ending in **-ly.**

vero	→	vera	→	veramente	*truly*
fortunato	→	fortunata	→	fortunatamente	*fortunately*

If the adjective ends in **-le** or **-re** preceded by a vowel, the final **-e** is dropped before adding **-mente.**

genti**le**	→	gentil-	→	gentilmente	*kindly*
regola**re**	→	regolar-	→	regolarmente	*regularly*

3. Adverbs usually follow directly after a simple verb form.

Parla sempre di lavoro.	*He always talks about work.*
La vedo raramente.	*I rarely see her.*

4. With compound verbs, most adverbs follow the past participle. However, some common adverbs (**già, mai, ancora** [*still*], **sempre**) are placed between the auxiliary verb and the past participle.

Sei arrivata tardi in palestra.	*You arrived at the gym late.*
Non ho capito bene la lezione.	*I didn't understand the lesson well.*
Avete già visto il parco?	*Have you already seen the park?*
Il nostro professore non ha mai parlato del femminismo.	*Our professor never talked about feminism.*

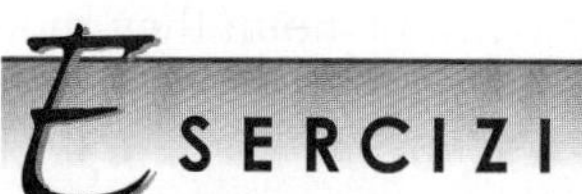

A. Domande personali. Decidi se le seguenti proposizioni personali sono vere o false. Correggi le frasi false.

1. Ho sempre avuto fortuna in amore.
2. Ho già preparato la lezione per domani.
3. Sono arrivato/a tardi a lezione oggi.
4. Scrivo velocemente.
5. Mi lamento spesso dei professori.
6. Faccio sempre i compiti.
7. Vado a lezione regolarmente.
8. Parlo gentilmente con i miei genitori / con i miei amici / con i miei fratelli.

★ **B.** **Come sono?** Descrivi le seguenti persone con un avverbio che corrisponde all'aggettivo usato nella prima parte della frase.

ESEMPIO: La signora Crespi è elegante: si veste sempre *elegantemente.*

1. Luigino è un bambino molto attento: ascolta tutto _____.
2. Rita e Mario sono persone tranquille: fanno tutto _____.
3. A Gina non danno fastidio (*bother*) le visite inaspettate (*unexpected*): è contenta anche quando gli amici arrivano _____.
4. Le lettere di Gregorio sono molto rare: scrive _____.
5. Mara è una persona molto onesta: mi risponde sempre _____.
6. Sandro è una persona molto gentile: tratta (*treats*) tutti _____.
7. La mia amica Francesca è molto intelligente: risponde _____ alle domande.
8. Elena, Marilena e Francesca sono persone allegre: fanno tutto _____.

C. **Bene e male.** Leggi le brevi descrizioni di Sandro e Felice a pagina 171 e trova tutti gli aggettivi e gli avverbi. Poi, completa le seguenti frasi con un avverbio (**bene/male, molto, troppo, poco**) o un aggettivo (**molto, poco, buono,** o **cattivo).**

1. Sono andata al parco a giocare a frisbee con amici, ma non so giocare molto _____.
2. Conosco Salvatore da quando ho otto anni. Lui è un _____ amico.
3. Sandro va in palestra due volte al giorno. Secondo me, si allena (*works out*) _____.
4. Milena si è trasferita a Milano da Palermo due settimane fa. Conosce solo la sua vicina (*neighbor*) di casa. Lei ha _____ amici a Milano.
5. Anche se (*Even though*) Rocco prende lezioni di ballo tre volte alla settimana, balla _____.
6. Mariella canta e balla bene, ma non recita bene—è una _____ attrice.

D. **Fare domande logiche.** Fate domande al compagno / alla compagna usando elementi dalle colonne A, B e C.

ESEMPIO: S1: Parli onestamente con i genitori? →
S2: Sì, gli parlo onestamente.

A	B	C
parlare	spesso	una persona famosa
guidare	regolarmente	con i genitori
conoscere	bene/male	i compiti
fare	mai	con i parenti
giocare	onestamente	con amici
uscire	già	a tennis / a golf
parlare	velocemente	

Numeri superiori a 100

MONICA: Mi sono diplomata nel 1985, mi sono laureata nel 1989, mi sono sposata nel 1990, ho avuto un figlio nel 1991 e una figlia nel 1992, ho accettato un posto all'università nel 1993...

SILVIA: Quando pensi di fermarti?!

1. The numbers one hundred and above are

100	cento	600	seicento	1.100	millecento
200	duecento	700	settecento	1.200	milleduecento
300	trecento	800	ottocento	2.000	duemila
400	quattrocento	900	novecento	1.000.000	un milione
500	cinquecento	1000	mille	1.000.000.000	un miliardo

2. The indefinite article is not used with **cento** (*hundred*) or **mille** (*thousand*), but it is used with **milione** (*million*).

cento favole	*a hundred fables*
mille notti	*a thousand nights*
un milione di dollari	*a million dollars*

3. **Cento** has no plural form. **Mille** has the plural form **-mila.**

   cento lire, duecento lire
   mille lire, duemila lire

4. **Milione** (plural **milioni**) and **miliardo** (plural **miliardi**) require **di** when they directly precede a noun.

In Italia ci sono 57 milioni di abitanti.	*In Italy there are 57 million inhabitants.*
Il governo ha speso molti miliardi di dollari.	*The government has spent many billions of dollars.*

5. The masculine singular definite article **il** is used when specifying a calendar year.

Il 1916 (millenovecentosedici)* è stato un anno molto buono.	*Nineteen-sixteen was a very good year.*
La macchina di Dino è del 1993.	*Dino's car is a 1993 model.*
Sono nato nel 1978.	*I was born in 1978.*
Siamo stati in Italia dal 1990 al 1992.	*We were in Italy from 1990 to 1992.*

6. The exchange rate fluctuates, but one dollar is usually equivalent to 1.600–1.800 Italian lire. ATTENZIONE! In Italian, a period is used instead of a comma in numbers over 999: 1,000 (*one thousand*) = **1.000 (mille).**

MONICA: I graduated from high school in 1985, graduated from college in 1989, got married in 1990, had a boy in 1991 and a girl in 1992; I took a job at the university in 1993 . . . SILVIA: When do you think you'll stop?!

*There is no Italian equivalent for *eleven hundred, twelve hundred,* etc. One says **millecento, milleduecento,** etc.

A. Il prezzo è giusto. Decidi se i prezzi per i seguenti articoli in un negozio di abbigliamento sono plausibili. Se il prezzo non è plausibile, sostituiscilo con un prezzo adeguato.

1. Una camicia da notte (*nightgown*) costa 2.000 L.*
2. I Levi 501 costano 30.500 L.
3. Le scarpe costano 99.800 L.
4. La cravatta costa 16.700 L.
5. Una maglietta costa 1.550 L.
6. I guanti (*gloves*) costano 356.800 L.
7. Un abito elegante costa 250.400 L.
8. I calzini per un bambino costano 3.400.550 L.

B. I prezzi in Europa. Osserva la tabella dei prezzi europei di vari prodotti e fai delle domande a cui deve rispondere il tuo compagno / la tua compagna.

ESEMPIO: S1: Quanto costa il televisore Sony in Italia?
S2: Costa novecentonovantamila lire.

OCCASIONI PER LO SHOPPING: QUALCHE CONFRONTO

	SPAGNA	G. BRETAGNA	GERMANIA	ITALIA	BELGIO	FRANCIA
Televisore Sony Black Trinitron 25"	**1.160.000**	**1.915.000**	**1.180.000**	**990.000**	**1.310.000**	**1.310.000**
Levi's 501	**127.000**	**133.000**	**128.000**	**140.000**	**143.000**	**115.000**
Whisky J&B	**16.820**	**44.200**	**23.700** (bott. 3/4)	**17.500**	**38.000**	**35.000** (bott. 3/4)
Orologio Swatch	**70.000**	**87.000**	**20.000**	**60.000**	**76.000**	**88.000**
Aspirina	**4.200** (20 compr.)	**2.200** (100 compr.)	**7.400** (20 compr.)	**5.500** (20 compr.)	**6.700** (60 compr. con vit. C)	**7.600** (50 compr.)
Computer Macintosh G3	**5.175.000+ 1.540.000** per il monitor	**4.130.000** compreso il monitor	**4.100.000** senza monitor	**4.800.000** senza monitor	**4.190.000+ 1.330.000** per il monitor	**3.900.000** senza monitor
Compact disc	**32.500**	**12.000**	**29.500**	**38.000**	**38.000**	**35.000**
Quota carta di credito Visa	**32.000**	**29.500**	**49.500**	**52.000**	**38.000**	**73.000**

* **L.** is the abbreviation for **lire**.

C. **Operazioni matematiche.** A turni (*Taking turns*), fate le domande e trovate le risposte per le seguenti operazioni matematiche. **Espressioni utili:** più (+), meno (−), diviso (÷), per (×), fa (=).

ESEMPIO: 120 + 230 →
S1: Quanto fa centoventi più duecentotrenta?
S2: Fa trecentocinquanta.

1. 900 − 25
2. 1000 ÷ 2
3. 2000 × 100
4. 1200 + 300
5. 1.000.000 × 100
6. 600 ÷ 3
7. 800 − 250
8. 1000 + 1750
9. 10.000 × 5

D. **Domande.** Chiedi ad un compagno / una compagna...

1. in che anno è nato/a **2.** in che anno si è diplomato/a **3.** in che anno ha preso la patente (*driver's license*) **4.** in che anno si sono sposati i suoi genitori **5.** se sa in che anno è morta la principessa Diana

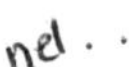

Piccolo ripasso

A. **La vita quotidiana** (*daily*). Qual è la tua routine giornaliera (*daily*)? Prova a descrivere cosa fai durante la prima ora della tua giornata, quando ti alzi. Poi, più generalmente, descrivi una giornata tipica. Confronta la tua descrizione con quella di un compagno / una compagna di classe.

1. Quando mi alzo...
2. Alle 10.00 di mattina...
3. A mezzogiorno...
4. Alle 3 del pomeriggio...
5. Alle 7 di sera...
6. Alle 10.30 di sera...
7. A mezzanotte...

Adesso scrivete invece, secondo voi, la giornata tipica dell'insegnante di italiano. Confrontate poi la vostra versione con la versione dell'insegnante. Buon divertimento!

B. **La giornata del signor Rossi.** Cambia il seguente brano. Comincia con **Ieri il signor Rossi...** e usa il passato prossimo. Poi, cambia il brano una seconda volta. Comincia con **la signora Rossi** e fai tutti i cambiamenti necessari.

Ogni mattina il signor Rossi si alza alle sei, si mette la felpa, e va a correre per quaranta minuti. Ritorna a casa, fa la doccia, si fa la barba, si veste e fa colazione.

C. **Una bella coppia.** La signora e il signor Rossi hanno un rapporto felice e tranquillo perché hanno molti interessi in comune. Completa la prima parte della storia di come si sono conosciuti con la forma corretta dei verbi **guardarsi, incontrarsi, uscire,** e **andare.** Poi, continua la storia.

Il nove novembre millenovecentosettantadue, alle sei di mattina, Anna Minghetti ______[1] di casa per correre nel parco con i suoi due cani. Alle sei e cinque, Massimo Rossi ______[2] al parco vicino a casa sua a fare una passeggiata con il suo cane. Vicino alla fontana, nel centro del parco, Marco, Anna e i tre cani ______.[3] I tre cani ______[4] e poi...

D. Quanto costa? Quanto costano? Chiedi ad un compagno / una compagna quanto costano, secondo lui/lei, i seguenti prodotti.

ESEMPIO: S1: Quanto costano i Levi?
S2: Costano ottantacinque dollari.

1. una Porsche
2. una settimana in un albergo di lusso (*luxury*)
3. una camicia di seta (*silk*)
4. un litro di latte
5. un paio di calzini
6. un volo per Roma
7. una telefonata di venti minuti dall'America in Italia
8. i libri per il corso di chimica
9. un computer
10. orecchini d'oro (*gold earrings*)

Dalle 8.00 alle 20.00

Milano. Muoversi in fretta

L'Italia è un paese latino, ma il ritmo[a] di vita degli italiani è più simile a quello dei paesi del nord che a quello dei paesi latini.

La sveglia[b] degli italiani suona molto presto e alle 8.00 sono tutti già al lavoro. Le lezioni nelle scuole cominciano alle 8.30. Nelle grandi città gli spostamenti richiedono[c] molto tempo e ci vogliono[d] ore per accompagnare i figli a scuola e raggiungere[e] il posto di lavoro.

La famiglia italiana fa una prima colazione tranquilla solo nei giorni di festa. Durante la settimana l'italiano beve un caffè in fretta e va al lavoro, perché non c'è tempo di stare a tavola.

La colazione vera e propria[f] è rinviata[g] a metà mattina. Dalle 10.00 alle 11.00 i bar sono affollati di lavoratori[h] che bevono il

[a]*rhythm* [b]*alarm clock* [c]gli... *getting around takes* [d]ci... *it takes* [e]*arrive at* [f]vera... *good and proper* [g]*postponed* [h]affollati... *crowded with workers*

loro secondo caffè, o un cappuccino, accompagnato da un «cornetto» (il *croissant* dei francesi) o da un altro piccolo dolce.

Gli italiani, come si sa[i], amano molto mangiare e considerano lo stare a tavola un grande piacere. Perciò si adattano male[j] a ritmi di lavoro che spesso li costringono[k] a mangiare fuori casa e a consumare panini o pasti veloci. Dalle 13.00 alle 14.00, quelli che possono fanno in modo di[l] tornare a casa a pranzare e non rinunciano ad[m] un bel piatto di pasta calda e ad un bicchiere di vino, anche se alle 14.30 devono essere nuovamente a lavorare.

Nei pomeriggi liberi, gli italiani si dedicano soprattutto alla casa e alla famiglia. Donne e uomini curano[n] il giardino, accompagnano i figli a fare sport, vanno a fare la spesa al supermercato. I più giovani si dedicano anche alla cura del corpo[o]: vanno in palestra, a correre o a fare passeggiate in bicicletta.

Verso le 20.00 le famiglie si riuniscono[p] per la cena. Nei fine-settimana gli italiani cenano spesso con gli amici e poi fanno lunghe chiacchierate oppure[q] vanno insieme al cinema o a teatro o a qualche concerto. In genere i più giovani vanno a ballare in discoteca. Ultimamente, molte persone, in tutte le regioni, hanno riscoperto[r] il ballo «liscio»[s], che prima si ballava soprattutto nelle regioni adriatiche come l'Emilia-Romagna e le Marche. E così tante coppie di tutte le età, la sera del sabato o della domenica, vanno nelle sale da ballo a divertirsi a tempo di valzer[t], tango e polka.

[i]come... *as is well known* [j]Perciò... *Thus they adjust badly* [k]*compel* [l]fanno... *manage to* [m]rinunciano... *go without* [n]*take care of* [o]*body* [p]si... *gather* [q]chiacchierate... *chats or* [r]hanno... *have rediscovered* [s]ballo... *ballroom dancing* [t]*waltzes*

In giro per le regioni

Le Marche

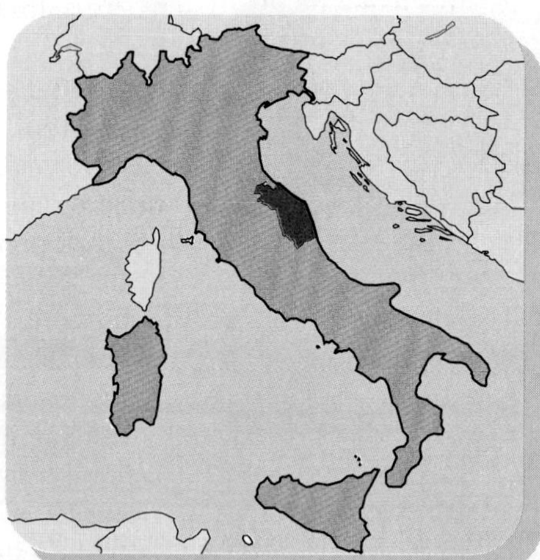

Le Marche sono una piccola regione che si affaccia[a] sul mare Adriatico. Il paesaggio è dolce, con colline coltivate, soprattutto a grano e vigneti.[b]

I marchigiani sono un popolo di grandi lavoratori che hanno visto, negli ultimi anni, una evidente trasformazione e un notevole sviluppo[c] economico della propria regione.

Le Marche non sono molto conosciute dagli appassionati di città d'arte, ma offrono la possibilità di visitare veri gioielli[d] come Urbino, che è stata una delle capitali del Rinascimento.[e]

Urbino è una piccola città ventosa[f], situata su due colli[g], dai quali si vede un bellissimo panorama. Il centro storico è circondato da vecchie mura[h] ed è

[a]si... *faces* [b]grano... *grain and vineyards* [c]notevole... *noteworthy development* [d]*jewels* [e]*Renaissance* [f]*breezy* [g]*hills* [h]*walls*

interamente costruito con mattoni[i] rosati, che riflettono al tramonto[j] una luce[k] magica. E magico appare pure il grandioso palazzo dei Montefeltro, che conserva opere[l] di pittori famosi come Piero della Francesca, Paolo Uccello e Raffaello. Sono interessanti città delle Marche anche Ascoli Piceno e Camerino o la piccola Recanati, dove è nato Giacomo Leopardi, uno dei più grandi poeti italiani.

[i]*bricks* [j]*sundown* [k]*light* [l]*works*

E ora a voi

Capire

Completate le seguenti frasi. Scegliete i completamenti giusti fra quelli che vi diamo sotto.

Possibilità: va in discoteca
cena con gli amici
va al cinema
è a scuola
beve un tè
fa colazione al bar
si sveglia
pranza con un panino
fa colazione a casa
raggiunge il posto di lavoro
accompagna i figli a scuola
pranza a casa
è in palestra
va a ballare il «liscio»

1. Giacomo è impiegato (*clerk*) in un ufficio postale. Per andare al lavoro, deve prendere due autobus. Sono le 7.30 di un lunedì. Giacomo _____.
2. Mario è un bambino di 10 anni: frequenta la IV (quarta) classe. Sono le 9 di un martedì; Mario _____.
3. Giulia è impiegata in una banca. Sono le 10.30 di un mercoledì: Giulia _____.
4. Antonio lavora in uno studio commerciale del centro e vive in periferia (*outskirts*); finisce di lavorare alle 13 e ricomincia alle 14. Sono le 13.30 di un venerdì: Antonio _____.
5. Elena è una studentessa universitaria. Tutti i giorni segue le lezioni e studia in biblioteca fino alle 17. Sono le 18 di un giovedì: Elena _____.
6. Valentina ha 18 anni. Frequenta il liceo. Sono le 22 di un sabato: Valentina _____.
7. Luigi lavora in una biblioteca. Vive con la moglie in centro, non molto distante dalla biblioteca; esce dal lavoro alle 13 e rientra alle 15. Sono le 13.30 di un lunedì: Luigi _____.
8. Marco ha 30 anni e fa l'insegnante come la moglie. Sono le 20 di una domenica: Marco _____.

Scrivere

E voi cosa fate dalle 8 alle 20? Scrivete le vostre azioni abituali di un lunedì mattina e di un sabato pomeriggio.

LUNEDÌ	
ore 8	
ore 9	
ore 10	
ore 11	
ore 12	
ore 13	
SABATO	
ore 14	
ore 15	
ore 16	
ore 17	
ore 18	
ore 19	
ore 20	

Videoteca

Che mi metto?

Peppe deve decidere come vestirsi per il suo appuntamento con Laura. Cinzia cerca di aiutarlo, ma vede che ha bisogno di vestiti nuovi.

ESPRESSIONI UTILI

Dunque, cosa mi metto? So, what should I wear?
qualcosa di fine something of good quality
visto che seeing that, given that
quella l'abbaglia! that will blind her!
Quando mai vado... ? When do I ever go . . . ?
fino ad oggi until today
ti sei visto you have gone out
come ti capitava however it occurred to you
costa un occhio della testa it costs an arm and a leg
a proposito speaking of which

Dal video

FUNZIONE: Descrivere le abitudini riguardo all'abbigliamento

CINZIA: Se vuoi fare bella figura, devi proprio cambiare le tue abitudini! Fino ad oggi, ti sei visto con gli amici fino a tarda notte, ti sei sempre alzato tardi, non ti sei mai fatto la barba e ti sei vestito come ti capitava.

PEPPE: Hai ragione. Però un abito nuovo costa un occhio della testa! E chi ha tutti questi soldi?!

Preparazione

Vero o falso?

1. Cinzia consiglia a Peppe di vestirsi sportivo per il suo appuntamento.
2. Di solito, Peppe si veste elegantemente.
3. Peppe non ha molti soldi per comprare dei vestiti nuovi.

Comprensione

1. Va spesso nei ristoranti chic Peppe?
2. Quando si alza Peppe di solito?
3. Secondo Cinzia, cosa deve comprare Peppe?

Attività

Da fare in coppia.

Spiega al tuo compagno / alla tua compagna come deve cambiare le sue abitudini adesso che vive nel tuo paese. Tu sei italiano/a e il tuo compagno / la tua compagna è americano/a. Comincia con «Fino ad oggi ti sei sempre...» e poi consiglia nuove abitudini: «Adesso devi...»

Parole da ricordare

VERBI

abbracciare to embrace
addormentarsi to fall asleep
alzarsi to stand up, get up
annoiarsi to get bored
arrabbiarsi to get angry
baciare to kiss
chiamarsi to call oneself, be named
diplomarsi to graduate (*high school*)
divertirsi to enjoy oneself, have a good time
fermarsi to stop (*moving*)
incontrare to run into (*someone*)
lamentarsi (di) to complain (*about*)
laurearsi to graduate (*college*)
lavarsi to wash (*oneself*)
mettersi to put on (*clothes*)
portare to wear
rilassarsi to relax
sbagliarsi to make a mistake
sentirsi to feel
smettere (di) to stop (*doing something*)
specializzarsi to major in; to specialize in
sposarsi to get married
svegliarsi to wake up
vestirsi to get dressed

NOMI

l'abbigliamento clothing
l'abito dress (*women*); suit
il bottone button
i calzini socks
la camicia shirt
la camicia da notte nightgown
il cappotto coat
il capriccio prank, caper
la cintura belt
la cravatta tie
il dovere duty
la fatica effort, trouble
la favola fable
la felpa sweatshirt; sweatsuit
la giacca jacket
la gioventù childhood; youth
il giubbotto jacket
l'impermeabile (*m.*) raincoat
l'infanzia childhood
la maglia sweater
la maglietta, la t-shirt t-shirt
la mano (*pl.* **le mani**) hand
il miliardo billion
il milione million
le scarpe shoes
la scocciatura nuisance, annoyance, bore
le tasse taxes
il vestito dress (*women*); suit (*men*)
il voto grade, mark (*school*)

AGGETTIVI

giornaliero daily, everyday
quotidiano daily

ALTRE PAROLE ED ESPRESSIONI

anche se even though
ancora again, still
così this way, like this; thus; so
da quanto tempo? how long?
di tutti i giorni everyday
non... più not anymore, no longer
non... ancora not yet
ora now
poco little, not much
tra (di) loro each other
troppo too much
l'un l'altro each other
velocemente rapidly, fast

Capitolo 8

IN BREVE

GRAMMATICA

A. Imperfetto
B. Imperfetto e passato prossimo
C. Trapassato
D. Suffissi

INVITO ALLA LETTURA

- *Cinema a Venezia*
- *In giro per le regioni: Il Veneto*

Venezia. Cosa leggi?

C'era una volta...

Once upon a time . . .

Vocabolario preliminare

Dialogo-Lampo

Televisione o cinema?

ROSSANA: Che dice il giornale sui programmi di stasera? Che danno alla televisione?

FABRIZIO: C'è una partita di calcio su Rai Uno, se vuoi vedere lo sport. Gioca l'Italia...

ROSSANA: Telefilm interessanti?

FABRIZIO: Non credo*, ma ci sono due bei film su Rai Tre e Canale Cinque più tardi, dopo il telegiornale.

ROSSANA: E adesso che c'è?

FABRIZIO: È l'ora del telegiornale. Possiamo vedere una videocassetta.

ROSSANA: Ma no, andiamo al cinema invece. Ho letto una recensione† molto positiva dell'ultimo film di Spielberg...

1. Che cosa danno su Rai Uno?
2. Che cosa c'è su Rai Tre e su Canale Cinque?
3. Cosa propone Fabrizio a Rossana?
4. Cosa vuole vedere Rossana? Perché?

IL LINGUAGGIO (*JARGON*) DEI MASS MEDIA

LE PUBBLICAZIONI

l'articolo article
la cronaca local news
il/la cronista reporter
il giornale newspaper
il/la giornalista journalist
l'intervista interview
il mensile monthly magazine
le notizie news
la pubblicità advertisement; advertising
il quotidiano daily newspaper
la recensione review
il redattore / la redattrice editor
la redazione editorial staff
la rivista magazine
il settimanale weekly magazine
il sondaggio poll, survey
la stampa press; the press

pubblicare to publish
recensire to review
stampare to publish, to print

IL CINEMA E LA TELEVISIONE

l'attore / l'attrice actor
il canale (televisivo) TV channel
la colonna sonora soundtrack
il doppiaggio dubbing

*Non... *I don't think so*
†*review*

Parole-extra

la soap-opera
il talk-show
la telenovela made-for-TV movie

il produttore / la produttrice producer
il/la regista director
la rete network
lo schermo screen
il telefilm, la serie televisiva TV series, serial
il telegiornale TV news
la videocassetta videocassette
il videoregistratore VCR

dare in televisione to show on television
doppiare to dub
girare to film, to shoot film
produrre (*p.p.* **prodotto**) to produce
seguire to follow, watch regularly
trasmettere (*p.p.* **trasmesso**), **mandare in onda** to broadcast

in diretta live

A. Il linguaggio dei media. Collega (*Connect*) parole e definizioni.

1. __G__ la redazione
2. __A__ doppiare
3. __H__ la stampa
4. __F__ il cronista
5. __C__ girare
6. __E__ l'intervista
7. __I__ la trasmissione
8. __D__ il produttore
9. __B__ trasmettere in diretta

a. tradurre
b. trasmettere live
c. filmare
d. chi finanzia un film
e. una serie di domande
f. chi scrive le cronache in un giornale
g. l'insieme (*totality*) dei redattori
h. l'insieme delle pubblicazioni
i. il programma

B. La parola esatta. Leggi il brano seguente, poi completalo con le espressioni che seguono. Più risposte sono possibili.

attori, canali, colonna sonora, doppiaggio, doppiato, girato, recensire, regista, schermo, trasmettere, videocassetta

Il mio giornale mi ha dato l'incarico (*task*) di _____[1] l'ultimo film di Bertolucci. Sono un appassionato di musica e quindi ero (*so I was*) molto interessato alla _____[2]. Il _____[3] ha fatto un ottimo (*excellent*) lavoro, anche nella scelta (*choice*) degli _____[4], tutti molto bravi. Bertolucci ha _____[5] il film in inglese, quindi qui in Italia è _____[6], ma il _____[7] non interferisce con la bellezza del fim. Il film era (*was*) anche molto lungo, ma i miei occhi sono rimasti incollati (*glued*) allo _____[8]. Il successo (*success*) di questo film in _____[9] è assicurato, e certo molti _____[10] televisivi italiani e stranieri hanno già comprato i diritti (*rights*) di _____[11].

C. Un sondaggio (*poll*). In Italia, i sondaggi sono molto frequenti. In gruppi di quattro o sei studenti, fate le seguenti domande tra voi e scrivete le risposte. Poi elencate (*list*) le risposte di tutti i gruppi alla lavagna e discutete i risultati.

1. Leggi i giornali più o meno regolarmente (cioè, almeno [*at least*] uno per dieci, quindici minuti)? Quante volte alla settimana?

   tutti i giorni
   quattro o cinque volte alla settimana
   due o tre volte alla settimana
   un giorno alla settimana
   quasi mai
   mai

2. Cosa ascolti o guardi alla radio e alla TV? Quali notizie ti interessano particolarmente?

politica interna (*domestic*)	cronaca
politica estera (*foreign*)	cronaca nera (*crime news*)
politica locale	scienza e tecnica
lavoro e economia	storia, letteratura e arte
problemi sociali	spettacoli (*variety shows*)
	moda

3. Ascolti la radio e guardi la televisione più o meno regolarmente? Quante volte la settimana?

tutti i giorni	quasi mai
due o tre volte alla settimana	mai
una volta alla settimana	

4. Segui il telegiornale?

sì, regolarmente	sì, una volta sola alla settimana
sì, ma solo due o tre volte alla settimana	mai o quasi mai

D. Conversazione. Chiedi a un compagno / una compagna...

1. qual è il film più bello che ha visto negli ultimi due o tre mesi
2. se conosce film italiani, e quali ha visto
3. dove vede più spesso i film, se alla televisione, al cinema o in videocassetta, e perché
4. cosa mangia e cosa beve quando va al cinema
5. il suo regista preferito / la sua regista preferita
6. se ha mai visto un film muto (*silent*) e quale
7. se ha una colonna sonora preferita e quale
8. se ha un attore preferito / un'attrice preferita

E. E ora fate i registi voi! In piccoli gruppi, preparate un'interpretazione di una breve scena presa da un film famoso. Potete usare un narratore per presentare i personaggi (*characters*), l'ambientazione (*setting*) e/o l'azione precedente. Gli altri studenti devono indovinare (*guess*) il titolo del film.

MARTEDI' 31

TMC

Tmc News-Sport (12,25/19,25/22,25)
7.00 Casa amore e fantasia Attualità
Conduce Ilaria Moscato
10.00 Film **L'idolo della canzone**
Drammatico, Usa, 1958
12.00 Questione di stile Attualità
12.50 Soldi soldi Attualità
Con Claudio Pavoni, Caterina Stagno
14.05 Film **Un bikini per Didi**
Commedia, Usa, 1966
16.00 Tappeto volante Varietà
18.05 Zap Zap Tv Varietà per ragazzi
19.50 Forte Fortissima Musicale
Con Rita Forte e Claudio G. Fava
20.45 Film **La conquistatrice**
Commedia, Usa, 1951
23.05 Film **Vivere nel terrore**
Horror, Usa, 1988

in ascolto

Recensioni e interviste... Sandra e Claudia discutono le recensioni e le interviste a Roberto Benigni, un famoso attore comico e regista italiano. Ascoltate con attenzione e rispondete alle domande seguenti.

1. Cosa c'è sul giornale di oggi?
2. Cosa ha letto Claudia su un settimanale?
3. Perché Sandra è contenta della lettura del giornale?
4. Cosa ha intenzione di fare Sandra stasera? Perché?

A. Imperfetto

LUIGINO: Papà, mi racconti una favola?
PAPÀ: Volentieri! C'era una volta una bambina che si chiamava Cappuccetto Rosso perché portava sempre una mantella rossa col cappuccio. Viveva vicino a un bosco con la mamma...
LUIGINO: Papà, perché mi racconti sempre la stessa storia?
PAPÀ: Perché conosco solo una storia!

1. The **imperfetto** (*imperfect*) is another past tense. It is used to describe habitual actions and states of being in the past. It is formed by dropping the **-re** of the infinitive and adding the same set of endings to verbs of all conjugations: **-vo, -vi, -va, -vamo, -vate,** and **-vano.**

LUIGINO: Daddy, will you tell me a story? DAD: Sure! Once upon a time, there was a little girl who was called Little Red Riding Hood because she always wore a red coat with a hood. She lived near a forest with her mother. . . . LUIGINO: Daddy, why do you always tell me the same story? DAD: Because I only know one story!

—Secondo me guardavano la televisione!

lavorare	scrịvere	dormire	capire
lavora**vo**	scrive**vo**	dormi**vo**	capi**vo**
lavora**vi**	scrive**vi**	dormi**vi**	capi**vi**
lavora**va**	scrive**va**	dormi**va**	capi**va**
lavora**vamo**	scrive**vamo**	dormi**vamo**	capi**vamo**
lavora**vate**	scrive**vate**	dormi**vate**	capi**vate**
lavorạ**vano**	scrivẹ**vano**	dormị**vano**	capị**vano**

2. The verb **essere** is irregular in the **imperfetto.**

ẹssere	
ero	eravamo
eri	eravate
era	ẹrano

The verbs **bere, dire,** and **fare** have irregular stems in the **imperfetto.**

bere (bev-)	dire (dic-)	fare (fac-)
bevevo	dicevo	facevo
bevevi	dicevi	facevi
beveva	diceva	faceva
bevevamo	dicevamo	facevamo
bevevate	dicevate	facevate
bevẹvano	dicẹvano	facẹvano

3. The **imperfetto** has several English equivalents.

Stampavano solo libri per bambini — *They used to publish only books for children.* / *They were only publishing books for children.* / *They published only books for children.*

It has the following uses:

a. It describes habitual actions in the past: what people used to do or things that used to happen.

Da bambino seguivo *Sesame Street.* — *As a kid I watched* Sesame Street.

b. It describes past actions that were in progress when something else happened or while something else was going on.

Mangiavamo quando è andata via la luce. — *We were eating when the lights went out.*

Si dice così: *allora* vs. *poi*

Allora means *at that time* or *in that case.*

Allora ci vedevamo spesso. *At that time we saw each other often.*

Non ci sono più autobus, allora rimaniamo qui. *There aren't any more buses, so let's stay here.*

Poi means *then.* It is used when describing a series of events.

Sono andata a casa, poi ho mangiato qualcosa e poi ho telefonato a Riccardo. *I went home, then I ate something and then I called Riccardo.*

c. It describes physical, mental, and emotional states in the past. It also expresses weather, time, and age in the past.

Mi sentivo stanco.	*I felt tired.*
I miei nonni non volevano uscire.	*My grandparents didn't want to go out.*
Quando avevo sei o sette anni, mi sedevo proprio vicino allo schermo.	*When I was six or seven, I sat really close to the screen.*
—Che ore erano?	*What time was it?*
—Era mezzogiorno.	*It was noon.*
C'era molta gente nei negozi.	*There were a lot of people in the stores.*
Continuava a piovere.	*It went on raining.*

4. Time expressions such as **di solito, sempre, una volta** (*once upon a time, some time ago*), and **il lunedì (il martedì...)** are frequently used with the **imperfetto.**

Una volta non trasmettevano la pubblicità in TV.	*Some time ago they didn't broadcast advertisements on TV.*
Non capisco perché ero sempre stanco.	*I don't understand why I was always tired.*

—Una volta era più romantico: suonava il violino.

ESERCIZI

A. **La gioventù di Marco.** Leggi la descrizione di Marco quando era giovane e decidi se le frasi che seguono il brano potrebbero essere (*could be*) vere.

Da giovane, Marco era magro e pigro. Non mangiava molto perché gli piaceva solamente la pasta in bianco (con burro e formaggio) e la frutta. Non gli piaceva giocare con gli altri bambini. Lui rimaneva sempre in casa a leggere i suoi libri. Sua madre era molto preoccupata per lui, ma la storia finisce bene perché oggi Marco è professore in una grande università.

1. Marco mangiava la frutta tutti i giorni. **2.** Gli piaceva mangiare una bella bistecca tutte le sere. **3.** La mamma lo portava spesso dal dottore. **4.** Giocava a calcio il giovedì con dei compagni di scuola. **5.** Leggeva cinque libri ogni settimana. **6.** Era un bravo studente. **7.** D'estate era sempre fuori al sole. **8.** Di solito andava a scuola in bicicletta.

B. Trasformazioni. Sostituisci il soggetto della frase con gli elementi tra parentesi e cambia il verbo in modo adeguato.

1. Leggevi il giornale a 12 anni? (i bambini / Lei / voi / io)
2. Il sabato sera guardavamo i telefilm fino a tardi. (Guglielmo / io / tutti / tu)
3. Luigi parlava italiano quando aveva 7 anni. (tu / noi / anche le mie sorelle / voi)
4. Quando ero piccola, volevo diventare giornalista. (noi / lei / voi / loro)

C. Avere o essere. Completa la storia di Margherita con l'imperfetto di **essere** o **avere.**

Quando ______[1] un anno Margherita ______[2] biondissima e ______[3] gli occhi azzurri. ______[4] una bambina molto simpatica ed ______[5] sempre allegra. A tredici anni Margherita ______[6] i capelli castani e gli occhi grigi, ______[7] spesso triste e depressa, e ______[8] molti problemi, come tanti ragazzi della sua età. A vent'anni Margherita ______[9] i capelli verdi. ______[10] moltissimi amici, ______[11] una vita abbastanza (*enough*) interessante e non ______[12] tempo per pensare se ______[13] triste o se ______[14] allegra.

D. La mia infanzia. Che cosa facevi quando eri bambino? Dove andavate in vacanza tu e la tua famiglia? Quali programmi televisivi seguivi? Quale era il tuo libro preferito? Quali sport facevi? Cosa facevi d'estate? Parla della tua infanzia con un compagno / una compagna. Lui/Lei prende appunti e poi dà le informazioni ad un altro gruppo o alla classe.

B. Imperfetto e passato prossimo

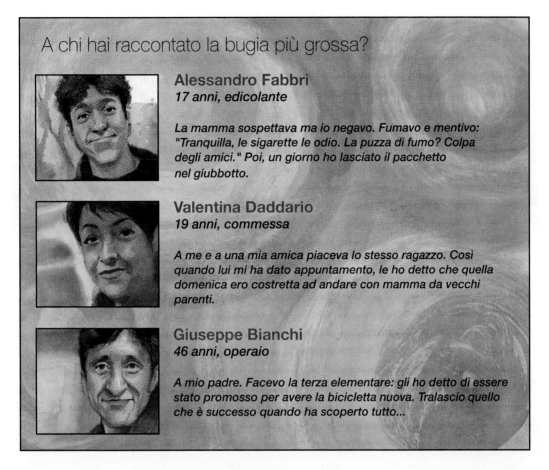

A chi hai raccontato la bugia più grossa?

Alessandro Fabbri
17 anni, edicolante

La mamma sospettava ma io negavo. Fumavo e mentivo: "Tranquilla, le sigarette le odio. La puzza di fumo? Colpa degli amici." Poi, un giorno ho lasciato il pacchetto nel giubbotto.

Valentina Daddario
19 anni, commessa

A me e a una mia amica piaceva lo stesso ragazzo. Così quando lui mi ha dato appuntamento, le ho detto che quella domenica ero costretta ad andare con mamma da vecchi parenti.

Giuseppe Bianchi
46 anni, operaio

A mio padre. Facevo la terza elementare: gli ho detto di essere stato promosso per avere la bicicletta nuova. Tralascio quello che è successo quando ha scoperto tutto...

The **passato prossimo** and the **imperfetto** are often used together in accounts of past events. They express different kinds of actions in the past, and cannot be used interchangeably.

1. The **passato prossimo** is used to describe specific events in the past. It tells *what happened* at a given moment.

Ieri ho ricevuto tre lettere.	*Yesterday I received three letters.*
Siamo usciti alle otto.	*We went out at eight.*

2. The **imperfetto** describes habitual actions in the past: (*what used to happen*).

Giocavamo a tennis ogni sabato.	*We played tennis every Saturday.*

To whom have you told the biggest lie? **Alessandro Fabbri** *17 years old, works in a kiosk* My mother suspected but I denied it. I smoked and I lied. "Don't worry, I hate cigarettes. The smell of smoke? It's my friends' fault." Then one day I left a pack in my jacket pocket. **Valentina Daddario** *19 years old, salesperson* My friend and I liked the same guy. So when he asked me out, I told her that that Sunday I had to visit elderly relatives with my mother. **Giuseppe Bianchi** *46 years old, blue-collar worker* To my father. I was in the third grade: I told him I had passed the third grade so I could get a new bike. I won't tell you what happened when he discovered everything . . .

Nota bene: *dovere, sapere, conoscere*

These three verbs have different meanings in the **passato prossimo** and the **imperfetto.**

dovevo = *I was supposed to*
Dovevo lavare i piatti, ma ho deciso di non lavarli.

ho dovuto = *I had to*
Non sono uscita ieri perché ho dovuto fare i compiti.

sapevo = *I knew*
Sapevo che Sergio era giornalista.

ho saputo = *I found out*
Ho saputo che Maria e Tonino sono insieme.

conoscevo = *I knew*
Conoscevo quell'attore quando ero piccolo.

ho conosciuto = *I met*
Maria ha conosciuto quell'attore ad una festa.

It also describes ongoing actions in the past; *what was going on* while something else was going on (two verbs in the **imperfetto**) or what was going on when something else happened (one verb in the **imperfetto,** the other in the **passato prossimo**).

Io studiavo mentre mio cugino guardava la partita.	*I was studying while my cousin was watching the game.*
Mangiavate quando ho telefonato?	*Were you eating when I called?*

The **imperfetto** also relates conditions or states—physical or mental—in the past, such as appearance, age, feelings, attitudes, beliefs, time, and weather.

Sognavo di diventare una regista.	*I dreamed of becoming a director.*
Avevo un appuntamento con il redattore.	*I had an appointment with the editor.*
Erano le otto di sera.	*It was eight P.M.*
Pioveva ma non faceva freddo.	*It was raining but it wasn't cold.*
Non ricordavano l'indirizzo giusto.	*They didn't remember the right address.*

3. Because the **passato prossimo** expresses what happened at a particular moment, whereas the **imperfetto** expresses a state of being, the **passato prossimo** is used to indicate a change in a state of being.

Avevo paura dei topi.	*I was afraid of mice. (description of a mental state)*
Ho avuto paura quando ho visto il topo.	*I got scared when I saw the mouse. (what happened at a given moment)*

ESERCIZI

A. Da completare. Completa le seguenti frasi con la parola o la frase appropriata.

1. Quando era giovane, Giacomo andava in vacanza con la famiglia (ogni estate / una volta).
2. Giacomo giocava a tennis (tutti i giorni / una volta).
3. Giacomo è andato in Italia (per un'estate / tutte le estati).
4. Giacomo mangiava (sempre / due volte) i piselli.
5. Da giovane, Giacomo (è stato / era) molto energico.
6. L'anno scorso (sono andata / andavo) al teatro tre volte.
7. Quando (ha avuto / aveva) un anno, Maria (ha imparato / imparava) a camminare.
8. (Ha fatto / Faceva) bel tempo quando (partivamo / siamo partiti) per il viaggio.

B. Trasformazioni. Sostituisci le parole in corsivo (*italics*) con l'imperfetto dei verbi tra parentesi.

1. Giuseppina *guardava* una telenovela quando Angela è arrivata. (leggere un mensile / fare un'intervista / lavare i piatti / scrivere una recensione / servire il caffè)
2. Gli studenti *ascoltavano* mentre la professoressa spiegava. (prendere appunti [*notes*] / scrivere / fare attenzione / stare zitti / giocare con la matita)

C. Un'americana a Firenze. Judy ha passato le sue vacanze a Firenze. Racconta la sua storia al passato.

È[1] il 25 aprile. Arrivo[2] a Firenze. La mia amica italiana Silvana mi aspetta[3] alla stazione. Prendiamo[4] un tassì. Vedo[5] che c'è[6] molta gente nelle vie e che i negozi sono[7] chiusi. Domando[8] a Silvana perché la gente non lavora.[9] Silvana mi risponde[10] che il 25 aprile è[11] l'anniversario della Liberazione. Arriviamo[12] a casa di Silvana. Io vado[13] subito a dormire perché sono[14] stanca e ho[15] sonno. La sera esco[16] con Silvana. Sono[17] contenta di essere a Firenze.

D. Cos'è successo? Di' (*Tell*) al tuo compagno / alla tua compagna che cosa è successo mentre studiavi, andavi a lezione, tornavi a casa, facevi la doccia, eccetera. Usa l'immaginazione!

ESEMPIO: Mentre studiavo, un amico è venuto a trovarmi.

Poi, di' al tuo compagno / alla tua compagna cosa faceva qualcun altro (*someone else*) mentre tu facevi le attività dell'esercizio D.

ESEMPIO: Mentre studiavo, il mio compagno di stanza dormiva.

E. Che dovevi fare? Chiedi al tuo compagno / alla tua compagna cosa doveva fare tutti i giorni della settimana passata. Il compagno / La compagna dice quello che ha fatto invece dei suoi doveri.

ESEMPIO: A: Che cosa dovevi fare lunedì?
B: Dovevo studiare, ma sono uscita/o con gli amici.

—Mi hanno arrestato mentre uscivo da un camino[a] con un sacco!

[a]*chimney*

---

*On April 25, 1945, World War II came to an end.

Nota culturale

La TV italiana

La televisione italiana è nata nel 1954. Per molti anni dopo la sua nascita, essa[a] ha avuto un solo canale, controllato dallo stato. Fino al 1975 la pubblicità veniva fatta solo prima dell'inizio dei programmi principali, verso le nove di sera. Si presentava una serie consecutiva di sei o sette annunci pubblicitari, in un breve programma chiamato «Carosello», ma dopo non c'era nessuna interruzione degli spettacoli.

L'annunciatrice della RAI Maria de Lourdes Jesus, che è immigrata dalle isole di Capo Verde, con due colleghi, a Roma

Oggi la RAI, o Radiotelevisione italiana, ha tre reti televisive nazionali, che trasmettono, durante tutto il giorno, numerosi telegiornali (fra cui, nel pomeriggio, un telegiornale per ragazzi), dibattiti, film e documentari, spettacoli di varietà, giochi, avvenimenti sportivi in diretta, rubriche[b] scientifiche e di attualità.

Tutti i cittadini che hanno la TV sono obbligati a pagare una tassa annuale con cui viene in parte finanziata[c] la produzione dei programmi pubblici.

Dagli anni '80 si sono aggiunte[d] alle reti pubbliche alcune reti private nazionali e numerosissime reti locali. Le reti private trasmettono soprattutto film, telenovele, serial polizieschi,[e] spettacoli di varietà e giochi a premi,[f] ma ci sono anche dei telegiornali e degli spettacoli sportivi. Si possono vedere alcuni programmi acquistati in America e doppiati in italiano, come ad esempio «X-Files», «Baywatch» e «I Simpson».

Con l'arrivo delle TV private, la pubblicità, come negli Stati Uniti, interrompe spesso le trasmissioni e talvolta entra dentro ad esse.

[a]*it* [b]*features* [c]viene... *is partly financed* [d]si... *were added* [e]serial... *police dramas* [f]giochi... *game shows with prizes*

C. Trapassato

Luigi aveva capito che l'appuntamento con Susanna era alle 8.00, ma Susanna aveva capito che era alle 7.00. Alle 7.30 Susanna era stanca di aspettare Luigi ed era molto arrabbiata. Così è andata al cinema con la sua compagna di stanza. Luigi è arrivato alle 8.00 in punto, ma quando è arrivato Susanna era già uscita. Povero Luigino!

1. The **trapassato** is the exact equivalent of the English past perfect (*I had worked, they had left*). It expresses a past action (point 1 on the timeline) that took place before another past action or point in time (point 2). The more recent past event may be expressed in the **passato prossimo** or the **imperfetto.**

TRAPASSATO ↓ 1	PASSATO PROSSIMO IMPERFETTO 2 → PRESENTE
erano usciti	ho telefonato
avevo nuotato	ero stanca
era partita	8,00
avevo imparato a sciare	avevo 8 anni

I nonni erano già usciti quando ho telefonato.	*My grandparents had already left when I called.*
Perché avevo nuotato tutta la mattina, ero stanca.	*Because I had been swimming all morning, I was tired.*
Mia zia era partita prima delle otto.	*My aunt had left before eight.*
Avevo già imparato a sciare quando avevo otto anni.	*I had already learned to ski by the time I was eight.*

2. The **trapassato** is formed with the **imperfetto** of the auxiliary verb (**avere** or **essere**) plus the past participle. Note that the past participle agrees with the subject when the verb is conjugated with **essere.**

VERBI CONIUGATI CON **avere**		VERBI CONIUGATI CON **ẹssere**	
avevo	lavorato	ero	partito/a
avevi		eri	
aveva		era	
avevamo		eravamo	partiti/e
avevate		eravate	
avẹvano		ẹrano	

Luigi had thought that his date with Susanna was at 8:00, but Susanna had thought that it was at 7:00. At 7:30 Susanna was tired of waiting for Luigi and she was very angry. So she went to a movie with her roommate. Luigi arrived exactly at 8:00, but when he arrived Susanna had already gone out. Poor little Luigi!

A. Domande personali. Decidi se le seguenti affermazioni personali sono vere. Correggi le frasi false.

1. Quando avevo 16 anni, mi ero già diplomato/a.
2. Quando aveva 22 anni, mia madre si era già sposata.
3. Quando avevo 12 anni, ero già stato/a a Disney World.
4. Quando avevo 10 anni, avevo già visto un film al cinema.
5. Quando avevo 18 anni, avevo già visto un film straniero.
6. Quando avevo 16 anni, avevo già preso la patente (*driver's license*).
7. Quando avevo 18 anni, ero già andato/a all'estero (*abroad*).

B. Troppo tardi. Quando queste persone sono arrivate, era già troppo tardi. Descrivi la situazione; segui il modello.

ESEMPIO: Maria telefona a Franca. Franca è uscita. →
Quando Maria ha telefonato a Franca, Franca era già uscita.

1. Entriamo nel cinema. Il film è incominciato.
2. Il cameriere porta il conto. I clienti sono usciti.
3. Il nonno arriva a casa. I nipotini hanno finito di mangiare.
4. Mirella arriva all'aeroporto. L'aereo è partito.
5. Le ragazze tornano a casa. La mamma è andata a dormire.
6. Voi ci invitate. Noi abbiamo accettato un altro invito (*invitation*).
7. Mi alzo. Le mie sorelle hanno fatto colazione.

C. A sedici anni... Chiedi ad un compagno / una compagna di parlare di tre esperienze che aveva già avuto a 16 anni.

ESEMPIO: A sedici anni, ero già stato/a in Europa...

D. Suffissi

Ha visto passare il mio fratellino? È un bambino con un nasino tanto carino, due manine graziose e due piedini piccolini piccolini.

Did you see my little brother go by? He's a kid with such a cute little nose, two sweet little hands and two tiny little feet.

1. By adding different suffixes to Italian nouns (including proper names) and adjectives, they can be made to express various shades of meaning.

cas**etta** *little house*	temp**accio** *bad weather*
nas**one** *big nose*	fratell**ino** *little brother*

When a suffix is added, the final vowel of the word is dropped.

2. The suffixes **-ino/a/i/e, -etto/a/i/e, -ello/a/i/e,** and **-uccio, -uccia, -ucci, -ucce** indicate smallness or express endearment.

naso *nose*	→	nas**ino** *cute little nose*
case *houses*	→	cas**ette** *little houses*
cattivo *bad, naughty*	→	cattiv**ello** *a bit naughty*
Maria *Mary*	→	Mari**uccia** *little Mary*

—Come si chiama questa tua amichetta?

3. The suffix **-one/a/i/e** indicates largeness.*

libro *book*	→	libr**one** *big book*
lettera *letter*	→	letter**ona** *long letter*
pigro *lazy*	→	pigr**one** *very lazy*
Beppe *Joe*	→	Bepp**one** *big Joe*

4. The suffix **-accio/a/i/e** conveys badness or ugliness.

libro *book*	→	libr**accio** *bad book*
tempo *weather*	→	temp**accio** *awful weather*
parola *word*	→	parol**accia** *dirty word*
ragazzo *boy*	→	ragazz**accio** *bad boy*

Since it is impossible to guess which suffix(es) a noun may take, it is advisable to use only forms that you have read in Italian books or heard used by native speakers.

ESERCIZI

A. Suffissi. Ad ogni parola, aggiungi (*add*) un suffisso per indicare la grande dimensione (*large size*) o la scarsa (*bad or insufficient*) qualità. Poi crea una frase che usa la parola nuova. Segui il modello.

ESEMPIO: ragazzo → ragazzone
Salvatore mangia moltissimo—è un ragazzone.

1. regalo	**3.** naso	**5.** coltello
2. piede	**4.** lettera	**6.** macchina

B. Sinonimi. Esprimi (*Express*) lo stesso concetto usando un nome o un aggettivo con un suffisso.

ESEMPIO: un grosso libro → un librone

---

*Many feminine nouns become masculine when the suffix **-one** is added:

la palla *ball*	→	il pall**one** *soccer ball*
la porta *door*	→	il port**one** *front ball*
la finestra *window*	→	il finestr**one** *big window*

1. una brutta parola
2. una lunga lettera
3. carta (*paper*) di cattiva qualità
4. un brutto affare
5. due ragazzi un po' cattivi
6. un grosso bacio

C. Brutta roba (*stuff*). Con un compagno / una compagna rispondete a ogni domanda in modo negativo. Segui il modello.

ESEMPIO: giornale / bello →
S1: È un bel giornale?
S2: No, è un giornalaccio!

1. giornata / bello
2. parola / bello
3. ragazzi / bravo
4. film / bello
5. strada / in buone condizioni
6. lettera / bello

D. Conversazione.

1. Di solito scrivi letterine o letterone? **2.** Hai mai ricevuto una letteraccia? Da chi? Per quale motivo (*reason*)? **3.** Come sono gli esami in questo corso, esamini o esamoni? **4.** Quali persone nel mondo della televisione o del cinema sono famose per il loro nasone?

A. Ricordi. Patrizia ricorda quando aveva 17 anni. Completa la sua storia con un verbo della lista all'imperfetto. Si possono usare alcuni verbi più di una volta.

Quando _____[1] diciassette anni, io e mio fratello _____[2] al liceo. Io _____[3] brava e _____[4] molto perché _____[5] ricevere dei bei voti. A mio fratello, invece, non _____[6] studiare e così non _____[7] mai e _____[8] uscire con gli amici. E voi, a diciassette anni, come _____[9]? _____[10] voglia di studiare?

andare
avere
essere
piacere
preferire
studiare
volere

B. Un delitto (*crime*). Riscrivi il seguente brano (tratto e adattato da un testo di Carlo Manzoni) al passato prossimo. Usa il passato prossimo e l'imperfetto in modo appropriato.

La villa sembra disabitata (*uninhabited*). Mi avvicino (*I go near it*). Metto il dito (*finger*) sul campanello e sento il suono (*sound*) nell'interno. Aspetto ma nessuno (*no one*) viene ad aprire. Suono ancora, e ancora niente (*nothing*). Controllo (*I check*) il numero sulla porta: è proprio il 43 B e corrisponde al numero che cerco. Suono per la terza (*third*) volta. Siccome

(*As*) non viene nessuno, metto la mano sulla maniglia (*handle*) e sento che la porta si apre. Entro piano (*quietly*). Mi trovo in una grande sala. Silenzio. Chiudo la porta e faccio qualche passo (*a few steps*). Vedo un'altra porta ed entro in una specie (*kind*) di biblioteca. La prima cosa che vedo appena (*as soon as*) entro è un uomo che sta steso (*stretched out*) per terra in una grande macchia di sangue (*blood stain*). Deve essere morto. Guardo l'ora. Sono esattamente le undici e dodici minuti.

C. C'era una volta... Con un compagno / una compagna continuate la storia di Cappuccetto Rosso a pagina 187. Poi, raccontate la vostra versione della storia ad un altro gruppo o alla classe.

D. Conversazione.

1. Dove abitavi quando avevi 16 anni? 2. Abitavi con i tuoi genitori? 3. Chi era il tuo parente preferito? 4. Quale scuola frequentavi? 5. Con chi studiavi? 6. Che cosa facevi in una giornata tipica?

Cinema a Venezia

Il Ponte di Rialto sul Canal Grande a Venezia

Venezia è forse[a] la città italiana più famosa nel mondo per il suo patrimonio[b] artistico e il suo grande fascino[c] di città sull'acqua. Ma questa città offre anche importantissimi appuntamenti[d] culturali.

Nei palazzi più belli della città, dal Palazzo Ducale a Palazzo Grassi, ci sono spesso mostre di grande rilievo[e] e Venezia è anche sede[f] di una Biennale d'arte che richiama[g] tanti visitatori. Nei suoi teatri, soprattutto nel periodo del famoso Carnevale, è possibile vedere spettacoli di ottimo livello.[h]

Alla fine dell'estate Venezia diventa poi la capitale del cinema internazionale, con il suo Festival che è uno dei festival del cinema più importanti d'Europa, insieme a quelli di Cannes e di Berlino.

In Italia il cinema è molto amato e tanti registi italiani hanno fatto la storia[i] del cinema. Ricordiamo, ad esempio, Rossellini e il suo *Roma città aperta*, che è stato uno dei film più belli del

[a]*perhaps* [b]*heritage* [c]*fascination* [d]*programs* [e]mostre... *prominent exhibits* [f]*site* [g]*attracts* [h]*level* [i]hanno... *have contributed to the history*

«neorealismo,» o Fellini, il grande maestro, ammirato in tutto il mondo. Ma anche oggi ci sono registi italiani che hanno fama mondiale,[j] come Bertolucci e Tornatore. E dobbiamo pure ricordare Roberto Benigni, grande attore comico, che con la regia[k] del suo ultimo film, *La vita è bella,* ci ha regalato un vero e proprio capolavoro.[l] Tutti conoscono poi i grandi attori italiani come Marcello Mastroianni o Sofia Loren che di recente ha ricevuto il premio alla carriera.[m]

A Los Angeles si danno gli Oscar, a Cannes le Palme e a Venezia i Leoni d'oro e d'argento, poiché[n] il Leone di San Marco è il simbolo della città. Per un regista o un attore è molto importante vincere un Leone al Festival di Venezia, e i film premiati[o] hanno in genere grande successo. Il Festival organizza anche proiezioni particolari,[p] dedicate ad argomenti[q] speciali e ai giovani registi, che hanno così la possibilità di farsi conoscere.[r]

Il Festival può essere una buona occasione per una visita a Venezia per gli appassionati di cinema, ed anche per i curiosi o i fans delle star. Nei giorni in cui si svolge[s] il Festival, è infatti facile incontrare personaggi famosi e bellissime dive per le «calli»[t] e nelle piazze della città.

[j]*worldwide* [k]*production* [l]*masterpiece* [m]premio... *lifetime achievement award* [n]d'oro... *gold and silver, because* [o]*award-winning* [p]proiezioni... *special showings* [q]*subjects* [r]farsi... *make themselves known* [s]in... *when takes place* [t]*narrow streets*

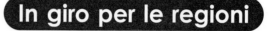

In giro per le regioni

Il Veneto

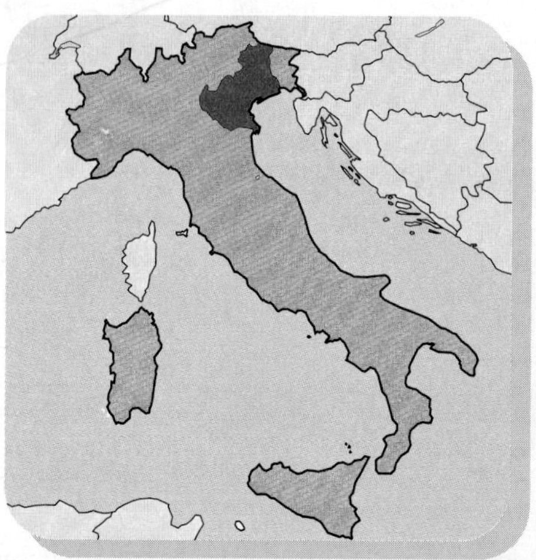

Il Veneto è una bellissima regione che offre paesaggi molto diversi. In Veneto c'è la possibilità di fare vacanze in montagna, sulle splendide Dolomiti, al mare e anche sul lago di Garda, il più grande lago d'Italia.

Tra le città del Veneto la più conosciuta in tutto il mondo è certamente Venezia, ma anche molte delle altre città del Veneto sono belle e ricche di monumenti e di arte: ricordiamo Verona, Vicenza, Treviso e Padova.

Verona è certamente famosa per la sua arena[a], dove si rappresentano[b] ogni anno, in estate, bellissimi spettacoli di opera lirica. Ma è anche famosa per essere la città di Romeo e Giulietta; folle[c] di turisti vanno ogni giorno a vedere il piccolo balcone di un antico palazzo del centro.

Nelle campagne venete si possono ammirare delle bellissime ville, costruite da grandi architetti del passato, con giardini curati e ricchi di sorprese: teatri all'aperto[d], labirinti e fantastici giochi d'acqua.

[a]*amphitheater* [b]si... *are staged* [c]*crowds* [d]*outdoor*

E ora a voi

Capire

Sì o no?

1. Il Carnevale di Venezia è uno spettacolo teatrale?
2. A Venezia si fa ogni due anni una mostra d'arte molto importante?
3. Il Festival del cinema di Venezia è il più importante d'Europa?
4. Rossellini è stato un regista del periodo del neorealismo?
5. Roberto Benigni è sempre stato un grande regista?
6. Quest'anno, a Venezia, hanno premiato Sofia Loren?

Scrivere

Fate una breve recensione di un film italiano o di un regista italiano / una regista italiana o italo-americano/a (Lina Wertmüller, Pier Paolo Pasolini; Martin Scorsese, Francis Ford Coppola, eccetera) che avete visto, e che vi è particolarmente piaciuto. Completate la recensione con il titolo del film, il/la regista, gli interpreti principali, una breve presentazione del contenuto ed un giudizio personale.

***Piazza San Marco: prospettiva est* (sec. XVIII), Canaletto (foto The Metropolitan Museum of Art, New York)**

Videoteca

Il principe azzurro

Peppe esce con Laura. Dopo pranzo, Peppe le racconta della sua infanzia. Quando Peppe le chiede di uscire ancora, Laura risponde di no e gli chiede di accompagnarla a casa.

ESPRESSIONI UTILI

ci si mangiava molto meglio one ate much better there
il principe azzurro Prince Charming
recitavo degli spettacoli I used to act in shows
Non mi pare. Not in my opinion.
un pagliaccio a clown
davanti al teleschermo, in diretta in front of the TV camera, live
Non ti sapevo... I didn't know you were . . .
Mi accompagni a casa? Will you take me home?
Si fa tardi. It's getting late.
Figurati! Of course!

Dal video

PEPPE: Una volta ho chiesto se potevo recitare una piccola parte nel suo spettacolo. Chiaramente non voleva. Allora, mentre era occupato in altre cose, mi sono vestito come un pagliaccio, con un nasone rosso, e sono apparso tra i ballerini davanti al teleschermo, in diretta!

LAURA: Davvero?

FUNZIONE: Descrivere un avvenimento del passato

Preparazione

1. Da bambino Peppe voleva diventare
   a. attore. **b.** regista. **c.** giornalista. **d.** principe.
2. Una volta Peppe si è vestito da
   a. regista. **b.** ballerino. **c.** pagliaccio. **d.** principe.
3. Dopo l'apparizione di Peppe nello spettacolo, suo padre era
   a. deluso. **b.** contento. **c.** arrabbiato. **d.** orgoglioso.

Comprensione

1. Da bambino a chi credeva di assomigliare Peppe?
2. Adesso che cosa pensa Peppe di se stesso?
3. Perché suo padre si era arrabbiato con lui?

Attività

Da fare in coppia.

Raccontate al vostro compagno / alla vostra compagna cosa sognavate di fare da grandi, quando eravate bambini, e perché. Poi, spiegate/inventate come avete cambiato idea quando è successa una certa cosa.

ESEMPIO: Da piccola volevo diventare medico perché mio zio faceva il medico. Ma ho cambiato idea quando la mia amica si è fatta male e ho visto sangue che le usciva dalla gamba.

Parole da ricordare

VERBI

continuare (**a** + *inf.*) to continue (*doing something*)
dare in televisione to show on television
doppiare to dub
girare to film; to shoot film
mandare in onda to broadcast
produrre (*p.p.* **prodotto**) to produce
pubblicare to publish
recensire to review
seguire to follow, watch (*a program*) regularly
sognare (**di** + *inf.*) to dream (*of doing something*)
stampare to publish; to print
trasmettere (*p.p.* **trasmesso**) to broadcast

NOMI

gli appunti notes
l'articolo article
l'attore / l'attrice actor
il canale (**televisivo**) TV channel
la carta paper
la colonna sonora soundtrack
la cronaca local news
il/la cronista reporter
i diritti rights
il doppiaggio dubbing
il/la giornalista journalist
l'incarico task
l'insieme (**di**) the totality (of), all (of)
l'intervista interview
il linguaggio jargon, specialized language
il mensile monthly magazine
il motivo reason, purpose
il naso nose
le notizie news
la patente driver's license
il piede foot
il produttore / la produttrice producer
la pubblicità advertisement; advertising
la pubblicazione publication
il quotidiano daily newspaper
la recensione review
il redattore / la redattrice editor
la redazione editorial staff
il/la regista director
la rete network
la roba stuff
la scelta choice
lo schermo screen
la serie televisiva TV series, serial
il settimanale weekly magazine
il sondaggio poll, survey
la stampa press; the press
il telefilm TV series, serial
il telegiornale TV news
la videocassetta videocassette
il videoregistratore VCR

AGGETTIVI

grosso big
ottimo excellent; best

ALTRE PAROLE ED ESPRESSIONI

allora at that time; in that case
c'era una volta once upon a time there was
in diretta live
una volta some time ago

Capitolo 9

IN BREVE

GRAMMATICA

A. Pronomi tonici
B. Comparativi
C. Superlativi relativi
D. Comparativi e superlativi irregolari

INVITO ALLA LETTURA

- *La salute degli italiani*
- *In giro per le regioni: La Calabria*

Erbe aromatiche da portare al mercato, Vieste (Puglia)

Come ti senti?

Vocabolario preliminare

Dialogo-Lampo

All'ospedale

ROBERTA: E allora, che cosa è successo?

ANTONELLA: Non ricordo proprio bene. Sciavo molto veloce e poi—improvvisamente* ho perso il controllo degli sci, e mi sono svegliata all'ospedale...

ROBERTA: Io mi sono rotta la gamba sinistra lo scorso inverno, una vera scocciatura...

ANTONELLA: Pensa a me allora. I dottori hanno detto che non posso scrivere per almeno† due mesi!

ROBERTA: Una bella scusa‡ per non fare i compiti, eh?

1. Che cosa è successo ad Antonella?
2. Come si è fatta male?
3. Che cosa è successo a Roberta lo scorso inverno?
4. Cosa hanno detto i dottori ad Antonella?

LA SALUTE

LE PARTI DEL CORPO

la bocca mouth
il dente tooth
la gola throat
il naso nose
l'occhio eye
l'orecchio (*pl.* **le orecchie / gli orecchi)** ear
la testa head

il cuore heart
il polmone lung
la schiena back
lo stomaco stomach

il braccio (*pl.* **le braccia)** arm
il dito (*pl.* **le dita)** finger
la gamba leg
la mano (*pl.* **le mani)** hand
il piede foot

destro right
sinistro left

LA SALUTE E LE MALATTIE

l'alimentazione (*f.*) nutrition
il dottore / la dottoressa doctor
l'incidente (*m.*) accident
la medicina medicine, drug
il medico doctor
la ricetta prescription

ammalarsi to get sick

*suddenly
†at least
‡excuse

***andare all'ospedale** to go to the hospital, be hospitalized
avere il raffreddore, la febbre to have a cold, fever
avere mal di... (testa, denti, stomaco) to have a . . . (headache, toothache, stomachache)
controllare to check, check up on
curare to care for, treat, heal
curarsi to take care of oneself
***essere sano/malato** to be healthy/sick
fare male to hurt
farsi male to hurt oneself, get hurt
***guarire (isc)** to heal
portare gli occhiali, le lenti a contatto to wear glasses, contact lenses
prendere il raffreddore to catch a cold
rompersi (*p.p.* **rotto) una gamba, un piede** to break one's leg, foot
***sopravvivere** (*p.p.* **sopravvissuto)** to survive
***succedere** (*p.p.* **successo)** to happen
***vivere** (*p.p.* **vissuto)** to live

grave serious, grave

ESERCIZI

A. Indovinelli. A quali parti del corpo si riferiscono queste frasi?

1. Fa male quando mangiamo troppo.
2. Long John Silver l'ha di legno (*wood*).
3. Dracula li ha lunghi.
4. Se sono lunghe, possiamo correre velocemente.
5. In una canzone (*song*) di Elton John sono blu.
6. Cresce (*It grows*) quando Pinocchio dice una bugia.
7. Se sono lunghe, possiamo suonare bene il piano.
8. Dumbo le usa per volare (*fly*).
9. Quelli di Cenerentola (*Cinderella*) sono molto piccoli.

B. Associazioni. Quali verbi (Quali azioni) potete associare a queste parti del corpo?

1. il dito
2. il piede
3. la bocca
4. l'occhio
5. la testa
6. la mano
7. il braccio
8. la gola
9. le orecchie
10. lo stomaco

C. Conversazione.

1. Vi piace camminare (*walk*)? Cercate di fare una passeggiata (*go for a walk*) tutti i giorni?
2. «Quando c'è la salute, c'è tutto.» Siete d'accordo con questa affermazione? Perché?
3. Com'è, secondo voi, un'alimentazione corretta? Cosa mangiate di solito?
4. Quali sono gli elementi di una vita sana?
5. Cosa fate per mantenervi (*stay*) in buona salute?

---

*Words identified with an asterisk (*) are conjugated with **essere**.

6. Siete mai andati all'ospedale? Che cosa è successo?
7. Avete mai avuto un incidente? Vi siete mai rotti una gamba?
8. Controllate mai la vostra pressione (*blood pressure*)? Com'è? Alta, bassa, regolare?
9. Vi rilassate abbastanza? Cosa fate per rilassarvi?
10. Fumate? Quanto? Bevete alcolici? Quando?

D. Dal dottore. Descrivi la tua ultima (*last*) visita dal medico (o inventa una scena appropriata).

ESEMPIO: L'ultima volta che sono andata in clinica, ho passato un'ora in sala d'aspetto e solo cinque minuti con il medico!

Verbi: aspettare, controllare, curare, esaminare, farsi male, sentirsi male

Nomi: l'antibiotico, il controllo (*test*) del sangue/della pressione, la pillola (*pill*), la ricetta, la sala d'aspetto (*waiting room*)

in ascolto

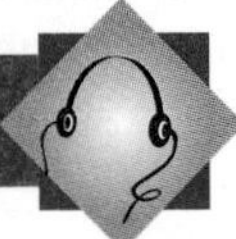

Un'escursione. Alessandra e Alberto programmano (*plan*) una gita per il fine-settimana. Ascoltate con attenzione, poi correggete le frasi sbagliate.

1. Alessandra e Alberto vogliono andare in montagna domenica prossima.
2. Alberto non ha molto appetito.
3. Alessandra ha bisogno di rilassarsi.
4. A Paolo non piace la montagna perché non gli piace camminare.
5. Alberto cerca (*tries*) di convincere Paolo ad andare in montagna.

PROVERBI E MODI DI DIRE

Il riso fa buon sangue.
Laughter is the best medicine (*lit., makes good blood*).

Botte buona fa buon vino.
A good cask makes good wine. (*From good causes, good effects.*)

Grammatica

A. Pronomi tonici

—Quando L'ho visto due settimane fa, mi ha detto che non avevo problemi con la vista.
—Mi dispiace, ma non credo di averLa visitata. Ha visto me, o forse un altro medico?
—Sono sicurissima, ho visto Lei... Oh, mi sbaglio, non ho visto Lei. Ho visto un medico alto, grasso, con capelli neri e occhiali.

1. Unlike the other object pronouns you have learned, disjunctive (stressed) pronouns (**i pronomi tọnici**) follow a preposition or a verb. They usually occupy the same position in a sentence as their English equivalents.

SINGOLARE		PLURALE	
me	*me*	noi	*us*
te	*you*	voi	*you*
Lei	*you*	Loro	*you*
lui, lei	*him, her*	loro	*them*
sé	*yourself, oneself, himself, herself*	sé	*yourselves, themselves*

2. Disjunctive pronouns are used

   a. after a preposition

La ricetta è **per** te.	*The prescription is for you.*
Non voglio uscire **con** loro.	*I don't want to go out with them.*
Avete ricevuto un regalo **da** lei.	*You received a present from her.*
Amano parlare **di** sé.	*They like to talk about themselves.*
Secondo me, i fratelli Berardo sono molto sportivi.	*In my opinion, the Berardo brothers are very athletic.*

   Four prepositions (**senza** [*without*], **dopo, sotto,** and **su**) require **di** when followed by a disjunctive pronoun.

—When I saw you two weeks ago, you told me that I didn't have problems with my sight.
—I'm sorry, but I don't believe I examined you. Did you see me, or maybe another doctor?
—I'm sure I saw you . . . Oh, I'm mistaken, I didn't see you. I saw a tall, heavy doctor with black hair and glasses.

Si dice così: usi frequenti dei pronomi tonici

To indicate someone's turn in a game or a class exercise, the expression is **Tocca a te!** (*It's your turn!*) or **Tocca a me / a lui / a lei / a noi / a voi / a loro!** (*It's my/his/her/our/your/their turn!*)

Note the special use of **da** + *noun* or *disjunctive pronoun* to mean *at*, *to*, or *in* someone's home or workplace.

—Dove andiamo? Da Roberto? *Where are we going? To Roberto's?*

—Sì, andiamo **da** lui. *Yes, we're going to his house.*

Vengo senza mio marito: vengo **senza di** lui.	*I'm coming without my husband; I'm coming without him.*
Sono arrivati all'ospedale dopo il dottore: sono arrivati **dopo di** lui.	*They got to the hospital after the doctor; they got there after him.*
Non vuole nessuno **sotto di** sé.	*He doesn't want anyone below him.*
Il medico conta **su di** noi.	*The doctor is counting on us.*

b. after a verb, to give greater emphasis to the object (direct or indirect)

Lo amo. (*unemphatic*)	*I love him.*
Amo solamente lui. (*emphatic*)	*I love only him.*
Ti cercavo. (*unemphatic*)	*I was looking for you.*
Cercavo proprio te. (*emphatic*)	*I was looking just for you.*
Le davano del tu. (*unemphatic*)	*They addressed her as* **tu.**
Davano del tu anche a lei. (*emphatic*)	*They also addressed her as* **tu.**

Note that the emphatic construction is often accompanied by **anche, proprio** or **solamente** for further emphasis.

c. when there are two direct or two indirect objects in a sentence, or when a distinction is being made between the two objects.

Hai parlato con me o con Mirella?	*Did you talk to me or to Mirella?*

A. Sii chiaro! (*Be clear!*) Decidi quale frase è più enfatica o meno ambigua e spiega perché.

1. **a.** Non voglio parlare con te. **b.** Non ti voglio parlare.
2. **a.** Ti cercavo. **b.** Cercavo proprio te.
3. **a.** Ha invitato lui e lei. **b.** Li ha invitati.
4. **a.** Ti vedo. **b.** Vedo solamente te.
5. **a.** Ti fanno una festa. **b.** Fanno una festa esclusivamente per te.
6. **a.** Ci ha scritto. **b.** Ha scritto a me e a Salvatore.

B. Scambi. Completa le frasi con il pronome tonico appropriato.

ESEMPIO: S1: Ti diverti con i miei amici?
S2: No, non mi diverto proprio con _loro_.

1. S1: È vero che Alessandra non va d'accordo (*doesn't get along*) con Luciano?
   S2: Sembra di sì (*It seems like it*); Alessandra dice che non vuole più vivere con ______.
2. S1: Venite a giocare a tennis con Patrizia?
   S2: No, veniamo senza di ______! Non vinciamo mai quando gioca lei!
3. S1: Ci troviamo (*Are we meeting*) da Danilo e Leo stasera?
   S2: Sì, ci troviamo da ______ alle otto.

4. S1: Io e Claudio abbiamo cominciato ad andare a cavallo (*go horseback riding*).
   S2: Allora, venite con ______! Ho cominciato anch'io due settimane fa!
5. S1: Ti piace correre con me e Dario?
   S2: No, non mi piace proprio correre con ______! Siete troppo veloci!

C. **Situazioni.** Come diresti... (*How would you tell . . .*)

1. your friends that you need them? **2.** a mechanic (**meccanico**) that you need him? **3.** two children that they have to skate without you? **4.** a young woman/man that you can't play tennis with her/him? **5.** a professor that you are counting on him? **6.** a grandmother that the flowers are for her? and that she has to go to the doctor's office, not the hospital?

B. Comparativi

Io ho due gemelli. Sandra è più sportiva di Michele, ma Michele è più interessato alla musica di Sandra. Sandra è meno timida di Michele; lei è molto più estroversa di lui. Michele è carino e gentile come Sandra—sono due ragazzi simpaticissimi.

1. Comparisons are expressed in Italian with these words:

(così)... come	*as . . . as*
(tanto)... quanto	*as . . . as; as much . . . as*
più... di (che)	*more . . . than; -er than*
meno... di (che)	*less . . . than*

2. The comparison of equality of adjectives is formed by placing **così** or **tanto** before the adjective and **come** or **quanto** after the adjective. **Così** and **tanto** are usually omitted.

Sergio è (così) alto come Roberto.	*Sergio is as tall as Roberto.*
Roberto è (tanto) intelligente quanto Sergio.	*Roberto is as intelligent as Sergio.*
Sergio è simpatico come Roberto.	*Sergio is as nice as Roberto.*

Comparisons of equality with verbs are expressed with (**tanto**) **quanto.**

Sergio nuota (tanto) quanto Roberto.	*Sergio swims as much as Roberto.*

I have twins. Sandra is more athletic than Michele, but Michele is more interested in music than Sandra. Sandra is less shy than Michele; she is a lot more extroverted than he is. Michele is sweet and polite like Sandra—they're two really likeable kids.

A personal pronoun that follows **come** or **quanto** is a disjunctive pronoun.

Il bambino è sano come te. — *The child is as healthy as you.*

3. The comparisons of superiority and inferiority are formed by placing **più** or **meno** before the adjective or noun. *Than* is expressed with **di** (or its contraction with an article) before nouns or pronouns.

Chiara è **più** alta **di** Nella. — *Chiara is taller than Nella.*
Nino è **meno** alto **di** Maria. — *Nino is less tall (shorter) than Maria.*

Nella è **più** simpatica **di** Chiara. — *Nella is nicer than Chiara.*
Chiara legge **più di** Nino. — *Chiara reads more than Nino.*

4. The expressions *more than / less than* followed by numbers are **più di** / **meno di** + *number* in Italian.

Ci sono stati **più di dieci** incidenti in quella strada il mese scorso. — *There were more than ten accidents on that street last month.*

5. **Che** is used when directly comparing two of the same construction or part of speech: two adjectives, two infinitives, two nouns, or two nouns preceded by a preposition. **Di** is used when comparing a particular quality of two nouns.

L'equitazione è più **costosa** che **difficile.** — *Horseback riding is more expensive than difficult.*
È più facile **nuotare** che **pattinare?** — *Is it easier to swim than to skate?*
Di solito ho più **raffreddori** che **mal di testa.** — *I usually have more colds than headaches.*
Gioco più **a tennis** che **a calcio.** — *I play more tennis than soccer.*

Tiziana è più timida **di** Gina. — *Tiziana is more timid than Gina.*

L'aereo è più caro **del** treno. — *The plane is more expensive than the train.*

ESERCIZI

A. **Sei d'accordo o no?** Sei d'accordo con le seguenti frasi? Correggi le frasi se non sei d'accordo.

1. Jack Nicholson è più bravo di Robert Redford.
2. Tom Cruise è più alto di Nicole Kidman.
3. Gli Yankees sono meno bravi dei Red Sox.
4. Il gelato è meno buono della torta al cioccolato.
5. I bambini hanno meno paura dei dentisti che dei medici.
6. La biologia è interessante quanto la matematica.
7. La chimica è più difficile dell'italiano.
8. È più facile imparare a pattinare che a sciare.

B. **Come sono?** Paragona (*Compare*) i seguenti elementi secondo il modello. Esprimi la tua opinione e usa **più, meno** o **come.**

ESEMPIO: (energico) Picabo Street / Tara Lipinski → Picabo Street è (così) energica come Tara Lipinski.

1. (elegante) il pattinaggio / l'equitazione
2. (faticoso, *tiring*) il canottaggio / il nuoto
3. (noioso) il football / il baseball
4. (difficile) il ciclismo / lo sci di fondo
5. (bravo) gli Yankees / i Red Sox
6. (facile) il calcio / il golf
7. (bravo) Celine Dion / Whitney Houston
8. (importante) la salute / il lavoro

C. **Che dici?** Completa ogni frase con **più/meno... di, più/meno... che,** or **così... come.**

ESEMPIO: Per me, gli occhiali sono **meno** comodi (*comfortable*) **delle** lenti a contatto.

1. La mia gamba è _____ lunga _____ mio braccio.
2. Per me, la chimica è _____ divertente _____ italiano.
3. Il mal di testa è _____ noioso _____ grave.
4. Secondo me, l'alimentazione è _____ importante _____ attività fisica.
5. L'influenza è _____ grave _____ raffreddore.
6. Non sono mai stata _____ stanca _____ in questo periodo.
7. Il mio occhio è _____ grande _____ orecchio.
8. I tuoi piedi sono _____ larghi _____ miei piedi.

D. **Scontrini a confronto**. Paragona i prezzi nella tabella.

ESEMPIO: Il latte all'ipermercato costa meno del latte al supermercato.

Scontrini a confronto

C'è differenza tra negozi e supermercati? Ecco il calcolo medio di una spesa secondo Iri-Infoscan (in rosso) e un'analisi di alcuni prodotti fatta da Nielsen.

MEDIA	Ipermercato 100	Supermarket 110	Negozio 117
Latte	1.430 al litro	1.563 al litro	1.753 al litro
Acqua	379 al litro	439 al litro	502 al litro
Yogurt	6.743 al kg	7.153 al kg	7.655 al kg
Spaghetti	1.793 al kg	1.834 al kg	1.997 al kg
Mozzarella	13.494 al kg	14.008 al kg	14.838 al kg
Detersivo	2.987 al kg	3.265 al kg	3.647 al kg

Nota culturale

Il *David* di Michelangelo

Nel 1501 l'Opera di Santa Maria del Fiore (il duomo) di Firenze dette[a] a Michelangelo, che aveva allora 26 anni, l'incarico di ricavare[b] una scultura da un blocco di marmo[c] che qualcuno aveva cominciato a lavorare poco e male. Tre anni dopo Michelangelo aveva ricavato da quel marmo il suo famoso *David*.

L'opera apparve[d] subito così bella, anche a grandi artisti dell'epoca come Leonardo e Botticelli, che fu[e] deciso di metterla in Piazza della Signoria, all'entrata del Palazzo Vecchio.

Nel secolo scorso il *David* fu trasportato alla Galleria dell'Accademia di Firenze, per conservarlo meglio, e lì si trova anche oggi. In Piazza della Signoria è stata messa[f] una copia.

Questa stupenda scultura di Michelangelo è considerata una delle opere più rappresentative del Rinascimento.

Il personaggio biblico è nudo e nasconde[g] un sasso[h] nella mano destra, mentre tiene la fionda[i] dietro la schiena con la mano sinistra. L'artista lo ha rappresentato come un giovane esile[j] e forte, con un corpo elegante ed armonico, ispirato all'arte classica.

Come in tutte le sue sculture, anche nel *David*, Michelangelo non ha messo in evidenza[k] solo la forza fisica, ma anche la presenza del pensiero[l] e la superiorità dell'intelletto, che possiamo leggere nell'espressione del volto[m] dell'eroe.

[a]*gave* [b]l'incarico... *the commission to carve* [c]*marble* [d]*appeared* [e]*was* [f]è... *was placed* [g]*hides* [h]*stone* [i]*slingshot* [j]*slender* [k]messo... *portrayed* [l]*thought* [m]*face*

Il David di Michelangelo al Museo dell'Accademia di Firenze

C. Superlativi relativi

—«Ho camminato tutto il giorno senza incontrare il più piccolo animale... »

1. The relative superlative (*the fastest; the most elegant; the least interesting*) is formed in Italian by using the comparative with the definite article.

Di tutti gli sport, il calcio è il più popolare.	*Of all sports, soccer is the most popular.*
Giorgio è il meno sportivo dei fratelli.	*Giorgio is the least athletic of the brothers.*

2. When the relative superlative is accompanied by a noun, the construction of the sentence depends on whether the adjective normally precedes or follows the noun it modifies.

Adjectives that precede: *article* + **più** / **meno** + *adjective* + *noun*

Il più bello sport è il calcio.	*The finest sport is soccer.*

Adjectives that follow: *article* + *noun* + **più** / **meno** + *adjective*

Giorgio è **il fratello meno sportivo.**	*Giorgio is the least athletic brother.*

3. In English the superlative is usually followed by *in.* In Italian it is normally followed by **di,** with the usual contractions.

È lo studente più spiritoso **del** dipartimento.	*He is the wittiest student in the department.*
Questi giocatori sono i più veloci **della** squadra.	*These players are the fastest on the team.*

Esercizi

A. **Votiamo.** Completa le seguenti frasi secondo la tua opinione. Poi paragona le tue risposte con quelle dei tuoi compagni di classe.

1. _____ è il più bravo attore del cinema americano.
2. _____ e _____ sono gli sport più pericolosi.
3. _____ è il programma televisivo più divertente.
4. _____ è la malattia più pericolosa nel mondo di oggi.
5. _____ è la telenovela più bella alla TV.
6. _____ è la squadra di baseball più brava di quest'anno.
7. _____ e _____ sono gli autori italiani più conosciuti nel mondo.
8. _____ è il computer più efficiente.

B. **Gente in gamba.** A turni con un compagno / una compagna, fate domande sulle seguenti persone. Rispondete usando *il superlativo relativo* + **di tutti / di tutte.** (Non è necessario limitarvi agli aggettivi presentati.)

ESEMPIO: Shaquille O'Neal →
S1: È bravo Shaquille O'Neal?
S2: Sì, è il più bravo di tutti.

Aggettivi: agile, dotato (*gifted*), elegante, forte (*strong*), veloce...

1. Tara Lipinski
2. Bill Gates
3. Leonardo di Caprio
4. Mark McGwire
5. Picabo Street
6. Aretha Franklin

C. **I premi.** Oggi celebriamo le persone e le opere che consideriamo le più notevoli dell'anno. Con un compagno / una compagna, preparate una lista di categorie. Poi, con tutta la classe nominate cinque candidati per ogni categoria e votate per i vostri preferiti.

ESEMPIO: un premio per il film più interessante, l'attrice più brava e la persona più generosa.

D. **Conversazione.**

1. Qual è la festa più importante dell'anno per te? E per la tua famiglia? **2.** Sai quali sono i libri più venduti in questo momento? **3.** Secondo te, chi è l'uomo più importante degli Stati Uniti? Chi è la donna più importante degli Stati Uniti? Perché? **4.** Qual è il programma televisivo più seguito?

D. Comparativi e superlativi irregolari

MAMMA: Ti senti meglio oggi, Carletto?
CARLETTO: No, mamma, mi sento peggio.
MAMMA: Poverino! Ora ti do una medicina che ti farà bene.
CARLETTO: È buona?
MAMMA: È buonissima, migliore dello zucchero!

...

CARLETTO: Mamma, hai detto una bugia! È peggiore del veleno!

1. Some common adjectives have irregular comparative and superlative forms as well as regular forms.

AGGETTIVO	COMPARATIVO	SUPERLATIVO
buono *good* La torta è buona.	**migliore (più buono)** *better* La torta è migliore della crostata.	**il/la migliore (il più buono)** *the best* La torta è il migliore di tutti i dolci.
cattivo *bad* La torta è cattiva.	**peggiore (più cattivo)** *worse* La torta è peggiore della crostata.	**il/la peggiore (il più cattivo)** *the worst* La torta è il peggiore di tutti i dolci.

2. The adjectives **grande** and **piccolo/a** have regular comparative and superlative forms, **più grande** and **più piccolo/a**, which mean *bigger* and *smaller* respectively. These adjectives also have irregular forms, **maggiore** and **minore**, which mean *greater* and *lesser.** Both the regular and the irregular forms can be used in reference to people (especially brothers and sisters) to mean *older* and *younger.* **Il/La maggiore** means *the oldest* (in a family, for example), and **il/la minore** means *the youngest.*

—Ti ho donato i migliori secoli[a] della mia vita... e adesso vuoi lasciarmi?... [a]*centuries*

MOTHER: Are you feeling better today, Carletto? CARLETTO: No, Mom, I'm feeling worse. MOTHER: Poor thing! Now I'll give you some medicine that will be good for you. CARLETTO: Is it good? MOTHER: It's very good, better than sugar! CARLETTO: Mom, you told me a lie! It's worse than poison!

***Il/La maggiore** is often used to mean *greatest:* **Chi è il maggiore romanziere italiano?** (*Who is the greatest Italian novelist?*)

Nota bene: avverbi vs. aggettivi

In English, *good* and *bad* are adjectives (modifying nouns) and *well* and *badly* are adverbs (modifying verbs). In Italian, the corresponding forms are **buono/cattivo** and **bene/male.**

Sergio è un buono/cattivo studente. *Sergio is a good/bad student.*

Sergio gioca bene/male a frisbee. *Sergio plays frisbee well/badly.*

English uses the same comparative forms, *better* and *worse*, for both adjectives and adverbs. In Italian, **migliore** and **peggiore** modify nouns, **meglio** and **peggio** modify verbs.

Sergio è un migliore/peggiore studente di Renata. *Sergio is a better/worse student than Renata.*

Sergio gioca meglio/peggio a frisbee di Renata. *Sergio plays frisbee better/worse than Renata.*

Simona e Marco

COMPARATIVO	SUPERLATIVO
maggiore (più grande) *older*	**il/la maggiore (il/la più grande)** *the oldest*
Simona è più grande di Marco.	Simona è la più grande della famiglia.
Simona is older than Marco.	*Simona is the oldest in the family.*
Simona è la sorella maggiore di Marco.	Simona è la figlia maggiore.
Simona is Marco's older sister.	*Simona is the oldest child.*
minore (più piccolo) *younger*	**il/la minore (il/la più piccolo)** *the youngest*
Marco è più piccolo di Simona.	Marco è il più piccolo della famiglia.
Marco is younger than Simona.	*Marco is the youngest in the family.*
Marco è il fratello minore di Simona.	Marco è il figlio minore.
Marco is Simona's younger brother.	*Marco is the youngest child.*

3. Some adverbs have irregular comparatives.

AVVERBIO	COMPARATIVO
bene *well* Sandra canta bene.	**meglio** *better* Sandra canta meglio di Tina.
male *badly* Marco cucina male.	**peggio** *worse* Marco cucina peggio di Luca.

The superlative of these adverbs is most commonly expressed by adding the expression **di tutti** to the comparative forms.

Lucia gioca meglio di tutti. *Lucia plays better than anyone.*
Marcella parla meno di tutti. *Marcella talks less than anyone.*

ESERCIZI

A. Opinioni. Scegli la parola che esprime la tua opinione.

1. Pavarotti canta meglio / peggio delle Spice Girls. **2.** Io ballo meglio / peggio del professore / della professoressa. **3.** Tara Lipinski pattina meglio / peggio di Michelle Kwan. **4.** Keanu Reeves recita peggio / meglio di tutti. **5.** Il pesce è migliore / peggiore della carne. **6.** I biscotti sono migliori / peggiori delle caramelle *(candy)*. **7.** La chimica è migliore / peggiore della matematica. **8.** L'università è migliore / peggiore del liceo.

B. Bene o male? Completa le seguenti frasi con **meglio, migliore/i, peggio** o **peggiore/i.**

1. È una settimana che sono a casa con l'influenza, ma oggi mi sento ______ e spero (*I hope*) di tornare al lavoro domani.
2. Ho sentito che il dottor Morante e la dottoressa Salvi sono i medici ______ della regione.
3. Francesca e Marissa sono gemelle. Francesca porta gli occhiali e Marissa no. La vista (*eyesight*) di Francesca è ______ della vista di Marissa. Marissa canta bene ma Francesca non sa proprio cantare. Francesca canta ______ di Marissa. Marissa gioca male a tennis, ma Francesca ha vinto il torneo (*tournament*) regionale. Francesca gioca ______ di Marissa ed è la ______ giocatrice della regione.
4. Le infermiere (*nurses*) guadagnano male; sono le ______ pagate dell'ospedale.
5. L'università di Bologna è considerata una delle ______ d'Italia per studiare la medicina.
6. Sergio è andato dal dentista con il mal di denti ed è tornato a casa con il mal di testa. Non so quale sia (*is*) ______.

C. Scambi. Con un compagno / una compagna, completa le conversazioni con l'espressione giusta.

1. S1: Lisa, secondo te, qual è il dolce ______ (meglio / migliore): la crostata di frutta o il gelato?
   S2: Io preferisco la crostata, ma per la festa va ______ (meglio / migliore) il gelato perché Paolo non può mangiare la frutta.
2. S1: La piscina di Giorgio e Rita è ______ (più grande / maggiore) della nostra; chi l'ha costruita?
   S2: Il loro figlio ______ (grandissimo / maggiore), Claudio.
3. S1: Gina, chi canta ______ (meglio / migliore) secondo te, Mariah Carey o Alanis Morrisette?
   S2: Alanis Morrisette, senz'altro! Mariah Carey è brava, ma le sue canzoni sono ______ (peggio / peggiori).
4. S1: Funziona ______ (buono / bene) la tua Mercedes?
   S2: Benissimo, ma preferisco una macchina ______ (più piccola / minore).

D. Traduzioni. Esprimi in italiano.

1. The games we saw today were good, but the ones we saw yesterday were better. **2.** What is the worst thing that ever happened to you?

3. Gabriella is the best of all my students. 4. The exam was easy, but Paolo did very poorly (**male**); he did worse than I. 5. Is it true that your friends cook better, eat better, and dress better than mine?

E. I migliori e i peggiori ricordi. Parla al tuo compagno / alla tua compagna del tuo miglior ricordo e del tuo peggior ricordo d'infanzia. Il compagno / La compagna racconta una delle tue storie alla classe.

ESEMPIO: Il mio migliore ricordo: Quando avevo dieci anni, i miei genitori mi hanno portato ad un luna-park (*amusement park*) e.... Il mio peggiore ricordo: Quando avevo otto anni, mia madre mi ha portato dal dottore e...

Piccolo ripasso

A. Conclusioni. Spiega i seguenti paragoni tra queste persone e le loro famiglie o i loro amici. Usa le espressioni tra parentesi e un comparativo appropriato.

ESEMPIO: Laura è più simpatica di Alessandra. (avere amici) → Laura ha più amici di Alessandra.

1. Paolo è più grasso di suo fratello. (mangiare dolci)
2. Isabella è più informata di sua madre. (leggere)
3. L'avvocato è sportivo come il dottore. (fare sport)
4. La mia alimentazione è più equilibrata della tua. (essere sana)
5. Marco è più nervoso delle sue sorelle. (bere caffè)
6. I miei cugini sono più generosi di te. (spendere soldi)
7. Mia sorella è stanca come me. (lavorare)
8. Io ho voti migliori dei miei compagni. (studiare)

B. Come sei? Chiedi al tuo compagno / alla tua compagna di paragonarsi ad altre persone. Seguite il modello.

ESEMPIO: alto / tua madre →
S1: Sei più alta di tua madre?
S2: Sì, sono più alta di lei. (No, non sono più alta di lei.) E tu?

1. pigro / i tuoi compagni
2. romantico / il tuo ragazzo (la tua ragazza)
3. bravo in matematica / i tuoi genitori
4. sportivo / tuo padre
5. energico / il professore (la professoressa) d'italiano
6. puntuale / le tue amiche

C. Come sono? Paragona il tuo modo di fare le seguenti attività con quello del tuo miglior amico.

meglio di lui/lei	bene come lui/lei
peggio di lui/lei	male come lui/lei

ESEMPIO: Canto bene come lei.

1. nuotare
2. sciare
3. giocare a tennis
4. parlare italiano
5. ballare
6. mangiare

D. Due allenatori (*trainers*). L'allenatore Ranzoni e l'allenatore Frich parlano di due loro giocatori. Completa la conversazione con la forma corretta di **bravo, bene, meglio, migliore, peggio** o **peggiore.**

R: Secondo me, Danilo è più _____[1] di Simone; il suo stile è _____[2] e anche la sua tecnica è _____.[3]

F: Io penso che Simone sia (*is*) _____[4] come Danilo. È vero, nell'ultima partita non ha giocato _____[5] come Danilo: ha giocato decisamente (*decidedly*) _____[6] di Danilo, ma non possiamo dire chi dei due è il giocatore _____.[7] Nell'insieme, Danilo e Simone sono i _____[8] giocatori della squadra!

E. I paragoni. Con un compagno / una compagna, paragonate le seguenti persone.

1. Marilyn Monroe / Madonna
2. Tom Cruise / James Dean
3. un medico / un dentista
4. un avvocato / un poliziotto (*police officer*)
5. il presidente degli Stati Uniti / il vice presidente degli Stati Uniti
6. I Beatles / I Rolling Stones

Invito alla lettura

La salute degli italiani

Le Terme di Saturnia, in Toscana

In generale, gli italiani stanno molto attenti alla salute e cercano di tenere comportamenti[a] che li aiutano a star bene.[b] Sappiamo che gli italiani amano la buona cucina, e che mangiare molto può essere dannoso.[c] La cucina italiana, però, anche se è molto saporita[d] e varia, ha per base alimenti[e] molto sani.[f] La famosa «dieta mediterranea» a base di pasta, verdura, frutta e olio d'oliva è consigliata da tutti i medici del mondo, perché è equilibrata[g] e fa bene alla salute.

A confermare questa opinione ci sono i dati[h] sulla salute degli abitanti della Calabria. In Calabria la cucina è proprio «mediterranea», è cioè povera di grassi[i] e semplicissima; ai cibi si dà sapore[j] soprattutto con l'aglio e il peperoncino. E proprio

[a]*behaviors* [b]star... *stay well* [c]*harmful* [d]*flavorful* [e]*foods* [f]*healthful* [g]*balanced* [h]*data* [i]povera... *free of fat* [j]ai... *it gives flavor to foods*

in questa regione il numero degli ammalati[k] di tumore è il più basso d'Italia ed è fra i più bassi quello degli ammalati di cuore.

L'organizzazione sanitaria italiana è generalmente di buon livello. L'assistenza è garantita da grandi ospedali e cliniche con un alto numero di medici, oppure da piccoli ambulatori ai quali[l] i cittadini possono rivolgersi[m] per controlli e cure. La ricerca medica è avanzata, e ci sono cliniche specialistiche che praticano trattamenti curativi d'avanguardia.[n]

Gli italiani fanno molto uso dei farmaci, ma amano anche curarsi in modo naturale. Ultimamente molti hanno cominciato a far uso di prodotti omeopatici, o ad andare nelle stazioni termali.[o] In Italia ci sono tantissime località con acque termali che curano molte malattie. Nei centri termali i pazienti possono tonificare,[p] disintossicare[q] e rilassare il corpo con trattamenti di vario tipo: bere tanti bicchieri di acque particolari che fanno bene al fegato[r] o ai reni,[s] nuotare in piscine con acqua calda, fare dei fanghi,[t] degli idromassaggi ed altre terapie naturali. Quando una persona va in un centro termale per curare delle vere malattie, come le allergie o i reumatismi, il servizio sanitario nazionale paga, almeno in parte, il soggiorno.[u]

Ci sono località termali importanti in tutto il territorio italiano. Al nord c'è la conosciutissima Merano, vicino a Bolzano, o la famosa zona veneta delle Terme Euganee; al centro Italia c'è Salsomaggiore che si trova in Emilia, Montecatini e Chianciano, famosissima per le cure del fegato, in Toscana. Al sud, proprio nel meraviglioso golfo di Napoli, si trova un'isola, Ischia, dalla cui terra sgorgano[v] acque calde e benefiche. Ischia è un vulcano spento[w] e le alte temperature del sottosuolo[x] favoriscono una vegetazione quasi tropicale e la possibilità di fanghi, massaggi e saune naturali durante tutto l'anno.

[k]*ill* [l]ambulatori... *walk-in clinics to which* [m]*apply* [n]*advanced* [o]stazioni... *thermal facilities* [p]*strengthen themselves* [q]*detoxify* [r]*liver* [s]*kidneys* [t]fare... *take mudbaths* [u]*sojourn, stay* [v]*flow* [w]*extinct* [x]*subsoil*

In giro per le regioni

La Calabria

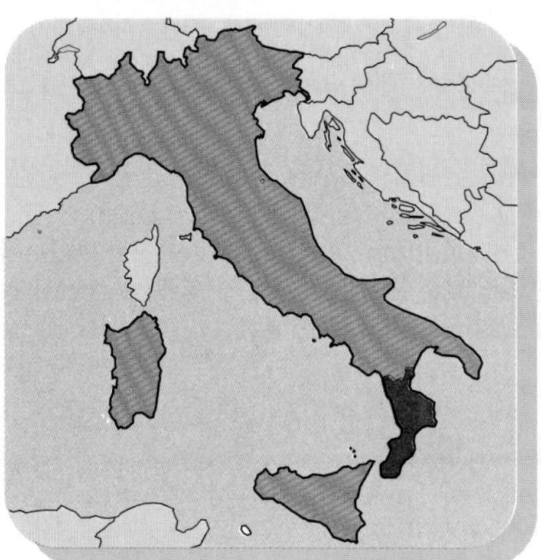

La Calabria è la regione dell'Italia peninsulare che si trova più a sud. È, a sua volta,[a] una penisola, circondata da un bellissimo mare, ma nell'interno ci sono anche zone montuose come l'Aspromonte o la Sila, ricca di verdi foreste.

La Calabria, come tutte le regioni del Sud, è rimasta indietro[b] nello sviluppo economico rispetto al Centro-Nord. Ricordiamo infatti che prima dell'Unità d'Italia, avvenuta poco più di un secolo fa, il Sud aveva condizioni economiche e sociali molto più difficili del Nord, e per alcune regioni non è stato semplice risolvere i propri problemi.

La Calabria è la regione meno industrializzata d'Italia, e la mancanza[c] di lavoro ha costretto tanti Calabresi, dall'Unità d'Italia fin quasi ad oggi,[d] ad emigrare. Una parte di essi sono andati

[a]a... *in turn* [b]*backward* [c]*lack* [d]fin... *almost until today*

all'estero, specialmente in paesi europei come la Svizzera, il Belgio e la Germania, ma molti, tra il 1950 e il 1970, si sono trasferiti nelle città industrializzate del Nord d'Italia, soprattutto a Torino, dove la loro vita di "stranieri in patria" non è stata sempre facile.

E ora a voi

Capire

Completate.

1. Gli italiani mangiano molto, ma
   a. seguono i consigli dietetici del medico.
   b. mangiano cibi che non fanno male alla salute.
   c. fanno spesso delle cure per disintossicarsi.
2. La dieta mediterranea è
   a. una dieta dimagrante che si fa nel Mediterraneo.
   b. il modo di mangiare tipico degli abitanti della Calabria.
   c. il modo di mangiare tipico dei popoli mediterranei.
3. La Calabria è la regione che ha
   a. meno ammalati di cuore di tutta l'Italia.
   b. meno ammalati di tumore di tutta l'Europa.
   c. meno ammalati di tumore di tutta l'Italia.
4. In Italia si possono avere buone cure mediche
   a. negli ospedali e negli ambulatori.
   b. soprattutto nelle cliniche private.
   c. solo negli ospedali delle grandi città.
5. Gli italiani si curano
   a. soprattutto con prodotti omeopatici.
   b. con i farmaci e con cure naturali.
   c. sempre con molti farmaci.
6. I centri termali sono
   a. cliniche speciali, dove i medici usano solo metodi naturali.
   b. località di vacanza dove ci sono piscine con acqua calda.
   c. luoghi dove si trovano acque che fanno bene alla salute.

Scrivere

Scrivete un breve testo (80 parole circa) sulla vostra salute. Seguite la traccia delle domande.

1. Il vostro modo di mangiare è corretto o sbagliato per la salute? **2.** La vostra dieta è simile a quella mediterranea? **3.** Fate una vita sana o non molto salutare (*healthy*)? **4.** Quando non state bene, vi curate con metodi naturali o prendete dei farmaci? **5.** Andate spesso dal medico? **6.** Fate dei controlli (*checkups*) periodici?

Videoteca

Sono più in gamba io!

Peppe parla con Cinzia del suo appuntamento con Laura del giorno precedente. Peppe si paragona a Dino. Cinzia gli chiede come si sente e gli consiglia di andare dal dottore.

ESPRESSIONI UTILI

tanto confuso quanto adesso as confused as now
un giorno di anticipo the day before
senz'altro for sure, definitely
vanno molto di moda they are very fashionable
Sono più in gamba io di lui! I'm more with it than he is!
ho sempre goduto di ottima salute I've always been extremely healthy
penso di sopravvivere! I think I'll survive!
Fatti controllare anche la testa! Have your head checked too!
ci saprai fare! you'll know what to do!
Molto spiritosa! Very clever!

Dal video

FUNZIONE: Paragonare

PEPPE: Senz'altro esce con Dino. Che cosa ci vede in quello?! Ha un naso grandissimo, dei denti storti... Poi gli occhiali da vista che porta sono cose dell'altro mondo!
CINZIA: Sei un po' geloso. I suoi occhiali vanno molto di moda.
PEPPE: Non sono geloso! Sono più in gamba io di lui!

Preparazione

Vero o falso?

1. Laura vuole uscire con Peppe stasera.
2. A Cinzia piace Dino.
3. A Peppe fa male la testa.

Comprensione

1. Come descrive Peppe il ristorante dove è andato a mangiare con Laura?
2. Peppe che cosa pensa di Dino?
3. Peppe ha mangiato bene ieri sera?

Attività

Da fare in sei.

Giocate a indovinare (*guess*) la persona X (*the mystery person*). Qualcuno sceglie un compagno / una compagna di classe senza dire agli altri chi ha scelto. Gli altri studenti provano ad indovinare la persona X. Possono fare delle domande solo paragonando (*comparing*) la persona X a loro stessi. ESEMPIO: «È più (alto/basso/vecchio/giovane...) di me?» Continuate fino a quando la persona X viene scoperta.

Parole da ricordare

VERBI

ammalarsi to get sick
*__andare all'ospedale__ to go to the hospital, be hospitalized
avere mal di... (testa, denti, stomaco) to have a . . . (headache, toothache, stomachache)
cercare (di) to try (to)
contare su (qualcuno) to count on (someone)
controllare to check, check up on
curare to care for, treat, heal
curarsi to take care of oneself
dare del tu (a) to address (someone) as **tu**
fare male to hurt
farsi male to hurt oneself, get hurt
*__guarire (isc)__ to heal
paragonare to compare
prendere il raffreddore to catch a cold
programmare to plan
rompersi (*p.p.* **rotto**) to break (*a bone*)
*__sopravvivere__ (*p.p.* **sopravvissuto**) to survive
*__succedere__ (*p.p.* **successo**) to happen
*__vivere__ (*p.p.* **vissuto**) to live

NOMI

l' alimentazione (*f.*) nutrition
la bocca mouth
il braccio (*pl.* **le braccia**) arm
il corpo body
il cuore heart
il dente tooth
il dito (*pl.* **le dita**) finger
il dottore / la dottoressa doctor
la febbre fever
la gamba leg
i gemelli, le gemelle twins
la gola throat
l'incidente (*m.*) accident
le lenti a contatto contact lenses
la malattia disease
la medicina medicine, drug
il medico doctor
gli occhiali eyeglasses
l'orecchio (*pl.* **le orecchie / gli orecchi**) ear
il polmone lung
il premio prize
il raffreddore cold (*infection*)
la ricetta prescription
la salute health
la schiena back
la scusa excuse
lo stomaco stomach
la testa head
la vista eyesight; view

AGGETTIVI

chiaro clear
comodo comfortable; convenient
destro right
faticoso tiring
forte strong
grave serious, grave
maggiore greater; older
malato sick
migliore better
minore lesser; younger
peggiore worse
sano healthy
sinistro left

ALTRE PAROLE ED ESPRESSIONI

almeno at least
(così)... come as . . . as
peggio worse
meno... di (che) less . . . than
meglio better
più... di (che) more . . . than; -er than
senza without
tanto that much, so much
(tanto)... quanto as . . . as; as much . . . as
Tocca a me/te/lui/lei! It's my/your/his/her turn!

*Words identified with an asterisk (*) are conjugated with **essere**.

Capitolo 10

IN BREVE

GRAMMATICA

A. Futuro semplice
B. Usi speciali del futuro
C. Si impersonale
D. Formazione dei nomi femminili

INVITO ALLA LETTURA

- *L'agriturismo*
- *In giro per le regioni: L'Umbria*

Italiani in vacanza a San Fruttuoso, vicino a Portofino

Buon viaggio!

Vocabolario preliminare

Dialogo-Lampo

MARIO: Allora, che programmi hai per l'estate?

DANIELE: Ma, a dire il vero* non ho ancora deciso. Forse† vado al mare in Sicilia... E tu, niente di speciale‡ questa volta?

MARIO: Quest'estate non vado in vacanza. L'anno scorso sono andato in crociera in Grecia, quest'inverno a sciare in Francia, e poi ho fatto un viaggio in Olanda.

DANIELE: Ora capisco perché non vai in vacanza! O hai finito i giorni di ferie o i soldi per viaggiare all'estero!

1. Dove ha intenzione di andare Daniele quest'estate?
2. Quali nazioni ha visitato Mario?
3. Che cosa ha fatto in Grecia? E in Francia?
4. Che programmi ha Mario per quest'estate?
5. Cosa dice Daniele sui programmi di Mario?

VIVA LE VACANZE!

IN VACANZA

l'albergo (di lusso / di costo medio / economico) hotel (deluxe / moderately priced / inexpensive)
la camera room
  doppia double
  matrimoniale with a double bed
  singola single
  con bagno with bath
  con doccia with shower
  con aria condizionata with air conditioning
la cartolina postcard
l'itinerario itinerary
l'ostello hostel
il paesaggio landscape
la pensione inn, bed-and-breakfast
  la mezza pensione half board
  la pensione completa full board
il posto place
la tappa stopover; leg (of a journey)

affittare/prendere in affitto una casa to rent a house
***andare in campagna** to go to the country
  in campeggio to go camping
  all'estero to go abroad
  in ferie / in vacanza to go on vacation
  al mare to go to the seashore
  in montagna to go to the mountains
  in spiaggia to go to the beach
avere intenzione (di) to intend (to)
avere programmi to have plans
fare programmi to make plans
fare una crociera to go on a cruise
fare le ferie / le vacanze to go on vacation

*a... *to tell the truth*
†*Maybe*
‡niente... *nothing special*

lasciare/pagare un deposito to leave/pay a deposit
noleggiare/prendere a nolo una macchina, una barca to rent a car, a boat
prenotare, fare una prenotazione to make a reservation

tutto compreso including all costs
fisso fixed, set

libero free; unoccupied (room, seat, etc.)
o... o either . . . or

LE FESTE (HOLIDAYS)

Capodanno New Year's Day
Natale Christmas
Pasqua Easter

ESERCIZI

A. Ha una camera libera?... Siete appena (*just*) arrivati in Italia e dovete prenotare una stanza in un albergo. Cosa fate e cosa dite? Provate a completare la conversazione tra Shannon, una studentessa americana del Wisconsin, e l'impiegato (*desk clerk*) di un albergo.

IMPIEGATO: Hotel Rex, buonasera. Desidera?
SHANNON: _____.[1]
IMPIEGATO: Per quante notti?
SHANNON: _____.[2]
IMPIEGATO: Per quante persone?
SHANNON: Una.
IMPIEGATO: Una camera _____[3] allora.
SHANNON: È con _____[4] o solo con doccia?
IMPIEGATO: C'è anche solo con doccia, se vuole. E anche con televisore ma non con _____.[5]
SHANNON: Bene. Quanto _____[6]?
IMPIEGATO: 70.000 a notte.
SHANNON: _____[7] è inclusa?
IMPIEGATO: Sì, è inclusa.
SHANNON: Posso _____[8] adesso?
IMPIEGATO: _____. _____[9]?
SHANNON: Shannon Mangiameli. Posso pagare con la _____[10]?
IMPIEGATO: Certo, mi può dare il numero?

Adesso, in coppia, provate a immaginare un nuovo dialogo. Usate il **Vocabolario preliminare.**

B. Una vacanza in Italia. Siete in Italia e volete vedere molti posti, conoscere gli italiani e divertirvi. Raccontate alla classe cosa pensate di fare e di non fare in ogni situazione.

ESEMPIO: dormire negli ostelli o in un albergo di lusso →
Penso di dormire negli ostelli perché costa poco. Non penso proprio di prenotare un albergo di lusso.

1. viaggiare in bicicletta o noleggiare una macchina
2. dormire in una pensione o in un albergo di lusso
3. affittare una casa al mare per un mese o viaggiare per l'Italia
4. pagare in contanti o usare la carta di credito
5. dormire da solo/a o prendere una camera doppia

6. viaggiare in treno o in aereo
7. mangiare ai fast food o in ristoranti di lusso
8. andare in discoteca o passeggiare di notte per le vie delle città
9. andare a vedere film italiani o andare a teatro
10. scrivere cartoline agli amici o telefonare

C. Viva le vacanze! In coppia, spiegate se vi piacciono o no queste possibilità.

ESEMPIO: andare al mare →
S1: Ti piace andare al mare?
S2: Sì, mi piace perché mi piace stare al sole e abbronzarmi (*get tan*). / No, non mi piace perché non so nuotare.

1. dormire in campeggio
2. andare in montagna
3. fare una crociera
4. andare in vacanza con i genitori
5. visitare i musei
6. affittare una casa in campagna
7. seguire gli itinerari fissi
8. fare molte tappe

D. Come scoprire (*discover*) **l'America.** Amici italiani vengono negli Stati Uniti e hanno bisogno di consigli (*advice*). Preparate con un compagno / una compagna un elenco (*list*) di informazioni utili sui posti da vedere, come viaggiare e sulle precauzioni da prendere. Giustificate le vostre affermazioni (*statements*). Scegliete, per i vostri suggerimenti (*suggestions*) città come New York, Chicago, Las Vegas, San Francisco, Los Angeles e New Orleans, o i parchi nazionali, o Disneyland e la Florida. Sono queste le mete (*destinations*) più comuni dei turisti italiani. Ma suggerite anche luoghi poco frequentati!

ESEMPIO: S1: Se venite all'Ovest, dovete vedere il Grand Canyon, in Arizona, e il Parco di Yosemite in California.
S2: È possibile viaggiare in macchina o in autobus, e dormire in campeggio nei parchi nazionali.
S1: È meglio visitare il Grand Canyon in aprile o maggio, quando non è ancora molto caldo.

Adesso riportate parte delle vostre conversazioni alla classe. Ascoltate anche i suggerimenti dei vostri compagni.

in ascolto

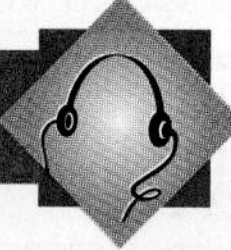

Progetti (*Plans*) di vacanze. Renata e Enrico hanno preparato un itinerario per una vacanza in Toscana. Ascoltate con attenzione la loro conversazione su una parte del viaggio, poi completate le frasi seguenti.

1. A Firenze non è affatto (*at all*) facile _____.
2. Prato è meno _____ di Firenze.
3. A Prato c'è la possibilità di una camera _____, con _____, in una _____.
4. A Marina di Pietrasanta ci sono _____.
5. A Marina di Pietrasanta è possibile fare queste attività: _____.

Grammatica

A. Futuro semplice

Progetti per le vacanze*

JEFF: Alla fine di giugno partirò per l'Italia con i miei genitori e mia sorella. Prenderemo l'aereo a New York e andremo a Roma. Passeremo una settimana insieme a Roma, poi i miei genitori noleggeranno una macchina e continueranno il viaggio con mia sorella. Io, invece, andrò a Perugia dove studierò l'italiano per sette settimane. Alla fine di agosto ritorneremo tutti insieme negli Stati Uniti.

Nota bene: il presente e il futuro

To refer to a definite event in the immediate future, the present tense is used:
A: Dove vai domani?
B: **Vado** dal dottore.
To express tentative plans, by contrast, the future tense is used:
A: Che fai per il compleanno la settimana prossima?
B: Non lo so, forse **farò** un viaggio con Mariella.

The future tense is used to express an action that will take place in the future.

1. In Italian, the future (**il futuro semplice**) is formed by adding the endings **-ò, -ai, -à, -emo, -ete, -anno** to the infinitive minus the final **-e.** A good way to remember the future-tense endings is to note their relationship to the verb **avere** (**h***o*, **h***ai*, **h***a*, **abbiamo**, **av***ete*, **h***anno*), from which they are derived. Verbs ending in **-are** change the **a** of the infinitive ending to **e** (**lavorar** → **lavorer-**).

lavorare	scrivere	finire
lavorer**ò**	scriver**ò**	finir**ò**
lavorer**ai**	scriver**ai**	finir**ai**
lavorer**à**	scriver**à**	finir**à**
lavorer**emo**	scriver**emo**	finir**emo**
lavorer**ete**	scriver**ete**	finir**ete**
lavorer**anno**	scriver**anno**	finir**anno**

2. In English the future is expressed with the auxiliary verb *will* or the phrase *going to*, but in Italian a single verb form is used.

Vacation plans JEFF: At the end of June I'll leave for Italy with my parents and my sister. We'll get a plane in New York and go to Rome. We'll spend a week together in Rome: then my parents will rent a car and (will) continue the trip with my sister. I, on the other hand, will go to Perugia, where I'll study Italian for seven weeks. At the end of August, we'll all return to the United States together.

*The plural form **vacanze** is generally used to refer to vacations. Note, however, the expression **andare in vacanza.**

Quanto tempo **resterai** in Italia? — *How long are you going to stay in Italy?*

Faremo una tappa in Grecia. — *We'll stop over in Greece.*

3. The spelling changes that you learned for the present tense of verbs such as **giocare, pagare, cominciare,** and **mangiare** apply to all persons in the future tense.

giocare	pagare	cominciare	mangiare
gio**che**rò	pa**ghe**rò	comin**ce**rò	man**ge**rò
gio**che**rại	pa**ghe**rại	comin**ce**rại	man**ge**rại
gio**che**rà	pa**ghe**rà	comin**ce**rà	man**ge**rà
gio**che**remo	pa**ghe**remo	comin**ce**remo	man**ge**remo
gio**che**rete	pa**ghe**rete	comin**ce**rete	man**ge**rete
gio**che**ranno	pa**ghe**ranno	comin**ce**ranno	man**ge**ranno

4. Some two-syllable verbs that end in **-are** keep the characteristic **-a** of the infinitive ending. Their conjugation is similar to that of **essere** in the future.

dare	fare	stare	essere
(dar-)	**(far-)**	**(star-)**	**(sar-)**
darò	farò	starò	sarò
dar**ại**	far**ại**	star**ại**	sar**ại**
darà	farà	starà	sarà
ecc.	ecc.	ecc.	sar**emo**
			sar**ete**
			sar**anno**

5. Some verbs—mostly **-ere** verbs stressed on the infinitive ending, such as **avEre** and **potEre**—have irregular future stems that drop the stressed **e.**

andare	avere	dovere	potere	vedere	venire	volere
(andr-)	**(avr-)**	**(dovr-)**	**(potr-)**	**(vedr-)**	**(verr-)**	**(vorr-)**
andrò	avrò	dovrò	potrò	vedrò	verrò	vorrò
andr**ại**	avr**ại**	dovr**ại**	potr**ại**	vedr**ại**	verr**ại**	vorr**ại**
andrà	avrà	dovrà	potrà	vedrà	verrà	vorrà
ecc.	ecc.	ecc.	ecc.	ecc.	ecc.	ecc.

—Io vivrò a lungo perché sono protetto dalla società per la protezione degli animali rari.

Compare these verbs to the conjugation of **ricEvere,** which is not stressed on the infinitive ending: **riceverò, riceverai, riceverà, riceveremo, riceverete, riceveranno.**

A. L'anno 2222. Secondo te, esisteranno le seguenti condizioni nell'anno 2222?

ESEMPIO: Le macchine non avranno bisogno di benzina (*gasoline*). → Non sono d'accordo. Secondo me, le macchine avranno ancora bisogno di benzina.

1. Tutti gli aerei saranno veloci come il Concorde. **2.** Non ci sarà più bisogno di soldi. **3.** Non mangeremo più la carne, solo la verdura. **4.** Tutti i cittadini (*citizens*) potranno votare da casa con il computer. **5.** Non ci saranno più scuole; tutti studieranno a casa. **6.** Nessuno scriverà più lettere e nessuno userà più il telefono; tutti comunicheranno con la posta elettronica.

B. Cosa farò? Cambia al futuro tutti i verbi in corsivo.

1. Io *passo* un sabato molto tranquillo. Mi *alzo* tardi, *faccio* una bella colazione, ed *esco* per fare le spese.[a] Il pomeriggio *prendo* l'autobus e *vado* a trovare la nonna. *Mangiamo* insieme in una trattoria, vicino a casa sua; se *abbiamo* tempo, *andiamo* a vedere un bel film o *facciamo* una passeggiata nel parco.
2. La sera, gli amici mi *vengono* a trovare. *Portano* qualcosa da mangiare[b]: *fanno* dei panini o *comprano* un pizza. Pino *porta* dei dischi nuovi e Maurizio *suona* la chitarra. Forse Anna *vuole* giocare a carte; se no, *stiamo* tutti intorno al camino[c] e *prepariamo* un itinerario per le prossime[d] vacanze. *È* una serata piacevole e rilassante.

[a]*shopping* [b]qualcosa... *something to eat* [c]*fireplace* [d]*upcoming*

C. La cartomante (*fortune teller*). Fa' una lista di domande sul tuo futuro e poi telefona a Raffaella Girardo per sapere le risposte. È un bel futuro o un brutto futuro? Un compagno / Una compagna farà la parte di Raffaella.

ESEMPIO: S1: Conoscerò un bel ragazzo?
S2: (Raffaella Girardo): Sì! Lo conoscerai stasera.

Suggerimenti: fare un lungo viaggio, ammalarsi, vincere alla lotteria, conoscere un attore famoso / un'attrice famosa, perdere tutti i soldi, trovare un bel lavoro, avere 10 figli

IL FUTURO AL TELEFONO

Venerdì 20 marzo, dalle 15 alle 18, il consueto[a] appuntamento con Raffaella Girardo, che interrogherà le carte o il pendolino[b] per ciascuna di voi, e risponderà a tutte le vostre domande. Telefonate al numero 02/710047.

[a]*usual* [b]*pendulum*

D. Cosa farai? Chiedi ad un compagno / una compagna cosa farà in questi periodi.

ESEMPIO: questo week-end →
A: Cosa farai questo week-end?
B: Venerdì uscirò con gli amici, sabato...

Suggerimenti per A: questo weekend, per Spring Break, l'estate prossima, a Natale, a Pasqua, il 4 luglio

Suggerimenti per B: uscire con gli amici, andare a/in... , fare le vacanze a/in... , lavorare, leggere tanti libri

B. Usi speciali del futuro

—È un regalo di quel tuo amico indiano: che cosa sarà mai?

1. In Italian, the future tense is often used to express what is *probably* true or to speculate or guess about what *could be* true. This usage is called the future of probability (**il futuro di probabilità**). In English, probability is expressed with such words as *probably, can,* or *must;* in Italian the future tense alone is used.

—Non vedo Zara da molto tempo. Dove **sarà?**	*I haven't seen Zara for a long time. Where could she be?*
—**Sarà** in vacanza.	*She must be on vacation.*
I signori **vorranno** una camera con bagno, vero?	*The gentlemen probably want a room with a bath, right?*

2. The future is commonly used in dependent clauses with **quando** and **appena,** and frequently after **se,** when the verb of the main clause is in the future tense. In English, by contrast, the present tense is used in the dependent clause.

Quando arriverà, sarà stanco.	*When he gets here, he'll be tired.*
Se farà caldo, ci sederemo all'ombra.	*If it's hot, we'll sit in the shade.*
Scriveranno **appena potranno.**	*They'll write as soon as they can.*

ESERCIZI

A. I programmi. Completa le seguenti affermazioni personali.

1. Stasera, appena tornerò a casa,... **a.** mangerò. **b.** andrò a letto.
2. Quando andrò in Italia,... **a.** resterò sempre in albergo. **b.** visiterò Roma.
3. Se avrò soldi la settimana prossima,... **a.** li risparmierò (*I will save*). **b.** li spenderò.
4. Se farà bel tempo questo week-end,... **a.** studierò l'italiano. **b.** non studierò. Uscirò con gli amici.
5. Appena avrò 40 anni,... **a.** farò un bel viaggio. **b.** smetterò di lavorare.
6. Se mi sposerò,... **a.** avrò figli. **b.** non avrò figli.
7. Appena mi laureerò,... **a.** troverò un bel lavoro. **b.** andrò in Europa.

B. Scambi. Trasformate le seguenti frasi al futuro.

1. S1: Se non arrivi per le sei, cuciniamo noi.
   S2: Grazie; quando torno dal lavoro ho fame e sono stanca.
2. S1: Appena esce il sole, potete andare sul lago.
   S2: E se fa brutto, stiamo in casa e guardiamo un film.
3. S1: Vi piace questo lavoro?
   S2: Siamo contenti quando ci pagano!
4. S1: Appena Giulia mette piede in Italia, ti manda una cartolina.
   S2: Se mi scrive, io le rispondo.

MA DOVE VANNO GLI ITALIANI

	1990		1998
1	Francia	1	Stati Uniti
2	Spagna e Canarie	2	Europa dell'Est (Ungheria, Cecoslovacchia, Polonia, Russia)
3	Austria	3	Francia
4	Stati Uniti	4	Gran Bretagna
5	Gran Bretagna	5	Spagna e Canarie
6	Svizzera	6	Grecia
7	Olanda	7	Cuba
8	Grecia	8	Egitto, Giordania
9	Portogallo	9	Turchia
10	Thailandia	10	Sudafrica

Graduatoria dei primi dieci paesi per numero di visitatori italiani (solo vacanze). I dati riferiti al 1998 sono frutto di stime ottenuto attraverso proiezioni dei dati 1997.

Fonte: Trademark Italia

C. Boh! (*Who knows!*) A turni con un compagno / una compagna, fate le seguenti domande e rispondete usando il futuro di probabilità.

ESEMPIO: Quanto costa una crociera nel mare Egeo? →
S1: Quanto costa una crociera nel mare Egeo?
S2: Boh! Costerà almeno mille dollari.

1. Quanti studenti vanno in Italia? **2.** Quanto costa affittare una casa a Roma? **3.** Quanti ostelli ci sono in Toscana? **4.** Cosa dice chi arriva in albergo? **5.** Cosa fanno i turisti a Firenze? **6.** Cosa c'è nei tortellini bolognesi?

Nota culturale

Il Ferragosto

Ferragosto al mare, Follonica (Toscana)

Verso la metà di agosto, moltissimi italiani vanno in vacanza al mare o in montagna. Per molti il primo giorno di vacanza estiva[a] è il 15 agosto.

Il 15 agosto è un giorno di festa civile, chiamato **Ferragosto,** ed è anche una festa religiosa dedicata alla Madonna. Dal 15 fino al 20–25 agosto, la maggior parte delle attività lavorative, specialmente industriali, si fermano, in Italia come in quasi tutta l'Europa, e questi giorni di vacanza si chiamano "ferie di Ferragosto."

In Italia anche un operaio ha il diritto[b] di prendersi[c] un mese di ferie, e più dell'80% degli italiani possono permettersi[d] di andare in vacanza. Così alla metà di agosto i luoghi di villeggiatura,[e] al mare e in montagna, sono affollatissimi,[f] mentre la maggior parte delle grandi città sono vuote, con molti bar, ristoranti e altri tipi di negozi chiusi.

Il giorno di Ferragosto, o nei giorni immediatamente successivi,[g] in alcune località italiane si svolgono[h] dei riti[i] e delle feste. Fra queste, la festa più bella e famosa è certamente il Palio di Siena, che si svolge il 16 agosto e che fa rivivere, per un giorno, alla città il suo antico splendore medioevale. È una festa storica, ricca di canti di colori e di emozioni, che ha il suo momento più importante in una corsa[j] di cavalli, il Palio appunto. E in ogni cavallo del Palio, che corre per una contrada (un quartiere della città), c'è l'anima[k] dei cittadini di quella contrada.

[a]*of the summer* [b]*right* [c]*to take* [d]*afford* [e]*holiday* [f]*very crowded* [g]*following* [h]si... *take place* [i]*ceremonies* [j]*race* [k]*spirit*

C. *Si* impersonale

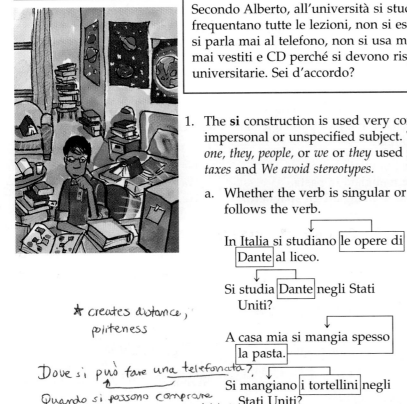

Secondo Alberto, all'università si studia almeno sei ore al giorno, si frequentano tutte le lezioni, non si esce mai il venerdì o il sabato sera, non si parla mai al telefono, non si usa mai la carta di credito, non si comprano mai vestiti e CD perché si devono risparmiare i soldi per pagare le spese universitarie. Sei d'accordo?

1. The **si** construction is used very commonly in Italian to express an impersonal or unspecified subject. This usage corresponds to the English *one, they, people,* or *we* or *they* used impersonally, as in *They should lower taxes* and *We avoid stereotypes.*

   a. Whether the verb is singular or plural depends on the noun that follows the verb.

In Italia si studiano le opere di Dante al liceo.	*In Italy they study the works of Dante in high school.*
Si studia Dante negli Stati Uniti?	*Do you study Dante in the United States?*
A casa mia si mangia spesso la pasta.	*At my house we often eat pasta.*
Si mangiano i tortellini negli Stati Uniti?	*Do people eat tortellini in the United States?*

   b. When the **si** construction is used with an infinitive, the conjugated verb is in the third-person singular or plural, depending on the object of the infinitive.

Si può usare il telefono?	*Can one use the telephone?*
Si possono comprare libri qui?	*Can one buy books here?*

   c. The **si** construction also expresses common knowledge in expressions such as **si sa che…** , **si capisce che…** , and **si vede che…**

Si sa che trovare un volo economico è difficile in alta stagione.	*It's common knowledge that it's difficult to get a cheap flight in high season.*
Si capisce bene che i bambini non possono entrare nella macchina di Giorgio—non c'è posto.	*It's obvious that the kids can't fit in Giorgio's car—there's no room.*
Maria non è arrivata. Si vede che ha avuto altre cose da fare.	*Maria hasn't arrived. It's clear that she had other things to do.*

—Si vede che è un principiante*..

*beginner

According to Alberto, at college you study at least six hours a day, you attend all your classes, you never go out Friday or Saturday nights, you never talk on the phone, you never use a credit card, you never buy clothes or CDs because you have to save money to pay tuition (lit., university expenses). Do you agree?

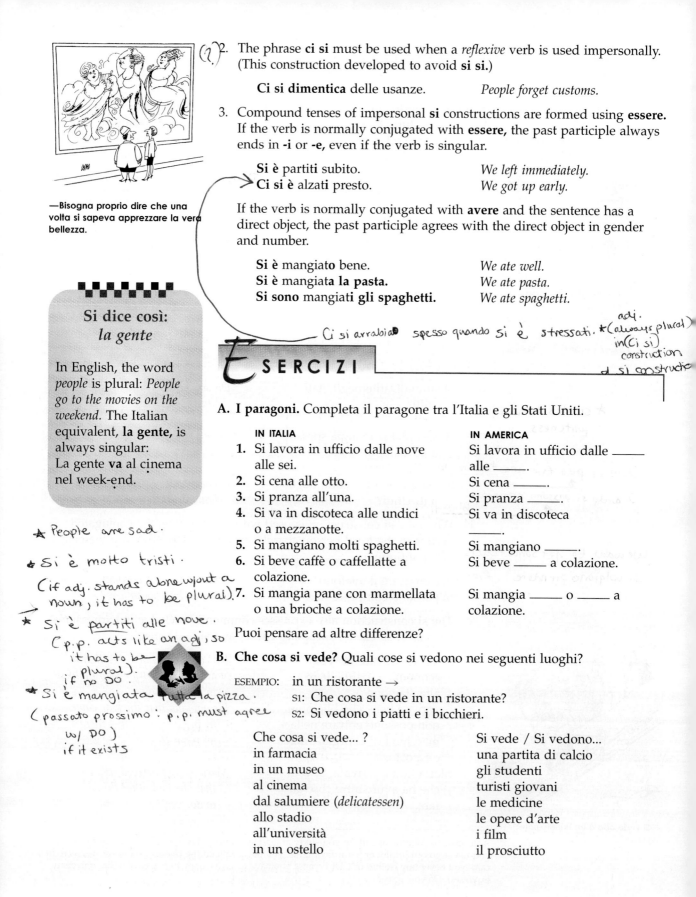

—Bisogna proprio dire che una volta si sapeva apprezzare la vera bellezza.

2. The phrase **ci si** must be used when a *reflexive* verb is used impersonally. (This construction developed to avoid **si si.**)

Ci si dimentica delle usanze.	*People forget customs.*

3. Compound tenses of impersonal **si** constructions are formed using **essere.** If the verb is normally conjugated with **essere,** the past participle always ends in **-i** or **-e,** even if the verb is singular.

Si è partit**i** subito.	*We left immediately.*
Ci si è alzat**i** presto.	*We got up early.*

If the verb is normally conjugated with **avere** and the sentence has a direct object, the past participle agrees with the direct object in gender and number.

Si è mangiat**o** bene.	*We ate well.*
Si è mangiat**a la pasta.**	*We ate pasta.*
Si sono mangiat**i gli spaghetti.**	*We ate spaghetti.*

Si dice così: *la gente*

In English, the word *people* is plural: *People go to the movies on the weekend.* The Italian equivalent, **la gente,** is always singular:
La gente **va** al cinema nel week-end.

Esercizi

A. I paragoni. Completa il paragone tra l'Italia e gli Stati Uniti.

	IN ITALIA	IN AMERICA
1.	Si lavora in ufficio dalle nove alle sei.	Si lavora in ufficio dalle _____ alle _____.
2.	Si cena alle otto.	Si cena _____.
3.	Si pranza all'una.	Si pranza _____.
4.	Si va in discoteca alle undici o a mezzanotte.	Si va in discoteca _____.
5.	Si mangiano molti spaghetti.	Si mangiano _____.
6.	Si beve caffè o caffellatte a colazione.	Si beve _____ a colazione.
7.	Si mangia pane con marmellata o una brioche a colazione.	Si mangia _____ o _____ a colazione.

Puoi pensare ad altre differenze?

B. Che cosa si vede? Quali cose si vedono nei seguenti luoghi?

ESEMPIO: in un ristorante →
S1: Che cosa si vede in un ristorante?
S2: Si vedono i piatti e i bicchieri.

Che cosa si vede... ?	Si vede / Si vedono...
in farmacia	una partita di calcio
in un museo	gli studenti
al cinema	turisti giovani
dal salumiere (*delicatessen*)	le medicine
allo stadio	le opere d'arte
all'università	i film
in un ostello	il prosciutto

C. Si. Trasforma le frasi; usa la costruzione impersonale.

ESEMPIO: Non accettiamo mance. → Non si accettano mance.

1. A chi paghiamo il deposito?
2. Non offriamo pensione completa.
3. Aspettavamo i risultati delle elezioni.
4. Non usiamo più questa parola.
5. Non facciamo confronti.
6. Conosciamo le buone maniere (*manners*).
7. Non accetteremo prenotazioni.
8. A chi dobbiamo chiedere?

D. Formazione dei nomi femminili

CLAUDIO: Oggi al ricevimento dai Brambilla c'è un sacco di gente interessante.

MARINA: Ah sì? Chi c'è?

CLAUDIO: Il pittore Berardi con la moglie, pittrice anche lei; dicono che è più brava del marito... la professoressa di storia dell'arte Stoppato, il poeta Salimbeni con la moglie scultrice, e un paio di scrittori...

MARINA: Che ambiente intellettuale! Ma i Brambilla cosa fanno?

CLAUDIO: Be', lui è un grosso industriale tessile e lei è un'ex-attrice.

Si dice così: nomi femminili

Today many Italian women prefer not to make gender distinctions in titles. It is more common to call a female lawyer **l'avvocato** than **l'avvocatessa.**

The use of feminine forms of professional titles is in flux. Masculine forms are most commonly used to refer to women in professions that women have entered only recently.

1. Most nouns referring to people or animals have one form for the masculine and one for the feminine.

   a. Generally, the feminine is formed by replacing the masculine ending with **-a.**

   ragazz**o** → ragazz**a** | camerier**e** → camerier**a**
   signor**e** → signor**a** | gatt**o** → gatt**a**

   b. A few nouns, especially those indicating a profession or a title, use the ending **-essa** for the feminine.

   dottore → dottor**essa** | poeta → poet**essa**
   professore → professor**essa** | principe (*prince*) → princip**essa**

   c. Most nouns ending in **-tore** in the masculine end in **-trice** in the feminine.

   pittore → pit**trice** | sciatore (*skier*) → scia**trice**
   lettore (*reader*) → let**trice** | attore → at**trice**

   d. Nouns ending in **-e, -ga,** and **-ista** can be masculine or feminine, depending on the person referred to.

CLAUDIO: Today at the party at the Brambillas' there are a lot of interesting people. MARINA: Oh, yeah? Who's there? CLAUDIO: The painter Berardi and his wife, who is also a painter. They say she's better than her husband. . . . The art-history teacher Stoppato, the poet Salimbeni and his sculptor wife, and a pair of writers. MARINA: What an intellectual atmosphere! What do the Brambillas do? CLAUDIO: Well, he's a big textile tycoon and she's a former actress.

il cantante → **la** cantante
il mio collega → **la** mia collega
il regista → **la** regista
il dentista → **la** dentista

e. Some nouns have a completely different form for the masculine and feminine.

fratello	sorella	padre	madre
marito	moglie	re	regina
maschio	femmina	uomo	donna

ESERCIZI

A. **Metamorfosi.** Trasforma le frasi dal femminile al maschile.

ESEMPIO: le gatte pigre →
i gatti pigri

1. un'operaia (*blue-collar worker, f.*) comunista
2. una moglie stanca
3. una vecchia attrice
4. delle buone colleghe
5. una principessa straniera
6. una poetessa famosa
7. le grandi pittrici
8. delle donne simpatiche
9. delle sorelle ottimiste

B. **No, ma...** Con un compagno / una compagna, crea conversazioni secondo il modello.

ESEMPIO: uno sciatore italiano →
S1: Conosci uno sciatore italiano?
S2: No, ma conosco una sciatrice italiana!

1. dei cantanti tedeschi
2. un signore ospitale
3. dei bravi dentisti
4. un re (*king*) francese
5. un cameriere distratto
6. degli impiegati antipatici

Piccolo ripasso

A. **Tante domande!** Con un compagno / una compagna, fate le domande e rispondete usando il futuro del verbo e le espressioni di tempo (**stasera, domani, la settimana prossima, fra un mese, alla fine dell'anno**). Quando è possibile, usate un pronome diretto.

ESEMPIO: scrivere la lettera (Marco) →
S1: Ha scritto la lettera Marco?
S2: No, la scriverà domani.

1. riportare la mozzarella al salumiere (*delicatessen clerk*) (la nonna)
2. telefonare agli ospiti (*hosts*) italiani (tu)

3. visitare il museo (Laura)
4. mostrare le foto agli zii (i ragazzi)

B. **Chissa perché?** (*Who knows why?*) Trova una probabile spiegazione per le seguenti situazioni.

ESEMPIO: Maria non è in classe oggi. → Sarà malata.

1. La professoressa non è felice oggi.
2. Salvatore è venuto a scuola a piedi invece di venire in macchina come al solito.
3. Enrica decide di non andare in vacanza con la sua amica.
4. Paolo non esce sabato sera.
5. Di solito Gina compra il giornale all'edicola (*newsstand*) tutte le mattine. Oggi non lo ha comprato.

C. **Che si fa?** Che cosa si fa in queste situazioni?

ESEMPIO: I genitori sono di buon umore. → Si chiedono dei soldi.

1. Un bambino ha la febbre e mal di stomaco.
2. La macchina non si mette in moto (*doesn't start*).
3. Piove e fa freddo durante Spring Break.
4. C'è il sole e fa caldo durante Spring Break.
5. Durante la visita medica, il dottore sembra perplesso e consulta un'enciclopedia.
6. Il cibo alla mensa universitaria non è buono.

D. **Conversazione.** Tuo zio ti darà mille dollari per un viaggio in Italia! Dove andrai? Che cosa farai?

1. Passerai quattro notti in un albergo di lusso o venti notti in un ostello? **2.** Come viaggerai? **3.** Quali città visiterai? **4.** Farai un itinerario fisso? **5.** Andrai al mare o resterai in città? **6.** Quante cartoline manderai allo zio?

Invito alla lettura

L'agriturismo

Da alcuni anni, l'Italia offre un tipo di vacanza molto particolare. Invece di soggiornare[a] negli alberghi, i turisti possono alloggiare[b] in case di campagna.

Quando è nato questo turismo «alternativo», che si chiama *agriturismo,* i contadini o i proprietari di aziende agricole[c] offrivano alloggio nelle loro case. Gli ospiti[d] potevano anche curare gli animali, partecipare ai lavori agricoli e alla preparazione dei prodotti tipici come olio, vino e formaggi. L'agriturismo

[a]*stay* [b]*stay* [c]aziende... *rural businesses* [d]*guests*

Una casa circondata da vigne, nel cuore della Toscana

favorisce[e] il contatto con la natura e, all'inizio si è sviluppato[f] soprattutto in regioni dell'Italia che hanno paesaggi particolarmente dolci e belli, con colline coltivate a viti[g] e olivi, come la Toscana e l'Umbria.

Adesso si può fare agriturismo in tutta Italia e c'è la possibilità di alloggiare in campagne vicine a città d'arte, a località di mare o di montagna.

L'interesse suscitato[h] da questa novità[i] e la grande richiesta[j] dei turisti stranieri ha fatto cambiare i caratteri originali dell'agriturismo. Nelle campagne italiane i contadini sono ormai[k] pochi. Gente di città ha comprato tante vecchie case, le ha ristrutturate[l] e trasformate in appartamenti per le vacanze.

Il turista non ha più a disposizione[m] una stanza in una vera casa di campagna, ma miniappartamenti con tutte le comodità cittadine.[n] Non collabora più ai lavori agricoli, ma può andare a cavallo, fare il bagno in piscina o giocare a tennis e a golf. E purtroppo[o] la costruzione di piscine e campi da gioco sta cambiando il paesaggio. I paesaggi italiani sono comunque così belli e diversi tra loro,[p] e le offerte dell'agriturismo così tante, che si può ancora fare una piacevole vacanza a contatto con la natura. L'importante è scegliere bene tra le moltissime possibilità che ogni regione offre.

[e]*fosters* [f]si... *developed* [g]*grapevines* [h]*elicited* [i]*novelty* [j]*demand* [k]*by now* [l]*renovated* [m]a... *at his/her disposal* [n]comodità... *urban conveniences* [o]*unfortunately* [p]diversi... *different from each other*

In giro per le regioni

L'Umbria

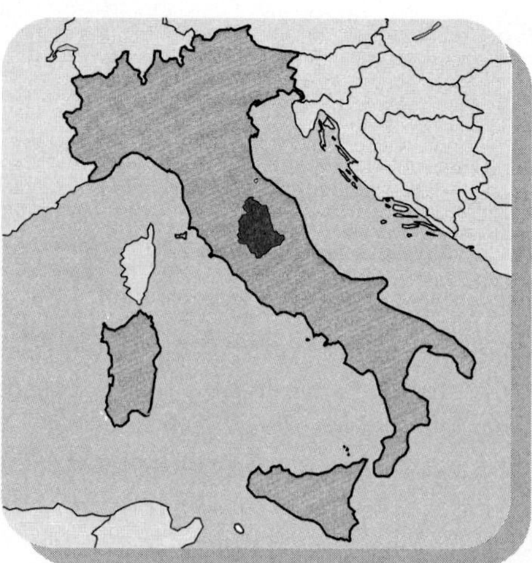

L'Umbria, una delle più piccole regioni d'Italia, si trova proprio in mezzo alla penisola. È coperta di boschi[a] e per questo è chiamata «cuore verde» d'Italia. Perugia, capoluogo di regione, e Assisi sono forse i centri più famosi, ma non sono certo meno belle le altre cittadine medioevali come Gubbio, Spoleto e Spello.

Perugia è conosciuta in tutto il mondo, oltre che per i suoi interessanti monumenti, soprattutto perché è sede[b] di una Università per Stranieri, in cui ogni anno studiano la lingua e la cultura italiana più di

[a]*forests* [b]*home*

6000 studenti. Gli studenti che si iscrivono[c] all'Università per Stranieri sono soprattutto giovani universitari (18–25 anni), ma non mancano professionisti e insegnanti di tutte le età. Vengono da oltre cento paesi diversi: Stati Uniti, Canada, Australia, Grecia, Svizzera, Germania, Francia, Inghilterra, Spagna, paesi arabi e latino-americani.

Ad Assisi, nella chiesa dedicata a San Francesco, si possono ammirare gli splendidi affreschi[d] di Giotto, Lorenzetti, Cimabue e Simone Martini che narrano[e] la vita del santo. Questa chiesa è stata purtroppo gravemente danneggiata[f] dal terremoto[g] che nel 1997 ha colpito[h] il centro dell'Italia.

[c]*enroll* [d]*frescoes* [e]*narrate* [f]*damaged* [g]*earthquake* [h]ha... *struck*

E ora a voi

Capire

Vi diamo una serie di informazioni sull'agriturismo. Non tutte queste informazioni sono nel testo che avete letto. Indicate solo le informazioni che *sono* nel testo.

1. _____ L'agriturismo è un tipo di turismo alternativo.
2. _____ L'agriturismo è un tipo di turismo meno costoso di quello tradizionale.
3. _____ Sono soprattutto i tedeschi e gli inglesi che scelgono l'agriturismo.
4. _____ All'inizio chi (*whoever*) faceva agriturismo poteva anche fare i lavori della campagna.
5. _____ Sono state l'Umbria e la Toscana le prime regioni dove si è sviluppato l'agriturismo.
6. _____ L'agriturismo è oggi diffuso (*widespread*) in tutta Italia.
7. _____ Gli olivi delle colline toscane danno un olio di ottima qualità.
8. _____ Le case di campagna della Toscana e dell'Umbria hanno delle scale esterne.
9. _____ L'agriturismo oggi offre comodità e attività simili a quelle di altri centri di vacanza.
10. _____ Tutti i centri di agriturismo hanno una piscina.

Scrivere

Avete mai fatto un'esperienza di agriturismo? Vi piacerebbe (*Would you like*) farla? Scrivete una lettera alla Signora Anna Ferrari Lelli, che affitta delle strutture per agriturismo a Castellina in Chianti, in Toscana, per chiedere tutte le informazioni che vi interessano.

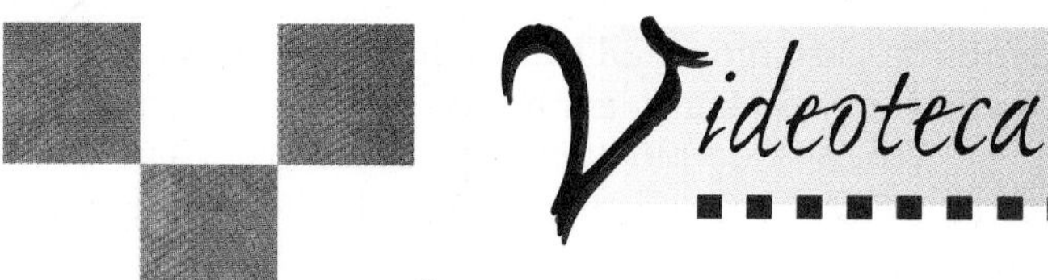

Videoteca

Buongiorno, Silvana! Un albergo sul mare

Con questo video, iniziamo una nuova serie di scene. Nelle prime due scene, viene presentata prima Silvana a Roma, e poi sua sorella Paola e il marito Franco a Vietri, vicino a Napoli.

ESPRESSIONI UTILI

Non ti stanca correre? Doesn't running make you tired?
dammi *(fam.)* give me
sani e salvi *(pl.)* safe and sound
bene arrivato welcome
il capocuoco head chef
Se non ti serve altro... If you don't need anything else . . .
va pazza per... (she) goes crazy for . . .
Buona permanenza! Have a nice stay!

Dal video

CARLA: Bene. La Sua camera è già pronta... una singola.
FRANCO: C'è il capocuoco che aspetta ordini. Se non ti serve altro, io andrò via...
CARLA: Scusa solo un momento. Devo dirti una cosa.

FUNZIONE: Parlare dei programmi per il futuro

Preparazione

1. Silvana si ferma a comprare
   a. cibo per da gatti. **b.** un caffè. **c.** il giornale.
2. Il padre del signor Giardina era di
   a. Napoli. **b.** Vietri. **c.** Milano. **d.** Roma.
3. Carla chiede a Franco di comprare
   a. del pesce. **b.** il giornale. **c.** la pasta.

Comprensione

1. Che cosa fa Silvana la mattina?
2. È mai stato a Vietri il signor Giardina?
3. Che cosa dovrà comprare Franco quando è fuori? Perché?

Attività

Racconta ad un compagno / una compagna i tuoi programmi per il tuo prossimo viaggio in Italia. Comincia con «Quando andrò in Italia...» e spiega le città che visiterai, gli alloggi dove starai, i monumenti che vedrai, e altri programmi personali.

Parole da ricordare

VERBI

affittare/prendere in affitto una casa to rent a house
***andare in campagna** to go to the country
in campeggio to go camping
all'estero to go abroad
in ferie / in vacanza to go on vacation
al mare to go to the seashore
in montagna to go to the mountains
in spiaggia to go to the beach
avere intenzione (di) to intend (to)
avere programmi to have plans
fare programmi to make plans
fare una crociera to go on a cruise
fare le ferie / le vacanze to go on vacation
lasciare/pagare un deposito to leave/pay a deposit
mettersi in moto to start (*a car, a machine*)
noleggiare to rent
prendere a nolo to rent
risparmiare to save
scoprire to discover

NOMI

l'affermazione (*f.*) statement, assertion
l'albergo (di lusso / di costo medio / economico) hotel (deluxe / moderately priced / inexpensive)
la barca boat
la benzina gasoline
la camera room
doppia double
matrimoniale with a double bed
singola single
con bagno with bath
con doccia with shower
con aria condizionata with air conditioning
Capodanno New Year's Day
la cartolina postcard
il consiglio advice
l'elenco list
l'impiegato clerk; desk clerk
l'itinerario itinerary
la meta destination
Natale Christmas
l'ostello hostel
il paesaggio landscape
Pasqua Easter
la pensione inn, bed-and-breakfast
la mezza pensione half-board
la pensione completa full board
il posto place; space, room
il progetto plan
il suggerimento suggestion
la tappa stopover; leg (*of a journey*)

AGGETTIVI

diffuso widespread
fisso fixed, set
libero free; unoccupied (*room, seat, etc.*)
tutto compreso all costs included

ALTRE PAROLE ED ESPRESSIONI

a dire il vero to tell the truth
appena as soon as; just, barely, hardly
forse maybe
niente di speciale nothing special
o... o either . . . or
un sacco (di) a lot (of), lots

*Words identified with an asterisk (*) are conjugated with **essere.**

Capitolo 11

La famosa Galleria di Milano

IN BREVE

GRAMMATICA
A. Usi di **ne**
B. Usi di **ci**
C. Pronomi doppi
D. Imperativo (**tu, noi, voi**)

INVITO ALLA LETTURA
- *Prodotti italiani*
- *In giro per le regioni: La Toscana*

Quanto ne vuoi?°

°Quanto... *How much do you want?*

Vocabolario preliminare

Dialogo-Lampo

SILVANA: Sono andata in centro a fare le spese l'altro giorno. C'erano un sacco di sconti nelle boutique e allora non ho resistito*...

GIOVANNA: Cos'hai comprato?

SILVANA: Volevo un paio di scarpe eleganti e comode, come quelle che hai tu.

GIOVANNA: Dove le hai trovate?

SILVANA: In via Condotti†: un vero affare, solo 300 mila lire.

GIOVANNA: Io invece le ho comprate al mercato: 70 mila lire!

1. Cosa voleva Silvana?
2. Dove ha comprato le scarpe?
3. Quanto sono costate? E le scarpe di Giovanna?
4. Che differenza c'è tra fare le spese nei negozi del centro e al mercato?

I NEGOZI E I MERCATI

LA SPESA E LE SPESE

il commesso / la commessa salesperson (in a shop)
il venditore / la venditrice vendor (on the street, at the market)
l'affare (*m.*) bargain
lo sconto discount

fare la spesa to go grocery shopping
fare le spese, le compere to go shopping

NEGOZI E NEGOZIANTI DI ALIMENTARI

Il **fruttivendolo** vende (*sells*) frutta—mele (*apples*), pere (*pears*), arance, uva (*grapes*)—e verdura e lavora in un **negozio di frutta e verdura.**

Il **gelataio** vende gelati e lavora in una **gelateria.**

Il **lattaio** vende latte, yogurt, burro e formaggi e lavora in una **latteria.**

Il **macellaio** vende carne—manzo, agnello, vitello e maiale—e lavora in una **macelleria.**

Il **panettiere** fa e vende il pane e lavora in una **panetteria.**

Il **pasticciere** fa e vende paste e dolci e lavora in una **pasticceria.**

Il **pescivendolo** vende pesci e lavora in una **pescheria.**

Il **salumiere** vende salumi e lavora in una **salumeria.**

Parole-extra

fare un affare to get a bargain
fare uno sconto to give a discount
la vetrina shop window
in saldo, in svendita on sale
la moda fashion
la casa di moda fashion house
di moda stylish
all'ultima moda in the latest style
fuori moda out of style

---

*non... *I couldn't resist.*

†The following streets are among Italy's most renowned for high-fashion shops: in Rome, **via Condotti, via del Babuino, via Margutta, via Nazionale, via Vittorio Veneto;** in Milan, **via Montenapoleone, via Spiga, via Manzoni, via S. Andrea, corso Vittorio Emanuele;** in Florence, **via Calzaiuoli, via Panzani, via De' Cerretani;** in Venice, **calle XXII Marzo, campo S. Maria del Giglio, calle Vallaresso, Piazza San Marco.**

Poi c'è un negozio chiamato **alimentari** che vende un po' di tutto: pane, salumi, formaggi, zucchero, vini, ecc.

Poi, naturalmente, ci sono i supermercati.

ALTRI PUNTI DI VENDITA (POINTS OF SALE)

la bancarella stand, stall
il grande magazzino department store
il mercato market
il negozio di abbigliamento clothing store

ESERCIZI

A. Dove li compro? Avete bisogno di alcuni prodotti e non sapete dove trovarli. Chiedetelo a un compagno / una compagna. Seguite l'esempio.

ESEMPIO: 1 litro di latte e 2 etti* di fontina (*a mild cheese*) →
S1: Ho bisogno di un litro di latte e di due etti di fontina. Dove li compro?
S2: Li compri in una latteria, dal lattaio.

1. mezzo chilo† di mele, 6 zucchine e 1 chilo di uva
2. 3 focacce e mezzo chilo di panini
3. 2 chili di cozze (*mussels*) e 1 chilo di vongole (*clams*)
4. 3 etti di prosciutto e 1 etto di salame
5. 5 bistecche di vitello
6. 1 torta e delle paste
7. 1 chilo di zucchero, 1 bottiglia di vino e 1 pacco di caffè
8. 1 gelato al cioccolato

B. Quiz velocissimo! Ed ora, senza guardare il **Vocabolario preliminare,** fate le domande e rispondete. Lavorate in coppia.

ESEMPIO: gelato →
S1: Chi vende gelati?
S2: Il gelataio.

1. salumi
2. pesce
3. dolci
4. latte, burro e formaggio
5. pere, arance (*oranges*) e verdura
6. pane
7. manzo, maiale e altri tipi di carne

*An **etto** is 100 grams, just under a quarter-pound.
†A **chilo** or kilogram is just over two pounds.

C. Conversazione.

1. Dove lavora un commesso / una commessa? Come si chiama il negozio che vende solo vestiti (*clothes*)?
2. Hai bisogno di un orologio, di mutande (*underwear*) e di un paio di stivali (*boots*). Dove vai?
3. Vuoi comprarti una giacca elegante e un po' diversa. Dove vai?
4. C'è una strada nella tua città dove ci sono bancarelle, venditori e venditrici? Quale? I venditori ti fanno sempre degli sconti?
5. Dove fai le compere di solito? Compri solo quando ci sono le svendite? Chiedi lo sconto quando vai a far compere? Se sì, dove?
6. Hai fatto degli affari recentemente? Dove?
7. Secondo te, quale grande magazzino ha le vetrine più belle e originali?
8. Conosci alcune case di moda italiane? Quale preferisci?
9. Descrivi le gonne (*skirts*) all'ultima moda in questo momento. Descrivi anche i jeans che sono di moda, e quelli che sono fuori moda.
10. Quante volte alla settimana fai la spesa? Preferisci i supermercati o i piccoli negozi? Perché?

in ascolto

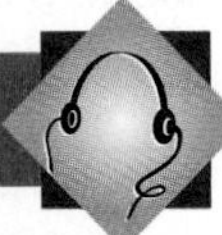

Un po' di spesa. Sentirete tre brevi dialoghi. Indicate il negozio corrispondente ad ogni dialogo e scrivete le informazioni che mancano nella tabella: che cosa compra il/la cliente e quanto costa.

	DIALOGO 1	DIALOGO 2	DIALOGO 3
dal fruttivendolo			
dal lattaio			
dal salumiere/macellaio			
che cosa?			
il prezzo (*price*)			

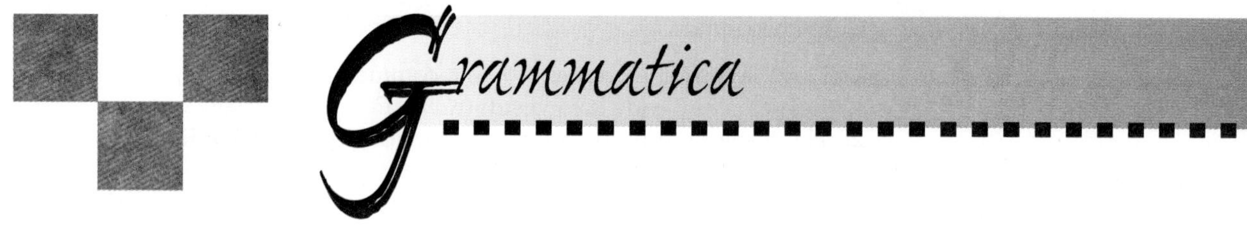

Grammatica

A. Usi di *ne*

MAMMA: Marta, per favore mi compri il pane?
MARTA: Volentieri! Quanto ne vuoi?
MAMMA: Un chilo. Ah sì, ho bisogno anche di prosciutto cotto.*
MARTA: Ne prendo due etti?
MAMMA: Puoi prenderne anche quattro: tu e papà ne mangiate sempre tanto!
MARTA: Hai bisogno d'altro?
MAMMA: No, grazie, per il resto vado io al supermercato.

1. The pronoun **ne** replaces **di** (*of, about*) + *noun phrase*. **Ne** is also used to replace **di** + *infinitive* following such expressions as **avere bisogno di, avere paura di,** and **avere voglia di.**

—Luigi parla **degli amici?**	*Does Luigi talk about his friends?*
—Certo, **ne** parla sempre.	*Sure, he talks about them all the time.*
—Hai paura **dei topi?**	*Are you afraid of mice?*
—Sì, **ne** ho paura.	*Yes, I'm afraid of them.*
—Hai bisogno **di fare la spesa?**	*Do you need to go grocery shopping?*
—No, non **ne** ho bisogno.	*No, I don't need to.*

2. **Ne** also replaces nouns accompanied by a number or an expression of quantity, such as **quanto, molto, troppo, un chilo di,** and **un litro di. Ne** then expresses *of it, of them.*

—Quanta **pasta** mangiate?	*How much pasta do you eat?*
(—Mangiamo **molta pasta.**)	*(We eat a lot of pasta!)*
—**Ne** mangiamo **molta!**	*We eat a lot (of it)!*
—Quanti **fratelli** hanno?	*How many brothers do they have?*
(—Hanno **tre fratelli.**)	*(They have three brothers.)*
—**Ne** hanno **tre.**	*They have three (of them).*

MOTHER: Marta, will you buy me some bread, please? MARTA: Sure! How much do you want? MOTHER: One kilo. Oh yes, I also need some ham. MARTA: Shall I get a couple of **etti?** MOTHER: You can get as many as four. You and Dad always eat so much (of it)! MARTA: Do you need anything else? MOTHER: No, thanks, I'm going to the supermarket for the rest.

*There are two kinds of **prosciutto: cotto** (*boiled, cooked*) and **crudo** (*cured*).

—Di serpenti a sonagli[a] ne ho visti tanti, ma come questo...

[a]serpenti... *rattlesnakes*

The phrases *of it* and *of them* are optional in English, but **ne** *must* be used in Italian.

3. Like other object pronouns, **ne** precedes a conjugated verb or is attached to the end of an infinitive.

—Perché parli sempre **di moda?**	*Why do you always talk about fashion?*
—**Ne** parlo sempre perché mi piace parlar**ne.**	*I always talk about it because I like to talk about it.*

4. When **ne** is used with an expression of quantity, the past participle must agree in gender and number with the expression **ne** is replacing.

—Quante **pizze** avete ordinato?	*How many pizzas did you order?*
—**Ne** abbiamo ordinat**e** quattro.	*We ordered four.*

When it replaces expressions meaning *of* or *about*, however, there is no agreement.

Abbiamo parlato **dei negozi; ne** abbiamo parlat**o.**	*We talked about the stores; we talked about them.*

Si dice così: la data

Ne is also used to express the date.

—Quanti **ne** abbiamo oggi? *What's today's date?*

—**Ne** abbiamo (uno, due, quịndici...). *It's the (first, second, fifteenth . . .).*

ESERCIZI

A. Domande personali. Rispondi alle domande personali.

1. Quanti giornali leggi? **a.** Ne leggo ____. **b.** Non ne leggo nessuno.
2. Quanti cugini hai? **a.** Ne ho ____. **b.** Non ne ho nessuno.
3. Quanti anni hai? **a.** Ne ho ____.
4. Quanti esami devi dare questo semestre? **a.** Ne devo dare ____. **b.** Non ne devo dare nessuno.
5. Quanti fratelli hai? **a.** Ne ho ____. **b.** Non ne ho nessuno.
6. Quanti buoni amici hai? **a.** Ne ho ____. **b.** Non ne ho nessuno.
7. Quante lettere ricevi ogni mese? **a.** Ne ricevo ____. **b.** Non ne ricevo nessuna.
8. Quante lettere scrivi ogni mese? **a.** Ne scrivo ____. **b.** Non ne scrivo nessuna.
9. Quante domande fai in classe? **a.** Ne faccio ____. **b.** Non ne faccio nessuna.

B. Conversazione. Usa **ne** nelle risposte.

1. Hai dischi italiani?
2. Scrivi lettere in classe?
3. Hai paura dei ragni (*spiders*)?
4. Mangi mai pere con il formaggio?
5. Bevi spumante (*sparkling wine*) a colazione?
6. Quanti libri leggi ogni settimana?
7. Regali dolci agli amici?
8. Metti limone nel tè?
9. Hai bisogno di un caffè?
10. Hai voglia di fare le spese in centro?

C. **Fare domande.** Fai domande che richiedono (*require*) il pronome **ne** nella risposta del compagno / della compagna.

ESEMPIO: S1: Parli di politica con gli amici?
S2: Sì, ne parlo.

Suggerimenti: avere paura di... , comprare vestiti nuovi, avere bisogno di... , mettere zucchero nel caffè, mangiare dolci, avere voglia di...

B. Usi di *ci*

PAOLO: Rocco, vieni al cinema con noi domani sera?
ROCCO: No, non ci vengo.
PAOLO: Vieni allo zoo lunedì?
ROCCO: No, non ci vengo.
PAOLO: Vieni in discoteca venerdì sera? Facciamo una festa in onore di Giacomo che ritorna dagli Stati Uniti.
ROCCO: No, non ci vengo.
PAOLO: Ma perché non esci con noi questa settimana? Usciamo sempre insieme.
ROCCO: Vado in vacanza con Maddalena. Andiamo alle Bahamas.
PAOLO: Beh, potevi dirmelo anche prima!

Nota bene: *andare da...*

Andare da + una persona means *to go to a person's home or office.* The expression introduced by **da** can be replaced with the pronoun **ci.**

Vai **da Gina** stasera? *Are you going to Gina's house this evening?*

No, non **ci** vado. *No, I'm not going (there).*

Maria va **dal dottore** domani? *Is Maria going to the doctor tomorrow?*

Sì, **ci** va alle undici. *Yes, she's going at eleven.*

1. The word **ci** replaces nouns referring to places preceded by **a, in,** or **su;** in these constructions, its English equivalent is *there.* **Ci** also replaces **a** + *infinitive.* You have already used **ci** in the expressions **c'è** and **ci sono.**

—Vai **al mercato?**	*Are you going to the market?*
—No, non **ci** vado oggi.	*No, I'm not going (there) today.*
—Andate **in Italia** quest'estate?	*Are you going to Italy this summer?*
—Sì, **ci** andiamo a giugno.	*Yes, we're going (there) in June.*
—Quando andate **a fare la spesa?**	*When do you go grocery shopping?*
—**Ci** andiamo il sabato pomeriggio.	*We go (to do it) on Saturday afternoons.*

Note that the use of **ci** is required, whereas *there* and *to do it* are optional in English.

2. **Ci** can also replace **a** + *noun* (referring to things and ideas) in expressions such as **credere a** + *noun* (*to believe in something*) and **pensare a** + *noun* (*to think about something*).

PAOLO: Rocco, are you coming to the movies with us tomorrow night? ROCCO: No, I'm not coming. PAOLO: Are you coming to the zoo on Monday? ROCCO: No, I'm not coming. PAOLO: Are you going to the disco Friday night? We're having a party to celebrate Giacomo's return from the United States. ROCCO: No, I'm not going. PAOLO: But why aren't you going out with us this week? We always go out together. ROCCO: I'm going on vacation with Maddalena. We're going to the Bahamas. PAOLO: Well, you could have said so sooner!

Si dice così: *ce l'ho.*

The pronoun **ci** in the colloquial expression **ce lo + avere** (*to have it*) carries no meaning.

ce l'ho = *I have it*
ce l'hai = *you have it*, etc.

—Lei crede **agli UFO?**	*Do you believe in UFOs?*
—Sì, **ci** credo.	*Yes, I believe in them.*
—Pensate **all'inflazione?**	*Do you think about inflation?*
—No, non **ci** pensiamo.	*No, we don't (think about it).*

3. **Ci** follows the rules for placement of object pronouns.

Mi hanno invitato **a quella festa,** ma non **ci** vado. Non ho voglia di andar**ci!**	*They invited me to that party, but I'm not going (there). I don't feel like going (there)!*

Esercizi

A. A cosa credi? Rispondi **Sì, ci credo/penso** o **No, non ci credo/penso** a queste domande personali.

1. Credi agli UFO? **2.** Pensi spesso ai problemi del mondo? **3.** Credi agli spiriti? **4.** Pensi spesso al riciclaggio (*recycling*) e all'ambiente? **5.** Credi alle streghe (*witches*)? **6.** Credi all'oroscopo? **7.** Credi agli angeli? **8.** Pensi spesso all'economia e alla disoccupazione (*unemployment*)?

B. Abitudini. (*Habits.*) Con un compagno / una compagna fate le domande e rispondete. Nelle risposte sostituite **ci** alle espressioni evidenziate (*given*).

ESEMPIO: andare *al mercato* ogni giorno →
S1: Vai al mercato ogni giorno?
S2: Sì, ci vado ogni giorno. (No, ci vado poco.) E tu?
S1: Anch'io ci vado ogni giorno. (Anch'io ci vado poco.)

1. andare mai *al cinema* da solo/a
2. mangiare spesso *alla mensa*
3. andare *dal lattaio* per comprare lo yogurt
4. andare *in una panetteria* per comprare il pane
5. studiare volentieri *in questa università*
6. tornare spesso *nella città dove sei nato/a*
7. andare mai *ai grandi magazzini*
8. stare bene *in questa città*

C. Ci vuoi andare? A turni, chiedete se il compagno / la compagna è mai stato/a in questi posti e, se no, se ci vuole andare. Le risposte devono essere specifiche.

ESEMPIO: in Inghilterra →
S1: Sei mai stato/a in Inghilterra? Ci vuoi andare?
S2: Sì, ci sono stato/a nel 1992. (No, non ci sono stato/a, e non ci voglio andare perché odio [*I hate*] la pioggia!) E tu?

1. a Napoli
2. nel Sud Africa
3. in Messico
4. a Pechino
5. in Egitto
6. in Australia

Un mercato all'aperto nell'isola di Burano (Venezia)

Nota culturale

Mercati e mercatini

In ogni città italiana, la tradizione dei mercati e mercatini all'aperto è molto viva. C'è sempre, anche nei piccoli centri, un giorno fisso alla settimana in cui nelle piazze e nelle strade arrivano, al mattino molto presto, un gruppo di commercianti che preparano velocemente i loro banchi (assi[a] di legno sostenute in modo precario), stendono la loro merce e cominciano a illustrarne, a voce molto alta, la meravigliosa qualità e i bassi prezzi.

In questi mercati si vende un po' tutto quello che serve per le necessità quotidiane: frutta e verdura, formaggi e salumi, oggetti per la casa (pentole, bicchieri, piatti, coltelli, ecc.), biancheria per il letto, biancheria personale, tessuti, capi di abbigliamento,[b] scarpe. Non mancano mai le piante e i fiori, e qualche volta ci sono piccoli animali come i pesci rossi,[c] i canarini e i pulcini.[d] I prezzi sono buoni, certamente più bassi di quelli dei negozi, e c'è sempre tanta gente che guarda, sceglie, discute animatamente per pagare di meno.

Ci sono poi, in alcune città, dei mercati famosi, che si tengono[e] ogni giorno, dall'alba al tramonto,[f] in certe strade e piazze che la notte, senza i soliti banchi, i colori della merce e le voci dei venditori, diventano irriconoscibili.[g]

Uno di questi è il mercato di San Lorenzo, a Firenze, che attira i turisti quasi quanto[h] la Galleria degli Uffizi. I numerosi banchi, uno accanto all'altro, sono disposti lungo[i] le strade attorno alla basilica di San Lorenzo e alle cappelle dei Medici. Espongono soprattutto prodotti tipici dell'artigianato fiorentino come i cappelli di paglia,[j] gli oggetti di cuoio[k] e i foulard[l] di seta, ma anche vestiti, scarpe, occhiali da sole, gioielli non preziosi e cosmetici.

A Roma invece vale la pena[m] di vedere il pittoresco mercato che si fa la domenica a Porta Portese, aperto dall'alba alle 13,30. Qui si possono trovare le cose più strane. Ci sono vestiti nuovi e usati (soprattutto jeans, molto richiesti dai giovani), pezzi di ricambio[n] per le automobili, biciclette, dischi, programmi per computer, piante e fiori a ottimi prezzi, oggetti di antiquariato fra i quali chi se ne intende[o] può anche trovare dei pezzi veramente belli e rari.

[a]*boards, planks* [b]capi... *clothing* [c]pesci... *goldfish* [d]*chicks* [e]si... *take place* [f]dall'alba... *from dawn to dusk* [g]*unrecognizable* [h]quasi... *almost as much as* [i]disposti... *displayed along* [j]*straw* [k]*leather* [l]*scarves* [m]vale... *it's worth the trouble* [n]pezzi... *spare parts* [o]fra... *among which those in the know*

C. Pronomi doppi

In un negozio di abbigliamento

COMMESSA: Allora, signora, ha provato tutto? Come le stanno?
CLIENTE: La gonna è troppo stretta, ma la camicetta va bene. La prendo.
COMMESSA: Gliela incarto?
CLIENTE: No; me la può mettere da parte? Ora vado a fare la spesa e poi passo a prenderla quando torno a casa.
COMMESSA: Va bene, signora, gliela metto qui, dietro al banco.

You already know how to use direct- and indirect-object pronouns.

> Scrivo **la lettera.** → **La** scrivo (*oggetto diretto*)
> Scrivo **a te.** → **Ti** scrivo. (*oggetto indiretto*)

It is also possible to use indirect and direct objects together, forming double object pronouns (**pronomi doppi**).

> *I write it* (*the letter*) *to you:* **Te la scrivo.**

1. To form **pronomi doppi:**
   a. the indirect-object pronoun precedes the direct-object pronoun or **ne.**
   b. the indirect-object pronouns **mi, ti, ci,** and **vi** change their final **i** to **e.**
   c. the indirect-object pronouns **gli, Gli, le,** and **Le** become **glie-** and *combine* with the direct-object pronoun or **ne** to form one word. **Note:** All other **pronomi doppi** are two separate words.

Marco dà la lettera **a me.**	→ **Me** la dà.	Marco dà la lettera **a noi.**	→ **Ce** la dà.
Marco dà la lettera **a te.**	→ **Te** la dà.	Marco dà la lettera **a voi.**	→ **Ve** la dà.
Marco dà la lettera **a Silvia.**	→ **Glie**la dà.	Marco dà la lettera **a loro.**	→ **Glie**la dà.
Marco dà la lettera **a Luigi.**	→ **Glie**la dà.	Marco dà la lettera **a Loro.**	→ **Glie**la dà.
Marco dà la lettera **a Lei.**	→ **Glie**la dà.		

   If you substitute **il pacco** for **la lettera,** how do the double object pronouns change? What happens when **le lettere** and then **i pacchi** are substituted for **la lettera**?

2. Double object pronouns (like single pronouns) follow and attach to infinitives to form one word.

CLERK: Well, ma'am, have you tried on everything? How do they fit? CUSTOMER: The skirt is too tight, but the blouse is fine. I'll take it. CLERK: Shall I wrap it up for you? CUSTOMER: No, can you put it aside for me? I'm going grocery shopping now and I'll come by to get it on my way home. CLERK: Fine, ma'am, I'll put it here for you, behind the counter.

La cintura? Non **te la** vendo, preferisco regalar**tela**!
The belt? I'm not going to sell it to you; I prefer to give it to you.

La giacca? Non **gliela** vendo, preferisco regalar**gliela**.
The jacket? I'm not going to sell it to them; I prefer to give it to them.

When the infinitive is preceded by **dovere, potere,** or **volere,** the pronouns may attach to the infinitive or precede the conjugated verb.

Ti voglio presentare **un'amica.** Voglio presentar**tela. / Te la** voglio presentare.
I want to introduce a friend to you. I want to introduce her to you.

3. When the verb is in the **passato prossimo** or another compound tense, the past participle agrees in gender and number with the preceding direct-object pronoun, even when it is combined with an indirect-object pronoun.

Hai comprato **i guanti** a Giulia?
Li hai comprati a Giulia?
Glieli hai comprati?
Did you buy the gloves for Giulia?
Did you buy them for Giulia?
Did you buy them for her?

Hai preso **due matite** per Maria?
Did you get two pencils for Maria?
Ne hai prese due per Maria?
Did you get two of them for Maria?
Gliene hai prese due?
Did you get her two of them?

4. Reflexive pronouns can also combine with direct-object pronouns. The forms are identical to those in point 1c, with the exception of the third-person singular and plural forms: **se lo, se la, se li, se le,** and **se ne.**

Mi metto le scarpe.
Me le metto.
I put my shoes on.
I put them on.

Mauro **si** mette la cravatta.
Se la mette.
Deve metter**sela.**
Mauro puts his tie on.
He puts it on.
He has to put it on.

Here too, the past participle agrees in gender and number with the direct-object pronoun:

Anna, ti sei messa il cappello?
Te **lo** sei mess**o**?
Anna, did you put your hat on?
Did you put it on?

A. I negozianti. Rispondi alle domande, secondo il modello.

ESEMPIO: Chi ti ha venduto i salumi? → Me li ha venduti *il salumiere.*

1. Chi ti ha venduto il latte? —Me l'ha venduto ____.
2. Chi ti ha venduto la frutta? —Me l'ha venduta ____.

3. Chi ti ha venduto il manzo? —Me l'ha venduto _____.
4. Chi ti ha venduto il gelato alla fragola (*strawberry*)? —Me l'ha venduto _____.
5. Chi ti ha venduto le paste? —Me le ha vendute _____.
6. Chi ti ha venduto i pesci? —Me li ha venduti _____.
7. Chi ti ha venduto lo yogurt? —Me lo ha venduto _____.

B. Al mercato. Crea frasi nuove con pronomi doppi. Ricordati l'accordo tra il participio passato e il pronome di complemento diretto.

ESEMPIO: Chi ti ha venduto i salumi? → Chi te li ha venduti?

1. Chi vi ha portato le pere?
2. Chi Le ha fatto lo sconto?
3. Chi gli ha comprato le paste?
4. Chi ti ha consigliato (*suggested*) la torta di mele?
5. Chi gli ha venduto il pesce?
6. Chi vi ha tagliato (*cut*) i formaggi?

C. Volentieri. A turno con un compagno / una compagna, fate le domande e rispondete secondo il modello.

ESEMPIO: comprarmi la frutta →
S1: Mi compri la frutta?
S2: Sì, te la compro volentieri!

1. prestarmi questo Cd
2. prestarmi queste cassette
3. portargli questa torta
4. portargli questi biscotti
5. offrirle un gelato
6. offrirle dolci
7. incartarci questo regalo
8. incartarci queste paste

D. Una festa. Tu e un compagno / una compagna organizzate una festa, ma il compagno / la compagna non ti lascia (*let*) fare niente e insiste che vuole fare tutto lui / lei.

ESEMPIO: parlare / dei preparativi (*preparations*) / a Gianni →
S1: Parlo io dei preparativi a Gianni?
S2: No, gliene voglio parlare io.

1. preparare / la crostata di mele / per i Simonetto
2. mandare / un invito / a Giovanna
3. chiedere / la ricetta / a Michele
4. dare / i fiori / a Laura
5. incartare / i regali / per Luca e Sara

E. Conversazione. Fa' le seguenti domande ad un compagno / una compagna di classe. Nella risposta bisogna usare pronomi doppi.

ESEMPIO: S1: Ti lavi i denti la mattina e la sera?
S2: Sì, me li lavo la mattina, la sera e anche nel pomeriggio.

1. Ti lavi i capelli tutti i giorni? Ti fai la barba tutti i giorni?
2. Ti metti mai la gonna per venire all'università?
3. Ti piace metterti il cappello?
4. Ti compri mai vestiti italiani?
5. Ti sei comprato/a un maglione (*pullover*) recentemente? Una camicetta? Com'è?

D. Imperativo (*tu, noi, voi*)

Datemi consigli, per favore!

Com'è difficile vivere insieme col patrigno[a]

Ho 16 anni e frequento il liceo. Recentemente mia mamma si è risposata;[b] era divorziata. Io vivo in casa sua, ma col suo nuovo marito non mi trovo bene.[c] Nei miei confronti[d] ha atteggiamenti da padre padrone[e] e la mia reazione è di non ubbidirgli.[f] Anche il mio vero padre ha una nuova famiglia, così non so proprio dove andare. Vorrei già essere grande, con una professione indipendente per non essere più soggetta a «tutele»[g] che mi disturbano. Ma cosa posso fare alla mia età?[h] Scappare[i] da casa, forse. E poi? Mi consigli lei. So che intorno a sé[j] ha molti giovani e conosce questi problemi.

Jennifer, Torino

Soprattutto non scappare da casa. Studia invece, fatti tanti amici, trova il modo di capire perché a tua madre quest'uomo piace, perché ha avuto bisogno di lui. Ti troverai meglio.

[a]*stepfather* [b]*remarried* [c]non... *I don't get along* [d]Nei... *Toward me* [e]atteggiamenti... *a domineering attitude* [f]di... *not to obey him* [g]*"guidance"* [h]alla... *at my age* [i]*Run away* [j]intorno... *around you*

1. The imperative (**l'imperativo**) is used to give orders, advice, and exhortations: *be good, stay home, let's go.* The affirmative imperative forms for **tu, noi,** and **voi** are identical to the present-tense forms, with one exception: the **tu** imperative of regular **-are** verbs ends in **-a.**

	lavorare	**scrivere**	**dormire**	**finire**
(tu)	Lavor**a**!	Scrivi!	Dormi!	Finisci!
(noi)	Lavoriamo!	Scriviamo!	Dormiamo!	Finiamo!
(voi)	Lavorate!	Scrivete!	Dormite!	Finite!

Note that the **noi** imperative forms correspond to the English *let's:* **Andiamo** (*Let's go*)!

2. The negative imperative for **tu** in all conjugations is formed with **non** and the infinitive. The negative **noi** and **voi** forms are identical to those in the affirmative.

(tu)	Non lavor**are**!	Non scriv**ere**!	Non dorm**ire**!	Non fin**ire**!
(noi)	Non lavoriamo!	Non scriviamo!	Non dormiamo!	Non finiamo!
(voi)	Non lavorate!	Non scrivete!	Non dormite!	Non finite!

Paga in contanti, Luciano!	*Pay cash, Luciano!*
Non pagare con un assegno!	*Don't pay with a check!*
Partiamo oggi!	*Let's leave today!*
Non partiamo domani!	*Let's not leave tomorrow!*
Correte, ragazzi!	*Run, guys!*
Non correte, ragazzi!	*Don't run, guys!*

3. The verbs **avere** and **essere** have irregular imperative forms.

	avere	**ẹssere**
(tu)	abbi	sii
(noi)	abbiamo	siamo
(voi)	abbiate	siate

Abbi pazienza!	*Be patient! (lit., Have patience!)*
Siate pronti alle otto!	*Be ready at eight!*

4. **Andare, dare, fare,** and **stare** have irregular **tu** imperatives that are frequently used instead of the present-tense form.

andare: **va'** or **vai**	Va' (Vai) ad aprire la porta!
dare: **da'** or **dai**	Da' (Dai) una mano a Luca!
fare: **fa'** or **fai**	Fa' (Fai) colazione!
stare: **sta'** or **stai**	Sta' (Stai) zitta un momento!

Dire has only one imperative **tu** form in the affirmative: **di'.**

Di' la verità!

5. Object and reflexive pronouns, when used with the affirmative imperative are attached to the end of the verb to form one word.

Marco, alza**ti** subito e vesti**ti**!	*Marco, get up right now and get dressed!*
Se vedete Cinzia, invitate**la**!	*If you see Cinzia, invite her!*
Il giornale? Sì, compra**melo**!	*The newspaper? Yes, buy me one!*

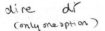

Fatevi il Bagno

—**Dai,[a] rispondigli!**

[a]*Go on*

6. When a pronoun is attached to the short forms of the **tu** imperative of **andare, dare, dire, fare,** and **stare,** the apostrophe disappears and the first consonant of the pronoun is doubled, except in the case of **gli.**

Fa**mmi** un favore! Fa**mmelo**!	*Do me a favor! Do it for me!*
Di**lle** la verità! Di**gliela**!	*Tell her the truth! Tell it to her!*
Ti hanno invitato a casa loro e non ci vuoi andare? Va**cci**!	*They've invited you to their house and you don't want to go (there)? Go (there)!*

7. Pronouns may either precede or follow a verb in the negative imperative.

Ivano vuole le paste? Non **gliele** dare (Non dar**gliele**)!	*Does Ivano want the pastries? Don't give them to him!*

ESERCIZI

A. I capricci. (*Whims.*) Cosa dice la madre ai figli che fanno questi capricci?

1. I figli dormono fino alle dieci. **a.** Alzatevi! **b.** Dormite tutto il giorno!
2. La figlia gioca con i fiammiferi (*matches*). **a.** Non giocare con i fiammiferi! **b.** Porta i fiammiferi a scuola!
3. Il bambino di tre anni mangia insetti (*insects*). **a.** Mangiali! Sono pieni di vitamine. **b.** Non mangiare gli insetti!
4. Il figlio vuole comprare 4 chili di prosciutto perché gli piace. **a.** Compra solo 3 etti! **b.** Comprane 50!
5. La figlia non vuole andare dal dentista. **a.** Va bene, non andarci. **b.** Vacci subito!
6. Il figlio non fa i compiti perché vuole andare a giocare con gli amici. **a.** Va' a giocare fuori fino a mezzanotte. **b.** Fa' i compiti prima di uscire e ritorna a casa all'ora di cena!

B. Quello che fa Carlo... Carlo è molto popolare e tutti vogliono fare le stesse cose che fa lui. Di' cosa dovete fare tu e i tuoi amici per essere come Carlo.

ESEMPIO: Carlo ordina l'antipasto. → Ordiniamo l'antipasto anche noi!

1. Carlo va a Capri.
2. Carlo suona la chitarra.
3. Carlo porta sempre un cappello.
4. Carlo fa lo yoga.
5. Carlo mangia al Biffi.
6. Carlo compra tutto all'ultima moda.

C. Ma dai! A turni con un compagno / una compagna, fate domande e poi rispondete con un'espressione imperativa appropriata. Usate **su, dai,** o **avanti*** nelle risposte.

ESEMPIO: mangiare →
S1: Posso mangiare?
S2: Su, mangia!

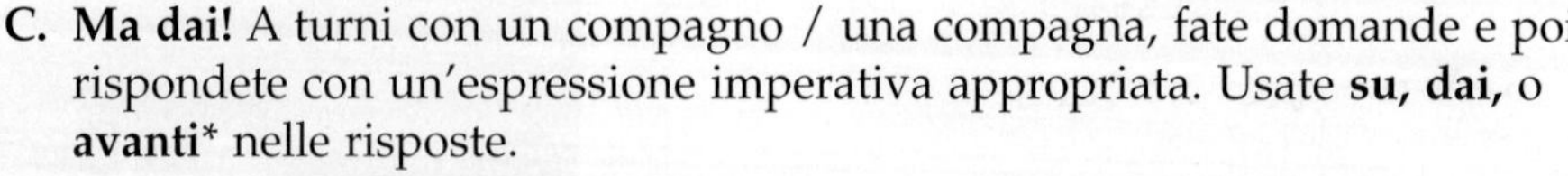

*These words are often used with the imperative to express encouragement, like English *Come on!*

1. entrare
2. parlare
3. prendere una pasta
4. venire con voi
5. provare questo vestito
6. fare una domanda
7. dire qualcosa
8. vestirsi

Fate pure! Adesso, rifate l'esercizio con le forme plurali dei verbi (**noi-voi**) e l'espressione **pure.***

ESEMPIO: mangiare →
S1: Possiamo mangiare?
S2: Mangiate pure!

D. Che fastidio! Il tuo compagno / La tua compagna di casa fa le seguenti attività che ti danno molto fastidio. Digli/dille di fare il contrario.

ESEMPIO: Il compagno / La compagna apre la porta. →
«Non aprire la porta!»

1. Suona la chitarra mentre studi. **2.** Parla al telefono in salotto. **3.** Non lava i piatti. **4.** Usa la tua macchina senza chiedere il permesso. **5.** Porta gli amici in casa dopo mezzanotte. **6.** Fa una festa con gli amici ogni venerdì. **7.** Non pulisce il bagno.

E. Che si dice? Cosa dicono le persone che si trovano nelle seguenti situazioni?

ESEMPIO: I bambini parlano a voce alta. Cosa dice l'insegnante della prima elementare? →
Bambini, non fate rumore, per favore!

1. Mariella parla in classe. Cosa le dice il professore?
2. Sandro e Marco arrivano sempre in ritardo a scuola. Cosa gli dice l'insegnante?
3. Maria guida troppo veloce. Cosa le dice suo padre?
4. Gli studenti non fanno mai i compiti. Cosa gli dice la professoressa?
5. Luca e Salvatore spendono troppi soldi in un negozio di abbigliamento. Cosa gli dice la madre?
6. Filomena vuole portare la sua amica Sandra ad un ristorante elegante ma Sandra non vuole andarci. Che le dice Sandra?

*The imperative forms are often accompanied by **pure. Pure** softens the intensity of a command, like *go ahead* or *by all means.*

Piccolo ripasso

A. Glielo, gliela... Sostituisci le frasi in corsivo con pronomi doppi.

ESEMPIO: Il cameriere serve *la crostata alla signora.* →
Il cameriere gliela serve.

1. Io mostro *le foto a Carlo.*
2. Tu regali *la camicetta a Maria.*
3. Noi offriamo *il caffè al dottore.*
4. Diamo *un gelato al bambino!*
5. Chi ha parlato *dell'esame a Maria?*
6. Chi ha parlato *di Adele a Carlo?*
7. Ripeti *la data al professore!*

B. Carletto. Carletto ha un nuovo babysitter che non lo conosce molto bene. Il babysitter (S1) usa le espressioni fornite per fare domande alla madre, e la madre (S2) dà risposte negative con **ci** o **ne** o un pronome di complemento diretto.

ESEMPIO: mangiare la frutta →
S1: Mangia la frutta?
S2: No, non la mangia!

1. pensare ai voti
2. bere il latte
3. fare i compiti
4. mettersi le scarpe
5. andare in piscina
6. mangiare molta verdura
7. fare dei disegni
8. tornare a casa prima dell'ora di cena

C. Rispondere. Usate pronomi doppi per rispondere alle domande.

ESEMPIO: S1: Avete preso delle banane per Riccardo?
S2: Sì, gliene abbiamo prese cinque.

1. Hai dato i libri a Marcella?
2. I ragazzi hanno scritto una lettera ai nonni?
3. Hai comprato cinque etti di prosciutto per la madre di Salvatore?
4. Avete portato la torta a Luigi?
5. I genitori hanno dato molti soldi ai bambini?
6. Marcello ha scritto una lettera ai suoi amici?

D. Chiedere. Fornite domande logiche per le seguenti risposte.

ESEMPIO: S1: Sì, gliene ho comprati due. →
S2: Hai comprato (dei) libri per Maria?

1. No, non ve ne abbiamo prese.
2. Sì, te ne ho comprati due.
3. No, non glieli ho dati.
4. Sì, gliel'ha scritta.
5. No, non te l'ho portata.

E. Gita in montagna. Paolo e il suo compagno di camera si preparano per un viaggio in montagna. Uno studente / Una studentessa (S1) fa le domande di Paolo e l'altro/a fa la parte del suo compagno che risponde (S2). Seguite l'esempio.

ESEMPIO: mettersi i pantaloni di lana (*wool*) →
S1: Ti sei messo i pantaloni di lana?
S2: Sì, me li sono messi.

1. comprarsi i calzini di lana
2. farsi la barba
3. mettersi i guanti
4. comprarsi dei maglioni pesanti (*heavy*)

Invito alla lettura

Prodotti italiani

Il "Made in Italy": vasi e bicchieri di vetro, fatti nell'isola di Murano (Venezia)

I prodotti italiani, di qualsiasi genere,[a] sono conosciuti, apprezzati e ricercati[b] in tutto il mondo. Gli italiani hanno molto buon gusto non solo nel vestire, ma anche, per esempio, nel mangiare o nell'arredare[c] la casa. Per questo l'essere creati e realizzati[d] in Italia, essere cioè *made in Italy,* dà ai prodotti una garanzia in più.

Nel campo[e] della moda il *made in Italy* è stato un fenomeno straordinario sia per la quantità che[f] per la qualità. La moda italiana negli ultimi quaranta anni è diventata un grande *business* mondiale, un affare[g] che ha coinvolto[h] un alto numero di persone anche sul piano[i] industriale e commerciale. È stata capace di influenzare gusti, costumi, desideri e sogni di giovani e meno giovani, donne e uomini, *vip* e gente comune.

I più grandi stilisti italiani sono conosciuti in tutto il mondo e ci sono negozi di Armani, Versace, Valentino, in tutte le capitali. L'alta moda italiana

[a]di... *of whatever type* [b]*sought out* [c]*in furnishing* [d]l'essere... (*the fact of*) *being created and carried out* [e]*field* [f]sia... *both for quantity and* [g]*enterprise* [h]*involved* [i]*level*

domina le sfilate[j] non solo in Italia (a Firenze, Milano, Roma) ma anche all'estero, nelle metropoli d'Europa, negli Stati Uniti e in Giappone.

Non tutti possono permettersi[k] l'alta moda, ma ci sono anche grandi catene di abbigliamento,[l] come Stefanel e Benetton, presenti ormai[m] in tutto il mondo, che fanno bei capi di vestiario[n] a prezzi abbastanza bassi. Nei capi di abbigliamento prodotti in Italia la fantasia e la creatività tipiche degli italiani sono sempre unite al buon gusto e all'eleganza.

Nell'arredamento gli italiani sembrano ispirarsi ai grandi maestri del passato e ad una tradizione artigiana,[o] di falegnami,[p] restauratori, ceramisti, che è ancora abbastanza viva.

E che dire delle automobili italiane? Sono certamente molto belle. Si riconoscono per le forme semplici ed eleganti, disegnate spesso da disegnatori famosi.

Tutti infine conoscono la bontà[q] dei prodotti alimentari italiani, ma il successo della cucina italiana e il grandissimo numero di ristoranti italiani nel mondo non è certo dovuto solo a pasta, pizza e vini. Gli italiani, infatti, hanno molto da insegnare sull'arte della buona tavola. Una cena italiana, come ogni altro prodotto tipico, deve unire creatività e buon gusto. I piatti devono essere belli da vedere e buoni da mangiare, leggeri, sani, preparati con prodotti di qualità e abbinati[r] ai vini giusti.

[j]*fashion shows* [k]possono... *can afford* [l]catene... *clothing chains* [m]*by now* [n]capi... *apparel* [o]*of handicrafts* [p]*carpenters* [q]*goodness* [r]*coupled*

In giro per le regioni

La Toscana

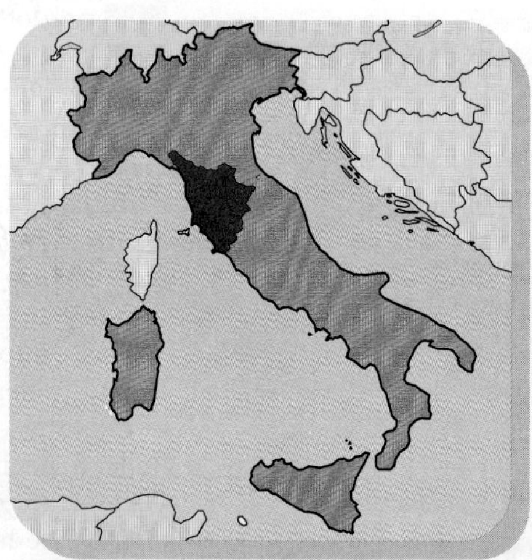

La Toscana è una delle regioni italiane più conosciute nel mondo e più visitate dai turisti. Quasi tutte le città toscane sono ricche di opere d'arte; anche quelle più piccole e sconosciute[a] nascondono[b] spesso dei veri tesori.[c]

Firenze, il capoluogo,[d] è una città assai famosa per lo splendore dei suoi monumenti rinascimentali,[e] per la ricchezza dei suoi musei, per la vivacità della sua vita culturale. È anche uno dei centri internazionali della moda: nel bellissimo Palazzo Pitti si tiene[f] infatti la più importante sfilata di moda maschile.

Siena è un vero gioiello[g] medioevale. Le sue mura racchiudono[h] un vasto centro storico con magnifici palazzi, piazze, torri, chiese, fonti e incredibili spicchi[i] di campagna con orti[j] ed olivi. La sua Piazza del Campo, dove si svolge ogni anno la splendida festa del Palio, è considerata la piazza più bella del mondo. Anche a Siena c'è un'Università per Stranieri, frequentata da studenti di tutto il mondo. Tutto il paesaggio della Toscana è «magico»: l'armonia tra le sue campagne e le sue città lo rende[k] unico al mondo.

[a]*unknown* [b]*conceal* [c]*treasures* [d]*capital city* [e]*of the Renaissance* [f]si... *is held* [g]*jewel* [h]Le... *Its walls enclose* [i]*segments* [j]*vegetable gardens* [k]lo... *makes it*

E ora a voi

Capire

Il testo che segue, e che presenta alcuni buchi (*blanks, holes*), è una sintesi del testo che avete letto. Scegliete le parole giuste fra le seguenti possibilità.

Possibilità: apprezza, aumenta, creati, creatività, cucina, disegnatori, eccezionale, eleganti, gusto, sapore, stilisti, tavola

Tutto il mondo conosce e _____[1] i prodotti italiani perché sono belli ed eleganti. I prodotti italiani si sono affermati in modo _____[2] soprattutto nel campo della moda. Tutti, in Europa come negli Stati Uniti e in Giappone, amano i grandi _____[3] italiani e tutti amano vestire secondo il _____[4] italiano. Non tutti naturalmente possono permettersi di acquistare i capi di abbigliamento _____[5] dall'alta moda, ma si trovano anche altri prodotti, belli ed _____.[6]

Anche per l'arredamento gli _____[7] italiani sono molto conosciuti all'estero.

Il buon gusto degli italiani rende infine la loro _____[8] insuperabile e i loro ristoranti tanto famosi. A tavola, come nell'abbigliamento, il rispetto di certe regole di semplicità ed eleganza accompagna sempre la nota _____[9] italiana.

Scrivere

Sicuramente conoscete alcuni prodotti tipici che si fanno in Italia. Sceglietene uno, quello che conoscete meglio o vi piace di più (scarpe, maglieria (*knitwear*), automobili, cucina, ecc.) e descrivetelo in un breve testo. Il testo dovrà avere uno scopo descrittivo-pubblicitario, dovrà cioè cercare di mettere in evidenza (*illustrate*) tutti gli aspetti positivi del prodotto descritto e risultare convincente nei confronti del lettore (*to the reader*).

Videoteca

Sveglia, pigrone°! Biglietti, prego!

°*lazybones*

Nella prima scena vediamo due amici, Roberto e Enzo, che abitano insieme a Bologna e frequentano la stessa università. Nella seconda scena siamo sul treno per Bologna. L'azione del video si concentra su un controllore, Fabio, che è un appassionato di calcio.

ESPRESSIONI UTILI

Chi se ne frega! Who cares!
l'esercitazione review
cioè? so? meaning what?
si mettono in moto they get moving
la tromba pneumatica air horn
le batterie batteries
Mi dai il cambio You'll take my place
Non ti scordare Don't forget
Se stanno vincendo If they're winning
Meglio che non mi faccio vedere Better if I don't show up

Dal video

FABIO: No, assolutamente no. Siamo d'accordo, eh? Alle tre mi dai il cambio.
COLLEGA: Dove saremo?
FABIO: A un'ora da Roma, se non siamo in ritardo. Non ti scordare... io dalle tre non esisto più.

FUNZIONE: Fare richieste

Preparazione

Vero o falso?

1. Roberto si ricorda che hanno l'esercitazione di chimica.
2. Fabio tira fuori una barca.
3. L'altro controllore dovrà dare il cambio a Fabio alle due.

Comprensione

1. Quando arriverà il treno a Bologna? Sarà in ritardo?
2. Secondo Fabio, chi è che viaggia in treno per tornare a casa per il fine-settimana?
3. Che cosa vuole vedere Fabio?

Attività

Da fare in tre. Tu e un tuo amico / una tua amica andate a una splendida festa di Carnevale a Venezia. Ma prima dovete decidere sui vostri costumi. Andate insieme in un negozio di costumi, dove dovete discutere molto perché non andate molto d'accordo. Ecco alcune richieste che potete fare alla commessa: «Non avrebbe un completo da... adatto a me?» «Non c'è qualcosa di più originale?» «Non ha dei costumi antichi? Del '400 o del '500?»

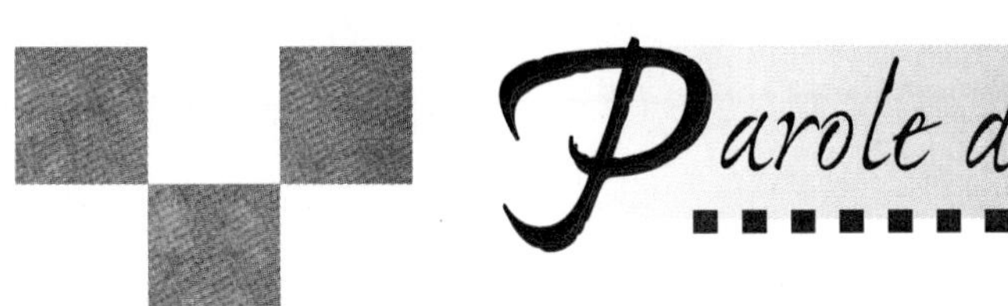

Parole da ricordare

VERBI

*costare to cost
credere (a) to believe (in)
fare la spesa to go grocery shopping
fare le spese, le compere to go shopping
incartare to wrap
lasciare to let, allow
*passare to pass by, to stop in
pensare a (qualcosa) to think about (something)
prendere to take; to buy
provare to try, try on
resistere to resist
richiedere to require
vendere to sell

NOMI

l'affare (*m.*) bargain
l'arancia orange
la bancarella stand, stall
la camicetta blouse
il cappello hat
il capriccio whim
il fastidio annoyance, bother
il/la cliente customer, client
il commesso, la commessa salesperson
i fiammiferi matches
il fruttivendolo fruit vendor
il gelataio ice-cream maker/vendor
la gelateria ice-cream parlor
la gonna skirt
il grande magazzino department store
i guanti gloves
la lana wool
il lattaio milkman
la latteria dairy
il macellaio butcher
la macelleria butcher shop
il maglione pullover, heavy sweater
la mela apple
il mercato market
il negoziante shopkeeper
il negozio di abbigliamento clothing store
il negozio di alimentari grocery store
la panetteria bread bakery
il panettiere bread baker
la pasticceria pastry shop
il pasticciere pastry cook, confectioner
la pera pear
la pescheria fish market
il pescivendolo fishmonger
i preparativi preparations
il prezzo price
il resto the rest; change (from a transaction)
la salumeria delicatessen
il salumiere delicatessen clerk
lo sconto discount
gli stivali boots
la svendita sale
l'uva grapes
il venditore / la venditrice vendor
lo yogurt yogurt

AGGETTIVI

pesante heavy
stretto tight

ALTRE PAROLE ED ESPRESSIONI

altro anything else
Avanti! Go ahead!
Dai! Come on!
da parte aside
pure by all means
Quanti ne abbiamo oggi? What's today's date?
Quanto ne vuoi? How much do you want?
Su! Come on!

*Words identified with an asterisk (*) are conjugated with **essere.**

Capitolo 12

IN BREVE

GRAMMATICA

A. Aggettivi indefiniti
B. Pronomi indefiniti
C. Negativi
D. Imperativo (**Lei, Loro**)

INVITO ALLA LETTURA

- *Il sogno della casa*
- *In giro per le regioni: Il Friuli–Venezia Giulia*

Una coppia compra una cucina a gas in un grande magazzino, Brescia

Arredare° la casa

°To furnish

Vocabolario preliminare

Dialogo-Lampo

ANTONELLA: Ho saputo che vi sposate tra due settimane!

PATRIZIA: Eh sì, è quasi tutto pronto, ma ci manca solo la casa...

ANTONELLA: La casa!? E dove andate a abitare?

MASSIMO: Dai miei genitori... Non è la migliore soluzione ma, come sai, trovare casa oggi è quasi impossibile: costa troppo!

PATRIZIA: E loro hanno una casa di cinque stanze, con due bagni.

ANTONELLA: E le camere?

MASSIMO: Ce ne sono tre: due matrimoniali e una singola, per l'eventuale nipote, come dicono loro...

1. Dove vanno ad abitare Patrizia e Massimo quando si sposano?
2. Quale è il motivo principale?
3. Com'è la casa dei genitori di Massimo?
4. Per chi è la camera singola?

CASE E APPARTAMENTI

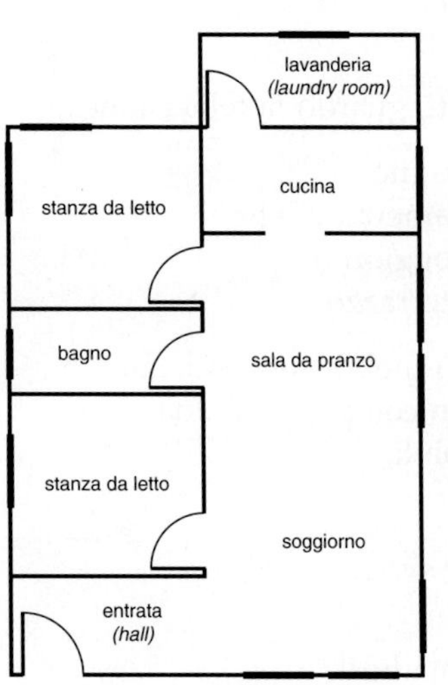

ABITAZIONI

l'affitto rent
l'appartamento apartment
l'ascensore elevator
la camera da letto bedroom
la cantina cellar
la finestra window
l'indirizzo address
l'inquilino/l'inquilina tenant
il mobile piece of furniture
il monolocale studio apartment
il padrone / la padrona di casa landlord/landlady
il palazzo apartment building
il riscaldamento heat, heating
le scale stairs, staircase
i servizi facilities (kitchen and bath)
la soffitta, la mansarda attic
il soggiorno living room
la stanza room
lo studio study, office
il terrazzo, il balcone balcony
la villa, la villetta luxury home, country house; single-family house
la vista view

affittare to rent
cambiare casa, traslocare, fare un trasloco to move

ammobiliato furnished
al pianterreno on the ground floor*

*Italians distinguish the ground floor from the first floor (which Americans and Canadians call the second floor).

Parole-extra

l'armadio wardrobe; closet
la cassettiera bureau, chest of drawers
il comodino nightstand
la cucina elettrica electric stove
il divano sofa
il lavandino sink
la lavastoviglie dishwasher
la lavatrice washing machine
la libreria, lo scaffale per i libri bookshelf
la poltrona armchair
il ripostiglio utility room; closet
la scrivania desk
la sedia straight chair
lo specchio mirror
il televisore TV set
la vasca da bagno bathtub

al primo (**al secondo, terzo**) **piano** on the first (second, third) floor
in periferia on the outskirts, in the suburbs

POSIZIONI NELLO SPAZIO

accanto (**a**), **di lato** (**a**) beside, next to
davanti (**a**) in front of
dietro (**a, di**) behind
sopra above, over
sotto below, under

Esercizi

A. Quiz sulla casa. Che cos'è? Trovate una risposta a queste definizioni.

ESEMPIO: È un'abitazione di lusso, in campagna, al mare o in montagna. →
È una villa.

1. È un edificio (*building*) con molti appartamenti.
2. Si usa per salire al terzo piano.
3. Abita in casa d'altri.
4. Un sinonimo di *traslocare.*
5. È il piano allo stesso livello della strada.
6. Può essere elettrico, a gas o a carbone (*coal*).
7. È l'abitazione di una sola famiglia.
8. La proprietaria di un'abitazione.
9. La stanza della casa che sta sopra tutte le altre.
10. La stanza della casa che sta sotto tutte le altre.
11. Sta sempre fuori casa.

B. Attività casalinghe (*domestic*). Quali sono le cose che facciamo più spesso nelle varie stanze della casa? Pensate almeno a due o tre attività; se fate qualcosa d'insolito (*unusual*), spiegate il perché.

ESEMPIO: in cucina →
In cucina preparo i pasti, lavo i piatti, guardo la televisione...

1. in sala da pranzo
2. in soffitta
3. in cantina
4. nello studio
5. in bagno
6. in camera da letto
7. in soggiorno
8. sul terrazzo

C. Dove lo metto? Avete appena traslocato, tutti i mobili sono sul camion (*truck*) e dovete decidere dove metterli. Con un compagno / una compagna, decidete dove volete i seguenti mobili.

ESEMPIO: lo specchio →
S1: Dove mettiamo lo specchio?
S2: Mettiamolo nel bagno.

1. la lavatrice
2. la lavastoviglie
3. il tavolo e le sedie
4. il divano e le poltrone
5. il computer
6. l'armadio
7. il televisore
8. il letto
9. la scrivania
10. lo scaffale per i libri

in ascolto

La prima casa. Carla è alla ricerca di (*in search of*) un appartamento per lei e per un'altra studentessa. Risponde per telefono a un annuncio sul giornale. Ascoltate con attenzione e poi correggete le frasi sbagliate.

1. L'appartamento è già affittato.
2. Ci sono tre stanze più bagno e cucina.
3. L'appartamento si trova al terzo piano.
4. Non c'è un balcone.
5. Il trasloco non è un problema perché c'è l'ascensore.
6. Carla e il signor Pini si incontreranno domani al numero 6 di via Manzoni, alle due del pomeriggio.

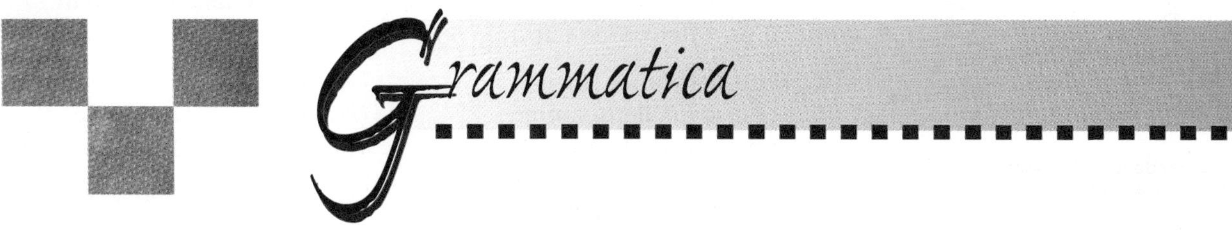

Grammatica

A. Aggettivi indefiniti

PAOLA: Ciao, Claudia! Ho sentito che hai cambiato casa. Dove abiti adesso?

CLAUDIA: Prima vivevo in un appartamentino in centro, ma c'era troppo traffico e troppo rumore; così sono andata a vivere in campagna. Ho trovato una casetta che è un amore... È tutta in pietra, ha un orto enorme e qualche albero da frutta.

PAOLA: Sono contenta per te! Sai cosa ti dico? Alcune persone nascono fortunate!

Indefinite adjectives, such as *every, any,* and *some,* do not refer to a particular person or thing. For example: *Some people love steak. Every plate is broken. Any dessert is fine with me.*

PAOLA: Hi, Claudia! I heard (that) you've moved. Where are you living now? CLAUDIA: At first I was living in a small apartment downtown, but there was too much traffic, and too much noise, so I've moved to the country. I found a little house that's a real gem. . . . It's all stone, has an enormous vegetable garden and some fruit trees. PAOLA: I'm happy for you! You know what? Some people are born lucky!

—Ed ora, cari telespettatori, qualche consiglio[a] per il vostro cane...

[a]*advice*

—Per renderlo[a] più umano gli ho creato delle paure.

[a]Per... *to make him*

1. In Italian, these adjectives always precede the noun. **Ogni** (*every*), **qualche** (*some, a few*), and **qualunque** (*any, any sort of*), are used only with a singular noun. **Alcuni/e** (*some, a few*) is only used with plural nouns.

Ogni anno traslochiamo.	*Every year we move.*
Qualunque lavatrice mi va bene.	*Any sort of washing machine is fine with me.*
Qualche appartamento è libero.	*Some apartments are vacant.*
Alcuni appartamenti sono liberi.	*Some apartments are vacant.*
Alcune camere sono piccole.	*Some bedrooms are small.*

a. The indefinite adjective **tutto** (*all, every*) agrees with the modified noun and is always accompanied by the definite article.

Studio **tutto il** giorno.	*I study all day.*
Hanno finito **tutta la** torta.	*They finished all the cake.*
Tutti i mobili sono moderni.	*All the furniture (Every piece of furniture) is modern.*
Tutte le ville sono in campagna.	*All the villas are in the country.*

2. As you already know, another way to express *some* or *any* is to use **di** + *article* (**il partitivo**). (See **Capitolo 5.**)

Ci sono **dei** garage liberi.	*There are some garages available.*
Ci sono anche **delle** camere ammobiliate.	*There are also some furnished rooms.*

ESERCIZI

A. La mia città. Decidi se queste frasi sono vere per la tua città universitaria. Correggi quelle false.

1. Tutte le case hanno riscaldamento. **2.** Tutti i palazzi hanno l'ascensore. **3.** Alcuni studenti cambiano casa ogni anno. **4.** Qualche appartamento ha un balcone. **5.** Ogni inquilino paga l'affitto il giorno stabilito (*designated*) dal padrone. **6.** Quando si rompe qualcosa in casa, tutti i padroni arrivano subito a fare le riparazioni. **7.** Qualche studente abita in un monolocale perché costa meno. **8.** Tutte le persone ricche abitano in ville.

☆ **B. Mini-trasformazioni.** Sostituisci **tutto** con **ogni** per fare frasi nuove.

ESEMPIO: Tutte le ville hanno una cantina. → Ogni villa ha una cantina.

1. Tutti i bambini hanno una camera.
2. Tutti gli appartamenti erano occupati.
3. Tutti i bagni hanno una doccia.
4. Tutte le camere sono ammobiliate.

☆ **C. Non generalizzare...** Tu e il tuo compagno o la tua compagna di casa cercate una casa nuova. Correggi le sue generalizzazioni con **qualche.**

ESEMPIO: Tutti i palazzi hanno l'ascensore. → Qualche palazzo ha l'ascensore.

1. Tutte le mansarde hanno una bella vista.
2. Tutti i padroni di casa sono gentili.
3. Tutti gli inquilini pagano l'affitto.
4. Tutti i nostri amici abitano in centro.
5. Tutti gli appartamenti in periferia costano meno.
6. Tutti i monolocali sono carini.

D. Cerchiamo casa. Fa' delle domande ad un compagno / una compagna di classe. Nella risposta il compagno / la compagna deve usare un aggettivo indefinito.

ESEMPIO: trovare / annuncio interessante →
S1: Hai trovato annunci interessanti?
S2: Ho trovato qualche annuncio interessante. *o*
Ho trovato alcuni annunci interessanti. *o*
Tutti gli annunci che ho trovato erano interessanti.

1. trovare / appartamento libero
2. scrivere / indirizzo di case in affitto
3. vedere / appartamento con balcone
4. comprare / mobile
5. trovare / padrone simpatico
6. vedere / monolocale

B. Pronomi indefiniti

—Lassù[a] in cielo, qualcuno deve aver lasciato aperto il frigorifero...

[a]*Up there*

As you know, pronouns take the place of nouns. Indefinite pronouns (**i pronomi indefiniti**) do not refer to a particular person or thing. For example: *Someone turned off the lights. I hear something. I bought everything we need.* Some indefinite pronouns refer to a person or thing previously mentioned: *All the apartments are furnished, and some have balconies.*

1. The most common indefinite pronouns appear in the following list. Notice that their forms resemble those of the indefinite adjectives you learned in the preceding section.

Si dice così: *qualcosa di buono, qualcosa da fare*

Note the following constructions.

qualcosa di + *masculine singular adjective*:

Abbiamo trovato **qualcosa di economico** vicino all'università. *We found something cheap near the university.*

qualcosa da + *infinitive*:

Ragazzi, c'è **qualcosa da mangiare?** *Guys, is there something to eat?*

AGGETTIVI	PRONOMI
Tutti i ragazzi traslocano.	**Tutti** traslocano. (*all, everybody*)
Tutte le camere sono piccole.	**Tutte** sono piccole. (*all*)
Ogni studente trasloca.	**Ognuno** trasloca. (*each, everyone*)
Ogni casa ha tre camere.	**Ognuna** ha tre camere. (*each one*)
Qualche palazzo è vecchio.	**Qualcuno** è vecchio. (*some*)
Qualche poltrona è rovinata (*fallen apart*).	**Qualcuna** è rovinata. (*some*)
Alcuni appartamenti sono liberi.	**Alcuni** sono liberi. (*some, a few*)
Alcune ville sono grandi.	**Alcune** sono grandi. (*some, a few*)
Ho mangiato **tutto il panino e tutta la torta.**	Ho mangiato **tutto.** (*all, everything*)
	Cerco **qualcosa** in centro. (*something*)

Tutti and **qualcuno** mean *everyone* and *someone.* By contrast, **tutto** means *everything* and **qualcosa** means *something.*

Tutti vengono alla villa in campagna.	*Everyone is coming to the villa in the country.*
Qualcuno bussa alla porta.	*Someone is knocking on the door.*
Ho portato **tutto.**	*I brought everything.*
Il bambino ha mangiato **qualcosa.**	*The baby ate something.*

Qualcosa is always treated as masculine for purposes of agreement.

È successo **qualcosa?** — *Did something happen?*

2. Another common indefinite expression is **un po' di,** which means *some.* It is used with nouns commonly expressed in the singular.

Dammi un po' di { limonata. / zucchero. / acqua. } — *Give me some* { *lemonade.* / *sugar.* / *water.* }

ESERCIZI

A. Una bella serata. Completa il seguente testo con le espressioni appropriate.

_____[1] (Ogni / Ognuna) cosa era al suo posto (*in its place*). _____[2] (Tutti / Ognuno) si erano nascosti (nascondersi, *to hide*). Avevamo preparato _____[3] (qualcuno / qualcosa) di molto buono per Claudio. C'erano _____[4] (ogni / alcuni) fiori sul tavolo, ma a parte (*besides*) questo, _____[5] (tutti / tutto) era come al solito. Venti minuti di silenzio. E poi quando è entrato Claudio, _____[6] (ognuno / tutti) hanno gridato (*yelled*) «Auguri! Buon compleanno!»

B. Dite la vostra. Decidi se le seguenti cose sono **un bisogno, una necessità assoluta, qualcosa di inutile** (*useless*) o **qualcosa di piacevole** (*pleasant*).

ESEMPIO: il caffè →
Per me, il caffè è qualcosa di inutile.

1. il caffè
2. il lavoro
3. le vacanze
4. il sonno
5. il balcone
6. il riscaldamento
7. la musica
8. la libertà

C. Due possibilità. Completa le frasi con la parola corretta. Poi, con la parola che non hai scelto (*that you didn't choose*), fa' una frase nuova.

ESEMPIO: (Ogni / Tutti gli) studente studia. →
Ogni studente studia. →
Tutti gli studenti studiano. →

1. In inverno guardiamo (alcuni / qualche) film italiano nel nostro dipartimento.
2. Conosci (alcune / qualche) poesie italiane?
3. (Ognuno / Tutti) desidera la felicità (*happiness*).
4. Mi piacciono (ogni / tutti i) mobili della casa.
5. (Tutti / Ognuno) erano presenti e (tutti / ognuno) ha potuto esprimere la propria opinione.
6. Ho comprato (qualche / alcune) poltrone per il salotto ieri.

D. Mini-dialoghi. Completate i dialoghi con le espressioni indefinite appropriate. Usa le preposizioni dove sono necessarie.

1. S1: Come avete trovato l'agenzia?
   S2: Ce l'ha indicata (*pointed out*) _____.
2. S1: Tutti gli studenti hanno trovato casa?
   S2: Certo, _____ ha il proprio appartamento.
3. S1: Ho sete.
   S2: Anch'io. Prendiamo _____ aranciata.
4. S1: Hai sentito cosa è successo tra Pia e Daniele?
   S2: Sì, un amico mi ha raccontato _____!
5. S1: Hai voglia di un caffè?
   S2: No, meglio mangiare _____.

Nota culturale

Scioglilingua: Un esercizio di pronuncia

Secondo il *Vocabolario della lingua italiana,* uno scioglilingua è una serie di parole che è difficile pronunciare rapidamente. In inglese *scioglilingua* vuol dire *tongue twister.* Ecco alcuni esempi di scioglilingua che vi aiuteranno (*will help*) a migliorare la vostra pronuncia dell'italiano:

1. Pisa pesa[a] e pesta[b] il pepe al papa,
   il papa pesa e pesta il pepe a Pisa.
   Chi pesta e pesa il pepe?
   Dove pesta e pesa il pepe il papa?
   Cosa pesta e pesa il papa?
2. Al pozzo[c] di Messer Pazzino de' Pazzi
   V'era una pazza che lavava le pezze[d],
   Venne Messer Pazzino de' Pazzi
   Prese la pazza e le pezze
   E le gettò nel pozzo.
3. Apelle, figlio d'Apollo,
   Fece una palla di pelle di pollo
   Ed i pesci venivano a galla[e]
   Per vedere la palla di pelle di pollo
   d'Apelle, figlio d'Apollo.
4. Il cuoco cuoce in cucina e
   dice che la cuoca giace[f] e tace[g]
   perché sua cugina non dica che le piace
   cuocere in cucina col cuoco!
5. Sa chi sa se sa chi sa
   ché se sa non sa se va;
   sol chi sa che nulla sa
   ne sa più di chi ne sa!

Tre bocche italiane: (in alto) la Bocca della Verità, a Roma; (al centro) uno dei Mostri del Parco di Bomarzo, a Bomarzo (Viterbo); (in basso) l'ingresso della Biblioteca Hertziana, a Roma

[a]*weighs* [b]*grinds* [c]*well* [d]*pieces of cloth* [e]venivano... *rose to the surface* [f]*lies down* [g]*is silent*

C. Negativi

MARITO: Sento un rumore in cantina: ci sarà qualcuno, cara...

MOGLIE: Ma no, non c'è nessuno: saranno i topi!

MARITO: Ma che dici? Non abbiamo mai avuto topi in questa casa. Vado a vedere.

(*Alcuni minuti dopo.*)

MOGLIE: Ebbene?

MARITO: Ho guardato dappertutto ma non ho visto niente di strano.

MOGLIE: Meno male!

As you already know, an Italian sentence is usually made negative by inserting **non** in front of the verb. Only object pronouns are placed between **non** and the verb.

Questa villa ha troppi scalini.	*This villa has too many steps.*
Quella villa non ha troppi scalini.	*That villa does not have too many steps.*
Quella villa non ne ha troppi.	*That villa doesn't have too many (of them).*

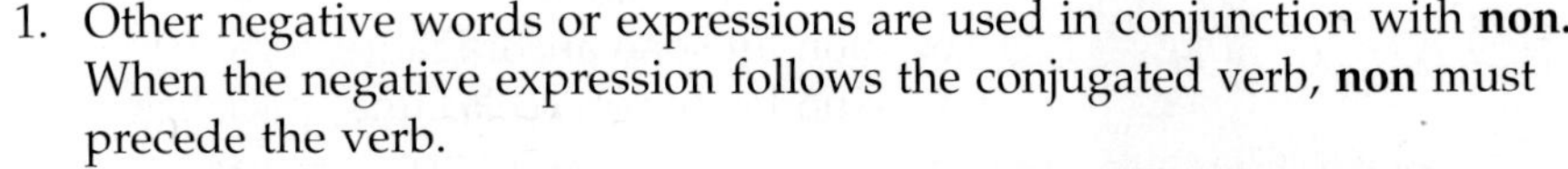

1. Other negative words or expressions are used in conjunction with **non.** When the negative expression follows the conjugated verb, **non** must precede the verb.

—Carletto, ti ho detto mille volte che non devi indicare nessuno col dito[a]!

[a]*finger*

ESPRESSIONI AFFERMATIVE	ESPRESSIONI NEGATIVE
Hai comprato **qualcosa?** (*something*) Hai comprato **tutto?** (*everything*)	No, **non** ho comprato **niente/nulla.** (*nothing*)
Hai visto **qualcuno** alla festa? (*someone*) Hai visto **tutti** alla festa? (*everyone*)	No, **non** ho visto **nessuno.** (*no one, nobody*)
Canti **sempre** nella doccia? (*always*) Canti **qualche volta** nella doccia? (*sometimes*) Canti **mai** nella doccia? (*ever*)	No, **non** canto **mai.** (*never*)
Hai **già** preparato la cena? (*already*)	No, **non** ho **ancora** preparato la cena. (*not yet*)
Abiti **ancora** in via Rossi? (*still*)	No, **non** abito **più** in via Rossi. (*no longer*)
Studi l'italiano **e/o** la chimica? (*and/or*)	No, **non** studio **né** l'italiano **né** la chimica. (*neither/nor*)

HUSBAND: I hear a noise in the cellar. There must be someone there, dear. . . . WIFE: No, there's nobody there. It must be mice! HUSBAND: What are you talking about? We've never had any mice in this house. I'm going to have a look. (*A few minutes later.*) WIFE: Well? HUSBAND: I looked everywhere but I didn't see anything strange. WIFE: Thank goodness!

Nessuna scoperta° ha avuto tanta importanza come quella del fuoco

°*discovery*

2. When **niente** or **nessuno** precedes the verb, **non** is omitted.

Niente era facile.	*Nothing was easy.*
Nessuno lo farà.	*No one will do it.*

Similarly, when a construction with **né... né** precedes the verb, **non** is omitted. Note that a plural verb is used in Italian.

Né Mario né Carlo hanno una cantina.	*Neither Mario nor Carlo has a cellar.*

3. Just like **qualcosa, niente** (**nulla**) takes **di** in front of an adjective and **da** before an infinitive.

Non ho niente di economico da affittare.	*I have nothing cheap to rent.*
C'è qualcosa di interessante nell'armadio?	*Is there anything interesting in the wardrobe?*

ESERCIZI

—Per un bel po' non potremo più incontrarci... Mio padre mi ha tagliato le trecce.[a]

[a]*braids*

A. Domande personali. Decidi se queste affermazioni personali sono vere o false. Correggi quelle false.

1. Non faccio niente venerdì sera; rimango a casa e guardo la TV.
2. Non sono mai stata in Italia/Spagna/Russia/Cina/Kansas.
3. Non mi sono ancora laureato/a.
4. Non ho ancora scelto una specializzazione.
5. Non ho né un soggiorno né uno studio in casa.
6. Non seguo più il corso di italiano.
7. Non conosco nessuno all'università / nel mio dormitorio / nella classe di italiano.

B. Un amico sfortunato. Paolo si è trasferito a Bari un mese fa e trova difficoltà a sistemarsi (*getting settled*). Recita la parte di Paolo e rispondi alle domande in modo negativo.

ESEMPIO: Hai già trovato casa? → No, non ho ancora trovato casa.

1. Hai visto qualcosa di bello?
2. Il tuo amico Giorgio abita ancora a Bari?
3. Hai amici o parenti da quelle parti (*around there*)?
4. Conosci qualcuno a Bari?
5. Hai già fatto un giretto in campagna?
6. Gli amici di Roma ti telefonano qualche volta?

C. I viaggi. Chiedi ad un compagno / una compagna se è mai stato/a in questi posti. Il compagno / la compagna risponde che ci è già stato/a o che non ci è mai stato/a.

ESEMPIO: A: Sei mai stato a Parigi?
B: Sì, ci sono già stato. (No, non ci sono mai stato.)

Posti: Parigi, Londra, Brasile, Messico, Milano, Napoli, Sicilia, Alaska, Kansas, Mississippi

D. Pessimisti! Con un compagno / una compagna, create delle domande da fare ad un altro gruppo. Gli studenti dell'altro gruppo devono rispondere con un'espressione negativa.

ESEMPIO: tutti gli studenti →
S1: Tutti gli studenti studiano il venerdì sera fino a mezzanotte?
S2: Nessuno studia il venerdì sera fino a mezzanotte.

1. qualcuno
2. la professoressa / sempre
3. voi / qualche volta
4. voi / ancora
5. la torta al cioccolato e i biscotti
6. la poltrona e il divano
7. tutto

D. Imperativo (*Lei, Loro*)

SEGRETARIA: Dottoressa, il signor Biondi ha bisogno urgente di parlarLe: ha già telefonato tre volte.

DOTTORESSA MANCINI: Che seccatore! Gli telefoni Lei, signorina, e gli dica che sono già partita per Chicago.

SEGRETARIA: Pronto!... Signor Biondi?... Mi dispiace, la dottoressa è partita per un congresso a Chicago... Come dice?... L'indirizzo? Veramente, non glielo so dire: abbia pazienza e richiami tra dieci giorni!

You learned the **tu, noi,** and **voi** forms of the imperative in **Capitolo 11.**

1. The formal **Lei** and **Loro** imperative is formed by adding **-i, -ino** endings to the first-person singular (**io**) present-tense stem of **-are** verbs, and **-a, -ano** endings to the stem of **-ere** and **-ire** verbs. The negative imperative is formed by inserting **non** before the affirmative form.

	lavorare (lavor-)	**scrivere (scriv-)**	**dormire (dorm-)**	**finire (finisc-)**
(Lei) (non)	lavori	scriva	dorma	fin**isca**
(Loro) (non)	lavọr**ino**	scrịv**ano**	dọrm**ano**	finịsc**ano**

	bere (bev-)	**dire (dic-)**	**venire (veng-)**	**uscire (esc-)**	**andare (vad-)**	**fare (facci-)**
(non	beva	dica	venga	esca	vada	faccia
(non)	bev**ano**	dic**ano**	veng**ano**	esc**ano**	vad**ano**	facci**ano**

SECRETARY: Doctor, Mr. Biondi needs to speak to you urgently. He has already called three times.
DR. MANCINI: What a nuisance! You call him, Miss, and tell him that I already left for Chicago.
SECRETARY: Hello! Mr. Biondi? I'm sorry, but the doctor left for a conference in Chicago . . . What was that? The address? Really, I couldn't tell you. Be patient and call back in 10 days!

Nota bene: l'infinitivo invece dell'imperativo

The infinitive often replaces the imperative in directions, public notices, recipes, and so on.

Ritirare lo scontrino alla cassa. *Get a receipt at the cash register.*

Cuocere per un'ora. *Cook for an hour.*

Signora, **aspetti! Non entri** ancora! — *Ma'am, wait! Don't come in yet!*
Signori, **finiscano** di mangiare e **paghino** alla cassa! — *Gentlemen, finish eating and pay at the cash register!*

Signora Bianchi, **beva** questa medicina e poi **venga** da me. — *Mrs. Bianchi, drink this medicine and then come see me.*
Signor Salvini, **esca** subito dal mio ufficio! — *Mr. Salvini, leave my office at once!*

2. Several verbs are irregular in the formal imperative.

	sapere	**dare**	**stare**	**avere**	**essere**
(Lei) (non)	sappia	dia	stia	abbia	sia
(Loro) (non)	sappiano	diano	stiano	abbiano	siano

3. With **Lei** and **Loro** commands, pronouns must always *precede* the verb.

Le telefoni subito! — *Call her immediately!*
Non **gli dica** quello che abbiamo deciso. — *Don't tell him what we've decided.*
Signori, **si accomodino.** — *Ladies and gentlemen, make yourselves comfortable.*
Non **si preoccupi,** professore. — *Don't worry, professor.*

Esercizi

A. Le frasi giuste. Scegli l'espressione appropriata per ogni situazione.

1. Il professor Calamari bussa alla porta. Lei apre la porta e dice: **a.** Buon giorno, professore! Entra! **b.** Buon giorno, professore. Entri pure.
2. Il tuo amico va forte in bici e non ti aspetta. **a.** Mi aspetti! **b.** Aspettami!
3. Devi fissare un appuntamento (*make an appointment*) telefonico con la tua professoressa. **a.** Professoressa, Le telefono oggi pomeriggio. **b.** Professoressa, telefonami stasera a casa.
4. I bambini non si lavano. **a.** Si lavino! **b.** Lavatevi!
5. Il presidente della Microsoft dice alla segretaria di chiamare il Presidente degli Stati Uniti. **a.** Chiama il Presidente degli Stati Uniti. **b.** Chiami il Presidente degli Stati Uniti.
6. Un signore che non conosci cerca di uscire da un palazzo dalla porta sbagliata. Cosa gli dici? **a.** Scusa, non uscire da quella porta! **b.** Scusi, non esca da quella porta.

—Pieghi[a] un po' la testa a sinistra, prego...

[a]*Turn*

B. A cena. Hai invitato a cena il tuo amico Tommaso e la tua professoressa del corso di Economia e Commercio. Devi dire alla tua professoressa le stesse cose che dici a Tommaso.

ESEMPIO: Vieni a tavola! →
Professoressa Zigiotti, venga a tavola!

1. Aspettami in soggiorno!
2. Dimmi cosa ne pensi!
3. Bevi un po' di vino!
4. Non preoccuparti del cane!
5. Finisci pure i ravioli!
6. Prendi una fetta di torta!
7. Guarda questo quadro!
8. Va' in giardino!
9. Non dimenticare il cappotto!
10. Salutami tua figlia!

Adesso ripeti l'esercizio e di' le stesse cose alla Professoressa Zigiotti e a suo marito.

ESEMPIO: Signori, vengano a tavola!

C. **Questi turisti!** Sei la guida per un gruppo di turisti in Italia. Gli devi dire di fare o non fare le seguenti attività.

ESEMPIO: Stiano attenti!

1. non lasciare niente sull'autobus
2. non comprare nulla in questo negozio
3. non fermarsi a fare troppe fotografie
4. bere acqua minerale
5. mettersi delle scarpe comode
6. dare una buona mancia all'autista (*driver*)
7. essere puntuali

Piccolo ripasso

A. **Contrari.** Cambia le espressioni negative in espressioni positive e viceversa per creare frasi di significato contrario.

ESEMPI: Non ho ancora sistemato (*arranged*) i mobili. →
Ho già sistemato i mobili.

Condivide (*He shares*) l'appartamento con qualcuno. →
Non condivide l'appartamento con nessuno.

1. Affittano ancora una mansarda.
2. Non uso mai la lavastoviglie.
3. Qualcuno ha il terrazzo.
4. Non hanno niente di interessante nell'armadio.
5. Donata ha già cambiato casa.
6. Abbiamo lo studio e la camera per gli ospiti (*guests*).

B. **Scambi.** Con un compagno / una compagna, completate i dialoghi con le espressioni giuste.

1. S1: Giulia, come va la caccia (*hunt*) agli appartamenti? Avete trovato ____ (qualcosa / qualcuno)?
   S2: Niente, purtroppo. Ci sono ____ (qualche / alcuni) padroni di casa che non vogliono studenti e ____ (ognuno / tutti) chiedono troppo di affitto!

2. S1: Caro, mi dai _____ (qualche / un po' di) zucchero?
   S2: Ecco subito! Vuoi anche _____ (del / alcune) latte?
3. S1: Franco, com'era Palermo? Non mi ha mandato i saluti _____ (qualche / nessuno).
   S2: Ci siamo divertiti un mondo (*a ton*)! E _____ (ognuno / tutti) ti mandano tanti saluti!
4. S1: Ragazzi, è _____ (successo / successa) qualcosa?
   S2: Niente, mamma. Carletto ha visto _____ (qualche / alcuni) topi nel garage e ha avuto paura.

C. **Da completare.** Completa con il pronome o l'aggettivo indefinito adatto.

1. Noi siamo molto sfortunati. _____ volta che andiamo alla nostra pizzeria preferita, è chiusa!
2. Non _____ gli amici vogliono andare al cinema. _____ vogliono andare a mangiare la pizza.
3. Nel gruppo, c'è _____ ragazza che gioca bene a tennis.
4. C'erano molte cose da mangiare alla festa e _____ i ragazzi hanno mangiato _____.
5. Tutti gli studenti hanno trovato casa? Sì, _____ ha il proprio appartamento.
6. Come avete trovato il museo? Ce l'ha indicato _____ per la strada.

D. **Conversazione.**

1. Condividi l'appartamento con qualcuno? **2.** In un palazzo dove c'è l'ascensore, sali mai le scale a piedi? **3.** Ti trovi bene in questa città? Perché sì/no? **4.** Dormi bene in qualunque letto, o hai bisogno del tuo letto per addormentarti? **5.** Hai una lavatrice? Se no, dove fai il bucato? **6.** Quali mobili hai in casa?

E. **Situazioni difficili.** Con un compagno / una compagna, inventate situazioni in cui (*in which*) si trovano le seguenti persone. Presentate le situazioni ad un altro gruppo. Loro devono rispondere in modo appropriato con l'imperativo formale o informale.

ESEMPIO: l'insegnante di musica →
GRUPPO 1: L'insegnante di musica suona bene il flauto ma suona male la chitarra. Gli studenti gli dicono...
GRUPPO 2: «Per favore, professore, non suoni la chitarra.»

1. il dentista
2. il tuo migliore amico
3. il medico
4. il cameriere
5. dei bambini nel parco
6. il professore / la professoressa di italiano

F. **Mini-sondaggio** (*poll*). In piccoli gruppi, preparate un breve questionario. Poi, discutete le vostre risposte al questionario e presentate i risultati alla classe o ad un altro gruppo di studenti.

1. Quanti studenti abitano in una casa? In un appartamento? **2.** Quanti hanno una lavatrice / una lavastoviglie? **3.** Quanti hanno una cassettiera / uno specchio? **4.** In quale parte della casa preferiscono studiare / guardare la TV / leggere il giornale?

Invito alla lettura

Il sogno della casa

Palazzi in ristrutturazione a Napoli

Le case in cui vivono gli italiani sono quasi sempre appartamenti che fanno parte dei grandi palazzi. Le costruzioni isolate,[a] che si chiamano ville o villette, dove vive una sola famiglia, sono rare e si trovano soprattutto in campagna.

Essere proprietari della casa in cui si vive, comunque, è sempre stato il sogno degli italiani, e tante persone hanno fatto enormi sacrifici per realizzare questo sogno. Dagli anni '50, quando l'economia italiana ha cominciato a crescere e il futuro sembrava riservare[b] anni di benessere,[c] moltissimi italiani hanno lavorato quasi esclusivamente per la casa. Gli emigranti lavoravano in terra straniera per poter tornare al paese e costruirsi una casa; i contadini[d] lavoravano la terra per comprare la casa di campagna dove la loro famiglia abitava da tempo; le giovani coppie che si sposavano rinunciavano[e] a divertimenti e spese superflue[f] per comprare un appartamento in qualche nuovo palazzo delle periferie[g] delle città.

Fino agli anni '80 l'Italia è stata un immenso cantiere[h]: si costruiva dappertutto perché c'era grande richiesta di case. Tutti volevano una casa moderna e confortevole, e molte vecchie case di paese o dei centri storici delle città venivano abbandonate[i] perché non avevano il riscaldamento o l'acqua corrente.

Adesso le zone dove è ancora possibile costruire sono molto ridotte,[j] anche grazie alle leggi per la tutela[k] dell'ambiente, che impediscono[l] di costruire in luoghi in cui la natura deve essere rispettata e protetta.

Il gusto degli italiani è cambiato e, dopo aver amato gli altissimi palazzi moderni, adesso c'è un ritorno alle vecchie case. Le case dei centri storici delle

[a]*freestanding* [b]*to hold* [c]*well-being* [d]*farmers* [e]*gave up* [f]*unneccessary* [g]*outskirts* [h]*building site* [i]venivano... *were abandoned* [j]*constricted* [k]leggi... *laws for the protection* [l]*hinder*

città italiane costano tuttavia[m] moltissimo: vecchie abitazioni nei centri di città come Venezia o Siena sono tra le più care del mondo, e anche gli affitti hanno talvolta[n] prezzi più alti di Parigi, Londra o New York. Le vecchie case inoltre, a differenza di quelle nuove, richiedono molti soldi per essere messe a posto.[o]

In Italia purtroppo può anche capitare di perdere facilmente la propria casa per eventi naturali disastrosi come frane,[p] alluvioni e terremoti. Ma gli italiani sono un popolo tenace[q] che sa affrontare anche le avversità. Negli anni '70, ad esempio, un violentissimo terremoto ha colpito il Nord-Est dell'Italia ed ha raso al suolo[r] interi paesi, soprattutto in Friuli–Venezia Giulia. In pochi anni gli abitanti della regione hanno ricostruito le case ed il Friuli–Venezia Giulia è oggi la regione italiana con il maggior numero di persone proprietarie della casa in cui abitano.

[m]*however* [n]*sometimes* [o]messe... *fixed up* [p]*landslides* [q]*stubborn* [r]raso... *razed to the ground*

In giro per le regioni

Il Friuli–Venezia Giulia

Il territorio del Friuli–Venezia Giulia, che si trova al confine orientale[a] dell'Italia, è prevalentemente montuoso. Anche le zone di pianura[b] sono poco fertili perché è un tipo di terreno arido. Per questo, il paesaggio appare quasi desertico, di colore bianco-grigio e con pochi alberi.

La regione è formata dalle province friulane di Udine e Pordenone, e da quelle giuliane di Trieste e Gorizia, che sono assai diverse tra loro per tradizioni storiche e linguistiche. Il friulano è una vera e propria lingua a cui i friulani tengono molto,[c] con una sua letteratura, interessante soprattutto per quanto riguarda la produzione di poesia popolare.

Trieste, il capoluogo, ha un territorio che si riduce alla sola[d] area cittadina ed è pertanto la provincia più piccola d'Italia. È una bella città, che è stata in passato, quando faceva parte dell'impero austriaco,* il porto più importante del Mediterraneo.

L'economia di questa regione, tradizionalmente povera, si è assai sviluppata[e] negli ultimi anni, con l'affermazione di molte piccole e medie industrie.

[a]confine... *eastern border* [b]zone... *lowland areas* [c]a... *to which the people of Friuli are very attached* [d]si... *is limited only to the* [e]si... *has developed considerably*

*Trieste e il Friuli per circa un secolo, dalla fine del XVIII secolo fino alla fine della Prima Guerra Mondiale, hanno fatto parte dell'impero austriaco.

E ora a voi

Capire

Completate.

1. Negli ultimi trenta anni, tanti italiani hanno fatto grandi sacrifici per comprare
   a. una casa in campagna.
   b. una casa in cui abitare.
   c. un appartamento in città.
2. Negli anni passati gli italiani hanno lasciato le vecchie case perché
   a. avevano voglia di cambiare.
   b. esse (*they*) non erano abbastanza confortevoli.
   c. esse erano cadenti (*fallen down*) e pericolose.
   d. volevano investire i propri soldi in immobili (*real estate*).
3. Adesso gli italiani amano le vecchie case, ma
   a. è assai costoso acquistare e ristrutturare una vecchia casa.
   b. non è sempre consentito (*allowed*) ristrutturare le case dei centri storici.
   c. le case dei centri storici sono state tutte acquistate dagli stranieri.
   d. nessuno vende le vecchie case di campagna o dei centri storici.
4. In Friuli–Venezia Giulia ci sono più persone proprietarie della casa in cui abitano, anche se
   a. gli abitanti di questa regione non sono particolarmente tenaci.
   b. in questa regione ci sono continui terremoti e altri disastri.
   c. l'economia di questa regione non è tanto ricca.
   d. negli anni '70 un terremoto aveva distrutto molti edifici.

Scrivere

Siete proprietari di una casa a Venezia e avete deciso di affittarla per periodi settimanali a turisti americani. Scrivete il testo di un annuncio da inserire in una rivista specializzata. Date tutte le indicazioni necessarie e descrivete le caratteristiche della vostra offerta, compreso il prezzo.

Ecco alcune parole ed espressioni utili per aiutarvi: **centro storico, zona silenziosa, miniappartamento, stanza, servizio, bagno, bagno con doccia, cucina, camera da letto, soggiorno, salotto, metro quadrato** (*square meter*), **affittare, dare in affitto, pagare, pagamento.**

VIA DELLA SCALA APPARTAMENTO NON ARREDATO IN BEL PALAZZO: CUCINA IN MURATURA (BENE ARREDATA), SOGGIORNO E SALA DA PRANZO, STUDIO CON CAMINETTO, MANSARDA AMPIA, DUE CAMERE GRANDI, DUE SERVIZI RISTRUTTURAZIONE RECENTE, PAVIMENTI IN COTTO L.2.200.000 RIF.AR1006A1N

Videoteca

Dai, vieni! Dall'architetto

Roberto e Enzo escono dall'università. Enzo non è contento di dovere seguire la chimica e si lamenta con Roberto. Roberto gli chiede di accompagnarlo a Napoli. In seguito siamo a Roma e Silvana, che si trova nello studio dell'architetto Vanni, incontra una dottoressa del Comune di Roma.

ESPRESSIONI UTILI

io che c'entro? What do I have to do with it?
il comune city government
l'apprendistato apprenticeship
a metà strada halfway in between
i bassorilievi bas-reliefs (sculpture)
si stavano rovinando they were becoming ruined
l'inquinamento pollution
i gas di scarico exhaust fumes
gli impianti di riscaldamento heating systems
i resti ruins, remnants

Dal video

ARCHITETTO: Guardi il nostro progetto...
MICHELA: Assomiglia alla (*It looks like the*) piramide sul Louvre, a Parigi...

FUNZIONE: Fare le richieste con cortesia

Preparazione

1. Roberto regala ad Enzo
   a. un biglietto. **b.** una cartolina di Napoli. **c.** le risposte per l'esame.
2. La dottoressa Bruni lavora per
   a. l'architetto. **b.** l'università. **c.** il comune.
3. La città d'arte dove nel 1993 hanno trovato una soluzione per proteggere le opere d'arte è
   a. Roma. **b.** Perugia. **c.** Venezia. **d.** Firenze.

Comprensione

1. Secondo Roberto, perché gli studenti di archeologia devono studiare la chimica?
2. Perché Roma è «un inferno per i romani»?
3. Com'è il progetto di Silvana e dell'architetto Vanni?

Attività

Da fare in coppia. Nella fretta che aveva di affrontare il problema, l'architetto Vanni non è stato molto cortese con la dottoressa Bruni. Inventate e recitate una scena in cui...

1. l'architetto invita la dottoressa a dargli l'impermeabile («Prego, mi dia pure...»)
2. la dottoressa chiede all'architetto di farle un caffè
3. i due si chiedono i propri indirizzi di posta elettronica

Parole da ricordare

VERBI

bussare to knock
cambiare casa to move
condividere to share (*a residence*)
fare un trasloco to move
fissare un appuntamento to make an appointment
gridare to yell
indicare to point out, indicate
nascondersi to hide (oneself)
sistemare to arrange
sistemarsi to get settled
traslocare to move

NOMI

l'affitto rent
l'albero tree
l'appartamento apartment
l'ascensore (*m.*) elevator
il bagno bathroom
il balcone balcony
la camera da letto bedroom
la cantina cellar
la finestra window
l'indirizzo address
l'inquilino/l'inquilina tenant
la mansarda attic
il mobile piece of furniture
il monolocale studio apartment
l'orto vegetable garden
l'ospite (*m./f.*) guest
il padrone / la padrona di casa landlord/landlady
il palazzo apartment building
il riscaldamento heat, heating
il rumore noise
le scale stairs; staircase
i servizi facilities (kitchen and bath)
la soffitta attic
il soggiorno living room
la stanza room
il terrazzo balcony
il topo mouse
il traffico traffic
la villa luxury home, country house; single-family house
la vista view

AGGETTIVI

alcuni/e some, a few
ammobiliato furnished
casalingo domestic, related to the house
insolito unusual
inutile useless
matrimoniale with a double bed
qualche some, a few
qualunque any, any sort of
singolo single
strano strange

ALTRE PAROLE ED ESPRESSIONI

accanto (**a**) beside, next to
a parte besides
al pianterreno on the ground floor[†]
al primo (**al secondo, terzo**) **piano** on the first (second, third) floor
dappertutto everywhere
da quelle parti around there
di lato (**a**) beside, next to
in affitto to rent, for rent
in periferia on the outskirts, in the suburbs
meno male thank goodness
né... né neither . . . nor
non... nessuno no one, nobody
non... niente, nulla nothing
ognuno everyone, everybody, each, each one
qualcosa (**di**) something, anything
qualcuno/a someone, anyone
sopra above, over
sotto below, under
tutti/e all, everyone, everybody
tutto (*inv.*) everything
un po' di some

[†]Italians distinguish the ground floor from the first floor (which Americans and Canadians call the second floor).

Capitolo 13

IN BREVE

GRAMMATICA

A. Condizionale presente

B. **Dovere, potere** e **volere** al condizionale

C. Condizionale passato

D. Pronomi possessivi

INVITO ALLA LETTURA

- *Una vera cultura dell'ambiente*
- *In giro per le regioni: Il Trentino–Alto Adige e La Valle d'Aosta*

Traffico intenso in Piazza Municipio, a Napoli

È finita la benzina!°

°*gasoline*

Vocabolario preliminare

Dialogo-Lampo

SATURNINO: Deve essere il nuovo look dei terrestri* del 2000.

MERCURIO: Forse dovremmo andare in vacanza da un'altra parte. Sulla Terra non si respira† più come una volta.

L'AMBIENTE (*THE ENVIRONMENT*)

LA PROTEZIONE DELL'AMBIENTE (*ENVIRONMENTALISM*)

l'effetto serra greenhouse effect
la fascia di ozono the ozone layer
l'inquinamento pollution
il riciclaggio recycling
i rifiuti garbage

depurare to purify

inquinare to pollute
proteggere (*p.p.* protetto) to protect
riciclare to recycle
risolvere (*p.p.* risolto) to solve
scaricare to unload, to discharge

ecologico environmentally safe

IL TRAFFICO

l'automobilista (*m., f.; m. pl.* **gli automobilisti**) motorist
l'autostrada highway
la benzina (normale/super/verde) gas (regular/super/unleaded)
il distributore di benzina gas pump, gas station
il divieto di sosta no-parking zone
il limite di velocità speed limit
i mezzi di trasporto means of transportation
il segnale sign
la targa license plate
il/la vigile traffic officer

allacciare la cintura di sicurezza to fasten one's seat belt
chiedere/dare un passaggio to ask for / give a lift
controllare l'olio/l'acqua/le gomme to check the oil/water/tires
fare benzina to get gas
fare il pieno to fill up the gas tank
fare l'autostop to hitchhike
parcheggiare to park
prendere la multa to get a ticket
***rimanere** (*p.p.* **rimasto) senza benzina** to run out of gas

* *earthlings*
† si... *breathe*

Esercizi

A. Situazioni. Cosa fate nelle seguenti situazioni?

1. Siete rimasti/e senza benzina.
   a. Controllate le gomme.
   b. Fate il pieno.
2. Avete preso la multa.
   a. Pagate senza protestare.
   b. Attaccate il vigile.
3. La macchina non parte (*start*).
   a. Controllate la benzina.
   b. Guardate i segnali stradali (*traffic signals*).
4. Oggi non avete la macchina e dovete andare a lavorare.
   a. Prendete l'autobus.
   b. Date un passaggio a un amico.
5. Non trovate la patente e la vostra macchina è senza targa.
   a. Guidate lo stesso.
   b. Andate a piedi.
6. Siete sull'autostrada; la polizia stradale è in giro (*on patrol*).
   a. Rispettate (*Respect*) il limite di velocità.
   b. Dimenticate di allacciare la cintura di sicurezza.
7. Ci tenete ad (*You care about*) inquinare il meno possibile.
   a. Parcheggiate in divieto di sosta (*no-parking zone*).
   b. Usate solo benzina verde.
8. Durante un viaggio in macchina, vi siete smarriti/e (*you've gotten lost*).
   a. Vi fermate a un distributore di benzina.
   b. Decidete di fare l'autostop.

B. Cosa dovremmo fare? (*What should we do?*) Cosa dovremmo o non dovremmo fare per i seguenti problemi? Rispondete con frasi semplici usando il **Vocabolario preliminare** e altre espressioni che conoscete già. Lavorate in coppia.

ESEMPIO: l'inquinamento dei mari →
S1: Cosa dovremmo fare per risolvere il problema dell'inquinamento dei mari?
S2: Dovremmo pulire tutte le spiagge e depurare i mari. (Non dovremmo scaricare rifiuti nei mari; Dovremmo...)

1. l'inquinamento dell'atmosfera **2.** il deterioramento degli edifici storici (*historic buildings*) **3.** il cancro della pelle (*skin cancer*) **4.** la distruzione delle foreste vergini **5.** il traffico cittadino (*urban*)

C. Sondaggio. E voi, cosa fate per proteggere l'ambiente? In gruppi di cinque o sei, rispondete alle seguenti domande e presentate i vostri risultati alla classe in percentuale (*percentage*).

ESEMPIO: Usate sacchetti di carta (*paper bags*) o di plastica quando fate la spesa? →
Nel nostro gruppo il 40% usa sacchetti di carta quando va a fare la spesa. Il 40% usa sacchetti di plastica. E il 20% non usa sacchetti.

1. Prendete mezzi di trasporto pubblici o la vostra macchina per andare a scuola o al lavoro?
2. Riciclate il vetro (*glass*)? E la carta? E la plastica?
3. Usate prodotti spray (*aerosol*)?
4. Lavorate in una associazione per la protezione dell'ambiente?

in ascolto

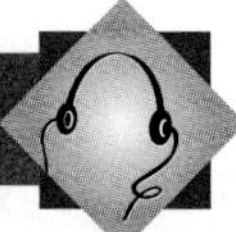

Un altro punto di vista. Saturnino e Mercurio, due extraterrestri arrivati sulla Terra in un disco volante (*flying saucer*), osservano dei ragazzi in un centro di riciclaggio. Ascoltate attentamente, poi completate le frasi seguenti.

1. Il ragazzo biondo ______.
   - **a.** depura l'acqua.
   - **b.** ricicla il vetro.
   - **c.** scarica bottiglie.
2. Secondo Mercurio, molta gente non ricicla ______.
   - **a.** i recipienti di plastica
   - **b.** i sacchetti
   - **c.** l'alluminio
3. I due ragazzi ______ mucchi (*piles*) di giornali.
   - **a.** leggono
   - **b.** proteggono
   - **c.** scaricano
4. La macchina dei ragazzi ______ l'aria perché emette troppo gas dal tubo di scappamento (*exhaust*).
   - **a.** depura
   - **b.** purifica
   - **c.** inquina
5. Saturnino e Mercurio gli ______.
   - **a.** daranno un passaggio
   - **b.** daranno una mano
   - **c.** chiederanno un passaggio

donne&motori
io & la mia moto
Non quella del mio fidanzato. Ma quella con cui io mi diverto. O lavoro

Grammatica

A. Condizionale presente

SANDRO: Pronto, Paola? Senti, oggi sono senza macchina. È dal meccanico per un controllo. Mi daresti un passaggio per andare in ufficio?

PAOLA: Ma certo! A che ora devo venire a prenderti? Va bene alle otto e un quarto?

SANDRO: Non sarebbe possibile un po' prima: diciamo alle otto? Mi faresti un vero piacere! Devo essere al lavoro alle otto e mezzo.

PAOLA: Va bene, ci vediamo giù al portone alle otto.

1. The present conditional **(il condizionale presente)** corresponds to English *would + verb* (*I would sing*). Like the future, the present conditional is formed by dropping the final **-e** of the infinitive and adding a set of endings that is identical for **-are, -ere,** and **-ire** verbs. As in the future tense, verbs ending in **-are** change the **a** of the infinitive ending to **e.**

lavorare	scrịvere	finire
lavor**erẹi**	scriver**ẹi**	finir**ẹi**
lavor**eresti**	scriver**esti**	finir**esti**
lavor**erebbe**	scriver**ebbe**	finir**ebbe**
lavor**eremmo**	scriver**emmo**	finir**emmo**
lavor**ereste**	scriver**este**	finir**este**
lavor**erẹbbero**	scriver**ẹbbero**	finir**ẹbbero**

2. The conditional stem is always the same as the future stem, even in the case of irregular verbs. (See **Capitolo 10** for a chart of verbs with irregular future stems.)

Non sai cosa farei per non guidare!	*You don't know what I would do not to drive!*
Verrebbero a prenderti alle otto.	*They would come to pick you up at eight.*

SANDRO: Hello, Paola? Listen, I don't have my car today. It's at the mechanic's for a tune-up. Would you give me a lift to the office? PAOLA: Sure! What time shall I come get you? Is 8:15 OK? SANDRO: Would it be possible a little earlier, say at 8:00? You'd be doing me a real favor! I have to be at work at 8:30. PAOLA: OK, see you down at the front door at 8:00.

3. For verbs ending in **-care** and **-gare,** and in **-ciare, -giare,** and **-sciare,** the same spelling changes that occur in the future also occur in the conditional.

Non dimenticherei mai le chiavi.	*I would never forget my keys.*
Pagheremmo ora, ma non possiamo.	*We would pay now, but we can't.*
Dove parcheggeresti?	*Where would you park?*
Comincerebbero alle cinque.	*They would begin at 5:00.*

4. In general, the present conditional is used (like its English equivalent) to express polite requests, wishes, and preferences.

Mi presteresti la tua macchina?	*Would you lend me your car?*

A. Cosa faresti? Cosa faresti con queste cose?

1. con 100,000 di dollari? **a.** li risparmierei **b.** li spenderei subito **c.** li darei ai poveri
2. con la Ferrari? **a.** la guiderei sull'Autostrada del Sole **b.** la venderei e darei i soldi ai poveri
3. con un mese di vacanza? **a.** resterei a casa a leggere libri **b.** viaggerei per il mondo **c.** lavorerei per guadagnare soldi
4. con le risposte dell'esame di matematica? **a.** le butterei (*throw away*) nel cestino (*wastebasket*) **b.** le darei agli amici **c.** le porterei all'esame
5. con una casa al mare? **a.** ci passerei l'estate **b.** l'affitterei **c.** la darei agli amici che non hanno molti soldi per fare le vacanze
6. con l'aereo privato? **a.** viaggerei per il mondo **b.** lo darei alla Croce Rossa (*Red Cross*)
7. con un anno solo da vivere? **a.** viaggerei **b.** passerei tutto il tempo con gli amici e la famiglia **c.** scriverei un libro
8. con l'intelligenza di Einstein e Madame Curie? **a.** troverei la cura per l'AIDS **b.** fonderei una grande compagnia industriale e guadagnerei molti soldi

—Per favore, me ne accenderebbe* uno?

**would you turn on*

B. Favori. Usa il condizionale presente per rendere (*make*) le seguenti affermazioni e richieste più gentili.

ESEMPIO: Mi dai il biglietto per la partita di calcio? →
Mi daresti il biglietto per la partita di calcio?

1. Mi dà un passaggio? **2.** Ci presti la moto? **3.** Preferisco parcheggiare qui. **4.** Mi lascia guidare? **5.** La accompagnate a casa? **6.** Vogliamo noleggiare una macchina. **7.** Mi compri una bici italiana? **8.** Non mi piace fare l'autostop.

C. Tanti favori. Chiedi gentilmente ad un compagno / una compagna di farti i seguenti favori. Il compagno / La compagna risponde liberamente.

ESEMPIO: di comprarti un panino perché hai finito i soldi →
S1: Ho finito i soldi. Mi compreresti un panino?
S2: Certo, ne prendo uno anche per me. (Mi dispiace ma non posso. Ho finito i soldi anch'io.)

1. di passarti il sale **2.** di prestarti la macchina **3.** di darti un passaggio **4.** di invitarti alla sua festa **5.** di fare i compiti per te perché non capisci la matematica **6.** di controllare l'olio della tua macchina perché non sai controllarlo **7.** di parlare con il vigile che vuole farti la multa **8.** di venire con te in macchina da Miami a Los Angeles

D. Conversazione.

1. Dove ti piacerebbe essere in questo momento? **2.** Che cosa ti piacerebbe fare? **3.** Avresti il coraggio di andare in una colonia di nudisti? **4.** Compreresti una macchina brutta ma ecologica? **5.** Saresti contento/a di nascere un'altra volta? **6.** Che cosa non faresti per nessuna cosa al mondo? **7.** Parteciperesti a una manifestazione per la protezione dell'ambiente?

Più ambientalisti di noi sono solo olandesi e canadesi.

B. *Dovere, potere* e *volere* al condizionale

Chi è la donna per Massimo?

Vorrei incontrare una ragazza bella, alta, occhi chiari, affettuosa, sensible, sincera, sorridente, sportiva. Ho 31 anni, un buon lavoro, 1.76, bella presenza, castano, occhi verdi, serio: gli stessi requisiti che vorrei tu avessi.* Vorrei una stupenda storia d'amore che ci riempia† di felicità per intense emozioni. Desidero innamorarmi del tuo viso,‡ occhi, sorriso, e il sogno della mia vita si trasformerà in una splendida realtà. Solo residenti a Roma. Massimo *Tel. 06/5638350-0338/2264185*

The present conditional of **dovere, potere,** and **volere** is often used instead of the present tense to soften the impact of a statement or request.

1. **Dovere: Dovrei** means *I should* or *I ought to* (in addition to *I would have to*), in contrast to the present tense **devo** (*I must, I have to*).

Perché **dovrei** pagare una multa?	*Why should I pay a fine?*
Dovremmo cercare subito un parcheggio.	*We ought to look for a parking spot right away.*

2. **Potere: Potrei** is equivalent to English *I could, I would be able,* and *I would be allowed.*

Potresti darmi l'orario dei treni?	*Could you give me the train schedule?*
Se vuoi, **potrei** andare io a prendere Giulia.	*If you like, I could go pick up Giulia.*

3. **Volere: Vorrei** means *I would want* or *I would like;* it is much more polite than the present-tense form **voglio.**

Vorresti venire ad una festa a casa mia?	*Would you like to come to a party at my house?*
Vorrei andare in un aereo supersonico.	*I would like to go in a supersonic jet.*

—Prima vorrei sapere il prezzo della camera...

*vorrei... *I would like you to have*
†*fill up*
‡*face*

Si dice così: *potere*

In English both the past tense and the conditional of *can* are expressed with *could.* In Italian these tenses are clearly differentiated.

Ieri **non ho potuto** studiare; oggi lo **potrei** fare ma non ne ho voglia. *Yesterday I couldn't study; today I could do it but I don't want to.*

As in the example, the **passato prossimo** expresses a completed action and the **condizionale** expresses conjecture about the present or the future.

A. Siamo capaci? Decidi se potresti fare queste attività.

1. Potresti cambiare le gomme?
2. Potresti chiedere un passaggio a uno sconosciuto o una sconosciuta (*stranger*)?
3. Potresti guidare senza occhiali?
4. Potresti riparare la tua macchina?
5. Potresti fare 80 miglia in bici?

Adesso decidi se le persone indicate potrebbero fare queste attività.

6. Il tuo migliore amico / La tua migliore amica potrebbe aiutarti con i compiti di matematica?
7. Il presidente potrebbe risolvere il problema dell'effetto serra?
8. Le Nazioni Unite potrebbero risolvere il problema dell'inquinamento?
9. Le fabbriche (*factories*) potrebbero inquinare di meno?
10. Potremmo inventare una macchina che non consuma benzina e che non inquina?

B. Dovrei... Usa il condizionale di **dovere** per completare le seguenti frasi.

ESEMPIO: Per stare bene, io... →
Per stare bene, io dovrei dormire molto.

1. Per guidare meno, io...
2. Per essere buoni automobilisti, noi...
3. Per proteggere meglio l'ambiente, tu...
4. Per facilitare il riciclaggio, i comuni (*city governments*)...
5. Per evitare (*avoid*) le multe, i cittadini (*citizens*)...

C. Ti piacerebbe? Con un compagno / una compagna, usate il condizionale di **piacere** e di **volere** per fare domande e risposte.

ESEMPIO: passare le vacanze in Tunisia →
S1: Ti piacerebbe passare le vacanze in Tunisia?
S2: Sì, vorrei passare le vacanze in Tunisia. (No, vorrei piuttosto passare le vacanze in Sardegna.) E tu?

1. giocare a tennis oggi
2. mangiare al ristorante stasera
3. studiare un'altra lingua
4. andare in campeggio con gli amici
5. stare all'estero per un paio d'anni

D. Tanti favori. Con un compagno / una compagna, fate una lista di favori da chiedere ad un altro gruppo di studenti. L'altro gruppo risponde se sono disponibili (*available*) o no a farli. Se non li possono fare, devono inventare una scusa.

ESEMPIO: GRUPPO 1: Potreste fare i nostri compiti di italiano stasera?
GRUPPO 2: Ci dispiace ma non li possiamo fare. Dobbiamo fare i nostri compiti.

Nota culturale

La torre di Pisa, una delle sette meraviglie del mondo

In piazza del Duomo a Pisa, ci sono tre bellissimi monumenti antichi, fatti di marmo: la Cattedrale, il Battistero[a] e la Torre Pendente,[b] che è una delle costruzioni più originali del mondo.

La costruzione della torre fu iniziata dall'architetto Bonanno Pisano nel 1174 e fu terminata da Giovanni di Simone tra il 1350 ed il 1356. L'altezza totale degli otto piani è di 54,5 metri (*180 feet*) e la pendenza è di quasi 4,5 metri (*15 feet*). Alla sommità[c] vi sono sette campane[d] e ognuna è accordata alla tonalità delle sette note musicali.

Ma come mai la torre pende? Ci sono diverse opinioni, ma la maggior parte degli studiosi[e] pensano che la pendenza sia stata causata dall'assestamento[f] del terreno, o da un errore dell'architetto nella costruzione delle fondamenta.[g]

Negli anni settanta e ottanta, la pendenza della torre accelerò leggermente, destando[h] la preoccupazione del Ministero dei Beni Culturali, che nel gennaio 1990 decise di chiuderla.

Prima della chiusura, più di tremila turisti di tutto il mondo salivano[i] ogni giorno le lunghe scale che portano alla sommità della torre; ora bisogna accontentarsi[j] di ammirare il monumento dall'esterno.

Fu proprio dalla sommità di questa torre che Galileo Galilei, il grande scienziato nato a Pisa nel 1564, studiò e sperimentò la legge della gravitazione dei corpi.

[a]*Baptistery* [b]*Leaning* [c]*top* [d]*bells* [e]*scholars* [f]*settling, subsidence* [g]*foundation* [h]*prompting* [i]*climbed* [j]*be content*

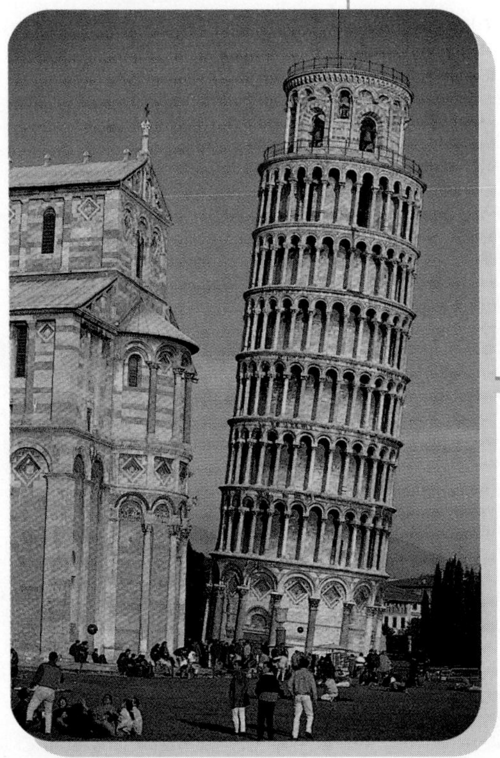

La torre di Pisa

C. Condizionale passato

IL CARABINIERE:	Signore, Lei sa che faceva 90 chilometri all'ora? Il limite è 50 in questa zona.
IL SIGNORE:	Sì, lo so. Chiedo scusa. Ho fretta perché mia moglie sta per partorire. Sarei dovuto essere in ospedale mezz'ora fa, ma ho incontrato un ingorgo enorme e sono stato fermo per venti minuti.
IL CARABINIERE:	Lei sa che ha una freccia che non funziona?
IL SIGNORE:	Sì, lo so. È colpa mia. Avrei dovuto portare la macchina dal meccanico ieri, ma mio figlio si è rotto il braccio e l'ho dovuto portare all'ospedale.
IL CARABINIERE:	Com'è che non ha la targa?
IL SIGNORE:	Ho comprato la macchina la settimana scorsa. Avrei fatto la targa subito, ma il mio cane è morto e ho dovuto organizzare il funerale.
IL CARABINIERE:	Beh, dovrei farLe la multa, ma visto che ha avuto tante tragedie in questi giorni, lascio perdere. Buona giornata. L'accompagno all'ospedale da Sua moglie.

1. The **condizionale passato** (conditional perfect: *I would have sung, they would have left*) is formed with the conditional of **avere** or **essere** + *past participle.*

CONDIZIONALE PASSATO CON **avere**		CONDIZIONALE PASSATO CON **ẹssere**	
avrẹi	lavorato	sarẹi	partito/a
avresti		saresti	
avrebbe		sarebbe	
avremmo		saremmo	partiti/e
avreste		sareste	
avrẹbbero		sarẹbbero	

—La mia maestra me lo diceva che la pittura mi avrebbe portato in alto.[a]

[a]portato... *take me places*

POLICE OFFICER: Sir, do you know that you were going 90 kilometers an hour? The speed limit is 50 in this area. GENTLEMAN: Yes, I know. I'm very sorry. I'm in a hurry because my wife is about to have a baby. I was supposed to be at the hospital half an hour ago, but I ran into an enormous traffic jam and I was stopped for twenty minutes. POLICE OFFICER: Did you know that you have a turn signal that isn't working? GENTLEMAN: Yes, I know. It's my fault. I should have taken the car to the mechanic yesterday, but my son broke his arm and I had to take him to the hospital. POLICE OFFICER: Why don't you have a license plate? GENTLEMAN: I bought the car last week. I should have gotten a license plate immediately, but my dog died and I had to organize the funeral. POLICE OFFICER: Well, I should give you a ticket, but since you have had so many tragedies the past few days, I'll let it go. Have a nice day. I'll accompany you to your wife in the hospital.

2. The Italian conditional perfect corresponds to English *would have + verb.*

Avrei chiesto un passaggio a uno sconosciuto, ma avevo paura.	*I would have asked a stranger for a lift, but I was afraid.*
Mi sarei fermata al distributore di benzina, ma avevo ancora metà serbatoio.	*I would have stopped at the gas station, but I still had half a tank.*

3. **Dovere, potere, volere**

a. The conditional perfect of **dovere** + *infinitive* is equivalent to English *should have* or *ought to have + past participle.*

Il vigile **avrebbe dovuto** fargli la multa.	*The traffic officer should have given him a ticket.*
Il ristorante **avrebbe dovuto** riciclare le bottiglie.	*The restaurant should have recycled the bottles.*

b. The conditional perfect of **potere** + *infinitive* is equivalent to English *could (might) have + past participle.*

Avremmo potuto ballare tutta la notte.	*We could have danced all night.*
Marco **sarebbe potuto** arrivare prima.	*Marco could have arrived earlier.*

c. The conditional perfect of **volere** + *infinitive* is equivalent to English *would have liked to + infinitive.*

Mio nonno **avrebbe voluto** guidare una Ferrari.	*My grandfather would have liked to drive a Ferrari.*

4. In indirect discourse, the conditional perfect (rather than the present conditional, as in English) is used to express a future action seen from a point in the past.

Il meccanico ha detto che **avrebbe riparato** la macchina entro lunedì sera.	*The mechanic said he would fix the car by Monday evening.*
Il benzinaio ha detto che **avrebbe controllato** l'olio.	*The gas-station attendant said he would check the oil.*

ESERCIZI

A. **Cosa avresti fatto tu?** Leggi le situazioni che seguono e decidi cosa avresti fatto tu.

1. Mirella è andata al grande magazzino a fare le spese. Quando è uscita, ha cercato di mettere in moto la macchina ma non partiva.
   a. Avrei preso l'autobus per tornare a casa. **b.** Avrei chiamato un meccanico.
2. Salvatore è andato alla lezione di clarinetto ma l'insegnante non c'era.
   a. Avrei aspettato 15 minuti e poi sarei tornato/a a casa. **b.** Sarei andato/a via subito.

3. Giancarlo ha ordinato il pesce in un ristorante di lusso. Quando il cameriere ha portato il piatto, il pesce era freddo.
   a. Avrei chiesto un'altra cosa. **b.** Avrei mangiato il pesce senza lamentarmi.
4. Sedute dietro a Luigina al cinema c'erano delle persone che continuavano a parlare durante il film.
   a. Avrei guardato il film senza dire niente. **b.** Gli avrei chiesto di non parlare.
5. Filippo e Luca sono andati all'opera ieri e la soprano non era molto brava.
   a. Avrei applaudito lo stesso. **b.** Avrei fischiato (*booed*).

B. Trasformazioni. Sostituisci il soggetto con gli elementi tra parentesi e fa' tutti i cambiamenti necessari.

1. Io avrei voluto fare il pieno. (i ragazzi / anche tu / Claudia / tu e Gino)
2. Mirella temeva che sarebbe rimasta senza benzina. (i signori Neri / tu, Piera / anche noi / io)
3. Tu hai detto che ci avresti dato un passaggio. (Giorgio / voi / Lei / le ragazze)
4. Franco ha detto che sarebbe andato al distributore di benzina. (le signore / noi / io / Laura)

C. Le ultime parole famose. Mauro non mantiene mai le sue promesse. Spiega cosa aveva promesso di fare e perché non l'ha fatto. Segui il modello.

ESEMPIO: Finirò presto. →
Ha detto che avrebbe finito presto ma ha lavorato tutta la sera.

1. Scriverò una volta alla settimana. **2.** Ritornerò a casa prima di mezzanotte. **3.** Berrò solo acqua minerale. **4.** Non mangerò più gelati. **5.** Mi alzerò presto ogni giorno. **6.** Non mi arrabbierò. **7.** Cercherò di venire al concerto. **8.** Andrò sempre a piedi.

D. Cose non fatte. Completa le frasi liberamente.

1. L'anno scorso, Marco avrebbe voluto fare un viaggio in Europa, ma...
2. Ieri, Tina avrebbe potuto parlare al telefono con l'amica tutta la sera, ma...
3. Ieri sera, avrei dovuto studiare per l'esame di fisica, ma...
4. Il mese scorso, Gino e Luca sarebbero voluti andare a casa per un week-end, ma...
5. Sabato scorso, Mirella avrebbe potuto comprare una macchina nuova, ma...
6. Ieri, Salvatore avrebbe dovuto pulire la camera da letto, ma...

Adesso, racconta quello che avresti potuto / avresti voluto / avresti dovuto fare in questi momenti.

ESEMPIO: il mese scorso →
Avrei potuto fare un viaggio con gli amici, ma non avevo abbastanza soldi.
Avrei voluto fare un corso di karatè, ma non avevo il tempo.
Avrei dovuto studiare di più, ma ero distratto dagli amici.

1. ieri **2.** l'anno scorso **3.** l'estate scorsa **4.** due giorni fa **5.** venerdì sera

E. **La settimana scorsa.** Fa' una lista di quattro cose che avresti potuto fare la settimana scorsa e un'altra lista di quattro cose che avresti dovuto fare la settimana scorsa.

ESEMPI: La settimana scorsa avrei potuto andare al balletto...
La settimana scorsa avrei dovuto suonare il clarinetto...

D. Pronomi possessivi

DANIELE: La mia macchina è una Ferrari; è velocissima. Com'è la tua?
ANTONIO: La mia è un po' vecchia, ma funziona.
DANIELE: La mia bici è una Bianchi. Che marca è la tua?
ANTONIO: Ma, non lo so. È una bici qualsiasi.
DANIELE: I miei vestiti sono tutti Armani. Che vestiti compri tu?
ANTONIO: I miei non sono di marche famose. Li compro più che altro al mercato.
DANIELE: Mi piacciono solamente le cose di qualità.
ANTONIO: Io ho i gusti semplici e non ho tanti soldi da spendere.

Nota bene: i pronomi possessivi

When possessives are used after **essere** to express ownership, the article is usually omitted.

È Sua quella macchina? *Is that car yours?*

Sono Suoi quei bambini? *Are those children yours?*

1. Possessive pronouns (**i pronomi possessivi**), like possessive adjectives, express ownership. They correspond to English *mine, yours, his, hers, its, ours,* and *theirs.* In Italian they are identical in form to possessive adjectives; a possessive pronoun, however, stands alone, while a possessive adjective always accompanies a noun. Possessive pronouns agree in gender and number with the nouns they replace.

Lui è uscito con la sua **ragazza;** io sono uscito con **la mia.**	*He went out with his girlfriend; I went out with mine.*
Tu ami il tuo **paese** e noi amiamo **il nostro.**	*You love your country and we love ours.*
Tu hai i tuoi **problemi,** ma anch'io ho **i miei.**	*You have your problems, but I have mine too.*

2. Possessive pronouns normally retain the article even when they refer to relatives.

Mia moglie sta bene; come sta la Sua?	*My wife is well; how is yours?*
Ecco nostro padre; dov'è il vostro?	*There's our father; where's yours?*

DANIELE: My car is a Ferrari; it's very fast. What is your car like? ANTONIO: Mine is a bit old, but it runs. DANIELE: My bike is a Bianchi. What brand is yours? ANTONIO: Hmm, I don't know. It's just any old bike. DANIELE: My clothes are all Armani. What clothes do you buy? ANTONIO: Mine aren't designer clothes. I usually buy my clothes at the outdoor market. DANIELE: I only like things of high quality. ANTONIO: I have simple tastes and I don't have a lot of money to spend.

A. Quali preferisci? Rispondi alle domande. Poi spiega ad un compagno/una compagna i motivi della tua risposta.

1. Quale stile di vita preferisci? **a.** quello di Cher **b.** il mio (Perché?)
2. Quale macchina preferisci? **a.** quella dei miei genitori **b.** la mia (Perché?)
3. Quale appartamento preferisci? **a.** quello di un amico / un'amica **b.** il mio (Perché?)
4. Quali corsi preferisci? **a.** quelli di un amico / un'amica **b.** i miei (Perché?)
5. Quali vestiti preferisci? **a.** quelli di Versace **b.** i miei (Perché?)
6. Quale letto preferisci? **a.** quello a casa dei miei genitori **b.** il mio all'università (Perché?)

B. Preferisco il mio! Con un compagno / una compagna, fate domande e risposte secondo l'esempio.

ESEMPIO: l'abito di Marco →
S1: Ti piace l'abito di Marco?
S2: Sì, ma preferisco il mio.

1. la casa di Giulia
2. lo stereo di Claudio
3. le cassette di Dario
4. le gomme di Luigi
5. la bici di Franco
6. il garage del signor Muti
7. le valige di Mara
8. i Cd di Giorgio

C. A ciascuno il suo. Completa le frasi con il pronome possessivo appropriato (con o senza preposizione).

ESEMPIO: Io faccio i miei esercizi e tu fai i tuoi.

1. Io pago il mio caffè e Lei paga ________.
2. Io ho portato il mio avvocato e loro hanno portato ________.
3. Noi scriviamo a nostra madre e voi scrivete ________.
4. Tu ricicli i tuoi rifiuti e lei ricicla ________.
5. Io ho detto le mie ragioni (*reasons*); ora voi dite ________.
6. Io ho parlato ai miei genitori; adesso tu parla ________.

D. Com'è il tuo? A pagina 299, Daniele parla dei suoi oggetti preziosi mentre Antonio dice che i suoi oggetti sono molto semplici. Un compagno / Una compagna fa la parte di Daniele e usa i suggerimenti forniti mentre l'altro compagno / l'altra compagna risponde come se fosse (*as if he/she were*) Antonio.

ESEMPIO: la macchina / elegante e costosa →
S1: La mia macchina è molto elegante e costosa. Com'è la tua?
S2: La mia è molto vecchia e brutta.

1. gli amici / ricchissimi
2. la casa / grande
3. la moto / veloce
4. la cucina / moderna
5. i genitori / giovani, simpatici, attivi
6. il computer / l'ultimo modello

Piccolo ripasso

A. Intervista. Chiedi le seguenti informazioni a un compagno / una compagna di classe.

ESEMPIO: se usa solo benzina verde →
S1: Usi solo benzina verde?
S2: Sì, uso solo benzina verde. (No, non uso solo benzina verde; uso anche benzina super.) E tu?

1. a che età è possibile prendere la patente nel suo stato
2. se l'esame per la patente è difficile
3. a che età ha preso la patente
4. com'è il traffico nella sua città
5. se ha mai cambiato le gomme da sé (*by himself/herself*) e se le cambierebbe per un amico / un'amica in difficoltà
6. se ha mai preso una multa per divieto di sosta
7. se nel suo stato è obbligatorio allacciare le cinture di sicurezza

B. Come siamo educati/e (*polite*)**!** Trasforma le frasi imperative in domande gentili con il verbo **potere** al condizionale.

ESEMPIO: Prestami l'automobile! → Potresti prestarmi l'automobile?

1. Dimmi dove sono i soldi! **2.** Fammi una fotografia! **3.** Dammi qualcosa da bere! **4.** Accompagnatemi a casa! **5.** Compratemi una bicicletta! **6.** Guida meglio!

C. Cosa faresti? Cosa faresti nelle seguenti situazioni?

ESEMPIO: La tua ditta (*company, firm*) inquina molto. →
Eliminerei gli scarichi pericolosi (*dangerous*) per l'ambiente.

1. La tua macchina non si mette in moto e sei in ritardo per la lezione di italiano.
2. Cerchi un parcheggio, ma l'unico (*only*) spazio che rimane è un divieto di sosta.
3. Il vigile ti ferma perché hai superato (*exceeded*) il limite di velocità. Ti vuole fare la multa.
4. La macchina che vuoi comprare costa poco ed è in buone condizioni ma non ha le cinture di sicurezza.
5. Rimani senza benzina sull'autostrada.

D. Le solite giustificazioni! Con un compagno / una compagna, spiegate perché le seguenti persone non hanno potuto fare queste attività. Usate **il condizionale passato** nelle vostre risposte.

ESEMPIO: Piera / venire al festival →
S1: Non è venuta al festival Piera?
S2: Ha detto che sarebbe venuta, ma si è sentita male.

1. Maurizio / riparare la macchina entro (*by*) sabato mattina
2. Gianni / comprare i biglietti
3. Gino e Silvio / accompagnarvi al concerto rock

4. Luigi / riciclare le bottiglie
5. Mirella / arrivare presto a teatro
6. I ragazzi / fare il pieno alla macchina del padre

E. Paragoni. Con un compagno / una compagna, paragonate le vostre esperienze, oggetti o persone che conoscete. Seguite il modello.

ESEMPIO: il professore di chimica →
S1: Mi piace (Non mi piace) il mio professore di chimica. Com'è il tuo?
S2: Il mio è molto intelligente e simpatico. (Non seguo chimica.)

1. la bicicletta **2.** il compagno / la compagna di stanza **3.** il corso di letteratura **4.** la città di origine **5.** i vestiti **6.** la camera da letto

Invito alla lettura

Una vera cultura dell'ambiente

Il Parco Nazionale dello Stelvio, in Trentino–Alto Adige

Come tutti i paesi industrializzati, l'Italia negli ultimi anni ha dovuto affrontare[a] i problemi dovuti[b] all'inquinamento e ai danni dell'ambiente. Per decenni sono state fatte[c] costruzioni in luoghi poco adatti per la natura del terreno; autostrade, ferrovie,[d] alberghi, fabbriche sono apparsi[e] in zone dove prima regnava[f] la natura con i suoi boschi, prati,[g] colline, spiagge.

Certe scelte[h] si sono rivelate[i] pericolose perché il taglio[j] dei boschi, ad esempio, ha privato[k] il terreno del sostegno delle radici[l] degli alberi; così, quando piove molto, il terreno può facilmente franare[m] e provocare catastrofi. I veleni scaricati[n] dalle fabbriche hanno fatto morire animali e piante dei fiumi e dei mari. Il mondo intero, tuttavia, non si è accorto[o] in tempo della gravità della situazione, ed anche in Italia una vera cultura dell'ambiente si è affermata[p] in ritardo.

[a]ha... *has had to confront* [b]*related* [c]Per... *Over decades (there) were built* [d]*railroads* [e]sono... *appeared* [f]*reigned* [g]*meadows* [h]*choices* [i]si... *revealed themselves to be* [j]*cutting* [k]ha... *deprived* [l]sostegno... *support of the roots* [m]*slide down* [n]veleni... *hazardous wastes* [o]non... *didn't realize* [p]si... *came into being*

Ci sono stati comunque degli interventi per difendere la natura. Adesso, su tutto il territorio italiano, esistono numerose aree protette. Queste aree si trovano soprattutto in montagna, sulle coste del mare o dei laghi e in zone boscose,[q] con animali e piante da proteggere. Lo Stato italiano ha fatto alcune leggi a tutela dei beni naturali,[r] ma soprattutto hanno provveduto[s] le regioni e le province.

In Italia ci sono alcune regioni che, per motivi[t] storici o economici, hanno più autonomia amministrativa e proprio queste, in genere, hanno leggi più efficaci e regole più severe per quanto riguarda la protezione dell'ambiente. Le Province di Trento e di Bolzano, in Trentino-Alto Adige, il cui territorio è in parte occupato dal Parco Nazionale dello Stelvio, hanno fatto leggi importanti per la tutela ambientale.

Il parco dello Stelvio è il più grande d'Italia: comprende[u] 40 piccoli laghi e 103 ghiacciai[v]; è famoso per i bellissimi boschi di abeti, larici[w] rossi e altre specie di piante protette. In questi boschi vivono, e sono protetti, i cervi, gli stambecchi, i caprioli, i camosci, le marmotte[x] e uccelli rari come l'aquila reale, il gufo reale, il gallo cedrone.[y]

Ultimamente poi sono state fatte, in Italia, scelte piuttosto coraggiose anche se impopolari,[z] come la decisione di abbattere[aa] certe abitazioni che erano state costruite in luoghi proibiti. Queste costruzioni si chiamano *abusive* perché sono state fatte senza tenere conto[bb] della legge. In modo abusivo sono stati costruiti alberghi su bellissime spiagge, paesi interi sulle pendici del Vesuvio, case vicinissime ai templi di Agrigento.

Lo Stato italiano, soprattutto attraverso la scuola, sta cercando[cc] di insegnare alle nuove generazioni a rispettare e difendere la natura e, forse, in futuro, verranno fatti[dd] meno errori.

[q]*forested* [r]a... *in protection of natural resources* [s]hanno... *have seen to it* [t]*reasons* [u]*it includes* [v]*glaciers* [w]abeti... *firs, larches* [x]cervi... *stags, wild goats, roebucks, chamois, marmots* [y]l'aquila... *eagle, owl, grouse* [z]*unpopular* [aa]*demolish* [bb]tenere... *taking into account* [cc]sta... *is trying* [dd]verranno... *will be made*

In giro per le regioni

Il Trentino–Alto Adige e La Valle d'Aosta

Il Trentino–Alto Adige è tra le regioni italiane che hanno più indipendenza rispetto allo Stato.

Nella provincia di Bolzano, che occupa tutto l'Alto Adige, la maggior parte della popolazione è di lingua tedesca, ma sono ugualmente rispettati i diritti linguistici della minoranza di lingua italiana. Ogni gruppo ha le sue scuole, e in tutte le scuole si educano i ragazzi nel bilinguismo e biculturalismo. Nella scuole della comunità tedesca, tutto l'insegnamento è in lingua tedesca ed è obbligatorio, in tutte le classi, lo studio dell'italiano come lingua seconda; in quelle della comunità italiana si insegna in italiano e si studia il tedesco come lingua seconda. In questa provincia tutti gli atti pubblici, dai cartelli stradali[a] alle leggi, avvisi e documenti personali come quello di identità sono sempre scritti nelle due lingue.

Il paesaggio del Trentino–Alto Adige, che è quasi interamente montuoso, è bellissimo. Qui ci sono le più belle vette[b] delle Dolomiti che, oltre alle[c] bellezze della natura, offrono ottime strutture per gli sport invernali.

La Valle d'Aosta è la più piccola regione italiana. Il suo territorio è formato da una grande valle e da altissime montagne. Qui si trovano tutti i monti più alti della catena[d] delle Alpi. Il Monte Bianco, il Monte Rosa, il Cervino e il Gran Paradiso superano[e] infatti i 4.000 metri. Il Cervino, per la sua straordinaria bellezza, viene chiamato[f] «Il Signore delle Alpi». L'unica città abbastanza grande è il capoluogo, Aosta.

La cultura e le tradizioni della Valle d'Aosta sono miste[g], un po' italiane e un po' francesi. Sia il francese che l'italiano[h] sono lingue ufficiali, ma la gente parla soprattutto il patuà, che è un dialetto francese.

Nell'economia della regione sono importanti l'allevamento dei bovini da latte[i] e il turismo. Ci sono molte località attrezzate per gli sport, sia invernali che estivi. Cervinia, Courmayeur e Saint Vincent sono le località più famose. Nel territorio della Valle d'Aosta si trova una parte del piùantico parco nazionale italiano, quello del Gran Paradiso.

[a]cartelli... *street signs* [b]*peaks* [c]oltre... *besides* [d]*chain* [e]*exceed* [f]viene... *is called* [g]*mixed* [h]Sia... *Both French and Italian* [i]l'allevamento... *dairy farming*

E ora a voi

Capire

Completate le seguenti frasi, che riguardano gli argomenti trattati nel testo che avete letto.

1. In Italia, come in altri paesi industrializzati, ____.
2. I danni fatti all'ambiente sono pericolosi perché ____.
3. Per proteggere l'ambiente in Italia, oggi ci sono ____.
4. La regione che ha le migliori leggi sull'ambiente è ____.
5. Il parco dello Stelvio è un parco di ____ dove ____ e ____ sono protetti.
6. Le costruzioni abusive vengono abbattute perché ____.
7. È importante educare i giovani perché ____.

Scrivere

Immaginate di fare parte di una associazione di ambientalisti che si chiama «Forestiamoci». Preparate un piccolo manifesto di protesta per la decisione degli amministratori di abbattere degli alberi di un parco cittadino per costruire una grande palestra. Il manifesto non dovrà contenere più di 50 parole e, se possibile, dovrà attirare l'attenzione del pubblico con uno slogan o un gioco di parole.

Videoteca

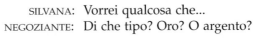

Un regalo per la mamma
Gatti e telefoni

Nella prima scena, Silvana entra in un negozio per comprare un regalo per sua madre. Poi chiama sua madre per informarla del suo prossimo arrivo.

ESPRESSIONI UTILI

l'argento silver
le zampe paws
da mettere addosso to wear (to put on)
i brillanti diamonds
Ma Lei fa sempre così lo spiritoso? But do you always joke around like this?
Ma mi sto rovinando. But I'm ruining myself.
Babbo Natale Santa Claus
la biada alle renne feed for the reindeer
Indovina! Guess!
farmi fare to make me do

Dal video

SILVANA: Vorrei qualcosa che...
NEGOZIANTE: Di che tipo? Oro? O argento?

Preparazione

1. Silvana vorrebbe comprare qualcosa
   a. da mettere in tasca. **b.** che rappresenti un topo. **c.** da mettere addosso.
2. Il prezzo finale per il gatto è
   a. 100.000. **b.** 150.000. **c.** 110.000. **d.** 140.000.
3. Quando la mamma chiede «E lui come sta?», «lui» si riferisce
   a. a Enzo. **b.** a Roberto. **c.** al gatto.

FUNZIONE: Esprimere i propri desideri gentilmente

Comprensione

1. Che cosa dice Silvana subito dopo aver chiesto al negoziante quanto vuole per il gatto? Perché?
2. Con chi arriverà Silvana? La mamma che dice?

Attività

Da fare in coppia. Parlatevi molto gentilmente. La persona A esprime un desiderio (**volere**). La persona B dà un consiglio o suggerimento (**dovere/potere**). Alla fine, la persona A chiede un piacere (*favor*) alla persona B (**potere**).

ESEMPIO: A: Vorrei comprare un bel regalo ma ho pochi soldi.
B: Dovresti chiedere uno sconto.
C: Potresti chiedermelo tu?

Altre situazioni: volere andare in centro; voler prendere qualcosa di leggero in un ristorante

Parole da ricordare

VERBI

allacciare to buckle
***andare/*venire a prendere** to pick up (*a person*)
chiedere / dare un passaggio to ask for / give a ride
depurare to purify
fare benzina to get gas
fare il pieno to fill up the gas tank
fare l'autostop to hitchhike
funzionare to function, to work
indovinare to guess
inquinare to pollute
mettersi in moto to start, set in motion
parcheggiare to park
prendere la multa to get a ticket, fine
proteggere (*p.p.* **protetto**) to protect
riciclare to recycle
***rimanere** (*p.p.* **rimasto**) **senza benzina** to run out of gas
risolvere (*p.p.* **risolto**) to solve
rispettare to respect
scaricare to unload, discharge
smarrirsi to get lost
superare to exceed
tenerci a to care about

NOMI

l'ambiente (*m.*) environment
l'automobilista (*m., f.; m. pl.* **gli automobilisti**) motorist, driver
l'autostrada highway
la benzina (normale/super/verde) gas (regular/super/unleaded)
le chiavi (della macchina) (car) keys
la cintura di sicurezza seatbelt
il cittadino citizen
il controllo checkup; tune-up
il distributore di benzina gas pump
il divieto di sosta no-parking zone
l'edificio building
l'effetto serra greenhouse effect
la fascia di ozono ozone layer
la gomma tire
il gusto taste (*in all senses*)
l'inquinamento pollution
il limite di velocità speed limit
la marca brand, brand name
il meccanico (*pl.* **i meccanici**) mechanic
i mezzi di trasporto (*means of*) transportation
la multa ticket, fine
l'olio oil
il problema (*pl.* **i problemi**) problem
la protezione dell'ambiente environmentalism
il riciclaggio recycling
i rifiuti garbage
lo sconosciuto / la sconosciuta stranger; unknown person
il segnale sign
lo spazio space (*in all senses*)
la targa (*pl.* **le targhe**) license plate
il vetro glass
il/la vigile traffic officer

AGGETTIVI

disponibile available
ecologico ecological
educato polite
qualsiasi (*inv.*) any, whatever
storico historic
stradale pertaining to the streets
unico unique; only

ALTRE PAROLE ED ESPRESSIONI

entro within, by (*a certain time*)
più che altro more than anything

---

*Words identified with an asterisk (*) are conjugated with **essere**.

Capitolo 14

IN BREVE

GRAMMATICA

A. Pronomi relativi
B. **Chi**
C. Costruzioni con l'infinito
D. Nomi e aggettivi in **-a**

INVITO ALLA LETTURA

- *La canzone napoletana*
- *In giro per le regioni: La Campania*

Suonatori in costume in una festa medioevale a Firenze

Uno spettacolo° da non perdere!

°show

Vocabolario preliminare

Dialogo-Lampo

SIGNOR CECCHI: Con chi esci stasera?

CATERINA: Con Enrico. È un musicista di professione. Vedrai, ti piacerà.

SIGNOR CECCHI: Non vedo l'ora* di incontrarlo! Lo potrei invitare a venire all'opera con me...

CATERINA: Beh, papà, Enrico non è un tipo da vestirsi elegante per andare ai concerti o all'opera...

SIGNOR CECCHI: E perché no?

CATERINA: A lui piacciono il jazz e la musica alternativa. Non so se gli piace l'opera...

SIGNOR CECCHI: Ah sì? Suona per caso il sassofono? Ha i capelli lunghi?

CATERINA: Ma sì. Lo conosci per caso†?

SIGNOR CECCHI: No. Ma te l'ho chiesto perché, a dire il vero, ero così anch'io da giovane! Ma l'opera comunque‡ mi piaceva!

1. Che professione ha Enrico? Che strumento suona?
2. Cosa piacerebbe fare al signor Cecchi con Enrico?
3. Che tipo di musica piace a Enrico?
4. Qual è lo stereotipo del musicista alternativo che ha in mente il signor Cecchi?
5. Perché pensa a questo stereotipo il signor Cecchi?

LO SPETTACOLO

LA MUSICA

l'aria aria
il baritono baritone
il basso bass
il/la cantante singer
il cantautore / la cantautrice singer-songwriter
la canzone, la canzonetta song, popular song
il compositore / la compositrice composer
il coro choir, chorus
il direttore d'orchestra conductor
il musical musical
la musica leggera pop music
il/la musicista musician
l'opera, il melodramma opera
il/la soprano soprano
il tenore tenor
la voce voice

comporre (*p.p.* **composto**) to compose
dirigere (*p.p.* **diretto**) to conduct

dilettante amateur
lirico operatic

*Non... *I can't wait*
†per... *by any chance*
‡*however*

Parole-extra

ALCUNI STRUMENTI MUSICALI

il basso bass
la batteria drums
il clarinetto clarinet
il flauto flute
la tromba trumpet
il violino violin

GENERI MUSICALI

i blues
il jazz
la musica country country music
la musica da camera chamber music
la musica sinfonica symphonic music
il pop
il rap
il rock

IL TEATRO

l'autore / l'autrice author
il balletto ballet
la commedia comedy
il palcoscenico stage
la prima premiere, opening night
la rappresentazione teatrale play, performance
il/la regista director
la tragedia tragedy

allestire (uno spettacolo) to stage (a production)
applaudire to applaud
fischiare to boo (*lit.*, to whistle)
mettere in scena to stage, to put on, produce
recitare to act, play a part

ESERCIZI

A. Indovinelli. Date un'occhiata (*glance*) al **Vocabolario preliminare** e poi risolvete questi indovinelli.

ESEMPIO: È la voce femminile più alta. → il soprano

1. È il direttore di una rappresentazione.
2. Scrive canzoni e le canta.
3. Suona uno strumento musicale.
4. Scrive musica.
5. Non è un musicista di professione.
6. È il conduttore di un'orchestra.
7. Un altro modo per indicare l'opera.
8. Sono le voci maschili nella lirica.
9. È la parte del teatro dove ha luogo (*takes place*) la rappresentazione.
10. Incomincia bene e finisce male.
11. È il momento più importante in un'opera lirica.
12. I piedi sono importanti per questa forma d'arte.

B. Il lessico della rappresentazione. Completate le seguenti frasi con la forma adatta del verbo.

Verbi: allestire, applaudire, cantare, comporre, dirigere, fischiare, mettere in scena, recitare

1. Il concerto di Vivaldi al Maggio Musicale Fiorentino è stato un grande successo. Il pubblico ____ per venti minuti.
2. Che fiasco! Tutti ____ i due nuovi musicisti.
3. Quante sinfonie ____ Beethoven?
4. Il tenore ha cantato bene, ma non sapeva muoversi per niente (*at all*) sul palcoscenico. Non sa ____.
5. Claudio Abbado, Giuseppe Sinopoli e Riccardo Muti ____ le orchestre più famose del mondo.
6. Il Teatro alla Scala ogni anno ____ opere memorabili.
7. Ogni anno il Festival dei Due Mondi ____ dei balletti.
8. Luciano Pavarotti e Cecilia Bartoli ____ la prossima estate all'Arena di Verona.

C. Dilettante o professionista? In coppia, rispondete alle seguenti domande.

1. Suoni qualche strumento musicale? Se sì, sai leggere la musica o suoni a orecchio?

2. Fai parte di un gruppo che suona o di una compagnia che danza o recita?
3. Hai mai pensato di fare il/la musicista di professione? Perché sì o perché no?
4. Conosci qualcuno che fa il/la musicista di professione? Prova a spiegare il suo stile di vita.
5. Quale spettacolo preferiresti? La musica, la danza o il teatro? Perché?
6. Qual è il tuo cantante preferito / la tua cantante preferita di musica leggera?
7. Hai un'opera preferita? O un musical? Conosci qualche aria o qualche canzone?
8. Quali sono i tuoi compositori preferiti?

in ascolto

Che bella voce! Francesca e Luca parlano di una diva del mondo lirico. Ascoltate con attenzione e poi correggete le frasi sbagliate.

1. La diva di cui (*about whom*) parlano è una soprano.
2. È una specialista della musica romantica e interpreta bene Verdi.
3. Luca ha avuto la fortuna di ascoltare questa cantante in un'opera di Puccini.
4. Francesca l'ha vista in un'opera al Teatro dell'Opera di Roma.
5. Questa diva ha un grande successo negli Stati Uniti.

PROVERBI E MODI DI DIRE

Chi sa fa e chi non sa insegna.
Those who know, do, and those who don't know, teach.

Chi più sa, meno crede.
The more you know, the less you believe.

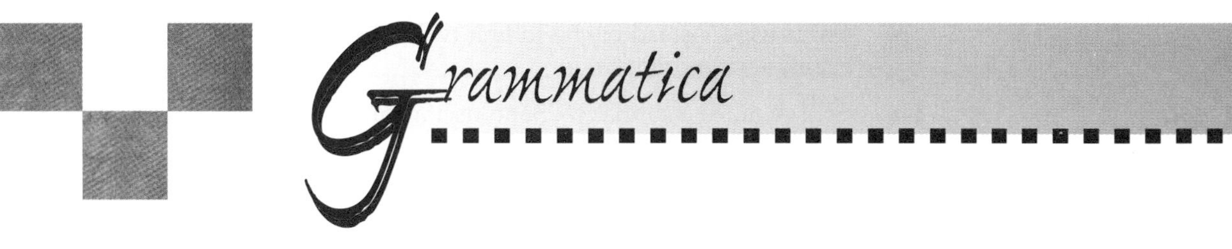

Grammatica

A. Pronomi relativi

ANTONIO: Conosci quel ragazzo?
BRUNO: No, non lo conosco. È il ragazzo con cui è uscita ieri Roberta?
ANTONIO: No.
BRUNO: È il ragazzo di cui è innamorata Gianna?
ANTONIO: No.
BRUNO: Allora, chi è?
ANTONIO: Tu, ovviamente, non ti intendi di musica pop. Lui è il cantautore Eros Ramazzotti di cui tutti parlano!
BRUNO: Oh! Allora, andiamo a parlargli!

1. Relative pronouns (*who, whose, whom, which, that*) link one clause to another.

   What's the name of the girl? The girl is playing the piano.
   What's the name of the girl *who* is playing the piano?

   Whom and *that* can often be omitted in English (*the man I love* = *the man whom I love*), but they must be expressed in Italian. The Italian relative pronouns are **che, cui,** and **quello che** or **ciò che.** The clause that contains the relative pronoun is called the relative clause.

2. **Che** corresponds to *who, whom, that,* and *which;* it is the most frequently used relative pronoun. It is invariable, can refer to people or things, and functions as either a subject or an object.

   Come si chiama il musicista? Il musicista suona il piano.

Come si chiama il musicista **che** suona il piano?	*What's the name of the musician who plays the piano?*

   Abbiamo comprato il violino. Volevamo il violino.

Abbiamo comprato il violino **che** volevamo.	*We bought the violin that we wanted.*

ANTONIO: Do you know that guy? BRUNO: No, I don't know him. Is he the guy Roberta went out with yesterday? ANTONIO: No. BRUNO: Is he the guy that Gianna is in love with? ANTONIO: No. BRUNO: Well then, who is he? ANTONIO: You obviously don't follow pop music. He's the singer Eros Ramazzotti that everyone is talking about. BRUNO: Oh! Well, let's go talk to him!

3. **Cui** is used instead of **che** to link two clauses when the relative clause begins with a preposition.

Il ragazzo è simpatico. Sono uscita **con** il ragazzo.

Il ragazzo **con cui** sono uscita è simpatico.	*The boy with whom I went out is nice.*

La mia amica abita in Brasile. Ho telefonato **alla** mia amica.

La mia amica **a cui** ho telefonato abita in Brasile.	*The friend I called (to whom I telephoned) lives in Brazil.*

Il professore parte domani. Ho comprato il libro **per** il professore.

Il professore **per cui** ho comprato il libro parte domani.	*The professor for whom I bought the book leaves tomorrow.*

—Quello che più mi indispettisce[a] è che gli unici spettatori sono entrati con un biglietto omaggio[b]!

[a]*bothers* [b]*free*

4. **Quello che** (or its short form **quel che** or alternate form **ciò che**) corresponds to *that which* or *what.* Unlike **che** and **cui, quello che** has no antecedent; that is, it does not refer to an earlier noun. **Quello che** can serve as either the subject or the direct object of a verb. Compare the following examples.

Non ho visto **il film** di **cui** tutti parlano. (*antecedent*)	*I haven't seen the film that everyone is talking about.*
Parliamo della **ragazza che** non vuole venire alla festa. (*antecedent*)	*We are talking about the girl that doesn't want to come to the party.*
Andiamo a vedere **quello che** vuoi. (*direct object of* **vedere**)	*Let's go see what you want (to see).*
Non raccontarmi **quello che** succede nel film! (*subject of* **succedere**)	*Don't tell me what happens in the film.*

ESERCIZI

A. Le opinioni. Completa le frasi secondo la tua opinione o le tue esperienze.

1. Ciò che mi disturba è che gli studenti...
2. Quello che mi sorprende (*surprises*) è che la gente...
3. Le sere in cui non ho niente da fare...
4. Ciò che mi dispiace è che i professori non...
5. Non dimenticherò mai quello che...
6. Quello che mi rende (*makes*) felice è che i miei amici...
7. Ciò che mi dà fastidio (*annoys*) è che il mio compagno / la mia compagna di casa non...
8. Quello che voglio dalla vita è...

B. Due in una. Forma una frase unica. Ricorda: si usa **cui** con una preposizione, **che** senza preposizione.

ESEMPIO: Chi è la ragazza? + Ho conosciuto la ragazza ieri. = Chi è la ragazza che ho conosciuto ieri?

1. Vedo un cane. + Il cane mangia.
2. Il professore è simpatico. + Ieri ho parlato con il professore.
3. Mi piace il quadro. + Mario ha comprato il quadro.
4. Stasera vado a vedere l'opera. + L'opera piace a Silvia.
5. Leggo il libro. + Il libro è sul tavolo.
6. Ho visto la ragazza. + Tutti parlano di quella ragazza.

C. Piccoli dialoghi. Completate le conversazioni con un pronome relativo (e una preposizione se è necessaria).

1. S1: Non è quella la cantautrice ______ hanno dato il premio?
   S2: Sí, è proprio lei! Mi piacciono molto le canzoni ______ canta.
2. S1: Come si chiama il compositore ______ hai conosciuto?
   S2: Si chiama Bertoli. È quello ______ tutti parlano.
3. S1: La donna ______ esce Paolo è pianista.
   S2: Allora ______ avevo sentito dire era vero!
4. S1: Lo spettacolo ______ recita Cristina comincia stasera. Perché non andiamo a vederlo?
   S2: Ottima idea! Un po' di distrazione è proprio quello ______ abbiamo bisogno.

D. Giochiamo a «Jeopardy»! Con un compagno / una compagna, create la risposta e poi fornite la domanda corrispondente. Seguite il modello.

ESEMPIO: la persona / vendere salame e prosciutto →
S1: È la persona che vende salame e prosciutto.
S2: Che cos'è un salumiere?

1. la persona / dirigere uno spettacolo teatrale
2. la cabina (*compartment*) / trasportare le persone da un piano all'altro
3. la donna / recitare nei teatri o nei film
4. il documento / servire (*to be necessary*) per guidare
5. la persona / servire a tavola in ristoranti, trattorie e caffè
6. la persona / riparare il motore della macchina
7. l'uomo / scrivere e cantare le proprie (*his own*) canzoni
8. la rappresentazione teatrale / cominciare male e finire bene
9. la donna / scrivere libri e commedie
10. il pezzo di carta / dare accesso a un teatro o a un cinema

E. Traduzioni.

1. Say what you want, Pietro!
2. Did you like the present I gave you?
3. The room I study in is small.
4. They'll do what they can to (**per**) help us.
5. The singer I prefer is Lucio Dalla.

B. Chi

—Litigano per chi deve portare il simbolo della pace...

Si dice così: *chi?*

As you already know, **chi** is also used as an interrogative pronoun, alone or after a preposition.

Suona il telefono. Chi sarà? *The phone is ringing. Who could it be?*

Con chi studi? *With whom do you study?*

Chi means *the one(s) who, he/she who,* or *those who.* **Chi** can substitute for **la persona che** and **le persone che,** and for **quello che** and **quelli che** when they refer to people. **Chi** is *always* used with a singular verb. **Chi** is frequently used in proverbs and in making generalizations.

Chi sta attento capisce.	*Those who pay attention understand.*
Chi dorme non piglia pesci.	*He who sleeps doesn't catch any fish. (The early bird catches the worm.)*
Non parlare con **chi** non conosci.	*Don't talk to (those) people (whom) you don't know.*

Esercizi

A. Vero o falso? Decidi se queste frasi sono vere o false. Correggi quelle false.

1. Chi parla in classe mentre parla la professoressa è scortese.
2. C'è chi non risponde mai ai messaggi lasciati sulla segreteria telefonica (*answering machine*).
3. Chi chiude un cane in macchina con i finestrini chiusi è molto intelligente.
4. Chi comincia a fare l'aerobica senza riscaldare i muscoli è certamente un esperto.
5. Chi studia per gli esami prende sempre bei voti.
6. Chi ama i gatti ha un carattere tranquillo e simpatico.

B. Parliamoci. Domande per un compagno / una compagna.

1. Quando sei a teatro, che cosa dici a chi parla ad alta voce? **2.** Che cosa pensi di chi mangia durante la rappresentazione? **3.** Secondo te, dovrebbe essere vietato l'ingresso (*prohibited from entering*) a chi arriva in ritardo a teatro? **4.** Chi ha il raffreddore dovrebbe stare a casa ed evitare di andare nei locali pubblici? **5.** Chi fuma dovrebbe avere il permesso di fumare al cinema, a teatro, in un ristorante, sull'aereo?

C. **Chi.** Usa **chi** per trasformare le seguenti frasi.

ESEMPIO: Quelli che scrivono bene avranno successo. → Chi scrive bene avrà successo.

1. Non approvo quelli che fischiano a teatro. **2.** Quelli che non capiscono il russo possono leggere il libretto. **3.** Ricordi il nome di quello che ha allestito questo spettacolo? **4.** Quelli che hanno parcheggiato in divieto di sosta hanno preso la multa. **5.** Le persone che cantano danno l'impressione di non avere preoccupazioni. **6.** Cosa succede a quelli che mangiano troppo e non fanno abbastanza esercizio? **7.** L'opera sarà più interessante per le persone che hanno già letto il libretto.

Nota culturale

Il festival di San Remo

La cantante Camilla al Festival della Canzone Italiana di San Remo, nel 1997

In Italia ci sono ogni anno diversi festival musicali. Quello più conosciuto e più seguito è il festival della canzone italiana, che si svolge[a] ogni anno in febbraio nella bella cittadina[b] di San Remo, sulla costa ligure,[c] a pochi chilometri dalla Francia.

San Remo è considerata la capitale italiana dei fiori, e i più importanti floricultori[d] liguri fanno ogni anno a gara[e] per decorare il teatro Ariston, dove si fa il festival, con composizioni floreali originali ed eleganti. Al festival di San Remo una ventina[f] di cantanti famosi ed alcuni giovani presentano delle nuove canzoni che vengono votate[g] da gruppi di telespettatori sparsi[h] in tutta l'Italia. La canzone che ottiene più voti è la vincitrice. Non sempre vince la canzone che poi avrà più successo e venderà più dischi, ma dal 1951—anno in cui si fece il primo festival—ad oggi, il festival ci ha regalato molte belle canzoni. La più bella e famosa è stata senza dubbio «Nel blu dipinto di blu» (più nota come «Volare»), cantata da Domenico Modugno, che vinse il festival del 1958.

Naturalmente, nel corso degli anni, il festival di San Remo è cambiato. Oggi è uno spettacolo molto più ricco, che dura cinque giorni, con la partecipazione (naturalmente fuori gara[i]) di gruppi musicali stranieri e di bellissime modelle. La grande attrazione del 1999 è stata poi la presenza, in veste[j] di aiuto-presentatore, di un grande personaggio della cultura scientifica, Renato Dulbecco, premio Nobel per la chimica.

Gli italiani comunque rimangono fedeli[k] a questa manifestazione, vissuta come un appuntamento tradizionale a cui non si può mancare,[l] e si dice che siano circa trenta milioni gli spettatori che la seguono. Veramente un bel numero!

[a]*takes place* [b]*small city* [c]*of Liguria* [d]*cultivators of flowers* [e]fanno... *compete every year* [f]una... *about twenty* [g]vengono... *are voted on* [h]*scattered* [i]fuori... *outside of the competition* [j]in... *in the capacity* [k]*loyal* [l]vissuta... *treated like a tradition that shouldn't be missed*

C. Costruzioni con l'infinito

MARCELLO: Ho sentito che ormai trovare biglietti per il concerto di Zucchero è impossibile. Hai ricordato di chiedere al tuo amico se conosce qualcuno con biglietti da vendere?

PIETRO: Oh no! Ho dimenticato!

MARCELLO: Non ti preoccupare, ho ricordato di cercarli io. Li ho comprati da mio cugino perché sapevo che avresti dimenticato.

The infinitive is used in many constructions in Italian.

1. Only the infinitive form of a verb can function as the subject or direct object in Italian. In English, by contrast, either the infinitive or the gerund (the *-ing* form) can be used.

Cercare lavoro è molto faticoso.	*To look for a job is very tiring.* / *Looking for a job is very tiring.*
È vietato **fumare.**	*Smoking is prohibited.*

2. Some verbs require a preposition, **a** or **di,** between the conjugated verb and the infinitive. The most common such verbs are listed below and on page 318.

VERBO + A + INFINITO

abituarsi *to get used to*
aiutare *to help*
andare *to go*
cominciare *to begin*
continuare *to continue*
convincere *to convince*
fermarsi *to stop oneself*
forzare *to force*
imparare *to learn*
incoraggiare *to encourage*
insegnare *to teach*
invitare *to invite*
mandare *to send*
obbligare *to oblige*
passare *to pass*
persuadere *to persuade*
preparare *to prepare*
riuscire *to succeed*
spingere *to push*
venire *to come*

a. Here is one way to remember which verbs take the preposition **a.** The action of the conjugated verb is usually preparatory to that of the infinitive. All the verbs in the list follow this rule except **riuscire** and **continuare.**

Marco si ferma **a** guardare la vetrina.	*Marco stops to look in the shop window.* (First he stops, then he looks.)
Ti invito **a** venire.	*I invite you to come.* (First I invite you, then you come.)
Ti insegno **a** nuotare.	*I teach you to swim.* (First I teach you, then you swim.)

MARCELLO: I heard that by now it's impossible to get tickets for the Zucchero concert. Did you remember to ask your friend if he knows someone with tickets to sell? PIETRO: Oh no! I forgot! MARCELLO: Don't worry, I remembered to look for them. I bought them from my cousin because I knew you would forget.

Nota bene: verbo + infinito

You already know many verbs that are followed by the infinitive (without a preposition) when they share the same subject.

amare *to love*
desiderare *to want*
dovere *to have to, must*
piacere *to be pleasing to, to like*
potere *to be able to, can, may*
preferire *to prefer*
sapere *to know*
volere *to want*

So suonare il sassofono. *I know how to play the saxophone.*

Mi piace suonare il clarinetto. *I like to play the clarinet.*

Impersonal expressions such as **è bene** (*it is good*), **è giusto** (*it is right*), **bisogna** (*it is necessary*), and **basta** (*it is enough*) are also followed by the infinitive.

È bene ascoltare ogni tanto musica dal vivo. *It's good to listen to live music occasionally.*

Bisogna sapere le regole. *It's necessary to know the rules.*

VERBO + *DI* + INFINITO

accettare *to accept*
avere bisogno *to need*
avere paura *to be afraid*
avere voglia *to feel like*
cercare *to try*
chiedere *to ask*
credere *to believe*
decidere *to decide*
dimenticare *to forget*
dire *to say*
finire *to finish*
pensare *to plan*
permettere *to allow*
promettere *to promise*
ricordare *to remember*
smettere *to stop, cease*
sperare *to hope*

b. Generally speaking, constructions that take **di** before the infinitive could also be expressed using **che** plus a conjugated form of the verb. All the verbs in the list follow this rule except **avere bisogno, voglia, cercare, smettere,** and **finire.**

Spero **di studiare** l'italiano.	*I hope to study Italian.*
Spero **che studierò** l'italiano.	*I hope I will study Italian.*
Ricordo **di fare** i compiti.	*I remember to do my homework.*
Ricordo **che devo fare** i compiti.	*I remember that I have to do my homework.*

By contrast, verbs that take **a** do not have a synonymous **che** construction. For example, it is incorrect in Italian to say **"Ti invito che vieni"** (*I invite that you come*).

3. Remember that although an infinitive alone may be used in English to express purpose (implying *in order to*), **per** accompanies the infinitive in Italian.

Ho telefonato **per** salutarti.	*I called (in order) to say hello to you.*

Esercizi

A. Andiamo a... Completa le frasi in modo logico.

1. Compro la bicicletta per...
2. Abbiamo bisogno di...
3. La professoressa ci insegna a...
4. Devo convincere mia madre a...
5. Stasera, io e i miei amici andiamo a...
6. Domani, la mia amica smette di...
7. Telefono al medico per...

B. Mini-dialoghi. Completate le conversazioni con **a** o **di** o lasciate (*leave*) lo spazio vuoto.

1. S1: Signora Marino, ho il piacere ______ presentarLe il dottor Guidotti.
   S2: Piacere! Finalmente sono riuscita ______ conoscerLa di persona!

2. S1: Piera, i tuoi figli sanno ____ giocare a tennis?
   S2: Sì, hanno cominciato ____ prendere lezioni l'estate scorsa.
3. S1: Ermanno, mi potresti aiutare ____ scrivere questo articolo?
   S2: Certo, ma prima devo ____ finire ____ correggere questa relazione.
4. S1: Signori, desiderano ____ mangiare sul terrazzo?
   S2: Veramente preferiremmo ____ sederci dentro.

C. Pensieri vari. Completa ogni frase in modo logico.

ESEMPIO: Molte persone riescono... →
Molte persone riescono a trovare lavoro senza difficoltà.

1. Non posso dimenticare...
2. Sono finalmente riuscito/a...
3. Bisogna abituarsi...
4. Domani devo ricordare...
5. Vogliamo convincere la professoressa...
6. È bene...
7. I fumatori (*smokers*) devono smettere...
8. Gli studenti hanno paura...
9. Spero...
10. L'anno nuovo comincio...

MUSICA DA VEDERE È l'originale mostra allestita fino al 26 marzo alla Galleria La Cornice di Desenzano del Garda. La trama è la musica che trova corrispondenza nella scala dei colori usati dal giovane artista. Il catalogo è un "cd" con le cartoline delle sue opere *(una nella foto)*. **Orari:** 10-18. **Per informazioni:** telefono 030/9141508.

BRESCIA

Nomi e aggettivi in *-a*

—Pare che la prima ballerina sia un'accesa[a] femminista.

[a]*ardent*

1. You already know that nouns ending in **-a** are usually feminine and that the **-a** changes to **-e** in the plural. There are a few nouns ending in **-a** that are masculine. Their plural ends in **-i.**

SINGOLARE	PLURALE
il poet**a** *poet*	i poet**i**
il programm**a** *program*	i programm**i**
il panoram**a** *view*	i panoram**i**
il pap**a** *pope*	i pap**i**
il problem**a** *problem*	i problem**i**

2. Nouns ending in **-ista** can be either masculine or feminine, depending on whether they indicate a male or a female. The plural ends in **-isti** (*m.*) or **-iste** (*f.*).

SINGOLARE	PLURALE
il tur**ista**	i tur**isti**
la tur**ista**	le tur**iste**
l'art**ista**	gli art**isti** / le art**iste**

—Paesaggista[a]?
—No, ritrattista.[b]

[a]*Landscape artist* [b]*portrait painter*

3. Adjectives ending in **ista,** such as **ottimista, femminista,** and **comunista,** follow the same pattern.

SINGOLARE	PLURALE
il ragazzo ottim**ista**	i ragazzi ottim**isti**
la ragazza ottim**ista**	le ragazze ottim**iste**

Esercizi

A. Plurali. Da' la forma plurale.

ESEMPIO: il deputato progressista →
i deputati progressisti

1. il grand'artista
2. la famosa pianista
3. il movimento femminista
4. il programma socialista
5. quel poeta pessimista
6. l'intellettuale comunista
7. il problema difficile

B. Conversazione.

1. Ti consideri pessimista o ottimista? Perché?
2. Sei femminista? Secondo te, una donna sposata deve stare in casa e occuparsi dei bambini? La donna deve guadagnare tanto quanto l'uomo per lo stesso lavoro? L'uomo deve collaborare alle faccende (*chores*) domestiche?
3. Ci sono cose di cui sei entusiasta, per esempio, del tuo videoregistratore? Del tuo stereo? Della tua macchina? Di un bel tramonto (*sunset*)? Di un bel panorama?

Piccolo ripasso

A. Tutto è relativo. Completa con il pronome relativo e la preposizione, se è necessaria.

1. Giorgio è il ragazzo _____ vado al cinema.
2. Maria è la ragazza _____ scrivo.
3. È il film _____ tutti parlano.
4. Sandra è la persona _____ spedisco (*I send*) il pacco.
5. La ragazza _____ esce Paolo è un'attrice.
6. La studentessa _____ ho dato il libro è simpatica.
7. Per imparare l'italiano, devi parlare con _____ già conosce bene la lingua.
8. Questo è il ragazzo _____ abbiamo venduto la macchina.
9. Siamo andati a vedere il balletto _____ tutti parlano.
10. I libri _____ mi piacciono sono i gialli (*mysteries*).
11. _____ si sveglia prima prepara la colazione.
12. _____ mangia molti dolci diventa grasso.

B. Combinazioni. Usa un pronome relativo (e una preposizione se è necessaria) per unire le due frasi.

ESEMPIO: Questo è il titolo. Non dovete dimenticarlo. →
Questo è il titolo **che** non dovete dimenticare.

1. È arrivata molta gente. Tra la gente ci sono personalità famose. **2.** Mi è piaciuta la commedia. Nella commedia ha recitato Mariangela Melato. **3.** Non ricordo il cantante. Gli ho prestato la partitura (*score*). **4.** Spiegaci la ragione. Hai lasciato il concerto per questa ragione. **5.** Avrebbero dovuto vendere quel teatro. Il teatro aveva bisogno di molte riparazioni (*repairs*). **6.** È una sinfonia molto interessante. Ne parla spesso la professoressa. **7.** Vi faccio vedere (*show*) una tragedia importante. Dovete fare attenzione (*pay attention*) a questa tragedia. **8.** Vorrei conoscere il baritono. Il baritono è entrato in questo momento.

C. Una lettera. Completa la lettera di Angela con le preposizioni **a** o **di.** Se non c'è bisogno di una preposizione, lascia lo spazio vuoto.

Cara Franca,

eccomi a Bologna finalmente! Sono molto soddisfatta del mio nuovo lavoro e penso proprio _____[1] rimanere qui per tre o quattro anni. Non mi sono ancora abituata _____[2] alzarmi tutti i giorni alle sei di mattina e non riesco ancora _____[3] andare a letto prima di mezzanotte. Devo assolutamente cercare _____[4] cambiare i miei vecchi orari!

Gianni mi ha aiutato _____[5] traslocare e mi ha quasi convinto _____[6] affittare un monolocale vicino alla Torre degli Asinelli. È abbastanza caro e non so se posso già _____[7] permettermi _____[8] pagare un affitto del genere, ma credo _____[9] farcela (*manage*). Al massimo, andrò _____[10] mangiare tutte le sere a casa di Gianni!

I miei nuovi colleghi sembrano tutti simpatici... per il momento! Ieri mi hanno invitato _____[11] partecipare ad una loro riunione: ho imparato subito _____[12] non essere troppo timida!

Buone notizie: ho smesso _____[13] fumare e ho deciso _____[14] incominciare _____[15] giocare a tennis. Basta _____[16] avere un po' di buona volontà (*willingness*)! Adesso ti lascio perché tra poco Gianni passa _____[17] prendermi. Ah, dimenticavo _____[18] dirti che il mese prossimo ho intenzione _____[19] venire a casa per tre o quattro giorni.

Spero _____[20] sentirti presto!

Un bacione, Angela

D. Frasi da completare. Con un compagno / una compagna, cominciate delle frasi originali con un verbo che richiede **a** o **di** e l'infinito di un verbo (vedi le pagine 317 e 318). Poi, chiedete ad un altro gruppo di completare le vostre frasi, mentre voi completate le loro frasi. Correggete le frasi. Il gruppo che ha meno sbagli vince.

ESEMPI: GRUPPO 1: Devo convincere la professoressa...
GRUPPO 2: Devo convincere la professoressa a fare lezione fuori quando c'è il sole.
GRUPPO 2: Gli studenti dimenticano...
GRUPPO 1: Gli studenti dimenticano di fare i compiti.

Invito alla lettura

La canzone napoletana

Un concertino per le strade di Napoli

L'talia ha una grande tradizione musicale. Molte parole della musica sono italiane e ci sono tanti italiani tra i grandi musicisti del passato. La musica italiana più nota,[a] e ancora largamente presente[b] nei palcoscenici di tutto il mondo, è senza dubbio l'opera lirica (o melodramma). Questo genere musicale, con i suoi grandi maestri (Rossini, Verdi, Puccini, Mascagni) e i suoi capolavori[c] (*Il Barbiere di Siviglia, La Traviata, La Bohème, La Cavalleria Rusticana*) era stato il genere dominante nella vita musicale italiana del XVIII (diciottesimo) e del XIX (diciannovesimo) secolo. Ma anche in tempi più recenti troviamo canzoni italiane tradotte in tutte le lingue e cantate in tutto il mondo, come la famosissima «Volare» di Domenico Modugno.

All'estero[d] è inoltre[e] molto conosciuto un genere musicale particolare, che è la canzone napoletana, considerata addirittura la canzone tipica italiana. Per identificare l'Italia con tre o quattro parole, uno straniero usa in genere «pizza,» «pasta» e «O sole mio,» che è appunto il titolo della canzone napoletana più famosa. A suo tempo, anche Elvis Presley cantò «O sole mio» e ne fece uno dei suoi grandi successi. Anche gli italiani amano molto questa canzone, in quanto[f] è capace di evocare l'Italia, in qualsiasi momento e in qualsiasi luogo, più dello stesso inno nazionale.[g]

Le canzoni napoletane, le cui parole sono espresse in dialetto, sono sentimentali: la musica è melodica e i testi ricchi di grandi passioni romantiche. Come sfondo[h] a storie d'amore e gelosie, c'è sempre Napoli, con il suo sole e il suo mare bellissimo, i suoi tramonti[i] d'oro, e il sentimento fortissimo dei napoletani per la loro città, un sentimento che non conosce tradimenti.[j]

Il successo della canzone napoletana, anche se è fortemente legato alla tradizione delle belle melodie dell'inizio del secolo, si rinnova e rimane vivo[k] grazie anche al Festival che si tiene ogni anno a Piedigrotta (Napoli) e a molti cantautori, non solo napoletani, come Lucio Dalla ad esempio, che spesso si ispirano a questo genere musicale.

Ma la canzone napoletana è stata sicuramente resa celebre[l] soprattutto da grandi tenori come Caruso e Gigli che l'hanno amata e interpretata in modo

[a]più... *best known* [b]largamente... *widely seen* [c]*masterpieces* [d]*Abroad* [e]*besides* [f]in... *inasmuch as* [g]inno... *national anthem* [h]*background* [i]*sunsets* [j]*betrayals* [k]si... *renews itself and remains vital* [l]resa... *made famous*

magnifico. Oggi è Luciano Pavarotti che canta canzoni napoletane nei suoi concerti in tutto il mondo. Nei concerti realizzati dai tre famosi tenori, José Carreras, Placido Domingo e Luciano Pavarotti, in occasione dei mondiali[m] di calcio in Italia, in America e in Francia, che sono divenuti un appuntamento[n] musicale di primo piano,[o] le canzoni napoletane hanno avuto ampio spazio.[p]

Oltre al già ricordato «O sole mio», è molto conosciuta «Funiculì Funiculà», che è un'aria allegra, scritta nel 1880 per l'inaugurazione della prima funicolare[q] che portava al Vesuvio.

[m]*world championships* [n]*event* [o]di... *of the first magnitude* [p]ampio... *wide exposure* [q]*cable-car*

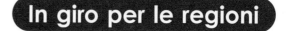

In giro per le regioni

La Campania

La Campania è una regione ricchissima di storia. Dovunque[a] ci sono tracce[b] degli antichi abitanti, soprattutto greci e romani. È anche una regione bellissima, con molti aspetti fuori dal comune.[c] Napoli non può essere paragonata[d] a nessun'altra città del mondo perché è assolutamente eccezionale. Vive sotto il Vesuvio, che è un vulcano attivo, tra ricchezza e miseria, grandi tesori d'arte e abitazioni cadenti,[e] con la sua gente generosa e astuta, le sue canzoni e la sua pizza, la vivace vita delle sue strade e il suo traffico caotico.

C'è poi il fascino straordinario delle antiche città di Pompei ed Ercolano. E ci sono le isole di Capri e di Ischia e la costa amalfitana con le immagini indimenticabili dei loro scogli,[f] dell'azzurro del loro mare, del verde delle loro piante rigogliose.[g]

Dal punto di vista economico e sociale, la Campania è la regione più tipica del Mezzogiorno (nome con cui spesso si indicano le regioni del Sud) italiano. Ha la densità di popolazione più alta d'Italia, concentrata soprattutto lungo la costa e intorno a Napoli che è così una città sovraffollata,[h] dove nascono ancora tantissimi bambini. Molti campani[i] sono disoccupati[j] o sono sottoccupati[k] e vivono di espedienti.[l] Molti ragazzi lasciano la scuola assai presto e lavorano «in nero» (di nascosto). Le leggi e gli interventi[m] dello Stato fatti per cambiare la situazione del Mezzogiorno, anche a causa della forte presenza della criminalità organizzata, hanno dato per ora scarsi risultati.

[a]*Everywhere* [b]*traces* [c]fuori... *unusual* [d]*compared* [e]*collapsed* [f]*reefs* [g]*luxuriant* [h]*overpopulated* [i]*residents of Campania* [j]*unemployed* [k]*underemployed* [l]vivono... *they live from hand to mouth* [m]*interventions*

E ora a voi

Capire

Unite ciascuna parte di frase del gruppo di sinistra con una delle parti del gruppo di destra in modo da ottenere delle informazioni che riguardano il testo che avete letto.

Molte parole della musica...	evoca l'Italia anche per gli italiani.
L'opera lirica...	cantano canzoni napoletane.
La canzone napoletana...	ci sono molti italiani.
Molti famosi tenori...	è il genere di musica italiana più famoso.
«O Sole Mio»...	sono italiane.
Tra i grandi maestri dell'opera lirica...	è il genere di musica più difficile.
I testi delle canzoni napoletane...	è considerata la canzone tipica italiana.
«Volare»...	cantano solo l'opera lirica.
	esprimono passioni romantiche.
	sono napoletane.
	è tradotta in tutte le lingue.
	è una canzone allegra.

Scrivere

Qual è il genere musicale che preferite? Scrivete un breve testo (80–100 parole circa) sul genere musicale che amate di più o che conoscete meglio. Potete seguire questa traccia.

—definizione del genere musicale e sua diffusione nel mondo
—collocazione del genere musicale nel tempo
—artisti che hanno contribuito all'affermazione di questo genere musicale
—motivi della vostra particolare conoscenza di questa musica
—modi con cui coltivate i vostri interessi musicali (acquisto di dischi e CD, presenza ai concerti)...

Videoteca

Muovititi!°
Un menu speciale

° *Get moving!*

Roberto e Enzo partono per Napoli. Mentre corrono verso il treno, Carla si trova in cucina a Vietri con lo chef a controllare quello che c'è da mangiare per la clientela.

ESPRESSIONI UTILI

sbrigati! hurry up!
Sto controllando I'm checking
le mutande underpants
meno male! thank goodness!
La fretta accorcia la vita Hurrying shortens your life
Ci tengo alla vita, io! I want to live!
spigole, dentici, orate, qualche cefalo e uno scorfano sea bass, snapper, gilthead snapper, grey mullet and a scorpion-fish
Non ce la faccio più! I can't take it anymore!

Dal video

CARLA: E pasta, di pasta ne abbiamo?
CAPOCUOCO: Certo che abbiamo la pasta. Ci tengo alla vita, io. Provi Lei a dire a un cliente affamato che abbiamo finito la pasta. Un americano potrebbe anche perdonarlo. Un italiano... mai!

FUNZIONE: Specificare le persone e le cose

Preparazione

Metti in ordine le scene del primo incontro:

_____ il treno che parte per Napoli
_____ fuori dall'appartamento di Fabio e Enzo
_____ il treno che arriva a Bologna
_____ Enzo e Roberto che scendono dal taxi

Comprensione

1. Che fa Fabio prima dell'arrivo del treno alla stazione di Bologna?
2. Che tipi di carne ha lo chef? E di frutta?
3. Perché ci tiene alla vita lo chef?

Attività

Da fare in due squadre. Dividetevi in due squadre. Una squadra dovrebbe pensare a un individuo abbastanza conosciuto. L'altra squadra dovrebbe indovinare chi è quest'individuo. Alcuni esempi di domande: «Come si chiama la città in cui è nato/a?» «Qual è la ditta per cui lavora?» «Chi è la persona che ammira di più?»

Parole da ricordare

VERBI

abituarsi a (+ *inf.*) to get used to (*doing something*)
accettare di (+ *inf.*) to accept
allestire (uno spettacolo) to stage (a production)
applaudire to applaud
avere luogo to take place
bastare to be enough
bisognare to be necessary
comporre (*p.p.* **composto**) to compose
convincere a (+ *inf.*) (*p.p.* **convinto**) to convince
credere di (+ *inf.*) to believe
dare fastidio a to annoy
dare un'occhiata to glance at, take a look at
dirigere (*p.p.* **diretto**) to conduct
essere bene to be good
essere giusto to be right
fischiare to boo (*lit.*, to whistle)
forzare a (+ *inf.*) to force
incoraggiare to encourage
innamorarsi di to fall in love with
mettere in scena to stage, put on, produce
obbligare a (+ *inf.*) to obligate
permettere di (+ *inf.*) to permit
persuadere a (+ *inf.*) to persuade
promettere di (+ *inf.*) to promise
recitare to act, play a part
***riuscire a** (+ *inf.*) to succeed
spedire (isc) to send
sperare di (+ *inf.*) to hope to (*do something*)
spingere to push

NOMI

l'aria aria
l'autore / l'autrice author
il balletto ballet
il baritono baritone
il basso bass
il/la cantante singer
il cantautore / la cantautrice singer-songwriter
la canzone, la canzonetta song
la commedia comedy
il compositore / la compositrice composer
il coro choir, chorus
il direttore d'orchestra conductor
il fumatore smoker
il melodramma opera
la musica leggera pop music
il/la musicista musician
l'opera opera
il palcoscenico stage
la prima opening night
la rappresentazione teatrale play, performance
il/la regista film or theater director
il/la soprano soprano
lo spettacolo show
lo stereotipo stereotype
lo stile style
il tenore tenor
il tipo type, kind, sort
la tragedia tragedy
la voce voice

AGGETTIVI

dilettante amateur
lirico (*m. pl.* **lirici**) operatic
proprio one's own

ALTRE PAROLE ED ESPRESSIONI

che who, whom; that, which
ciò che that which, what
comunque however, nevertheless
cui whom, which
di professione as a profession, professional
per caso by any chance
per niente at all
quello che that which, what

*Words identified with an asterisk (*) are conjugated with **essere**.

Capitolo 15

IN BREVE

GRAMMATICA

A. Passato remoto
B. Numeri ordinali
C. Volerci vs. **metterci**

INVITO ALLA LETTURA

- *Il Cenacolo di Leonardo*
- *In giro per le regioni: La Lombardia*

Dante e Beatrice sul Ponte di Santa Trinità a Firenze, *dipinti da Henry Holiday (1883)*

Chi fu° Dante?

°was

Vocabolario preliminare

Dialogo-Lampo

PROFESSORESSA GORI: Lorenzo, puoi dirmi quanti italiani parlavano davvero* l'italiano nel 1861, al momento dell'Unificazione?

LORENZO: Secondo il libro, solo il 2,5 per cento. L'italiano, come lo chiamiamo oggi, corrispondeva al dialetto fiorentino, e nella penisola† era principalmente una lingua scritta, non parlata.

PROFESSORESSA GORI: Perché il fiorentino è diventato‡ la lingua nazionale?

LORENZO: Era più prestigioso di altri dialetti in Italia perché aveva una sua letteratura, con Dante, Petrarca, Boccaccio... E gli abitanti del resto d'Italia hanno dovuto impararlo a scuola come una lingua straniera.

PROFESSORESSA GORI: E adesso?

LORENZO: Adesso tutti gli italiani parlano italiano. Anche la lingua italiana si è un po' trasformata, e molte parole ed espressioni dei dialetti delle varie regioni fanno parte del patrimonio§ linguistico nazionale....

1. Quanti italiani parlavano italiano nel 1861? Perché?
2. Perché il fiorentino è diventato una lingua nazionale?
3. Dove hanno imparato l'italiano gli abitanti del resto della penisola italiana?
4. Cos'è l'italiano adesso?

ARTE, LETTERATURA E ARCHEOLOGIA

ARTE E LETTERATURA

l'affresco fresco
l'argomento subject, topic
il capolavoro masterpiece
il dipinto painting (*individual work*)
la novella short story
l'opera artwork
il paesaggio landscape
la pittura painting (*in general*)
la poesia poetry; poem
il/la protagonista protagonist
il quadro painting (*individual work*)
il racconto short story

---

* *really, genuinely*
† *peninsula*
‡ è... *became*
§ fanno... *are part of the heritage*

Parole-extra

il brano extract, selection, passage
citare to quote
la citazione quotation
fare/scrivere una relazione to write a paper, a report
fare/scrivere un riassunto to write a summary
la relazione paper, report
riassumere to summarize
il riassunto summary
la ricerca research

il restauro restoration
la rima rhyme
il ritratto portrait
il romanzo novel
il tema theme

costruire (isc) to build
scolpire (isc) to sculpt

ARCHEOLOGIA

l'archeologo / l'archeologa (*pl.*, **gli archeologi**) archeologist
le rovine, i ruderi ruins, remains
lo scavo archeologico archeological dig

ARTISTI E LETTERATI

l'architetto architect
il pittore / la pittrice painter
il poeta (*pl.*, **i poeti**) / **la poetessa** poet
lo scrittore / la scrittrice writer
lo scultore / la scultrice sculptor

PERIODI DELLA STORIA E DELL'ARTE ITALIANA

il Medioevo the Middle Ages (733–1450)
il Rinascimento the Renaissance (1350–1600)
il Barocco the Baroque period (1600–1700)
l'Illuminismo the Enlightenment (1700–1800)
il Risorgimento the Risorgimento or Revival (movement for Italian political unity, 1815–1861)
l'età moderna / la modernità the modern period
il postmoderno the postmodern period

ESERCIZI

A. In altre parole. Abbinate le parole della colonna A con le definizioni della colonna B.

A

1. _____ un affresco
2. _____ un capolavoro
3. _____ un racconto
4. _____ un paesaggio
5. _____ una scultura
6. _____ un quadro
7. _____ una poesia
8. _____ un ritratto
9. _____ un protagonista
10. _____ le rovine

B

a. un'opera in rima
b. quello che resta di una civiltà
c. un personaggio principale
d. la migliore opera di un (un') artista
e. una rappresentazione di una persona
f. un dipinto sul muro
g. un'opera scolpita
h. una rappresentazione della campagna, delle montagne, ecc.
i. una breve storia
j. un dipinto

B. Quiz-lampo. Dite in poche parole cosa fanno questi artisti e professionisti.

ESEMPIO: l'architetto →
L'architetto costruisce edifici.

1. la scultrice e lo scultore
2. il poeta e la poetessa
3. il pittore e la pittrice
4. l'archeologo e l'archeologa
5. la scrittrice e lo scrittore

C. Una letterata. Giulietta è una studentessa di lettere. Leggete il brano che racconta cosa lei ha fatto questa settimana, poi completatelo con le forme adatte delle espressioni elencate.

Espressioni: citazione, personaggio, protagonista, relazione, romanzo, scrittrice, tema

Questa settimana Giulietta ha letto un ____[1] molto interessante e ha deciso di farne una ____[2] per la classe. Vuole parlare soprattutto della ____[3] femminile, un ____[4] molto particolare. Secondo Giulietta, con questo libro, la ____,[5] Virginia Woolf, ha trattato il ____[6] più importante per lei. Giulietta cercherà di dimostrare la sua teoria con molte ____[7] dal testo.

D. Conversazione.

1. Ti interessa l'archeologia? Hai visitato degli scavi archeologici? Dove?
2. Hai sentito parlare dei (*heard about*) restauri degli affreschi di Michelangelo nella Cappella Sistina? Che ne pensi?
3. Ti piace la pittura? Hai un quadro preferito?
4. Qual è, secondo te, un capolavoro del Medioevo? del Rinascimento? dell'età moderna? del postmoderno? (Può essere in qualsiasi campo (*field*) artistico.)
5. Hai mai studiato l'architettura? C'è un palazzo o una chiesa che ti piace in modo particolare?
6. Su quale artista ti piacerebbe di più fare ricerche? Perché?

in ascolto

Una visita a Firenze. Antonella e Pasquale parlano davanti a Palazzo Vecchio, a Firenze. Ascoltate attentamente, poi completate le seguenti frasi.

1. Antonella voleva visitare Palazzo Vecchio ma ____.
2. Piazza della Signoria era stata trasformata in ____.
3. Dall'alto la gente poteva vedere ____.
4. C'erano rovine del ____ e alcune più antiche del periodo etrusco.
5. Il Bargello è ____.

Grammatica

A. Passato remoto

Michelangelo, *Sibilla libica (Libyan prophetess)*, **c. 1510***

La professoressa Marcenaro inizia la sua lezione.

«Oggi vi parlerò di Michelangelo, di questo grandissimo artista che si affermò come pittore, scultore, architetto ed anche come poeta. Studiò con il Ghirlandaio e poi lavorò per principi, duchi, vescovi e papi. La sua opera più famosa sono gli affreschi della volta della Cappella Sistina. Questo immenso lavoro che Michelangelo volle eseguire senza alcun aiuto durò ben quattro anni (1508–1512). Gli affreschi illustrano episodi del Vecchio Testamento e culminano con il Giudizio Universale... »

The **passato remoto** is another past tense that reports actions completed in the past. Unlike the **passato prossimo**, the **passato remoto** is a one-word tense. In northern Italy, its use is largely limited to literature. However, a few verbs in the **passato remoto**, such as **dissi (dire)**, are used frequently in spoken Italian. In the south, by contrast, the **passato remoto** is more widely used in speech than the **passato prossimo**.

1. With the exception of the third-person singular, all persons of the **passato remoto** retain the characteristic vowel of the infinitive. The third-person singular ending of regular **-are** verbs is **-ò**, that of **-ere** verbs is **è**, and that of **-ire** verbs is **-ì**.

lavorare	crẹdere	finire
lavor**ai**	cred**ei**	fin**ii**
lavor**asti**	cred**esti**	fin**isti**
lavor**ò**	cred**è**	fin**ì**
lavor**ammo**	cred**emmo**	fin**immo**
lavor**aste**	cred**este**	fin**iste**
lavor**ạrono**	cred**ẹrono**	fin**ịrono**

Nota bene: forme alternative

Many **-ere** verbs have alternative forms in the first- and third-person singular and third-person plural of the **passato remoto**.

credei / credetti
credesti
credè / credette
credemmo
credeste
crederono / credettero

Professor Marcenaro begins her lesson. "Today I will tell you about Michelangelo, about this great artist who excelled as a painter, a sculptor, an architect, and also as a poet. He studied with Ghirlandaio; then he worked for princes, dukes, bishops, and popes. His most famous works are the frescoes on the ceiling of the Sistine Chapel. This immense work that Michelangelo insisted on completing with no help took four full years (1508–1512). The frescoes illustrate episodes from the Old Testament and culminate with the Last Judgment. . . . "

*Detail of a fresco (before recent restorations) on the ceiling of the Sistine Chapel, Vatican City, Rome. (Photo: Scala / Art Resource, New York)

Giotto affrescò la Cappella dell'Arena intorno al 1305.	*Giotto frescoed the Arena Chapel around 1305.*
Petrarca finì *Il Canzoniere* nel 1374.	*Petrarca finished* The Canzoniere *in 1374.*

—Allora dissi risoluto a mia moglie: o fuori il cane, o fuori tu!

2. The **passato remoto** of **essere, dare, dire, fare,** and **stare** is irregular in all persons.

ẹssere	dare	dire	fare	stare
fui	diedi	dissi	feci	stetti
fosti	desti	dicesti	facesti	stesti
fu	diede	disse	fece	stette
fummo	demmo	dicemmo	facemmo	stemmo
foste	deste	diceste	faceste	steste
fụrono	diẹdero	dịssero	fẹcero	stẹttero

3. Only a few **-ere** verbs are regular in the **passato remoto**, as shown in point 1 (**dovere, credere, ricevere, vendere**). Most are irregular in a 1–3–3 pattern: that is, they are irregular only in the first- and third-person singular and the third-person plural.

   a. Most irregular verbs are divided into two groups: those whose accent falls on the **-ere** ending, such as **avEre,** and those with the accent on the root, such as **LEGgere**. The irregular stems of most verbs that resemble **avere** double the final consonant. The stem of verbs that resemble **leggere** changes to **-s-**, **-ss-**, **-ns-**, or **-rs**.

PASSATO REMOTO			
avere (*irregular stem*: **ebb-**)		**leggere** (*irregular stem*: **less-**)	
ebbi	avemmo	**lessi**	leggemmo
avesti	aveste	leggesti	leggeste
ebbe	**ebbero**	**lesse**	**lessero**

Other verbs like **avere**:

bere *bevvi*
cadere *caddi*
piacere *piacqui*
sapere *seppi*
vedere *vidi*
venire *venni*
volere *volli*

conọscere *conobbi*
nạscere *nacqui*

Other verbs like **leggere**:

chiẹdere *chiesi*
corrẹggere *corressi*
decịdere *decisi*
dipịngere *dipinsi*
discụtere *discussi*
pẹrdere *persi*
pịangere (*to cry*) *piansi*
prẹndere *presi*
ridere (*to laugh*) *risi*
rispọndere *risposi*
scrịvere *scrissi*
sorrịdere (*to smile*) *sorrisi*
succẹdere *successi*
vịncere *vinsi*

Sorrise quando gli **feci** la foto.	*He smiled when I took his picture.*
Prese la penna e **rispose** subito alla lettera.	*She took a pen and answered the letter immediately.*
Roberto **disse** che c'era tanta gente alla festa.	*Roberto said there were lots of people at the party.*

4. To describe a condition or express a habitual or ongoing action in the past, the **imperfetto** is used with the **passato remoto** exactly as it is used with the **passato prossimo**.

Non **comprai / ho comprato** il quadro perché non **avevo** abbastanza soldi.	*I didn't buy the painting because I didn't have enough money.*
Mi **chiesero / hanno chiesto** perché **ridevo**.	*They asked me why I was laughing.*

ESERCIZI

A. Le persone famose. Abbina la persona con la sua descrizione.

1. Era uno scrittore italiano che visse nel Medioevo e scrisse la *Divina Commedia*.
2. Era un inventore che inventò la radio.
3. È l'esempio eterno dell'umiltà (*humility*) umana.
4. Era un generale e politico romano.
5. Era l'eroe dell'unità d'Italia.
6. Era il signore di Firenze durante il Rinascimento.
7. Era un artista famosissimo del Rinascimento che lavorò per i Medici. Fece il *David*.
8. Questa persona dimostrò che la terra gira intorno (*around*) al sole.
9. Era un pittore del Medioevo che fece molti affreschi ad Assisi.
10. Era un musicista che scrisse tante opere—una delle più famose è *Aida*.
11. Era di Venezia. Scrisse tante opere teatrali—due delle più famose sono *La locandiera* e *La bottega del caffè*.

a. Galileo Galilei
b. Giuseppe Verdi
c. Giotto
d. Michelangelo
e. Carlo Goldoni
f. Lorenzo de' Medici
g. Giulio Cesare
h. San Francesco
i. Giuseppe Garibaldi
j. Guglielmo Marconi
k. Dante Alighieri

B. Un po' di tutto. Sostituisci il **passato remoto** con il **passato prossimo**.

ESEMPIO: Quando vide la statua, la comprò subito. →
Quando ha visto la statua, l'ha comprata subito.

1. Dove nacque e dove morì Raffaello?
2. Presero l'autobus per andare agli scavi; non andarono a piedi.
3. A chi diedi il biglietto di ingresso (*entrance*)?
4. Cercammo di entrare nel museo ma non potemmo.
5. La guida aprì la porta e noi ammirammo (*admired*) i dipinti.
6. Ebbero molti problemi prima della mostra.
7. Visitai le mostre più importanti.
8. Agli Uffizi Rachele vide molti quadri di Botticelli.
9. In Italia le ragazze presero lezioni di scultura.
10. I signori Contrada seguirono un corso di archeologia molti anni fa.

C. San Francesco: povero tra i poveri. Leggi il brano sulla gioventù di Francesco. Trova tutti i verbi al **passato remoto**, e dai la forma equivalente del **passato prossimo**.

Naque ad Assisi nel 1182 e gli fu dato[a] il nome di Giovanni, che in seguito[b] il padre, ricco mercante di stoffe[c], cambiò in Francesco. Francesco aveva un temperamento sereno e allegro, ma nello stesso tempo fiero[d]; poco più che ventenne[e] partecipò attivamente alle lotte[f] politiche e alle guerriglie[g] comunali del suo tempo. Dopo uno scontro[h] con i perugini[i], fu fatto prigioniero e conobbe il carcere[j] nella rocca di Perugia. Tornò a casa malato e abbattuto[k], ma soprattutto profondamente cambiato nel carattere e nello spirito.

[a]fu... *he was given* [b]in... *later* [c]*fabrics* [d]*proud* [e]*twenty years old* [f]*struggles* [g]*skirmishes* [h]*encounter* [i]*soldiers of Perugia* [j]*prison* [k]*dejected*

D. Un'idea luminosa (*bright*). Completa il brano con la forma corretta del verbo tra parentesi—usa **l'imperfetto** o il **passato remoto**.

Un giorno, Bridges, famoso organista e compositore inglese, (trovarsi[a]), a Mosca[b] col suo amico romanziere[c] Player. I due (dovere) andare a Pietroburgo e, dato che (essere) già tardi, (prendere) una carrozza[d] e (gridare) al cocchiere[e] di portarli alla stazione. Ma il cocchiere non (capire) una parola d'inglese, e loro non (conoscere) il russo. Finalmente (avere) un'idea luminosa.[f] Uno (cominciare) a fare con la bocca il rumore di un treno che parte, mentre l'altro (fischiare) con tutta la sua forza. Il cocchiere (fare) segno d'aver capito[g] e (spronare[h]) il cavallo. «È stata una bella idea, la nostra!» (esclamare) Player. «Oh, era una cosa tanto semplice!» (dire) Bridges, tutto soddisfatto. Dieci minuti dopo, la carrozza (fermarsi) davanti a un manicomio.[i]

[a]*to find oneself* [b]*Moscow* [c]*novelist* [d]*coach* [e]*coachman* [f]*brilliant* [g]segno... *sign of having understood* [h]*to spur* [i]*mental hospital*

B. Numeri ordinali

L'ufficio reclami[a] è al diciottesimo piano...

[a]*complaints*

The Italian ordinal numbers correspond to English *first, second, third, fourth,* etc.

NUMERI CARDINALI				NUMERI ORDINALI			
1	uno	9	nove	1°	primo	9°	nono
2	due	10	dieci	2°	secondo	10°	dẹcimo
3	tre	11	ụndici	3°	terzo	11°	undicẹsimo
4	quattro	12	dọdici	4°	quarto	12°	dodicẹsimo
5	cinque	50	cinquanta	5°	quinto	50°	cinquantẹsimo
6	sei	100	cento	6°	sesto	100°	centẹsimo
7	sette	500	cinquecento	7°	sẹttimo	500°	cinquecentẹsimo
8	otto	1000	mille	8°	ottavo	1000°	millẹsimo

1. Each of the first ten ordinal numbers has a distinct form. After **decimo,** ordinal numbers are formed by dropping the final vowel of the cardinal number and adding **-ẹsimo.** Numbers ending in **-tré** and **-sei** retain the final vowel.

undici	undic**esimo**
ventitré	ventitre**esimo**
trentasei	trentasei**esimo**

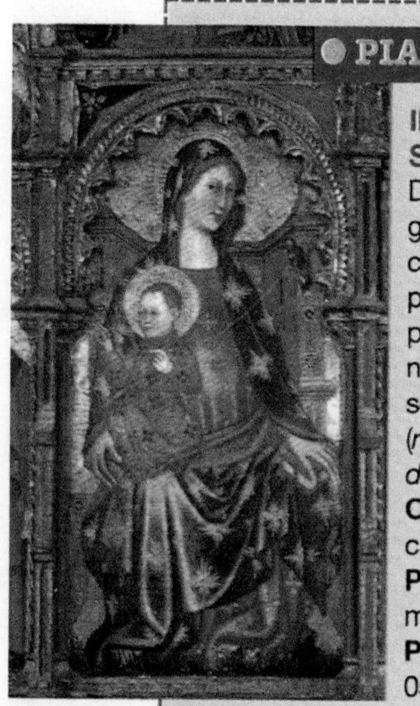

PIACENZA

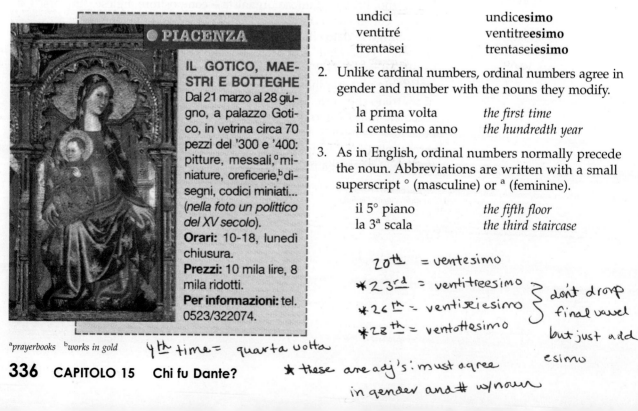

IL GOTICO, MAESTRI E BOTTEGHE
Dal 21 marzo al 28 giugno, a palazzo Gotico, in vetrina circa 70 pezzi del '300 e '400: pitture, messali,[a] miniature, oreficerie,[b] disegni, codici miniati... (*nella foto un polittico del XV secolo*).
Orari: 10-18, lunedì chiusura.
Prezzi: 10 mila lire, 8 mila ridotti.
Per informazioni: tel. 0523/322074.

[a]*prayerbooks* [b]*works in gold*

2. Unlike cardinal numbers, ordinal numbers agree in gender and number with the nouns they modify.

la prima volta	*the first time*
il centesimo anno	*the hundredth year*

3. As in English, ordinal numbers normally precede the noun. Abbreviations are written with a small superscript ° (masculine) or ª (feminine).

il 5° piano	*the fifth floor*
la 3ª scala	*the third staircase*

Si dice così: i secoli

Centuries are designated using ordinal numbers. Another way to express centuries beginning with the 1200s and ending with the 1900s is to specify the hundreds. Note that the first letter is capitalized.

1000 – 1099
l'undicesimo secolo

1100 – 1199
il dodicesimo secolo

1200 – 1299
il tredicesimo secolo
il Duecento (il '200)

1300 – 1399
il quattordicesimo secolo
il Trecento (il '300)

1400 – 1499
il quindicesimo secolo
il Quattrocento (il '400)

4. Ordinal numbers are used when referring to royalty, popes, and centuries. They are usually written as Roman numerals following the noun.

Luigi XV (Quindicesimo)	*Louis XV*
Papa Giovanni Paolo II (Secondo)	*Pope John Paul II*
il secolo XIX (diciannovesimo)	*the nineteenth century*

Esercizi

A. I secoli. Abbina i personaggi dall'esercizio A (pg. 334) con il secolo o i secoli in cui furono famosi. (**Attenzione:** Alcune persone vissero nello stesso periodo.)

1. Galileo Galilei
2. Giuseppe Verdi
3. Giotto
4. Michelangelo
5. Lorenzo de' Medici
6. Giulio Cesare
7. San Francesco
8. Giuseppe Garibaldi
9. Guglielmo Marconi
10. Dante Alighieri

a. il primo secolo avanti Cristo*
b. tra il XII e il XIII secolo
c. tra il XIII e il XIV secolo
d. tra il XV e il XVI secolo
e. il XV secolo
f. tra il XVI e il XVII secolo
g. il XIX secolo
h. tra il XIX e il XX secolo

B. Ancora i secoli. Esprimi i secoli con una forma più semplice.

ESEMPIO: il tredicesimo secolo = il Duecento

1. il tredicesimo secolo
2. il quindicesimo secolo
3. il quattordicesimo secolo
4. il diciottesimo secolo
5. il diciasettesimo secolo
6. il diciannovesimo secolo
7. il sedicesimo secolo

C. Ma sì! Answer each question in the affirmative, using an ordinal number.

ESEMPIO: Scusi, è la lezione numero otto? →
Sì, è l'ottava lezione.

1. Scusi, è il capitolo numero tredici?
2. Scusi, è la sinfonia numero nove?
3. Scusi, è il piano numero quattro?
4. Scusi, è la scala numero tre?
5. Scusi, è la fila (*row*) numero sette?
6. Scusi, è la pagina numero ventisette?

D. Pezzi grossi. (*Big shots.*) Express each ordinal number.

1. Paolo VI
2. Carlo V
3. Elisabetta II
4. Giovanni Paolo II
5. Giovanni XXIII
6. Enrico IV
7. Enrico VIII
8. Luigi XIV

---

*B.C. is expressed in Italian as **a.c. (avanti Cristo)**; A.D. is expressed as **d.c. (dopo Cristo)**.

Nota culturale

Dante e le sue opere

Dante's Dream at the Time of the Death of Beatrice, *dipinto da Dante Gabriel Rossetti (1856)*

Dante Alighieri nacque nel 1265 da una famiglia della piccola nobiltà di Firenze, che era allora[a] una delle città più importanti d'Europa.

Alla fine del 1200 a Firenze c'erano due partiti che lottavano per avere la supremazia[b] nella città: i Bianchi, più vicini al popolo,[c] e i Neri, più legati ai nobili.

Dante, che aveva simpatia per i Bianchi, diventò Priore[d] del Comune nel 1300, dimostrando di voler[e] governare solo nel nome della giustizia e dell'interesse della città. Ma un anno dopo i Neri riuscirono ad avere il dominio[f] di Firenze, e Dante, ingiustamente accusato di gravi colpe,[g] fu costretto[h] ad andare in esilio[i] e a rimanervi fino alla morte.

Da giovane Dante partecipò al gruppo dei poeti del «dolce stil nuovo». Questi poeti esaltavano la bellezza della donna e cantavano l'amore per la donna idealizzata, che per Dante fu Beatrice.

In un'importante opera teorica scritta in latino, il *De vulgari eloquentia,* difende la lingua parlata dal popolo (volgo),[j] cioè i dialetti delle diverse regioni. Per questi suoi pensieri e perché contribuì ad affermare il dialetto fiorentino come lingua nazionale, viene considerato[k] il padre della lingua italiana.

L'opera maggiore di Dante è la *Divina Commedia.* È un'opera in versi divisa in tre parti, l'*Inferno,* il *Purgatorio* e il *Paradiso,** in cui il poeta descrive un suo viaggio attraverso i tre regni dell'aldilà,[l] accompagnato prima dal poeta latino Virgilio e poi da Beatrice. In questo viaggio incontra una folla[m] di personaggi famosi con i quali[n] parla e dei quali[o] ci fa conoscere la più profonda umanità, fatta di virtù e di vizi.[p]

[a]*at that time* [b]*political power* [c]al... *to the people* [d]*magistrate* [e]dimostrando... *demonstrating himself to want* [f]*control* [g]*crimes* [h]fu... *was forced* [i]*exile* [j]*populace* [k]viene... *he is considered* [l]*of the afterlife* [m]*crowd* [n]con... *with whom* [o]dei... *about whom* [p]*vices*

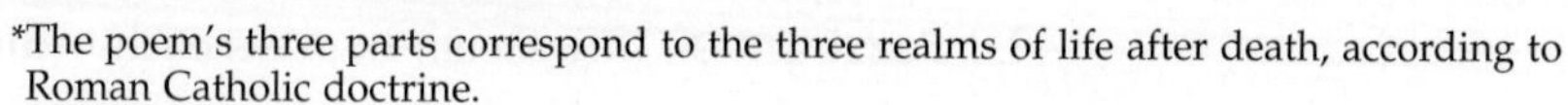

*The poem's three parts correspond to the three realms of life after death, according to Roman Catholic doctrine.

C. Volerci vs. metterci

—Quanto ci vuole per arrivare a Cutrofiano?

—Dipende da quale strada sceglie. Potrebbe metterci mezz'ora o potrebbe metterci due ore.

Two verbs, **volerci** and **metterci,** can be used in Italian to express the amount of time it takes to perform an activity. English has only one, *to take. It takes two hours to get there.*

1. The subject of **volerci** is the amount of time in question. **Volerci** can be conjugated in all tenses, but it has only third-person forms, singular (**ci vuole, ci vorrà, ci è voluto,** etc.) for one hour, and plural **(ci vogliono, ci vorranno, ci sono voluti,** etc.), for two or more hours. Notice that **volerci** takes essere in compound tenses.

Ci vuole un'ora per fare quella torta.	*It takes an hour to make that cake.*
Ci vogliono tre ore e mezzo per andare a Milano da qui.	*It takes three-and-one-half hours to get to Milan from here.*
Ci vogliono tre ore per andare a Napoli in macchina mentre in treno **ce ne vorrebbero** cinque.	*It takes three hours to go to Naples by car, while it would take five hours by train.*

Volerci can also be used to express the number of objects or people needed.

Ci vuole un po' di zucchero.	*It needs a little sugar.*
Ci sono voluti tre uomini per spostare quel divano.	*It took three men to move that couch.*
Ci vorranno otto scatole.	*It will take eight boxes.*
Ci vuole una busta per questi fogli.	*One envelope is needed for these papers.*

2. The subject of the verb **metterci** is the person performing the action. Thus **metterci** can be conjugated in all persons and tenses. **Metterci** takes avere in compound tenses.

Ci hanno messo tre ore per scrivere la relazione.	*They took three hours to write the paper.*
Tu sei lento! Io ci **metterei** mezz'ora per pulire questa casa!	*You are slow! I would take a half-hour to clean this house!*
Ci metteremo circa due mesi per finire la casa.	*We will take about two months to finish the house.*

—How long does it take to get to Cutrofiano?
—It depends on which road you choose. It could take half an hour, or it could take two hours.

ESERCIZI

A. Quanto ci vuole? Dà risposte logiche.

1. Ci vogliono _____ studenti per cambiare una lampadina (*light bulb*).
2. Ci vogliono _____ ore per andare da New York a Roma in aereo.
3. Ci vogliono _____ ore per andare da Washington D.C. a Seattle in aereo, ma ci vorrebbero _____ ore in macchina.
4. Gli studenti ci metteranno _____ minuti per fare il quiz di questo capitolo.
5. Ci metto _____ minuti la mattina per prepararmi.
6. Ci vorranno _____ anni per creare una macchina che non consuma benzina.

B. La forma è giusta! Completa le frasi con la forma giusta del verbo.

1. Roberto (ci mette / ci mettono) due ore per preparare il poster per la festa.
2. Secondo mio padre, (ci vuole / ci vogliono) mezz'ora per andare in centro in bici.
3. L'anno prossimo, (ci mettono / ci vorranno) otto studenti per lo spettacolo.
4. L'anno scorso i ragazzi (ci volevano / ci mettevano) due ore per andare a Napoli; ora con l'autostrada nuova, loro (ci vuole / ci mettono) un'ora.
5. Con il treno (ci vorrebbe / ci vorrebbero) due ore per andare da Firenze a Bologna, ma con la macchina (ci vuole / ci vogliono) un'ora e mezzo.

C. Siete d'accordo? Con un compagno / una compagna, indovinate quanto ci vorrà per fare queste attività. Paragonate le vostre risposte con quelle di un altro gruppo. (Usiamo il futuro perché non siamo certi delle risposte.)

ESEMPIO: persone per costruire una casa →
S1: Quante persone ci vorranno per costruire una casa?
S2: Boh, ci vorranno cento persone.

1. persone per spostare una macchina
2. etti di farina per fare una torta al cioccolato
3. autobus per portare 100 studenti ad un museo
4. ore per dipingere la Cappella Sistina
5. lampadine sull'albero nazionale di Natale della Casa Bianca
6. poliziotti ad un concerto degli Smashing Pumpkins
7. benzina per riempire il serbatoio (*gas tank*) di una Ferrari

D. Quanto ci metti? Chiedi ad un compagno / una compagna quanto ci mette per andare a scuola a piedi, pulire la casa, fare i compiti di italiano, fare colazione, fare la doccia, lavare i piatti, eccetera.

ESEMPIO: S1: Quanto ci metti per andare in centro?
S2: Ci metto 45 minuti perché vado a piedi.

Piccolo ripasso

A. Oggi e ieri. Esprimi le frasi con il **passato prossimo** e **l'imperfetto**, e poi con il **passato remoto** e **l'imperfetto**.

ESEMPIO: Non visito gli scavi perché sono stanco. →
Non ho visitato gli scavi perché ero stanco.
Non visitai gli scavi perché ero stanco.

1. Gli chiedo se studia il Medioevo.
2. Mi risponde che preferisce il Rinascimento.
3. Non andiamo alla conferenza perché dobbiamo finire la ricerca.
4. Non leggono romanzi perché preferiscono racconti brevi.
5. Dici che ti piacciono molto i paesaggi.

B. Qualcosa su Goldoni. Completa il brano con la forma corretta del verbo tra parentesi. Usa **l'imperfetto** o il **passato remoto;** puoi sostituire il **passato remoto** con il **passato prossimo.**

Lo zio Pasquale (chiamare)[1] il nipote Luigino e (incominciare)[2] una lezione di letteratura italiana.

«Oggi ti parlerò di un grande commediografo italiano.» Luigino (esclamare)[3] subito: «Vuoi dire Carlo Goldoni!» Lo zio (apprezzare[a])[4] l'intervento del nipote e (continuare)[5]: «Figlio di un medico, Carlo Goldoni (nascere)[6] a Venezia nel 1707. (Studiare)[7] prima a Perugia, poi a Rimini e poi all'Università di Pavia. (Laurearsi)[8] in legge a Padova ma non (esercitare[b])[9] la professione di avvocato perché (avere)[10] una grande passione per il teatro. La sua prima opera importante (essere)[11] *La vedova scaltra,*[c] a cui (seguire)[12] rapidamente molte altre, come *La bottega*[d] *del caffè, La famiglia dell'antiquario, La locandiera.*[e]»

«Nel 1762 (trasferirsi)[13] a Parigi, dove nel 1787 (pubblicare)[14] i tre volumi delle *Mémoirs* con cui (finire)[15] la sua carriera di scrittore.»

[a]*to appreciate* [b]*to practice* [c]la... *The Shrewd Widow* [d]*shop* [e]*innkeeper*

C. Il tempo vola (*flies*). Completa con la forma corretta di **volerci**.

1. _____ quattro ore per preparare il tacchino (*turkey*).
2. L'anno prossimo _____ molti ragazzi per completare il progetto.
3. Ieri, _____ tre meccanici per riparare la mia macchina.
4. _____ una persona simpatica e allegra per fare questo lavoro.
5. Tanti anni fa, prima che esistessero (*existed*) gli aerei, _____ molto tempo per viaggiare da una città ad un'altra.

Invito alla lettura

Il Cenacolo° di Leonardo

°Il... The Last Supper

Esperti ammirano il restauro (1999)* dell'Ultima Cena *di Leonardo da Vinci

L'Italia ha avuto tanti artisti che hanno regalato al mondo[a] capolavori di straordinaria bellezza come le opere di Giotto, Raffaello, Michelangelo e Bernini, che quasi tutti conoscono e ammirano.

Ma uno degli uomini più geniali[b] di tutti i tempi è stato forse Leonardo da Vinci. Leonardo, come la maggior parte dei grandi uomini del Rinascimento, conosceva molte discipline e seppe realizzare grandi opere in campi diversi. Fu pittore, scultore, architetto, matematico, ingegnere, fisico, musicista e filosofo. Ci ha lasciato capolavori di pittura e scultura, progetti di macchine da guerra e di ingegneria idraulica,[c] studi importanti come quelli sul volo dell'uomo.

Nacque a Vinci, vicino a Firenze, nel 1452 e si formò come pittore alla scuola fiorentina di Andrea del Verrocchio. A quei tempi gli artisti avevano bisogno della protezione di re e signori[d] per poter lavorare, e Leonardo passò la sua vita tra la corte fiorentina, quella milanese[e] e quella di Francia. A Firenze realizzò il suo dipinto più famoso, *la Gioconda*.* Il sorriso misterioso della *Gioconda* fa capire che Leonardo non si limitava a ritrarre ciò che vedeva, ma cercava di trasmettere nei dipinti l'interiorità delle persone.

[a]*world* [b]*talented, inspired* [c]*hydraulic* [d]*gentlemen, lords* [e]quella... *that of Milan (its court)*

---

*The *Mona Lisa,* known to Italians as *la Gioconda* (the happy woman) or *Monna* (Signora) *Lisa.*

Leonardo passò diversi anni alla corte milanese dove il duca Ludovico il Moro apprezzò il suo lavoro e lo protesse. A Milano si trova un altro dei capolavori di pittura di Leonardo, *il Cenacolo*. L'affresco, realizzato nella sala dove mangiavano i frati del convento di Santa Maria delle Grazie, rappresenta l'Ultima Cena di Gesù con gli Apostoli.[f]

Si racconta che quando Leonardo era al convento per dipingere l'affresco, il capo del convento, il frate priore,[g] non era contento del suo lavoro perché lo vedeva stare molto tempo a pensare,[h] senza prendere i pennelli[i] in mano. Il priore si lamentò della lentezza[j] di Leonardo con Ludovico il Moro e l'artista dovette dare delle spiegazioni. «Quando non uso i pennelli—disse—faccio il lavoro maggiore. Devo trovare le idee per poi realizzarle. Devo dipingere Cristo e Giuda[k] ed immaginare questi personaggi richiede molto tempo. Però potrei dare a Giuda il volto del priore[l]...» Leonardo era molto intelligente e il suo modo di conversare, che era molto brillante, piaceva a tutti, in modo particolare a Ludovico il Moro, che perdonò così all'artista la sua lentezza.

Il Cenacolo di Leonardo è stato restaurato di recente con tecniche moderne, e vale la pena[m] di fare una gita a Milano solo per vedere questo splendido affresco.

[f]l'Ultima... *Jesus' Last Supper with the Apostles* [g]frate... *abbot* [h]lo... *he saw him standing a long time thinking* [i]*brushes* [j]*slowness* [k]*Judas* [l]il... *the face of the abbot* [m]vale... *it's worth the trouble*

In giro per le regioni

La Lombardia

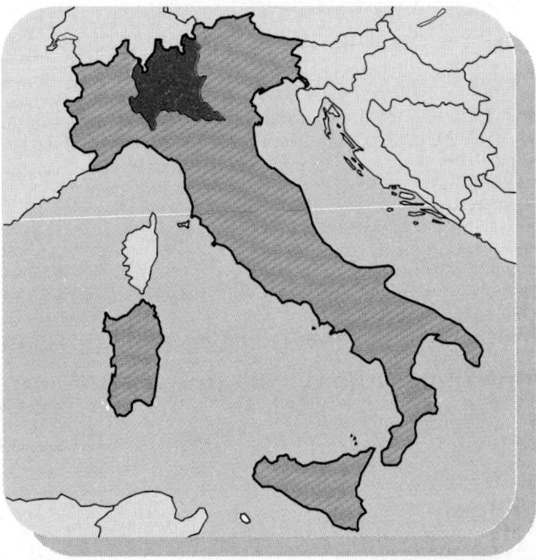

La Lombardia è una regione di laghi, e ce ne sono veramente molti, notevolmente il lago di Como, una parte del lago Maggiore e una parte del lago di Garda. Su questi laghi ci sono bellissime località turistiche, verdi d'inverno e fiorite[a] d'estate. La Lombardia è anche una delle regioni più ricche d'Italia. L'agricoltura è molto produttiva perché i terreni della pianura padana[b] sono fertili e l'industria è assai sviluppata.

Milano, il capoluogo di regione, è la seconda città, dopo Roma, per numero di abitanti (circa 4.000.000). È sede di tante grandi industrie ed è anche la capitale italiana della finanza; è una città molto funzionale per quanto riguarda i servizi e molto vivace dal punto di vista culturale. Chi arriva per la prima volta a Milano ha l'impressione di essere in una capitale europea piuttosto che in una città italiana, poiché[c] Milano assomiglia molto di più a Londra che a Roma o a Napoli. Il vero centro della città è costituito dalla piazza del Duomo, dalla Galleria, che è come un grande ed elegante salotto, e dalla piazza nella quale si trova il famosissimo teatro della Scala, forse il teatro più importante del mondo per l'opera lirica.

[a]*in bloom* [b]pianura... *plains of the Po river* [c]*since*

E ora a voi

Capire

Completate.

1. Leonardo è considerato un grande genio perché
   a. dipinse molto giovane la *Gioconda.*
   b. ha lasciato grandi opere in campi molto diversi.
   c. si formò come pittore senza frequentare una scuola.
   d. ha studiato la possibilità di costruire macchine di guerra.
2. Nel Rinascimento gli artisti non potevano lavorare
   a. fuori dalle mura cittadine.
   b. senza il permesso del papa.
   c. fuori dalle corti reali.
   d. in modo autonomo.
3. Il frate priore di Santa Maria delle Grazie non era contento di Leonardo perché
   a. non preparava bene l'affresco.
   b. pensava troppo alle donne.
   c. non usava bene i pennelli.
   d. era troppo lento nel lavoro.
4. Leonardo disse a Ludovico il Moro che
   a. non riusciva a dipingere Gesù e Giuda.
   b. non trovava dei modelli adatti per gli Apostoli.
   c. impiegava molto tempo per immaginare i dipinti.
   d. non poteva usare i pennelli per troppe ore al giorno.
5. Secondo voi, Leonardo pensò di dare a Giuda il volto del priore perché
   a. voleva vendicarsi del comportamento inopportuno del priore.
   b. tutti dicevano che il priore aveva una faccia da traditore.
   c. voleva avere dei modelli reali per i suoi dipinti.
   d. il priore aveva avuto un comportamento da traditore.

Scrivere

Avete mai visto il *Cenacolo* o la *Gioconda* di Leonardo? Prendete una riproduzione o una foto di una di queste opere, osservatela e descrivetela.

Il *Cenacolo* / La *Gioconda* rappresenta _____.
I colori sono _____.
Il volto di _____ è _____.

Cosa fare in viaggio
Dei tifosi spudorati°

°Dei... *Shameless fans*

Roberto e Enzo sono in viaggio verso Napoli. Parlano con un signore mentre legge un giallo di Agatha Christie. Dopo aver fatto uno scherzo al signore, girano per il treno e scoprono Fabio, il controllore, preso dalla partita di calcio.

ESPRESSIONI UTILI

(un libro di) spionaggio spy (novel)
la fantascienza science fiction
la saggistica nonfiction
Mi appassionano. They fascinate me.
Dice sul serio? Are you serious?
Lo giuro. I swear.
ribadisco I confirm
non c'entra niente has nothing to do with
ho tirato a indovinare I tried to guess
apposta on purpose
il disturbo arrecatoLe the disturbance (we) caused you
tendenzioso biased
io sono costretto a I'm forced to
attrezzarmi to get ready, to equip myself

Dal video

ROBERTO: Ma a Lei piacciono solamente i libri gialli oppure legge anche qualcos'altro? Non so, avventura, spionaggio alla Carré, guerra, fantascienza all'Asimov... O magari saggistica...
SIGNORE: Mi piacciono solo i romanzi gialli, va bene?
ROBERTO: Perché?
SIGNORE: Mi appassionano.

FUNZIONE: Raccontare al passato

Preparazione

1. Al signore che legge sul treno piacciono solo i libri
   a. di spionaggio. **b.** di fantascienza. **c.** gialli.
2. Sa chi è l'assassino
   a. Roberto. **b.** il signore. **c.** nessuno.
3. Santoni è il... di Fabio.
   a. figlio **b.** nipote **c.** fratello

Comprensione

1. Cosa fanno Roberto e Enzo per scusarsi con il signore?
2. Quando fanno le partite giovanili di calcio?
3. Perché Fabio fa restare i ragazzi a guardare la partita?

Attività

Da fare in gruppi di due o tre. Inventate una favola da raccontare alla classe. La favola dovrebbe avere una morale. Ricordate di usare il passato remoto! Alcune domande da farsi: Chi sono i protagonisti? Dove avviene (*takes place*) la storia? Com'è l'ambiente? Che cosa succede? Qual è la morale della storia?

Parole da ricordare

VERBI

affermarsi to establish oneself
ammirare to admire
apprezzare to appreciate
costruire (isc) to build
fare parte di to take part in
metterci (+ *time expression*) to take (*time*)
piangere (*p.p.* **pianto**) to cry
ridere (*p.p.* **riso**) to laugh
scolpire (isc) to sculpt
sentire parlare di to hear about
sorridere (*p.p.* **sorriso**) to smile
trovarsi to find oneself
volare to fly
***volerci** (+ *time expression*) to take (*time*)

NOMI

l'abitante (*m./f.*) inhabitant
l'affresco fresco
l'archeologia archeology
l'archeologo / l'archeologa (*pl.,* **gli archeologi**) archeologist
l'architetto architect
l'argomento subject, topic
l'artista (*m./f., m. pl.* **gli artisti**) artist
il Barocco the Baroque period
la busta envelope
il campo field (*in all senses*)
il capolavoro masterpiece
il carcere prison
il dipinto painting (*individual work*)
il duca duke
l'età (**moderna**) (modern) era, age, period
la fila row, line
l'Illuminismo the Enlightenment
l'ingresso entrance
la lampadina light bulb
il Medioevo the Middle Ages
la modernità the modern period
il mondo the world
la novella short story
l'opera artwork
il papa pope
la penisola peninsula (*often referring to Italy*)
il pittore / la pittrice painter
la pittura painting (*in general*)
il poeta (*pl.,* **i poeti**) **/ la poetessa** poet
il postmoderno the postmodern period
il principe prince
il/la protagonista protagonist
il quadro painting (*individual work*)
il restauro restoration
la rima rhyme
il Rinascimento the Renaissance
il Risorgimento movement for Italian political unity
il ritratto portrait
il romanzo novel
le rovine ruins, remains
i ruderi ruins, remains
la scatola box
lo scavo archeologico archeological dig
lo scontro encounter, match; collision
lo scrittore / la scrittrice writer
lo scultore / la scultrice sculptor
la scultura sculpture
il secolo century
il tema theme
il vescovo bishop
la volta vaulted ceiling

AGGETTIVI

fiero proud
lento slow
parlato spoken

ALTRE PAROLE ED ESPRESSIONI

davvero really, truly
principalmente mainly, primarily

---

*Words identified with an asterisk (*) are conjugated with **essere.**

Capitolo 16

IN BREVE

GRAMMATICA

A. Congiuntivo presente

B. Verbi ed espressioni che richiedono il congiuntivo

C. Congiuntivo passato

INVITO ALLA LETTURA

- *La politica e i partiti*
- *In giro per le regioni: Il Lazio*

Una dimostrazione politica in Piazza del Duomo, a Milano

Per chi voti?

Vocabolario preliminare

Dialogo-Lampo

MARISA: Finalmente un'Europa unita, con una sola moneta!

ADRIANA: A dire il vero, dobbiamo aspettare fino al 2002 perché* tutti gli stati della comunità abbiano l'euro. E un po' mi dispiace che la lira scompaia†...

MARISA: Spero che questa unità porti più lavoro e meno disoccupazione.

ADRIANA: Speriamo.‡ Ma intanto§ oggi dobbiamo votare per il nuovo Parlamento europeo.

MARISA: E tu, per chi voti?

ADRIANA: Per chi difende la democrazia, gli interessi di tutti i cittadini ... e dell'Italia in Europa!

MARISA: E quale sarebbe il partito giusto?

ADRIANA: Devo ancora deciderlo!

1. Cos'è l'euro?
2. Cosa spera Marisa dall'unificazione economica dell'Europa?
3. Per quale tipo di partito vuole votare Adriana?

* *until*
† *is disappearing*
‡ *Let's hope so.*
§ *meanwhile*

LA POLITICA

LO STATO

la Camera dei Deputati Chamber of Deputies (*lower house of Parliament*)
la costituzione Constitution
la democrazia democracy
il deputato / la deputata representative (*in the Chamber of Deputies*)
le elezioni elections
il governo government
il ministro minister (*in government*)
il primo ministro prime minister
il partito politico political party
il presidente della Repubblica president of the Republic
il Senato Senate (*upper house of Parliament*)
il senatore / la senatrice senator
il sistema politico political system
il voto vote

eleggere to elect
votare to vote

L'UNIONE EUROPEA

la Comunità europea European Community
l'euro denomination of shared European currency
la moneta currency; coin

I PROBLEMI SOCIALI

l'aumento raise, increase
il discorso debate; speech; conversation

Parole-extra

il capitalismo capitalism
la classe sociale social class
il conservatore / la conservatrice conservative
la crisi di governo political crisis
la demagogia demagoguery
il diritto right, privilege
la dittatura dictatorship
il/la femminista feminist
la manifestazione demonstration
il/la progressista progressive, liberal

di centro centrist
di destra right-wing
di sinistra left-wing

la disoccupazione unemployment
l'impiegato / l'impiegata white-collar worker
l'operaio / l'operaia blue-collar worker
la riduzione reduction
il salario wage
lo sciopero strike
lo stipendio salary

le tasse taxes

aumentare to raise, increase
***crescere** to grow; to increase
diminuire (isc) to reduce
***essere in sciopero** to be on strike
fare sciopero, scioperare to strike

disoccupato unemployed

ESERCIZI

A. La parola giusta. Guardate il **Vocabolario preliminare** e le **Parole-extra,** poi collegate parole e definizioni.

1. ____ il voto
2. ____ la dittatura
3. ____ il disoccupato
4. ____ la femminista
5. ____ il conservatore
6. ____ la deputata
7. ____ l'operaio
8. ____ le tasse

a. chi lavora in fabbrica (*factory*)
b. i contributi pagati allo stato
c. la rappresentante alla Camera
d. chi lotta (*fights*) per i diritti (*legal rights*) delle donne
e. un sistema di governo non democratico
f. chi non ha lavoro
g. uno strumento della democrazia
h. chi non è progressista

B. Fuori luogo! (*Out of place!*) Trovate il nome o espressione che sembra fuori luogo e spiegate perché.

ESEMPIO: il deputato, il ministro, l'impiegata, la senatrice → *L'impiegata* è il nome fuori luogo, perché non è una carica pubblica (*public office*).

1. il salario, il Senato, lo stipendio, l'operaio
2. la riduzione, il partito politico, eleggere, il voto
3. il primo ministro, il direttore generale della RAI, la Camera dei Deputati, il Senato
4. aumentare, diminuire, il salario, la demagogia

C. Conversazione.

1. Come si chiamano i tuoi senatori / le tue senatrici? E il tuo deputato / la tua deputata?
2. Come si chiama l'attuale (*current*) presidente degli Stati Uniti? Sai chi è il presidente della Repubblica Italiana?
3. Hai votato alle ultime elezioni nazionali? Perché sì o perché no?
4. Secondo te, il tuo paese è in crisi? Perché? Cosa bisognerebbe fare per risolvere la crisi?
5. C'è qualcuno nella tua famiglia che abbia fatto sciopero? Puoi spiegare perché ha scioperato?
6. Hai mai partecipato a una manifestazione? Dove, quando e per quale motivo?

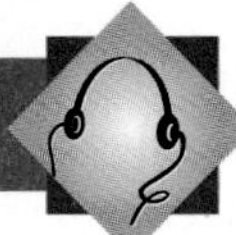

in ascolto

Gli italiani e la politica. Aliza, una studentessa americana di storia, discute con Valerio del sistema politico italiano. Ascoltate con attenzione, poi rispondete alle seguenti domande.

1. Perché Aliza è confusa quando pensa al sistema italiano?
2. Cosa risponde Valerio a Aliza?
3. Qual è la cosa che sorprende (*surprises*) Aliza delle elezioni in Italia?
4. Come interpreta Valerio la situazione?
5. Cosa risponde Aliza? Siete d'accordo?

Grammatica

A. Congiuntivo presente

SIGNOR TESTA: Ho l'impressione che i problemi del mondo siano in continuo aumento: mi pare che aumenti il problema della povertà, così come quello della disoccupazione; mi sembra che crescano i problemi delle minoranze e degli immigrati; credo che siano molto gravi i problemi ecologici... chi vuoi che pensi ai pensionati?

SIGNOR MAZZOLA: Ma anche i nostri problemi sono importanti e dobbiamo farci sentire. Anzi, io penso che sia necessario che tutti si occupino dei problemi di tutti, non solo dei propri!

In both Italian and English, verb forms have three defining characteristics: tense (the time of action), voice (active or passive), and mood, which conveys the attitude of the speaker. The verb forms you have learned so far

---

SIGNOR TESTA: I have the feeling that there are more and more problems in the world. It seems to me that the problem of poverty is on the rise, as well as unemployment; it seems to me that minorities' and immigrants' problems are also increasing. I think that our ecological problems are also very serious . . . Who do you think is going to think about retired people?
SIGNOR MAZZOLA: But our problems are significant, too, and we've got to make ourselves heard. What's more, I think it's essential for all of us to be concerned about each other's problems, not just our own.

(except the conditional and imperative) belong to the *indicative* mood (**l'indicativo**), which states facts and conveys certainty or objectivity.

Gli studenti **organizzano** una manifestazione.	*Students are organizing a demonstration.*
Anche gli insegnanti **fanno** sciopero.	*Instructors are striking too.*
Il governo non **applica** le riforme.	*The government isn't enforcing the reforms.*

The *subjunctive* mood (**il congiuntivo**), by contrast, expresses uncertainty, doubt, possibility, or personal feelings rather than fact. It conveys the opinions and attitudes of the speaker.

Credo che **organizzino** una manifestazione.	*I believe they are organizing a demonstration.*
È probabile che anche gli insegnanti **facciano** sciopero.	*It's probable that teachers will strike too.*
È male che il governo non **applichi** le riforme.	*It's bad that the government isn't enforcing the reforms.*

In English, the subjunctive is used infrequently: *I move that the meeting* ***be*** *adjourned; We suggest that he* ***go*** *home immediately.* In Italian, however, the subjunctive is used often in both speaking and writing.

1. The subjunctive is generally preceded by a main (independent) clause and the conjunction **che.**

INDICATIVO				CONGIUNTIVO
independent clause	+	**che**	+	*dependent clause*
Credo		che		organizzino una manifestazione.

   The subjunctive mood has four tenses: present, past, imperfect, and pluperfect.

2. The present subjunctive (**il congiuntivo presente**) is formed by adding the appropriate endings to the verb stem. Verbs ending in **-ire** that insert **-isc-** in the present indicative also do so in the present subjunctive.

	lavorare	**scrịvere**	**dormire**	**capire**
che io	lavor**i**	scriv**a**	dorm**a**	cap**isca**
che tu	lavor**i**	scriv**a**	dorm**a**	cap**isca**
che lui/lei	lavor**i**	scriv**a**	dorm**a**	cap**isca**
che	lavor**iamo**	scriv**iamo**	dorm**iamo**	cap**iamo**
che	lavor**iate**	scriv**iate**	dorm**iate**	cap**iate**
che	lavọr**ino**	scrịv**ano**	dọrm**ano**	capị**scano**

Notice that the first- and second-person plural (**noi** and **voi**) endings are identical in all three conjugations, and that the other forms of **-are** verbs have **i** endings while those of **-ere** and **-ire** verbs have **a** endings.

Since the three singular forms are identical (in all conjugations), subject pronouns are often used with them to avoid confusion.

Vogliono che **io voti.**	*They want me to vote.*

a. Verbs whose infinitives end in **-care** and **-gare** add an **h,** in all persons, between the stem and the present subjunctive endings.

È bene che il governo cerc**h**i di applicare le riforme.	*It's good that the government is trying to enforce the reforms.*
Purtroppo, bisogna che tutti pag**h**ino le tasse!	*Unfortunately, it's necessary for everyone to pay taxes!*

b. Verbs ending in **-iare** drop the **i** from the stem before adding the present subjunctive endings.

È necessario che comin**ciate** a farvi sentire!	*It's necessary for you to start making yourselves heard!*
Senatore, crede che la gente ci man**gi** con questi stipendi?	*Senator, do you think (that) people can eat on these salaries?*

CATTONI

—Sì, penso che una gita in gondola non sia sempre necessariamente romantica.

3. The following verbs have irregular present-subjunctive forms.

VERBI CON FORME IRREGOLARI DEL CONGIUNTIVO	
andare	vada, andiamo, andiate, vạdano
avere	ạbbia, abbiamo, abbiate, ạbbiano
dare	dia, diamo, diate, dịano
dire	dica, diciamo, diciate, dịcano
dovere	debba, dobbiamo, dobbiate, dẹbbano
ẹssere	sia, siamo, siate, sịano
fare	fạccia, facciamo, facciate, fạcciano
potere	possa, possiamo, possiate, pọssano
sapere	sạppia, sappiamo, sappiate, sạppiano
stare	stịa, stiamo, stiate, stịano
uscire	esca, usciamo, usciate, ẹscano
venire	venga, veniamo, veniate, vẹngano
volere	voglia, vogliamo, vogliate, vọgliano

ESERCIZI

A. Cosa credi? Sei d'accordo o no con le seguenti affermazioni? Spiega perché.

1. Credo che non sia bene votare alle elezioni quando non si è informati sui candidati.
2. Penso che il presidente abbia troppo potere (*power*).
3. È giusto che gli operai scioperino quando il costo della vita aumenta e lo stipendio rimane lo stesso.
4. Voglio che le donne abbiano più diritti. (Non ne hanno abbastanza.)
5. Credo che i giovani debbano essere attivi nella politica e nella società invece di pensare esclusivamente ai propri problemi.
6. È assolutamente necessario che i ricchi contribuiscano con una certa percentuale del loro guadagno (*earnings*) ai programmi sociali.

B. Trasformazioni. Sostituisci le parole in corsivo con le parole tra parentesi e fa' tutti i cambiamenti necessari.

1. Credo che *tu* non capisca la politica italiana. (voi / Giulia / gli americani / lui)
2. È necessario che *tutti* votino. (ognuno / anche tu / Lei / io)
3. Spero che *gli italiani* eleggano le persone giuste. (voi / tu / il signore / noi)

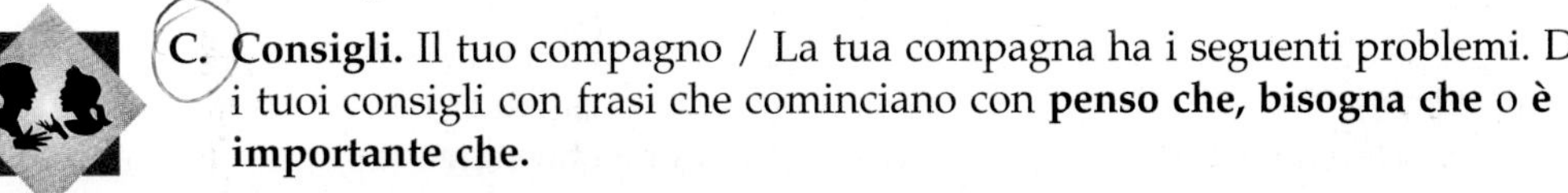

C. Consigli. Il tuo compagno / La tua compagna ha i seguenti problemi. Dà i tuoi consigli con frasi che cominciano con **penso che, bisogna che** o **è importante che.**

ESEMPIO: La macchina non si mette in moto. → Penso che tu debba portarla dal meccanico.

1. Il capo (*boss*) non mi rispetta.
2. Il cane non mangia.
3. Ho mal di gola, mal di stomaco e la febbre.
4. Il fidanzato / La fidanzata (*boyfriend / girlfriend*) non chiama da una settimana.
5. Bevo molti caffè e spesso ho mal di stomaco.
6. Non mi piace il presidente e le elezioni sono domani.
7. Studio sempre, non esco mai con gli amici e non faccio mai le vacanze.
8. La pressione del sangue (*blood*) è molto alta.
9. Il colesterolo è molto alto.
10. Non sono andata a lezione ieri e non so come fare i compiti.

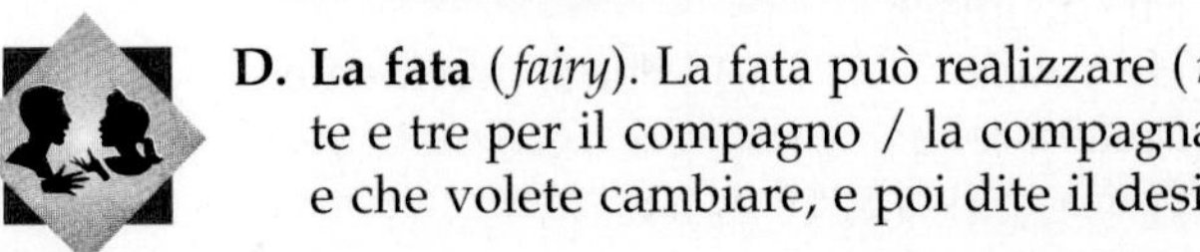

D. La fata (*fairy*). La fata può realizzare (*make come true*) sei desideri (tre per te e tre per il compagno / la compagna). Prima dite che cosa non vi piace e che volete cambiare, e poi dite il desiderio.

ESEMPIO: Non mi piace che ci sia tanta disoccupazione nel mondo. Cara Fata, voglio che elimini tutta la disoccupazione e la povertà del mondo.

B. Verbi ed espressioni che richiedono il congiuntivo

CAMERIERE: Professore, vuole che Le porti il solito caffè o preferisce un poncino?*

PROFESSORE: Fa un po' fresco... Forse è meglio che prenda un poncino. Scalda di più.

CAMERIERE: Speriamo che questo sciopero finisca presto, professore.

PROFESSORE: Certo, ma bisogna che prima gli insegnanti abbiano un miglioramento delle loro condizioni di lavoro.

When two conjugated verbs are connected by **che,** the verb in the independent clause determines whether the indicative or the subjunctive should be used in the dependent clause.

1. When the verb or expression in the independent clause denotes certainty, the indicative is used in the dependent clause. When the verb or expression in the independent clause expresses emotion, opinion, doubt, or uncertainty, the subjunctive is used in the dependent clause. Compare these pairs of sentences.

So che **siete** progressisti.	*I know you are liberals.*
Ho l'impressione che **siate** progressisti.	*I have the impression you're liberals.*
È vero che **c'è** un aumento della disoccupazione.	*It's true that there is an increase in unemployment.*
È probabile che **ci sia** un aumento della disoccupazione.	*It's likely that there is an increase in unemployment.*

Expressions that denote certainty and that therefore take the indicative include **so che, è vero che, sono sicuro che, sono certo che, vedo che, è ovvio che, riconosco che,** and **dimostro che.**

2. The following verbs and expressions are normally followed by the subjunctive.

EXPRESSIONS INDICATING EMOTION

Sono contento/felice
Mi (dis)piace
Ho paura
Preferisco
Spero

} che il presidente e i senatori siano d'accordo.

WAITER: Professor, do you want me to bring you the usual cup of coffee or would you prefer a **poncino?** PROFESSOR: It's a bit chilly. Maybe it's better for me to have a **poncino.** It warms you up more. WAITER: Let's hope that this strike ends soon, Professor. PROFESSOR: Definitely, but first it's necessary for teachers to obtain better working conditions.

***Poncino** is a hot drink made with water, sugar, and rum or other liqueurs. The word is an adaptation of the English word *punch.*

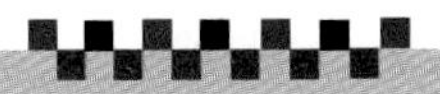

Nota bene: l'uso del congiuntivo

You may notice that many northern Italians use the subjunctive inconsistently in everyday conversation. And because many southern Italian dialects lack the present subjunctive, some southerners tend not to use it when speaking standard Italian.

EXPRESSIONS INDICATING OPINION, DOUBT, UNCERTAINTY

Credo Dubito (*I doubt*) Ho l'impressione Immagino Penso	che il primo ministro vada in Cina.

EXPRESSIONS INDICATING A COMMAND OR WISH

Chiedo Desidero Esigo (*I insist*) Voglio	che i professori abbiano migliori condizioni di lavoro.

IMPERSONAL VERBS AND EXPRESSIONS

(Non) è bene (Non) bisogna (Non) è importante (Non) è (im)possibile (Non) è (im)probabile È incredibile (Non) è male È ora (*It's time*) Pare Peccato (*It's too bad*) Può darsi (*It's possible*) Sembra È strano	che riprendano le discussioni con i lavoratori.

ESERCIZI

A. Il contrario. Crea frasi contrarie.

ESEMPIO: Non so se lui possa venire. → So che lui può venire.

1. Non sono sicura che il capo aumenti il mio stipendio.
2. Non capisco perché gli impiegati scioperino.
3. Non siamo certi che la polizia riesca a controllare la manifestazione.
4. Non mi sembra che la senatrice sia progressista, sembra conservatrice.
5. Non è chiaro se lo sciopero dei treni sia finito. Sembra che alcuni impiegati non vogliano contrattare (*negotiate*).

B. La famiglia Cesarini. Completa il brano con la forma corretta del verbo al presente indicativo o al congiuntivo.

Sembra che Davide e Paola non _____[1] (avere) abbastanza soldi e che non _____[2] (potere) mandare il figlio Matteo all'università. Peccato che lui non _____[3] (avere) una borsa di studio (*scholarship*). È certo che lui _____[4] (avere) intenzione di frequentare l'università. Può darsi che la nonna lo _____[5] (aiutare) finanziariamente. Speriamo che la famiglia _____[6] (potere) risolvere questo problema. Matteo a volte (*sometimes*) è un po' pigro (*lazy*) ma è anche vero che _____[7] (essere) un ragazzo molto intelligente e che _____[8] (meritare, *to deserve*) di essere aiutato!

C. Conversazioni. Completa le conversazioni con la forma corretta dell'indicativo o del congiuntivo.

1. FRANCO: Senti, vuoi che (io) ti _____ (dare) una mano in giardino?
   SANDRO: No, Franco, ma grazie lo stesso. So che tu _____ (essere) molto occupato: è ora che io _____ (aiutare) te, una volta tanto!
2. FRANCO: Sai, ho saputo che Maria e Antonio non _____ (andare) in Italia quest'estate.
   SANDRO: Davvero? Peccato che Maria non _____ (potere) andare a trovare la madre: credo che lei _____ (stare) poco bene.

D. Conversazioni. Crea domande che cominciano con le seguenti frasi. Poi, fai le domande ad un compagno / una compagna o al gruppo.

1. Credi che... / Credete che...
2. Sai se...
3. Vuoi che...
4. Secondo te, è ovvio che...
5. Secondo te, l'esame dimostra che...
6. Secondo te, è possibile che...
7. È vero che...
8. Secondo te, è bene che...

—Dottore, ho la sensazione che tutti mi ignorino.

Nota culturale

Addio lira!

Un cliente converte le lire in euro ad uno sportello bancario a Fiesole, 1999

Dal primo gennaio del 1999 è cominciata, in Italia e negli altri dieci paesi che fanno parte dell'Unione Monetaria Europea, l'introduzione graduale dell'euro come moneta unica europea.

- Da gennaio a giugno del 2002 l'euro (banconote e monete) verrà messo[a] in circolazione e sostituirà tutte le monete nazionali, che verranno mano a mano ritirate.[b]
- A partire dal primo luglio del 2002 cesserà la circolazione di tutte le banconote e monete nazionali, e da quel momento solo presso[c] gli uffici della Banca d'Italia si potranno convertire le lire in euro.

Così tutti i circa 350 milioni di europei che fanno parte dell'Unione Monetaria si dovranno abituare ad usare l'euro come nuova moneta.

Le euromonete avranno una facciata[d] in comune con gli altri paesi europei, mentre l'altra sarà diversa in ogni singolo paese. Si potranno così distinguere gli euro italiani dagli euro francesi, tedeschi, eccetera.

Nelle euromonete coniate[e] in Italia troveremo richiami[f] alla storia, all'arte e alla cultura italiana. Sulla moneta da 5 eurocent, ad esempio, ci sarà il Colosseo, sulla moneta da 10 eurocent la testa della Venere del Botticelli, sulla moneta da 2 euro la figura di Dante Alighieri.

Come si fa per facilitare il cambio dalle lire all'euro? Un sistema approssimativo è questo: dalla somma in lire, si eliminano tre zeri, cioè si divide per mille, e poi si divide ancora per due.

Così 2,000 lire equivalgono, più o meno, ad 1 euro, 10,000 lire a 5 euro, 100,000 lire a 50 euro, ecc.

Addio vecchie lire!

[a]verrà... *will be put* [b]verranno... *will be gradually withdrawn* [c]*at* [d]*side* [e]*minted* [f]*references*

C. Congiuntivo passato

—Perché Maria non si è licenziata? Ieri mi ha detto che non le piaceva il suo lavoro e che avrebbe dato le dimissioni oggi.

—Penso che le abbiano aumentato lo stipendio.

1. The past subjunctive (**il congiuntivo passato**) is formed with the present subjunctive of **avere** or **essere** plus the past participle of the main verb.

VERBI CONIUGATI CON **avere**		VERBI CONIUGATI CON **ẹssere**	
che io abbia	lavorato	che io sia	partito/a
che tu abbia		che tu sia	
che lui/lei abbia		che lui/lei sia	
che abbiamo		che siamo	partiti/e
che abbiate		che siate	
che ạbbiano		che sịano	

2. The past subjunctive is used in place of the **passato prossimo** or the **passato remoto** of the indicative whenever the subjunctive is required.

Hanno superato la crisi.	*They overcame the crisis.*
Credo che **abbiano superato** la crisi.	*I think they overcame the crisis.*
Anche i pensionati **scioperarono.**	*The retirees also went on strike.*
Ho l'impressione che anche i pensionati **abbiano scioperato.**	*I think that the retirees also went on strike.*

Si dice così: congiuntivo presente o passato?

The time relationship between the action in the independent clause and that in the dependent clause determines whether the present or past subjunctive is used.

Può darsi che scioperino. *It's possible (now) they are on strike (now).*

Può darsi che ạbbiano scioperato. *It's possible (now) they were on strike (yesterday).*

Esercizi

A. Da completare. Completa le frasi liberamente.

1. Credo che abbiano fatto la festa perché... **2.** Non sono sicura che Marco sia andato dal medico perché... **3.** Immagino che Marco e Gianni si siano licenziati perché... **4.** Penso che il dirigente (*executive*) non abbia aumentato gli stipendi perché... **5.** Non è possibile che Renata sia partita per l'Italia ieri perché... **6.** Peccato che i ragazzi abbiano mangiato troppo alla festa perché...

—Why didn't Maria quit? Yesterday she told me that she didn't like her job and that she was going to hand in her resignation today.
—I think they gave her a raise.

B. Trasformazioni. Sostituisci le parole in corsivo con le parole tra parentesi e fai tutti i cambiamenti (*changes*) necessari.

1. Credo che *i signori* abbiano votato. (il dottore / tu / voi / Lei)
2. Ci dispiace che *Renata* non si sia fatta sentire. (i tuoi cugini / voi / tu / le signore)
3. È strano che *le tue amiche* non siano venute alla manifestazione. (l'avvocato / voi due / tu / gli altri)

C. Spiegazioni. Offri una possibile spiegazione per le seguenti situazioni, con l'uso di **credo che** o **è possibile che.**

ESEMPIO: La professoressa non è in classe oggi. → È possibile che abbia avuto un incidente.

1. Il presidente della ditta si è dimesso (*resigned*).
2. Sandro si è licenziato ieri.
3. Le ragazze non sono partite per le vacanze.
4. Gli impiegati hanno fatto sciopero per un mese.
5. Renata non è venuta alla festa con Paolo.
6. Il bambino ha il raffreddore e la febbre.
7. Maria non vuole venire alla riunione (*meeting*).

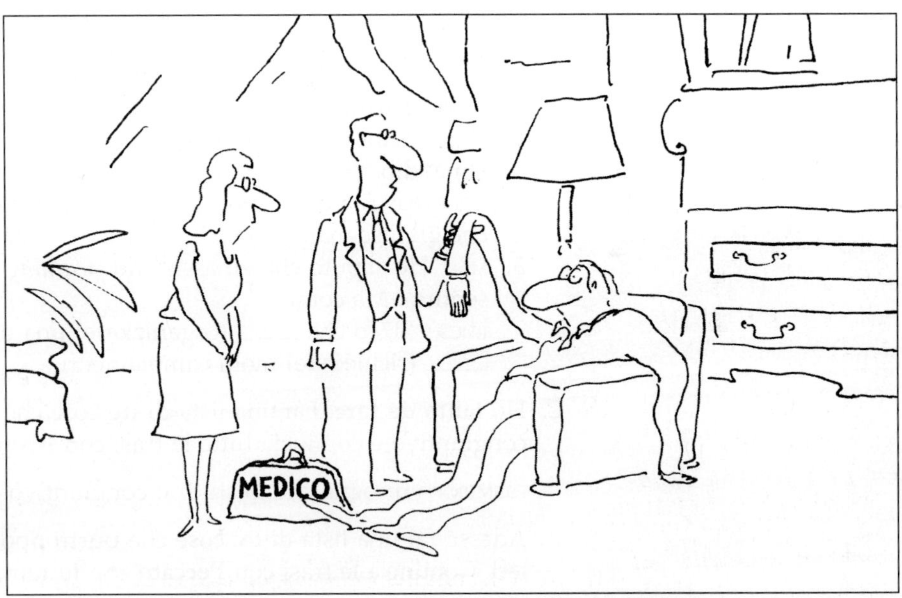

– Sembra che abbia perso tutta la sua capacità di ricupero...

Piccolo ripasso

A. Sei d'accordo? Crea delle frasi con le espressioni che seguono, e un compagno / una compagna (o il gruppo) deve dire se è d'accordo o no e perché.

ESEMPIO: Credo che... → Credo che il professore lavori poco.
Non è vero! Il professore lavora moltissimo.

1. Credo che...
2. È possibile che...
3. È importante che...
4. Sono contento/a che...
5. Spero che...
6. Sembra che...
7. Mi piace che...
8. È male che...

B. Mini-dialoghi. Completa le conversazioni con il passato prossimo o il congiuntivo passato dei verbi tra parentesi.

1. MARIA: Gino, hai visto i risultati delle elezioni? Non ti pare strano che la gente _____ (votare) ancora per questi partiti?
   GINO: Può darsi che _____ (avere) paura di cambiare. È vero che molte persone _____ (capire) che il vecchio sistema non funziona, ma è probabile che non _____ (essere) entusiasti nemmeno (*not even*) dei nuovi partiti.
2. SARA: Sembra che gli insegnanti _____ (ottenere) un aumento di stipendio.
   ROBERTO: Era ora! Tutti dicono che l'istruzione è importante ma è vero che gli insegnanti non _____ (ricevere) mai stipendi decenti.
3. MIA: Ho saputo che gli assistenti (*teaching assistants*) _____ (farsi sentire). Ma come?
   LUCA: Sì, so che _____ (organizzare) una dimostrazione, e mi pare che _____ (richiedere) molti cambiamenti.

C. Ho tanto da fare. Fai una lista di tre cose che devi fare oggi. Usa il congiuntivo e comincia tutte le frasi con **Bisogna che.**

ESEMPIO: Bisogna che io studi il congiuntivo!

Adesso fai una lista di tre cose che purtroppo (*unfortunately*) non hai fatto ieri. Comincia le frasi con **Peccato che io non...**

ESEMPIO: Peccato che io non abbia studiato il congiuntivo ieri!

D. Mini-intervista. Parla con un compagno / una compagna per avere le seguenti informazioni.

1. quali cose spera che succedano con le prossime elezioni **2.** quali cose ha paura che succedano quest'anno **3.** se crede che il governo rispetti i diritti di tutti i cittadini **4.** se pensa che la politica (*politics*) internazionale sia importante

Invito alla lettura

La politica e i partiti

Simona Vicari, il sindaco di Cefalù, in Sicilia, con alcuni impiegati

Roma è la capitale d'Italia, ed è a Roma che si svolge[a] la vita politica del paese. Ricordiamo che l'Italia, a differenza degli Stati Uniti, è una repubblica democratica invece di una repubblica presidenziale. Quindi il presidente della Repubblica non ha molto potere e non viene eletto direttamente dai cittadini.

I cittadini, quando vanno a votare, eleggono i loro rappresentanti in Parlamento. Il Parlamento è diviso in Camera dei Deputati e Camera dei Senatori. È il Parlamento che elegge il presidente della Repubblica. I partiti che, dopo le elezioni, hanno la maggioranza in Parlamento si accordano[b] per fare il governo.

Il Governo è formato dai ministri e dal primo ministro, chiamato comunemente presidente del Consiglio dei Ministri. Il primo ministro è il capo del Governo ed è anche la figura istituzionale che ha più potere. Ogni ministro è a capo di un ministero che si occupa[c] di un settore particolare della vita pubblica: Ministero degli Affari Esteri, Ministero della Pubblica Istruzione, ecc. Un governo per poter governare deve avere la fiducia[d] del Parlamento: se il Parlamento toglie[e] la fiducia ad un governo, quello cade.[f]

Le sedi[g] di molti ministeri e delle due Camere del Parlamento si trovano nel centro di Roma. Anche i partiti politici hanno le loro sedi principali nella capitale. In Italia i partiti sono davvero molti, e ciò crea spesso delle difficoltà di governo. I partiti infatti fanno delle alleanze[h] per avere la maggioranza parlamentare e formare così il governo. Ma ci sono talvolta[i] delle questioni su cui non si trovano d'accordo. Così l'alleanza si scioglie[j]: il governo non è più sostenuto dalla fiducia del Parlamento e cade.

Per questo negli ultimi anni si parla molto di fare delle riforme del sistema elettorale italiano. Secondo queste riforme, i partiti piccoli scomparirebbero[k] e, come succede in quasi tutti i paesi europei, ci sarebbero solo due grandi schieramenti,[l] destra e sinistra, che governerebbero a seconda del voto dei cittadini.

[a]si... *happens* [b]si... *reach an agreement* [c]un... *a department that concerns itself with* [d]*confidence* [e]*withdraws* [f]*falls* [g]*headquarters* [h]*alliances* [i]*sometimes* [j]si... *comes apart* [k]*would disappear* [l]*alliances, factions*

Ovviamente l'Italia non è governata e amministrata solo da Roma: i cittadini eleggono i loro rappresentanti anche al governo delle regioni, delle province, e dei comuni. Molte volte i partiti che governano le amministrazioni locali non sono gli stessi che sono al governo del paese.

Ogni regione d'Italia ha una sua tradizione politica, legata ad eventi storici, all'economia e alla cultura. Le regioni del Centro, per esempio, soprattutto l'Emilia Romagna e la Toscana, sono sempre state regioni «rosse», cioè di sinistra, e lo erano anche quando, per oltre trent'anni, guidavano l'Italia i partiti cattolici del centro-destra.

Negli ultimi anni i vecchi partiti sono andati in crisi. Alcuni si sono rinnovati e hanno cambiato, in parte, le loro posizioni. Altri sono scomparsi del tutto e ne sono nati di nuovi, come la Lega Nord. Questo partito, come anche la Lega Veneta e altri, è un partito locale, nato con l'obiettivo di far valere le ragioni[m] del Nord, che si sente il vero centro economico del paese, e di conquistare per esso molta più indipendenza dal potere centrale di Roma.

[m]far... *to win support for the arguments*

In giro per le regioni

Il Lazio

Il Lazio è una regione con un territorio formato soprattutto da colline. La maggior parte degli abitanti del Lazio vive a Roma o va a Roma a lavorare. E non si può parlare del Lazio senza parlare soprattutto di Roma, che è non solo la capitale d'Italia, ma anche la capitale della chiesa cattolica e una città ricchissima di storia.

Roma è una città bellissima, piena di fascino per stranieri e italiani, anche se questi ultimi[a] considerano talvolta Roma con una certa ostilità, poiché[b] vi è accentrato[c] quasi tutto il potere politico. Il fascino di Roma è veramente grande, poiché unisce quello delle sue grandi basiliche, dei magnifici palazzi e delle opere d'arte di tutti i tempi con quello del suo clima dolce, la luce dei suoi tramonti magici, il verde dei suoi colli e dell'oro del mitico fiume Tevere.

Proprio nel cuore di Roma si trova lo Stato del Vaticano, che è un vero stato estero rispetto all'Italia; è il più piccolo stato del mondo ed ha il Papa come sovrano.[d] Comprende la basilica di San Pietro, i palazzi vaticani con i loro giardini, dove risiede il Papa, e la Cappella Sistina con gli affreschi del *Giudizio Universale* di Michelangelo, che sono forse l'opera pittorica più grandiosa di tutti i tempi.

[a]questi... *the latter* [b]*because* [c]vi... *is concentrated there* [d]*ruler*

E ora a voi

Capire

Rispondete.

1. Chi elegge il presidente della Repubblica?
2. Chi forma il governo?
3. Dove ha sede la Camera dei senatori?
4. Perché si parla di fare delle riforme elettorali?
5. Quali istituzioni amministrano il territorio italiano?
6. Che cosa è successo negli ultimi anni ai partiti politici?

Scrivere

Scrivete una breve relazione (100–120 parole circa) sulle principali differenze che ci sono fra il sistema politico italiano e quello del vostro paese. Seguite la traccia del testo che avete letto.

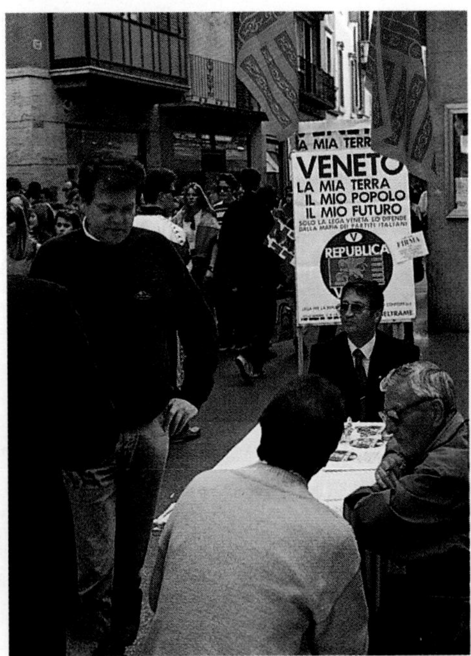

Propaganda elettorale nelle strade di Venezia

Un vero affare!° Ed ora andiamo a casa!

°Un... *A real bargain!*

Nella prima delle due scene, Silvana ritorna a casa per prepararsi a partire per Vietri. Passa davanti al mercato centrale e si ferma a salutare il fruttivendolo, Mario. Lui insiste che lei compri qualcosa. In seguito, prende il gatto e parte in treno. Sul treno cerca Roberto, ma lui non è dove diceva che sarebbe stato!

ESPRESSIONI UTILI

in chiusura last of the season (*probably at a good price*)
sto per partire I'm about to leave
una ghiottoneria a delicious tidbit
una questione di principio a question of principle
un etto unit of measurement, approximately 1/4 pound
i pinoli pine nuts
quanto vengono? how much are they?
Testa di Lisca Fishbone Head
ha segnato due gol he scored two goals

Dal video

SILVANA: Ma guarda che ottomila al chilo per dei pinoli freschi è un ottimo prezzo. Io... è il più basso che abbia mai visto.
MARIO: Davvero?

Preparazione

Vero o falso?

1. Silvana non vuole comprare niente da Mario perché ha già fatto la spesa.
2. Mario vende i pinoli a Silvana a dodicimila al chilo.
3. Silvana è irritata con Roberto perché si è dimenticato di aspettarla nella prima o seconda carrozza del treno.

Comprensione

FUNZIONE: Esprimere la propria opinione

1. Perché Silvana vuole comprare dei pinole?
2. Alla fine che fa Mario al prezzo dei pinoli?
3. Che fa Roberto in treno, mentre Silvana lo cerca?

Attività

Da fare in coppia. Fate una discussione politica sulle tasse dal punto di vista politico. Uno sostiene la necessità di aumentarle, l'altro di ribassarle. Esprimete le vostre opinioni. Usate il congiuntivo presente come nel esempio: «Bisogna che il governo aumenti le tasse per migliorare le scuole.» Discutete il problema delle tasse in relazione ai seguenti argomenti.

1. il sistema sanitoro (*health care*)
2. la protezione contro la criminalità
3. il sistema assistenziale dello Stato (*the welfare system*)

Parole da ricordare

VERBI

applicare to apply; to enforce
aumentare to raise, increase
bisognare to be necessary
contrattare to negotiate, bargain
crescere to grow; to increase
dare le dimissioni to resign
dimettersi to resign (*an office*)
diminuire (isc) to reduce
dubitare to doubt
eleggere to elect
esigere to expect; to demand
***essere in sciopero** to be on strike **fare sciopero, scioperare** to strike
farsi sentire to make oneself heard
immaginare to imagine
licenziarsi to resign
meritare to deserve
occuparsi di to involve oneself in, concern oneself with
organizzare to organize
***sembrare** to seem
sorprendere to surprise
votare to vote

NOMI

l'aumento raise, increase
il cambiamento change
la Camera dei Deputati Chamber of Deputies (*lower house of Parliament*)
il cittadino / la cittadina citizen
la Comunità europea European Community
la costituzione Constitution
la democrazia democracy
il deputato / la deputata representative (*in the Chamber of Deputies*)
il diritto (legal) right
il discorso speech; conversation
la disoccupazione unemployment
le elezioni elections
l'euro denomination of single European currency
la fabbrica factory
il governo government
il guadagno earnings, income
l'impiegato / l'impiegata white-collar worker
la manifestazione demonstration, rally
il miglioramento improvement
il ministro minister (*in government*)
il primo ministro prime minister
la moneta currency; coin
l'operaio / l'operaia blue-collar worker
il partito politico political party
il pensionato / la pensionata retired person
la politica politics
la povertà poverty
il presidente (della Repubblica) president (of the Republic)
la riduzione reduction
la riunione meeting
il salario wage
lo sciopero strike
il Senato Senate (*upper house of Parliament*)
il senatore / la senatrice senator
il sistema politico political system
lo stato the state, the national government
lo stipendio salary
le tasse taxes
il voto vote

AGGETTIVI

attuale current
disoccupato unemployed
europeo European
pigro lazy
unito united

ALTRE PAROLE ED ESPRESSIONI

così come just like
è ora it's time
fuori luogo out of place
intanto in the meantime
(mi) pare it seems (to me)
peccato too bad
può darsi it could be; it's possible
speriamo let's hope so

*Words identified with an asterisk (*) are conjugated with **essere**.

Capitolo 17

Una ragazza cerca offerte di lavoro attraverso il computer

IN BREVE

GRAMMATICA

A. Congiunzioni che richiedono il congiuntivo
B. Altri usi del congiuntivo
C. Congiuntivo o infinito?

INVITO ALLA LETTURA

- *Donne e lavoro*
- *In giro per le regioni: La Basilicata*

Fare domanda di lavoro°

°Fare... *To apply for a job*

Vocabolario preliminare

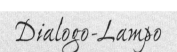

Dialogo-Lampo

EMANUELE: Inflazione, disoccupazione, crisi economica... e come lo trovo un lavoro?

GABRIELLA: Bisogna aver pazienza e persistere: fare domande, rispondere agli annunci, partecipare a concorsi...

EMANUELE: E tu, da quanto tempo persisti?

GABRIELLA: A dire il vero, io un lavoro ce l'ho: e serve proprio per trovarti un lavoro. Lavoro per il sindacato, io!

1. Perché è difficile trovare un lavoro al giorno d'oggi*?
2. Che cosa bisogna fare per trovare un lavoro?
3. Qual è il lavoro di Gabriella?

IL LAVORO

IN CERCA DI LAVORO (*LOOKING FOR WORK*)

il curriculum curriculum vitae, CV; resumé
l'offerta offer

assumere (*p.p.* **assunto**) to hire
avere un colloquio to have an interview
cercare lavoro to look for a job
fare domanda to apply
fissare un colloquio to set up an interview
partecipare a un concorso to take a civil-service exam
riempire un modulo to fill out a form
rispondere a un annuncio to answer an ad

GUADAGNARSI LA VITA (*TO EARN A LIVING*)

l'assistenza medica health insurance
l'assistenza sanitaria nazionale national health care
l'azienda, la ditta firm
il/la collega colleague
il commercio business, trade
il costo della vita cost of living
l'industria industry
l'inflazione (*f.*) inflation
il lavoratore / la lavoratrice worker
la mansione function, duty (*professional*)
il mestiere, la professione profession, trade
il requisito requirement, qualification
la richiesta demand
il sindacato labor union

fare il/la + professione to be a + *profession*
fare il/la dirigente to be an executive, manager
licenziare to fire
licenziarsi to quit

*al... *these days*

ESERCIZI

A. Sondaggio. Che cosa fareste nelle seguenti situazioni? Spiegate anche il perché delle vostre decisioni.

1. Siete insoddisfatti/e del vostro lavoro.
  a. Vi licenziate e cercate un altro lavoro.
  b. Decidete di restare perché guadagnate molto.

2. I vostri colleghi sono insopportabili (*unbearable*).
  a. Li ignorate completamente e vi concentrate sul vostro lavoro.
  b. Vi preoccupate (*You worry about*) in continuazione di come rispondere ai loro commenti.

3. La vostra ditta ha assunto un nuovo dirigente invece di promuovere (*promote*) voi.
  a. Andate a parlarne con il direttore della ditta.
  b. Non dite niente e vi lamentate con gli altri lavoratori.

4. Gli stipendi nel settore in cui lavorate sono molto bassi; il costo della vita è aumentato.
  a. Vi unite (*join*) ai sindacati e protestate.
  b. Vi lamentate ma aspettate che le cose si risolvano (*resolve themselves*) da sole.

5. Vedete un annuncio sul giornale; è proprio il lavoro che cercavate, ma non avete tutti i requisiti.
  a. Fate domanda e mandate il vostro curriculum lo stesso.
  b. Non rispondete all'annuncio; non avete tempo da perdere.

B. Tutto sul lavoro. Completate i brevi dialoghi con le espressioni adatte.

1. S1: Signora Rizzo, Le piace fare l'architetto?
  S2: Molto. È una (professione / azienda) interessantissima!

2. S1: Si è licenziata Irene?
  S2: Sì, e per fortuna qui in Italia non si perde (l'assistenza medica / l'inflazione).

3. S1: Hai fatto domanda per quel lavoro?
  S2: No, non penso di avere tutti i (colleghi / requisiti) necessari.

4. S1: Non vedo più Morelli.
  S2: Non lo sapevi? L'hanno (assunto / licenziato) un mese fa.

5. S1: Paolo, che fai da queste parti?
  S2: Vado ad un colloquio; (cerco lavoro / faccio il dirigente) da quasi sei mesi.

6. S1: Gloria è un tipo interessante. Cosa fa?
  S2: Non so esattamente; credo che lavori (nell'industria / nella mansione) dello spettacolo.

7. S1: Quest'anno le vendite (*sales*) sono in diminuzione (*down*).
  S2: Mah, è un periodo di scarsa (inflazione / richiesta).

C. A caccia di (*Hunting for*) **lavoro.** Simone Bellini, laureato in economia e commercio, ha finalmente trovato un lavoro! Completate la sua storia con parole del **Vocabolario preliminare** e con espressioni che conoscete già.

Simone Bellini era senza lavoro; era _____[1] da quasi tre mesi. Aveva fatto tutto il possibile: aveva _____[2] a molti _____[3] sul giornale, aveva _____[4] domanda in diverse aziende, aveva _____[5] tanti moduli, aveva fissato dei _____[6] con agenzie internazionali, e aveva persino (*even*) _____[7] a due concorsi per entrare al Ministero della Finanza. Per fortuna viveva con i suoi (*parents*), e così non doveva pensare ai _____[8] per l'affitto! Finalmente, un giorno ha ricevuto un' _____[9] di lavoro: lo _____[10] era molto alto, e le sue _____[11] di lavoro erano ben definite e ragionevoli (*reasonable*). Naturalmente Simone ha accettato!

in ascolto

Buon lavoro! Parlano Simone Bellini e la dirigente della ditta che l'ha assunto. Ascoltate attentamente, poi completate le frasi seguenti.

1. La signora Pagani è molto felice di _____ Simone Bellini.
2. Simone può incominciare _____.
3. Il segretario della signora Pagani gli darà il modulo per _____.
4. Secondo Simone, le sue _____ sono molto chiare.
5. Alla fine del colloquio la dirigente presenta Simone _____.

IL MONDO E' TUO
SE CONOSCI
I SEGRETI
DEL COMPUTER

Grammatica

A. Congiunzioni che richiedono il congiuntivo

Telefonata da un'oreficeria d'Arezzo in Florida

SIGNOR ONGETTA: Pronto, Signora Croci? Buongiorno, sono il rappresentante della Bottega del Gioiello. A proposito delle catene d'oro... non deve preoccuparsi, le ho già spedite e arriveranno in settimana... a meno che la posta non abbia ritardi!

SIGNORA CROCI: Sarebbe possibile una seconda spedizione prima che finisca l'anno? Ai nostri clienti piacciono molto le vostre creazioni!

SIGNOR ONGETTA: Non glielo posso promettere: per quanto i miei operai facciano il possibile, c'è sempre la possibilità di qualche intoppo.

SIGNORA CROCI: E il costo, sarà lo stesso?

SIGNOR ONGETTA: Beh, no, ci sarà un leggero aumento. Ne capirà i motivi senza che glieli spieghi: il prezzo dell'oro, il costo della mano d'opera, l'inflazione...

1. A conjunction (**una congiunzione**) is a word that connects other words or phrases. None of the conjunctions you have learned so far require the subjunctive.

Ti telefonerò **appena** usciranno gli annunci.	*I'll call you as soon as the ads come out.*
Fa la dirigente **ma** non guadagna molto.	*She's an executive but she doesn't earn much.*

A telephone call from a goldsmith's shop in Arezzo to Florida.
MR. ONGETTA: Hello, Mrs. Croci? Good morning, I am the agent for the Bottega del Gioiello. Regarding the gold chains . . . you needn't worry; I have already shipped them, and they will arrive within the week . . . unless there is a delay in the mail! MRS. CROCI: Would a second shipment be possible before the year is over? Our clients are very fond of your creations! MR. ONGETTA: I can't promise. Though my employees do their best, there is always the possibility of some kind of problem. MRS. CROCI: And the cost, will it be the same? MR. ONGETTA: Well, no, there will be a slight increase. You probably understand the reasons without my explaining them to you: the price of gold, the cost of labor, inflation . . .

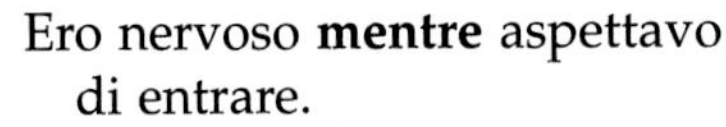

Si dice così: *prima che* e *dopo che*

Note that **prima che** is followed by the **congiuntivo** but **dopo che** is followed by the **indicativo.**

Marco prepara la cena **prima che** Gina **torni** dal lavoro. *Marco prepares dinner before Gina returns home from work.*

Marco prepara la cena **dopo che** Gina **è tornata** dal lavoro. *Marco prepares dinner after Gina returns home from work.*

Ero nervoso **mentre** aspettavo di entrare.	*I was nervous while I was waiting to go in.*
Si è licenziata **perché** era insoddisfatta del lavoro.	*She quit because she was unhappy with her job.*

2. Some conjunctions *always* take the subjunctive. The most common are

affinchè / perché	*so that*
a meno che... non	*unless*
prima che	*before* (*someone doing something*)
senza che	*without* (*someone doing something*)
benché / sebbene	*although*
a condizione che / purché	*provided that*

Danno dei corsi **perché** gli impiegati **siano** aggiornati.	*They offer courses so that their employees are up-to-date.*
Non posso darti un passaggio **a meno che** mio marito **non riporti** la macchina.	*I can't give you a ride unless my husband brings back the car.*
Telefonale **prima che assuma** un altro!	*Call her before she hires someone else!*
Dovresti fare domanda **senza che** lui lo **sappia.**	*You should apply without his knowing.*
Accetterò quell'offerta di lavoro **purché** tu lo **voglia.**	*I'll accept that job offer provided that you want me to.*

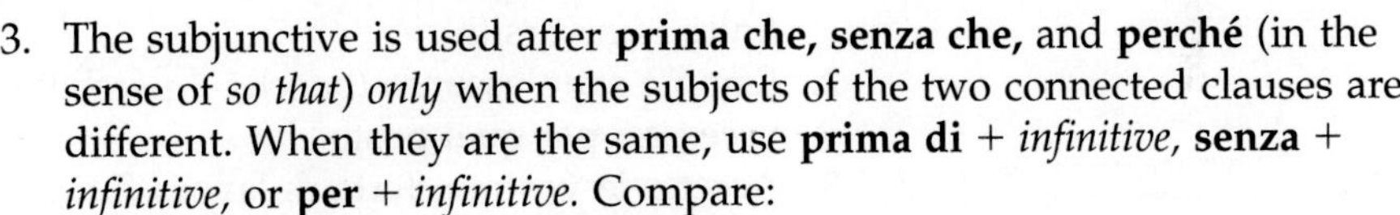

3. The subjunctive is used after **prima che, senza che,** and **perché** (in the sense of *so that*) *only* when the subjects of the two connected clauses are different. When they are the same, use **prima di** + *infinitive,* **senza** + *infinitive,* or **per** + *infinitive.* Compare:

Fa' domanda **prima che parta** la signora Bruni!	*Apply before Mrs. Bruni leaves!*
Fa' domanda **prima di partire!**	*Apply before you leave!*
Ti licenzierai **senza che** la dirigente ti **scriva** una lettera di raccomandazione?	*Will you quit without the boss writing a letter of recommendation for you?*
Ti licenzierai **senza scrivere** una lettera di raccomandazione per Giorgio?	*Will you quit without writing a letter of recommendation for Giorgio?*
Lavora **perché** i figli **possano** frequentare l'università.	*She works so that her children can go to college.*
Lavora **per poter** frequentare l'università.	*She works so that she can go to college.*

—Vai a chiamare gente, prima che spunti[a] il sole!

[a]*rises*

A. **Maddalena e Orlando.** Unisci le frasi del gruppo A con una conclusione logica del gruppo B per creare una frase completa.

Maddalena e Orlando...

A	B
1. vanno a mangiare la pizza prima di	a. salutare i genitori.
2. studiano molto per	b. i genitori non debbano pagare le loro spese universitarie.
3. vanno in vacanza senza	c. arrivino i parenti.
4. organizzano una festa per Marcello senza che	d. andare al cinema.
5. lavorano al mare d'estate perché	e. prendere bei voti.
6. escono di casa prima che	f. lui lo sappia.

B. **Trasformazioni.** Sostituisci le parole in corsivo con le parole tra parentesi, e fa' tutti i cambiamenti necessari.

1. Vanno in ufficio prima che *io* mi alzi. (tu / voi / i bambini / Mario)
2. Starò zitta purché *tu* cerchi lavoro. (Eduardo / i ragazzi / voi / Maria e Chiara)
3. Si licenzierà a meno che *tu* non le dia un aumento. (voi / l'azienda / i dirigenti / io)

C. **Quale costruzione?** Scegli tra le due forme date.

ESEMPIO: Piera ha partecipato al concorso (senza / senza che) dirlo a nessuno. →
Piera ha partecipato al concorso senza dirlo a nessuno.

1. Dario e Claudia vogliono trovare un lavoro (prima di / prima che) finire l'università.
2. Remo è stato assunto (benché / perché) non abbia tutti i requisiti necessari per quel posto.
3. Accetto la vostra offerta di lavoro (prima che / a condizione che) le mie mansioni siano ben definite.
4. I miei colleghi si licenzieranno (a meno che / sebbene) il sindacato non li aiuti.
5. Antonella ha richiesto un trasferimento (*transfer*) (senza che / senza) dire niente a nessuno.

D. **Congiunzioni.** Completa le frasi. Presta attenzione alla (*Pay attention to*) concordanza dei tempi verbali.

ESEMPI: Mi sono licenziata per... →
Mi sono licenziata per avere più tempo per la musica.

Cerco lavoro sebbene... →
Cerco lavoro sebbene ci siano poche possibilità.

1. Cambierò mestiere a condizione che...
2. Ho riempito il modulo senza...
3. Parteciperò a questo concorso per...

4. Telefono all'agenzia prima che...
5. Dopo la laurea farò un viaggio a meno che...
6. Risponderò agli annunci sul giornale sebbene...

B. Altri usi del congiuntivo

—Chiunque siate, mi dovete ubbidire! Qualunque decisione io prenda, dovete essere d'accordo! Dovunque io vada, dovete seguirmi!

Secondo te, tireranno i pomodori o seguiranno un nuovo dittatore?

In addition to the uses of the subjunctive you learned in **Capitolo 16,** the subjunctive is also used in the following situations:

1. in a dependent clause introduced by an indefinite word or expression

> chiunque *whoever, whomever*
> comunque *however, no matter how*
> dovunque *wherever*
> qualunque *whatever, whichever* (*adjective*)
> qualunque cosa *whatever, no matter what* (*pronoun*)

Chiunque tu **sia,** parla!	*Whoever you are, speak!*
Comunque vadano le cose, devi avere pazienza.	*No matter how things work out, you must have patience.*
Dovunque tu **vada,** troverai lavoro.	*Wherever you go, you'll find a job.*
Qualunque professione Anna **scelga,** avrà successo.	*Whatever profession Anna chooses, she will be successful.*
Qualunque cosa succeda, informateci!	*Whatever happens, let us know!*

2. in a clause introduced by a relative superlative

È l'azienda **più grande** che ci **sia.**	*It's the largest firm that there is.*
È il lavoro **più difficile** che io **abbia** mai **fatto.**	*It's the most difficult work I've ever done.*

3. in a clause introduced by a negative

Non c'è **nessuno** che tu **possa** assumere?	*Isn't there anyone you can hire?*
Mi dispiace, ma non c'è **niente** che io **possa** fare.	*I'm sorry, but there's nothing I can do.*

—Whoever you are, you must obey me! Whatever decision I make, you must agree! Wherever I go, you must follow!
In your opinion, will they throw the tomatoes or follow a new dictator?

A. **Da abbinare.** Abbina (*Connect*) ogni frase del gruppo A con una frase del gruppo B in modo da creare un'unica frase logica.

A	B
1. Salvatore pensa che non ci sia nessuno	**a.** qualunque università Simone scelga.
2. Comunque finiscano le elezioni,	**b.** può parlare con il professore.
3. La *Gioconda* (*Mona Lisa*)	**c.** con cui lui possa parlare dei suoi problemi.
4. Dovunque vada sua madre,	**d.** Maria sarà sempre fedele alla sua candidata.
5. Chiunque abbia problemi con la matematica	**e.** è il dipinto più bello che gli studenti abbiano mai visto.
6. I genitori saranno contenti di	**f.** il bambino la segue.

B. **In ufficio.** Sostituisci un indefinito alle parole in corsivo per creare una nuova frase. Fa' tutti i cambiamenti necessari.

ESEMPIO: Il nuovo impiegato legge *tutto quello che* gli do. →
Il nuovo impiegato legge qualunque cosa io gli dia.

1. *Quelli che* vogliono possono riempire il modulo adesso. **2.** *Non importa chi* è, l'avvocato non può vederlo. **3.** *Non importa dove* andate, non dimenticate di scrivere! **4.** *Non importa come* si veste, il signor Cammisa è sempre elegante. **5.** Voglio trovare *la persona che* sa riparare il mio computer! **6.** *La persona che* esce per ultimo deve chiudere il negozio.

C. **Franco il fortunato e Stefano lo sfortunato.** Tutto va bene per Franco, ma per Stefano tutto va storto (*awry*). Trasforma le frasi ottimiste di Franco nelle frasi pessimiste di Stefano.

ESEMPIO: C'è qualcuno che mi ama. → Non c'è nessuno che mi ami.

1. C'è qualcuno che mi vuole fare un regalo.
2. C'è qualcuno che viene al cinema con me.
3. C'è qualcosa che mi interessa.
4. C'è qualcosa che mi piace in frigo.
5. C'è qualcuno che mi parla volentieri.
6. C'è qualcosa che tu puoi fare per rallegrarmi (*cheer me up*).

D. **Mini-dialoghi.** Completa le battute (*exchanges*) con la forma corretta del verbo all'indicativo o al congiuntivo.

1. S1: Abbiamo bisogno di qualcuno che ci _____ (dare) una mano a finire questo lavoro.
   S2: Perché non telefoni a Renata? È una delle persone più competenti che io _____ (conoscere).

2. S1: Gino, sei proprio fortunato. Hai degli amici che _____ (essere) sinceri e sensibili.
   S2: Lo so, ma adesso cerco un'amica che _____ (essere) sincera e sensibile!
3. S1: Sandro, alla cassa c'è qualcuno che _____ (avere) bisogno di aiuto!
   S2: Non c'è nessun altro che lo _____ (potere) aiutare? Devo servire un altro cliente!
4. S1: Voglio portare Paolo in un ristorante che non _____ (costare) troppo. Vediamo... Conosci le Quattro Stagioni?
   S2: Certo! È ottimo, ma è anche il ristorante più caro che _____ (esserci)!

E. **Il dittatore.** Leggi il discorso che fa il dittatore al suo popolo a pagina 373. Tu ed un compagno/una compagna siete i dittatori della classe. Pensate a quello che volete imporre (*impose*) agli altri studenti. Usate **chiunque, comunque, dovunque, qualunque, qualunque cosa.** Vediamo se vi tirano i pomodori!

ESEMPIO: Dovunque andiate, dovete parlare italiano!

—Mi porti lo stesso, qualunque cosa sia!

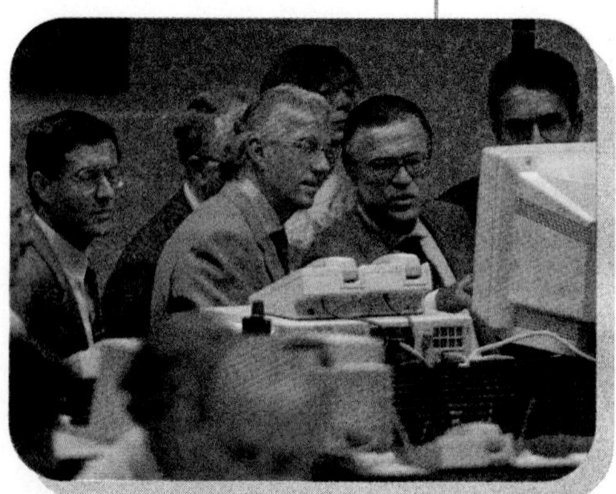

Agenti di cambio alla Borsa di Milano osservano i dati su un terminale

Per parlare del computer

Traduzioni
delete *annullare*
e-mail *posta elettronica*
print *stampare*
site *sito*

Italianizzazioni
click *cliccare*
format *formattare*
reset *resettare*

Prestiti non adattati
display
file
hardware
software

Nota culturale

Surfing all'italiana

La lingua italiana, ancora più delle altre lingue europee, sta attraversando[a] un momento di rapidi cambiamenti, dovuti soprattutto al fatto[b] che l'italiano solo da poche decine di anni si è trasformato da lingua prevalentemente scritta in lingua parlata. (Fino a 50 anni fa la maggior parte degli italiani parlavano il dialetto.)

Ma, come avviene[c] per le altre lingue, influiscono su questi cambiamenti anche altri fattori generali. La gente oggi viaggia moltissimo, sia all'interno del paese che all'estero; i rapporti commerciali sono sempre più vasti, anche oltre[d] l'oceano; si diffonde[e] ogni giorno di più il computer, e con esso[f] l'uso della lingua inglese come lingua franca.[g]

Dopo la seconda guerra mondiale, sono stati soprattutto la radio e la televisione a diffondere[h] la lingua nazionale fra quella parte di popolazione, soprattutto delle regioni del sud, che conosceva solo il dialetto.

E sono stati ancora la radio e la televisione a far affermare[i] in tutta Italia l'uso generalizzato di alcune pronunce, termini e strutture grammaticali prese a prestito[j] dai diversi dialetti regionali, che oggi rientrano nella lingua standard.

L'italiano in effetti è una lingua che tende a servirsi[k] in modo massiccio[l] dei prestiti[m]. Importa cioè nel proprio vocabolario d'uso quotidiano parole appartenenti ad[n] altre lingue, senza affatto cambiarle. Non si fa quindi una traduzione[o] né si italianizza[p] la forma, così come fanno generalmente lingue come il francese e lo spagnolo.

Negli ultimi anni, i prestiti più numerosi sono venuti e stanno venendo[q] dalla lingua inglese-americana. L'ambito[r] di maggiore applicazione è il settore dell'informatica, in cui, fra le parole più frequenti ce ne sono alcune delle quali si usa la traduzione,[s] altre che sono state adattate alla morfologia[t] italiana, ma molte che vengono correntemente usate[u] nella loro forma originale.

[a]sta... *is experiencing* [b]dovuti... *due mainly to the fact* [c]*happens* [d]*beyond* [e]si... *spreads* [f]*it* [g]lingua... *common language* [h]*disseminate* [i]far... *bring about* [j]prese... *borrowed* [k]tende... *tends to make use of* [l]*massive* [m]*borrowings* [n]appartenenti... *belonging to* [o]Non... *Thus it (Italian) doesn't translate* [p]né... *nor does it italianize* [q]stanno... *are coming* [r]*area* [s]alcune... *some for which a translation is used* [t]*structure* [u]vengono... *are currently used*

C. Congiuntivo o infinito?

FIORELLA: Valentina, come mai in giro a quest'ora? Non sei andata in ufficio?

VALENTINA: Non lo sapevi? Ho chiesto altri sei mesi di aspettativa per avere più tempo per mio figlio.

FIORELLA: Sei contenta di stare a casa?

VALENTINA: Per ora sì, ma tra sei mesi bisogna che io torni a lavorare e allora mio marito chiederà l'aspettativa per stare con il bambino.

The subjunctive is used when the subjects of the verbs in the independent and dependent clauses are different: ***Io* voglio che *tu* voti!** When the subject of both verbs is the same, the infinitive is used instead of the subjunctive.

1. As you already know, the infinitive alone follows verbs indicating preference (**desiderare, preferire, volere**) when the subject is the same. Compare the following:

Voglio **votare** presto.	*I want to vote early.*
Voglio **che votiate** presto.	*I want you to vote early.*
Preferisco lavorare di notte.	*I prefer working at night.*
Preferisco che **lavorino** di notte.	*I prefer that they work at night.*

2. After most other verbs and expressions, **di** + *infinitive* is used when the subject is the same.

Spero **di votare** presto.	*I hope to vote early.*
Spero **che votiate** presto.	*I hope you vote early.*
Sono contenta **di aiutare** i senzatetto.	*I'm glad to help homeles people.*
Sono contenta **che il governo aiuti** i senzatetto.	*I'm glad the government helps homeless people.*

3. The past infinitive (**avere** or **essere** + *past participle*) is used to refer to an action that has already occurred. In the case of past infinitives with **essere,** the past participle agrees with the subject in gender and number.

	VERBI CONIUGATI CON **avere**	VERBI CONIUGATI CON **essere**
present infinitive:	votare	andare
past infinitive:	avere votato	essere andat**o**/**a**/**i**/**e**

Nota bene: le espressioni impersonali

After impersonal expressions that take the subjunctive, the subjunctive is used if the verb of the dependent clause has an expressed subject. If no subject is expressed, the infinitive is used.

Non è possibile **che lui ricordi** tutto. *It isn't possible for him to remember everything.*

Non è possibile **ricordare** tutto. *It isn't possible to remember everything.*

FIORELLA: Valentina, what are you doing out at this hour? Didn't you go to work? VALENTINA: Didn't you know? I asked for six more months of maternity leave to have more time for my son. FIORELLA: Are you happy staying home? VALENTINA: Yes, for now, but in six months I'll have to go back to work; and then my husband will ask for a paternity leave so he can stay with the baby.

Ho paura **di non aver* capito.**	*I'm afraid I didn't understand.*
Ho paura che non abbiate capito.	*I'm afraid you didn't understand.*
Sono contenti **di esser* venuti.**	*They are happy they came* (*to have come*).
Sono contenti che tu sia venuta.	*They are happy you came.*

Esercizi

A. Di, che, X. Scegli la parola che completa le frasi. La X significa che la frase è già corretta.

1. Penso (di / X / che) andare in ufficio alle nove invece delle otto.
2. Gli impiegati sono contenti (di / X / che) aver fatto lo sciopero.
3. Mia madre crede (di / X / che) Salvatore voglia rispondere all'annuncio.
4. Non è possibile (di / X / che) il presidente della ditta faccia il colloquio a Salvatore.
5. Non è possibile (di / X / che) fare un colloquio con il presidente della ditta.
6. Le ragazze vogliono (di / X / che) partecipare al concorso in gennaio.
7. L'insegnante vuole (di / X / che) le ragazze partecipino al concorso in gennaio.
8. È probabile (di / X / che) ci vogliano tanti requisiti per quel posto di lavoro.
9. Prima (di / X / che) fissare un colloquio, bisogna riempire un modulo.

B. Sembra, è vero... Crea frasi nuove che cominciano con le espressioni tra parentesi. Usa **che** + *l'indicativo,* **che** + *il congiuntivo,* o *l'infinito* con o senza **di.**

ESEMPIO: Vi fate sentire. (sembra / è vero / non pensate) →
Sembra che vi facciate sentire.
È vero che vi fate sentire.
Non pensate di farvi sentire.

1. Ho un aumento. (voglio / non vogliono / è probabile)
2. Conoscono bene le teorie femministe. (pare / credono / sono sicuro)
3. Organizzate uno sciopero. (sperate / può darsi / è importante)
4. Riprendo il lavoro tra poco. (è vero / non credo / siete contenti)

C. Opinioni personali. Completa le frasi in modo logico.

ESEMPI: Voglio... →
Voglio votare alle prossime elezioni.

Voglio che... →
Voglio che ci sia una riforma del sistema sanitario.

*The final *e* in an infinitive is often omitted when followed by another word.

1. È vero che...
2. È ora che...
3. Non credo di...
4. Non credo che...
5. Spero che...
6. Sono contento/a di...
7. Non sono felice di...
8. Mi dispiace che...

Piccolo ripasso

A. Conclusioni. Completa le frasi del gruppo A con quelle del gruppo B.

A	B
Benché siano ricchi	abbiamo fatto colazione.
Potete restare qui	non aprire la porta.
Chiunque suoni	per quanto la crisi economica sia seria.
Bevo sempre qualcosa	a meno che non facciate attenzione.
Dopo esserci alzati	sono infelici.
Non capirete niente	purché non facciate rumore.
Riuscirò a trovare lavoro	prima di andare a letto.

B. Reazioni. Con un compagno / una compagna, reagite (*react*) in modo positivo alla notizia che sentite. Cominciate con **sono contento/a che** + *il congiuntivo presente* o *passato,* o **sono contento/a di** + *l'infinito presente* o *passato.*

ESEMPI: tu / fare domanda alla IBM →
S1: Hai fatto domanda alla IBM?
S2: Sì, e sono contento/a di aver fatto domanda alla IBM.

lo sciopero dei treni / finire domani →
S1: Lo sciopero dei treni finisce domani?
S2: Sì, e sono contento/a che finisca domani.

1. tu / avere un aumento di stipendio la settimana scorsa
2. gli insegnanti / riprendere il lavoro domani
3. tu / mandare il curriculum alla ditta dove lavora tuo padre
4. tu / licenziarti la settimana scorsa
5. il sindacato / chiedere l'assistenza medica per tutti gli impiegati domani
6. tu / partecipare ad un concorso a Bari ieri

C. Le decisioni. Leggi le frasi e decidi se si usa l'infinito, l'indicativo o il congiuntivo. Poi completa le frasi.

	INDICATIVO	CONGIUNTIVO	INFINITO
1. *War and Peace* è il libro più lungo che io...	_____	_____	_____
2. Mia madre ha paura che i bambini...	_____	_____	_____
3. Loro sono sicuri che...	_____	_____	_____
4. Vi do i soldi affinché voi...	_____	_____	_____
5. Gina è la persona più simpatica che io...	_____	_____	_____
6. Non è possibile che il presidente...	_____	_____	_____
7. Noi lavoriamo molto sebbene...	_____	_____	_____
8. Andiamo al parco prima di...	_____	_____	_____

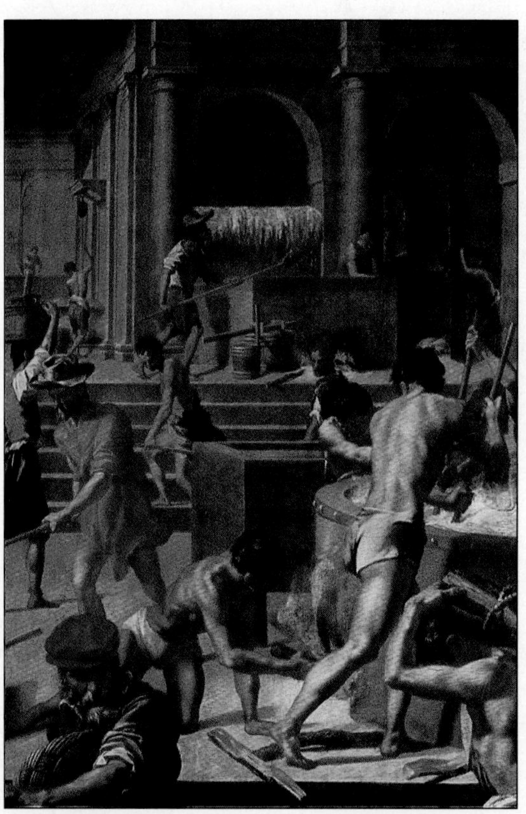

La fabbrica di lana (c. 1570), Mirabello Cavalori (Firenze, Palazzo Vecchio; foto Fototeca MARKA)

Invito alla lettura

Donne e lavoro

Una poliziotta a Torino

La donna italiana è forse quella che, nei paesi occidentali, ha impiegato più tempo a conquistare un ruolo di parità[a] rispetto all'uomo.

La società italiana negli ultimi anni si è tuttavia notevolmente aperta,[b] grazie anche alle lotte femministe degli anni '70 che in Italia sono state particolarmente vivaci. Fino agli anni '70 era profondamente radicata[c] nella cultura italiana l'immagine della donna come «angelo del focolare»,[d] cioè addetta[e] alla cura della casa, dei figli e del marito. Ma nel periodo delle grandi battaglie femministe sono state approvate leggi importanti, che hanno dato alle donne parità di diritti e doveri all'interno della famiglia e della società.

Nel 1974 l'Italia ha avuto la legge sul divorzio. Nel 1975 c'è stato il nuovo diritto di famiglia che stabilisce l'uguaglianza[f] dei diritti e dei doveri di entrambi i coniugi.[g] Secondo la legge, anche i padri possono assentarsi[h] dal lavoro per accudire[i] i figli piccoli, e si è così affermato un principio importante: la cura dei figli non è affidata esclusivamente alle donne che, se vogliono, possono dedicare più tempo alla propria professione. Nel 1978 la legge ha introdotto infine[j] in Italia l'interruzione volontaria della gravidanza,[k] che riconosce alla donna il diritto di abortire nei primi novanta giorni di gestazione.

Nonostante tutto questo,[l] tuttavia, la vita delle donne non è sempre, e ovunque,[m] facile. Dei disoccupati italiani la maggioranza sono donne e, tra le donne che lavorano, poche sono quelle che svolgono professioni di primo piano[n] o arrivano ai vertici[o] della carriera. È più facile che le donne facciano le insegnanti, le segretarie, le infermiere, piuttosto che le ingegnere o le fisiche nucleari o le dirigenti di industria. Assai bassa[p] è la percentuale di donne in Parlamento e fra i ministri.

[a]un... *an equal role* [b]si... *has nevertheless opened up remarkably* [c]*rooted* [d]*"angel of the hearth"* [e]*fit for* [f]*equality* [g]*spouses* [h]*take time off* [i]*take care of* [j]*in the end* [k]*pregnancy* [l]Nonostante... *Despite all this* [m]*everywhere* [n]di... *at the highest level* [o]*heights* [p]Assai... *Rather low*

C'è poi da evidenziare[q] che la realtà italiana non è molto omogenea e, anche per quanto riguarda le donne, c'è molta differenza tra Nord e Sud. Al Sud le donne si sposano prima e fanno più figli, in media[r] studiano meno degli uomini e sono più penalizzate nella ricerca del lavoro. In regioni come la Basilicata e la Calabria, purtroppo, esiste ancora molto lavoro «nero» che impiega soprattutto le donne. Ragazze molto giovani e donne già mature con figli da mantenere raccolgono[s] frutta in campagna o cuciono[t] in casa, senza regolari contratti di lavoro, senza assicurazione sociale[u] e con paghe assai scarse.[v]

Intanto comunque,[w] anche in Italia le donne si stanno facendo strada[x]: ci sono non solo stiliste famose, attrici, registe, scrittrici, musiciste, cantanti, ma anche una grande scienziata come Rita Levi Montalcini, premio Nobel per la medicina.

[q]*make clear* [r]in... *on average* [s]*they gather* [t]*they sew* [u]assicurazione... *benefits* [v]*limited* [w]Intanto... *Meanwhile though* [x]si... *are making strides*

In giro per le regioni

La Basilicata

La Basilicata è una delle regioni più piccole d'Italia. Quasi tutto il territorio della regione è montuoso e, un tempo, i monti erano coperti da fitti[a] boschi. Da questi boschi deriva l'altro nome della regione, Lucania, dal latino *lucus* (bosco). Anche se si trova a Sud, la Basilicata ha in inverno un clima assai freddo, tanto che Potenza, il capoluogo della regione, è una delle città più fredde d'Italia. E anche il clima sfavorevole[b] ha influito, insieme al terreno poco adatto all'agricoltura, alla povertà di questa regione in cui la popolazione di interi paesi è stata costretta[c] ad emigrare.

È una regione poco conosciuta, ma una visita può offrire piacevoli sorprese. La città di Matera è del tutto particolare: la parte vecchia infatti è tutta scavata nella roccia.[d] Per questo le costruzioni sono chiamate «Sassi», e formano un insieme molto vario e pittoresco. Ci sono semplici caverne, stalle per gli animali, case di contadini ma anche piccoli palazzi di gente più ricca e perfino[e] chiese sulle quali sono stati costruiti eleganti campanili.

[a]*dense* [b]*unfavorable* [c]*forced* [d]scavata... *carved out of the rock* [e]*even*

E ora a voi

Capire

Ecco una serie di informazioni sulla posizione delle donne italiane. Non tutte queste informazioni sono nel testo che avete letto. Indicate solo le informazioni che *non sono* nel testo.

1. In Italia negli anni '70 ci furono dei vivaci gruppi di femministe.
2. Oggi le ragazze più giovani vogliono avere più tempo da dedicare ai figli.
3. La maggior parte delle leggi sulla parità sono state sostenute dal partito socialista.
4. Il nuovo diritto di famiglia è una delle leggi più avanzate d'Europa in materia di parità.
5. Secondo la legge, anche i padri hanno diritto di assentarsi dal lavoro per accudire i figli.
6. Le professioni più prestigiose e i posti di maggiore potere sono occupati soprattutto dagli uomini.
7. La maggior parte degli insegnanti, in tutte le scuole, sono donne.
8. Al Sud la vita delle donne è più difficile che al Nord.
9. Al Sud spesso gli uomini proibiscono alle proprie donne di lavorare fuori di casa.
10. In alcune regioni del Sud molte donne lavorano «in nero.»

Scrivere

Cercate, se possibile, dei dati statistici che riguardano il rapporto fra donne e lavoro nel vostro paese.

Acquisite comunque delle informazioni su: la percentuale di donne che non hanno un lavoro sul totale dei disoccupati, quanto guadagnano le donne rispetto agli uomini, la percentuale di donne che occupano i vertici delle istituzioni o dell'economia, la maggiore o minore presenza femminile nelle diverse professioni, ecc.

Dopo, scrivete un breve saggio (120–400 parole circa) in cui descrivete la posizione delle donne riguardo al lavoro.

Videoteca

I due innamorati° Io o il gatto?

° *sweethearts*

Roberto e Silvana discutono della possibilità di vivere nella stessa città, cioè Roma. C'è un problema, però: che fare con Enzo? Al loro arrivo a Vietri, Carla, la sorella di Silvana, saluta i tre amici ma presta (*pays*) particolare attenzione ad Enzo. Il gatto continua a cambiare nome...

ESPRESSIONI UTILI

la liquirizia licorice
il goloso glutton
passare dall'Università to transfer from the University
non posso permettermelo I can't afford it
a proposito by the way . . .
mi raccomando! please! (I beg you.)
se non altro if nothing else
rifarti il letto to make your bed
mi sei mancata I missed you
chissà! who knows!
ci sei cascato! you fell for it!
ci vediamo dopo we'll see each other later
Chissà che dolore. What a blow.
già! exactly!

Dal video

SILVANA: Perché non vieni a stare a Roma? Passare dall'Università di Bologna a quella di Roma non è un problema.
ROBERTO: Ma lo sai, non posso permettermelo. Solo per trovare un appartamento in affitto dovrei spendere il triplo.

Preparazione

Vero o falso?

1. Silvana chiede a Roberto di passare dall'Università di Roma a quella di Bologna.
2. Enzo non sapeva niente dello scherzo.
3. I genitori di Silvana sanno che Silvana e Roberto stanno insieme.

FUNZIONE: Esprimere le proprie preferenze, emozioni e convinzioni

Comprensione

1. Roberto come propone di risolvere il problema di Enzo se si trasferisce a Roma?
2. Come reagisce Roberto quando lo prendono in giro?
3. Qual è la storia del gatto?

Attività

Sei proprietario di un'impresa di costruzione e stai facendo dei colloqui per alcuni posti nel cantiere (*construction crew*) di un grattacielo a Milano. Decidi chi avrà il posto basandoti sulle risposte alle seguenti domande ed altre che ti paiano appropriate.

1. Che peso pensa di poter sollevare (*lift*)?
2. È possibile che Lei soffra di vertigini (*dizziness*)?
3. Accetterebbe questo lavoro senza che ci fosse l'assistenza medica?
4. Qual è il lavoro più difficile che abbia fatto?

Parole da ricordare

VERBI

assumere (*p.p.* **assunto**) to hire
avere un colloquio to have an interview
fare il/la + *professione* to be a + *profession*
fare domanda to apply
fissare un colloquio to set up an interview
licenziare to fire
licenziarsi to quit (*a job*)
partecipare a un concorso to take a civil-service exam
preoccuparsi di to worry about
promuovere (*p.p.* **promosso**) to promote
riempire un modulo to fill out a form
unirsi a to join

NOMI

l'annuncio employment ad, notice
l'assistenza medica health insurance
l'assistenza sanitaria nazionale national health care
l'azienda firm, business
la catena chain
il/la collega colleague
il colloquio interview
il commercio business, trade
il costo della vita cost of living
il curriculum curriculum vitae, CV; resumé
il/la dirigente executive, manager
la ditta firm, business
l'industria industry
l'inflazione (*f.*) inflation
il lavoratore / la lavoratrice worker
la mano d'opera labor
la mansione function, duty (*professional*)
il mestiere trade, occupation
l'offerta offer
l'oro gold
la possibilità possibility
la posta mail; post office
la professione profession
il requisito requirement, qualification
la richiesta demand
il sindacato labor union
il trasferimento transfer

AGGETTIVI

aggiornato up-to-date
insoddisfatto di unsatisfied, unhappy with
insopportabile unbearable
leggero slight, light
soddisfatto di satisfied, happy with

ALTRE PAROLE ED ESPRESSIONI

a condizione che provided that
affinché so that
al giorno d'oggi these days
a meno che... non unless
benché although
chiunque whoever, whomever
comunque no matter how
dovunque wherever
perché (+ *subjunctive*) so that
prima che before
purché provided that
qualunque whichever, whatever
qualunque cosa whatever, no matter what
sebbene although
senza che without

Capitolo 18

IN BREVE

GRAMMATICA

A. Imperfetto del congiuntivo
B. Trapassato del congiuntivo
C. Correlazione dei tempi nel congiuntivo

LETTURA

- *Dall'emigrazione all'immigrazione*
- *In giro per le regioni: Il Piemonte e La Liguria*

Studenti all'Università di Pisa

La società multiculturale

Vocabolario preliminare

Dialogo-Lampo

ANTONIO: Siete andati tu e Carla alla manifestazione contro la violenza razzista, ieri?

FABRIZIO: Sì, e ho portato anche due miei studenti del Nord Africa, per mostrargli la nostra solidarietà...

ANTONIO: È stata bellissima, non credi? Con tutti quei giovani che cantavano e si tenevano per mano.

FABRIZIO: I giovani sono la nostra speranza. Il razzismo non è genetico, è una cosa che impariamo quando riceviamo messaggi che dobbiamo avere paura di chi è diverso.

ANTONIO: È quello che dico sempre ai miei figli. Che la diversità è un valore positivo, che possiamo imparare tanto dalle altre culture...

1. A che tipo di manifestazione hanno partecipato Antonio e Fabrizio?
2. Chi è andato con Fabrizio? Perché?
3. Cosa pensa dei giovani Fabrizio?
4. Cosa pensa della diversità Antonio?

PER DISCUTERE DEI PROBLEMI SOCIALI

QUESTIONI SOCIALI (*SOCIAL ISSUES*)

l'alcolismo alcoholism
il consumismo consumerism
la droga drugs
il drogato / la drogata drug addict
l'emarginazione marginalization
l'extracomunitario/a* person from outside the European Community
l'immigrato / l'immigrata immigrant
l'immigrazione immigration
l'ineguaglianza inequality
l'ingiustizia injustice
l'intolleranza intolerance
il materialismo materialism
la miseria poverty
il razzismo racism
il/la razzista (*m. pl.* **razzisti**) racist
la ricchezza wealth
il/la senzatetto (*pl.* **i/le senzatetto**) homeless person
il/la tossicodipendente drug addict
la tossicodipendenza drug addiction
la violenza violence

abusivo illegal

*The term **extracomunitario/a** literally refers to anyone from a country outside the European Community, but it is used colloquially to refer to people from Third World countries who work or seek work in Italy.

Parole-extra

il centro sociale social-services center
integrarsi to integrate oneself, fit in
l'integrazione integration
il pregiudizio prejudice
sovvenzionare to subsidize
stanziare fondi to allocate resources

I VALORI SOCIALI (*SOCIAL VALUES*)

l'amicizia friendship
la giustizia justice
l'uguaglianza equality

assicurare to ensure
convivere to live together (*in all senses*)

eliminare to eliminate
***essere a favore di** to be in favor of
***essere contro** to be against
***essere impegnato** to be politically engaged
fidarsi di to trust, have faith in
giudicare to judge

A. Contrari. Collegate le espressioni della colonna A con i loro contrari della colonna B.

A	B
1. _____ l'amicizia	a. la miseria / la povertà
2. _____ la giustizia	b. rendere incerto
3. _____ impegnato	c. l'ostilità
4. _____ assicurare	d. l'ingiustizia
5. _____ la ricchezza	e. indifferente

B. Cosa vi fa più paura? Mettete due crocette vicino alle cose che vi preoccupano di più e una crocetta vicino alle cose che vi preoccupano di meno. Poi spiegate le vostre scelte.

ESEMPI: Oggi c'è poca comunicazione tra i vari membri della famiglia. La diversità mi preoccupa poco perché per me è un valore (*value*) positivo.

_____ la solitudine
_____ l'indifferenza
_____ il razzismo
_____ il consumismo
_____ la povertà
_____ le malattie incurabili
_____ l'intolleranza religiosa
_____ l'ingiustizia
_____ l'instabilità politica
_____ la diversità
_____ la violenza
_____ il materialismo
_____ la droga
_____ l'alcolismo
_____ l'ineguaglianza economica

C. A favore o contro? Siete a favore delle seguenti leggi o contro? Spiegate perché.

ESEMPIO: una legge che elimini il divieto (*prohibition*) dell'uso d'alcolici da parte dei giovani sotto i ventun'anni → Sarei contro questa legge perché troppi adolescenti muoiono (*die*) a causa dell'uso di alcolici. *o* Sarei a favore di questa legge perché...

1. una legge che permetta *solo* alla polizia di portare armi da fuoco (*firearms*)
2. una legge che renda le droghe leggere (tipo marijuana) legali
3. una legge che stanzi (*allocates*) fondi per riabilitare i tossicodipendenti
4. una legge che sovvenzioni centri sociali per i senzatetto

D. Cosa ne pensano? Chiedete a un compagno / una compagna...

1. se per lui/lei l'uguaglianza è una realtà impossibile. **2.** se per lui/lei la povertà è naturale in ogni società. **3.** se si sente spesso giudicato/a dagli altri. **4.** se i suoi genitori lo/la capiscono e apprezzano le sue idee. **5.** se considera problematico convivere in una società multietnica. **6.** se si fida dei suoi amici. **7.** se è ottimista riguardo al futuro.

in ascolto

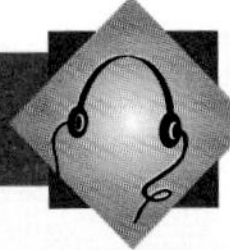

Ben arrivata! Barbara e Lorenzo parlano di amici di Lorenzo che hanno adottato una bambina etiope (*Ethiopian*). Ascoltate con attenzione e poi correggete le frasi sbagliate.

1. Gli amici di Lorenzo non sono ancora tornati dall'Etiopia.
2. Il nome *etiope* della bambina significa «la figlia della luna.»
3. La bambina ha già otto anni.
4. È stato poco complicato adottare la bambina.
5. La bambina, quando crescerà, sarà bilingue.

«Fare del bene fa sentire bene»: lo afferma il 95 per cento delle persone che si dedicano al volontariato.[a] E spiegano che la buona azione procura loro un calore[b] straordinario e un'eccezionale carica[c] di energia.

[a]*volunteer work* [b]*enthusiasm* [c]*charge*

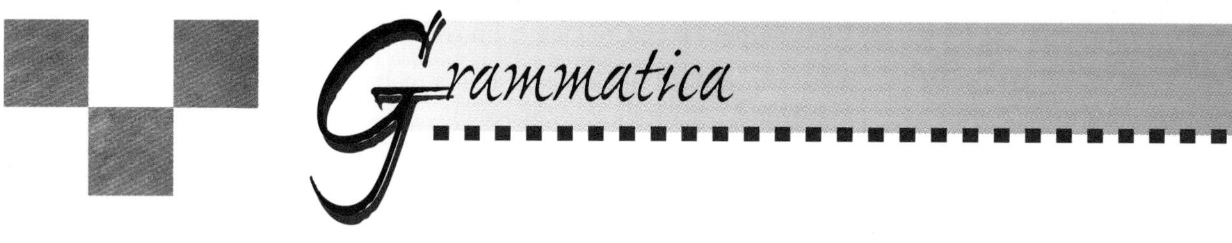

A. Imperfetto del congiuntivo

CINZIA: Così tuo padre non voleva che tu ti fidanzassi con Shamira?
IVAN: Assurdo! Sperava invece che mi innamorassi di Daniela, così sarei diventato dirigente nell'azienda di suo padre!
CINZIA: Che materialista! E tua madre?
IVAN: Lei invece non vedeva l'ora che mi sposassi con Shamira! Non può sopportare Daniela!

Like the indicative (see **Capitolo 8**), the subjunctive also has an imperfect form.

1. The imperfect subjunctive (**l'imperfetto del congiuntivo**) uses the same stem as the imperfect indicative—the stem formed by dropping the **-re** of the infinitive—and adds the same set of endings to verbs of all conjugations.

   Only **essere, dare,** and **stare** do not follow this rule.

	lavorare	**scrivere**	**dormire**	**capire**
che io	lavora**ssi**	scrive**ssi**	dormi**ssi**	capi**ssi**
che tu	lavora**ssi**	scrive**ssi**	dormi**ssi**	capi**ssi**
che lui/lei/Lei	lavora**sse**	scrive**sse**	dormi**sse**	capi**sse**
che	lavora**ssimo**	scrive**ssimo**	dormi**ssimo**	capi**ssimo**
che	lavora**ste**	scrive**ste**	dormi**ste**	capi**ste**
che	lavora**ssero**	scrive**ssero**	dormi**ssero**	capi**ssero**

essere	**dare**	**stare**
fossi	dessi	stessi
fossi	dessi	stessi
fosse	desse	stesse
fo**ssimo**	de**ssimo**	ste**ssimo**
fo**ste**	de**ste**	ste**ste**
fo**ssero**	de**ssero**	ste**ssero**

Nota bene:
bere, dire, fare

Bere, dire, and **fare** also use the imperfect indicative stem to form the **imperfetto del congiuntivo.**

bere	**dire**
(**beve**vo)	(**dice**vo)
beve**ssi**	dice**ssi**
beve**ssi**	dice**ssi**
beve**sse**	dice**sse**
beve**ssimo**	dice**ssimo**
beve**ste**	dice**ste**
beve**ssero**	dice**ssero**

fare
(**face**vo)
face**ssi**
face**ssi**
face**sse**
face**ssimo**
face**ste**
face**ssero**

CINZIA: So your father didn't want you to get engaged to Shamira? IVAN: Ridiculous! He hoped that I would fall in love with Daniela instead, so that I would become an executive in her father's firm! CINZIA: What a materialist! And your mother? IVAN: She on the other hand couldn't wait for me to get married to Shamira! She can't stand Daniela!

2. The conditions that call for the use of the present subjunctive (**Capitoli 16** and **17**) also apply to the use of the imperfect subjunctive. The imperfect subjunctive is used when the verb in the independent clause is in some *past tense* or the *conditional* and the action of the dependent clause occurs *simultaneous with* or *after* the action of the independent clause.

Credo che **abbia** ragione.	*I think she's right.*
Credevo che **avesse** ragione.	*I thought she was right.*
Non **è** probabile che **prendano** una decisione.	*It isn't likely they'll make a decision.*
Non **era** probabile che **prendessero** una decisione.	*It wasn't likely they would make a decision.*
Il razzismo **è** il peggior problema che ci **sia.**	*Racism is the worst problem there is.*
Il razzismo **era** il peggior problema che ci **fosse.**	*Racism was the worst problem there was.*
Ti **piace** che i tuoi **siano** a favore della nuova legge?	*Are you glad that your parents support the new law?*
Ti **piacerebbe** se i tuoi **fossero** a favore della nuova legge?	*Would you be glad if your parents supported the new law?*

A. Trasformazioni. Trasforma le frasi dal passato al presente.

ESEMPIO: Dovunque tu andassi, ti seguivo. → Dovunque tu vada, ti seguo.

1. Era probabile che Oscar venisse alla festa con Giuliana.
2. Non credevo che i miei genitori fossero a favore della convivenza (*living together*) prima del matrimonio.
3. Gli studenti pensavano che il razzismo e il materialismo fossero problemi esclusivamente americani.
4. Marcello ha pulito il bagno purché Caterina pulisse la cucina.
5. Chiunque volesse poteva partecipare alla manifestazione contro la droga.
6. Credevo che il presidente volesse eliminare la povertà.
7. Qualunque cosa dicessero i miei genitori, ero sempre contrario/a.

B. Ancora trasformazioni. Sostituisci il verbo indicato con la forma corretta dei verbi tra parentesi.

1. Bisognava che io *camminassi.* (riposarsi [*to rest*] / prendere una decisione / finire / guadagnarsi da vivere [*to earn a living*])
2. Preferiresti che *tornassero?* (rimanere / non bere / dare una mano / dire la verità)
3. Speravamo che voi *pagaste.* (fare la spesa / non interferire / avere ragione / essere contro questa legge)

C. Scambi. Completa le battute con l'imperfetto del congiuntivo del verbo tra parentesi.

1. S1: Non credevo che Giuseppe _____ (essere) così impegnato.
   S2: Sai, lavora sempre. Vorrei tanto che _____ (prendersi) una vacanza.
2. S1: Ho aperto la finestra perché _____ (entrare) un po' d'aria.
   S2: Se hai bisogno d'aria, sarebbe meglio che tu _____ (andare) fuori: io ho freddo e sto poco bene.
3. S1: Mi pareva che voi _____ (annoiarsi) alla festa venerdì sera.
   S2: Beh, speravamo che Marco e Silvio non _____ (raccontare) le solite sciocchezze (*nonsense*).
4. S1: Cercavamo qualcuno che ci _____ (potere) aiutare.
   S2: Vorrei che voi mi _____ (chiamare) quando avete bisogno di aiuto!
5. S1: Il dottore voleva che io _____ (bere) otto bicchieri d'acqua al giorno. Che noia!
   S2: Invece era importante che tu _____ (seguire) il suo consiglio.

D. Desideri personali. Completa le frasi secondo le tue opinioni e i tuoi desideri. Paragona le tue risposte con quelle di un compagno/una compagna.

ESEMPIO: Vorrei che i giovani fossero più impegnati (fossero meno consumisti, combattessero contro il razzismo).

1. Vorrei che il governo...
2. Sarebbe meglio che i giovani...
3. Da bambino/a, avevo paura che...
4. Era meglio che i miei amici...
5. Preferirei che i miei genitori...

—Ma a te piacerebbe che noi venissimo a curiosare[a] in casa tua?

[a]*snoop around*

B. Trapassato del congiuntivo

A chi hai raccontato la bugia più grossa?
Teresa Bonaccorso
44 anni, parrucchiera
Ho un marito geloso. Per uscire con le amiche, mi invento una cena all'Hotel Balducci che però quella sera era chiuso. E se lui se ne fosse accorto? È stata una serata d'angoscia.
Caterina Lagrassa
27 anni, studentessa e casalinga
Mio marito pensava che avessi messo una somma da parte. Lo rassicuravo:"Sì, sì, quei soldi ci sono." Beh, ha scoperto che non c'erano più. Li avevo spesi, ma per un orologio d'oro per lui.

Like the indicative (see **Capitolo 8**), the subjunctive also has a pluperfect form.

1. The pluperfect subjunctive (**il trapassato del congiuntivo**) is formed with the imperfect subjunctive of **avere** or **essere** + *past participle* of the verb.

VERBI CONIUGATI CON **avere**		VERBI CONIUGATI CON **essere**	
che io avessi	lavorato	che io fossi	partito/a
che tu avessi		che tu fossi	
che lui/lei avesse		che lui/lei fosse	
che avessimo		che fossimo	partiti/e
che aveste		che foste	
che avessero		che fossero	

Teresa Bonaccorso
44 years old, hairdresser
I have a jealous husband. To go out with my girlfriends, I invented a dinner at the Hotel Balducci, which was closed that night. And if he had realized? That was an evening of anguish.

Caterina Lagrassa
27 years old, student and housewife
My husband thought that I had put some money aside. I assured him: "Yes, yes, the money is there." Well, he discovered that it wasn't there anymore. I had spent it, but for a gold watch for him.

2. The pluperfect subjunctive is used in place of the **trapassato indicativo** whenever the subjunctive is required.

Avevano capito.	*They had understood.*
Speravo che **avessero capito.**	*I was hoping they had understood.*

3. It is also used in a dependent clause when the verb in the independent clause is in a *past tense* or the *conditional* and the action of the dependent clause occurred *before* the action of the independent clause.

Ho paura che non **abbiano risolto** quel problema.	*I'm afraid they didn't resolve that problem.*
Avevo paura che non **avessero risolto** quel problema.	*I was afraid they hadn't resolved that problem.*
È impossibile che **abbiano trovato** quella situazione divertente.	*It's impossible that they found that situation amusing.*
Era impossibile che **avessero trovato** quella situazione divertente.	*It was impossible that they had found that situation amusing.*
È il più bel paesaggio che io **abbia** mai **visto.**	*It's the most beautiful landscape I have ever seen.*
Era il più bel paesaggio che io **avessi** mai **visto.**	*It was the most beautiful landscape I had ever seen.*

ESERCIZI

A. **Pettegolezzi.** (*Gossip.*) Trasforma i pettegolezzi della settimana scorsa in pettegolezzi di questa settimana.

ESEMPIO: Era strano che Giovanna fosse venuta sola. → È strano che Giovanna sia venuta sola.

1. Era strano che Pino e Anna avessero litigato (*argued*). **2.** Sembrava che Mara si fosse licenziata. **3.** Barbara era molto felice che loro avessero divorziato. **4.** Credevo che Alberto avesse dovuto vendere la nuova macchina. **5.** Era incredibile che Piero fosse a favore di questa legge. **6.** Era possibile che Laura fosse uscita con Gino. **7.** Speravano che Massimo non avesse trovato la lettera di Giulia. **8.** Era impossibile che Marco avesse detto una bugia a Silvia.

B. **I preparativi.** Ci sono tante cose da fare prima della manifestazione contro il razzismo la settimana prossima. Tu sei l'organizzatore / l'organizzatrice e credevi che i volontari (*volunteers*) avessero già fatto tante cose, ma invece sono molto indietro (*behind*) con il lavoro.

ESEMPIO: I volontari non hanno preparato i volantini (*flyers*). → Credevo che avessero già preparato i volantini.

I volontari...

1. non hanno preparato i poster **2.** non hanno prenotato gli autobus **3.** non hanno chiesto il permesso al comune (*city hall*) **4.** non sono ritornati in ufficio dopo pranzo **5.** non hanno fatto le telefonate ai cittadini **6.** non hanno chiesto i soldi alle ditte della città

C. Scambi. Completa le battute con l'imperfetto del congiuntivo o il trapassato del congiuntivo dei verbi tra parentesi.

1. S1: Vorrei tanto che Marco e Paolo non _____ (fidarsi) di Chiara!
S2: Hai ragione; Chiara li ha proprio delusi (*let down*). Sarebbe stato meglio che loro non _____ mai _____ (chiedere) il suo aiuto.

2. S1: Scusa, Gina, vorrei che tu _____ (stare) un po' zitta. Cerco di studiare.
S2: Studi ancora? Credevo che tu _____ già _____ (finire).

3. S1: Zio Leo, che buoni spaghetti! Non sapevo che ti _____ (piacere) cucinare.
S2: Come! Non li hai ancora finiti! Mi aspettavo (aspettarsi [*to expect*]) che a questo punto li _____ già _____ (mangiare) tutti!

4. S1: Non sono ancora arrivati i ragazzi? Pensavo che ormai _____ (arrivare).
S2: E io, invece, credevo che _____ (partire) domani mattina.

—Mi chiedevo perché non mi avessi restituito la mia scala a pioli[a]...

[a]scala... *ladder*

Nota culturale

Oggi in Italia

Giovani su due ruote si muovono con agilità nel traffico cittadino

L'immagine tradizionale dell'Italia, da sempre diffusa[a] all'estero, come un paese pieno di sole, di bambini e di gente allegra, che canta e lavora poco, è oggi molto lontana dalla realtà. Solamente il sole c'è ancora. Di bambini invece ne nascono pochissimi, e i grandi cambiamenti economici hanno prodotto veri capovolgimenti[b] nel modo di vivere della gente.

Dalla completa distruzione del dopoguerra,[c] l'Italia è diventata uno dei sette paesi più industrializzati del mondo. Questo "miracolo economico" è stato in gran parte realizzato grazie all'impegno[d] e al tenace[e] lavoro della gente. Così l'Italia è un paese dove si lavora molto. La vita è cara, l'assistenza sociale sempre meno estesa, e anche in una famiglia con un solo figlio, c'è bisogno di due stipendi.

Anche per questo i giovani tendono a ritardare[f] l'età del matrimonio, per avere il tempo di trovare ambedue[g] un lavoro, cosa non facile, specialmente per chi non ha speciali qualifiche.[h]

Le tasse sono molto alte, e pure i professionisti (avvocati, ingegneri, ecc.) devono lavorare molte ore al giorno, con poche vacanze, se vogliono guadagnare bene. Molti svolgono[i] nel tempo libero una seconda attività lavorativa. Intanto nelle grandi città la vita è diventata difficile: traffico intenso, inquinamento, aumento della criminalità, e tensioni sociali dovute anche alla forte presenza di immigrati extracomunitari.

A causa di ciò, negli ultimi tempi molti italiani hanno lasciato le grandi città per andare a vivere nei piccoli centri di provincia, dove la qualità della vita è senza dubbio migliore. Il Censis, un Istituto di studi statistici, applicando[j] una serie di parametri[k] (reddito medio,[l] traffico, omicidi, spazi verdi, musei, eccetera), prepara ogni anno una graduatoria[m] sulla qualità della vita nelle città italiane. I piccoli centri, specialmente quelli del Nord e del Centro (Aosta, Arezzo, Ferrara, Parma, Pisa, ecc.), sono sempre in testa.[n] Nel 1998 ha meritato il primo posto Siena, splendida cittadina medioevale con circa 65.000 abitanti, che si trova al centro della Toscana.

[a]*widely accepted* [b]*upheavals* [c]*period after World War II* [d]*diligence* [e]*persevering* [f]*postpone* [g]*both of them* [h]*qualifications* [i]*pursue* [j]*applying* [k]*measures* [l]reddito... *average income* [m]*list in order of merit* [n]in... *at the top*

C. Correlazione dei tempi nel congiuntivo

LAURA: Mamma, ho deciso di accettare quel lavoro a New York.

MADRE: Ma non sarebbe meglio che tu restassi qui a Trieste, vicino alla famiglia, agli amici? A New York c'è il problema della violenza e della droga: non voglio che ti capiti qualcosa di brutto...

LAURA: Mamma, il problema della violenza e della droga c'è in tutte le grosse città. E poi, vorrei che tu capissi che è importante che io faccia nuove esperienze.

MADRE: Capisco, Laura, ma è naturale che io mi preoccupi...

As you know, the tense of the subjunctive is determined by the tense of the verb in the independent clause and by the time relationship between the two clauses.

1. When the independent clause is in the present tense, the dependent clause may be in the present tense if its action occurs at the same time or in the future, or in the past tense if its action happened in the past.

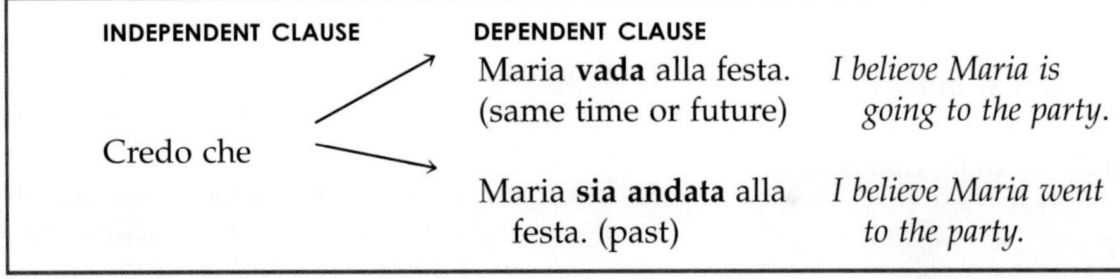

INDEPENDENT CLAUSE	DEPENDENT CLAUSE	
Credo che	Maria **vada** alla festa. (same time or future)	*I believe Maria is going to the party.*
	Maria **sia andata** alla festa. (past)	*I believe Maria went to the party.*

—**Abbiamo visto la luce accesa[a]: abbiamo pensato che foste in casa!**

[a]*on*

Spero che non **interferisca.**	*I hope he doesn't interfere.*
Non **vorranno** che **interferisca.**	*They won't want him to interfere.*
Spero che non **abbia interferito.**	*I hope he didn't interfere.*
Sii contento che non **abbia interferito!**	*Be glad he didn't interfere!*

2. When the independent clause is in the past tense or the present conditional, the dependent clause may be in the **imperfetto del congiuntivo** if its action occurred at the same time or later than that of the independent clause, or in the **trapassato del congiuntivo** if its action preceded that of the independent clause.

LAURA: Mom, I've decided to accept that job in New York. MOTHER: But wouldn't it be better for you to stay here in Trieste, close to your family, your friends? In New York there are the problems of violence and drugs: I don't want something bad to happen to you... LAURA: Mom, the problem of violence and drugs is in every big city... and also, I wish you would understand that it's important for me to have new experiences. MOTHER: I understand, Laura, but it's natural that I worry...

Si dice così: *come se* e *magari*

Come se (*As if*) is a common expression that is always followed by the **imperfetto del congiuntivo** or **trapassato del congiuntivo.**

Maria si comporta **come se avesse** 25 anni, ma ne ha solo 18. *Maria acts as if she's 25, but she's only 18.*

Parlavano **come se non fosse successo** niente. *They were talking as if nothing had happened.*

Magari (*If only*) is also followed by the **imperfetto del congiuntivo** or **trapassato del congiuntivo.**

Magari si potesse eliminare la povertà! *If only we could eliminate poverty!*

Magari avessero trovato una soluzione nel laboratorio. *If only they had found a solution in the laboratory.*

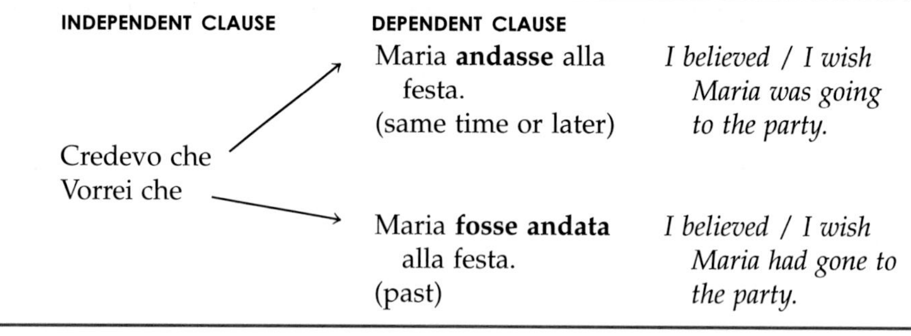

INDEPENDENT CLAUSE	DEPENDENT CLAUSE	
Credevo che Vorrei che	Maria **andasse** alla festa. (same time or later)	*I believed / I wish Maria was going to the party.*
	Maria **fosse andata** alla festa. (past)	*I believed / I wish Maria had gone to the party.*

Credevo che **rimanessero** a casa.	*I thought they were staying home.*
Avevo sperato che **rimanessero** a casa.	*I had hoped they would stay home.*
Credevo che **fossero rimasti** a casa.	*I thought they had stayed home.*
Vorrei che **fossero rimasti** a casa!	*I wish they had stayed home!*

ESERCIZI

A. I doveri in casa. Scegli la forma corretta del verbo per completare le frasi.

1. È necessario che Cinzia e Gina (facciano / avessero fatto) la spesa.
2. Bisognava che Michele (abbia passato / passasse) l'aspirapolvere (*vacuum cleaner*).
3. Era necessario che tu (metta / mettessi) la macchina nel garage.
4. Bisogna che tu e Cinzia (chiamaste / chiamiate) la padrona di casa.
5. Credevo che Marco (abbia lavato / avesse lavato) i piatti.
6. Spero che Salvatore (abbia pulito / avesse pulito) le finestre.

B. Trasformazioni. Sostituisci le parole indicate con le parole o le espressioni tra parentesi e fa' tutti i cambiamenti necessari.

1. *Spero* che abbiano risolto (*resolved*) il problema dei senzatetto. (Vorrei / Bisogna / Era bene / Sperava)
2. *Sono contenta* che i miei genitori si fidino di me. (Preferirei / È bene / Non credi / Non credevi)
3. *Credevo* che il senatore fosse a favore di quella legge. (Mi pare / Sarebbe meglio / Non vorranno / Siate contenti)
4. *Vorrei* che avessero parlato dell'alcolismo. (Dubito / È bene / Non credeva / Era possibile)

C. Scambi. Completa le battute con la forma corretta dei verbi tra parentesi.

1. S1: Paolo vuole che suo figlio _____ (fare) il medico.
   S2: Come se _____ (potere) decidere lui!
2. S1: Ci ha aiutato senza che noi glielo _____ (chiedere).
   S2: Com'è stato gentile! Spero che voi lo _____ (ringraziare, *to thank*).

3. S1: Vorrei che io e Franco non _____ (litigare) ieri.
S2: Non ti preoccupare, Anna: non è possibile che tu e Franco _____ (andare) sempre d'accordo!
4. S1: Bisognerebbe che tu _____ (imparare) una lingua straniera.
S2: Hai ragione; ma credi che _____ (essere) possibile?
5. S1: È strano che Lisa _____ (andare) a far spese ieri invece di venire alla manifestazione.
S2: Già (*You're right*), credevo che _____ (essere) contro il consumismo e il materialismo!

D. La libertà! Con un compagno / una compagna, completate le frasi liberamente. Poi, paragonate le vostre affermazioni con quelle di un altro gruppo o con la classe. Se non sono d'accordo con le vostre risposte, discutete perché.

1. È importante che... **2.** È importante... **3.** Ero contenta/o che... **4.** È bene che... **5.** Benché... **6.** Voto per il candidato a meno che... non... **7.** Gli studenti vorrebbero che... **8.** Sarebbe meglio che... **9.** Il candidato parla come se... **10.** Magari io...

Piccolo ripasso

A. Mi dispiaceva. Chiedi scusa (*Say you're sorry*) per le seguenti situazioni. Usa l'imperfetto del congiuntivo o il trapassato del congiuntivo, o l'infinito presente o passato.

ESEMPIO: Dario non era stato ammesso. →
Mi dispiaceva molto che Dario non fosse stato ammesso.

1. Avevo giudicato male Lucia.
2. I miei amici non avevano apprezzato le mie buone intenzioni.
3. Mi ero comportato da bigotto (*bigot*).
4. Voi eravate contro quella legge.
5. Dovevo risolvere il problema da solo.
6. Nessuno aveva protetto i loro diritti.

B. Benché... Unisci le frasi con una delle due espressioni tra parentesi e fai tutti i cambiamenti necessari.

ESEMPIO: Non fumavo. I miei genitori fumavano. (prima di / sebbene) →
Non fumavo sebbene i miei genitori fumassero.

1. Carlo aveva partecipato alla riunione. Era molto impegnato. (benché / a condizione che)
2. Hanno risolto il problema. Non hanno chiesto aiuto a nessuno. (senza che / senza)
3. Cercarono di integrarsi. Avevano incontrato molte difficoltà. (quantunque / prima di)

4. Parlava molto bene l'italiano. Nessuno glielo aveva insegnato. (purché / sebbene)
5. Lo hanno obbligato a prendere una decisione. Non era pronto. (per quanto / a patto che)
6. Hai deciso. Avevo avuto l'opportunità di pensarci. (prima di / prima che)

C. Conversazione.

1. Secondo te, cosa dovrebbe fare il governo per risolvere il problema della violenza nelle scuole? Cosa dovremmo fare noi per aiutare il governo a prendere le decisioni giuste?
2. È bene che i bambini incomincino ad imparare altre lingue alle elementari? A cosa potrebbe servire conoscere un'altra lingua e un'altra cultura così presto? Secondo te, potrebbe servire a risolvere in parte il problema del razzismo?
3. Interferiresti tu con la decisione di tuo figlio di sposare qualcuno di etnia (*ethnicity*) o di religione diversa? Perché sì o perché no?

—... ed ora vorrei che qualcuno del gentile pubblico venisse sul palcoscenico per aiutarmi nel prossimo numero!

Invito alla lettura

Dall'emigrazione all'immigrazione

Profughi del Kossovo arrivano in Sicilia, 1999

Negli ultimi anni moltissime persone provenienti dai[a] paesi più poveri del mondo si sono riversate in[b] Europa in cerca di lavoro e nella speranza di migliorare le proprie condizioni di vita, che nei paesi d'origine sono spesso ai limiti della sopravvivenza.[c]

Molti paesi europei sono abituati da decenni a ricevere immigrati, ma per l'Italia la situazione è del tutto nuova.

L'Italia è stata, a sua volta, in passato, un paese di emigranti. Dalla fine dell'800 fino alla seconda guerra mondiale, milioni di italiani sono emigrati, soprattutto dalle regioni del Sud e da quelle più povere del Centro e del Nord, come le Marche e il Veneto. La maggior parte di loro sono andati in America. Si credeva infatti che gli Stati Uniti fossero un paese dove c'era ricchezza e benessere per tutti, e che nei grandi paesi dell'America Latina non sarebbe mai mancata[d] la terra da coltivare. Alcune famiglie hanno lavorato per anni in paesi stranieri per poi tornare con un po' di soldi a rifarsi una vita in Italia. La maggior parte, invece, ha messo radici[e] nei nuovi paesi e fa parte delle grandi comunità italiane presenti in tutto il territorio americano.

Dopo la seconda guerra mondiale, gli italiani più poveri si sono diretti verso paesi europei come Germania, Svizzera o Belgio dove industrie, miniere e, comunque, economie più stabili di quella italiana offrivano speranze di lavoro. Gli emigranti degli anni '50 erano quasi tutti meridionali (abitanti del Meridione, cioè del Sud) e molti di essi cominciarono ad emigrare anche al Nord dell'Italia stessa. Le regioni più industrializzate, come la Lombardia, e soprattutto il Piemonte con le sue grandi fabbriche, attiravano migliaia di lavoratori.

Adesso l'Italia deve affrontare l'arrivo in massa di extracomunitari, come si chiamano gli stranieri che non vengono dai paesi dell'Unione Europea. La sua posizione geografica, protesa[f] nel centro del Mediterraneo, è favorevole per chiunque voglia raggiungere l'Europa dall'Africa o dai paesi dell'Est. Per primi sono arrivati i nordafricani, ma adesso la maggior parte degli immigrati che arriva in Puglia proviene dall'Albania o dal Kossovo.

[a]provenienti... *who come from the* [b]si... *have flowed into* [c]*survival* [d]non... *there would never be a shortage of* [e]ha... *has put down roots* [f]*protruding*

Lo Stato italiano ha fatto diverse leggi per affrontare il problema degli immigrati e rendere regolare la posizione dei clandestini,[g] ma i continui arrivi impediscono[h] una definitiva soluzione del problema. In Italia non ci sono posti di lavoro sufficienti neanche per i cittadini e, anche se gli extracomunitari sono disposti a svolgere lavori molto umili, non è per loro facile inserirsi bene nella società italiana. Gli enti[i] locali come le province e i comuni cercano di aiutare gli extracomunitari ad inserirsi[j] nelle realtà locali, e molte associazioni umanitarie come la Caritas* o la Croce Rossa impegnano i loro volontari nell'accoglienza[k] e nel sostegno delle famiglie.

C'è tuttavia ancora molto da fare perché i numerosi lavoratori immigrati si inseriscano produttivamente nella società italiana e tante culture diverse convivano in modo pacifico. E sarà un cammino ancora più lungo[l] quello della trasformazione della società italiana in una vera società interculturale, dove le diverse culture non solo si tollerano, ma si integrano e si arricchiscono[m] reciprocamente.

[g]*illegal immigrants* [h]*hinder* [i]*institutions* [j]ad... *to assimilate themselves* [k]*in welcoming* [l]un... *a long road ahead* [m]si... *enrich each other*

In giro per le regioni

Il Piemonte e La Liguria

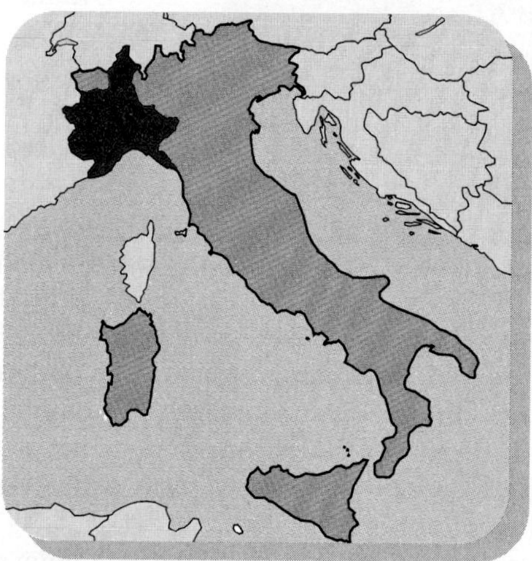

Il Piemonte è una regione circondata da montagne su tre lati. È una regione industriale e vi hanno sede due delle più importanti industrie italiane: la Fiat, a Torino, e la Olivetti a Ivrea.

Le industrie della regione, tra gli anni '50 e '70, hanno attirato molti immigrati provenienti da altre regioni d'Italia, soprattutto dal Sud, in cerca di lavoro. La vita di questa gente non è stata facile. Torino non era preparata a ricevere un numero così alto di immigrati e ben presto sono stati insufficienti le abitazioni, i trasporti pubblici, le scuole, gli ospedali. A questi problemi di tipo pratico si aggiungeva[a] per gli immigrati l'ostilità dei torinesi, che per lungo tempo si sono rifiutati di capire la diversa cultura della gente del Sud e le hanno attribuito colpe[b] e caratteri negativi. Era normale vedere nell'ingresso dei palazzi popolari[c] cartelli[d] su cui era scritto «Qui non si affitta ai meridionali.»

Torino, che è il capoluogo di regione, è stata la prima capitale d'Italia. I Savoia, sovrani del Piemonte, erano divenuti sovrani d'Italia quando (1861) questa era divenuta una nazione unita, e così avevano voluto la capitale del nuovo Regno[e] a Torino.

[a]si... *was added* [b]*faults* [c]palazzi... *public housing* [d]*signs* [e]*Kingdom*

***Caritas** is a Roman Catholic social-service and disaster-relief agency.

La Liguria è una sottile lingua di terra stretta[f] tra i monti e il mar Ligure. La vita dei liguri è sempre stata legata al mare, e il mare è la principale ricchezza della regione. Genova, il capoluogo della regione, è uno dei porti più importanti del Mediterraneo. Altre attività economiche importanti per la regione sono il turismo e la coltivazione degli olivi e dei fiori. Proprio l'olio d'oliva è alla base di tante ricette tipiche della regione come il famoso "pesto alla genovese" (basilico, pinoli e olio di oliva).

La costa ligure è divisa in due parti, Riviera di Ponente e Riviera di Levante.

Nella Riviera di Ponente, cioè fra Genova e la Francia, si trovano le province di Savona e di Imperia, con un paesaggio verde e pieno di fiori. Qui, c'è anche la bella città di San Remo, famosa per il Casinò e per essere sede del Festival della Canzone Italiana (vedi pagina 316).

La Riviera di Levante è molto amata dai turisti di tutto il mondo. In questa parte di costa i monti arrivano quasi[g] sul mare e i paesaggi sono bellissimi. I piccoli paesi marini, come Rapallo, Camogli, Santa Margherita, Le Cinque Terre, hanno case di colori vivaci che risaltano[h] tra il verde dei monti e l'azzurro del mare.

[f]*narrow* [g]*almost* [h]*stand out*

E ora a voi

Capire

Il testo che segue, e che presenta alcuni buchi, è una sintesi del testo che avete letto. Completate il testo.

> L'Italia, dalla quale in passato molte persone sono _____[1], è oggi un paese di immigrazione. Gli italiani che dovettero partire per andare a lavorare _____[2] erano soprattutto del Sud. Fino alla seconda guerra mondiale, andarono in _____[3], poi nei paesi più ricchi dell'Europa o nelle regioni più industrializzate del Nord d'Italia, soprattutto in _____[4].
>
> Adesso l'Italia deve invece risolvere i tanti problemi legati ai continui _____[5] di immigrati che provengono soprattutto dall'Albania e dal Kossovo. Si sono fatte alcune _____[6] per cercare di affrontare la situazione, ma l'inserimento di un numero sempre più _____[7] di extracomunitari nella società italiana non è _____[8]. I posti di lavoro sono _____[9] per tutti.
>
> Gli enti locali e molti volontari _____[10] in vari modi gli extracomunitari, ma resta ancora molta strada da fare perché si realizzi una vera _____[11] interculturale.

Scrivere

Immaginate poi di essere un consigliere del Capo del Governo italiano, e scrivete una relazione (130–150 parole circa) in cui esprimete una vostra valutazione della situazione degli immigrati e date dei suggerimenti per la soluzione dei problemi più gravi.

Videoteca

Bambina mia! Ci siamo!°

Ci... *Here we are!*

Nelle ultime due scene, avvengono degli scontri culturali. Nella prima, Roberto e Enzo incontrano i genitori di Silvana. Poi, la madre si fa vedere molto gelosa.

ESPRESSIONI UTILI

Ci tenevi molto a farceli conoscere? You cared a lot about introducing them to us?
d'altronde on the other hand
nato per soffrire born to suffer
Ci potete scommettere. You can bet on it.
Sta per svenire! He's about to faint!
dalle nostre parti in these parts, around here
Tu pensa agli affari tuoi! Mind your own business!
Te la devi cavare da sola. You have to manage alone.
Concordo pienamente. I agree completely.
Io voglio bene a Roberto. I love Roberto.
mi ha messo alle strette you've put me in a difficult position
si usava ancora it was still common
saltare sulle ginocchia to jump up on (someone's) lap (*lit.*, knees)
per farsi fare le coccole to be petted, cuddled
in sovrappeso overweight
sleale unfair; disloyal
un ricatto blackmail
un brindisi a toast
È scacco matto in due mosse. It's checkmate in two moves.

Dal video

ENZO: Non sapevo che avesse studiato arte all'università... Be', questo spiega il buon gusto con il quale ha arredato l'hotel.

Preparazione

Vero o falso?

1. Luigi non vuole conoscere i ragazzi che escono con sua figlia.
2. La mamma dice a Roberto che è difficile innamorarsi di sua figlia.

Comprensione

1. Luigi che cosa dice riguardo ai ragazzi che Silvana ha già portato a casa?
2. Roberto e Silvana come convincono la mamma ad accettare il loro legame?

FUNZIONE: Esprimere le preferenze e le opinioni al passto

Attività

Da fare in gruppi di tre. Parlate dei vostri compagni di classe. Usate i fatti elencati sotto. Due di voi recitate le parti di Bettina (che racconta le bugie) e Vincenzo (che racconta la verità). L'altro recita la parte di Italo l'incerto, che non sa cosa credere e esclama tutto al del congiuntivo.

ESEMPIO: BETTINA: Laura è andata via per il week-end.
VINCENZO: Mark è andato via per il week-end.
ITALO: Pensavo che Laura fosse andata via per il week-end!

Fatti: bere cinque caffè al giorno, conoscere una stella di Hollywood, avere parenti in Italia, volere diventare medico, sapere parlare il francese

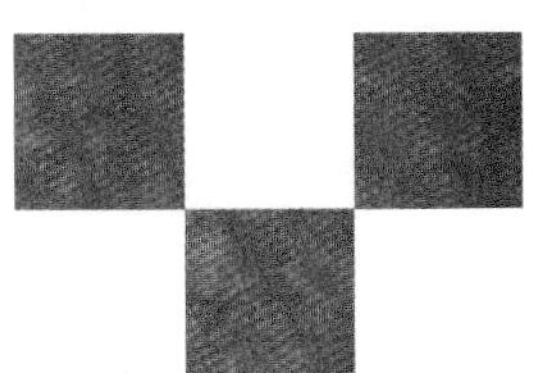

Parole da ricordare

VERBI

aspettarsi to expect
assicurare to ensure
***capitare** to happen, happen to, happen to be
convivere (*p.p.* **convissuto**) to live together (*in all senses*)
eliminare to eliminate
***essere a favore di** to be in favor of
***essere contro** to be against
***essere impegnato** to be politically engaged
fidanzarsi (con) to get engaged (*to be married*) (to)
fidarsi di to trust, have faith in
giudicare to judge
guadagnarsi da vivere to earn a living
interferire (isc) to interfere
ringraziare to thank
riposarsi to rest
risolvere (*p.p.* **risolto**) to resolve
sopportare to tolerate

NOMI

l'alcolismo alcoholism
l'amicizia friendship
il comune town; town government; city hall
il consumismo consumerism
la diversità diversity
il divieto prohibition, restriction
la droga drugs
il drogato / la drogata drug addict
l'emarginazione (*f.*) marginalization
l'extracomunitario/a person from outside the European Community
la giustizia justice
l'immigrato / l'immigrata immigrant
l'immigrazione immigration
l'ineguaglianza inequality
l'ingiustizia injustice
l'intolleranza intolerance
il materialismo materialism
la miseria poverty
il razzismo racism
il/la razzista (*m. pl.* **razzisti**) racist
la ricchezza wealth
la sciocchezza foolishness, nonsense, stupidity
il/la senzatetto (*pl.* **i/le senzatetto**) homeless person
il/la tossicodipendente drug addict
la tossicodipendenza drug addiction
l'uguaglianza equality
il valore value
la violenza violence
il volantino flyer, leaflet
il volontario volunteer worker

AGGETTIVI

abusivo illegal
deluso disappointed, let down
grosso big
razzista (*m. pl.* **razzisti**) racist

ALTRE PAROLE ED ESPRESSIONI

come se as if
già you're right, exactly, of course
indietro behind; back, backwards
magari if only

---

*Words identified with an asterisk (*) are conjugated with **essere.**

Appendices

APPENDIX 1

A. Usi dell'articolo determinativo
B. Gerundio e il presente progressivo
C. Futuro anteriore
D. Periodo ipotetico con l'indicativo
E. Periodo ipotetico con il congiuntivo
F. **Fare** + infinito
G. **Lasciare** e i verbi di percezione + infinito
H. Forma passiva del verbo

APPENDIX 2

A. **Avere** e **essere**
Coniugazione del verbo **avere**
Coniugazione del verbo **essere**
B. Verbi regolari
Coniugazione del verbo **cantare**
Coniugazione del verbo **ripetere**
Coniugazione del verbo **dormire**
Coniugazione del verbo **capire**
C. Verbi irregolari
Verbi irregolari in **-are**
Verbi irregolari in **-ere**
Verbi irregolari in **-ire**
Verbi con participi passati irregolari
D. Verbi coniugati con **essere**

A. Usi dell'articolo determinativo

1. In contrast to English, the definite article is required in Italian:
   a. before nouns used to express a concept or a category of something in its entirety

      La generosità è una virtù.
      Le matite non sono care.

   b. before names of languages, unless directly preceded by a form of **parlare** or **studiare**

      Lo spagnolo è bello.
      La signora Javier parla spagnolo e tedesco.

   c. with proper names accompanied by a title or an adjective

      Il signor Bandelli vuole andare a Chicago e a San Francisco.
      Il piccolo Franco, però, vuole andare a Disneyland!

   d. with days of the week to indicate a routine event

      Il martedì ho lezione di matematica.

   e. with dates

      Oggi è **il** quattro dicembre.

   f. with possessive forms

      Ecco **la** mia casa!

   g. with parts of the body and items of clothing

      Mi lavo **le** mani prima di mangiare.
      Perché non ti sei messo **la** cravatta?

   h. with geographical names

      Quest'estate visiteremo l'Italia e **la** Francia.

2. Note that the category of geographical names includes not only continents and countries but also states, regions, large islands, mountains, and rivers.

L'estate scorsa abbiamo visitato **il** Colorado, l'Arizona e **la** California.	*Last summer we visited Colorado, Arizona, and California.*
Ho ricevuto una cartolina **dalla** Sardegna.	*I've received a card from Sardinia.*

3. The definite article is omitted after **in** (*in, to*) if the geographical term is feminine, singular, and unmodified.

Chi vuole andare in Italia?	*Who wants to go to Italy?*

but

Chi vuole andare **nell**'Italia centrale?	*Who wants to go to central Italy?*

If the geographical term is masculine or plural, **in** + *article* is used.

Aspen è **nel** Colorado.	*Aspen is in Colorado.*
Mio padre non è nato **negli** Stati Uniti.	*My father wasn't born in the United States.*

4. The definite article is not used with names of cities. *In* or *to* before the name of a city is expressed with **a** in Italian.

La Torre Pendente è **a** Pisa.	*The Leaning Tower is in Pisa.*

5. Names of U.S. states that are feminine in Italian follow the same rules as those for feminine countries.

la California	la Louisiana
la Carolina (del Nord, del Sud)	la Pennsylvania
la Florida	la Virginia
la Georgia	

Conosci **la** California?	*Do you know California?*
Dov'è l'Università **della** Georgia?	*Where's the University of Georgia?*
Quante cartoline hai ricevuto **dalla** Louisiana?	*How many cards have you received from Louisiana?*
Sei mai stato **in** Virginia?	*Have you ever been to Virginia?*

The names of all other states are masculine* and usually take the article whether used alone or with a preposition.

Il Texas è un grande stato.	*Texas is a big state.*
L'Università **del** Colorado è a Boulder.	*The University of Colorado is in Boulder.*
New Haven è **nel** Connecticut.	*New Haven is in Connecticut.*

B. Gerundio e il presente progressivo

1. The gerund (**il gerundio**) corresponds to the *-ing* verb form in English. The gerund is formed by adding **-ando** to the stem of **-are** verbs and **-endo** to the stems of **-ere** and **-ire** verbs. Its form is invariable.

lavorare → lavor**ando**
scrivere → scriv**endo**
partire → part**endo**

---

*The only exception is Hawaii, which is feminine plural: **le Hawaii.**

2. Italian constructions with the gerund have many possible English equivalents.

Lavorando con un compagno, completate l'esercizio.	*Working with a classmate, complete the exercise.*
Frequentando regolarmente le lezioni, imparo molto.	*By attending classes regularly, I learn a lot.*
Andando in macchina, penso sempre ai miei problemi!	*While I drive, I always think about my problems!*

3. The present tense of **stare** can be combined with the gerund to form the *present progressive* tense (**il presente progressivo**): **sto cantando** (*I am singing*). This tense is used to stress that an action is in progress.

Che cosa **state guardando**?	*What are you watching?*
Stiamo studiando.	*We are (in the process of) studying.*
Dove **stai andando**?	*Where are you going (right now)?*
Sto andando a scuola.	*I am going to school.*

4. In Italian, unlike English, the gerund is never used as the subject of a sentence or as a direct object. The infinitive is used in these cases.

Imparare bene una lingua non è facile.	*Learning a language well is not easy.*
Preferisci **cantare** o **ballare**?	*Do you prefer singing or dancing?*

5. **Bere, dire,** and **fare** have irregular gerunds: **bevendo, dicendo,** and **facendo** respectively.

Sto **bevendo** un'aranciata.	*I'm drinking an orange soda.*
Cosa stai **dicendo**?	*What are you saying?*
La nonna sta **facendo** una passeggiata.	*Grandma is taking a walk.*

6. Remember that Italian constructions with the gerund have many possible English equivalents.

Leo passa il suo tempo libero **andando** a caccia.	*Leo spends his free time hunting.*
Puoi imparare a cucinare **leggendo** libri di cucina!	*You can learn how to cook by reading cookbooks!*
Cosa dice il professore **uscendo** dalla classe?	*What does the professor say as he's leaving class?*

C. Futuro anteriore

1. The future perfect (**il futuro anteriore**) (*I will have sung, they will have arrived*) is formed with the future of **avere** or **essere** + *past participle.*

FUTURE PERFECT			
WITH **avere**		WITH **ẹssere**	
avrò avrại avrà avremo avrete avranno	lavorato	sarò sarại sarà	partito/a
		saremo sarete saranno	partiti/e

2. The future perfect is used to express an action that will already have taken place by a specific time in the future or when a second action occurs. The second action, if expressed, is always in the future tense.

Alle sette avremo già mangiato.	*By seven, we'll already have eaten.*
Dopo che avranno visitato la Sicilia, torneranno a casa.	*After they have visited Sicily, they'll return home.*

3. Just as the future tense is used to express probability, the future perfect can be used to indicate probability or speculation about something that may or may not have happened in the past.

Renato ha trovato una camera a Venezia. Avrà prenotato molto tempo fa!	*Renato found a room in Venice. He must have made reservations a long time ago!*
Le finestre sono chiuse. I Fossati saranno partiti.	*The windows are closed. The Fossatis must have left.*

D. Periodo ipotetico con l'indicativo

Conditional sentences consist of two clauses: an *if* clause that specifies a condition and a main clause that indicates the outcome of that condition: *If I don't sleep, I become irritable. If they arrive early, we'll go to the beach.*

1. In Italian, **se** introduces the condition. When the condition is real or possible, the **se** clause is in an indicative tense (present, future, or past), and the main clause is in either the indicative or the imperative.

se CLAUSE	MAIN CLAUSE
Indicative	*Indicative or Imperative*
se + present tense future tense past tenses	present tense future tense past tenses imperative

Se vuole vedere il film, venga con noi.	*If you want to see the film, come with us.*
Se avevate fame, perché non avete mangiato?	*If you were hungry, why didn't you eat?*
Se andrai in Italia, dovrai visitare Venezia.	*If you go to Italy, you must visit Venice.*

2. When the main clause is in the future tense, the **se** clause must *also* be in the future. In English, by contrast, the *if* clause is in the present tense.

Se **leggerete** il romanzo, **apprezzerete** di più il film.	*If you read the novel, you will appreciate the film more.*

E. Periodo ipotetico con il congiuntivo

1. In conditional sentences that describe contrary-to-fact situations in the present (whether likely or unlikely to happen), the **se** clause is in the *imperfect subjunctive* and the main clause is in the *conditional.*

se CLAUSE	MAIN CLAUSE
Subjunctive	*Conditional*
se + imperfect subjunctive	present conditional conditional perfect

Se **avessi** più tempo, **vedrei** tutti i film di Pasolini.	*If I had more time, I would see all of Pasolini's films.*
Se tu non **fossi** tanto pigro, **avresti** già **inviato** gli inviti.	*If you weren't so lazy, you would have sent the invitations already.*

2. Contrary-to-fact situations in the past are expressed with a **se** clause in the *pluperfect subjunctive* and the main clause in the *conditional.*

se CLAUSE	MAIN CLAUSE
Pluperfect subjunctive	*Conditional*
se + pluperfect subjunctive	present conditional conditional perfect

Se **avessi avuto** più tempo, **avrei visto** tutti i film di Pasolini.	*If I had had more time, I would have seen all of Pasolini's films.*
Se tu non **fossi stato** tanto pigro, **avresti** già **inviato** gli inviti.	*If you hadn't been so lazy, you would have sent the invitations already.*

3. The conditional is used *only* in the main clause, *never* in the **se** clause. Only the subjunctive may be used in the **se** clause of a contrary-to-fact sentence.

F. *Fare* + infinito

1. **Fare** + *infinitive* is used to express *to have something done* or *to have someone do something.* A noun object follows the infinitive. Compare these sentences.

Il falegname **ripara** la porta.	*The carpenter repairs the door.*
Il proprietario **fa riparare** la porta.	*The owner has the door repaired.*
Scrivo la pubblicità.	*I'm writing the ad.*
Faccio scrivere la pubblicità.	*I'm having the ad written.*

2. When a pronoun replaces the noun object, it ordinarily precedes the form of **fare.** The pronoun may attach to **fare** only when **fare** is in the infinitive form or in the first or second person of the imperative.

Faccio lavare la macchina; **la faccio lavare** ogni sabato.	*I'm having the car washed; I have it washed every Saturday.*
Desidero far mettere il telefono; desidero **farlo mettere** nel mio studio.	*I wish to have a phone put in; I wish to have it put in my study.*
Fa' riparare il televisore; **fallo riparare** al più presto!	*Have the TV set repaired; have it repaired as soon as possible!*

3. When the sentence has only one object, it is a direct object. When there are two objects, the *thing* is the direct object and the *person* is the indirect object. When the indirect object is a noun or a disjunctive pronoun, it takes the preposition **a**.

Fanno leggere **Marco.**	*They make Marco read.*
Lo fanno leggere.	*They make him read.*
Fanno leggere le notizie **a Marco.**	*They make Marco read the news.*
Fanno leggere le notizie **a lui.** **Gli** fanno leggere le notizie.	*They make him read the news.*
Gliele fanno leggere.	*They make him read them.*

In compound tenses, the past participle **fatto** agrees in gender and number with the direct object.

Mi hanno fatto portare le valige.	*They had me carry the luggage.*
Me **le** hanno fatt**e** portare.	*They had me carry them.*

4. When the use of **a** could cause ambiguity, **a** + *person* is replaced by **da** + *person.*

TWO POSSIBLE MEANINGS

Ho fatto scrivere una lettera **a Mario.**	*I had Mario write a letter.* *I had a letter written to Mario.*

ONE POSSIBLE MEANING

Ho fatto scrivere una lettera **da Mario.**	*I had Mario write a letter.*

5. **Farsi** + *infinitive* + **da** + *person* means *to make oneself heard/understood/seen by someone.* **Essere** is used in compound tenses.

Come possiamo **farci capire da** tutti?	*How can we make ourselves understood by everyone?*
Si sono fatti fotografare.	*They had themselves photographed.*

G. *Lasciare* e i verbi di percezione + infinito

1. Like **fare,** the verb **lasciare** (*to let, allow, permit*) and verbs of perception (**vedere, guardare, sentire,** etc.) are followed by the infinitive.

Non ci **lascia scrivere** a mano.	*He doesn't allow us to write by hand.*
Abbiamo sentito leggere il poeta.	*We heard the poet read.*

2. A noun object typically follows the infinitive, but a pronoun object precedes the main verb. A pronoun attaches to the main verb only when it is in the infinitive or in the first or second person of the imperative.

—Hai sentito piangere la mamma? —Sì, **l'ho sentita** piangere.	*Did you hear Mom cry?* *Yes, I heard her cry.*
Perché non lasci giocare i bambini? **Lasciali** giocare!	*Why don't you let the children play? Let them play!*
Non voglio **vederti** correre.	*I don't want to see you run.*

3. **Lasciare** may also be followed by **che** + *subjunctive.*

Perché non **lo** lasciate **parlare?** Perché non lasciate **che lui parli?**	*Why don't you let him talk?*

H. Forma passiva del verbo

1. All the verb forms introduced in *Prego!* have been presented in the active voice. In the active voice, the subject of the verb performs the action. In the passive voice (**la forma passiva**), the subject of the verb is acted on. Compare these sentences.

   ACTIVE VOICE: The car hit her.
   PASSIVE VOICE: She was hit by the car.

2. The passive voice in Italian is formed exactly as in English. It consists of **essere** in the appropriate tense + *past participle.* If the agent (the person performing the action) is expressed, the noun or pronoun is preceded by **da.** All past participles must agree with the subject in gender and number.

   soggetto + **essere** + *participio passato* (+ **da** + *persona*)

Il caffè **è fatto da** Giacomo.	*The coffee is made by Giacomo.*
Il caffè **è stato fatto da** Giacomo.	*The coffee was made by Giacomo.*
Il caffè **sarà fatto da** Giacomo.	*The coffee will be made by Giacomo.*

Note that the passive voice can consist of two words (simple tenses) or three words (compound tenses). In compound tenses, both participles agree with the subject.

Appendix 2

A. Avere e essere

Coniugazione del verbo *avere*

INFINITO		PARTICIPIO	GERUNDIO
PRESENTE: avere	PASSATO: avere avuto	avuto	avendo

INDICATIVO							CONGIUNTIVO			IMPERATIVO
PRESENTE	IMPERFETTO	PASSATO PROSSIMO		TRAPASSATO		FUTURO	PRESENTE	PASSATO		
ho	avevo	ho		avevo		avrò	ạbbia	ạbbia		—
hai	avevi	hai		avevi		avrại	ạbbia	ạbbia		abbi (non avere)
ha	aveva	ha	avuto	aveva	avuto	avrà	ạbbia	ạbbia	avuto	ạbbia
abbiamo	avevamo	abbiamo		avevamo		avremo	abbiamo	abbiamo		abbiamo
avete	avevate	avete		avevate		avrete	abbiate	abbiate		abbiate
hanno	avẹvano	hanno		avẹvano		avranno	ạbbiano	ạbbiano		ạbbiano

CONDIZIONALE PRESENTE	CONDIZIONALE PASSATO		PASSATO REMOTO	TRAPASSATO REMOTO		FUTURO ANTERIORE		IMPERFETTO (CONGIUNTIVO)	TRAPASSATO (CONGIUNTIVO)	
avrẹi	avrẹi		ebbi	ebbi		avrò		avessi	avessi	
avresti	avresti		avesti	avesti		avrại		avessi	avessi	
avrebbe	avrebbe	avuto	ebbe	ebbe	avuto	avrà	avuto	avesse	avesse	avuto
avremmo	avremmo		avemmo	avemmo		avremo		avẹssimo	avẹssimo	
avreste	avreste		aveste	aveste		avrete		aveste	aveste	
avrẹbbero	avrẹbbero		ẹbbero	ẹbbero		avranno		avẹssero	avẹssero	

Coniugazione del verbo *ẹssere*

INFINITO		PARTICIPIO	GERUNDIO
PRESENTE: ẹssere	PASSATO: ẹssere stato/a/i/e	stato/a/i/e	essendo

INDICATIVO							CONGIUNTIVO			IMPERATIVO
PRESENTE	IMPERFETTO	PASSATO PROSSIMO		TRAPASSATO		FUTURO	PRESENTE	PASSATO		
sono	ero	sono		ero		sarò	sia	sia		—
sei	eri	sei	stato/a	eri	stato/a	sarại	sia	sia	stato/a	sii (non ẹssere)
è	era	è		era		sarà	sia	sia		sia
siamo	eravamo	siamo		eravamo		saremo	siamo	siamo		siamo
siete	eravate	siete	stati/e	eravate	stati/e	sarete	siate	siate	stati/e	siate
sono	ẹrano	sono		ẹrano		saranno	sịano	sịano		sịano

CONDIZIONALE PRESENTE	CONDIZIONALE PASSATO		PASSATO REMOTO	TRAPASSATO REMOTO		FUTURO ANTERIORE		IMPERFETTO (CONGIUNTIVO)	TRAPASSATO (CONGIUNTIVO)	
sarẹi	sarẹi		fui	fui		sarò		fossi	fossi	
saresti	saresti	stato/a	fosti	fosti	stato/a	sarại	stato/a	fossi	fossi	stato/a
sarebbe	sarebbe		fu	fu		sarà		fosse	fosse	
saremmo	saremmo		fummo	fummo		saremo		fọssimo	fọssimo	
sareste	sareste	stati/e	foste	foste	stati/e	sareste	stati/e	foste	foste	stati/e
sarẹbbero	sarẹbbero		fụrono	fụrono		saranno		fọssero	fọssero	

B. | Verbi regolari

Coniugazione del verbo *cantare*

INFINITO PRESENTE: cantare	INFINITO PASSATO: avere cantato	PARTICIPIO	GERUNDIO
cantare	avere cantato	cantato	cantando

INDICATIVO: PRESENTE	IMPERFETTO	PASSATO PROSSIMO		TRAPASSATO		FUTURO	CONGIUNTIVO: PRESENTE	PASSATO		IMPERATIVO
canto	cantavo	ho		avevo		canterò	canti	ạbbia		—
canti	cantavi	hai		avevi		canterại	canti	ạbbia		canta (non cantare)
canta	cantava	ha	cantato	aveva	cantato	canterà	canti	ạbbia	cantato	canti
cantiamo	cantavamo	abbiamo		avevamo		canteremo	cantiamo	abbiamo		cantiamo
cantate	cantavate	avete		avevate		canterete	cantiate	abbiate		cantate
cạntano	cantạvano	hanno		avẹvano		canteranno	cạntino	ạbbiano		cạntino

CONDIZIONALE PRESENTE	CONDIZIONALE PASSATO		INDICATIVO: PASSATO REMOTO	TRAPASSATO REMOTO		FUTURO ANTERIORE		CONGIUNTIVO: IMPERFETTO	TRAPASSATO	
canterẹi	avrẹi		cantại	ebbi		avrò		cantassi	avessi	
canteresti	avresti		cantasti	avesti		avrại		cantassi	avessi	
canterebbe	avrebbe	cantato	cantò	ebbe	cantato	avrà	cantato	cantasse	avesse	cantato
canteremmo	avremmo		cantammo	avemmo		avremo		cantạssimo	avẹssimo	
cantereste	avreste		cantaste	aveste		avrete		cantaste	aveste	
canterẹbbero	avrẹbbero		cantạrono	ẹbbero		avranno		cantạssero	avẹssero	

Coniugazione del verbo *ripetere*

INFINITO PRESENTE: ripetere	INFINITO PASSATO: avere ripetuto	PARTICIPIO	GERUNDIO
ripetere	avere ripetuto	ripetuto	ripetendo

INDICATIVO: PRESENTE	IMPERFETTO	PASSATO PROSSIMO		TRAPASSATO		FUTURO	CONGIUNTIVO: PRESENTE	PASSATO		IMPERATIVO
ripeto	ripetevo	ho		avevo		ripeterò	ripeta	ạbbia		—
ripeti	ripetevi	hai		avevi		ripeterại	ripeta	ạbbia		ripeti (non ripẹtere)
ripete	ripeteva	ha	ripetuto	aveva	ripetuto	ripeterà	ripeta	ạbbia	ripetuto	ripeta
ripetiamo	ripetevamo	abbiamo		avevamo		ripeteremo	ripetiamo	abbiamo		ripetiamo
ripetete	ripetevate	avete		avevate		ripeterete	ripetiate	abbiate		ripetete
ripẹtono	ripetẹvano	hanno		avẹvano		ripeteranno	ripẹtano	ạbbiano		ripẹtano

CONDIZIONALE PRESENTE	CONDIZIONALE PASSATO		INDICATIVO: PASSATO REMOTO	TRAPASSATO REMOTO		FUTURO ANTERIORE		CONGIUNTIVO: IMPERFETTO	TRAPASSATO	
ripeterẹi	avrẹi		ripetẹi	ebbi		avrò		ripetessi	avessi	
ripeteresti	avresti		ripetesti	avesti		avrại		ripetessi	avessi	
ripeterebbe	avrebbe	ripetuto	ripetè	ebbe	ripetuto	avrà	ripetuto	ripetesse	avesse	ripetuto
ripeteremmo	avremmo		ripetemmo	avemmo		avremo		ripetẹssimo	avẹssimo	
ripetereste	avreste		ripeteste	aveste		avrete		ripeteste	aveste	
ripeterẹbbero	avrẹbbero		ripetẹrono	ẹbbero		avranno		ripetẹssero	avẹssero	

Coniugazione del verbo *dormire*

INFINITO		PARTICIPIO	GERUNDIO
PRESENTE: dormire	PASSATO: avere dormito	dormito	dormendo

INDICATIVO

PRESENTE	IMPERFETTO	PASSATO PROSSIMO		TRAPASSATO		FUTURO
dormo	dormivo	ho		avevo		dormirò
dormi	dormivi	hai		avevi		dormirại
dorme	dormiva	ha	dormito	aveva	dormito	dormirà
dormiamo	dormivamo	abbiamo		avevamo		dormiremo
dormite	dormivate	avete		avevate		dormirete
dọrmono	dormịvano	hanno		avẹvano		dormiranno

CONDIZIONALE PRESENTE	CONDIZIONALE PASSATO		PASSATO REMOTO	TRAPASSATO REMOTO		FUTURO ANTERIORE	
dormirẹi	avrẹi		dormịi	ebbi		avrò	
dormiresti	avresti		dormisti	avesti		avrại	
dormirebbe	avrebbe	dormito	dormì	ebbe	dormito	avrà	dormito
dormiremmo	avremmo		dormimmo	avemmo		avremo	
dormireste	avreste		dormiste	aveste		avrete	
dormirẹbbero	avrẹbbero		dormịrono	ẹbbero		avranno	

CONGIUNTIVO

PRESENTE	PASSATO	
dorma	ạbbia	
dorma	ạbbia	
dorma	ạbbia	dormito
dormiamo	abbiamo	
dormiate	abbiate	
dọrmano	ạbbiano	

IMPERFETTO	TRAPASSATO	
dormissi	avessi	
dormissi	avessi	
dormisse	avesse	dormito
dormịssimo	avẹssimo	
dormiste	aveste	
dormịssero	avẹssero	

IMPERATIVO

—
dormi (non dormire)
dorma
dormiamo
dormite
dọrmano

Coniugazione del verbo *capire*

INFINITO		PARTICIPIO	GERUNDO
PRESENTE: capire	PASSATO: avere capito	capito	capendo

INDICATIVO

PRESENTE	IMPERFETTO	PASSATO PROSSIMO		TRAPASSATO		FUTURO
capisco	capivo	ho		avevo		capirò
capisci	capivi	hai		avevi		capirại
capisce	capiva	ha	capito	aveva	capito	capirà
capiamo	capivamo	abbiamo		avevamo		capiremo
capite	capivate	avete		avevate		capirete
capịscono	capịvano	hanno		avẹvano		capiranno

CONDIZIONALE PRESENTE	CONDIZIONALE PASSATO		PASSATO REMOTO	TRAPASSATO REMOTO		FUTURO ANTERIORE	
capirẹi	avrẹi		capịi	ebbi		avrò	
capiresti	avresti		capisti	avesti		avrại	
capirebbe	avrebbe	capito	capì	ebbe	capito	avrà	capito
capiremmo	avremmo		capimmo	avemmo		avremo	
capireste	avreste		capiste	aveste		avrete	
capirẹbbero	avrẹbbero		capịrono	ẹbbero		avranno	

CONGIUNTIVO

PRESENTE	PASSATO	
capisca	ạbbia	
capisca	ạbbia	
capisca	ạbbia	capito
capiamo	abbiamo	
capiate	abbiate	
capịscano	ạbbiano	

IMPERFETTO	TRAPASSATO	
capissi	avessi	
capissi	avessi	
capisse	avesse	capito
capịssimo	avẹssimo	
capiste	aveste	
capịssero	avẹssero	

IMPERATIVO

—
capisci (non capire)
capisca
capiamo
capite
capịscano

C. Verbi irregolari

Forms and tenses not listed here follow the regular pattern.

VERBI IRREGOLARI IN *-ARE*

There are only four irregular **-are** verbs: **andare, dare, fare,** and **stare.**

andare to go

PRESENTE:	vado, vai, va; andiamo, andate, vanno
FUTURO:	andrò, andrại, andrà; andremo, andrete, andranno
CONDIZIONALE:	andrẹi, andresti, andrebbe; andremmo, andreste, andrẹbbero
CONGIUNTIVO PRESENTE:	vada, vada, vada; andiamo, andiate, vạdano
IMPERATIVO:	va' (vai), vada; andiamo, andate, vạdano

dare to give

PRESENTE:	do, dai, dà; diamo, date, danno
FUTURO:	darò, darại, darà; daremo, darete, daranno
CONDIZIONALE:	darẹi, daresti, darebbe; daremmo, dareste, darẹbbero
PASSATO REMOTO:	diedi (detti), desti, diede (dette); demmo, deste, diẹdero (dẹttero)
CONGIUNTIVO PRESENTE:	dia, dia, dia; diamo, diate, dịano
IMPERFETTO DEL CONGIUNTIVO:	dessi, dessi, desse; dẹssimo, deste, dẹssero
IMPERATIVO:	da' (dai), dia; diamo, date, dịano

fare to do; to make

PARTICIPIO:	fatto
GERUNDIO:	facendo
PRESENTE:	faccio, fai, fa; facciamo, fate, fanno
IMPERFETTO:	facevo, facevi, faceva; facevamo, facevate, facẹvano
FUTURO:	farò, farại, farà; faremo, farete, faranno
CONDIZIONALE:	farẹi, faresti, farebbe; faremmo, fareste, farẹbbero
PASSATO REMOTO:	feci, facesti, fece; facemmo, faceste, fẹcero
CONGIUNTIVO PRESENTE:	faccia, faccia, faccia; facciamo, facciate, fạcciano
IMPERFETTO DEL CONGIUNTIVO:	facessi, facessi, facesse; facẹssimo, faceste, facẹssero
IMPERATIVO:	fa' (fai), faccia; facciamo, fate, fạcciano

stare to stay

PRESENTE:	sto, stai, sta; stiamo, state, stanno
FUTURO:	starò, starại, starà, staremo, starete, staranno
CONDIZIONALE:	starẹi, staresti, starebbe; staremmo, stareste, starẹbbero
PASSATO REMOTO:	stetti, stesti, stette; stemmo, steste, stẹttero
CONGIUNTIVO PRESENTE:	stia, stia, stia; stiamo, stiate, stịano
IMPERFETTO DEL CONGIUNTIVO:	stessi, stessi, stesse; stẹssimo, steste, stẹssero
IMPERATIVO:	sta' (stai), stia; stiamo, state, stịano

VERBI IRREGOLARI IN *-ERE*

assumere to hire

PARTICIPIO: assunto
PASSATO REMOTO: assunsi, assumesti, assunse; assumemmo, assumeste, assunsero

bere to drink

PARTICIPIO: bevuto
GERUNDIO: bevendo
PRESENTE: bevo, bevi, beve; beviamo, bevete, bevono
IMPERFETTO: bevevo, bevevi, beveva; bevevamo, bevevate, bevevano
FUTURO: berrò, berrai, berrà; berremo, berrete, berranno
CONDIZIONALE: berrei, berresti, berrebbe; berremmo, berreste, berrebbero
PASSATO REMOTO: bevvi, bevesti, bevve; bevemmo, beveste, bevvero
CONGIUNTIVO PRESENTE: beva, beva, beva; beviamo, beviate, bevano
IMPERFETTO DEL CONGIUNTIVO: bevessi, bevessi, bevesse; bevessimo, beveste, bevessero
IMPERATIVO: bevi, beva; beviamo, bevete, bevano

cadere to fall

FUTURO: cadrò, cadrai, cadrà; cadremo, cadrete, cadranno
CONDIZIONALE: cadrei, cadresti, cadrebbe; cadremmo, cadreste, cadrebbero
PASSATO REMOTO: caddi, cadesti, cadde; cademmo, cadeste, caddero

chiedere to ask **richiedere** to require

PARTICIPIO: chiesto
PASSATO REMOTO: chiesi, chiedesti, chiese; chiedemmo, chiedeste, chiesero

chiudere to close

PARTICIPIO: chiuso
PASSATO REMOTO: chiusi, chiudesti, chiuse; chiudemmo, chiudeste, chiusero

conoscere to know **riconoscere** to recognize

PARTICIPIO: conosciuto
PASSATO REMOTO: conobbi, conoscesti, conobbe; conoscemmo, conosceste, conobbero

convincere to convince

PARTICIPIO: convinto
PASSATO REMOTO: convinsi, convincesti, convinse; convincemmo, convinceste, convinsero

correre to run

PARTICIPIO: corso
PASSATO REMOTO: corsi, corresti, corse; corremmo, correste, corsero

cuọcere to cook

PARTICIPIO: cotto
PRESENTE: cuocio, cuoci, cuoce; cociamo, cocete, cuọciono
PASSATO REMOTO: cossi, cocesti, cosse; cocemmo, coceste, cọssero
CONGIUNTIVO PRESENTE: cuocia, cuocia, cuocia; cociamo, cociate, cuọciano
IMPERATIVO: cuoci, cuocia; cociamo, cocete, cuọciano

decịdere to decide

PARTICIPIO: deciso
PASSATO REMOTO: decisi, decidesti, decise; decidemmo, decideste, decịsero

dipẹndere to depend

PARTICIPIO: dipeso
PASSATO REMOTO: dipesi, dipendesti, dipese; dipendemmo, dipendeste, dipẹsero

dipịngere to paint

PARTICIPIO: dipinto
PASSATO REMOTO: dipinsi, dipingesti, dipinse; dipingemmo, dipingeste, dipịnsero

discụtere to discuss

PARTICIPIO: discusso
PASSATO REMOTO: discussi, discutesti, discusse; discutemmo, discuteste, discụssero

distịnguere to distinguish

PARTICIPIO: distinto
PASSATO REMOTO: distinsi, distinguesti, distinse; distinguemmo, distingueste, distịnsero

divịdere to divide

PARTICIPIO: diviso
PASSATO REMOTO: divisi, divideste, divise; dividemmo, divideste, divịsero

dovere to have to

PRESENTE: devo (debbo), devi, deve; dobbiamo, dovete, dẹvono (dẹbbono)
FUTURO: dovrò, dovrại, dovrà, dovremo, dovrete, dovranno
CONDIZIONALE: dovrẹi, dovresti, dovrebbe; dovremmo, dovreste, dovrẹbbero
CONGIUNTIVO PRESENTE: debba, debba, debba; dobbiamo, dobbiate, dẹbbano

lẹggere to read

PARTICIPIO: letto
PASSATO REMOTO: lessi, leggesti, lesse; leggemmo, leggeste, lẹssero

mẹttere to put **promẹttere** to promise **scommẹttere** to bet

PARTICIPIO: messo
PASSATO REMOTO: misi, mettesti, mise; mettemmo, metteste, mịsero

muọvere to move

PARTICIPIO: mosso
PASSATO REMOTO: mossi, muovesti, mosse; muovemmo, muoveste, mọssero

nạscere to be born

PARTICIPIO: nato
PASSATO REMOTO: nacqui, nascesti, nacque; nascemmo, nasceste, nạcquero

offẹndere to offend

PARTICIPIO: offeso
PASSATO REMOTO: offesi, offendesti, offese; offendemmo, offendeste, offẹsero

parere to seem

PARTICIPIO: parso
PRESENTE: paio, pari, pare; paiamo, parete, pạiono
FUTURE: parrò, parrại, parrà; parremo, parrete, parranno
CONDIZIONALE: parrẹi, parresti, parrebbe; parremmo, parreste, parrẹbbero
PASSATO REMOTO: parvi, paresti, parve; paremmo, pareste, pạrvero
CONGIUNTIVO PRESENTE: pạia, pạia, pạia; paiamo, paiate, pạiano

piacere to please

PARTICIPIO: piaciuto
PRESENTE: piaccio, piaci, piace; piacciamo, piacete, piạcciono
PASSATO REMOTO: piacqui, piacesti, piacque; piacemmo, piaceste, piạcquero
CONGIUNTIVO PRESENTE: piaccia, piaccia, piaccia; piacciamo, piacciate, piạcciano
IMPERATIVO: piaci, piaccia; piacciamo, piacete, piạcciano

piạngere to cry

PARTICIPIO: pianto
PASSATO REMOTO: piansi, piangesti, pianse; piangemmo, piangeste, piạnsero

potere to be able

PRESENTE: posso, puọi, può; possiamo, potete, pọssono
FUTURO: potrò, potrại, potrà; potremo, potrete, potranno
CONDIZIONALE: potrẹi, potresti, potrebbe; potremmo, potreste, potrẹbbero
CONGIUNTIVO PRESENTE: possa, possa, possa; possiamo, possiate, pọssano

prẹndere to take **riprẹndere** to resume **sorprẹndere** to surprise

PARTICIPIO: preso
PASSATO REMOTO: presi, prendesti, prese; prendemmo, prendeste, prẹsero

produrre to produce **tradurre** to translate

PARTICIPIO: prodotto
PRESENTE: produco, produci, produce; produciamo, producete, prodụcono
IMPERFETTO: producevo, producevi, produceva; producevamo, producevate, producẹvano
PASSATO REMOTO: produssi, producesti, produsse; producemmo, produceste, prodụssero

CONGIUNTIVO PRESENTE: produca, produca, produca; produciamo, produciate, prodụcano
IMPERFETTO DEL CONGIUNTIVO: producessi, producessi, producesse; producẹssimo, produceste, producẹssero

rẹndere to give back
PARTICIPIO: reso
PASSATO REMOTO: resi, rendesti, rese; rendemmo, rendeste, rẹsero

rịdere to laugh
PARTICIPIO: riso
PASSATO REMOTO: risi, ridesti, rise; ridemmo, rideste, rịsero

rimanere to remain
PARTICIPIO: rimasto
PRESENTE: rimango, rimani, rimane; rimaniamo, rimanete, rimạngono
FUTURO: rimarrò, rimarrại, rimarrà, rimarremo, rimarrete, rimarrano
CONDIZIONALE: rimarrẹi, rimarresti, rimarrebbe; rimarremmo, rimarreste, rimarrẹbbero
PASSATO REMOTO: rimasi, rimanesti, rimase; rimanemmo, rimaneste, rimạsero
CONGIUNTIVO PRESENTE: rimanga, rimanga, rimanga; rimaniamo, rimaniate, rimạngano
IMPERATIVO: rimani, rimanga; rimaniamo, rimanete, rimạngano

rispọndere to answer
PARTICIPIO: risposto
PASSATO REMOTO: risposi, rispondesti, rispose; rispondemmo, rispondeste, rispọsero

rọmpere to break **interrọmpere** to interrupt
PARTICIPIO: rotto
PASSATO REMOTO: ruppi, rompesti, ruppe; rompemmo, rompeste, rụppero

sapere to know
PRESENTE: so, sai, sa; sappiamo, sapete, sanno
FUTURO: saprò, saprại, saprà; sapremo, saprẹte, sapranno
CONDIZIONALE: saprẹi, sapresti, saprebbe; sapremmo, sapreste, saprẹbbero
PASSATO REMOTO: seppi, sapesti, seppe; sapemmo, sapeste, sẹppero
CONGIUNTIVO PRESENTE: sạppia, sạppia, sạppia; sappiamo, sappiate, sạppiano
IMPERATIVO: sappi, sạppia; sappiamo, sappiate, sạppiano

scẹgliere to choose
PARTICIPIO: scelto
PRESENTE: scelgo, scegli, sceglie; scegliamo, scegliete, scẹlgono
PASSATO REMOTO: scelsi, scegliesti, scelse; scegliemmo, sceglieste, scẹlsero
CONGIUNTIVO PRESENTE: scelga, scelga, scelga; scegliamo, scegliate, scẹlgano
IMPERATIVO: scegli, scelga; scegliamo, scegliete, scẹlgano

scẹndere to descend

PARTICIPIO: sceso
PASSATO REMOTO: scesi, scendesti, scese; scendemmo, scendeste, scẹsero

scrịvere to write **iscrịversi** to enroll

PARTICIPIO: scritto
PASSATO REMOTO: scrissi, scrivesti, scrisse; scrivemmo, scriveste, scrịssero

sedere to sit

PRESENTE: siedo, siedi, siede; sediamo, sedete, siẹdono
CONGIUNTIVO PRESENTE: sieda, sieda, sieda (segga); sediamo, sediate, siẹdano (sẹggano)
IMPERATIVO: siedi, sieda (segga); sediamo, sedete, siẹdano (sẹggano)

succẹdere to happen

PARTICIPIO: successo
PASSATO REMOTO: successi, succedesti, successe; succedemmo, succedeste, succẹssero

tenere to hold **appartenere** to belong **ottenere** to obtain

PRESENTE: tengo, tieni, tiene; teniamo, tenete, tẹngono
FUTURO: terrò, terrại, terrà; terremo, terrete, terranno
CONDIZIONALE: terrẹi, terresti, terrebbe; terremmo, terreste, terrẹbbero
PASSATO REMOTO: tenni, tenesti, tenne; tenemmo, teneste, tẹnnero
CONGIUNTIVO PRESENTE: tenga, tenga, tenga; teniamo, teniate, tẹngano
IMPERATIVO: tieni, tenga; teniamo, tenete, tẹngano

uccịdere to kill

PARTICIPIO: ucciso
PASSATO REMOTO: uccisi, uccidesti, uccise; uccidemmo, uccideste, uccịsero

vedere to see

PARTICIPIO: visto *or* veduto
FUTURO: vedrò, vedrại, vedrà; vedremo, vedrete, vedranno
CONDIZIONALE: vedrẹi, vedresti, vedrebbe; vedremmo, vedreste, vedrẹbbero
PASSATO REMOTO: vidi, vedesti, vide; vedemmo, vedeste, vịdero

vịncere to win

PARTICIPIO: vinto
PASSATO REMOTO: vinsi, vincesti, vinse; vincemmo, vinceste, vịnsero

vịvere to live

PARTICIPIO: vissuto
FUTURO: vivrò, vivrại, vivrà; vivremo, vivrete, vivranno
CONDIZIONALE: vivrẹi, vivresti, vivrebbe; vivremmo, vivreste, vivrẹbbero
PASSATO REMOTO: vissi, vivesti, visse; vivemmo, viveste, vịssero

volere to want

PRESENTE: voglio, vuọi, vuole; vogliamo, volete, vọgliono
FUTURO: vorrò, vorrại, vorrà; vorremo, vorrete, vorranno
CONDIZIONALE: vorrẹi, vorresti, vorrebbe; vorremmo, vorreste, vorrẹbbero
PASSATO REMOTO: volli, volesti, volle; volemmo, voleste, vọllero
CONGIUNTIVO PRESENTE: voglia, voglia, voglia; vogliamo, vogliate, vọgliano
IMPERATIVO: vogli, voglia; vogliamo, vogliate, vọgliano

VERBI IRREGOLARI IN *-IRE*

aprire to open

PARTICIPIO: aperto

dire to say, tell

PARTICIPIO: detto
GERUNDIO: dicendo
PRESENTE: dico, dici, dice; diciamo, dite, dịcono
IMPERFETTO: dicevo, dicevi, diceva; dicevamo, dicevate, dicẹvano
PASSATO REMOTO: dissi, dicesti, disse; dicemmo, diceste, dịssero
CONGIUNTIVO PRESENTE: dica, dica, dica; diciamo, diciate, dịcano
IMPERFETTO DEL CONGIUNTIVO: dicessi, dicessi, dicesse; dicẹssimo, diceste, dicẹssero
IMPERATIVO: di', dica; diciamo, dite, dịcano

morire to die

PARTICIPIO: morto
PRESENTE: muọio, muori, muore; moriamo, morite, muọiono
CONGIUNTIVO PRESENTE: muọia, muọia, muọia; moriamo, moriate, muọiano
IMPERATIVO: muori, muọia; moriamo, morite, muọiano

offrire to offer **soffrire** to suffer

PARTICIPIO: offerto

salire to climb

PRESENTE: salgo, sali, sale; saliamo, salite, sạlgono
CONGIUNTIVO PRESENTE: salga, salga, salga; saliamo, saliate, sạlgano
IMPERATIVO: sali, salga; saliamo, salite, sạlgano

scoprire to discover

PARTICIPIO: scoperto

uscire to go out **riuscire** to succeed

PRESENTE: esco, esci, esce; usciamo, uscite, ẹscono
CONGIUNTIVO PRESENTE: esca, esca, esca; usciamo, usciate, ẹscano
IMPERATIVO: esci, esca; usciamo, uscite, ẹscano

venire to come **avvenire** to happen

PARTICIPIO: venuto
PRESENTE: vengo, vieni, viene; veniamo, venite, vẹngono
FUTURO: verrò, verrại, verrà, verremo, verrete, verranno

CONDIZIONALE: verrẹi, verresti, verrebbe; verremmo, verreste, verrẹbbero
PASSATO REMOTO: venni, venisti, venne; venimmo, veniste, vẹnnero
CONGIUNTIVO PRESENTE: venga, venga, venga; veniamo, veniate, vẹngano
IMPERATIVO: vieni, venga; veniamo, venite, vẹngano

VERBI CON PARTICIPI PASSATI IRREGOLARI

aprire *to open*	aperto
assụmere *to hire*	assunto
avvenire *to happen*	avvenuto
bere *to drink*	bevuto
chiẹdere *to ask*	chiesto
chiụdere *to close*	chiuso
convịncere *to convince*	convinto
cọrrere *to run*	corso
cuọcere *to cook*	cotto
decịdere *to decide*	deciso
dipẹndere *to depend*	dipeso
dipịngere *to paint*	dipinto
dire *to say, tell*	detto
discụtere *to discuss*	discusso
distịnguere *to distinguish*	distinto
divịdere *to divide*	diviso
esịstere *to exist*	esistito
esprịmere *to express*	espresso
ẹssere *to be*	stato
fare *to do, make*	fatto
interrọmpere *to interrupt*	interrotto
iscrịversi *to enroll*	iscritto
lẹggere *to read*	letto
mẹttere *to put*	messo
morire *to die*	morto
muọvere *to move*	mosso
nạscere *to be born*	nato
offẹndere *to offend*	offeso
offrire *to offer*	offerto
parere *to seem*	parso
pẹrdere *to lose*	perso *or* perduto
piạngere *to weep, cry*	pianto
prẹndere *to take*	preso
produrre *to produce*	prodotto
promẹttere *to promise*	promesso
rẹndere *to return, give back*	reso
richiẹdere *to require*	richiesto
riconọscere *to recognize*	riconosciuto
rịdere *to laugh*	riso
rimanere *to remain*	rimasto
riprẹndere *to resume*	ripreso
risọlvere *to solve*	risolto
rispọndere *to answer*	risposto
rọmpere *to break*	rotto
scẹgliere *to choose*	scelto
scẹndere *to get off*	sceso
scommẹttere *to bet*	scommesso
scoprire *to discover*	scoperto
scrịvere *to write*	scritto
soffrire *to suffer*	sofferto
sorprẹndere *to surprise*	sorpreso
succẹdere *to happen*	successo
uccịdere *to kill*	ucciso
vedere *to see*	visto *or* veduto
venire *to come*	venuto
vịncere *to win*	vinto
vịvere *to live*	vissuto

D. Verbi coniugati con essere

- andare *to go*
- arrivare *to arrive*
- avvenire *to happen*
- bastare *to suffice, be enough*
- bisognare *to be necessary*
- cadere *to fall*
- cambiare* *to change, become different*
- campare *to live*
- cominciare* *to begin*
- costare *to cost*
- dipẹndere *to depend*
- dispiacere *to be sorry*
- diventare *to become*
- durare *to last*
- entrare *to enter*
- esịstere *to exist*
- ẹssere *to be*
- finire* *to finish*
- fuggire *to run away*
- ingrassare *to put on weight*
- morire *to die*
- nạscere *to be born*
- parere *to seem*
- partire *to leave, depart*
- passare[†] *to stop by*
- piacere *to like, be pleasing*
- restare *to stay*
- rimanere *to remain*
- ritornare *to return*
- riuscire *to succeed*
- salire[‡] *to go up; to get in*
- scappare *to run away*
- scẹndere* *to get off*
- sembrare *to seem*
- stare *to stay*
- succẹdere *to happen*
- tornare *to return*
- uscire *to leave, go out*
- venire *to come*

In addition to these verbs, all reflexive verbs are conjugated with **essere.**

*Conjugated with **avere** when used with a direct object.
†Conjugated with **avere** when the meaning is *to spend (time), to pass.*
‡Conjugated with **avere** when the meaning is *to climb.*

Vocabulary

This vocabulary contains contextual meanings of most words used in this book. Active vocabulary is indicated by the number of the chapter in which the word first appears (the designation P refers to the **Capitolo preliminare**). Proper and geographical names are not included in this list. Exact cognates do not appear unless they have an irregular plural or irregular stress.

The gender of nouns is indicated by the form of the definite article, or by the abbreviation *m.* or *f.* if neither the article nor the final vowel reveals gender. Adjectives are listed by their masculine form. Irregular stress is indicated by a dot under the stressed vowel. Idiomatic expressions are listed under the major word in the phrase, usually a noun or a verb. An asterisk (*) before a verb indicates that the verb requires **essere** in compound tenses. Verbs ending in **-si** always require **essere** in compound tenses and therefore are not marked. Verbs preceded by a dagger (†) usually take **essere** in compound tenses unless followed by a direct object, in which case they require **avere.** Verbs followed by (**isc**) are third-conjugation verbs that insert **-isc-** in the present indicative and subjunctive and in the imperative. The following abbreviations have been used:

abbr.	abbreviation	*f.*	feminine	*m.*	masculine
adj.	adjective	*fam.*	familiar	*n.*	noun
adv.	adverb	*fig.*	figurative	*p.p.*	past participle
arch.	archaic	*form.*	formal	*pl.*	plural
art.	article	*gram.*	grammar	*prep.*	preposition
conj.	conjunction	*inf.*	infinitive	*pron.*	pronoun
coll.	colloquial	*inv.*	invariable	*s.*	singular
def.	definite article	*lit.*	literally	*subj.*	subjunctive

Italian–English Vocabulary

A

a, ad (*before vowels*) at, in, to (1); **a destra** to/on the right; **a sinistra** to/on the left

abbandonare to abandon

abbastanza (*inv.*) enough; quite (2); **abbastanza bene** pretty well (P)

abbạttere to knock down, destroy

abbattuto dejected

l'abbigliamento clothing (7); **il negọzio di abbigliamento** clothing store

abbinare (a) to go with, match, pair

abboccare to take the bait, be taken in, deceived

abbondante abundant

abbottonarsi to button up (*clothes*)

abbracciare to embrace (7)

abbronzarsi to get tan

l'abete *m.* fir tree, spruce

l'abitante *m./f.* inhabitant (15)

abitare to live, reside (3)

l'abitazione *f.* dwelling, house

l'ạbito suit; dress (women); outfit (7)

abituale habitual

abitualmente usually

abituarsi a (+ *n.* or *inf.*) to get used to (*something or doing something*) (14)

l'abitụdine *f.* habit

abortire (isc) to abort, have an abortion

abusivo illegal (18)

l'accadẹmia academy

accadẹmico (*m. pl.* **accadẹmici**) academic

accanto (a) next (to) (12)

accẹndere (*p.p.* **acceso**) to turn on

accentrare to centralize

l'accesso access

accettare (di + *inf.*) to accept (*doing something*) (14)

accidenti! darn!

l'accoglienza reception, welcome

accomodarsi to make oneself at home

accompagnare to accompany

accontentarsi di to be satisfied with

accordarsi to agree

l'accordo agreement; **d'accordo** agreed; ***ẹssere d'accordo** to agree

accọrgersi (*p.p.* **accorto**) **(di)** to be aware (of)

accudire to take care of, mind

accusare to accuse

l'aceto vinegar

l'ạcqua (minerale/gassata/naturale) (mineral/carbonated/noncarbonated) water (5)

acquạtico (*m. pl.* **acquạtici**) *adj.* acquatic, water

acquisito: il parente acquisito in-law

acquistare to acquire

acụstico: il segnalatore acụstico beeper

adagio slowly

adattarsi to adapt

adatto suitable, appropriate

addio good-bye

addirittura even; absolutely

addormentarsi to fall asleep (7)

adeguato adequate

adesso now (4)

l'adolescente *m., f.* adolescent

adorạbile adorable

adorare to adore

adottare to adopt

adriạtico (*m. pl.* **adriạtici**) *adj.* Adriatic

l'adulto adult

l'ạereo; l'aeroplano (*pl.* **gli ạerei**) airplane (1); ***andare in aeroplano** to fly, go by plane

l'aerọbica aerobics; **fare l'aerọbica** to do aerobics (4)

l'aeroporto airport (1)

l'affare *m.* business; bargain (11); **un brutto affare** an unpleasant matter; **fare un affare** to make a deal

affatto not at all

affermare to affirm, assert

affermarsi to establish oneself (15)

affermativo affirmative

l'affermazione *f.* affirmation; statement; assertion (10)

affettuoso affectionate

affidare to entrust

affinché so that, in order that (17)

affittare to rent (*a house or apartment*) (10)

l'affitto rent (12); **in affitto** for rent; **prendere in affitto** to rent

affollato crowded

affrescare to fresco

l'affresco (*pl.* **gli affreschi**) fresco (15)

affrontare to face, confront

l'agenzia agency; **agenzia di viaggi** travel agency

l'aggettivo adjective

aggiornato current; up-to-date (17)

aggiụngere (*p.p.* **aggiunto**) to add

aggressivo aggressive

ạgile agile

agitare to shake, agitate

l'aglio garlic, **lo spicchio d'aglio** clove of garlic

l'agnello lamb

agosto August (P)

l'agricoltura agriculture

l'agriturismo *an alternative style of tourism*

aiutare (a + *inf.*) to help (*do something*)

l'aiuto help; aid; assistance

l'ala (*pl.* **le ali**) wing

l'alba dawn

l'albergo (*pl.* **gli alberghi**) hotel (1); **albergo di lusso / di costo mẹdio / econọmico** deluxe/moderately priced/inexpensive hotel (10)

l'ạlbero tree (12)

l'alcọlico (*pl.* **gli alcọlici**) alcoholic drink

alcolico (*m. pl.* **alcolici**) *adj.* alcoholic

l'alcolismo alcoholism (18)

alcuni/alcune some; a few (12)

l'alfabeto alphabet

gli alimentari *m. pl.* food; **il negọzio di alimentari** grocery store

l'alimentazione *f.* nutrition; diet (9)

allacciare to buckle; to fasten (13)

l'alleanza alliance

l'allegria happiness

allegro cheerful (2)

allenarsi to train (*in a sport*)

l'allenatore / l'allenatrice coach

l'allergia allergy

allẹrgico (*m. pl.* **allẹrgici**) allergic

allestire to produce (14); **allestire uno spettạcolo** to stage a production

allevare to bring up (*children*)

alloggiare to lodge, be accommodated

l'alloggio lodging

allora then; and so; at that time; in that case (8)

l'allumịnio aluminum

l'alluvione *f.* flood

almeno at least (9)

le Alpi the Alps

alternarsi to take turns

alternativo *adj.* alternative

l'altezza height

alto tall; high (2); **ad alta voce** out loud; **alta borghesia** upper middle class; **alta moda** high fashion; **dall'alto** from above; **dall'alto in basso** from top to bottom

altrettanto likewise; the same to you

altro other (2); anything else; something else (11); **un altro / un'altra** another; **altro che!** of course!; **altri tre anni** three more years

altrove *adv.* elsewhere

alzare to raise, lift

alzarsi to stand up; to get up (7)

amare to love

amaro bitter

ambientale environmental

l'ambientazione *f.* setting

l'ambiente *m.* environment (13); **la protezione dell'ambiente** environmentalism

ambiguo ambiguous

l'ạmbito setting

ambizioso ambitious

americano American; **il football americano** football

l'amicịzia friendship (18)

l'amico / l'amica (*pl.* **gli amici / le amiche**) friend (1)

ammalarsi to become sick, ill (9)

ammalato sick, ill (5)

ammẹttere (*p.p.* **ammesso**) to admit

amministrare to administer

l'amministrazione *f.* administration, management

l'amministratore *m.* administrator

ammirare to admire (15)

ammobiliato furnished (12)

l'amore *m.* love

l'anạlisi *f.* (*pl.* **le anạlisi**) analysis

anche also, too; even (2); **anche se** even if (7); **anch'io** I also, me too (4)

ancora again, still (7); **ancora una volta** once more; **non... ancora** not yet

*__andare__ to go (3); *__andare__ (__a__ + *inf.*) to go (*to do something*) (3); *__andare in aeroplano__ to fly, go by plane (3); *__andare in ạutobus__ to go by bus (3); *__andare in automọbile__ to drive, go by car; *__andare in barca a vela__ to go sailing; *__andare in bicicletta__ to ride a bicycle (3); *__andare in campagna__ to go to the country (10); *__andare in campeggio__ to go camping (10); *__andare a casa__ to go home; *__andare a cavallo__ to go horseback riding; *__andare a dormire__ to go to bed, retire; *__andare all'ẹstero__ to go abroad (10); *__andare in fẹrie__ to go on vacation (10); *__andare in mạcchina__ to drive, to ride (3); *__andare male__ to go badly; *__andare al mare__ to go to the seashore (10); *__andare in montagna__ to go to the mountains (10); *__andare in palestra__ to go to the gym (4); *__andare a piedi__ to walk, go on foot (3); *__andare all'ospedale__ to go to the hospital, be hospitalized (9); *__andare in piscina__ to go swimming; *__andare a prẹndere__ to pick up (*a person*) (13); *__andare in scena__ to be performed; *__andare in spiaggia__ to go to the beach (10); *__andare di traverso__ to go the wrong way; *__andare in treno__ to go by train (3); *__andare a trovare__ to go visit; *__andare alle urne__ to vote; *__andare in vacanza__ to go on vacation; *__andare via__ to go away, leave (4); *__andạrsene__ to go away
l'angelo angel
l'angolo angle; (*street*) corner
l'animale *m.* animal
animare to animate
l'anniversạrio anniversary
l'anno year (P); **altri tre anni** three more years; **avere... anni** to be . . . years old; **anno accadẹmico** academic year (3); **il passar degli anni** the passing of time
annoiarsi to get bored, be bored (7)
annuale yearly
annullare to annul; to delete
l'annuncio (*pl.* **gli annunci**) ad; announcement (17); **rispọndere ad un annuncio** to answer an ad
anteriore anterior; prior
l'antibiọtico (*pl.* **gli antibiọtici**) antibiotics
antico (*m. pl.* **antichi**) ancient, antique (2); **all'antica** old-fashioned
l'antipasto hors-d'oeuvre (6)
antipạtico (*m. pl.* **antipạtici**) unpleasant, disagreeable (2)
l'antiquạrio (*pl.* **gli antiquari**) antique dealer
l'antropologia anthropology
anzi and even; but rather, on the contrary
anziano elderly
l'aperitivo aperitif, before-dinner drink
aperto open; **all'aperto** outdoor; **all'ạria aperta** outside
l'apostolo apostle
apparecchiare to set up; **apparecchiare la tạvola** to set the table (6)
l'apparenza appearance; **tenere alle apparenze** to care about appearances
apparso appeared
l'appartamento apartment (12)
appartenere to belong
appassionato (di) crazy (about)
appena as soon as; just, barely, hardly (10)
gli Appennini Appenines (mountains)
l'appetito appetite; **buon appetito!** enjoy your meal!
applaudire to applaud (14)
applicare to apply; to enforce (16)
apprezzare to appreciate (15)
appropriato appropriate
approssimativo approximate, rough
approvare to approve
l'appuntamento appointment; date (4)
gli appunti *m. pl.* notes (8); **prẹndere appunti** to take notes
aprile *m.* April (P)
aprire (*p.p.* **aperto**) to open (4); **aprite il libro!** open your books!
l'ạrabo Arab
l'aragosta lobster
l'arạncia orange (*fruit*) (11)
l'aranciata orangeade, orange soda (1)
l'archeologịa archeology (15)
archeolọgico (*m. pl.* **archeolọgici**) archeological; **lo scavo archeolọgico** archeological dig
l'archeọlogo / l'archeọloga (*pl.* **gli archeọlogi / le archeọloghe**) archeologist (15)
l'architetto architect (15)
l'architettura architecture (3)
l'archịvio file
l'ạrea area, zone; field
l'argento silver
l'argomento subject, topic (15)
l'ạria air; ạria (*opera*) (14); appearance; **all'ạria aperta** outside; **ạria condizionata** air conditioning; **avere l'ạria preoccupata** to look worried
ạrido arid, dry
l'arma *f.* weapon; **armi da fuoco** firearms
l'armạdio (*pl.* **gli armadi**) wardrobe, cupboard; **armadio a muro** built-in wardrobe
l'armonia harmony
l'aroma *m.* (*pl.* **gli aromi**) aroma
arrabbiarsi to get angry, be angry (7)
arrabbiato angry (2)
l'arredamento furnishings, furniture
arredare to furnish
arrestare to arrest
arricchirsi to get rich; **arricchirsi sulla pelle di** to get rich at the expense of
*__arrivare__ to arrive (3); **ben arrivato!** welcome!
arrivederci/arrivederLa good-bye (*fam./form.*) (P)
l'arrivo arrival
l'arrosto roast (6)
l'arte *f.* art; **l'ọpera d'arte** artwork; **la stọria dell'arte** art history; **le arti marziali** martial arts (4)
articolato articulated; **la preposizione articolata** preposition combined with article
l'artịcolo (determinativo/ indeterminativo) (definite/indefinite) article (8)
artificiale artificial
artigianale *adj.* craft
l'artigianato crafts
l'artigiano craftsman
l'artista *m., f.* (*m. pl.* **gli artisti**) artist (15)
artịstico (*m. pl.* **artịstici**) artistic
l'ascensore *m.* elevator (12)
asciugarsi to dry off
ascoltare to listen to (3); **di fạcile ascolto** *adj.* easy listening (*music*)
l'asilo (d'infạnzia) day-care center
aspettare to wait (for) (3)
aspettarsi to expect (18)
l'aspettativa maternity/paternity leave
l'aspirapọlvere *m.* vacuum cleaner; **passare l'aspirapọlvere** to vacuum
l'aspirina aspirin
assaggiare to taste, take a taste of
assai fairly, rather
l'assegno check
assentarsi to be absent
assente absent
l'asserzione *f.* assertion, statement
assicurare to ensure; to insure (18)
l'assistente *m., f.* assistant
l'assistenza assistance; **assistenza mẹdica** health insurance (17); **assistenza sanitạria nazionale** national health care (17)
associare to associate
l'associazione *f.* association
assolutamente absolutely
assoluto *adj.* absolute
assomigliare to resemble
assụmere (*p.p.* **assunto**) to hire (17)
l'assunzione *f.* hire; **L'Assunzione** Feast of the Assumption (*August 15*)
assurdo absurd
l'astrologia astrology
l'astronomia astronomy
astuto astute
l'atleta *m., f.* (*m. pl.* **gli atleti**) athlete
l'atletica leggera track and field
l'atmosfera atmosphere
attaccare to attack
l'atteggiamento attitude
attento careful; attentive; *__stare attento__ to pay attention; to be careful
l'attenzione *f.* attention; **attenzione!** pay attention!; **fare attenzione** to pay attention
l'ạttico (*pl.* **ạttici**) attic
attirare to attract
attivamente actively
l'attività *f.* activity
attivo active
l'atto act; record, document
l'attore / l'attrice actor/actress (8)
attraversare to cross
attraverso across; **attraverso i sẹcoli** through the centuries
l'attrazione *f.* attraction
attrezzato equipped
attribuire (isc) to attribute
attuale current, present (16)
l'attualità current event
l'augụrio (*pl.* **gli auguri**) wish; **auguri!** best wishes!
l'ạula classroom (2)

[†]**aumentare** to raise, increase (16)
l'aumento raise, increase (16)
austrịaco Austrian
l'autista *m., f.* (*m. pl.* **gli autisti**) driver
l'ạuto *f.* (*pl.* **le ạuto**) automobile, car; **ạuto soccorso** self-help
l'ạutobus *m.* (*pl.* **gli ạutobus**) bus (1); **prẹndere l'ạutobus** to take the bus
l'automọbile *f.* automobile, car (1); ***andare in automọbile** to drive, go by car
l'automobilista *m., f.* (*m. pl.* **gli automobilisti**) motorist, driver (13)
l'autonomia autonomy
l'autore / l'autrice author (14)
l'autoritratto self-portrait
l'autostọp *m.* hitchhiking; **fare l'autostọp** to hitchhike
l'autostrada highway (13)
l'autunno autumn (P)
avanti forward; in front; **avanti!** go on! go ahead! come in!; move forward! (11)
avere to have (1); **avere... anni** to be . . . years old (1); **avere l'ạria** to appear, seem; **avere bisogno di** to need (1); **avere caldo** to feel hot, warm (1); **avere un collọquio** to have an interview; **avere a disposizione** to have at one's disposal, for one's use; **avere fame** to be hungry (1); **avere fortuna** to be lucky; **avere freddo** to feel cold (1); **avere fretta** to be in a hurry (1); **avere l'impressione** to have the impression; **avere intenzione di** (+ *inf.*) to intend (*to do something*) (10); **avere mal di testa** to have a headache (9); **avere paura (di)** to be afraid (of) (1); **avere pazienza** to be patient; **avere la pelle dura** to be tough; **avere il piacere (di** + *inf.*) to be delighted (*to do something*); **avere programmi** to have plans (10); **avere le prove** to rehearse; **avere ragione** to be right (1); **avere sete** to be thirsty (1); **avere sonno** to be sleepy (1); **avere successo** to be successful; **avere la testa dura** to be hard-headed; **avere torto** to be wrong; **avere voglia di** (+ *n.* or *inf.*) to feel like (*something / doing something*) (1)
ạvido greedy, avid
l'avvento advent
l'avvẹrbio (*pl.* **gli avverbi**) adverb
l'avversità (*pl.* **le avversità**) adversity
avviarsi to head towards
avvicinarsi to approach; get near
l'avviso notice
l'avvocato / l'avvocatessa lawyer (6)
l'azienda firm, company (17)
l'azione *f.* action
azzurro blue (2)

B

il babbo daddy
il/la baby-sitter baby-sitter
il baccano ruckus; **fare baccano** to carry on loudly
baciare to kiss (7)
il bacio (*pl.* **i baci**) kiss; **il bacione** big kiss
i baffi mustache
il bagaglio baggage; suitcase (1)
bagnato wet
il bagnino / la bagnina lifeguard
il bagno bathroom; bath; bathtub (12); **il costume da bagno** bathing suit; **fare il bagno** to take a bath
la baia bay
il balcone balcony (12); **il balconcino** small balcony
ballare to dance (3)
il ballerino / la ballerina ballet dancer; **il primo ballerino / la prima ballerina** principal dancer
il balletto ballet (14)
il ballo dance; dancing (4); **la festa da ballo** ball; **la lezione di ballo** dancing lesson; **la scuola di ballo** dancing school
il bambino / la bambina child; little boy/girl (2)
la banana banana
la banca bank (1)
la bancarella stand, stall (11)
il banchiere banker
il banco counter (5); student desk (P); **al banco** at the counter (5)
la banconota banknote
bandire (isc) to announce
il bar (*pl.* **i bar**) bar; café, coffee shop (1)
la barba beard; **farsi la barba** to shave (*men*)
Barbablù Bluebeard
il barbiere barber
la barca boat (10); ***andare in barca a vela** to go sailing; **barca a vela** sailboat
il/la barista (*m. pl.* **i baristi**) bartender (5)
il barịtono baritone (14)
il barocco Baroque (15)
barocco *adj.* Baroque
barra: dọppia barra // (*computer*)
la barzelletta joke
basarsi (su) to be based (on)
basato based
la base base
il baseball baseball
la basịlica basilica
il basịlico basil
il basket, bạsketball basketball
il basso bass (*singer*) (14)
basso low, short (*in height*) (2); **dall'alto in basso** from top to bottom
***bastare** to suffice, be enough; **basta!** enough!; stop!; **basta con/di** enough of (14)
la battaglia battle
bạttere to beat; **bạttere a macchina** to type
la batterịa drums, percussion section
battezzare to baptize, to name
il battistero baptistry
battuto beaten; surpassed; typed (*on computer keyboard*)
be', beh well, um
beato lucky, fortunate
beccarsi *coll.* to get, receive; to be sentenced to; to walk off with (*something*); **beccarsi una denuncia** to get charged with
la Befana Epiphany (*January 6*)
la bellezza beauty
bello beautiful, handsome; nice (*thing*) (2); **ciao, bella!** bye, dear!; **fare bello** to be nice weather
benché although (17)
bene well, fine (P); **abbastanza bene** pretty well; **benịssimo** very well!; very good!; **ben arrivato!** welcome! nice to see you!; **ben tornato!** welcome back! **fare bene a** to be good for; ***stare bene** to be well, fine; **va bene** okay, fine; **va bene?** is that okay?
benẹfico beneficient
il benẹssere well-being
il benvenuto welcome; greeting
benvenuto (a) welcome (to)
la benzina gasoline (10); **benzina normale/super/verde** regular/ super/unleaded gasoline (13); **il distributore di benzina** gas pump/gas station; **fare benzina** to get gas; **rimanere senza benzina** to run out of gas
il benzinaio gas-station attendant
bere (*p.p.* **bevuto**) to drink (4)
il berretto cap
bestiale beastly, awful
la bevanda beverage
bianco (*m. pl.* **bianchi**) white (2); **passare la notte in bianco** to pull an all-nighter
la Bịbbia Bible
il biberọn baby-bottle
la bịbita soft-drink, soda; beverage (5)
la biblioteca library (2); **in biblioteca** at/to/in the library
il bibliotecạrio / la bibliotecạria (*m. pl.* **i bibliotecari**) librarian
il bicchiere (drinking) glass (1)
la bicicletta, la bici (*pl.* **le bici**) bicycle (1); ***andare in bicicletta** to ride a bicycle
il biculturalismo biculturalism
biennale biennial
la biglietterịa ticket office
il biglietto (theater, train) ticket (1); **biglietto di andata e ritorno** round-trip ticket; **biglietto da vịsita** business card; **biglietto omaggio** complimentary ticket
la bigotterịa bigotry
il bigotto / la bigotta bigot
bilaterale bilateral
bilingue bilingual
il bimbo / la bimba child
il binạrio (*pl.* **i binari**) train track
la biologia biology
biondo blond (2)
la birra beer (1)
la birreria pub
il biscotto cookie (5)
***bisognare** to be necessary (14); **bisogna** it is necessary
il bisogno need; **avere bisogno di** to need
la bistecca steak (6)
bloccare to block
il blocco block
blu *inv.* blue
il blues blues (*music*)
bo' well; I don't know
la bocca mouth (9)
il bollettino bulletin; news
bollire to boil
il bollito boiled (poached) meat

la bomba bomb
bombardare to bombard
la bontà goodness, kindness
la borgata small town; suburb
borghese middle-class
la borghesịa middle-class; **alta borghesịa** upper middle-class
la borsa purse (1); **borsa di stụdio** scholarship
il bosco (*pl.* **i boschi**) woods
boscoso woody
la bottega shop, store
la bottiglia bottle
il bottone button (7)
la boutique (*pl.* **le boutique**) boutique, shop
il braccio (*pl.* **le braccia**) arm (9)
la brace embers, coals; **saltare dalla padella nella brace** to jump out of the frying pan into the fire
il brano extract, selection, excerpt
bravo able, good (2); **bravo in** good at (*a subject of study*) (3)
breve short (*in duration*), brief
brindare (a) to toast, to drink a toast (to)
il brịndisi toast
la brioche (*pl.* **le brioche**) brioche, sweet roll (5)
i brọccoli broccoli
il brodo broth; **in brodo** in broth (6)
bruciapelo: a bruciapelo point blank
bruciare to burn
bruno dark-haired, dark-complexioned (2)
brutto ugly; bad (2); **un brutto affare** an unpleasant matter; **un brutto voto** a bad grade; **fare brutto** to be bad weather
il bucato laundry
il buco hole
buffo funny, comical; **l'ọpera buffa** comic opera
la bugia fib, lie (2); **dire una bugia** to tell a lie
il bugiardo liar (2)
il bụio darkness
il buongustạio / la buongustạia (*m. pl.* **i buongustai**) gourmet
buono good (1); **buon appetito!** enjoy your meal!; **buon compleanno!** happy birthday!; **buon divertimento!** have fun!; **buona fortuna!** good luck!; **buona giornata!** have a nice day!; **buon giorno! (buongiorno)** hello! good morning! good day! (P); **buon lavoro!** enjoy your work!; **buon Natale!** Merry Christmas!; **buona notte!** good night! (P); **buona Pasqua!** Happy Easter!; **buona sera!** good afternoon! good evening! (P); **buon viaggio!** bon voyage!; **di buon umore** in a good mood; **buonịssimo** very good
la burocrazia bureaucracy
il burro butter (5)
bussare to knock, ring (doorbell) (12)
la busta envelope (15)
il/la buttafuori (*pl.* **i/le buttafuori**) bouncer
buttare to throw; to toss away; **buttar(e) giù** to toss down, gulp down; **buttare via** to throw away

C

c'è there is
la cabina cabin; booth
la caccia hunt; **a caccia di (lavoro)** in search of (work)
***cadere** to fall
il caffè coffee; café, coffee shop (1); **caffè macchiato** espresso with cream (5)
il caffellatte espresso coffee and steamed milk
la caffettiera small coffee-pot for making espresso
il calamaro squid
il cạlcio soccer (4)
il caldo heat; **avere caldo** to feel warm, hot (1); **fare caldo** to be warm, hot (weather)
caldo hot, warm
il calendạrio calendar
calmo calm
la calza sock
il calzino sock (7)
il cambiamento change (16)
†**cambiare** to change; to exchange **cambiare casa** to move (12); **cambiare idea** to change one's mind
il cạmbio: l'ufficio cambi currency exchange
la cạmera room (4); **Cạmera dei Deputati** Chamber of Deputies (*lower house of parliament*) (16); **cạmera da letto** bedroom (12); **cạmera per gli ọspiti** guestroom; **cạmera sịngola/dọppia/matrimoniale** single room/room with twin beds/room with a double bed (10); **il compagno / la compagna di cạmera** roommate
il cameriere / la cameriera server (1)
la camicetta blouse (11)
la camicia shirt (7); **camicia da notte** nightshirt
il camino chimney
il cạmion truck
camminare to walk
la campagna country, countryside; campaign; ***andare in campagna** to go to the country; **campagna elettorale** election campaign
la campana bell
il campanello doorbell
il campeggio camping; campsite; ***andare in campeggio** to go camping
il campionato championship
il/la campione champion
il campo field (15); **campo da tennis** tennis court
canadese Canadian
il canale (televisivo) TV channel (8)
cancellare to clear
il cancro cancer
il candidato / la candidata candidate
il cane dog (1)
il canottaggio canoeing, rowing
il/la cantante singer (14)
cantare to sing (3)
il cantautore / la cantautrice singer-songwriter (14)
la cantina cellar (12)
la canzone song (14)
il canzoniere collection of songs or lyric poetry
caọtico (*pl.* **caọtici**) chaotic
capace capable
il capello strand of hair **i capelli** hair (2)
capire (isc) to understand (4); **capisco / non capisco** I understand/ I don't understand; **capite?** do you (*pl.*) understand?
la capitale capital
il capitalismo capitalism
il capitano captain
***capitare** to happen (18)
il capịtolo chapter
il capo head; boss
il Capodanno New Year's Day (10)
il capolavoro masterpiece (15)
il capoluogo principal town of a province
la cappella chapel
il cappello hat (11)
il cappotto coat (7)
Cappuccetto Rosso Little Red Riding Hood
il cappuccino cappuccino (*espresso infused with steamed milk*) (5)
il cappuccio hood
il capriccio (*pl.* **i capricci**) caprice; whim; prank, caper (7)
il carabiniere traffic cop; police officer
la caramella candy
il carạttere character
la caratterịstica characteristic; quality
carbonara: alla carbonara with a sauce of eggs, cream, bacon and grated cheese (6)
il carbone coal
il cạrcere (*pl.* **le cạrceri**) prison, jail (15)
il carciofo artichoke
cardinale cardinal; **i nụmeri cardinali** cardinal numbers
caricare to load
carino pretty, cute; nice (2)
la carità charity; **per carità!** no way! God forbid!
la carne meat (6)
il carnevale carnival
caro expensive; dear (2); **carịssimo** dearest, darling
la carota carrot
il carrello serving cart
la carriera career
la carrozza carriage; rail coach; car
la carta paper (8); playing card; map; **carta d'identità** ID card; **giocare a carte** to play cards
il cartello sign; **cartello stradale** traffic sign
la cartolina postcard; greeting card (10)
i cartoni cartoons
la casa house; home (3); **a casa** at home; **a casa (di)** at the home (of); ***andare a casa** to go home; **cambiare casa** to move; **casa editrice** publishing company; **casa dello studente** dormitory (3); **casa di moda** fashion house; **in casa** at home; **il padrone / la padrona di casa** landlord/landlady; ***stare a casa / in casa** to be home; ***uscire di casa** to leave the house
casalingo (*m. pl* **casalinghi**) domestic; related to the home (12)

il caso chance; **caso giuridico** legal case; **fare caso** attribute importance to something; **per caso** by chance
la cassa cash register (5)
la casetta single-family house
la cassetta tape, cassette (4)
la cassettiera chest of drawers
il cassiere / la cassiera cashier (5)
castano brown (*eyes, hair*) (2)
il catalogo (*pl.* **i cataloghi**) catalogue
la catastrofe catastrophe
la categoria category
la catena chain (17)
la cattedrale cathedral
cattivo bad (2); **di cattivo umore** in a bad mood
cattolico (*m. pl.* **cattolici**) Catholic
la causa cause; **a causa di** because of
il cavallo horse; **a cavallo** on horseback; ***andare a cavallo** to go horseback riding; **la coda di cavallo** pony-tail
il cavo cable
il CD (*pl.* **i CD**) compact disc (4)
c'è... , c'è... ? there is . . . , is there . . . ? (1)
celebrare to celebrate
celebre famous
celibe single, unmarried (*man*)
la cena supper, dinner; **la cenetta** light supper
il Cenacolo *depiction of* The Last Supper
cenare to eat supper (4)
Cenerentola Cinderella
il centesimo cent
cento one hundred; **per cento** percent
centrale central
il centro center (5); **al centro** in the center; **in centro** downtown
la ceramica ceramics
c'era una volta once upon a time there was . . . (8)
cercare to look for, seek (9); **cercare di** (+ *inf.*) to try to (*do something*); **cercare lavoro** to look for a job; **in cerca di** searching for; **cercasi** wanted (*in want ads*)
il cereale grain; cereal
certamente certainly
certo sure, certain; **certo!** certainly! **certo che** of course
il cervello brain
il cestino wastepaper basket
che who, whom, which, that; **che... !** what / what a . . . !; **che... ?** what . . . ? (1); what kind of . . . ?; **a che ora?** (at) what time? (4); **altro che!** of course!; **che cosa?** what? (3); **che ora è? che ore sono?** what time is it? (4); **che tempo fa?** what's the weather like?
chi he who, she who, the one who (6); **chi?** who?; whom? **di chi è... di chi sono?** whose is . . . ? whose are . . . ? (2)
la chiacchiera chat; **fare due chiacchiere** to have a chat (5)
chiacchierare to chat
chiamare to call (*someone*); **chiamarsi** to be named, called (7); **mi chiamo...** my name is . . . ; **come si chiama?** What's your name? (*form.*); **come ti chiami?** what's your name? (*fam.*)
chiaramente clearly
chiaro clear (9)
la chiave key (4); **chiavi della macchina** car keys (13)
chiedere (*p.p.* **chiesto**) to ask (for) (5); **chiedere un passaggio** to ask for a lift (13)
la chiesa church (1)
il chilo kilogram
il chilometro kilometer
la chimica chemistry
chissà who knows
la chitarra guitar (4)
chiudere (*p.p.* **chiuso**) to close (4)
chiunque whoever, whomever (17)
ci there; us (4); **c'è** there is; **ci sono;** there are
ciao hi, hello; bye (*fam.*) (P); **ciao, bella!** hi/bye, dear!
ciascuno each, each one
il cibo food (6)
cicciotto chubby
il/la ciclista (*m. pl.* **i ciclisti**) bicyclist
il cielo sky; heaven; **santo cielo!** good heavens!
il cinema (*pl.* **i cinema**) cinema, movie theater (1); films
il/la cinese Chinese person; **il cinese** Chinese language
cinese *adj.* Chinese (2)
la cintura belt (7); **cintura di sicurezza** seatbelt (13)
ciò this, that; **ciò che** that which, what (14); **tutto ciò** all that
la cioccolata chocolate (1); chocolate bar; **alla cioccolata** chocolate flavored; **cioccolata calda** hot chocolate
il cioccolato chocolate (*flavor*)
cioè that is
circa about, approximately, around (4)
la circolazione circulation
circondato (da) surrounded (by)
citare to quote
la citazione quotation, excerpt
la città (*pl.* **le città**) pertaining to the city (1)
il cittadino / la cittadina citizen (13)
cittadino (*adj.*) city
civile civil; **lo stato civile** marital status
la civiltà (*pl.* **le civiltà**) civilization
clandestino clandestine
il clarinetto clarinet
la classe class; classroom
classico (*pl.* **classici**) classic, classical
il/la cliente client, customer (11)
il clima (*pl.* **i climi**) climate
clinico (*pl.* **clinici**) clinical
il cloro chlorine
il cocchiere coachman
il coccodrillo crocodile
il cognato / la cognata brother-/sister-in-law
il cognome last name (1)
coinvolgere (*p.p.* **coinvolto**) to involve
la colazione breakfast **la prima colazione** breakfast; **fare colazione** to have breakfast
collaborare to collaborate
il/la collega (*pl.* **i colleghi / le colleghe**) colleague (17)
collegare to link
la collezione collection
la collina hill
il colloquio (*pl.* **i colloqui**) interview; **avere/fissare un colloquio** to have / set up an interview (17)
la colonia colony; summer camp
la colonna column; **la colonna sonora** soundtrack (8)
il colore color
coloro those (*people*); **coloro che** those who
la colpa fault, blame; **in colpa** *adv.* guilty; **sentirsi in colpa** to feel guilty
colpire (isc) to strike
colpo: fare colpo (su) to make an impression (on), make a hit; **un colpo di fortuna** a stroke of luck
il coltello knife
coltivare to cultivate, farm
la coltura culture
combattere to fight
la combinazione combination; coincidence
coincidenza: per coincidenza by coincidence, as it happens
come how; like; as (6); **come?** how's that? what?; **come mai?** how come?; **come se** as if (18); **come si dice/pronuncia/scrive** how do you say/pronounce/write?; **come si chiama?** what's your name? (*form.*); **come ti chiami?** what's your name? (*fam.*) (P); **come stai/sta?** how are you? (*fam./form.*) (P); **come va?** how's it going?; (P) **com'è... ?/come sono... ?** what is he/she/it like?/what are they like? (2); **così... com'è** as . . . as
comico (*m. pl.* **comici**) comic; comical
***cominciare** to begin; to start (3); **cominciare a** (+ *inf.*) to start (*to do something*)
la commedia comedy; play (14)
il commediografo / la commediografa playwright
il commento comment
commerciale commercial
il/la commerciante businessperson; merchant; wholesaler
il commercio business, trade (17)
il commesso / la commessa shop assistant, clerk (11)
la comodità (*pl.* **le comodità**) convenience
comodo convenient; comfortable (9)
la compagnia company; **in compagnia** with friends
il compagno / la compagna companion, mate; **compagno/compagna di classe** classmate (3); **compagno/compagna di camera/stanza** roommate (2)
compere: fare compere to go shopping
competente competent
il compito assignment, homework (P)
il compleanno birthday (6); **buon compleanno!** happy birthday!
completare to complete
complicato complicated
il complimento compliment; **fare un complimento** to pay a compliment; **complimenti!** congratulations!
comporre (*p.p.* **composto**) to compose (14)

il comportamento behavior
comportarsi (da) to behave (like a)
il compositore / la compositrice composer (14)
composto (di) composed of
il computer computer (4)
comprare to buy (3)
comunale municipal
il comune city; municipality (18)
comune common
comunicare to communicate
la comunicazione communication; **le scienze delle communicazioni** communication studies
il comunismo Communism
il/la comunista (*m. pl.* **i comunisti**) Communist
la comunità community; **Comunità economica europea (Cee)** European Economic Community (EEC) (16)
comunque no matter how; however (14)
con with
concentrato concentrated
il concerto concert (4)
la conclusione conclusion
il concorso exam, contest; **partecipare ad un concorso** to take a civil service exam
il condimento seasoning; flavoring
condividere (*p.p.* **condiviso**) to share (*a residence, ideas*) (12)
il condizionale conditional (*verb mood*)
condizionato: l'aria condizionata air conditioning
la condizione condition; **a condizione che** on the condition that
la conferenza lecture; conference
confermare to confirm
il confine border
confortevole comfortable
confrontare to confront; to compare
il confronto comparison
la confusione confusion; **che confusione!** what a mess!
confuso confused
il congiuntivo subjunctive (*verb mood*)
la congiunzione conjunction
il congresso congress; meeting, conference
il coniglio rabbit
coniugare to conjugate
la coniugazione conjugation
la conoscenza knowledge; acquaintance; **fare la conoscenza di** to make the acquaintance of
conoscere (*p.p.* **conosciuto**) to know, be acquainted with; to meet (*in past tense*) (5)
conosciuto known, well-known
conquistare to conquer
consentire (a) to agree, consent (to)
il conservatore / la conservatrice conservative
considerare to consider
consigliare (di + *inf.*) to advise (*to do something*); to recommend (6)
il consiglio (*pl.* **i consigli**) advice (10)
consistere to consist
la consonante consonant
consumare to consume
il consumismo consumerism (18)
il consumo consumption; waste
il contadino / la contadina farmer
contanti: pagare in contanti to pay cash
contare to count; **contare su (di)** to count on (9)
il contatto contact; **mettersi in contatto** to contact
contemporaneo (*adj.*) contemporary
contenere to contain
contento glad, happy, satisfied; **contento di** (+ *inf.*) happy to (*do something*)
il contesto context
il continente continent
continuare to continue; **continuare a** (+ *inf.*) to continue (*to do something*) (8)
la continuazione continuation
continuo continuous
il conto check; bill (5); (bank) account; **per conto mio** on my own; **rendersi** (*p.p.* **reso**) **conto di/ che** to realize
il contorno side dish (6)
il contrario (*pl.* **i contrari**) opposite
contrario (a) opposite (to); against
contrattare to negotiate, bargain (16)
contribuire (isc) to contribute
il contributo contribution
contro against; ***essere contro** to be against
controllare to check (9); **controllare l'olio** to check the oil
il controllo check; control; tune-up (13)
il contrordine counter-order
il convento convent
la conversazione conversation
convincente convincing
convincere (a/di + *inf.*) (*p.p.* **convinto**) to convince (14)
***convivere** (*p.p.* **convissuto**) to live together (*in all senses*) (18)
la coppia pair, couple; **in coppia** as a pair
coraggio courage
coreano Korean
il cornetto croissant, sweet roll (5)
il coro choir, chorus (14)
il corpo body (9)
correggere (*p.p.* **corretto**) to correct
†**correre** (*p.p.* **corso**) to run (4)
corretto correct
la corsa running; race
il corsivo italics
il corso course (*of study*) (3); **seguire un corso** to take a class
la corte court
corto short (*in length, duration*) (2)
la cosa thing; **cosa? che cosa?** what? **che cos'è?** what is (it)?; **cosa c'è di male?** (**in** + *n.* or *inf.*) what's wrong? (*with something or doing something*); **cosa vuol dire... ?** what does . . . mean? (P); **come vanno le cose?** how are things going?; **qualche cosa** something; **qualunque cosa** whatever
così thus, this way; so (7); **così come** just like; **così... come** as . . . as (9); **così così** so-so (P); **così è** that's how it is; **così tanto** so much; **e così via** and so forth; **per così dire** so to speak; **si dice così** that's what they say; **va bene così** that's enough, that's fine
la costa coast
***costare** to cost (11)
costiere coastal
costituire (isc) to form
la costituzione constitution (16)
il costo (della vita) cost (of living) (17)
costringere to oblige, force
costruire (isc) to construct (15)
la costruzione construction
la cotoletta cutlet
cotto cooked; **ben cotto** well-done
la cozza mussel
la cravatta neck tie (7)
creare to create
la creatività creativity
la creazione creation
credere (a) to believe (in) (11)
il credito credit; **la carta di credito** credit card
***crescere** (*p.p.* **cresciuto**) to grow; to increase (16)
la crescita growth
criminale criminal
la criminalità criminality
la crisi crisis
cristiano Christian; **la Democrazia Cristiana** Christian Democratic Party
la croce cross; **Croce Rossa** Red Cross
la crocetta check-mark
la crociera cruise; **fare una crociera** to take a cruise
la cronaca report; local news (8)
il/la cronista (*m. pl.* **i cronisti**) news reporter (8)
la crostata pie (6)
il crostino canapé (6)
crudo raw, uncooked
la cucina kitchen; cooking, cuisine (5); **in cucina** in the kitchen; **il libro di cucina** cookbook
cucinare to cook, prepare food (4)
il cugino / la cugina cousin (1)
cui whom, that, which (*after preps.*) (14); *art.* + **cui** whose
culminare to culminate
culturale cultural
cuocere (*p.p.* **cotto**) to cook
il cuoco / la cuoca cook, chef
il cuore heart (9)
curare to care for, treat, heal (9); **curarsi** to take care of oneself
curiosare to snoop
curioso curious
il curriculum CV, resumé (17)

D

da by; from; at; **da molto tempo** for a long time; **da quando** since; **da quanto tempo** (for) how long; **da solo/a** alone, by oneself
dai! come on! (11)
il dannato / la dannata damned soul
danneggiare to damage
il danno damage
dannoso harmful
la danza dance
dappertutto everywhere (12)
dare to give (3); **dare un esame** to take a test (3); **dare fastidio a** to annoy, bother (14); **dare in televisione** to show on

television (8); **dare una mano** to lend a hand; **dare un'occhiata a** to glance at (14); **dare un passaggio** to give a lift; **dare del tu/Lei** to address someone in the **tu** or **Lei** form; **può darsi** perhaps; it's possible
la data date (*calendar*); **data di nạscita** date of birth
dato che since
davanti a in front of (5)
davvero really (15)
dẹbole weak
***decadere** to perish; to fall
il decennio period of ten years
decente decent
decịdere (*p.p.* **deciso**) (**di** + *inf.*) to decide (*to do something*)
dẹcimo tenth
la decina: decine tens
decisamente decidedly; definitely
la decisione decision **prẹndere una decisione** to make a decision
deciso determined
decorare to decorate
dedicare to dedicate
dedicato devoted
definire (isc) to define; to determine
definitivo definitive
la definizione definition
il delitto crime
delụdere (*p.p.* **deluso**) to disappoint
deluso disappointed (18)
democrạtico (*m. pl.* **democrạtici**) democratic
la democrazia democracy (16)
la densità density
il dente tooth (9); **al dente** slightly chewy (*of pasta*); **lavarsi i denti** to brush one's teeth
il/la dentista (*m. pl.* **i dentisti**) dentist
dentro inside
il depọsito deposit
depresso depressed
depurare to purify (13)
il deputato / la deputata representative; member of the lower house of Parliament (16); **la Cạmera dei Deputati** Chamber of Deputies (*lower house of Parliament*)
derivare to derive
descrịvere (*p.p.* **descritto**) to describe
la descrizione description
desiderare to desire
il desidẹrio (*pl.* **i desideri**) desire, wish
desideroso desirous; eager
la destinazione destination
destra right (*direction*) (9); **a destra** to/on the right (1)
il deterioramento deterioration
determinativo: l'artịcolo determinativo definite article
il detersivo detergent
dettagliato detailed
il dettaglio (*pl.* **i dettagli**) detail
di of (1); about; from; than (*in comparison*); **di chi?** whose?; **di dove sei?** where are you from?; **di fretta** in a hurry; **di lusso** (*adj.*) luxury; **di meno** less; **di moda** in fashion; **di nuovo** again; **di più** more; **di sọlito** usually; **di Susanna** Susanna's; **dopo di** (+ *pron.*) after; **invece di** instead of; **pensare di** to think about (*have an opinion about / plan to do something*); **un po' di** a little bit of; **prima di** before; **soffrire di** to suffer from
il diagramma diagram; **diagramma di flusso** flowchart
il dialetto dialect
il diạlogo (*pl.* **i dialoghi**) dialogue
il dibạttito debate
dicembre *m.* December (P)
la dieta diet; ***essere a dieta** to be on a diet
dietẹtico dietetic
dietro (a) behind (5)
difẹndere (*p.p.* **difeso**) to defend
la difesa defense
la differenza difference
diffịcile difficult (3)
la difficoltà difficulty
diffọndere to diffuse
diffuso widespread (10)
la digestione digestion
digestivo digestive
digitale digital
la dignità dignity
la digressione digression
dilettante *adj.* amateur (14)
dimagrante slimming
la dimensione size, dimension
dimenticare (**di** + *inf.*) to forget (*to do something*) (3)
dimenticarsi di to forget (*to do something*)
dimẹttersi to resign from office (16)
[†]diminuire (isc) to reduce (16)
la diminuzione reduction; decrease
la dimissione resignation; **dare le dimissioni** to resign (16)
dimostrare to demonstrate
dimostrativo demonstrative
la dimostrazione demonstration
la dinạmica dynamics
dinạmico (*m. pl.* **dinạmici**) dynamic
il dipartimento department
dipẹndere (*p.p.* **dipeso**) to depend; **dipende** it depends
dipịngere (*p.p.* **dipinto**) to paint (4)
il dipinto painting (*individual work*) (15)
il diploma (*pl.* **i diploma**) high-school diploma; **diploma magistrale** teaching certificate; **diploma di maturità** high-school graduation certificate; **diploma universitạrio** junior college diploma
diplomarsi to graduate (*from high school*) (7)
dire (*p.p.* **detto**) to say; tell (4); **come si dice... ?** how do you say . . . ?; **cosa vuol dire... ?** what does . . . mean?; **dire una bugia** to tell a lie; **a dire la verità** to tell the truth; **per così dire** so to speak; **sentire dire di** to hear about; **si dice così** that's what they say
la diretta live broadcast; **in diretta** live
diretto direct; directed
il direttore / la direttrice director; **direttore d'orchestra** conductor (14)
il/la dirigente executive; manager (17); **fare il/la dirigente** to be an executive
dirịgere (*p.p.* **diretto**) to manage, direct; conduct (14)
il diritto (legal) right; law (8); **sempre diritto** straight ahead (1)
dirottare to detour; re-route
disabitato uninhabited
il disastro disaster
disastroso disastrous
la disciplina discipline
il disco (*pl.* **i dischi**) phonograph record; disc (4); **disco volante** flying saucer
il discorso speech; discourse (16); **che discorso fai?** what are you talking about?
la discoteca discothèque
la discussione discussion
discụtere (*p.p.* **discusso**) to discuss (6)
disegnare to draw (4)
il/la disegnatore designer
il disegno drawing
il dischetto floppy disk
disintossicare to detoxify
disoccupato unemployed (16)
la disoccupazione unemployment (16)
disordinato disorganized; untidy (2)
disperare to despair
***dispiacere** (*p.p.* **dispiaciuto**) to be sorry (*with indirect objects*); **mi dispiace** I'm sorry (6)
disponịbile available (13)
la disposizione disposition; arrangement; **avere a disposizione** to have at one's disposal, for one's use
disposto (a + *inf.*) willing (*to do something*)
distante distant
la distanza distance
distịnguere (*p.p.* **distinto**) to distinguish; differentiate
distratto distracted; absent-minded
la distrazione distraction
il distributore di benzina gas-pump, gas station (13)
distrụggere (*p.p.* **distrutto**) to destroy
la distruzione destruction
disturbare to disturb, trouble, bother
il dito (*pl.* **le dita**) finger; toe (9)
la ditta firm; company (17)
la dittatura dictatorship
la diva star (*opera*)
il divano sofa, couch
***diventare** to become
la diversità diversity (18)
diverso (da) different (from); **diversi/e** several, various
divertente fun, amusing, entertaining (2)
divertimento amusement; fun; **buon divertimento!** have fun!
divertirsi to have fun (7); **divertirsi un mondo** to have a great time
divịdere (*p.p.* **diviso**) to divide, share
il divieto prohibition (18); **divieto di sosta** no-parking zone (13)
divino divine
divorziare to divorce
il divọrzio divorce
il dizionạrio dictionary (P)
la doccia shower; **fare la doccia** to take a shower
il documentạrio (*pl.* **i documentari**) documentary
il documento document; record (1)

il dolce dessert (6)
dolce (*adj.*) sweet; **la dolce vita** easy living
il dọllaro dollar
il dolore sorrow, pain
la domanda question; **fare domanda** to apply; **fare una domanda** to ask a question; **domanda di lavoro** job application
domandare to ask
domani tomorrow (P); **a domani!** see you tomorrow!
la domẹnica Sunday (P)
domẹstico (*m. pl.* **domẹstici**) domestic; **le faccende domẹstiche** household chores
dominato dominated
il domịnio (*pl.* **i domini**) domination; rule
la donna woman (2); **donna d'affari** businesswoman
dopo *prep.* after (5); *adv.* afterwards; **dopo che** *conj.* after
il doppiạggio dubbing (8)
doppiare to dub (8)
dọppio (*m. pl.* **i doppi**) double; **la camera dọppia** room with twin beds
dormire to sleep (4); ***andare a dormire** to go to bed, retire; **chi dorme non piglia pesci** the early bird gets the worm; **dormire fino a tardi** to sleep late
il dormitọrio dormitory
dotato gifted
il dottorato doctorate
il dottore / la dottoressa (*abbr.* **dott./ dott.ssa**) doctor; university graduate (9)
dove where (1); **dov'è / dove sono** where is / where are; **di dove sei?** where are you from? (2)
dovere (+ *inf.*) to have to, must (*do something*) (4)
il dovere duty (7)
dovunque wherever (17)
il drago dragon
il dramma (*pl.* **i dramma**) drama
drammạtico dramatic
la droga drug; drugs (18)
il drogato / la drogata drug addict (18)
il dụbbio (*pl.* **i dubbi**) doubt
dubitare to doubt (16)
il duca (*pl.* **i duchi**) **/ la duchessa** duke/duchess (15)
dunque therefore
il duomo major church of a city
durante during
***durare** to last
duro tough; difficult; **avere la pelle dura** to be tough; **duro d'orecchio** hard of hearing; ***essere duro a morire** to be long-lived; **l'osso duro** tough person

E

è is (P); **è di...** it belongs to . . . ; he/she is from . . . (2); **c'è** there is
e, ed (*before vowels*) and (1)
ebbene well then; so; **ebbene?** so? and?
eccellente excellent
eccẹtera (*abbr.* **ecc.**) et cetera (etc.)
eccezionale exceptional
ecco here it is, here they are (P); there is, there are; here you are; look
ecolọgico (*m. pl.* **ecolọgici**) environmentally safe; ecological (13)
l'economịa economics; economy; **economịa e commẹrcio** business administration (3)
econọmico (*m. pl* **econọmici**) inexpensive; **la Comunità econọmica europea (Cee)** European Economic Community (EEC)
l'edịcola newspaper stand
l'edificio (*pl.* **edifici**) building (13)
editare to edit
educare to educate; to bring up
educato polite (13)
l'educazione *f.* education; **educazione fịsica** physical education
l'effetto effect; **effetto serra** greenhouse effect (13); **in effetti** in fact
efficace effective
efficiente efficient
l'egoista (*m. pl.* **egoisti**) egotist
elegante elegant
elegantemente elegantly
l'eleganza elegance
elẹggere (*p.p.* **eletto**) to elect (16)
elementare elementary; **le elementari** elementary school
l'elemento element
elencare to list
l'elenco (*pl.* **elenchi**) list (10)
elettorale electoral; **la campagna elettorale** electoral campaign
elẹttrico (*pl.* **elettrici**) electric; electrical
elettrọnico (*m. pl.* **elettronici**) electronic
l'elezione *f.* election (16)
eliminare to eliminate
l'emarginato / l'emarginata excluded, neglected person
l'emarginazione *f.* neglect (18)
emẹttere (*p.p.* **emesso**) to emit
l'emigrante emigrant
***emigrare** to emigrate
l'emigrazione *f.* emigration
l'emozione *f.* emotion
l'energịa energy
enẹrgico (*m. pl.* **energici**) energetic
enfạtico emphatic
enorme enormous
entrambi both
***entrare** to enter (5); ***entrare in scena** to go on stage
l'entrata entrance
entro within, by (*a certain time*) (13)
l'entusiasta (*m. pl.* **entusiasti**) enthusiast
l'episọdio (*pl.* **episodi**) episode
equilibrato balanced
l'equitazione *f.* horseback riding; horsemanship
l'equivalente *m.* equivalent
equivalere to equal
Ẹrcole Hercules
l'ẹroe/l'eroịna hero/heroine
l'errore *m.* mistake, error
esaltare to exalt
l'esame *m.* examination, test (3); **dare un esame** to take an exam; **esame di maturità** comprehensive high-school exam
l'esamino quiz
esatto exact; **esatto!** exactly!
esclamare to exclaim
esclusivamente exclusively
l'escursione *f.* excursion; **fare un'escursione** to take a short trip
eseguire (isc) to execute, do, carry out
l'esẹmpio (*m. pl.* **esempi**) example; **ad/per esẹmpio** for example; **secondo l'esẹmpio** according to the example
esercitare to practice, exercise
l'esercịzio (*pl.* **gli esercizi**) exercise; **fare esercịzio** to exercise; **fare esercizi di yoga** to practice yoga; **fate l'esercịzio!** do the exercise!
esịgere (*p.p.* **esatto**) to demand (16)
esilarante exhilarating
l'esịlio exile
l'esistenzialismo existentialism
esọtico exotic
espediente makeshift; **vịvere di espedienti** to live hand-to-mouth
l'esperienza experience
l'esperto expert
l'esportazione *f.* exportation
l'espressione *f.* expression; **espressione idiomạtica** idiomatic expression; **espressioni verbali** verbal expressions
l'espresso strong Italian coffee (5)
espresso *adj.* express
esprịmere (*p.p.* **espresso**) to express
l'essenza essence
***ẹssere** (*p.p.* **stato**) to be (2); ***ẹssere d'accordo** to be in agreement (3); ***ẹssere al completo** to be full (*hotel*); ***ẹssere contro** to be against (18); ***ẹssere di** (+ *city*) to be from (*city*); ***ẹssere a dieta** to be on a diet (5); ***ẹssere duro a morire** to be long-lived; ***ẹssere a favore di** to be in favor of (18); ***ẹssere puntuale** to be punctual; ***ẹssere in ritardo** to be late; ***ẹssere in sciọpero** to be on strike; ***ẹssere di umore nero** to be in a bad mood; ***ẹsserci** to be there, be in (*a place*)
l'est *m.* east
l'estate *f.* summer (P); **l'estate scorsa** last summer
esterno external
ẹstero foreign; ***andare all'ẹstero** to go abroad; **la politica ẹstera** foreign affairs
estivo *adj.* pertaining to summer
l'estremista (*m. pl.* **gli estremisti**) extremist
estroverso extroverted
l'età (*pl.* **le età**) age (15)
eterno eternal
l'etịope *m., f.* Ethiopian person
l'etnịa ethnic group
etrusco (*m. pl.* **etruschi**) Etruscan
l'etto hectogram
l'euro European currency (16)
l'Europa Europe
europeo European (16); **la Comunità econọmica europea (Cee)** European Economic Community (EEC)
l'evento event
evidente evident
evitare to avoid
evocare to evoke; call to mind

l'evoluzione *f.* evolution
l'extracomunitario (*pl.* **gli extracomunitari**) citizen of a nation outside of the European Community (18)
l'extraterrestre *m., f.* extraterrestrial

F

fa ago (5)
la fabbrica factory (16); **in fabbrica** in a factory
la faccenda matter; business; household chore
la faccia (*pl.* **le facce**) face
facile easy (3); **di facile ascolto** easy listening (*music*)
facilitare to facilitate
facilmente easily
la facoltà (*pl.* **le facoltà**) school, department (*of a university*) (3); **che facoltà fai/frequenti?** what's your major?
il falegname carpenter
falso false
la fama fame
la fame hunger; **avere fame** to be hungry; ***morire di fame** to die of hunger
la famiglia family (3)
famoso famous
la fantasia fantasy, imagination
fantastico (*m. pl.* **fantastici**) fantastic
farcito stuffed
fare (*p.p.* **fatto**) to do; to make (3); **fare** (+ *inf.*) to cause something to be done; **fare il/la** (+ *profession*) to be a (*profession*); **fare l'aerobica** to do aerobics; **fare un affare** to make a deal; **fare l'autostop** to hitchhike (13); **fare baccano** to carry on loudly; **fare il bagno** to take a bath; **fare bello/ brutto/caldo** to be nice/bad/hot (*weather*) (3); **fare bene a** to be good for; **fare benzina** to get gas (13); **fare caso** to make a big deal; **fare colazione** to have breakfast (3); **fare compere** to go shopping; **fare un complimento** to pay a compliment; **fare la conoscenza di** to make the acquaintance of; **fare una crociera** to take a cruise (10); **fare il/la dirigente** to be an executive; **fare la doccia** to take a shower; **fare una domanda** to ask a question (3); **fare domanda** to apply (17); **fare un'escursione** to take a short trip; **fare esercizio** to exercise; **fare esercizi di yoga** to practice yoga; **fare il footing (il jogging)** to jog; **fare una foto(grafia) (a)** to take a photograph (of) (3); **fare in fretta** to hurry; **fare la ginnastica** to exercise; **fare un giro a piedi / in bici / in moto / in macchina** to go for a walk/bike ride/motorcycle ride/car ride; **fare una gita** to take a short trip; **fare il letto** to make the bed; **fare male (a)** to hurt (*someone*) (9); **fare la parte di** to play the part of; **fare parte di** to take part in, belong to (15); **fare una passeggiata** to take a walk; **fare il pieno** to fill up one's gas tank (13); **fare presto** to hurry; **fare un programma** to make a plan, plans; **fare due chiacchiere** to have a chat; **fare quattro passi** to take a stroll; **fare un regalo (a)** to give (*someone*) a present; **fare riferimento (a)** to refer (to); **fare schifo (a)** to disgust (*someone*); **fare sciopero** to go on strike; **fare uno sconto** to give a discount; **fare lo scontrino** to get a receipt (5); **fare la spesa** to go grocery shopping (11); **fare le spese** to go shopping (11); **fare uno sport** to play a sport (4); **fare un trasloco** to move (12); **fare le vacanze** to take a vacation (10); **fare un viaggio** to take a trip; **farcela** to succeed; **farsi la barba** to shave (*of men*); **farsi illusioni** to have illusions; **farsi male** to hurt oneself (9); **farsi sentire** to make oneself heard (16); **fate l'esercizio!** do the exercise!; **mi fa venire la nausea** it makes me nauseous
la farina flour
la farmacia (*f. pl.* **le farmacie**) pharmacy (1)
il/la farmacista pharmacist
la fascia di ozono (*pl.* **le fasce**) ozone layer (13)
il fascino fascination
il fascismo fascism
il fastidio (*pl.* **i fastidi**) annoyance (11); **dare fastidio (a)** to bother (*someone*)
la fata fairy
la fatica effort; work (7)
faticoso tiring (9)
il fattore factor
la fattoria farm
la favola fable (7)
favoloso fabulous
il favore favor; ***essere in favore di** to be in favor of; **per favore** please
favorevole favorable
favorire (isc) to favor
febbraio February (P)
la febbre fever (9)
il fegato liver
felice happy
la felicità happiness
la felpa sweatshirt (7)
la femmina female
femminile feminine
il femminismo feminism
il/la femminista (*m. pl.* **i femministi**) feminist
il fenomeno phenomenon
le ferie vacation; ***andare in ferie** to go on vacation
fermare to stop (*someone or something*); **fermarsi** to stop, come to a stop (7)
il ferragosto Feast of the Assumption
la ferrovia railway
la festa party; holiday; **festa a sorpresa** surprise party
festeggiare to celebrate
il festival (*pl.* **i festival**) festival
la fetta slice (5)
le fettuccine type of pasta
il fiammifero match (11)
il fianco flank
il fiasco fiasco, disaster, mess
il ficcanaso busybody
fidanzarsi con to get engaged to (18)
il fidanzato fiancé
fidarsi di to trust, have faith in (18)
la fiducia trust, faith
fiero proud (15)
il figlio (*pl.* **i figli**) / **la figlia** son, daughter (3); **figlio unico** only child
la figura figure
la fila row (15)
il film (*pl.* **i film**) film, movie
filmare to film
il filobus (*pl.* **i filobus**) trolleybus
la filosofia philosophy
il filosofo philosopher
finale final
finalmente finally
la finanza finance, finances
finanzariamente financially
finanziare to finance
la fine end (6)
la finestra window (12); **il finestrino** window in a train, car, airplane
finire (isc) (di + *inf.*) to finish (*doing something*) (4)
fino a till, until (5); **fino a tardi** until late
la fionda sling, catapult
il fiore flower (6)
fiorentino Florentine
fiscale fiscal
fischiare to boo (*lit.* to whistle) (14)
la fisica physics (3)
il fisico (*pl.* **i fisici**) physicist
fisico (*m. pl.* **fisici**) physical
fissare to set, establish, fix; **fissare un appuntamento** to set up an appointment (12); **fissare un colloquio** to set up an interview (17)
fisso firm, fixed, set (10)
il fiume river
il flauto flute
floreale floral
floricultore floriculturalist
fluido fluid
il flusso flux; **il diagramma di flusso** flowchart
la focaccia (*pl.* **le focacce**) type of flat Italian bread
il focolare fireplace
il foglio (*pl.* **i fogli**) (sheet of) paper (P)
la folla crowd
il fondamento groundwork
il fondo: lo sci di fondo cross-country skiing; **i fondi** funds
la fontana fountain
la fonte source
la fontina soft Italian cheese
il football football; soccer; **football americano** football
il footing jogging; **fare il footing** to go jogging
la forchetta fork
la foresta forest
la forma form
il formaggio (*pl.* **i formaggi**) cheese (6)
formare to form
formato formed, composed
la formazione formation
la formula: formula uno formula one speed racing

il fornello stove
fornito supplied
il forno oven; **al forno** baked, roasted (6)
forse maybe, perhaps (10)
il forte strong point; fortress; fort
forte strong, loudly (9)
fortemente strongly, loudly
la fortezza fort; stronghold
la fortuna luck, fortune; **avere fortuna** to be lucky; **buona fortuna!** good luck! **per fortuna** luckily
fortunatamente luckily, fortunately
fortunato lucky, fortunate
la forza strength
forzare to force (14)
la fotografia photography (1)
la foto (*pl.* **le foto**) photograph; **fare una fotografia (a)** to take a photograph (of)
fotografico: la macchina fotografica camera
il fotoromanzo illustrated romance story
fra between, among, in, within (+ *time expressions*)
fragile fragile
la fragola strawberry
la frana landslide
franare to crumble
il/la francese French person; **il francese** French language
francese *adj.* French (2)
la frase phrase; sentence
il frate friar
il fratellastro step-brother; half-brother
il fratello brother (3); **fratellino** little brother
la freccia (*pl.* **le frecce**) arrow
il freddo cold; **avere freddo** to feel cold; **fare freddo** to be cold (*weather*); **fare un freddo cane** to be freezing cold
freddo *adj.* cold
frequentare to attend (*a school, a class*); to associate with (*people*); to go often to (*a place*) (3)
frequente frequent
il fresco coolness; **fare fresco** to be cool (*weather*)
fresco (*m. pl.* **freschi**) cool; fresh (6)
la fretta hurry, haste; **avere fretta** to be in a hurry; **di fretta** in a hurry (5)
il frigo (*from* **frigorifero**) (*pl.* **i frigo**) refrigerator (4)
la frittata omelette
fritto fried (6); **fritto misto** fried seafood platter
la frutta fruit (6); **la macedonia di frutta** fruit salad
il fruttivendolo / la fruttivendola fruit vendor (11)
il fulmine lightning; **il colpo di fulmine** lightning bolt; love at first sight
fumare to smoke (6)
il fumatore / la fumatrice smoker (14)
il fumo smoke
il funerale funeral
il fungo mushroom
funzionale functional
funzionare to work, function (13)
la funzione function
il fuoco (*pl.* **i fuochi**) fire; **le armi da fuoco** firearms
fuori out; outside (6); **di fuori stagione** *adj.* out-of-season; **fuori da** out(side) of; **fuori moda** out of fashion
i fusilli *type of pasta*
il futuro future; future tense; **in futuro** in the future

G

galla: a galla to the surface
la galleria gallery; tunnel; arcade
il gallo rooster
il gallone gallon
la gamba leg (9); **in gamba** capable; "with it" (5)
la gara competition, contest (4)
il garage (*pl.* **i garage**) garage
garantire (isc) to guarantee
garantito guaranteed
la garanzia guarantee
il gatto / la gatta cat (1)
il gelataio / la gelataia (*m. pl.* **i gelatai**) ice-cream maker or vendor (11)
la gelateria ice-cream parlor (11)
il gelato ice cream (1)
la gelosia jealousy
il gemello / la gemella twin; **due gemelli** twins; **tre gemelli** triplets (9)
generale *adj.* general
generalizzare to generalize
la generalizzazione generalization
generalmente generally
il genere type; kind; gender; genre; **in genere** generally
il genero son-in-law
la generosità generosity
generoso generous
il genitore parent (3)
gennaio January (P)
la gente people (5)
gentile *adj.* kind (2)
gentilmente *adv.* kindly
genuino genuine, authentic
geografico (*m. pl.* **geografici**) geographic, geographical
il gerundio (*pl.* **i gerundi**) gerund
il gesso chalk (P)
la gestazione gestation
il gesto gesture
gettarsi to throw oneself
il ghiaccio ice (5); **il pattinaggio su ghiaccio** ice-skating
già already (5); of course, you're right (18)
la giacca jacket (7)
giallo yellow (2)
il/la giapponese Japanese person; **il giapponese** Japanese language
giapponese *adj.* Japanese (2)
il giardino garden
la ginnastica gymnastics; exercise; **ginnastica artistica** gymnastics; **fare ginnastica** to exercise, do gymnastics
giocare (a + *n.***)** to play (*a sport or game*) (3); **giocare a carte** to play cards; **giocare a pallone / a pallacanestro / a tennis** to play ball/basketball/tennis
il giocatore / la giocatrice player (4)
il gioco (*pl.* **i giochi**) game
la gioia joy
il gioiello jewel
il giornale newspaper (4); **sul giornale** in the newspaper
giornaliero daily (7)
il giornalismo journalism
il/la giornalista (*m. pl.* **i giornalisti**) journalist (8)
la giornata day; the whole day; **buona giornata!** have a nice day!
il giorno day (P); **buon giorno!** good day! good morning! hello!; **che giorno è?** what day is it?
il/la giovane young person; **i giovani** young people, the young
giovane young (2)
il giovedì Thursday (P)
la gioventù youth, young people (7)
la giraffa giraffe
girare to turn, to wander around; to shoot (*a film*) (8)
il giro tour; trip; **fare un giro** to take a trip; **fare un giro a piedi / in bici / in moto / in macchina** to take a walk / bike ride / motorcycle ride / car ride (4); **in giro** around, here and there, up and about
la gita excursion **fare una gita** to take a short trip; **una gita in gondola** a gondola ride
il giubbotto jacket (7)
giudicare to judge (18)
il giudizio judgment; **il giudizio universale** Last Judgment
giugno June (P)
la giurisprudenza law; jurisprudence (3)
giustificare to justify
la giustificazione justification
la giustizia justice (18)
giusto correct; just
gli gnocchi dumplings (6)
la goccia (*pl.* **le gocce**) drop
la gola throat (9)
il golf golf
la gomma tire (13)
la gondola gondola; **la gita in gondola** gondola ride
la gonna skirt (11)
gotico (*m. pl.* **gotici**) Gothic
governare to govern
il governo government (16)
graduale gradual
la grafica graphics
la grammatica grammar
grammaticale grammatical
grande big; large; great (2); **il grande magazzino** department store (11); **più grande** bigger, older
la grandezza size
il granello di verità grain of truth
il grasso fat; grease
grasso *adj.* fatty, greasy (2)
gratuito free of charge, gratis
grave grave, serious (9)
gravemente gravely
la gravidanza pregnancy
la gravità gravity

la gravitazione gravitation
gra̧zie thanks, thank you (P); **gra̧zie a te** thanks to you
grazioso pretty, charming
greco (*m. pl.* **greci**) *adj.* Greek (2)
il greco / la greca (*m. pl.* **i greci**) Greek person; **il greco** Greek language
gridare to shout (12)
il grido (*pl.* **le grida**) shout
grigio (*m. pl.* **grigi**) gray (2)
la griglia grill; **alla griglia** grilled (6)
grosso big, large, stout (8); **il pezzo grosso** big shot
il gruppo group
guadagnare to earn (3); **guadagnarsi da vi̧vere** to earn a living (18); **guadagnarsi il pane** to earn one's daily bread
il guadagno earnings, income (16)
il guanto glove (11)
guardare to watch, look at (4); **guardare l'ora** to check the time
*__guarire (isc)__ to heal (9)
la guerra war; **la prima/seconda guerra mondiale** First/Second World War
la guida guide; guidebook
guidare to drive (3)
il gusto taste (*in all senses*) (13); preference

H

handicappato handicapped
ho... anni I'm . . . years old (P)

I

l'idea idea; **cambiare idea** to change one's mind; **idea luminosa** brilliant idea; **o̧ttima idea!** great idea!
l'ideale *m.* ideal
ideale ideal
identificare to identify
l'identiki̧t profile; ID sketch
l'identità (*pl.* **le identità**) identity
idioma̧tico (*m. pl.* **idioma̧tici**): **l'espressione idioma̧tica** idiomatic expression
l'i̧dolo idol
idra̧ulico hydraulic
l'idromassaggio water-massage
ieri yesterday; **ieri sera** last night (5)
ignorante ignorant
ignorare to ignore; be unaware of
ignoto unknown
illo̧gico (*m pl.* **illo̧gici**) illogical
l'illuminismo Enlightenment (*18th-century European cultural movement that celebrated rationality and optimism*) (15)
illustrare to illustrate
immaginare, immaginarsi to imagine (16)
l'immaginazione *f.* imagination
l'imma̧gine *f.* image
immenso immense
l'immigrato / l'immigrata immigrant (18)
l'immigrazione *f.* immigration (18)
imparare to learn (3); **imparare a** (+ *inf.*) to learn how (*to do something*)
impedire (isc) to impede
impegnato politically engaged; busy
l'impegno obligation; commitment
l'imperativo imperative (*verb mood*)
l'imperfetto imperfect (*verb tense*)
l'impermȩabile *m.* raincoat (7)
l'impero empire
impersonale impersonal
l'impiegato / l'impiegata white-collar worker (1)
impopolare unpopular
imporre to impose
importante important
l'importanza importance
*__importare__ to matter
imposşi̧bile impossible
impressiona̧bile impressionable
l'impressione *f.* impression; **avere l'impressione** to have the impression
improbabile unlikely
improvvisare to improvise
in in; at; to (1); **in gamba** smart, "with it"
inaspettato unexpected
l'inaugurazione *f.* inauguration
l'inca̧rico (*pl.* **gli inca̧richi**) burden, task (8)
incartare to wrap (*in paper*) (11)
l'incidente *m.* accident; incident (9)
inclu̧dere (*p.p.* **incluso**) to include
†**incominciare** to begin, start; **incominciare a** (+ *inf.*) to start (*to do something*)
incontenta̧bile never satisfied
incontrare to run into (*someone*), meet (3)
l'incontro meeting, encounter
incoraggiare to encourage (14)
incredi̧bile incredible
incura̧bile incurable
indaffarato (a) busy (with)
indeciso undecided
indefinito indefinite
indeterminativo: l'arti̧colo indeterminativo indefinite article
l'indiano / l'indiana Indian person
indicare to indicate (12)
l'indicativo indicative (*verb mood*)
l'indicazione *f.* direction
indietro *adv.* back, backwards, behind (18)
indifferente indifferent
indimentica̧bile unforgettable
indipendente independent
l'indipendenza independence
indiretto indirect
l'indirizza̧rio bookmark
l'indirizzo address (12)
indispettire (isc) to rankle, irritate
indovinare to guess (13)
l'indovinello riddle
l'indu̧stria industry (17)
l'ineguaglianza inequality (18)
l'infa̧nzia childhood
infatti in fact
infelice unhappy
inferiore inferior
l'infermiere / l'infermiera nurse
l'inferno hell
l'infinito infinitive
l'inflazione *f.* inflation (17)
l'influenza influenza, flu
influenzare to influence
informarsi su/di to find out about
l'informa̧tica computer science (3)
l'informazione *f.* information (1)
l'ingegnere *m., f.* engineer
l'ingegneri̧a engineering (3)
l'ingiusti̧zia injustice (18)
l'inglese *m., f.* English person; **l'inglese** English language
inglese *adj.* English (2); **la zuppa inglese** English trifle (*dessert*)
l'ingrediente *m.* ingredient
l'ingresso entrance (15)
†**iniziare** to begin
l'ini̧zio (*pl.* **gli inizi**) beginning
innamorarsi (di) to fall in love (with) (14)
innamorato (di) in love (with)
l'inno hymn
inoltre futhermore; also
l'inquilino / l'inquilina tenant (12)
l'inquinamento pollution (13)
inquinare to pollute (13)
l'insalata salad (6)
l'insegnamento teaching
l'insegnante *m., f.* teacher (3)
insegnare to teach (3)
l'inserimento insertion
inserire (isc) to insert
l'insetto insect
insicuro insecure (2)
insieme (a) together (with) (4); **tutti insieme** all together; **l'insieme (di)** the totality (of), all (of) (8)
l'insistenza insistence
insi̧stere (per) to insist (on) (*doing something*)
insoddisfatto unsatisfied
inso̧lito unusual (12)
insomma in short
insopporta̧bile intolerable (17)
l'instabilità instability
intanto meanwhile; in the meantime (16)
integrarsi (in) to become integrated (into)
l'integrazione *f.* integration
l'intellettuale *m., f.* intellectual
intellettuale *adj.* intellectual
intelligente intelligent
l'intelligenza intelligence
intenso intense, intensive
l'intenzione *f.* intention; **avere l'intenzione (di** + *inf.*) to intend (*to do something*)
interamente entirely, completely
interculturale intercultural
interessante interesting
interessare to interest; **interessarsi di** to be interested in
interessato (di/a) interested in
l'interesse *m.* **(per)** interest (in)
interferire (isc) to interfere (18)
interno internal; **all'interno** inside; **la poli̧tica interna** domestic politics
intero entire
interpretare to interpret
l'interpretazione *f.* interpretation
l'intȩrprete *m., f.* interpreter
interrogare to interrogate, question
l'interrogativo interrogative expression
interro̧mpere (*p.p.* **interrotto**) to interrupt
l'interruzione *f.* interruption
l'intervento intervention

l'intervista interview (8)
intervistare to interview
ịntimo intimate
l'intolleranza intolerance (18)
l'intoppo obstacle
intorno (**a** + *n.*) around (*something*)
l'introduzione *f.* introduction
inụtile useless (12)
invece (di) instead (of); on the other hand (4)
inventare to invent
l'inventore *m., f.* inventor
invernale *adj.* pertaining to winter
l'inverno winter (P)
investire to run over (*with a vehicle*)
l'invịo (*pl.* **gli invịi**) sending; forwarding
invitare to invite (4)
l'invito invitation
io I (1)
l'irlandese *m., f.* Irish person; Irish language
irlandese *adj.* Irish
irregolare irregular
irresponsạbile irresponsible (2)
iscrịversi (a) (*p.p.* **iscritto**) to enroll (in), sign up (for)
l'ịsola island
ispirarsi to receive inspiration
ispirato inspired
l'ispirazione *f.* inspiration
l'istituto institute; **istituto magistrale/ tẹcnico** teacher's college/technical institute
l'istituzione *f.* institution
l'istruttore / l'istruttrice instructor
l'istruzione *f.* instruction
l'italiano / l'italiana Italian person; **l'italiano** Italian language
italiano *adj.* Italian
l'itinerạrio (*pl.* **gli itinerari**) itinerary (10)

J

il jazz jazz
i jeans jeans
il jogging jogging; **fare il jogging** to go jogging
il jumbo (*pl.* **i jumbo**) jumbo jet

K

il karatè karate
il kilọmetro kilometer

L

là there
La you (*form., m.* and *f.*) (4); **la** her; it (4)
il laboratọrio (*pl.* **i laboratori**) laboratory
il lago (*pl.* **i laghi**) lake
lamentarsi (di) to complain (about) (7)
la lampadina lightbulb (15)
il lampo lightning; lightning flash
la lana wool (11)
largo (*m. pl.* **larghi**) wide (2)
il lạrice larch tree
le lasagne type of pasta
lasciare to leave (behind) (4); **lasciare** (+ *inf.*) to allow, let (*something be done*); **lasciamo pẹrdere** let's forget about it; **lasciare un depọsito** to leave a deposit (10)
lassù up there
il latino Latin (*language*)
latino *adj.* Latin; **l'America latina** Latin America
lato: di lato (a) beside, next to
il lattạio (*pl.* **i lattai**) milkman (11)
il latte milk (1)
la latterịa dairy; dairy store (11)
il latticino (*pl.* **i latticini**) dairy product
la lattina soft-drink can (5)
la lạurea doctorate (*from an Italian university*); college diploma, degree; **mini-lạurea** two-year degree
laurearsi to graduate (*college*) (7); **laurearsi in** to graduate with a degree in
la lavagna chalkboard (P)
la lavanderia laundry room
il lavandino sink
lavare to wash
lavarsi to wash oneself (7); **lavarsi i denti** to brush one's teeth
la lavastovịglie (*pl.* **le lavastovịglie**) dishwasher
la lavatrice washing machine
lavorare to work (3)
il lavoratore / la lavoratrice worker (17)
il lavoro work (1); **buon lavoro!** enjoy your work!; **a caccia di lavoro** jobhunting; **cercare lavoro** to look for work; **il posto di lavoro** workplace; **riprẹndere il lavoro** to get back to work
Le you (*form., f.*); to you (*form., m., f.*) (6); **le** them (*f.*) (4)
la lega league
legale legal
legare to tie
la legge law (3)
lẹggere (*p.p.* **letto**) to read (4); **leggete!** read!
leggermente slightly; lightly
leggero slight; light (17); **atlẹtica leggera** track and field; **mụsica leggera** pop music
il legno wood
Lei you (*form.*) (P); **dare del Lei** to address (*someone*) in the **Lei** form
lei she (1)
la lente lens; **lenti a contatto** contact lenses (9)
la lentezza slowness
lento slow (4)
il leone lion
il lẹssico lexicon
la lẹttera letter (4)
il letterato / la letterata man/woman of letters
la letteratura literature (3)
le lẹttere letters; liberal arts (3)
il letto bed (3); **a letto** in bed; **la cạmera da letto** bedroom; **fare il letto** to make the bed
il lettore / la lettrice reader
la lettura reading
la lezione lesson; class (1)
lì there
Li you (*form., m.*); **li** them (*m.*) (4)
liberamente freely
la liberazione liberation, freedom
lịbero free, unoccupied (10)
la libertà (*pl.* **le libertà**) liberty, freedom
lịbico *adj.* Lybian
la libreria bookstore (3); **in libreria** at/to/in the bookstore
il libretto libretto (*music*); small book; grade book
il libro book (P); **aprite il libro!** open your books!; **chiudete il libro!** close your books!; **libro di cucina** cookbook (6)
licenziare to fire (17); **licenziarsi** to quit, resign from a job (17)
il liceo high school; **liceo scientịfico** high school for the sciences
limitare to limit
il lịmite limit; **rispettare il lịmite di velocità** to obey the speed limit (13)
la limonata lemonade
il limone lemon (5)
la lịnea line; shape; figure; **in lịnea** on line
la lịngua language (3); **le lịngue e le letterature straniere** foreign languages and literature (3)
il linguaggio (*pl.* **i linguaggi**) specialized language, jargon (8)
linguịstico (*m. pl.* **linguịstici**) linguistic
il liquore liquor
la lira lira (*Italian currency*) (1)
la lịrica opera; lyric poetry
lịrico (*m. pl.* **lịrici**) operatic (14)
lịscio (*m. pl.* **lisci**) straight (*hair*) (2); **la musica da liscio** ballroom music
la lista list
litigare to argue, quarrel (6)
il litro liter
il livello level
lo him, it (4)
il locale public place
locale local
la località locality
il locandiere / la locandiera innkeeper (*arch.*)
lọgico (*m. pl.* **lọgici**) logical
lontano (da) distant, far (from) (1)
Loro you (*pl. form.*) (1)
loro they (1)
la lotta struggle, fight
lottare to fight
la lotteria lottery
la luce light
luglio *m.* July (P)
lui he (1)
la luminosità luminosity
luminoso brilliant; **l'idea luminosa** brilliant idea
la luna moon
il lunedì Monday (P)
lungo (*m. pl.* **lunghi**) long (2); **a lungo** (for) a long time
il luogo (*pl.* **i luoghi**) place (1); **avere luogo** to take place (14)
il lupo wolf
lusso luxury; **di lusso** *adj.* luxurious

M

ma but (1)
macché! oh, come on! what are you talking about! no way!
la mạcchia stain, spot
macchiare to stain, spot; **caffè macchiato** coffee with a spot of cream

la mạcchina car; machine (1); **in mạcchina** by car, in the car; ***andare in mạcchina** to drive, to ride; **le chiavi della mạcchina** car keys; **fare un giro in mạcchina** to go for a ride; **mạcchina fotogrạfica** camera
la macedọnia di frutta fruit salad
il macellạio / la macellạia (*m. pl.* **i macellai**) butcher (11)
la macelleria butcher shop (11)
la madre mother (3)
il maestro / la maestra elementary school teacher; master (*artist*)
magari perhaps; **magari!** if only! don't I wish!
il magazzino: il grande magazzino department store
maggio May (P)
la maggioranza majority
maggiore bigger, greater; older (9); **la maggior parte (di)** the majority (of)
la magia magic
mạgico (*m. pl.* **mạgici**) magic(al)
magistrale: l'istituto magistrale teacher's college
la maglia sweater (7)
la maglietta t-shirt (7)
il maglione pullover (11)
magnịfico (*m. pl.* **magnifici**) magnificent
magro thin (2)
mah! well!
mai ever (5); never **non... mai** never, not ever; **come mai?** how come?
il maiale pork (6)
la malạria malaria
malato sick (9)
la malattia sickness (9)
il male injury; evil
male badly, poorly (P); ***andare male** to go badly; **avere mal di testa** to have a headache; **cosa c'è di male (in** + *inf. or n.*) what's wrong (*with something or doing something*)?; **fare/farsi male** to hurt / hurt oneself; **meno male** thank goodness; **non c'è male** not bad; **non c'è niente di male** there's nothing wrong; ***stare male** to be unwell
malnutrito malnourished
la mamma mother; mom (3); **mamma mia!** good heavens!
il/la mạnager (*pl.* **i/le mạnager**) manager, boss
la mancanza lack; need; absence
***mancare** to lack, be missing (6)
la mancia (*pl.* **le mance**) tip, gratuity
mandare to send (6); **mandare in onda** to broadcast
mangiare to eat (3)
il manicọmio (*pl.* **i manicomi**) mental hospital
la maniera manner
la manifestazione political demonstration, protest (16)
il manifesto poster; leaflet
la maniglia handle
la mano (*pl.* **le mani**) hand (7); **dare una mano** to lend a hand; **mano d'ọpera** labor (17)
la mansarda attic (12)
la mansione function; duty (17)
la mantella cape
mantenere to maintain, keep
il manzo beef (6)
la mappa map (P)
la maratona marathon
il maratoneto / la maratoneta marathon-runner
la marca brand (13)
il mare sea; ***andare al mare** to go to the seashore
la margarina margarine
il marito husband (3)
la marmellata marmelade (5)
il marmo marble
la marmotta marmot
marrone *inv.* brown (2)
il martedì Tuesday (P)
marziale martial
marzo March (P)
maschile masculine
il mạschio (*pl.* **i maschi**) male
la massa mass, heap
il massaggio massage
il mạssimo maximum; **al mạssimo** at the most
mạssimo (*adj.*) maximum
la matemạtica mathematics (3)
la matẹria subject (*school*) (3)
il materialismo materialism (18)
materialista (*m. pl.* **materialisti**) materialistic
materno maternal
la matita pencil (P)
la matrigna stepmother
matrimoniale: cạmera matrimoniale room with a double bed (12)
il matrimọnio marriage
il mattino / la mattina morning; in the morning; **di mattina** in the morning (3)
il mattone brick
la maturità: l'esame di maturità comprehensive high-school exam
maturo mature
il meccạnico (*m. pl.* **i meccạnici**) mechanic (13)
i mẹdia the media
la medicina medicine (3)
il mẹdico (*pl.* **i mẹdici**) doctor (9)
mẹdico (*m. pl.* **mẹdici**) medical; **l'assistenza mẹdica** health insurance
mẹdio (*m. pl.* **medi**) medium, average; **di mẹdia statura** of medium height; **la scuola mẹdia** middle school; **la scuola mẹdia superiore** high school
il Medioevo the Middle Ages (15)
meditare to meditate
mediterrạneo Mediterranean
mẹglio *adv.* better (9); **il mẹglio** the best
la mela apple (11)
la melanzana eggplant
la melodia melody
melọdico melodic
il melodramma (*pl.* **i melodrammi**) melodrama; opera (14)
il melone melon (6)
il membro member
memorạbile memorable
meno less; fewer (3); *art.* + **meno** least; **a meno che... not** unless; **le cinque meno un quarto** quarter to five; **meno di/che** less than (9); **meno male!** thank goodness! (12)
la mensa cafeteria (2)
il mensile monthly publication (8)
la mente mind
mentre while
il menu menu
la meraviglia marvel, wonder
il/la mercante merchant
il mercato market (11)
il mercoledì Wednesday (P)
la merenda mid-afternoon snack (5)
meridionale southern
il meridione the South of Italy
meritare to merit, earn, deserve (16)
meritevole deserving; worthy
mescolare to mix
il mese month (P)
la messa mass (*religious*)
il messaggio message
il messicano / la messicana Mexican person
messicano Mexican (2)
il mestiere profession, trade (17)
la meta destination (10)
la metà (*pl.* **le metà**) half
il mẹtodo method
la metrọpoli (*pl.* **le metrọpoli**) metropolis
mẹttere (*p.p.* **messo**) to put, place (4); **mẹttere da parte** to put aside; **mẹttere piede** to set foot; **mẹttere in scena** to stage (14)
mẹtterci (+ *time expressions*) to take (*time*) (15)
mẹttersi to put on (*clothes*) (7); **mẹttersi in moto** to start (*a car, a machine*) (10)
mezzanotte midnight (4)
il mezzo half (4); **mezzi di trasporto** means of transportation (13); **le sette e mezzo** seven-thirty
mezzo *adj.* half
mezzogiorno noon (4)
la mezzosoprano (*pl.* **le mezzosoprano**) mezzosoprano
mi me (4); to me; **mi chiamo** my name is (P)
il micrọfono microphone
il miele honey (5)
le migliaia thousands
il miglio (*pl.* **le miglia**) mile
il miglioramento improvement (16)
†migliorare to improve
migliore *adj.* better (9); *art.* + **migliore** the best
il miliardo billion (7)
il milione million (7)
mille (*pl.* **mila**) thousand
minerale *adj.* mineral; **acqua minerale** mineral water
il minestrone vegetable soup (6)
il mịnimo minimum, least
mịnimo *adj.* smallest, least
il ministero ministry, department (*of government*) (16); **Ministero della Finanza** Treasury Department
il ministro *m., f.* minister (*in government*); **primo ministro** Prime Minister
la minoranza minority
minore lesser, smaller, younger (9); *art.* + **minore** the least, smallest, youngest

il minuto minute
mio my (3)
miope nearsighted
il miraggio (*pl.* i miraggi) mirage
la miseria misery; poverty (18)
misterioso mysterious
misto mixed (6); **fritto misto** fried seafood platter
la misura size
misurare to measure
il mito myth
il mobile piece of furniture (12); **i mobili** furniture
la moda fashion; **all'ultima moda** trendy; **di moda** in fashion; **la casa di moda** house of fashion; **fuori moda** out of fashion
il modello model; example
il modello / la modella fashion model
la modernità modern period, modernity (15)
moderno modern
modesto modest
il modo manner, way
il modulo (printed) form; **riempire un modulo** to fill out a form
la moglie (*pl.* **le mogli**) wife (3)
molto *adj.* much; many, a lot of (2); *adv., inv.* very, a lot (2); **da molto tempo** (for) a long time; **molto bene!** very good!
il momento moment
mondiale *adj.* worldwide; **la prima/seconda guerra mondiale** the First/Second World War
il mondo world (15); **divertirsi un mondo** to have a great time
la moneta coin (16)
monetario monetary
il monolocale studio apartment (12)
la montagna mountain; ***andare in montagna** go to the mountains
il monte mountain
il monumento monument
morale moral
la morfologia morphology
***morire** (*p.p.* **morto**) to die (5)
la morte death
morto dead
il mosaico (*pl.* **i mosaici**) mosaic
la mostra exhibit (6)
mostrare to show (6)
il motivo motive; reason (8)
la motocicletta, moto (*pl.* **le moto**) motorcycle
il motore motor
il motorino moped (1)
il movimento movement
la mozzarella mozzarella (*type of cheese*) (6)
la mucca cow
il mucchio (*pl.* **i mucchi**) pile, heap
la multa fine; ticket (13); **prendere la multa** to get a ticket, fine
multiculturale multicultural
multietnico (*m. pl.* **multietnici**) multiethnic
muovere (*p.p.* **mosso**): **muoversi** to move
il muro wall; **le mura** ancient walls
il muscolo muscle
il museo museum (1)
la musica music (4); **musica leggera** pop music (14)
musicale musical
il/la musicista (*m. pl.* **i musicisti**) musician (14)
muto mute; silent

N

***nascere** (*p.p.* **nato**) to be born (4)
la nascita birth
nascondere (*p.p.* **nascosto**) to hide (11)
il naso nose (8)
il Natale Christmas (10); **buon Natale!** Merry Christmas!
la natalità birth rate
natio *adj.* (*m. pl.* **natii**) native (2)
la natura nature
naturale natural: **le scienze naturali** natural sciences
naturalmente naturally
nautico (*m. pl.* **nautici**) nautical; **lo sci nautico** water skiing
la nave ship
navigare to surf (*Internet*)
nazionale national; **l'assistenza sanitaria nazionale** national health care
la nazionalità nationality
la nazione nation
ne some of it; about it
né... né neither . . . nor
neanche not even; **neanch'io** neither do I
la nebbia fog (4)
nebbioso foggy
necessariamente necessarily
necessario (*m. pl.* **necessari**) necessary
la necessità (*pl.* **le necessità**) necessity
negare to deny
negativo negative
il/la negoziante shopkeeper (11)
il negozio (*pl.* **i negozi**) store (1); **negozio d'abbigliamento / di alimentari** clothing/grocery store (11)
il nemico / la nemica (*m. pl.* **nemici**) enemy
nemmeno not even
il neologismo neologism
il neorealismo neorealism
neppure not even
nero black (2); **cronaca nera** crime news
nervoso nervous
nessuno *pron.* no one, nobody; *adj.* no; **nessuna cosa** nothing; **non... nessuno** no one, nobody, not anybody
la neve snow (4)
nevicare to snow (4)
niente nothing; **niente da dire/fare/mangiare** nothing to say/do/eat; **niente di male/speciale/strano** nothing wrong/special/strange; **non... niente** nothing
il/la nipote nephew/niece; grandchild (3)
no no (P)
nobile noble
la nobiltà nobility
la nocciolina peanut (5)
noi we (1)
la noia boredom; **che noia!** what a bore!
noioso boring (2)
noleggiare to rent (*a vehicle*) (10)
nolo rental; **prendere a nolo** to rent (*a vehicle*)
il nome name; noun (1)
nominare to name; nominate
non not (1); **non affatto** not at all; **non... ancora** not . . . yet; **non c'è male** not bad; **non è vero?** isn't it true? **non... mai** never, not ever (3); **non... nemmeno** not even; **non... nessuno** no one, nobody; **non... niente/nulla** nothing; **non... più** no longer, no more
il nonno / la nonna grandfather/grandmother (3)
nono ninth
nonostante notwithstanding
il nord north
il nordafricano north African person
normale normal; **la benzina normale** regular gasoline
nostro our (3)
notare to notice, note
notevole noteworthy
notevolmente notably
la notizia (*pl.* **le notizie**) news (8)
noto well-known, famous
la notte night; at night **buona notte!** good night!; **di notte** at night (3)
la novella short story (15)
novembre *m.* November (P)
la novità novelty (4)
nubile single (*woman*)
nucleare nuclear
il nudista nudist
nudo nude
nulla *m.* nothing; **non... nulla** nothing
il numerale number
il numero number; **numero di telefono** telephone number
numeroso numerous
la nuora daughter-in-law
nuotare to swim (3)
il nuoto swimming (4)
nuovamente newly
nuovo new (2); **di nuovo** again
la nuvola cloud

O

o or; **o... o** either . . . or (10)
l' obbiettivo objective
obbligare a (+ *inf.*) to oblige, force to (*do something*) (14)
obbligatorio obligatory
l'oca goose
l'occasione *f.* occasion; opportunity
gli occhiali eyeglasses (9)
l'occhiata glance
l'occhio (*pl.* **gli occhi**) eye (2)
occidentale western
***occorrere** (*p.p.* **occorso**) to be necessary
occupare to occupy; **occuparsi (di)** to devote oneself (to), to take care (of), to concern oneself (with) (16)
occupato occupied, busy
odiare to hate
l'offerta offer (17)

offrire (*p.p.* **offerto**) to offer, to "treat" (*by paying*) (4)
l'oggetto object
oggi today (P); **quanti ne abbiamo oggi?** what's today's date?
ogni (*inv.*) each, every (3); **ad ogni modo** in any case; **ogni tanto** every once in a while
ognuno each one, everybody, every one (12)
olandese Dutch
l'olio (*pl.* **gli oli**) oil (13); **controllare l'olio** to check the oil
l'oliva olive
oltre beyond, further, more than; **oltre a** in addition to; besides; past; beyond
l'omaggio (*pl.* **gli omaggi**): **il biglietto omaggio** complimentary ticket
l'ombra shade, shadow
omeopatico homeopathic
omogeneo homogenous
l'onda wave; **mandare in onda** to broadcast
onestamente honestly
onesto honest (2)
l'onore honor
l'opera opera (14); work; **l'opera d'arte** artwork (15); **mano d'opera** labor (17)
l'operaio / l'operaia (*m. pl.* **gli operai**) blue-collar worker (16)
l'operazione *f.* operation
l'opinione *f.* opinion
l'opportunità opportunity
l'opposto opposite
opposto *adj.* opposite
oppure or, or rather
l'ora hour; time; **a che ora?** at what time?; **che ora è? che ore sono?** what time is it?; **è ora** it's time; **guardare l'ora** to check the time; **mezz'ora** half-hour; **non vedere l'ora (di)** not to be able to wait (for); **ora di punta** rush hour, peak time; **un quarto d'ora** quarter of an hour
ora now (7); **per ora** for the time being
orale: gli orali oral exams (3)
l'orario (*pl.* **gli orari**) schedule; **in orario** on time
l'orchestra orchestra
ordinale ordinal
ordinare to order (5)
ordinato neat
l'ordine *m.* order
gli orecchini earrings
l'orecchio (*pl.* **gli orecchi / le orecchie**) ear (9); **suonare a orecchio** to play by ear
l'oreficeria goldsmith's shop
l'organista *m., f.* (*m. pl.* **gli organisti**) organist
organizzare to organize (16); **organizzarsi** to get organized
orgoglioso proud (2)
orientarsi to orient oneself
l'oriente the Orient; **in oriente** in the east
originale original
l'origine *f.* origin; **la città d'origine** hometown
ormai by now, by then
l'oro gold (17)
l'orologio (*pl.* **gli orologi**) watch, clock (2)
l'oroscopo horoscope
orribile horrible; ugly
l'orso bear
l'orto vegetable garden (12)
l'ospedale *m.* hospital (1)
ospitale hospitable
l'ospite *m., f.* guest (12); **la camera per gli ospiti** guest room
osservare to observe
l'ostello hostel (10)
l'ostilità hostility
ottavo eighth
ottenere to obtain
l'ottimismo optimism
l'ottimista *m., f.* (*m. pl.* **gli ottimisti**) optimist
ottimista *adj.* (*m. pl.* **ottimisti**) optimistic
ottimo excellent, very good (8); **ottima idea!** excellent idea!
ottobre *m.* October (P)
l'ovest *m.* west
ovunque everywhere; anywhere
ovviamente obviously
ovvio (*pl.* **ovvi**) obvious
l'ozono ozone; **la fascia di ozono** ozone layer

P

il pacco (*pl.* **i pacchi**) package
la pace peace
pacificamente peacefully
pacifico (*m. pl.* **pacifici**) peaceful
la padella pan
il padre father (3)
il padrone/la padrona boss; **il padrone/la padrone di casa** landlord (12)
il paesaggio (*pl.* **i paesaggi**) landscape (10)
il paese country; land (5)
pagare to pay, to pay for (5); **pagare in contanti** to pay cash
la pagina page; **pagina del crimine** crime page
il paio (*pl.* **le paia**) pair, couple, a few (5)
il palazzo palace, apartment building (12)
il palcoscenico (*pl.* **i palcoscenici**) stage (14)
la palestra gym; **in palestra** to/in the gym
la palla ball (4)
la pallacanestro basketball (*game*) (4); **giocare a pallacanestro** to play basketball
il pallone basketball, soccerball; **giocare a pallone** to play ball
la pancetta bacon
il pane bread (5); **guadagnarsi il pane** to earn one's daily bread
la panetteria bakery (11)
il panettiere / la panettiera baker (11)
il panettone Christmas cake
il panino sandwich; hard roll (1)
la paninoteca sandwich shop
la panna cream
il panorama (*pl.* **i panorama**) panorama, view
i pantaloni pants
il papa (*pl.* **i papa**) pope (15)
il papà (*pl.* **i papà**) father, dad (3)
la pappa baby food, mush
il paracadute parachute
il paradiso paradise
paragonare to compare (9)
il paragone comparison
parcheggiare to park (13)
il parcheggio (*pl.* **i parcheggi**) parking lot, parking space
il parco (*pl.* **i parchi**) park
il/la parente relative (3); **parente acquisito** in-law
***parere** (*p.p.* **parso**) to seem, appear; **pare** it seems
parigino Parisian
il parlamento parliament
parlare to speak (3); **chi parla?** Who is it? (*on the phone*); **sentire parlare di** to hear about
il parmigiano Parmesan cheese (6); **alla parmigiana** with Parmesan cheese
la parola word (1)
la parolaccia (*pl.* **le parolacce**) dirty word
la parte part, role; **da parte di** on the part of, by; **da una parte... dall'altra parte** on the one hand . . . on the other hand; **fare la parte di** to play the part of; **fare parte di** to take part in, belong to; **la maggior parte di** the majority of; **mettere da parte** to put, set aside; **scherzi a parte** all joking aside
partecipare (a) to participate (in); **partecipare a un concorso** to take a civil service exam (17)
la partecipazione participation
il participio (*pl.* **i participi**) participle
particolare particular
particolarmente particularly
***partire** to leave, depart (4)
la partita match, game (4)
il partitivo (*gram.*) partitive
il partito political party (16)
la partitura musical score
il/la partner (*pl.* **i/le partner**) partner
partorire (isc) to give birth
la Pasqua Easter (10); **buona Pasqua!** Happy Easter!
il passaggio (*pl.* **i passaggi**) lift, ride; **chiedere/dare un passaggio** to ask for/to give a ride
il passaporto passport (1)
†**passare** to spend (*time*); to stop by, to pass (11); **passare l'aspirapolvere** to vacuum; **passare la notte in bianco** to pull an all-nighter; **passare il tempo (a +** *inf.***)** to spend time (*doing something*)
il passare: il passar degli anni the passage of time
il passatempo pastime (4)
il passato the past (5)
passeggiare to go for a stroll, walk
la passeggiata stroll, walk: **fare una passeggiata** to take a stroll, walk
la passione passion
passivamente passively
il passivo passive voice
la pasta pasta, pasta products (6); pastry (5)
la pasticceria pastry shop (5)
il pasticciere / la pasticciera pastry cook, confectioner (11)

il pasto meal

il pastore shepherd

la patata potato (6)

la patatina potato chip (5)

la patente driver's licence (8)

la pạtria native land, homeland

il patrigno stepfather

il patrimọnio (*pl.* **i patrimoni**) heritage

il pattinaggio skating; **il pattinaggio su ghiaccio** ice-skating

pattinare to skate

patto: a patto che provided that, on the condition that

la paura fear; **avere paura (di)** to be afraid (of) (1)

pauroso fearful, cowardly

la pazienza patience; **avere pazienza** to be patient

pazzo crazy

peccato! too bad! (16); **peccato che** it's a shame that

pẹggio *adv.* worse; *art.* + **pẹggio** the worst (9)

peggiore *adj.* worse; *art.* + **peggiore** the worst (9)

la pelle skin

la pena penalty, pain; **vale la pena** it's worth it

pendente hanging; **la Torre Pendente** the Leaning Tower

la pendenza slope

la penịsola peninsula (15)

la penna feather; pen (P); **le penne** *type of pasta*

pennello: stare a pennello to fit like a glove

pensare to think; **pensare a** (+ *n.*) to think about (*someone or something*) (11); **pensare di** (+ *inf.*) to plan to (*do something*); **pensare di** (+ *n.*) to think of, regard, have an opinion of

il pensiero thought

il pensionato / la pensionata retired person (16)

la pensione inn (10)

la pẹntola pot

il pepe pepper

per for; through (1); in order to; **per cento** percent; **per esẹmpio** for example; **per favore, per piacere,** please (P); **per quanto** although; **per caso** by any chance (14); **per niente** at all (14)

la pera pear (11)

la percentuale percentage

perché why, because (2); **perché** + *subj.* so that (17); **il perché** the reason why

pẹrdere (*p.p.* **perduto** or **perso**) to lose, waste, to miss (*a train, airplane, etc.*) (4); **lasciamo pẹrdere** let's forget about it

la pẹrdita loss, waste

il perdono pardon

perfetto perfect

pericoloso dangerous

la periferia outskirts, suburb

il perịodo period, sentence; **perịodo ipotẹtico** contrary-to-fact statement

il permesso permission

permẹttere (di) (*p.p.* **permesso**) to permit (14)

però however

persino even

***persịstere** (*p.p.* **persistito**) to persist

perso lost; **l'ạnima persa** lost soul

la persona person

il personaggio (*pl.* **i personaggi**) character in a play; famous person

personale personal

la personalità personality

personalmente personally

persuạdere (a) (*p.p.* **persuaso**) to persuade (14)

pesante heavy (11)

pesare to weigh

il pescatore / la pescatrice fisherman/fisherwoman

il pesce fish (6); **chi dorme non piglia pesci** the early bird catches the worm

la pescheria fish market (11)

il pescivẹndolo / la pescivẹndola fishmonger (11)

pessimista (*m. pl.* **pessimisti**) pessimistic

il/la pessimista (*m. pl.* **i pessimisti**) pessimist

pẹssimo terrible, very bad

pesto sauce of basil, olive oil, garlic, pine nuts, parmesan cheese; **al pesto** with pesto

il pettegolezzo gossip

il pezzo piece; **pezzo grosso** big shot

***piacere** (*p.p.* **piaciuto**) to like; to please, to be pleasing (6)

il piacere pleasure; **piacere!** pleased to meet you! (P); **per piacere** please (P); **avere il piacere di** (+ *inf.*) to have the pleasure of (*doing something*); **mi piace da matti** I'm crazy about it

piạngere (*p.p.* **pianto**) to cry (15); **mi viene da piạngere** it makes me cry

il/la pianista (*m. pl.* **i pianisti**) pianist

il piano floor of a building; piano (4); **al primo piano** on the second floor

piano *adv.* slowly, quietly; **chi va piano va sano e va lontano** haste makes waste

la pianta plant

pianterreno ground floor; **al pianterreno** on the ground floor (12)

il piatto plate, dish (6); **primo/secondo piatto** first/second course

la piazza square, plaza (1); **in piazza** in the square, plaza

piccante spicy

pịccolo small, little (2); **il pịccolo schermo** television

il piede foot (8); **a piedi** on foot; ***andare a piedi** to go on foot; **mẹttere piede** to set foot

pieno full (4); **fare il pieno** to fill up the gas tank

pigliare to take; **chi dorme non piglia pesci** the early bird catches the worm

pigro lazy (2)

il pigrone/la pigrona lazybones

pittoresco (*m. pl.* **pittoreschi**) picturesque

il pinguino penguin

la pioggia (*pl.* **le piogge**) rain (4)

il piolo rung; **la scala a piolo** ladder

piọvere to rain (4)

la piscina swimming pool (3); **in piscina** in/to the pool; ***andare in piscina** to go swimming

i piselli peas

la pista track

il pittore / la pittrice painter (15)

la pittura painting (*art form*) (15)

più more, plus (2); **più di/che** more than (9); **di più** more; *art.* + **più** the most; **non ne posso più** I can't stand it anymore; **non... più** no longer, no more; **sempre più** (+ *adj.*) increasingly

piuttosto *inv.*, rather; instead (5); **piuttosto che** rather than

la pizza pizza

la pizzeria pizzeria; **in pizzeria** in/to the pizzeria

il pizzo lace

la plạstica plastic; **il sacchetto di plạstica** plastic bag

plausịbile plausible

plurale *adj.* plural

po': un po' (di) a little bit (of) (2)

pochi/poche few (3); **ben pochi** very few

poco *adj.* or *adv.* few, little, not many, not very (3); **poco dopo** after a little while; **tra poco** in a little while

la poesia poem; poetry (4)

il poeta (*pl.* **i poeti**) **/ la poetessa** poet (15)

poi then, afterward (1)

poiché since

la polịtica politics (16); **polịtica esterna** foreign affairs; **polịtica interna** domestic politics

polịtico (*m. pl.* **polịtici**) political; **partito polịtico** political party; **le scienze polịtiche** political science

la polizia police (force)

il poliziotto police officer

il pollo chicken (6)

il polmone lung (9)

la polpetta meatball

la poltrona armchair

il pomeriggio (*pl.* **i pomeriggi**) afternoon; **di/nel pomeriggio** in the afternoon (3)

il pomodoro tomato (6); **succo di pomodoro** tomato juice

il pompelmo grapefruit; **spremuta di pompelmo** grapefruit juice

il poncino mulled alcoholic drink

il ponte bridge

pop *adj.* pop (*music*)

popolare popular

la popolazione population

il pọpolo people

la porta door (P)

il portafoglio (*pl.* **i portafogli**) wallet

portare to bring, carry, bear (3); wear (7)

portato (per) gifted (in)

il porto port

il portone main entrance, street door

positivo positive

la posizione position

possịbile possible; **tutto il possịbile** everything possible

la possibilità (*pl.* **le possibilità**) possibility, chance (17)

la posta mail, post office, postal service (17); **posta elettrọnica** e-mail (4)

postale postal; **ufficio postale** post office

il postino mailcarrier (5)

il postmoderno postmodern (15)

il posto place, seat (10); **posto di lavoro** place of work
potere (+ *inf.*) to be able to (can, may) (*do something*) (4); **non ne posso più** I can't stand it any more; **può darsi** perhaps, it's possible
pọvero poor (2); **poverino/poverina!** poor thing!
la povertà poverty (16)
pranzare to eat lunch (4)
il pranzo lunch, dinner (5); **la sala da pranzo** dining room
la prạtica practice
praticare to practice, be active in; **praticare** (*uno sport*) to practice (*a sport*)
la precauzione precaution
precedente preceding, earlier
la preferenza preference; **di preferenza** preferably
preferire (isc) (+ *inf.*) to prefer (*to do something*) (4)
preferito preferred, favorite (3)
il prefisso area code
pregare to pray, to beg; **prego!** you're welcome! (P) come in! make yourself at home!; **ti prego!** I beg you!; **Prego?** I beg your pardon? (P)
il pregiudịzio (*pl.* **i pregiudizi**) prejudice
preliminare preliminary
premiare to reward, to award a prize to
il prẹmio (*pl.* **i premi**) prize (9)
prẹndere (*p.p.* **preso**) to take; to have (*food*); to get (4); **prẹndere appunti** to take notes; **prẹndere l'autobus** to take the bus; **prẹndere una decisione** to make a decision; **prẹndere il fresco** to get some fresh air; **prẹndere in giro** to tease; **prẹndere la multa** to get a ticket, a fine (13); **prẹndere a nolo** to rent (10); **prẹndere il raffreddore** to catch a cold (9); **prẹndere il sole** to get some sun; ***andare, *venire a prẹndere** to pick up (*a person*)
prenotare to reserve, make a reservation (6)
la prenotazione reservation (1)
preoccupare to worry (*someone*); **preoccuparsi di** to worry about (17)
preoccupato worried; **avere l'ạria preoccupata** to look worried
la preoccupazione *n.* worry
preparare to prepare (6); to make (*a dish*); to study
i preparativi preparations (11)
la preposizione preposition; **preposizione articolata** articulated preposition
presentare to present, introduce; to show (*a film, TV show, etc.*)
la presentazione presentation, introduction
il presente present; present tense; **presente progressivo** present progressive
presente *adj.* present
la presenza presence
il presidente *m., f.* president (16)
la pressione pressure
presso at, in care of
prestare (imprestare) to lend (6)
prestigioso prestigious
presto early; quickly; soon (3); **a presto!** see you soon! (P)
prevalentemente predominantly
prevedere to foresee, anticipate
la previsione prediction; **la previsione del tempo** weather forecast
il prezzo price (11)
il prigioniero prisoner
la prima opening night (14)
prima *adv.* before, first (5); **prima che** (+ *subj.*) *conj.* before (17); **prima di** *prep.* before; **prima di tutto** first of all
la primavera spring (P)
primitivo primitive
primo first; **anche prima** even before; **primo ballerino / prima ballerina** principal dancer; **la prima guerra mondiale** World War I; **il primo ministro** Prime Minister; **al primo piano** on the second floor (12); **primo** (***piatto***) first course (6)
principale principal
principalmente principally (15)
il prịncipe / la principessa prince/princess (15)
il/la principiante beginner
il priore prior (monastic office)
privato private
privo (di) without
probạbile probable
la probabilità (*pl.* **le probabilità**) probability
probabilmente probably
il problema (*pl.* **i problemi**) problem (13)
problemạtico (*m. pl.* **problemạtici**) problematic
il procedimento procedure
il prodotto product
produrre (*p.p.* **prodotto**) to produce (8)
produttivamente productively
il produttore / la produttrice producer (8)
la produzione production
professionale *adj.* professional
la professione profession (17); **di professione** as a profession, professional (14)
il/la professionista professional
il professore / la professoressa professor (P)
profondo profound
profumato scented
il profumo perfume
il progetto project, plan (10)
il programma (*pl.* **i programmi**) program; plan (4); **fare un programma** to make a plan (4); **mẹttere in programma** to set up
programmare to plan (9)
il/la progressista (*m. pl.* **i progressisti**) progressive
progressivo: il presente progressivo present progressive
proibire (isc) to prohibit
prolungare to prolong
la promessa promise
promẹttere (*p.p.* **promesso**) **(di)** to promise (*to do something*) (14)
promuọvere (*p.p.* **promosso**) to promote (17)
il pronome pronoun; **pronome tọnico** disjunctive pronoun
pronto ready; **pronto in tavola!** come and get it! **pronto!** hello (*on telephone*)
la pronuncia (*pl.* **le pronunce**) pronunciation
pronunciare to pronounce; **come si pronuncia... ?** how do you pronounce . . . ?
la propaganda propaganda
il proprietạrio (*pl.* **i proprietari**) **/ la proprietạria** owner, proprietor
prọprio (*m. pl.* **propri**) one's own (14)
prọprio (*inv.*) just, really, exactly (1)
il prosciutto cured ham (6)
prọssimo next
il/la protagonista (*m. pl.* **i protagonisti**) protagonist (15)
protẹggere (*p.p.* **protetto**) to protect (13)
protestare to protest
il protettore / la protettrice protector
la protezione protection; **protezione dell'ambiente** environmentalism (13)
la prova proof; rehearsal; **avere le prove** to rehearse
provare to try; to prove; to try on (11)
il provẹrbio (*pl.* **i proverbi**) proverb
la provincia (*pl.* **le province**) province
provinciale provincial
la psicologia psychology
pubblicare to publish (8)
la pubblicazione publication (8)
la pubblicità publicity; advertising (8)
pubblicitario (*m. pl.* **pubblicitari**) advertising; **la campagna pubblicitaria** ad campaign
il pụbblico public
pụbblico (*m. pl.* **pụbblici**) public
pulire (isc) to clean (4)
puntini: due puntini colon (*punctuation mark*)
il punto point; period
puntuale punctual; ***ẹssere puntuale** to be on time
può darsi perhaps; it's possible
purché provided that (17)
pure by all means (11)
purificare to purify
puro pure
purtroppo unfortunately (5)

Q

qua here
il quaderno notebook (P)
il quadro painting (*individual work*) (15)
qualche (+ *s. n.*) some, a few (12); **qualche cosa** something; **qualche volta** sometimes (4)
qualcosa something (12); **qualcosa di piacẹvole/necessạrio/speciale** something pleasant/necessary/special; **qualcosa da bere** something to drink (5)
qualcuno someone, anyone (12)
quale? *adj.* which? *pron.* which one? (6)
la qualità (*pl.* **le qualità**) quality
qualsịasi (*inv.*) any; whatever (13)
qualunque any, any sort of, whichever (12); **qualunque cosa** whatever (17)

quando when (6); **da quando** since
quanti/quante how many; **quanti ne abbiamo oggi?** what is today's date? (11)
la quantità quantity
quanto how much; how many (6); **da quanto tempo** (for) how long; **per quanto** although, inasmuch as; **quanto tempo?** how long; **(tanto)... quanto** as much as
quantunque although
il quartiere neighborhood
il quarto quarter (4); **quarto d'ora** quarter of an hour
quarto *adj.* fourth
quasi almost (6)
quattro four; **fare quattro chiacchiere** to have a chat
quello that; the one (3); **quello che** what; that which (14)
il questionario (*pl.* **i questionari**) questionnaire
la questione issue, matter
questo this (3)
qui here (1); **qui vicino** near here, nearby
quindi *adv.* then; *conj.* therefore
quinto fifth
il quotidiano daily paper (8)
quotidiano daily (7)

R

la racchetta racket
racchiudere to contain, enclose
raccogliere (*p.p.* **raccolto**) to gather
la raccolta collection
la raccomandazione recommendation
raccontare to tell, narrate (3)
il racconto short story (4)
la radice root
la radio (*pl.* **le radio**) radio
raffinato refined
il raffreddore cold (9)
il ragazzo / la ragazza boy/girl; young man/woman; boyfriend/girlfriend (2)
raggiungere to arrive at, to reach
la ragione reason; **avere ragione** to be right
ragionevole reasonable
il ragno spider
il ragù meat sauce; **al ragù** with meat sauce (6)
rallegrare to cheer up
la ramificazione branching
rapidamente rapidly
rapido rapid, fast
il rapporto relationship
il/la rappresentante representative
rappresentare to represent
rappresentativo representative
la rappresentazione representation; **la rappresentazione teatrale** play (14)
raramente rarely
i ravioli ravioli
il razzismo racism (18)
il/la razzista (*m. pl.* **i razzisti**) racist (18)
razzista (*m. pl.* **razzisti**) racist (18)
il re (*pl.* **i re**) king
***reagire (isc)** to react
reale real
il/la realista realist
realizzare to realize, achieve
la realtà reality; **in realtà** in reality
la reazione reaction
recarsi to go
la recensione review (8)
recensire (isc) to review (8)
recente recent
recentemente recently
il recipiente recipient; receptacle
reciproco (*m. pl.* **reciproci**) reciprocal
recitare to play, act (*a role*) (14)
la recitazione acting
la réclame advertisement
il redattore / la redattrice editor (8)
la redazione editorial staff (8)
regalare to give (*as a gift*) (6)
il regalo gift (6); **fare un regalo (a +** *person*) to give a present (*to someone*)
la regia *n.* directing
la regina queen
regionale regional
la regione region
il/la regista (*m. pl.* **i registi**) director (8)
il regno kingdom
la regola rule
regolare regular
regolarmente regularly
relativo *adj.* relative
il relax relaxation
la relazione paper, report; relationship
la religione religion
religioso religious
rendere (*p.p.* **reso**) to give back, return (6); to make, cause to be; **rendersi conto di/che** to realize
il rene kidney
il repertorio (*pl.* **i repertori**) repertory
la repubblica republic
il requisito requirement (17)
residente *adj.* residing
la residenza residence
la resistenza resistance
resistere (*p.p.* **resistito**) to resist (11)
respirare to breathe
responsabile responsible
***restare** to stay, remain
restaurare to restore
il/la restauratore restorer
il restauro restoration (15)
restituire (isc) to give back
il resto rest, remainder (11)
la rete net, network (8)
riabilitare to rehabilitate
riaprire (*p.p.* **riaperto**) to reopen
riassumere (*p.p.* **riassunto**) to summarize
il riassunto summary
la ricchezza wealth (18)
il riccio (*pl.* **i ricci**) curl
riccio (*m. pl.* **ricci**) curly (2)
ricco (*m. pl.* **ricchi**) wealthy
il ricco / la ricca (*m. pl* **i ricchi**) weathy person
la ricerca research
la ricetta recipe (6); prescription (9)
ricevere to receive (4)
il ricevimento reception
la ricevuta fiscale receipt
richiamare to call back
richiedere (*p.p.* **richiesto**) to require (11)
la richiesta request, demand (17)
il riciclaggio recycling (13)
riciclare to recycle (13)
ricominciare to begin again
riconoscere (*p.p.* **riconosciuto**) to recognize
ricordare to remember (5); to remind (3); **ricordarsi di** to remember (*to do something*)
ricostruire (isc) to reconstruct
la ricotta ricotta cheese
ricreare to recreate
ridere (*p.p.* **riso**) to laugh (15)
ridurre (*p.p.* **ridotto**) to reduce
la riduzione reduction (16)
riempire to fill out (6); **riempire un modulo** to fill out a form (17)
rifare to redo
riferire (isc) to report (on); **riferirsi (isc) (a)** to refer (to)
il rifiuto garbage, trash; **i rifiuti** garbage, trash (13)
il riflessivo reflexive pronoun
riflettere (*p.p.* **riflesso**) to reflect
la riforma reform
rifugiarsi to take refuge
la riga line
riguardare to regard, concern; **per quanto mi riguarda** as far as I'm concerned
riguardo a with regard to
rilassante relaxing
rilassarsi to relax (7)
la rima rhyme (15)
rimandare to defer, put off
***rimanere** (*p.p.* **rimasto**) to remain, stay (4); **rimanere senza benzina** to run out of gas (13)
il rinascimento Renaissance (15)
ringraziare to thank (18)
rinnovarsi to renew oneself
rinunciare (a) to renounce
riparare to fix
la riparazione repair
ripassare to review (3)
il ripasso review
ripetere to repeat; **ripeta, per favore** please repeat; **ripetete** repeat
ripieno stuffed
riportare to bring back, take back (6)
riposare (riposarsi) to rest (18)
riprendere (*p.p.* **ripreso**) to resume; **riprendere il lavoro** to get back to work
ripulire (isc) to clean up
il riscaldamento heating (12)
riservato reserved, set aside
risiedere to reside
il riso rice (6)
risolvere (*p.p.* **risolto**) to resolve (13)
il Risorgimento *Italian unification movement* (15)
il risotto *creamy rice dish* (6)
risparmiare to save (10)
rispecchiare to reflect, mirror
rispettare to respect (13); **rispettare il limite di velocità** to obey the speed limit
il rispetto respect

rispọndere (a) (*p.p.* **risposto**) to respond (to), answer (4); **rispọndere ad un annuncio** to respond to an ad; **rispondete!** answer!
la risposta answer
il ristorante restaurant (1)
ristrutturare to restructure, remodel
il risultato result
il risveglio awakening
il ritardo delay; ***ẹssere in ritardo** to be late; **in ritardo** late
ritirare to get, draw, withdraw
il ritmo rhythm
il rito rite, ritual
***ritornare** to return, go back, come back
il ritorno return; **biglietto di andata e ritorno** round-trip ticket
il/la ritrattista (*m. pl.* **i ritrattisti**) portrait artist
il ritratto portrait (15)
la riunione reunion (16)
riunire (isc) to reunite, meet
***riuscire** (**a** + *inf.*) to succeed (*in doing something*); to manage to (14)
rivelare to reveal
la rivista magazine (4)
rivọlgersi to turn
la roba stuff, things (8)
la robaccia junk food (5)
romano Roman
romạntico (*m. pl.* **romạntici**) romantic
il romanziere / la romanziera novelist
il romanzo novel (15)
rọmpersi (*p.p.* **rotto**) to break (9)
rosso red (2); **Cappuccetto Rosso** Little Red Riding Hood
rotto broken
rovinare to ruin
le rovine ruins (15)
la rụbrica column (*newspaper*)
i rụderi ruins (15)
il rumore noise (12)
il ruolo role
il russo/la russa Russian person; **il russo** Russian language
russo Russian (2)

S

il sạbato Saturday (P); **sạbato sera** Saturday evening
il sacchetto small bag; **sacchetto di plạstica** plastic bag
il sacco bag; **un sacco di** a ton of, lots of
il sacrificio (*pl.* **i sacrifici**) sacrifice
il saggio essay
la sala room; hall; **sala da pranzo** dining room
il salame salami
il salạrio (*pl.* **i salari**) wage, salary (16)
il salatino snack, cracker (5)
il saldo sale; **in saldo** on sale
il sale salt
†**salire** to go up; to climb (4)
il salmone salmon
il salotto living room (5)
la salsiccia (*pl.* **le salsicce**) sausage
saltare to jump, skip; **saltare addosso** (*a* + *person*) to jump on top (of)
la salumeria delicatessen (11)
i salumi cold cuts (6)
il salumiere delicatessen clerk (11)
salutare to greet; to say hello to; to say goodbye to
la salute health (9)
salvare to save
salve! hi! hello! (P)
il sangue blood; **al sangue** rare
sanitạrio (*m. pl.* **sanitari**) sanitary, related to health; **assistenza sanitạria nazionale** national health care; **servịzio sanitạrio** health service
sano healthy (9)
santo holy, blessed; **santo cielo!** good heavens!; **tutta la santa sera** the whole blasted evening
il santo / la santa saint
sapere to know; to find out (*in past tenses*); **sapere** + *inf.* to know how to (*do something*) (5)
il sapore taste
saporire to flavor
il sasso stone
il sassọfono saxophone (4)
sbagliare/sbagliarsi to be mistaken, be wrong (7)
sbloccare to unlock
lo scaffale shelf
la scala staircase (12); **scala a pioli** ladder
lo scalino step (*of stairs*)
scaltro shrewd; crafty
scambiare to exchange
lo scạmbio (*pl.* **gli scambi**) exchange
lo scampo prawn
lo scạpolo bachelor
lo scappamento exhaust
***scappare** to escape
scaricare to unload; to discharge (13)
la scarpa shoe (7)
scarso scarce
la scạtola box; can (15); **in scạtola** canned
lo scavo excavation; **lo scavo archeolọgico** archeological dig (15)
scẹgliere (*p.p.* **scelto**) to choose
la scelta choice (8)
la scena scene; ***andare in scena** to be performed; ***entrare in scena** to go on stage; **mẹttere in scena** to stage, put on, produce
la scheda card
lo schema (*pl.* **gli schemi**) chart
lo schermo screen (8)
la schiena back (9)
lo sci skiing; **sci di fondo** cross-country skiing; **sci nạutico** water-skiing
sciare to ski (3)
la sciarpa scarf
lo sciatore / la sciatrice skier
scientịfico (*m. pl.* **scientịfici**) scientific; **il liceo scientịfico** high school for the sciences
la scienza science (3); **scienze delle comunicazioni** communication studies; **scienze naturali** natural sciences; **scienze polịtiche** political science (3)
lo scienziato scientist
la sciocchezza silliness (18)
lo scioglilịngua tongue-twister
scioperare to strike
lo sciọpero strike (16); **essere in sciọpero** to be on strike; **fare sciọpero** to go on strike
la scocciatura *n.* bother (7)
la scodella bowl
scolpire (isc) to sculpt (15)
***scomparire** (*p.p.* **scomparso**) to disappear
la scomparsa disappearance
lo sconosciuto / la sconosciuta stranger; unknown person (13)
lo sconto discount (11); **fare uno sconto** to give a discount
lo scontrino receipt (5)
lo scontro encounter, collision (15)
lo scooter (*pl.* **gli scooter**) motorscooter (1)
la scoperta discovery
lo scopo aim; scope
scoprire (*p.p.* **scoperto**) to discover (10)
scorso last, past (*with time expressions*) (5); **l'estate scorsa** last summer
lo scotch Scotch (drink)
gli scritti written exams (3)
scritto *adj.* written
lo scrittore / la scrittrice writer (15)
la scrivania desk
scrịvere (*p.p.* **scritto**) to write (4); **come si scrive?** how do you write?; **scrivete!** write!
lo scultore / la scultrice sculptor (15)
la scultura sculpture (15)
la scuola school (1); **scuola media** middle school; **scuola superiore** high school
la scusa excuse (9)
scusare to excuse
scusa! scusami! excuse me! (*fam.*); **Scusa?** I beg your pardon? (*fam.*) (P)
mi scusi! excuse me! (*form.*); **Scusi?** I beg your pardon? (*form.*) (P)
se if; **anche se** even if; **come se** as if
sebbene although (17)
il seccatore / la seccatrice bore, nuisance
il sẹcolo century (15); **attraverso i sẹcoli** through the centuries
secondạrio (*m. pl.* **secondari**) secondary
secondo second; **la seconda guerra mondiale** the Second World War; **secondo piatto** second course (6); **al secondo piano** on the third floor
secondo *prep.* according to (2); **secondo l'esẹmpio** according to the example; **secondo me** in my opinion
la sede seat
sedersi to sit down
la sẹdia chair (P)
seduto seated
segnalare to signal
il segnalatore acụstico beeper
il segnale signal (13)
il segnalibro bookmark
il segno sign; **fare segno** to indicate
il segretạrio (*pl.* **i segretari**) **/ la segretạria** secretary
il segreto secret
seguente following
seguire to follow (4); to be interested in (*a sport, TV show, etc.*); **seguire un corso** to take a class (4)
sei you are (*fam.*) (P)
selezionare to select
***sembrare** to seem (16); **sembra che** it seems that

il semestre semester

la semiọtica semiotics

sẹmplice simple (6)

la semplicità simplicity

sempre always (2); **sempre più** (+ *adj.*) increasingly (*adj.*)

il Senato senate (*upper house of Parliament*) (16)

il senatore / la senatrice senator (16)

la sensazione sensation

sensịbile sensitive (2)

il senso sense; meaning; **senso dell'umorismo** sense of humor

sentimentale sentimental

il sentimento sentiment, feeling

sentire to hear (4); **farsi sentire** to make oneself heard; **sentire dire (di)** to hear (about); **sentire parlare di** to hear about (15); **sentirsi** to feel (7); **sentirsi in colpa** to feel guilty

senza *prep.* without (9); **senz'altro** of course, definitely; **senza che** (+ *subj.*) *conj.* without (17)

il/la senzatetto (*pl.* **i/le senzatetto**) homeless person (18)

separato separated

la sera evening; in the evening; **buona sera!** good afternoon! good evening!; **di sera** in the evening (3); **ieri sera** last night; **sạbato sera** Saturday night; **tutta la santa sera** the whole blasted evening

la serata evening (*event*)

il serbatoio gas tank

sereno serene, calm, clear

la sẹrie (*pl.* **le sẹrie**) series

sẹrio (*m. pl.* **seri**) serious

il serpente snake; **serpente a sonagli** rattlesnake

serra: l'effetto serra greenhouse effect

servire to serve (4)

il servịzio (*pl.* **i servizi**) service; cover charge (6); **i servizi** facilities (12); **servịzio sanitạrio** health services

sesto sixth

la seta silk

la sete thirst; **avere sete** to be thirsty

settembre September (P)

la settimana week (P); **alla settimana** each week; **una volta alla settimana** once a week

il settimanale weekly publication (8)

settimanale weekly

il settore sector

severo severe

sfavorẹvole unfavorable

la sfilata fashion show

lo sfondo background

lo sfortunato / la sfortunata unfortunate person

sì yes (P)

la sibilla sybil

siccome since

sicuramente surely

la sicurezza safety; security; **la cintura di sicurezza** safety belt

sicuro safe, certain, sure

la sigaretta cigarette (6)

significare to mean

il significato meaning

la signora (*abbr.* **sig.ra**) lady; Mrs. (P)

il signore (*abbr.* **sig.**) gentleman; Mr. (P)

la signorina (*abbr.* **sig.na**) young lady; Miss (P)

il silẹnzio (*pl.* **i silenzi**) silence

il sịmbolo symbol

sịmile similar

la simpatia sympathy

simpạtico (*m. pl.* **simpạtici**) nice, likeable (2)

la sinagoga synagogue

sincero sincere

il sindacato labor union (17)

la sinfonia symphony

sinfọnico (*m. pl.* **sinfọnici**) symphonic

singolare singular

sịngolo single (12); **camera sịngola** single room

la sinistra left; **a sinistra** to the left (1)

il sinọnimo synonym

il sistema (*pl.* **i sistemi**) system

sistemare to arrange (12); **sistemarsi** to get settled (12)

la situazione situation

smarrirsi (isc) to get lost (13)

smẹttere (*p.p.* **smesso**) (**di** + *inf.*) to stop, quit (*doing something*) (7)

sociale social; **comportamento sociale** social behaviour

il socialismo socialism

il/la socialista (*m. pl.* **i socialisti**) socialist

la società (*pl.* **le società**) society

la sociologia sociology

soddisfatto satisfied, happy (17)

la soffitta attic (12)

il soggetto subject

il soggiorno living room (12)

la sọgliola sole (*fish*)

sognare to dream (about); **sognare (di** +*inf.*) to dream (*of doing something*) (8)

il sogno dream

solamente only (6)

i soldi (*m. pl.*) money (2)

il sole sun; **al sole** in the sun; **prẹndere il sole** to get some sun

la solidarietà solidarity

solitạrio solitary

sọlito usual; typical (4); **come al sọlito** as usual; **di sọlito** usually (4)

la solitụdine solitude

il sollevamento lifting; **fare sollevamento pesi** to do weight-lifting

solo *adj.* alone; single (4); *adv.*, only (1); **da solo/a** alone; by oneself (4)

soltanto only

la soluzione solution

la sommità summit

il sonaglio: il serpente a sonagli rattlesnake

il sondaggio (*pl.* **i sondaggi**) survey (8)

il sonno sleepiness; **avere sonno** to be sleepy

sono I am (P); **ci sono...** there are . . . ; **ci sono... ?** are there . . . ? (1) **sono di...** I'm from . . . (P); **sono nato/a...** I was born . . . (P)

sonoro: la colonna sonora soundtrack

sopportare to stand, tolerate

sopra above, over (12)

la soprano (*pl.* **le soprano**) soprano (14)

soprattutto above all

la sopravvivenza survival

***sopravvịvere** (*p.p.* **sopravvissuto**) to survive (9)

la sorella sister (3)

la sorellastra step-sister; half-sister

sorprẹndere (*p.p.* **sorpreso**) to surprise (16)

la sorpresa surprise

sorrịdere (*p.p.* **sorriso**) to smile (15)

il sorriso smile

sospettare to suspect

la sosta pause; stop; **divieto di sosta** no-parking zone

sostituire to substitute

sotto under (12)

sottoporre (*p.p.* **sottoposto**) to subjugate

il sottotịtolo subtitle

sovraccạrico *adj.* overloaded

sovraffollato overcrowded

sovrano *adj.* sovereign

sovvenzionare to subsidize

gli spaghetti spaghetti

lo spagnolo / la spagnola Spanish person; **lo spagnolo** Spanish language

spagnolo Spanish (2)

lo spạzio space (13)

lo spẹcchio (*pl.* **gli specchi**) mirror

speciale special; **niente/qualcosa di speciale** nothing/something special

lo/la specialista (*m. pl.* **gli specialisti**) specialist

specializzarsi to specialize (7)

la specializzazione specialization; specialty; major (3)

specialmente especially

la spẹcie (*pl.* **le spẹcie**) kind, sort, species

specịfico (*m. pl.* **specịfici**) specific

spedire (isc) to send (14)

la spedizione expedition

spẹgnere (*p.p.* **spento**) to turn off

spẹndere (*p.p.* **speso**) to spend

la speranza hope

sperare to hope; **sperare di** (+ *inf.*) to hope (*to do something*) (14)

la spesa shopping; **fare la spesa** to go grocery shopping; **fare le spese** to go shopping

spesso often (3)

lo spettạcolo show (14); **allestire uno spettạcolo** to stage a production

lo spettatore / la spettatrice spectator

lo spezzatino stew

la spiaggia (*pl.* **le spiagge**) beach

spiegare to explain (3)

la spiegazione explanation

gli spinaci spinach

spịngere (*p.p.* **spinto**) to push (14)

lo spịrito spirit

spiritoso witty

splẹndere to shine

splẹndido splendid

lo sponsor (*pl.* **gli sponsor**) sponsor

lo sport (*pl.* **gli sport**) sport

sportivo athletic (2)

sposare to marry; **sposarsi** to get married (7)

sposato married

la spremuta freshly squeezed juice (5); **spremuta di pompelmo** grapefruit juice

spronare to spur (on)

lo spumante sparkling wine
***spuntare** to come up, break through
lo spuntino snack (5)
la squadra team (4)
stạbile *adj.* stable
stabilire (isc) to establish
lo stạdio (*pl.* **gli stadi**) stadium (1)
stagionale seasonal
la stagione season (P); **di fuori stagione** out of season
stamattina this morning (5)
la stampa press (8); **fresco di stampa** hot off the press
stampare to print; to publish (8)
stanco (*m. pl.* **stanchi**) tired (2)
la stanza room (12); **il compagno / la compagna di stanza** roommate
***stare;** to stay; **stare attento** to pay attention (3); **stare bene/male** to be well/unwell (3); **stare a casa / in casa** to be home; **stare a dieta** to be on a diet; **stare al passo** to keep up with; **stare zitto** to keep quiet (3)
stasera tonight; this evening (3)
statịstico (*m. pl.* **statịstici**) statistical
lo stato state (16); **stato civile** marital status
la stạtua statue
la statura height (2); **di mẹdia statura** of medium height
la stazione station (1)
la stella star
lo stẹreo stereo
lo stereọtipo stereotype (14)
stesso same (2); **lo stesso** the same
lo stile style (14)
lo stipẹndio (*pl.* **gli stipendi**) salary (16)
stirare to iron
lo stivale boot (11)
la stoffa fabric
lo stọmaco stomach (9)
lo stop (*pl.* **gli stop**) stop sign
la stọria story; history; **stọria dell'arte** art history (3)
stọrico (*m. pl.* **storici**) historical (13)
la strada street, road
stradale *adj.* road (13); **il cartello stradale** traffic sign
straniero foreign (3)
lo straniero / la straniera foreigner
strano strange (12)
straordinạrio (*m. pl.* **straordinari**) extraordinary
strapazzato scrambled
stravagante extravagant
la strega witch
lo stress stress
stressante stressful
stressato stressed; under stress (2)
stretto tight (11)
lo strumento (musicale) (musical) instrument (4)
la struttura structure
lo studente / la studentessa student (P)
studiare to study (3)
lo stụdio (*pl.* **gli studi**) study; office; academic endeavor; **la borsa di stụdio** scholarship
studioso studious
stupendo stupendous
stụpido stupid

su on, upon, above (5); **su!** come on! (11)
sụbito immediately, quickly, right away (4); **ecco subito!** right away!
***succẹdere** (*p.p.* **successo**) to happen
il successo success; **avere successo** to be successful
il succo (*pl.* **i succhi**) juice (5)
il sud south
sufficiente sufficient
il suffisso suffix
il suggerimento suggestion (10)
suggerire (isc) to suggest
il sugo (*pl.* **i sughi**) sauce; **al sugo** with sauce
Suo your (*form.*); **suo** his, her, its (3)
il suọcero / la suọcera father-in-law/mother-in-law
[†]**suonare** to play (*musical instrument*) (3); to ring (*doorbell*); to sound; **suonare a orẹcchio** to play by ear
super: la benzina super super gasoline
superare to overcome; to exceed (13)
superficiale superficial
superiore superior; upper, higher; **la scuola media superiore** high school
la superiorità superiority
il superlativo superlative (*gram.*)
il supermercato supermarket (1)
supersọnico (*m. pl.* **supersọnici**) supersonic
la supremazia supremacy
surgelato frozen (*food*)
lo svago recreation, amusement
la sveglia alarm; alarm-clock (5)
svegliare to wake up (*someone*); **svegliarsi** to wake up (7)
la svẹndita sale (11); **in svẹndita** on sale
sviluppare to develop
lo sviluppo development
svọlgersi (*p.p.* **svolto**) to take place

T

la tabella table, chart
il tacchino turkey
tạcere to be quiet
tagliare to cut
le tagliatelle noodles
talvolta at times
il tango tango
tanto *adv.* so; *adj.* so much, so many; **così tanto** so much; **di tanto in tanto** from time to time; **ogni tanto** every once in a while; **tanto... quanto** as much as (9)
la tappa stopover (10)
tardi *adv.* late (5); **fino a tardi** until late; **dormire fino a tardi** to sleep late; **più tardi** later
la targa (*pl.* **le targhe**) license plate (13)
la tasca pocket
la tassa tax (7)
il tassì (*pl.* **i tassì**) taxi
la tạvola table; **apparecchiare la tạvola** to set the table; **pronto in tạvola!** come and get it!
il tavolino little table; café table (5)
il tạvolo table (5)
il tè tea (1); **tè freddo** iced tea
teatrale theatrical; **la rappresentazione teatrale** play
il teatro theater (1)

la tẹcnica technique
tẹcnico (*m. pl.* **tẹcnici**) technical; **l'istituto tẹcnico** technical institute
il tedesco (*m. pl.* **i tedeschi**) **/ la tedesca** German person; **il tedesco** German language
tedesco (*m. pl.* **tedeschi**) German (2)
il tegame frying pan
il telefịlm (*pl.* **i telefịlm**) movie made for television, TV series (8)
telefonare (a) to telephone (3)
la telefonata phone call
telefọnico (*m. pl.* **telefọnici**) *adj.* related to the telephone
il telẹfono telephone; **il nụmero di telẹfono** telephone number
il telegiornale television news (8)
la telenovela soap opera
il telespettatore / la telespettatrice television viewer
la televisione (la TỴ) television, TV (4)
televisivo *adj.* related to television, televised
il televisore television set
il tema (*pl.* **i temi**) theme (15)
la temạtica thematics
il tempaccio bad weather
la temperatura temperature
il tempio temple
il tempo time; weather (4); grammatical tense; **che tempo fa?** what's the weather like?; **da molto tempo** for a long time; **molto tempo fa** a long time ago; **(da) quanto tempo?** (for) how long?; **passare il tempo (a** + *inf.*) to spend time (*doing something*)
tenerci a to care about (13)
tenere to keep, to hold; to care about (4); **tenere alle apparenze** to care about appearances; **tenere per** to root for
il tennis tennis (4); **il campo da tennis** tennis court; **giocare a tennis** to play tennis
il tenore tenor (14)
la teoria theory
teọrico theoretical
la terapia therapy
le terme baths
terminare to terminate, to end
il tẹrmine term
la terra earth; **per terra** on the ground, floor
la terrazza / il terrazzo terrace (12)
il terremoto earthquake
terrịbile terrible
il territọrio territory
il terrore terror
terzo third; **al terzo piano** on the fourth floor
la tesi (*pl.* **le tesi**) thesis
il tesoro treasure
tẹssile *adj.* related to textile
la testa head (9); **a testa** apiece; **avere la testa dura** to be hard-headed; **avere mal di testa** to have a headache; **piegare la testa** to tilt one's head
il testamento will; **Vẹcchio Testamento** Old Testament
il testo text
il tetto roof
tiẹpido lukewarm
ti you (*fam.*) (4); to you (*fam.*) (6)

il tifo: fare il tifo (per) to be a fan (of)
tịmido shy
tịpico (*m. pl.* **tịpici**) typical (3)
il tipo type, kind, sort (14); guy
tipo like, similar to
il tiramisù *dessert of ladyfingers soaked in espresso and layered with whipped cream, chocolate, and cream cheese* (6)
tirare to pull; **tirare sul prezzo** to haggle about the price; **tirare vento** to be windy (4)
il tịtolo title
la tivù TV
toccare to touch; **toccare a** (+ *person*) to be the turn of (*person*) (9)
tọgliere (*p.p.* **tolto**) to take away
tollerarsi to tolerate
tọnico (*pl.* **tọnici**) stressed; **il pronome tọnico** disjunctive pronoun
tonificare to tone
il topo mouse (12)
***tornare** to return, go back, come back (3); **ben tornato!** welcome back!
il torneo tournament
la torre tower; **la Torre Pendente** Leaning Tower
la torta cake (6)
i tortellini type of pasta
il/la tossicodipendente drug addict (18)
la tossicodipendenza drug addiction (18)
il totale total
totale *adj.* total
tra between, among, in, within (+*time expression*)
il tradimento betrayal
tradizionalmente traditionally
tradurre (*p.p.* **tradotto**) to translate
la traduzione translation
il trạffico traffic (12)
la tragẹdia tragedy (14)
la trama plot
il tramezzino sandwich (5)
il tramonto sundown
tranquillo tranquil, quiet (2)
il trapassato past-perfect tense (*gram.*)
il trasferimento transfer (17)
trasferirsi (isc) to move
trasformare to transform
la trasformazione transformation
traslocare to move (12)
il trasloco (*pl.* **i traslochi**) move
trasmẹttere (*p.p.* **trasmesso**) to telecast, broadcast (8)
la trasmissione transmission, broadcast
trasparente transparent
la traspirazione perspiration
trasportare to transport
il trasporto transportation; **mezzi di trasporto** means of transportation
trattare to treat; to deal with; **trattare/trattarsi di** to be a matter of
la trattoria informal restaurant
la treccia (*pl.* **le trecce**) braid
tremendo terrible
il treno train (1); ***andare in treno** to go by train; **in treno** by train
la trigonometria trigonometry
il trimestre academic quarter, trimester
triste sad (2)
la tromba trumpet
il trombone trombone
tropicale tropical
troppo *adj.* too much, too many (7); *adv.* too
trovare to find (3); ***andare, *venire a trovare** to visit; **trovarsi** to find oneself (*in a place*) (15); to meet
truccarsi to put on makeup
tu you (*fam.*) (P); **dare del tu (a)** to address (*someone*) in the **tu** form
tuo your (*fam.*)
il tumore tumor
il turismo tourism
il/la turista (*m. pl.* **i turisti**) tourist
turịstico (*m. pl.* **turịstici**) *adj.* related to tourism
il turno turn; **a turno** in turn
tuttavia nonetheless
tutti/tutte *pron.* all, everyone, everybody (4); **tutti insieme** all together; **tutt'e due** both
tutto *inv.* all; everything (12); **tutt'altro** on the contrary; **tutto compreso** all costs included (10); **tutto sommato** all in all
tutto (+ *def. art.* + *n.*) all, every, the whole of; **tutta la santa sera** the whole blasted evening
la TỤ TV

U

ubbedire (isc) to obey
l'uccello bird
ufficiale official
l'ufficio (*pl.* **gli uffici**) office; **ufficio cambi** currency exchange (1); **ufficio postale** post office (1); **ufficio informazioni** tourist information service (1); **uffịcio prenotazioni** reservation bureau (1)
l'Ufo (*pl.* **gli Ufo**) UFO
l'uguaglianza equality (18)
uguale equal
ugualmente equally
ultimamente lately, recently
ụltimo last; **all'ụltima moda** trendy
l'umanità humanity
umanitạrio humanitarian
umano *adj.* human
ụmile humble
l'umiltà humility
l'umore humor, mood; **di cattivo/buon umore** in a bad/good mood; ***ẹssere di umore nero** to be in a terrible mood
l'umorismo humor; **il senso dell'umorismo** sense of humor
un (uno, un', una) one, a
ụnico (*m. pl.* **ụnici**) unique, only; **figlio ụnico** only child
l'unione *f.* union
unire (isc) to add
unito united (16)
universale: il giudịzio universale the Last Judgment
l'università (*pl.* **le università**) university (1)
universitạrio (*m. pl.* **universitari**) *adj.* related to the university
l'universo universe
l'uomo (*pl.* **gli uọmini**) man (2)
l'uovo (*pl.* **le uova**) egg
urbano urban
urgente urgent
urlare to scream
l'urna ballot box; ***andare alle urne** to vote
l'usanza custom
usare to use
***uscire** to go out; to leave (4); **uscire di casa** to leave the house
l'uso use
l'utente user
utile useful
utilizzare to use, utilize
l'uva (*s.*) grapes (11)

V

va bene OK, fine; **va bene così?** is that OK? (1)
la vacanza vacation, holiday; ***andare in vacanza** to go on vacation; **fare le vacanze** to take a vacation
valere (*p.p.* **valso**) to be worth; to be valid; **vale la pena** it's worth it
la valigia (*pl.* **le valige**) suitcase (1); **disfare la valige** to unpack one's bags
la valle valley
il valore value (18)
la valutazione evaluation
il valzer waltz
vantaggioso advantageous
variare to vary
la varietà (*pl.* **le varietà**) variety
vạrio (*m. pl.* **vari**) various
la vasca da bagno bathtub
vasto vast
il Vaticano Vatican
il vẹcchio (*pl.* **i vecchi**) / **la vẹcchia** old person
vẹcchio old (2); **Vẹcchio Testamento** Old Testament
vedere (*p.p.* **veduto** or **visto**) to see, to watch (4); **non vedo l'ora** I can't wait
il vẹdovo / la vẹdova widower/widow
la vegetazione vegetation
vegetariano vegetarian
la vela sail; ***andare in barca a vela** to go sailing
il veleno poison
veloce fast (4)
velocemente quickly (7)
la velocità speed; **rispettare il lịmite di velocità** to obey the speed limit
vẹndere to sell (11)
la vendetta revenge
la vẹndita sale
il venditore / la venditrice vendor, seller (11)
il venerdì Friday (P)
***venire** to come (4); **venire in mente** to come to mind; **venire a prẹndere** to pick up (*person*); **venire a trovare** to visit; **mi viene da piạngere** it makes me cry
il vento wind (4)
veramente truly, really
verbale verbal; **espressioni verbali** verbal expressions
il verbo verb

verde green (2); **benzina verde** unleaded gasoline
la verdura vegetables (6)
la Vẹrgine the Madonna
vẹrgine *adj.* virgin, virginal
la verità truth (4); **un granello di verità** a grain of truth
vero true **vero?** right? **non è vero?** isn't that true?
la versione version
verso toward
il vẹscovo bishop (15)
vestire to dress; **vestirsi** to get dressed
il vestito dress; suit (*men*) (7); **i vestiti** clothes (3)
la vetrina shop window
il vetro glass (13)
vi you (*pl. fam.*) (4); to you
la via street, way, route (1)
via *adv.* away; **andare via** to go away, leave; **buttare via** to throw away; **e così via** and so on
viaggiare to travel (4)
il viaggio trip (1); **l'agenzia di viaggi** travel agency; **buon viaggio!** have a nice trip!; **fare un viaggio** to take a trip
il viale avenue (1)
vicino near, close; **vicino a** near, near to; **qui vicino** near here, nearby (1)
la videocassetta video tape (8)
il videoregistratore VCR (8)
vietare to prohibit
il/la vigile traffic officer (13)
la villa luxury house; country house (12)
il villaggio village
la villetta single family house
vincente *adj.* winning
vịncere (*p.p.* **vinto**) to win (4)
il vincitore / la vincitrice winner
il vino wine (1)
violento violent
la violenza violence (18)
il violino violin
la virtù (*pl.* **le virtù**) virtue
la vịsita visit
visitare to visit
la vista view (11); eyesight (9)
visualizzare to display
la vita life; **il costo della vita** cost of living
la vitamina vitamin
la vite vine
il vitello veal (6)
viva! hurray!
vivace lively, vivacious
***vịvere** (*p.p.* **vissuto**) to live (9); **guadagnarsi da vịvere** to earn a living; **il modo di vịvere** way of life
il vịzio (*pl.* **i vizi**) vice
il vocabolạrio (*pl.* **i vocabolari**) vocabulary, dictionary
la vocale vowel
la voce voice (14); **ad alta voce** out loud; **mẹttere in giro la voce** to spread the rumor
la voglia desire; **avere voglia di** (+ *n.* or *inf.*) to want, to feel like
voi you (*pl. fam.*) (1)
volante *adj.* flying
il volantino leaflet (18)
***volare** to fly (15)
volentieri gladly; willingly (3)
volerci (+ *time expressions*) to take (*time*) (15)
volere to want; **volere** (+ *inf.*) to want (*to do something*) (4)
il volontạrio volunteer (18)
la volta time; occurrence (4); vaulted ceiling (15); **ancora una volta** one more time; **c'era una volta** once upon a time there was; **a volte** at times; **qualche volta** sometimes; **una volta alla settimana** once a week; **una volta tanto** once and for all
il volume volume
la volontà *n.* will
vostro your (*pl.*) (3)
votare to vote (16)
il voto grade; vote (P); **un brutto voto** a bad grade
il vulcano volcano
vuoto empty

W

il week-end (*pl.* **i week-end**) weekend; **lo scorso week-end** last weekend

Y

lo yoga yoga; **fare esercizi di yoga** to practice yoga
lo yogurt yogurt (11)

Z

lo zạino backpack (1)
lo zio (*pl.* **zii**)/ **la zia** uncle/aunt (1)
zitto quiet; ***stare zitto** to keep quiet
lo zodịaco (*pl.* **gli zodịaci**) zodiac
la zona zone; area
lo zoo zoo (1)
lo zụcchero sugar (5)
lo zucchino / la zucchina zucchini squash
la zuppa inglese English trifle (*dessert*)

English–Italian Vocabulary

A

able **bravo** (2); to be able (*to do something*) **potere** (+ *inf.*) (4)
about **circa** (4)
above **su** (5); **sopra** (12)
abroad **all'ẹstero** (10); to go abroad ***andare all'ẹstero** (10)
to accept **accettare** (14)
accident **l'incidente** *m.* (9)
according to **secondo** (2)
to act **recitare** (14)
actor **l'attore** (8)
actress **l'attrice** (8)
addict: drug addict **il/la tossicodipendente** (18)
addiction: drug addiction **la tossicodipendenza** (18)
address **l'indirizzo** (12)
to admire **ammirare** (15)
advertisement **la pubblicità** (8); employment ad **l'annuncio** (17)
advertising **la pubblicità** (8)
advice **il consiglio** (10)
to advise (*to do something*) **consigliare (di** + *inf.***)** (6)
aerobics **l'aerọbica;** to do aerobics **fare l'aerọbica** (4)
affirmation **l'affermazione** *f.* (10)
afraid: to be afraid **avere paura di** (1)
after **dopo** (5)
afterward **dopo** (5)
again **ancora** (7)
against: to be against ***ẹssere contro** (18)
age **l'età** *f.* (15)
ago **fa** (5)
to agree ***ẹssere d'accordo** (3)
air conditioning **l'ạria condizionata;** room with air conditioning **una cạmera con ạria condizionata** (10)
airplane **l'aeroplano, l'aẹreo** (1)
airport **l'aeroporto** (1)
alarm clock **la svẹglia** (5)
alcoholism **l'alcolismo** (18)
all **tutto** (12); all costs included **tutto compreso** (10); at all **per niente** (14)
to allow **lasciare** (11); **permettere** (14)
almost **quasi** (6)
alone **da solo** (4)
already **già** (5)
also **anche** (2); I also **anch'io** (4)
although **benché, sebbene** (17)
always **sempre** (2)
amateur **dilettante** (14)
amusement **il passatempo** (4)
amusing **divertente** (2)
ancient **antico** (2)
and **e, ed** (*before vowels*) (1)
angry: to be angry/to get angry **arrabbiarsi** (7); **arrabbiato**
announcement **l'annuncio** (17)
to annoy **dare fastịdio a** (14)
annoyance **la scocciatura** (7); **il fastidio** (11)
another **un altro** (2)
to answer **rispọndere** (4)
antique **antico** (2)
any **qualunque** (12); **qualsịasi** (13); any sort of **qualunque** (12); by any chance **per caso** (14)
anyone **qualcuno** (12); no one **non... nessuno** (12)
anything: anything else **altro** (11)
apartment **l'appartamento** (12); studio apartment **il monolocale** (12); apartment building **il palazzo** (12)
appetizer **l'antipasto** (6)
to applaud **applaudire** (14)
apple **la mela** (11)
to apply **applicare** (16); to apply (*for a job*) **fare domanda** (17)
appointment **l'appuntamento** (4); to make an appointment **fissare un appuntamento** (12)
appreciate **apprezzare** (15)
approximately **circa** (4)
April **aprile** (P)
archeologist **l'archeọlogo / l'archeọloga** (*m. pl.* **gli archeọlogi / le archeọloghe**) (15)
archeology **l'archeologịa** (15); archeological dig **lo scavo archeolọgico** (15)
architect **l'architetto** *m./f.* (15)
architecture **l'architettura** (3)
to argue **litigare** (6)
aria (*opera*) **l'ạria** (14)
arm **il braccio** (*pl.* **le braccia**) (9)
around **circa** (4); around there **da quelle parti** (12)
to arrange **sistemare** (12)
to arrive ***arrivare** (3)
art history **la stọria dell'arte** (3)
article **l'artịcolo** (8)
artist **l'artista** *m., f.* (*m. pl.* **gli artisti**) (15)
artwork **l'ọpera** (15)
as **come**; as if **come se** (18); as soon as **appena** (10); as... as **(così)... come, (tanto)... quanto** (9)
to ask **chiẹdere** (*p.p.* **chiesto**) (5); to ask for **chiẹdere** (5); to ask for a ride **chiẹdere un passaggio** (13); to ask a question **fare una domanda** (3)
asleep: to fall asleep **addormentarsi** (7)
assignment **il cọmpito** (P)
at **a** (1)
athletic **sportivo** (2)
to attend (*a school, a class*) **frequentare** (3)
attention: to pay attention (to) **stare attento (a)** (3)
attic **la mansarda, la soffitta** (12)
August **agosto** (P)
aunt **la zia** (1)
author **l'autore / l'autrice** (14)
autumn **l'autunno** (P)
available **disponịbile** (13)
avenue **il viale** (1)

B

back (*part of the body*) **la schiena** (9); (*direction*) **indietro** (18)
backpack **lo zạino** (1)
backwards **indietro** (18)
bad **cattivo** (2); too bad **peccato** (16)
bag **la borsa** (1)
baggage **i bagagli** (*pl.*) (1)
baked **al forno** (6)
balcony **il balcone, il terrazzo** (12)
ball **la palla** (4)
ballet **il balletto** (14)
bank **la banca** (1)
bar **il bar** (1)
bar attendant **il / la barista** (5)
barely **appena** (10)
bargain **l'affare** *m.* (11)
to bargain **contrattare** (16)
baritone **il barịtono** (14)
the Baroque period **il Barocco** (15)
bartender **il / la barista** (5)
basketball **la pallacanestro** (4)
bass **il basso** (14)
bathroom **il bagno** (12)
to be ***ẹssere** (2); to be a + *profession* **fare il/la** + *profession* (17); to be against ***ẹssere contro** (18); to be in favor of ***ẹssere a favore di** (18); to be good ***ẹssere bene** (14); to be politically engaged ***ẹssere impegnato** (18); to be right ***ẹssere giusto** (14)
beach: to go to the beach ***andare in spiaggia** (10)
beautiful **bello** (2)
because **perché** (2)
bed **il letto** (3)
bed-and-breakfast **la pensione** (10); half board **la mezza pensione** (10); full board **la pensione completa** (10)
bedroom **la cạmera da letto** (12)
beef **il manzo** (6)
beer **la birra** (1)
before **prima di** (5); **prima che** (17)
to begin **cominciare** (3)
behind **dietro (a, di)** (12); **indietro** (18)
to believe **crẹdere (di, che)** (14); to believe (in) **crẹdere (a)** (11)
to belong to **fare parte di** (15)
below **sotto** (12)
belt **la cintura** (7); seat belt **la cintura di sicurezza** (13)
beside **accanto (a), di lato (a)** (12)
besides **a parte** (12)
best **ọttimo** (8)
better **migliore** (9)
bicycle **la bicicletta, la bici** (1); to ride a bike **andare in bicicletta** (3)
big **grande** (2); **grosso** (8)
bigger **maggiore** (9)
bike **la bici** (1)
bill **il conto** (5) (6)
billion **il miliardo** (7)
birthday **il compleanno** (6)
bishop **il vẹscovo** (15)
bit: a little bit of **un po' di** (2)
black **nero** (2)
blond **biondo** (2)
blouse **la camicetta** (11)

blue **azzurro** (2)
boat **la barca** (10)
body **il corpo** (9)
bore **la scocciatura** (7)
to boo **fischiare** (14)
book **il libro** (P) (2)
bookstore **la libreria** (3)
boots **gli stivali** (11)
bored: to get/to be bored **annoiarsi** (7)
boring **noioso** (2)
born: to be born ***nạscere** (*p.p.* **nato**) (4)
bother **la scocciatura** (7); **il fastidio** (11)
to bother **dare fastidio (a)** (14)
box **la scạtola** (15)
boy **il ragazzo** (2); little boy **il bambino** (2)
brand, brand name **la marca** (13)
bread **il pane** (5); bread bakery **la panetteria** (11); bread baker **il panettiere** (11)
to break **rọmpere**; to break (*a bone*) **rọmpersi** (9)
breakfast **la colazione**; to have breakfast **fare colazione** (5)
to bring **portare** (3); to bring back **riportare** (6); to bring the bill **portare il conto** (6)
brioche **brioche** (5)
to broadcast **mandare in onda, trasmẹttere** (8)
broadcast; live broadcast **la diretta** (8)
broth: in broth **in brodo** (6)
brother **il fratello** (3)
brown **castano** (*hair, eyes*); **marrone** (2)
brunette **bruno** (2)
to buckle **allacciare** (13)
to build **costruire** (15)
building **l'edificio** (13)
bulb: lightbulb **la lampadina** (15)
bus **l'ạutobus** (1)
business **l'azienda, il commercio, la ditta** (17)
business administration **l'economia e commercio** (3)
but **ma** (1)
butcher **il macellaio** (11); butcher shop **la macelleria** (11)
butter **il burro** (5)
button **il bottone** (7)
to buy **comprare** (3); **prẹndere** (11)
by: by (*a certain time*) **entro** (13); by all means **pure** (11); by any chance **per caso** (14)

C

café **il bar, il caffè** (1)
cafeteria **la mensa** (2)
to call **chiamare** (3); to call oneself **chiamarsi** (7)
calm **tranquillo** (2)
camping **il campẹggio** (10); to go camping ***andare in campẹggio** (10)
can: soft-drink can **la lattina** (5)
can: to be able to **potere** (4)
canapé **il crostino** (6)
cantaloupe **il melone** (6)
capable **bravo** (2); **in gamba** (5)
caper **il capriccio** (7)
cappuccino **il cappuccino** (5)
caprice **il capriccio** (7)
car **l'automọbile** *f.*, **l'auto** *f.* (*pl.* **le auto**), **la mạcchina** (1); to go by car ***andare in mạcchina** (3)
to care: to care for **curare** (9); to care about **tenerci a** (13); to take care of oneself **curarsi** (9)
to carry **portare** (3)
case: in that case **allora** (8)
cash register **la cassa** (5)
cashier **il cassiere / la cassiera** (5); cashier's desk **la cassa** (5)
cassette **la cassetta** (4)
cat **il gatto** (1)
ceiling: vaulted ceiling **la volta** (15)
cellar **la cantina** (12)
center **il centro** (5)
century **il sẹcolo** (15)
chain **la catena** (17)
chair **la sẹdia** (P)
chalk **il gesso** (P)
chalkboard **la lavagna** (P)
Chamber of Deputies (*lower houses of Parliament*) **la Camera dei Deputati** (16)
chance: by any chance **per caso** (14)
change (*from a transaction*) **il resto** (11)
channel (TV) **il canale (televisivo)** (8)
to chat **fare due chiacchiere** (5)
check **il conto** (5)
to check **controllare** (13); to check up on **controllare** (9); checkup **il controllo** (13)
cheerful **allegro** (2)
cheese **il formaggio** (6)
chicken **il pollo** (6)
child **il bambino / la bambina** (2)
childhood **l'infạnzia** (7)
Chinese **cinese** (2)
chocolate (hot) **la cioccolata** (1)
choice **la scelta** (8)
choir **il coro** (14)
Christmas **Natale** (10)
church **la chiesa** (1)
cigarette **la sigaretta** (6)
citizen **il cittadino / la cittadina** (13) (16)
city **la città** (1); **il comune** (18)
city hall **il comune** (18)
class **la classe** (1)
classmate **il compagno / la compagna di classe** (3)
classroom **l'ạula** (2)
to clean **pulire** (4)
clear **chiaro** (9)
clerk **l'impiegato** (1) (10); **il commesso / la commessa** (11)
client **il / la cliente** (11)
to climb up **salire** (4)
clock **l'orologio** (2)
to close **chiụdere** (4)
clothes **i vestiti** (*pl.*) (3) (11)
clothing **l'abbigliamento** (7)
coat **il cappotto** (7)
coffee **il caffè** (1); strong Italian coffee **l'espresso** (5); coffee with cream **il caffè macchiato** (5)
coffee shop **il bar, il caffè** (1)
coin **la moneta** (16)
cold: to be cold **avere freddo** (1); to be cold out **fare freddo** (3)
cold **il raffreddore** (9); to catch a cold **prẹndere il raffreddore** (9)
cold cuts **i salumi** (6)
colleague **il / la collega** (17)
collision **lo scontro** (15)
to come ***venire** (4); Come on! **Dai!/Su!** (11)
comedy **la commẹdia** (14)
comfortable **cọmodo** (9)
compact disc **il Cḍ** (pl. **i Cḍ**) (4)
company **l'azienda, la ditta** (17)
to compare **paragonare** (9)
competition **la gara** (4)
to complain (about) **lamentarsi (di)** (7)
to compose **comporre** (*p.p.* **composto**) (14)
composer **il compositore / la compositrice** (14)
computer **il computer** (4)
computer science **l'informạtica** (3)
to concern oneself with **occuparsi di** (16)
concert **il concerto** (4)
to conduct **dirigere** (*p.p.* **diretto**) (14)
conductor **il direttore d'orchestra** (14)
confectioner **il pasticciere** (11)
constitution **la costituzione** (16)
consumerism **il consumismo** (18)
contact lenses **le lenti a contatto** (9)
to continue (*doing something*) **continuare (a** + *inf.*) (8)
convenient **cọmodo** (9)
conversation **il discorso** (16)
to convince **convịncere a** (+ *inf.*) (*p.p.* **convinto**) (14)
to cook **cucinare** (4)
cookbook **il libro di cucina** (6)
cookie **il biscotto** (5)
cooking **la cucina** (6)
to cost ***costare** (11)
costs: all costs included **tutto compreso** (10)
to count on (someone) **contare su (qualcuno)** (9)
counter **il banco** (5); at the counter **al banco** (5)
country **il paese** (5); **la campagna**; to go to the country ***andare in campagna** (10)
couple **il pạio** (*pl.* **le pạia**) (5)
course (*of study*) **il corso** (3); to take a course **seguire un corso** (4); course (*meal*) **il piatto**; first course **il primo (piatto)** (6); main course **il secondo (piatto)** (6)
cousin **il cugino / la cugina** (1)
cover charge **il servịzio, il coperto** (6)
crackers **i salatini** (5)
cruise **la crociera**; to take a cruise **fare una crociera** (10)
to cry **piạngere** (*p.p.* **pianto**) (15)
cuisine **la cucina** (5)
curly **riccio** (*m. pl.* **ricci**) (2)
currency **la moneta** (16); European currency **l'euro** (16); Italian currency **la lira** (1); currency exchange **l'ufficio cambi** (1)
current **attuale** (16); **aggiornato** (17)
curriculum vitae **il currịculum** (17)
customer **il/la cliente** (11)
cute **carino** (2)

D

dad **il papà, il babbo** (3)
daily **giornaliero, quotidiano** (7)
daily paper **il quotidiano** (8)
dairy, dairy store **la latteria** (11)
to dance **ballare** (3)
dance **il ballo** (4)
dancing **il ballo** (4)
dark-complexioned **bruno** (2)
dark-haired **bruno** (2)
date **l'appuntamento** (4)
daughter **la figlia** (3)
day **il giorno** (P)
dear **caro** (2)
December **dicembre** (P)
delicatessen **la salumeria** (11)
delicatessen clerk **il salumiere** (11)
to demand **esigere** (16)
demand **la richiesta** (17)
democracy **la democrazia** (16)
demonstration (*political*) **la manifestazione** (16)
to depart ***partire** (4)
department (*of a university*) **la facoltà** (3); (*of government*) **il ministero** (16)
to deserve **meritare** (16)
desk **il banco** (P)
dessert **il dolce** (6)
destination **la meta** (10)
dictionary **il dizionạrio** (P)
to die ***morire** (*p.p.* **morto**) (5)
diet **la dieta**; to be on a diet ***ẹssere a dieta** (5)
difficult **diffịcile** (3)
dinner **la cena**; to eat dinner **cenare** (4)
to direct **dirigere** (14)
director **il/la regista** (8)
disagreeable **antipạtico** (2)
to discharge **scaricare** (13)
discount **lo sconto** (11)
discourse **il discorso** (16)
discover **scoprire** (10)
to discuss **discụtere** (6)
dish **il piatto** (6)
disorganized **disordinato** (2)
distant **lontano** (1)
diversity **la diversità** (18)
to do **fare** (3)
doctor **il dottore, il mẹdico** (9)
document **il documento** (1)
dog **il cane** (1)
domestic **casalingo** (12)
door **la porta** (P)
dormitory **la casa dello studente** (3)
double **dọppio**; room with a double bed **una camera matrimoniale** (12)
to doubt **dubitare** (16)
downtown **in centro** (5)
to draw **disegnare** (4)
to dream (*about*) **sognare** (8); to dream (*about doing something*) **sognare (di** + *inf.*) (8)
dress **l'ạbito, il vestito** (7)
to drink **bere** (4)
to drive ***andare in macchina** (3); **guidare** (3)
driver **l'automobilista** *m., f.* (*m. pl.* **gli automobilisti**) (13)
drug addict **il/la tossicodipendente** (18)
drug addiction **la tossicodipendenza** (18)
to dub **doppiare** (8)
dubbing **il doppiaggio** (8)
duchess **la duchessa** (15)
duke **il duca** (15)
dumplings **gli gnocchi** (6)
duty **il dovere** (7); (*professional*) **la mansione** (17)

E

each **ogni** (3)
ear **l'orẹcchio** (*pl.* **gli orecchi, le orẹcchie**) (9)
early **presto** (3)
to earn **guadagnare** (3); to earn a living **guadagnarsi da vịvere** (18)
earnings **il guadagno** (16)
Easter **Pasqua** (10)
easy **fạcile** (3); **sẹmplice** (6)
to eat **mangiare** (3)
ecological **ecolọgico** (13)
editor **il redattore / la redattrice** (8)
effort **la fatica** (7)
either: either . . . or **o... o** (10)
to elect **eleggere** (16)
elections **le elezioni** (16)
e-mail **la posta elettrọnica** (4)
to embrace **abbracciare** (7)
encounter **lo scontro** (15)
to encourage **incoraggiare** (14)
end **la fine** (6)
energetic **enẹrgico** (*m. pl.* **enẹrgici**) (2)
to enforce **applicare** (16)
engaged: to get engaged (to) **fidanzarsi (con)** (18)
engineering **l'ingegneria** (3)
English **inglese** (2)
Enlightenment **l'Illuminismo** (15)
enough **abbastanza** (2); to be enough ***bastare** (14)
to enter ***entrare** (5)
entertaining **divertente** (2)
entrance **l'ingresso** (15)
envelope **la busta** (15)
environment **l'ambiente** (13); environmentalism **la protezione dell'ambiente** (13)
equality **l'ugualianza** (18)
to establish oneself **affermarsi** (15)
European **europeo** (16); European Economic Community **la Comunità economica europea** (16); currency of the EEC **l'euro** (16); citizen of a nation outside the EEC **l'extracomunitạrio/a** (18)
even if **anche se** (7)
evening **sera**; in the evening **di sera** (3); this evening **stasera** (3)
ever **mai** (5)
every **ogni** (3)
everybody **tutti/tutte** (12)
everyone **tutti/tutte** (4) (12)
everything **tutto** (*inv.*) (12)
everywhere **dappertutto** (12)
exactly **già** (*slang*) (18)
examination **l'esame** *m.* (3)
exams: oral exams **gli orali** (3); written exams **gli scritti** (3)
to exceed **superare** (13)
excellent **ọttimo** (8)
excuse **la scusa** (9)
excuse me **scusa** (*fam.*), **scusi** (*form.*) (P)
executive **il/la dirigente** (17)
exhibit **la mostra** (6)
to expect **aspettarsi** (18)
expensive **caro** (2)
to explain **spiegare** (3)
eye **l'occhio** (2)
eyeglasses **gli occhiali** (9)
eyesight **la vista** (9)

F

fable **la fạvola** (7)
facilities **i servizi** (12)
factory **la fabbrica** (16)
faith: to have faith in **fidarsi di** (18)
fall (season) **l'autunno** (P)
family **la famiglia** (3)
far (*from*) **lontano da** (1)
to fasten **allacciare** (13)
fat **grasso** (2)
father **il padre** (3)
favor: to be in favor of ***ẹssere a favore di** (16)
favorite **preferito** (3)
fear: to be afraid (of) **avere paura (di)** (1)
February **febbrạio** (P)
to feel **sentirsi** (7); to feel like (*something/doing something*) **avere voglia di** (1)
fever **la febbre** (9)
few **poco** (*m. pl.* **pochi**) (3); a few **alcuni/e** (12)
fib **la bugia** (2)
field **il campo** (15)
fill: to fill one's gas tank **fare il pieno** (13)
fill: to fill out **riempire** (6); to fill out a form **riempire un mọdulo** (17)
to film **girare** (8)
to find **trovare** (3); to find oneself **trovarsi** (15)
fine **la multa** (13); to get a fine **prendere la multa** (13)
finger **il dito** (*pl.* **le dita**) (9)
to finish **finire (isc)** (4)
to fire **licenziare** (17)
firm **l'azienda, la ditta** (17)
first **prima** (5)
fish **il pesce** (6); fish market **la pescheria** (11); fishmonger **il pescivẹndolo** (11)
fixed **fisso** (10)
floor (*of a building*) **piano**; ground floor **il pianterreno** (12); on the first/second/third floor **al primo/secondo/terzo piano** (12)
flower **il fiore** (6)
to fly ***andare in aereo** (3); **volare** (15)
flyer **il volantino** (18)
fog **la nẹbbia** (4)
to follow **seguire** (4)
food **il cibo** (6); junk food **la robaccia** (5)
foot **il piede** (8)
foolishness **la sciocchezza** (18)
for **per** (1)
to force **forzare** (14); to force (*to do something*) **forzare (a** + *inf.*) (14)
foreign **straniero** (3); foreign languages and literature **le lịngue e le letterature straniere** (3)

to forget (*to do something*) **dimenticare (di)** (3)
form **il mọdulo**; to fill out a form **riempire un mọdulo** (17)
free (available, unoccupied) **lịbero** (10)
French **francese** (2)
fresco **l'affresco** (15)
fresh **fresco** (6)
Friday **venerdì** (P)
fried **fritto** (6)
friend **l'amico / l'amica** (*pl.* **gli amici / le amiche**) (1)
friendship **l'amicịzia** (18)
front: in front of **davanti a** (5)
fruit **la frutta** (6); fruit vendor **il fruttivẹndolo** (11)
full **pieno** (4)
fun **divertente** (2); to have fun **divertirsi** (7)
to function **funzionare** (13)
function **la mansione** (17)
furnished **ammobiliato** (12)
furniture **i mọbili** (12)

G

game **la partita** (4); **il gioco** (*pl.* **i giochi**)
garbage **i rifiuti** (13)
garden: vegetable garden **l'orto** (12)
gasoline **la benzina** (10) (13); regular/super/unleaded **normale/super/verde** (10); to get gas **fare benzina** (13); to fill up one's tank **fare il pieno** (13); to run out of gas ***rimanere senza benzina** (13); gas pump **il distributore di benzina** (10)
German **tedesco** (2)
to get up **alzarsi** (7)
gift **il regalo** (6)
girl **la ragazza** (2); little girl **la bambina** (2)
to give **dare** (3); to give (*as a gift*) **regalare** (6); to give back **rendere** (*p.p.* **reso**) (6); to give a ride **dare un passaggio** (13)
gladly **volentieri** (3)
to glance at **dare un'occhiata a** (14)
glass **il vetro** (13)
gloves **i guanti** (11)
to go ***andare** (3); to go (*to do something*) ***andare a** (+ *inf.*) (3); to go to the country ***andare in campagna** (10); to go away ***andare via** (4); to go by bus ***andare in ạutobus** (3); to go by car ***andare in mạcchina** (3), to go to the gym ***andare in palestra** (4); to go home ***andare a casa** (3); to go often (*to a place*) **frequentare** (3); to go out ***uscire** (4); to go by train ***andare in treno** (3); to go up †**salire** (4); go ahead! **avanti!** (11)
gold **l'oro** (17)
good **buono** (1); **bravo** (2); good at (*a subject of study*) **bravo in** (3); good morning/afternoon **buon giorno** (P); good evening **buona sera** (P); good night **buona notte** (P)
good-bye **ciao, arrivederci** (*fam.*), **arrivederLa** (*form.*) (P)
government **il governo** (16)
grade **il voto** (P)
to graduate (*from high school*) **diplomarsi** (7); (*from college*) **laurearsi** (7)
grandchild **il/la nipote** (3)
grandfather **il nonno** (3)
grandmother **la nonna** (3)
grapes **l'uva** (11)
gray **grigio** (2)
great **grande** (2)
greater **maggiore** (9)
Greek **greco** (*m. pl.* **i greci**) (2)
green **verde** (2)
greenhouse effect **l'effetto serra** (13)
grilled **alla griglia** (6)
grocery: to go grocery shopping **fare la spesa** (11)
to grow ***crescere** (16)
to guess **indovinare** (13)
guest **l'ọspite** *m., f.* (12)
guitar **la chitarra** (4)
gym **la palestra**; to go to the gym ***andare in palestra** (4)

H

hair **i capelli** (*m. pl.*) (2)
half **mezzo/mezza** (4)
ham: cured ham **il prosciutto** (6)
hand **la mano** (*pl.* **le mani**) (7)
handsome **bello** (2)
to happen ***succẹdere** (*p.p.* **successo**) (9); ***capitare** (18)
happy **soddisfatto** (17)
hard **diffịcile** (3)
hardly **appena** (10)
hat **il cappello** (11)
to have **avere** (1); to have to (*do something*) **dovere** (+ *inf.*) (4)
he **lui** (1)
head **la testa** (9)
to heal **curare**, ***guarire (isc)** (9)
health **la salute** (9); healthy **sano** (9); health insurance **l'assistenza mẹdica** (17); national health care **l'assistenza sanitạria nazionale** (17)
to hear **sentire** (4)
heart **il cuore** (9)
heating **il riscaldamento** (12)
heavy **pesante** (11)
height **la statura** (2)
hello **buon giorno, salve, ciao** (*fam.*) (P)
here **qui** (1); here is, here are **ecco** (P)
hi **ciao** (P)
to hide (oneself) **nascọndersi** (11)
highway **l'autostrada** (13)
to hire **assụmere** (*p.p.* **assunto**) (17)
historic **stọrico** (13)
history **la stọria**; art history **la stọria dell'arte** (3)
to hitchhike **fare l'autostop** (13)
to hold **tenere** (4)
holiday **la festa** (3)
home **la casa** (3)
homeless person **il/la senzatetto** (*pl.* **i/le senzatetto**) (18)
homework assignment **il cọmpito** (P)
honest **onesto** (2)
honey **il miele** (5)
to hope (*to do something*) **sperare (di** + *inf.*) (14)
hospital **l'ospedale** (1); to go to the hospital ***andare all'ospedale** (9); to be hospitalized ***andare all'ospedale** (9)
hostel **l'ostello** (10)
hot **caldo**; to be/feel hot **avere caldo** (1)
hotel **l'albergo** (1)
house **la casa** (3); country house **la villa** (12)
how **come** (6); how are you? **come stai?** (*fam.*), **come sta?** (*form.*) (P); how's it going? **come va?** (P); how much? **quanto?** (6); how many? **quanti?**; how do you say . . . ? **come si dice... ?** (P); what is he/she/it like? **com'è?** (P); what are they like? **come sono?** (P); however **comunque** (14)
hungry: to be/feel hungry **avere fame** (1)
hurry: to be in a hurry **avere fretta** (1); in a hurry **di fretta** (5)
to hurt oneself **farsi male** (9); to hurt (*someone*) **fare male (a)**
husband **il marito** (3)

I

I **io** (1); I am **sono** (P); I'm from . . . **sono di...** (P)
ice **il ghiạccio** (5)
ice cream **il gelato** (1); ice cream maker/vendor **il gelataio** (11); ice cream parlor **la gelateria** (11)
ill **ammalato** (5); to become ill **ammalarsi** (9)
illegal **abusivo** (18)
to imagine **immaginare** (16)
immediately **sụbito** (4)
immigrant **l'immigrato / l'immigrata** (18)
immigration **l'immigrazione** (18)
improvement **il miglioramento** (16)
in **in** (1)
incident **l'incidente** *m.* (9)
income **il guadagno** (16)
to increase **aumentare** (16)
increase **l'aumento** (16)
to indicate **indicare** (12)
industry **l'indụstria** (17)
inequality **l'ineguaglianza** (18)
inflation **l'inflazione** *f.* (17)
information **l'informazione** *f.* (1)
inhabitant **l'abitante** *m., f.* (15)
injustice **l'ingiustịzia** (18)
inn **la pensione** (10)
insecure **insicuro** (2)
instead **invece** (5); instead (of) **invece (di)** (4)
instrument (*musical*) **lo strumento** (4)
insurance: health insurance **l'assistenza mẹdica** (17)
to insure **assicurare** (18)
to intend (*to do something*) **avere intenzione (di)** (10)
to interfere **interferire (isc)** (18)
interview **l'intervista** (8); **il collọquio** (17); to have/set up an interview **avere / fissare un colloquio** (17)
intolerable **insopportạbile** (17)
intolerance **l'intolleranza** (18)
to invite **invitare** (4)
irresponsible **irresponsạbile** (2)
itinerary **l'itinerạrio** (10)

J

jacket **la giacca, il giubbotto** (7)
jail **il carcere** (*pl.* **le carceri**) (15)
jam **la marmellata** (5)
January **gennạio** (P)
Japanese **giapponese** (2)
job **il lavoro** (1)
journalist **il/la giornalista** (8)
to judge **giudicare** (18)
juice **il succo** (5); freshly squeezed juice **la spremuta** (5)
July **luglio** (P)
June **giugno** (P)
jurisprudence **la giurisprudenza** (3)
just **prọprio** (1); **appena** (10)
justice **la giustịzia** (18)

K

to keep **tenere** (4)
key **la chiave** (4); (car) keys **le chiavi (della mạcchina)** (13)
kind **il tipo** (14)
kind **gentile** (2)
to kiss **baciare** (7)
kitchen **la cucina** (5)
to knock **bussare** (12)
to know **conọscere** (5); **sapere** (5); to know (*how to do something*) **sapere** (+ *inf.*) (5)

L

labor **la mano d'ọpera** (17); labor union **il sindacato** (17)
to lack **mancare** (6)
lady **signora** (P)
landscape **il paesaggio** (10)
language **la lịngua** (3); foreign languages and literature **le lịngue e le letterature straniere** (3)
large **grande** (2); **grosso** (8)
last (*with time expressions*) **scorso** (5)
late **tardi** (5)
to laugh **rịdere** (*p.p.* **riso**) (15)
law **la legge** (3)
lazy **pigro** (2)
leaflet **il volantino** (18)
to learn **imparare** (3)
least: at least **almeno** (9)
to leave ***partire** (4); ***andare via** (4); to leave (*something, someone*) **lasciare** (4); to leave (*behind*) **lasciare** (4); to leave a deposit **lasciare un deposito** (10)
left **sinistra**; to the left **a sinistra** (1)
leg **la gamba** (9)
lemon **il limone** (5)
to lend **prestare** (6)
lenses: contact lenses **le lenti a contatto** (9)
less **meno** (3); less than **meno... di / che** (9); lesser **minore** (9)
lesson **la lezione** (1)
letter **la lẹttera** (4)
liar **il bugiardo** (2)
liberal arts **le lẹttere** (3)
license (*driver's*) **la patente** (8)
license plate **la targa** (13)
lie **la bugia** (2)
light *adj.* **leggero** (17)
lightbulb **la lampadina** (15)
likeable **simpạtico** (*m. pl.* **simpạtici**) (2)
limit **il lịmite**; speed limit **il lịmite di velocità** (13)
line **la fila** (15)
lira (*Italian currency*) **la lira** (1)
list **l'elenco** (10)
to listen to **ascoltare** (3)
literature **la letteratura** (3)
little **pịccolo** (2); **poco** (3)
to live (*in a place*) **abitare** (3); ***vịvere** (*p.p.* **vissuto**) (9); to live together **convịvere** (*p.p.* **convissuto**) (18)
living room **il salotto** (5); **il soggiorno** (12)
long **lungo** (*m. pl.* **lunghi;** *f. pl.* **lunghe**) (2)
to look at **guardare** (4)
to lose **pẹrdere** (4)
lost: to get lost **smarrirsi** (13)
lot: a lot **molto** (2)
love **l'amore**; to fall in love with **innamorarsi di** (14)
lunch **il pranzo** (5); to eat lunch **pranzare** (4)
lung **il polmone** (9)

M

machine **la macchina** (1)
magazine **la rivista** (4)
mail **la posta** (17); mail carrier **il postino** (5)
mainly **principalmente** (15)
major (*at a university*) **la specializzazione** (3); to major **specializzarsi** (7)
to make **fare** (3); to make oneself heard **farsi sentire** (16) to make plans **fare un programma** (4); to make a reservation **prenotare, fare una prenotazione** (6)
man **l'uomo** (*pl.* **gli uọmini**) (2); young man **il ragazzo** (2)
to manage **dirigere** (14)
manager **il / la dirigente** (17)
many **molti / e** (2); too many **troppi / e** (4); how many **quanti/e** (6)
map **la mappa** (P)
March **marzo** (P)
May **maggio** (P)
marginalization **l'emarginazione** (18)
market **il mercato** (11)
marmalade **la marmellata** (5)
to marry **sposare**; to get married **sposarsi** (7)
martial arts **le arti marziali** (4)
masterpiece **il capolavoro** (15)
match (*sports*) **la gara, la partita** (4)
matches **i fiammịferi** (11)
materialism **il materialismo** (18)
mathematics **la matemạtica** (3)
means: by all means **pure** (11); means of transportation **i mezzi di trasporto** (13); in the meantime **intanto** (16); meanwhile **intanto** (16)
meat **la carne** (6)
mechanic **il meccạnico** (*pl.* **i meccanici**) (13)
medicine **la medicina** (3)
to meet **incontrare** (3); to meet (*past tense*) **conoscere** (5)
meeting **la riunione** (16)
melon **il melone** (6)
to merit **meritare** (16)
Mexican **messicano** (2)
the Middle Ages **il Medioevo** (15)
midnight **mezzanotte** (4)
milk **il latte** (1)
milkman **il lattaio** (11)
million **il milione** (7)
minister (*in government*) **il ministro**
ministry **il ministero** (16)
misery **la miseria** (18)
Miss **signorina** (P)
to miss (*a train, bus, plane, etc.*) **pẹrdere** (4)
missing: to be missing ***mancare** (6)
mistake: to make a mistake **sbagliarsi** (7)
mixed **misto** (6)
modernity **la modernità** (15)
mom **la mamma** (3)
Monday **lunedì** (P)
money **i soldi** (*m. pl.*) (2)
month **il mese** (P)
monthly **mensile**; monthly publication **il mensile** (8)
moped **il motorino** (1)
more **più** (2); more than **più... di / che** (9)
morning **la mattina**; in the morning **di mattina** (3); this morning **stamattina** (5)
mother **la madre, la mamma** (3)
motive **il motivo** (8)
motorist **l'automobilista** *m./f.* (*m. pl.* **gli automobilisti**) (13)
motorscooter **il motorino** (1)
mouse **il topo** (12)
mouth **la bocca** (9)
to move (*household*) **cambiare casa** (12); **fare un trasloco** (12); **traslocare** (12)
movement **il movimento**; Italian unification movement **il Risorgimento** (15)
movie **il fịlm** (*made for TV*) **il telefịlm** (8)
movie theater **il cịnema** (1)
mozzarella **la mozzarella** (6)
Mr. **signore** (P)
Mrs. **signora** (P)
much **molto** (2); too much **troppo** (4) (6); how much? **quanto?** (6); as much . . . as **(tanto)... quanto** (9)
museum **il museo** (1)
music **la mụsica** (4); pop music **la mụsica leggera** (14)
musician **il/la musicista** (14)
must (*have to*) **dovere** (4)

N

name **il nome** (1); my name is . . . **mi chiamo...** (P); what's your name? **come ti chiami?** (*fam.*), **come si chiama?** (*form.*) (P); to be named **chiamarsi** (7); last name **il cognome** (1)
to narrate **raccontare** (3)
native **natio** (2)
near **vicino** (1); nearby **qui vicino** (1)
necessary: to be necessary ***bisognare** (14)
necktie **la cravatta** (7)
to need **avere bisogno di** (1)
neglect **l'emarginazione** (18)
to negotiate **contrattare** (16)

nephew **il nipote** (3)
net **la rete** (8); network **la rete** (8)
never **non... mai** (3)
new **nuovo** (2)
news **le notịzie** (8); local news **la crọnaca** (8)
newspaper **il giornale** (4)
news reporter **il/la cronista** (8)
next (to) **accanto (a)** (12)
nice **simpạtico** (*m. pl.* **simpạtici**) (2); (*thing*) **bello** (2)
niece **la nipote** (3)
night **la sera, la notte;** at night **di sera, di notte** (3); last night **ieri sera** (5)
nightgown **la camicia da notte**
no **no** (P)
noise **il rumore** (12)
nonsense **la sciocchezza** (18)
noon **mezzogiorno** (4)
nose **il naso** (8)
not **non** (1)
notebook **il quaderno** (P)
notes **gli appunti** (8)
noun **il nome** (1)
novel **il romanzo** (15)
novelty **la novità** (4)
November **novembre** (P)
now **adesso** (4); **ora** (7)
nutrition **l'alimentazione** *f.* (9)

O

to obligate **obbligare** (14)
October **ottobre** (P)
of **di** (1)
to offer **offrire** (4)
office **l'ufficio** (1)
officer: traffic officer **il vigile** (13)
often **spesso** (3)
oil **l'ọlio** (13)
ok **va bene** (1); is that OK? **va bene?** (1)
old **vẹcchio** (2); very old **antico** (2)
older **maggiore** (9)
on **su** (5)
once upon a time **c'era una volta** (8)
only **solo** (4); **solamente** (6); **ụnico** (13)
to open **aprire** (4)
opera **l'ọpera** (14)
operatic **lịrico** (*m. pl.* **lirici**) (14)
or **o** (10)
orange **l'arancia** (11)
orangeade, orange soda **l'aranciata** (1)
to order **ordinare** (5)
to organize **organizzare** (16)
other **altro** (2)
outside **fuori** (6)
over **sopra** (12)
to overcome **superare** (13)
ozone layer **la fascia di ozono** (13)

P

to paint **dipịngere** (4)
painter **il pittore / la pittrice** (15)
painting (*individual work*) **il dipinto** (15); (*in general*) **la pittura** (15)
pair **il pạio** (*pl.* **le pạia**) (5)
paper **la carta** (8); sheet of paper **il foglio di carta** (P)
pardon? **prego?** (P); I beg your pardon? **prego?** (P)
parents **i genitori** (3)
to park **parcheggiare** (13)
parking: no-parking zone **il divieto di sosta** (13)
Parmesan cheese **il parmigiano** (6)
party **la festa** (3)
party (*political*) **il partito** (16)
to pass by ***passare** (11)
passport **il passaporto** (1)
past (*with time expressions*) **passato, scorso** (5)
pasta **la pasta**
pastime **il passatempo** (4)
pastry **la pasta** (5); pastry shop **la pasticceria** (5); pastry cook **il pasticciere** (11)
to pay **pagare** (5); to pay for **pagare** (5); to pay in cash / by check / with a credit card **pagare in contanti / con un assegno / con la carta di credito** (5)
peanut **la nocciolina** (5)
pear **la pera** (11)
pen **la penna** (P)
pencil **la matita** (P)
peninsula **la penịsola** (15)
people **la gente** (5)
to permit **permẹttere di** (+ *inf.*) (14)
to persuade **persuadere** (14)
pharmacy **la farmacia** (1)
photograph **la fotografịa, la foto** (*pl.* **le foto**); to take a photograph **fare una fotografịa, fare una foto** (3)
photography **la fotografịa** (1)
physics **la fịsica** (3)
piano **il piano** (4)
to pick up (*a person*) ***andare/*venire a prendere** (13)
place **il luogo** (*pl.* **i luoghi**) (1); **il posto** (10); to take place **avere luogo** (14)
to place **mẹttere** (*p.p.* **messo**) (4)
to plan **programmare** (9); to have plans **avere programmi** (10)
plan **il programma** (4)
plate **il piatto** (6)
play **la rappresentazione teatrale** (14)
to play (*a game or sport*) **giocare** (3); (*a sport*) **fare/praticare uno sport** (4); (*a musical instrument*) **suonare** (3); (*a part*) **recitare** (14)
player **il giocatore / la giocatrice** (4)
plaza **la piazza** (1)
please **per favore, per piacere** (P); pleased to meet you **piacere** (P)
to please: to be pleasing ***piacere** (6)
plus **più** (2)
poem **la poesịa** (4)
poet **il poeta / la poetessa** (*m. pl.* **i poeti**) (15)
poetry **la poesịa** (4)
polite **educato** (13)
political: to be politically engaged ***ẹssere impegnato** (18)
politics **la polịtica** (16)
poll **il sondạggio** (8)
to pollute **inquinare** (13)
pollution **l'inquinamento** (13)
poor **pọvero** (2)
pope **il papa** (15)
pork **il maiale** (6)
portrait **il ritratto** (15)
possibility **la possibilità** (17)
post office **l'ufficio postale** (1); postal service **la posta** (17)
postcard **la cartolina** (10)
postmodern **il postmoderno** (15)
potatoes **le patate** (6)
potato chip **la patatina** (5)
poverty **la povertà** (16); **la misẹria** (18)
prank **il capriccio** (7)
to prefer (*to do something*) **preferire (isc)** (+ *inf.*) (4)
preferred **preferito** (3)
preparations **i preparativi** (11)
to prepare **preparare** (6)
prescription **la ricetta** (9)
president (*of the Republic*) **il presidente (della Repubblica)** (16)
press **la stampa** (8)
pretty **carino** (2)
price **il prezzo** (11)
primarily **principalmente** (15)
prince **il prịncipe** (15)
princess **la principessa** (15)
principally **principalmente** (15)
to print **stampare** (8)
prison **il carcere** (*pl.* **le carceri**) (15)
prize **il prẹmio** (9)
problem **il problema** (13)
to produce **produrre** (8); **mẹttere in scena** (14)
producer **il produttore / la produttrice** (8)
profession **la professione** (17); as a profession **di professione** (14); professional **di professione** (14)
professor **il professore / la professoressa** (P)
prohibition **il divieto** (18)
to promise **promẹttere di** (+ *inf.*) (14)
to promote **promuọvere** (*p.p.* **promosso**) (17)
protagonist **il/la protagonista** (15)
to protect **protẹggere** (*p.p.* **protetto**) (13)
protest **la manifestazione** (16)
proud **orgoglioso** (2); **fiero** (15)
provided that **purché** (17)
publication **la pubblicazione** (8)
publicity **la pubblicità** (8)
to publish **pubblicare, stampare** (8)
pullover **il maglione** (11)
to purify **depurare** (13)
purpose **il motivo** (8)
purse **la borsa** (1)
to push **spịngere** (14)
to put **mẹttere** (*p.p.* **messo**) (4); to put on (*clothes*) **mẹttersi** (7)

Q

to quarrel **litigare** (6)
quarter **il quarto** (4)
quickly **velocemente** (7)
quiet **tranquillo** (2); to keep quiet **stare zitto** (3)
to quit (*doing something*) **smẹttere (di)** (7); (*a job*) **licenziarsi** (17)

R

racism **il razzismo** (18)
racist **il/la razzista** (*m. pl.* **i razzisti**) (18)
to rain **piọvere** (4)
rain **la pioggia** (4)
raincoat **l'impermeabile** *m.* (7)
to raise **aumentare** (16)
rather **piuttosto** (5)
to read **lẹggere** (4)
really **prọprio** (1); **davvero** (15)
reason **il motivo** (8)
receipt **lo scontrino** (5); to get a receipt **fare lo scontrino** (5)
to receive **ricẹvere** (4)
recipe **la ricetta** (6)
to recommend **consigliare** (6)
record (*phonograph*) **il disco** (*pl.* **i dischi**) (4)
to recycle **riciclare** (13)
recycling **il riciclaggio** (13)
red **rosso** (2)
to reduce **diminuire (isc)** (6)
reduction **la riduzione** (16)
refrigerator **il frigo** (*from* **frigorịfero**) (4)
relative **il / la parente** (3)
to relax **rilassarsi** (7)
to remain ***rimanere** (*p.p.* **rimasto**) (4)
remainder **il resto** (11)
to remember **ricordare** (5)
to remind **ricordare** (5)
Renaissance **il Rinascimento** (15)
rent **l'affitto** (12); to rent (*a house or apartment*) **affittare, prẹndere in affitto** (10); for rent **in affitto** (12); to rent (*a vehicle, etc.*) **noleggiare, prẹndere a nolo** (10)
to reply **rispọndere** (4)
representative **il deputato / la deputata** (16)
request **la richiesta** (17)
to require **richiẹdere** (11)
requirement **il requisito** (17)
reservation **la prenotazione** (1)
reservation bureau **l'ufficio prenotazioni** (1)
to reserve **prenotare** (6)
to reside **abitare** (3)
to resign (*from a job*) **licenziarsi** (16) (17); to resign (*from office*) **dimettersi** (16)
to resist **resịstere** (11)
to resolve **risọlvere** (*p.p.* **risolto**) (16)
to respect **rispettare** (13)
to respond **rispondere** (4)
responsible **responsạbile** (2)
to rest **riposarsi** (18)
rest (*remainder*) **il resto** (11)
restaurant **il ristorante** (1)
restoration **il restạuro** (15)
résumé **il currịculum** (17)
retired person **il pensionato / la pensionata** (16)
to return (*to a place*) ***tornare** (3); (*to give back*) **rẹndere** (*p.p. reso*) (6)
reunion **la riunione** (16)
to review **ripassare** (3); **recensire** (8)
review **la recensione** (8)
rhyme **la rima** (15)
rice **il riso** (6); *creamy rice dish* **il risotto** (6)
ride **il passaggio**; to ask for/give a ride **chiẹdere/dare un passaggio** (13)
to ride a bicycle ***andare in bicicletta** (3)
right (*direction*) **destro** (9); to/on the right **a destra** (1); right (*legal*) **il diritto** (8); rights **i diritti** (8)
right: to be right **avere ragione** (1); you're right **già** (18)
road **la strada;** *adj.* **stradale** (13)
roast **l'arrosto** (6)
roll: sweet roll **la brioche, il cornetto** (5); hard roll **il panino** (1)
room **la cạmera** (4); **la stanza** (12)
roommate **il compagno / la compagna di camera / stanza** (2)
row **la fila** (15)
ruins **le rovine, i rụderi** (15)
to run **[†]cọrrere** (4); to run into (*someone*) **incontrare** (7)
Russian **russo** (2)

S

sad **triste** (2)
salad **l'insalata** (6)
salary **lo stipendio** (16)
sale **la svẹndita** (11)
salesperson **il commesso / la commessa** (11)
same **stesso** (2)
sandwich **il panino** (1); **il tramezzino** (5)
satisfied **soddisfatto** (17)
Saturday **sạbato** (P)
sauce **il sugo** (6); with meat sauce **al ragù, alla bolognese** (6); with tomato sauce **al sugo di pomodoro** (6); with a sauce of basil, olive oil, garlic, parmesan cheese, and pine nuts **al pesto** (6)
to save **risparmiare** (10)
saxophone **il sassọfono** (4)
to say **dire** (4)
school **la scuola** (1); school (*of a university*) **la facoltà** (3)
science **la scienza** (3); political science **le scienze polịtiche** (3)
screen **lo schermo** (8)
to sculpt **scolpire (isc)** (15)
sculptor **lo scultore / la scultrice** (15)
sculpture **la scultura** (15)
season **la stagione** (P)
to see **vedere** (4)
to seem ***sembrare** (16)
to sell **vẹndere** (11)
seller **il venditore / la venditrice** (11)
senate (*upper house of Parliament*) **il Senato** (16)
senator **il senatore / la senatrice** (16)
to send **spedire (isc)** (14)
sensitive **sensịbile** (2)
September **settembre** (P)
serious **grave** (9)
to serve **servire** (4)
server **il cameriere / la cameriera** (1)
set **fisso** (10)
to set the table **apparecchiare** (6)
settled: to get settled **sistemarsi** (12)
to share (*a residence*) **condivịdere** (12)
she **lei** (1)
shirt **la camicia** (7)
shoe **la scarpa** (7)
to shoot (*a film*) **girare** (8)
shop assistant **il commesso / la commessa** (11)
shopkeeper **il negoziante** (11)
shopping: to go shopping **fare le spese, fare le cọmpere** (11); to go grocery shopping **fare la spesa** (11)
short (*in height*) **basso** (2); short (*in length*) **corto** (2)
to shout **gridare** (12)
to show **mostrare** (6); to show on TV **dare in televisione** (8)
show **lo spettạcolo** (14)
shower **la dọccia** (10)
sick **ammalato** (5); **malato** (9); to become / get sick **ammalarsi** (9)
sickness **la malattia** (9)
side dish **il contorno** (6)
silliness **la sciocchezza** (18)
simple **sẹmplice** (6)
to sing **cantare** (3)
singer **il/la cantante** (14)
singer-songwriter **il cantautore / la cantautrice** (14)
single **solo** (4); **sịngolo** (12)
sister **la sorella** (3)
to ski **sciare** (3)
skirt **la gonna** (11)
to sleep **dormire** (4); to fall asleep **addormentarsi** (7)
sleepy: to be sleepy **avere sọnno** (1)
slice **la fetta;** slice of bread **la fetta di pane** (5)
slight **leggero** (17)
small **pịccolo** (2); smaller **minore** (9)
to smile **sorrịdere** (*p.p.* **sorriso**) (15)
to smoke **fumare** (6)
smoker **il fumatore / la fumatrice** (14)
snack **lo spuntino** (5); (*mid-afternoon snack*) **la merenda** (5); snacks **i salatini** (5)
to snow **nevicare** (4)
snow **la neve** (4)
so **così** (7); so that **affinché** (17); so that **perché** (+ *subjunctive*) (17)
soccer **il calcio** (4)
socks **i calzini** (7)
soda **la bịbita** (5); soda can **la lattina** (5)
soft drink **la bịbita** (5); soft-drink can **lattina** (5)
to solve **risọlvere** (*p.p.* **risolto**) (13)
some **alcuni/e, qualche, un po' di** (12)
someone **qualcuno** (12)
something **qualcosa (di)** (12); something to drink / to eat **qualcosa da bere / da mangiare** (5)
sometimes **qualche volta** (4)
son **il figlio** (3)
song **la canzone** (14)
soon **presto** (3); see you soon **a presto** (P)
soprano **il/la soprano** (14)
sorry: to be sorry ***dispiacere** (6)
sort (*type*) **il tipo** (14)
so-so **così così** (P)
soundtrack **la colonna sonora** (8)
space **lo spạzio** (13)
Spanish **spagnolo** (2)
to speak **parlare** (3)
specialization **la specializzazione** (3)

to specialize **specializzarsi** (7)
speech **il discorso** (16)
Spring **la primavera** (P)
square **la piazza** (1)
stadium **lo stạdio** (1)
staff: editorial staff **la redazione** (8)
to stage **mẹttere in scena, allestire (uno spettạcolo)** (14)
stage **il palcoscẹnico** (14)
staircase **le scale** (12)
stall (*of vendor*) **la bancarella** (11)
stand (*of vendor*) **la bancarella** (11)
to stand up **alzarsi** (7)
to start **cominciare** (3); to start (*a car, a machine*) **mẹttersi in moto** (10)
state **lo stato** (16)
statement **l'affermazione** *f.* (10)
station **la stazione** (1)
to stay ***stare** (3); ***rimanere** (4)
steak **la bistecca** (6)
stereotype **lo stereọtipo** (14)
still **ancora** (7)
stomach **lo stọmaco** (9)
to stop (*moving*) **fermarsi** (7); to stop (*doing something*) **smẹttere (di)** (7); to stop in ***passare** (11)
stopover **la tappa** (10)
store **il negọzio** (1); clothing store **il negọzio di abbigliamento** (11); grocery store **il negọzio di alimentari** (11)
story: short story **il racconto** (4); **la novella** (15)
straight (*hair*) **liscio** (*m. pl.* **lisci**) (2); *straight ahead* **diritto, sempre diritto** (1)
strange **strano** (12)
stranger **lo sconosciuto / la sconosciuta** (13)
street **la via** (1)
stressed **stressato** (2)
strike **lo sciọpero** (16); to strike **fare sciọpero** (16); to be on strike ***ẹssere in sciọpero** (16)
student **lo studente / la studentessa** (P)
to study **studiare** (3)
stuff **la roba** (8)
stupidity **la sciocchezza** (18)
style **lo stile** (14)
subject **l'argomento** (15); (*school*) **la matẹria (di stụdio)** (3)
suburbs: in the suburbs **in periferịa** (12)
to succeed ***riuscire a** (+ *inf.*) (14)
sugar **lo zụcchero** (5)
suggestion **il suggerimento** (10)
suit **l'ạbito, il vestito** (7)
suitcase **il bagaglio, la valigia** (1)
Summer **l'estate** *f.* (P); *adj.* **estivo**
Sunday **domẹnica** (P)
supermarket **il supermercato** (1)
supper **la cena;** to have supper **cenare** (4)
to surprise **sorprendere** (*p.p.* **sorpreso**) (16)
survey **il sondaggio** (8)
to survive ***sopravvịvere** (9)
sweater **la maglia** (7)
sweatshirt **la felpa** (7)
to swim **nuotare** (3)
swimming **il nuoto** (4)
swimming pool **la piscina** (3)
system **il sistema;** the political system **il sistema politico** (16)

T

table **il tạvolo / la tavola** (5); little table **il tavolino** (5); at a table (*in a café*) **al tavolino** (5); to set the table **apparecchiare la tạvola** (6)
to take **prẹndere** (4); to take care of oneself **curarsi** (9); to take (*a class*) **seguire** (4); to take a cruise **fare una crociera** (10); to take part in **fare parte di** (15); to take a photograph **fare una foto** (3); to take place **avere luogo** (14); to take a test **dare un esame** (3); to take a civil service exam **partecipare a un concorso** (17); to take (*time*) **mẹtterci** (+ *time expressions*), ***volerci** (+ *time expressions*) (15); to take a vacation **andare in ferie / vacanza, fare le ferie / vacanze** (10); to take a walk / bike ride / motorcycle ride / car ride **fare un giro a piedi / in bici / in moto / in mạcchina** (4)
tall **alto** (2)
tape **la cassetta** (4)
task **l'incạrico** (8)
taste **il gusto** (13)
taxes **le tasse** (7)
tea **il tè** (1)
to teach **insegnare** (3)
teacher **l'insegnante** *m., f.* (3)
team **la squadra** (4)
t-shirt **la maglietta, la t-shirt** (7)
to telephone **telefonare** (3)
television **la televisione, la TṾ** (4)
television news **il telegiornale** (8)
to tell **raccontare** (3); **dire** (4)
tenant **l'inquilino / l'inquilina** (12)
tennis **il tennis** (4)
tenor **il tenore** (14)
terrace **la terrazza / il terrazzo** (12)
test **l'esame** (3)
to thank **ringraziare** (18); thank you **grạzie** (P); thanks **grạzie** (P); thank goodness **meno male** (12)
that **quello** (3); **cui** (14); that which **ciò che, quello che** (14)
theater **il teatro** (1); movie theater **il cinema** (*inv.*) (1)
theme **il tema** (15)
then **poi** (1)
there is . . . /there are . . . **ecco...** (P); there is **c'è** (1); there are **ci sono** (1)
they **loro** (1)
thin **magro** (2)
to think **pensare;** to think about **pensare a** (11)
thirsty: to be thirsty **avere sete** (1)
this **questo** (3)
throat **la gola** (9)
through **per** (1)
Thursday **giovedì** (P)
thus **così** (7)
ticket (*theater, train*) **il biglietto** (1); ticket (*fine*) **la multa** (13); to get a ticket **prẹndere la multa** (13)
tie: necktie **la cravatta** (7)
tight **stretto** (11)
time **il tempo** (4); (*of day*) **l'ora** (4)
tire **la gomma** (13)
tired **stanco** (*m. pl.* **stanchi**) (2)
tiring **faticoso** (9)
to **a, in** (1)
today **oggi** (P); what is today's date? **quanti ne abbiamo oggi?** (11)
together **insieme** (4)
tomato **il pomodoro** (6)
tomorrow **domani** (P)
tonight **stasera** (3)
too **anche** (2); me too **anch'io** (4)
tooth **il dente** (9)
topic **l'argomento** (15)
totality: the totality of **l'insieme di** (8)
to touch **toccare** (9)
tourist information service **l'ufficio informazioni** (1)
trade **il commercio;** (*profession*) **il mestiere** (17)
traffic **il trạffico** (12); traffic officer **il/la vịgile** (13)
tragedy **la tragẹdia** (14)
train **il treno** (1)
tranquil **tranquillo** (2)
transfer **il trasferimento** (17)
transportation: means of transportation **i mezzi di trasporto** (13)
trash **i rifiuti** (13)
to travel **viaggiare** (4)
to treat **curare** (9)
tree **l'ạlbero** (12)
trip **il viaggio** (1)
to trust **fidarsi di** (18)
truth **la verità** (4)
to try **provare** (11); to try (*to do something*) **cercare di** (+ *inf.*) (14); to try on **provare** (11)
Tuesday **martedì** (P)
tune-up **il controllo** (13)
turn: to be the turn of (a person) **toccare a (qualcuno)** (9)
TV **la TṾ** (4)
twins **i gemelli / le gemelle** (9)
type **il tipo** (14)
typical **tịpico** (3)

U

ugly **brutto** (2)
unbearable **insopportạbile** (17)
uncle **lo zio** (1)
under **sotto** (12)
to understand **capire (isc)** (4)
unemployed **disoccupato** (16)
unemployment **la disoccupazione** (16)
unfortunate **pọvero** (2)
unfortunately **purtroppo** (5)
union: labor union **il sindacato** (17)
unique **ụnico** (13)
united **unito** (16)
university **l'università** (1)
unlikeable **antipạtico** (2)
to unload **scaricare** (13)
unoccupied **lịbero** (10)
unpleasant **antipạtico** (2)
untidy **disordinato** (2)
until **fino a** (5)
unusual **insọlito** (12)
unwell: to be unwell **stare male** (3)
upon **su** (5)
up-to-date **aggiornato** (17)

used: to get used to (*something or doing something*) **abituarsi a** (14)
useless **inụtile** (12)
usual **sọlito** (4); as usual **al sọlito** (4); usually **di sọlito** (4)

V

vacation **la vacanza;** to go on vacation **andare in fẹrie / in vacanza** (10); to take a vacation **fare le fẹrie / le vacanze** (10)
value **il valore** (18)
VCR **il videoregistratore** (8)
veal **il vitello** (6)
vegetable soup **il minestrone** (6)
vegetables **la verdura** (6)
very **molto** (2)
videotape **la videocassetta** (8)
view **la vista** (11)
violence **la violenza** (18)
voice **la voce** (14)
volunteer **il volontạrio** (18)
to vote **votare** (16)
vote **il voto** (P)

W

wage **il salario** (16)
to wait (for) **aspettare** (3)
waiter **il cameriere** (1)
waitress **la cameriera** (1)
to wake up (*someone*) **svegliare** (7); to wake up **svegliarsi** (7)
to walk ***andare a piedi** (3)
to want (*to do something*) **volere** (+ *inf.*) (4)
to wash oneself **lavarsi** (7)
to waste **pẹrdere** (4)
to watch **guardare** (4)
watch **l'orologio** (2)
water (mineral/carbonated/non-carbonated) **l'acqua (minerale/gassata/naturale)** (5)
we **noi** (1)
wealth **la ricchezza** (18)
to wear **portare** (7)
weather **il tempo** (4); to be nice/bad/hot weather **fare bello/brutto/caldo** (3); to be foggy/clear weather ***ẹssere nebbioso/sereno** (4)
Wednesday **mercoledì** (P)
week **la settimana** (P)
weekly **settimanale**; weekly publication **il settimanale** (8)
welcome: you're welcome **prego** (P)
well **bene** (P); pretty well **abbastanza bene** (P)
well: to be well **stare bene** (3)
what **che** (1); **(che) cosa** (3); what does . . . mean? **cosa vuol dire... ?** (P); what time is it? **che ora è? / che ore sono?** (4); at what time? **a che ora?** (4)
whatever **qualsịasi** (*inv.*) (13); **qualunque cosa** (17)
when **quando** (6)
where **dove** (2); where is? / where are? **dov'è? / dove sono** (2); where are you from? **di dove sei?** (*fam.*), **di dov'è?** (*form.*) (2)
wherever **dovunque** (17)
which **quale** (6); **che** (14); **cui** (14)
whim **il capriccio** (7)
to whistle **fischiare** (14)
white **bianco** (2)
who **chi** (6); whose is . . . ? / whose are . . . ? **di chi è... ? / di chi sono... ?** (2)
whom **chi** (6); **cui** (14)
why **perché** (2)
wide **largo** (*m. pl.* **larghi**) (2)
widespread **diffuso** (10)
wife **la moglie** (3)
willingly **volentieri** (3)
to win **vịncere** (4)
wind **il vento** (4); to be windy **tirare vento** (4)
window **la finestra** (12)
wine **il vino** (1)
winter **l'inverno** (P); *adj.* **invernale**
"with it" **in gamba** (5)
within **entro** (13)
without **senza** (9); **senza che** (17)
woman **la donna** (2); young woman **la ragazza** (2)
wool **la lana** (11)
word **la parola** (1)
to work **lavorare** (3); **funzionare** (13)
work **il lavoro** (1)
worker **il lavoratore / la lavoratrice** (17)
world **il mondo** (15)
to worry about **preoccuparsi di** (17)
worse **peggiore** (9)
the worst **il / la peggiore** (9)
to write **scrịvere** (4)
writer **lo scrittore / la scrittrice** (15)
wrong: to be wrong **sbagliarsi** (7)

Y

yeah **già** (*slang*) (18)
year **l'anno** (P); academic year **l'anno acadẹmico** (3); New Year's Day **Capodanno** (10); to be . . . years old **avere... anni** (1); I am . . . years old **ho... anni** (P)
to yell **gridare** (12)
yellow **giallo** (2)
yes **sì** (P)
yogurt **lo yogurt** (11)
you **tu** (*fam.*), **Lei** (*form.*), **vi** (*fam., pl.*), **Loro** (*form., pl.*) (1)
you're welcome **prego** (P)
young **giọvane** (2); young people **la gioventù** (7)
younger **minore** (9)
youth **la gioventù** (7)

Z

zoo **lo zoo** (1)

Index

D

E

F

G

H

Q

R

S

T

U

V

W

Y

About the Authors

Graziana Lazzarino is Professor of Italian at the University of Colorado in Boulder. A native of Genoa, she received her Laurea from the University of Genoa, and has taught at numerous European schools and American colleges and universities. She is also the author of *Da capo: A Review Grammar* and *Per tutti i gusti.*

Janice Aski received her Ph.D. in Italian from the University of Wisconsin-Madison in 1997. Her research is in pedagogy and Foreign Language teaching methodology, as well as Romance linguistics and, more specifically, Italian historical phonology. She was a lecturer at Emory University for a number of years. She is presently an Assistant Professor in the Department of French and Italian at The Ohio State University, where she coordinates the Italian language program.

Andrea Dini, a native of Prato, received his Laurea from the University of Florence and his Ph.D. in Italian Literature from the University of Wisconsin-Madison, with a minor in Second-Language Acquisition. He has taught at the University of Wisconsin, University of Colorado, and University of Oregon, and is currently an Assistant Professor of Italian at Hofstra University in New York. He specializes in medieval and contemporary Italian literature, with a particular focus on modern rewritings of Dante and Boccaccio. He has published in *Studi italiani* and *Paragone,* and is completing a monograph on Italo Calvino.

Maria Cristina Peccianti, a native of Siena, received her Laurea from the University of Florence and currently teaches Italian as a second language at the University of Siena. Signora Peccianti has also planned and directed distance-learning courses in Latin America and Spain. She has written and edited books on linguistic education and Italian as a second language, including *Grammatica d'uso della lingua italiana* (Giunti, Firenze, 1997), as well as articles and essays on programming, examination, and assessment of educational materials.

Photo Credits

All photographs are copyright © Stuart Cohen, with the exception of the following: *page P1* © Stuart Cohen/Imageworks; *P2 (a)* © Jeanne Porterfield/Lisa Chickering/Words & Pictures/PNI, *(b)* © Stephen Studd/Tony Stone Images, *(c)* © Elsa Peterson/Stock Boston; *P8* © Dave Bartruff/Stock Boston; *P19* © Stuart Cohen/Imageworks; *22* © Ed Lallo/Liaison International; *31* © Julie Houck/Stock Boston; *38* © Patrick Ward/Stock Boston; *44* © Bob Handelman/Tony Stone Images; *55* © Frank Wing/Liaison International; *62* © Peter Turnley/Corbis Images; *67* © Michael S. Yamashita/Corbis Images; *77* © Beryl Goldberg; *84* © Owen Franken/Stock Boston/PNI; *89* © David Simson/Stock Boston; *99* © Simone Huber/Tony Stone Images; *107* © Jan Butchofsky-Houser/Corbis Images; *112* © Peter Poulides/Tony Stone Images; *115* © M. Granitsas/The Image Works; *123* © Sheila Nardulli/Gamma Liaison; *130* © Superstock; *135* © Piero Guerrini/Gamma Liaison; *145* © Kevin Galvin/Stock Boston; *154* © Ernesto Bazan; *159* © Slim Aarons/Hulton Getty Picture Library/Liaison; *168* © Romaniello-Olympia/Gamma Liaison; *177* © Vincent Dewitt/Stock Boston; *183* © Yuen/Liaison International; *194* © Joanna B. Pinneo/Aurora/PNI; *199* © Superstock; *201* © The Metropolitan Museum of Art, New York. Purchase, Mrs. Charles Wrightsman Gift, 1988. (1988.162); *204* © John Heseltine/Corbis Images; *213* Gallery of Academy of Fine Arts, Florence. © Firenze/Art Resource, NY; *220* © A. & L. Sinibaldi/Tony Stone Images; *225* © Connie Coleman/Tony Stone Images; *234* © Gary Braasch/Tony Stone Images; *240* © Owen Franken/Stock Boston; *244* © Stephne Studd/Tony Stone Images; *252* © Michael Lewis/Corbis Images; *261* Charles Kennard/Stock Boston; *266* © David Lees/Corbis Images; *274 (a)* © Lee Snider/The Image Works, *(b)* © Michael Yamashita/Corbis Images, *(c)* © M. Granitsas/The Image Works; *281* © Jonathan Blair/Corbis Images; *286* © Peter Menzel/Stock Boston; *292* © Focus; *295* © Hiroyuki Matsumoto/Tony Stone Images; *302* © John Lawrence/Tony Stone Images; *307* © Julie Houck/Stock Boston; *315* PLAX® Mouth Wash reprinted with permission of Colgate-Palmolive Company; *316* AP/Wide World Photos; *323* © Garvey/Monkmeyer Photos; *328 Dante and Beatrice, 1883* by Henry Holiday. Walker Art Gallery, Liverpool, Merseyside, UK/Bridgeman Art Library. Board of Trustees: National Museums & Galleries on Merseyside; *332* © Art Resource; *338* © Tate Gallery, London/Art Resource, NY; *342* © James Hill/New York Times; *347* © Beryl Goldberg; *357* AP/Wide World Photos; *361* © Castel/Pointe de Vue/Gamma-Liaison Agency; *366* © Christopher Brown/Stock Boston; *376* AP/Wide World Photos; *380* © Fototeca Marka; *381* © David Simson/Stock Boston; *386* © Mike Mazzaschi/Stock Boston; *389 Anna*; *396* © Peter Turnley/Black Star/PNI; *401* © Eric Vanderville/Gamma-Liaison Agency.

Illustrations

All cartoons appear by permission of Disegnatori Riuniti, Milan.
Illustrations by Stephanie O'Shaughnessy and Anthony Hon; maps by Lori Heckleman.

Realia Credits

Page 53 Cantiani advertising agency of Tupperware Italy Branch. Founded in Como in 1970. Address: CANTIANI Marketing and Communicazione – Como, Italy – via Torriani 19/C. Tel. 0039-0313303611, Fax 0039-0313303620, email: adv@cantiani.com – www.cantiani.com; *125* © *Bella*; *175 Panorama* magazine 16/4/98 – n 15; *190* © *Bella*; *212* Latte, Aqua Yogart: © The Image Bank. Spaghetti: © Frignani/Granata Press. Detersivo: © F. Pizzochero/Marka; *231* © *Bella*; *233 L'Espresso*; *257* Ceramica Globo; *276* RCS Periodici – Newton; *319* © *Bella*; *336 (bottom)* © *Bella*; *369* Il Mio Castello Editore.

Notes

Notes